Montaignes Revisionen

Helmut Pfeiffer

Montaignes Revisionen

Wissen und Form der Essais

Wilhelm Fink

Gedruckt mit freundlicher Unterstützung der Deutschen Forschungsgemeinschaft

Umschlagabbildung:
Michel de Montaigne, *Essais*, Exemplaire de Bordeaux, S. 362r.

Bibliografische Information der Deutschen Nationalbibliothek

Die Deutsche Nationalbibliothek verzeichnet diese Publikation in der Deutschen Nationalbibliografie; detaillierte bibliografische Daten sind im Internet über
http://dnb.d-nb.deabrufbar.

Internet: www.fink.de

Einbandgestaltung: Evelyn Ziegler, München
Herstellung: Brill Deutschland GmbH, Paderborn

ISBN 978-3-7705-6354-8

Inhaltsverzeichnis

DRITTER TEIL
Dialoge

VIERTER TEIL
Textspiel

Siglenverzeichnis

E

Michel de Montaigne, *Les Essais. Suivi de Vingt neuf sonnetz d'Estienne de La Boëtie, de Notes de lecture et de Sentences peintes*, hg. von Jean Balsamo/ Catherine-Simonin/Michel Magnien, Paris 2007.

Inst. orat.

Marcus Fabius Quintilianus, *Institutio oratoria. Ausbildung des Redners*, hg. und übers. Von Helmut Rahn, 2., durchgesehene Auflage, Darmstadt 1988.

L

Michael A. Screech, *Montaigne's Annotated Copy of Lucretius. A transcription and study of the manuscript, notes and pen-marks*, Genf 1998.

Luc.

Seneca, *Epistulae morales ad Lucilium. Briefe an Lucilius*, lateinisch – deutsch, hg. und übers. von Gerhard Fink, Düsseldorf 2007.

Mesn.

Xenophon, *La mesnagerie de Xenophon. Les Regles de mariage, de Plutarque. Lettre de consolation, de Plutarque à sa femme*, Le tout traduict de Grec en François par feu M. Estienne de la Boétie Conseiller du Roy en sa court de Parlement à Bordeaux. Ensemble quelques Vers Latins & François, de son inuention, Paris 1571.

Moralia

Plutarch, *Moralia*, hg. und übers. von Christian Weise und Manuel Vogel, Wiesbaden 2012.

Œ

Michel de Montaigne, *Œuvres complètes*, hg. von Maurice Rat/Albert Thibaudet, Paris 1963.

Œuvres morales

Plutarch, *Les Œvvres morales de Plutarque*, Translatees de Grec en François, reveves et corrigees en pluiseurs passages par le Translateur, Genf 1595.

Rerum natura

Lukrez, *Von der Natur*, lateinisch – deutsch, hg. und übers. von Hermann Diels, 2. Auflage, Düsseldorf/Zürich 1991.

Theol. nat.

Raymond de Sebonde, *La théologie naturelle de Raymond Sebon*, traduicte novvellement en françois par messire Michel, Seigneur de Montaigne, Cheualier de l'ordre du Roy, & Gentil-homme ordinaire de sa chambre, Paris 1581.

Vies

Plutarque, *Les vies des hommes illustres*, édition établie et annotée par Gérard Walter. Traduction de Jacques Amyot, 2 Bde., Paris 1951.

Vorbemerkung

Montaignes *Essais* werden auch gegenwärtig viel gelesen. Schließt man von der Zahl der Ausgaben, Übersetzungen und Studien, die sich auf sie beziehen, mehr denn je. Dabei wächst allerdings zugleich das Bewusstsein der Schwierigkeiten, das sie in der Gegenwart der sprachlichen Erschließung und der gedanklichen Durchdringung bereiten. Selbst der französische Leser kann mittlerweile auf eine Übersetzung ins Neufranzösische zurückgreifen. Seit den sechziger Jahren des zwanzigsten Jahrhunderts sind die *Essais*, vor allem im englischen und im französischen, aber auch im deutschen und im italienischen Sprachraum, Gegenstand einer kaum mehr überschaubaren Vielzahl kritischer Studien geworden. Montaignes Ansichten über Politik und Religion, Recht und Medizin und anderes mehr sind ebenso intensiv untersucht worden wie die Schreibart der *Essais*, ihr Ort im Ensemble der Diskurse und Gattungen. Auch das Wissen über die Biographie und über den Ort des Autors im zeitgeschichtlichen Kontext hat sich wesentlich erweitert, auch wenn weiterhin erstaunlich viele Fragen offenbleiben.

Die vorliegende Arbeit fragt nach dem Verhältnis des Lesers und des Autors Montaigne. Der Essay als literarische Form entsteht mit der Entscheidung Montaignes, sich aus der juristischen Karriere und der Verwicklung in die politischen und theologischen Kontroversen seiner Zeit in die Welt der Lektüre zurückzuziehen. Er bleibt zugleich Beobachter eines konfessionell motivierten Bürgerkriegs, der alle Gewissheiten erschüttert, und er wird gelegentlich zum politischen Akteur. In dieser Situation sucht er Vergewisserung in den Büchern seiner Bibliothek. Aber die Literatur und das Wissen werden doch nur Anlass und Antrieb zu neuen Fragen. In der Beweglichkeit seiner Reflexionen und der Offenheit seines essayistischen Schreibens entfaltet er eine singuläre Verbindung von Neugier und Erfindung, die das Gelesene verwandelt und ihm eine Form gibt, von deren unerhörter Produktivität er zunächst selbst kein Wissen hat, auch wenn er ihre Dynamik beobachtet und reflektiert.

Die Beobachtung der Schnittstelle von Lesen und Schreiben vor dem Hintergrund einer fundamentalen Krisenerfahrung der späten Renaissance verlangt die Auseinandersetzung mit der Sprache Montaignes in ihrer ursprünglichen Gestalt. Die *Essais* werden daher durchgehend im Original zitiert und kommentiert, der Rekurs auf Übersetzungen würde weitere, umständliche Kommentare verlangen. Darauf wurde verzichtet. Ähnliches gilt für die Literatur zu Montaigne. Eine kritische Auseinandersetzung mit ihr hätte den Umfang der Arbeit leicht verdoppelt. Systematisch kann sie in diesem Kontext nicht gewürdigt werden, ihre punktuelle Diskussion kann ihrem Reflexionsniveau allenfalls ansatzweise Rechnung tragen.

Montaignes *Essais* gehören seit langem zu meinen prägenden Lektüreerfahrungen, die sich auch in diversen Publikationen niedergeschlagen haben. Vieles verdanke ich Gesprächen und Anregungen von Lehrern, Kollegen und Freunden, genannt seien vor allem Hans-Robert Jauss, Jean Starobinski, Gisèle Mathieu-Castellani, François Rigolot und Roland Galle. Das vorliegende Buch entstand im Kontext des DFG-Sonderforschungsbereichs *Transformationen der Antike* an der Humboldt-Universität zu Berlin. Den beteiligten Kollegen bin ich für vielfältige Diskussionen und Anregungen, auch wenn sie meist mit Montaigne direkt nicht zu tun hatten, zu Dank verpflichtet. Stellvertretend möchte ich die beiden Sprecher, Hartmut Böhme und Johannes Helmrath, hervorheben, die ein Gesprächsklima möglich gemacht haben, in dem Interdisziplinarität zwanglos möglich wurde. Teile des Buches wurden bei verschiedenen Gelegenheiten vorgetragen. In lebhafter Erinnerung sind mir die ebenso lehrreichen wie, durch das Engagement der Teilnehmer, diskussionsfreudigen Seminare über ‚Montaigne und die Antike', die ich zusammen mit Thomas Poiss veranstaltet habe.

Meinen Mitarbeitern, Jan Fischer, Brigitte Heymann, Marília Dea Jöhnk, Jan Knobloch, Gabriele Lazik, Annika Nickenig, Judith Retzlik, Tobias Roth, Lena Seauve, danke ich für redaktionelle Hilfe, Anregung, Kritik und Korrektur. Es versteht sich, dass sie nicht für Irrtümer und Versehen verantwortlich sind. Den konvivialen Umgang mit den *Essais* und ihrem Autor haben sie wesentlich befördert.

Prolog

Selbstporträt: eine Ökonomie der Biographie

Über Montaignes Lebensumstände, seine Gewohnheiten, Lektüren, Vorlieben und Krankheiten, erfährt der Leser der *Essais* zahlreiche Details, aber an keiner Stelle der *Essais* sind sie in die chronologische Kontinuität einer Biographie geordnet. Kaum ein anderes antikes Werk hat Montaigne mehr geschätzt als die Parallelbiographien des Plutarch, in kaum einem anderen hat er mehr Material für das eigene Nachdenken gefunden, aber die generischen Schemata der *bioi paralleloi* sind für die *Essais* ebenso wenig einschlägig wie antike oder mittelalterliche Autobiographien. Die *Essais* sind, wie es eine notorische Bemerkung aus *Du desmentir* (II, 18) will, ein *(l)ivre consubstantiel à son autheur* (E, S. 703), ein Buch, das die gleiche ‚Substanz' hat wie der Autor, oder doch zumindest an ihr partizipiert. Was damit gemeint ist, bleibt an dieser Stelle weitgehend offen, der Rückgriff auf den philosophischen Substanzenbegriff hilft angesichts von Montaignes häufig ausgestellter Skepsis gegenüber den Begriffen der antik-mittelalterlichen Metaphysik nicht unmittelbar weiter. Immerhin verleiht der Kontext von *Du desmentir* dem Anspruch der Konsubstantialität von Autor und Buch in zwei Hinsichten Profil. 1) Die *Essais* sind ein Selbstporträt, durch das sich der Autor malt oder zeichnet. Die Metapher des ‚Malens' unterläuft die Vorstellung einer retrospektiven Erzählung und damit die der stabilen Differenz von Erzählinstanz und Erzählgegenstand. Das Selbstporträt ist ein offener Prozess, es entwirft ein Bild, das auf den, der es entwirft, zurückwirkt. Montaigne hat das konsubstantielle Buch nicht mehr ‚gemacht' oder erschaffen als es ihn selbst ‚macht' oder erschafft: „Je n'ay pas plus faict mon livre, que mon livre m'a faict." (E, S. 703) Die ‚Farben' des Porträts sind deutlicher und klarer als die, welche das Objekt des Gemäldes, die Person des Autors, zunächst und in seiner ursprünglichen Lebendigkeit ausmachen. Das Porträt wirkt auf den Autor zurück, der Akt der Selbstdarstellung, der sich im Fortgang des Schreibens vollzieht, hat performativen Charakter: Er macht den Autor zu der Gestalt oder ‚Form', als die er sich in seinem Buch entwirft und erschreibt. 2) Konsubstantiell, der gleichen Substanz zugehörig, ist das Selbstporträt auch deshalb, weil es, anders als all die anderen Bücher, keiner ‚fremden' Beschäftigung nachgeht und keinen ‚fremden' Zweck erfüllt, „(n)on d'une occupation et fin, tierce et estrangere, comme tous autres livres." (E, S. 703f.) Es reiht sich weder in die Disziplinen des Wissens noch in die Gattungen der Literatur, der Rhetorik oder der Poesie ein. Vielmehr stellen sich die *Essais* als ein Teil oder Glied von Montaignes Leben (*Membre de ma vie*) dar. Das Buch ist also nicht nur Darstellung, Repräsentation, sondern zugleich Vollzug und Bestandteil des Lebens, aus dem es hervorgeht.

Die produktive Konsubstantialität von Buch und Autor widerstrebt allen Festschreibungen narrativer, deskriptiver oder diskursiver Distanz. So lange das Leben währt, entwirft es sich als Bild in der Rekursivität von Text und Autor. Der Text bleibt in Bewegung, das Schreiben der *Essais* wird durch den Tod des Autors zwar unwiderruflich abgebrochen, aber nicht in einer abgeschlossenen Werkform beendet. Die Editionsgeschichte der *Essais*, die es mit der hybriden Form eines gedruckten, dann erweiterten und anschließend handschriftlich fortgeschriebenen Buches zu tun hat, dokumentiert diese Offenheit bis in die Gegenwart. In der ostentativen Abwehr einer über das Schreiben nachträglich definierten Identität hält Montaigne an der dynamischen Kreativität des Schreibvollzugs fest. Diese impliziert allerdings auch die Beweglichkeit der Perspektive auf das eigene Selbst: Das Schreiben lebt von variablen Modalitäten von Distanz und Nähe, temporal wie sachlich, affektiv wie rational. Dazu gehört gelegentlich auch der autobiographische Modus einer retrospektiven Erzählung. Allerdings ist dessen Verselbständigung durch konzeptuelle Rahmungen bestimmt. Die Interaktion von Erzählung und Begriff, von Einbildungskraft (*imagination*) und Urteil (*jugement*) bleibt auch dort maßgeblich, wo Montaigne das eigene Leben erzählt.

Eine überaus aufschlussreiche autobiographische Passage findet sich am Ende des Essays *Que le goust des biens et des maux despend en bonne partie de l'opinion que nous en avons* (I, 40). Dass der Wert der Dinge weniger in ihnen selbst liegt als in der Art, wie wir sie wahrnehmen und mit ihnen umgehen – dieses Motiv variieren die *Essais* immer wieder, jedem Leser Montaignes wird es schnell vertraut. Es gehört in den Kontext einer kritischen Revision der Doxa, der *opinion*[1]. Der Essay spielt es vor allem in einer ökonomischen Perspektive durch, Montaigne erörtert einerseits Fragen des Besitzes und der Einstellung zu dem, was einem gehört oder zu gehören scheint, er bespricht andererseits den Umgang mit Schulden und wie man sich dazu verhalten könne. In Frage stehen das Eigentum und das Eigene der Person, die metaphorische Resonanz der Konzepte öffnet die Thematik des Haushalts auf den Horizont ethischer Dimensionen. Montaigne rekonstruiert die Stationen seiner ökonomischen Identität, aber nicht um ihrer selbst willen, sondern weil sie eine Perspektive auf das Ethos der Person eröffnen.

Mit distanzierter Nonchalance notiert Montaigne, dass die meisten Menschen, vor allem die *plus commune et plus saine part des hommes* (E, S. 271), die

1 So kann die ‚Meinung' in dem Essay als eine machtvolle und maßlose Hydra erscheinen: „L'opinion est une puissante partie, hardie, et sans mesure." (E, S. 270)

Vielzahl eigener Kinder als Glücksfall betrachte. Das scheint auf den ersten Blick, wie die Formulierung nahelegt, eine gesunde und vernünftige Einstellung zu sein. Allerdings entspricht sie nicht der des Autors der *Essais*: Er und einige andere, *moy et quelques autres*, seien vielmehr erfreut über den Mangel an eigenen Kindern. Die Auskunft erstaunt, hält man sich die biographischen Daten vor Augen. Montaigne hat mit seiner Frau Françoise de la Chassaigne insgesamt sechs Kinder gehabt, fünf davon sterben kurz nach der Geburt, ein einziges, die Tochter Léonor, geboren 1571, erreicht das Erwachsenenalter, sie heiratet 1590 François de la Tour, ihr erstes Kind, wiederum eine Françoise genannte Tochter, wird im März 1591, also eineinhalb Jahre vor Montaignes Tod, geboren. Über Montaignes Rolle und Selbstverständnis als Großvater wissen wir aus den *Essais* nichts, den frühen Tod seiner eigenen Kinder kommentiert er mit der beiläufigen Bemerkung, er habe zwei oder drei von ihnen im Säuglingsalter verloren („en nourrice, deux ou trois"), ohne große Trauer, wenn auch mit Bedauern, „sinon sans regret, au moins sans fascherie" (E, S. 270). So viel Montaigne in den *Essais* über seinen Vater und dessen Bedeutung für die eigene Biographie schreibt, so knapp thematisiert er seine eigene Rolle als Vater. Die Reflexionen über die Erziehung, die er in *De l'institution des enfans* (I, 25) anstellt, nehmen die Form von Ratschlägen an, die an Diane de Foix, Comtesse de Gurson, adressiert sind, sie thematisieren Montaignes eigene Erziehungspraktiken nicht.

Die ökonomische Karriere, von der nunmehr in dem Essay die Rede ist, betrifft nicht den Schlossherrn, dessen Haushalt wesentlich durch Frau und Kinder bestimmt wird, mit allen damit verbundenen Aspekten juristisch-vertraglicher und biologisch-familiengeschichtlicher Natur. Montaigne rückt vielmehr entschieden seine eigene Erfahrung (*experience*) ins Zentrum und lässt den Leser wissen, er habe im Laufe seines Lebens unter drei Verhältnissen oder Umständen (*trois sortes de condition*) gelebt. Der Ausdruck *condition*, am ehesten vielleicht mit Lebensform zu übersetzen, markiert dabei genau jene semantische Offenheit, welche es erlaubt, die Außen- und Innenaspekte des Besitzes, des Eigentums und des Eigenen, ins Spiel zu bringen. So gewinnen drei ökonomische Stationen der eigenen Biographie Profil. Zugleich wird ihre Bedeutung für sein ethisches Selbstverständnis sichtbar.

In den ersten zwanzig Jahren seines Lebens verfügt Montaigne über kein eigenes Geld, er ist abhängig von anderen, natürlich in erster Linie von seinem Vater Pierre Eyquem, der hier stillschweigend übergangen wird, und von den namenlos bleibenden Freunden, die ihm Geld leihen. Der junge Montaigne ist nicht der Verwalter seines eigenen Vermögens, er gibt vielmehr das Geld der anderen aus. Immerhin geht seine *loyauté mesnagere* (E, S. 272) so weit, dass er die Fälligkeitstermine der ihm gewährten Kredite nicht verstreichen lässt. Entscheidend für diese Lebensphase ist jedenfalls, dass er seiner als natürlich apostrophierten Neigung zur Großzügigkeit nachgehen kann: „Je sens naturellement quelque volupté à payer" (E, S. 272). Diese generöse Ausgabenpraxis entspricht zweifellos einem vertrauten Habitus des Adels seiner Zeit, aber nicht um ihn geht es Montaigne, sondern um den Gegensatz von Ethik und Geldökonomie. Der Lust am Geldausgeben steht eine tiefe, auch affektiv besetzte Abneigung gegen Geldgeschäfte und Preisverhandlungen gegenüber, denn diese zwingen zu ethisch bedenklichen Manövern: „Il n'est rien que je haysse comme à marchander: c'est un pur commerce de trichoterie et d'impudence." (E, S. 272) In der rhetorischen Hyperbolik dieser Verwerfung treffen sich, wie die Formulierung erkennen lässt, der verschwenderische Habitus des jungen Montaigne und das souveräne Urteil des späteren Autors der *Essais*. Letzterer konstatiert allerdings auch, dass das Fehlen eines festen Standes und sicheren Ortes (*estat certain*), das seine erste Lebensphase ausmachte, einen mittlerweile verlorenen und nicht wieder gefundenen Vorzug darstellte. Nie ging es ihm besser: „Je ne fu jamais mieux." (E, S. 272) Allerdings thematisiert Montaigne die Voraussetzung jener *condition* nicht, die im väterlichen Haushalt gründende ökonomische Sicherheit, welche es ihm erlaubt, die Bezahlung von Schulden nicht als ökonomische Transaktion, sondern als gerechte Handlung (*action juste*) zu verstehen. Das ökonomische Gebaren des jungen Montaigne wirft, anders gesagt, metaphorische Zinsen ab, die als ethisches Guthaben verbucht werden. Die offenbar unter seinesgleichen keineswegs selbstverständliche Disziplin, welche die Schuldentilgung nicht vergißt, verschafft Genugtuung, *contentement*. Ökonomische Transaktionen, in denen um Geld gefeilscht wird, sind für Montaigne hingegen schambesetzt: Er hält sie von sich fern, *je les esloigne honteusement et injurieusement*, sie widerstreben seiner Natur (*humeur*) wie seiner Art zu sprechen (*forme de parler*), welche den Verpflichtungscharakter des gegebenen Wortes ernst nimmt. Ohnehin ist ökonomische Sicherheit, wie der Autor der *Essais* versichert, stets nur scheinhaft, ungewiss wie die Glücksgöttin Fortuna, nicht umsonst zitiert er den Topos der *Fortuna uitrea*, jener gläsernen Fortuna, die gerade dann zerspringt, wenn sie am hellsten glänzt. Die Ethik des Wortes, die hier sichtbar wird und auf der zu bestehen Montaigne auch in anderen Kontexten nicht müde wird, muss sich jedenfalls einer Sprache des Geldes verweigern, für welche die Zeichen der Sprache zu manipulierbaren Einsätzen werden.

Die zweite Lebensform, die Montaigne zufällt, ist die des (Geld-)Besitzes. „Ma seconde forme, ç'a esté d'avoir de l'argent." (E, S. 273) Der Schlossherr, der nunmehr einem Hauswesen vorsteht, geht die neue *condition* mit erheblichen Beständen und Reserven (*reserves notables*) an, die er von seinem Vater geerbt hat. Er unterscheidet zwischen dem, was zum Alltag der Haushaltsführung gehört, die *despence ordinaire*, und dem Vermögen, das er darüber hinaus besitzt, er lernt auch, sich nicht auf unsichere Einnahmen zu verlassen. Das Haus und der Besitz verwandeln sich in der Vorstellung des Besitzers zum Reich der Fortuna, deren Wankelmütigkeit nichts als Risiken suggeriert. Montaignes Einbildungskraft malt ihm fortwährend aus, was alles passieren könnte, er wird von *vaines et vitieuses imaginations* geplagt. So wird das Eigentum zur Quelle einer quälenden Sorge (E, S. 274: *penible sollicitude*), die mit der parallel entwickelten ethischen Sorge um das eigene Selbst konkurriert. Montaigne weiß natürlich, dass es auch anders geht, man hat es ihm im eigenen Hause vorgemacht. Wie der kleine Essay *D'un defaut de nos polices* (I, 34) berichtet, hat Pierre Eyquem ihm das Beispiel einer *police œconomique* hinterlassen, dessen Vorzüge er zwar lobt, dem er aber nicht gefolgt sei. Der Vater habe sowohl genau Buch führen lassen als auch in einem Hausbuch für die Familie bedeutsame Ereignisse aufgezeichnet. So war ein *receveur* dafür zuständig, alle Rechnungen, Zahlungen, etc., sofern sie nicht in die Zuständigkeit eines Notars fielen, in einem *registre des negoces du mesnage* zu verzeichnen. Der Schreiber des Hauses hatte außerdem ein *papier journal*, eine Art Familientagebuch, zu führen, in dem Tag für Tag die *memoires de l'histoire de sa maison* (E, S. 230) verzeichnet wurden, eine, wie Montaigne anmerkt, sowohl unterhaltsame wie lehrreiche Lektüre, durch die man die Vorfälle des Hauses, Reisen, Hochzeiten und Todesfälle, aber auch Wechsel in der Dienerschaft, vor dem Vergessen bewahren konnte. Was Pierre Eyquem tut, entspricht einer weitverbreiteten Praxis der Zeit: Familien- und Hausbücher, in denen sich Buchhaltung und Chronik verbinden, gehören zu den verbreiteten Aufzeichnungstechniken der Renaissance. Durch solche pragmatischen Genera der Verschriftlichung dokumentiert und verstetigt man die ökonomische, genealogische, aber auch die juristische Identität der Familie. Montaigne selbst hat zumindest gelegentlich, wie seine Familienaufzeichnungen in der *Ephemeris historica* Michael Beuthers belegen[2], an dieser Praxis partizipiert. Allerdings beklagt er, dass er

2 In dem Almanach finden sich insgesamt 46 handschriftliche Einträge Montaignes. Die meisten betreffen Familienangelegenheiten: Geburten, so werden alle sechs in den Jahren 1570 bis 1583 geborenen Töchter verzeichnet, meist mit Angaben über ihre kurze Lebensspanne (über die vierte, 1574 geborene Tochter heißt es beispielsweise, sie „mourut environ trois mois apres et fut batisee tumultueusement la necessite pressant"), Hochzeiten (so die eigene am 23. September 1565 oder die der „fille unique" Leonor am 27. Mai 1590 mit François de la Tour), Sterbefälle (so der Tod des Vaters, der am 18. Juni 1568 „tourmenté d'une pierre a la vessie"), starb. Sein letzter eigener Eintrag betrifft die Geburt seiner ersten Enkeltochter am 31. März 1591: „1591 nasquit a madame de la Tour ma fille son premier enfant baptisee par le sieur de Saint Michel oncle de son mari et par ma fame qui la noma Francoise a la Tour." Die beiden längsten Einträge betreffen allerdings Ereignisse, in denen sich das Persönliche und das Politische

aufs Ganze gesehen und zu seinem Schaden der väterlichen Praxis nicht gefolgt sei: „Usage ancien, que je trouve bon à rafraichir, chacun en sa chacuniere: et me trouve un sot d'y avoir failli." (E, S. 230) Diese Selbstdenunziation und die Verweigerung des alten Brauchs ändern natürlich nichts an der grundsätzlichen Diskontinuität gegenüber der ökonomischen Tradition des Hauses: An die Stelle des Hausbuchs lässt Montaigne die *Essais* treten, die Ereignisse des Oikos werden ersetzt durch die Erfahrungen des Ichs, an die Stelle des namenlosen Chronisten tritt der Anspruch des Selbstporträts, ausgetragen in einem Buch, das die Substanz des Autors teilt.

Montaigne opponiert der pragmatischen Rationalität des Hausbuchs, das doch mit der väterlichen Autorität ausgezeichnet ist. Im Umgang mit Geld und Besitz legt er ein Verhalten an den Tag, das die praktische Klugheit des Haushälters in die lächerlichen Gesten einer *honteuse prudence* verkehrt. Aber nicht nur das: Indem er die Tugenden des Haushälters verwirft, wird er auch in ökonomischen Angelegenheiten seinem eigenen Anspruch einer Ethik des Wortes untreu. Der Autor, der in der Interaktion auf die Verbindlichkeit des gegebenen Wortes und in der Ichrede der *Essais* auf Wahrheit und Aufrichtigkeit setzt, distanziert sich selbstkritisch von dem missratenen Haushälter, der er auch ist und dem Geld und Vermögen zum Gegenstand der Lüge werden: „moy, qui ose tant dire de moy, ne parloy de mon argent, qu'en mensonge" (E, S. 274). Er gehört damit, zumindest was ökonomische Transaktionen angeht, zu denen, welche der Essay *Des menteurs* (I, 9) mit dem Scheiterhaufen bedrohen möchte.[3] Mit diesem Habitus der Lüge in Geldangelegenheiten beraubt er sich indes der Möglichkeit, den eigenen Besitz zu genießen. Die *jouyssance de ses propres*

überschneiden: a) am 19. Dezember 1584, Montaigne ist zu dem Zeitpunkt Bürgermeister von Bordeaux, wird er von Heinrich IV. und seinem Gefolge auf Schloss Montaigne besucht, der König bleibt zwei Tage und schläft in Montaignes Bett, seine wichtigsten Begleiter werden namentlich genannt; b) die kurze Gefangenschaft (oder besser: Festsetzung) in der Bastille am 10. Juli 1588, sie dauert nicht einmal fünf Stunden; die Verhandlungen um die Freilassung finden indes auf höchster Ebene, zwischen der Königinmutter und Henri de Guise statt. (Die *Ephemeris historica* wurde 1948 unter dem Titel *Le Livre de raison de Montaigne. Sur l'"Ephemeris historica'* von Jean Marchand ediert, der Text ist mittlerweile auch auf den Internetseiten von *MONLOE: Montaigne à L'Œuvre* in den Bibliothèques virtuelles humanistes der Université de Tours zugänglich, nach denen ich zitiere).

3 Dort heißt es über das Lügen: „Si nous en connoissions l'horreur et le poids, nous le poursuivrions à feu, plus justement que d'autres crimes [...] La menterie seule, et un peu au dessous, l'opiniastreté, me semblent estre celles desquelles on devroit à toute instance combattre la naissance et le progrez, elles croissent quand et eux [...]" (E, S. 58). Der unvergleichliche Horror der Lüge liegt für Montaigne darin, dass sie die Wahrheitspflicht des Wortes verweigert.

biens (E, S. 274), die ihm doch so reichlich zugefallen sind, bleibt ihm in dieser zweiten ökonomischen *condition* verwehrt. Die Balance des Besitzes kippt in die auch in theologischer Hinsicht bedenklichen Extreme der Habsucht und der Verschwendung. Die Notwendigkeit, diese ökonomische Identität zu verwerfen oder zumindest abzuspalten, wird im retrospektiven Blick überaus deutlich. In den *Essais* tritt das Ich an die Stelle des Hauses, die Ökonomie der Familie macht einer Ökonomie der Person Platz, der es um den Haushalt ihrer Vermögen und ihrer Affekte geht.

Aber mittlerweile ist es Montaigne vergönnt, noch eine dritte ökonomische Lebensform, eine „tierce sorte de vie", zu erproben. Ein guter Dämon habe ihn aus der Existenzform des Besitzes geworfen, er unternimmt eine kostspielige Reise und erlaubt sich „le plaisir de certain voyage de grande despense" (E, S. 275). An dieser Stelle werden weder die Route noch die Motive der großen Reise der Jahre 1580-81 erwähnt, die Montaigne durch Deutschland und die Schweiz schließlich nach Italien führt. Die dritte Lebensform ist vergnüglicher und geregelter als die zweite, „plus plaisante beaucoup et plus réglée", der Reisende lebt in den Tag hinein, „du jour à la journée", die Ausgaben sind zuverlässig durch die häuslichen Einnahmen gedeckt. Montaigne begnügt sich damit, die gewöhnlichen Bedürfnisse und Ausgaben einzuplanen – für die außergewöhnlichen lässt sich ohnehin keine Vorsorge treffen. Was er erwirbt, dient nun dem Vergnügen, nicht der Vermehrung des Besitzes. So entgeht er der *importunité de l'œconomie* (E, S. 276), er zitiert antike und moderne Beispiele, wie man sich der Last des eigenen Vermögens zu entledigen vermag. Der ökonomische Verlust, den das (Ver-)Schenken mit sich bringt, wird durch das Zeugnis, das sie von der *bonté propre* ablegt, mehr als aufgewogen und als ethischer Gewinn verbucht. An die *bonté d'autruy* (E, S. 276) zu glauben, was die Sorglosigkeit des Reisens ermöglicht, ist zugleich Ausweis eigener Güte.

Die dritte ökonomische *condition*, von der *Que le goust des biens et des maux despend en bonne partie de l'opinion que nous en avons* handelt, hat erst nach der Erstausgabe von 1580 Eingang in den Text gefunden, geht es in ihr doch um die einzige große Reise, die Montaigne in seinem Leben unternommen hat. Aber die Wege, die Montaigne ins Spiel bringt, um der Last des Hauses und des Haushalts zu entgehen, werden sich in den *Essais* als produktiv erweisen. Sie betreffen vor allem zwei Ebenen: zum einen die Isotopie der Reise, die von der realen Italienreise auf das Schreiben als Reise ausgreift, denn in beiden Fällen wird der Ort durch den Weg ersetzt, Besitz und Geld gegen Bewegung und Weltgenuss eingetauscht; zum andern die Substitution der Sorge um das Haus durch die Sorge um das Ich, welche ein neues Regime des Haushalts und seiner Grenzen einrichtet und die osmotischen Beziehungen von Innen und

Außen neu justiert. Erst dann kann an die Stelle der Präokkupation durch die Wechselfälle der Fortuna, welche die Einbildungskraft besetzt, die Souveränität des eigenen Urteils treten.

Der Essay, der bereits im Titel die Wahrnehmung, den ‚Geschmack' der Güter und Übel von unserer Meinung abhängen lässt, greift dieses Thema am Ende schließlich noch einmal explizit auf: Überfluss, *aisance*, und Mangel, *indigence*, hängen wesentlich von der *opinion* ab, denn: „la creance se donne essence et verité" (E, S. 276). Deren Selbstermächtigung gilt es auf Distanz zu halten, um dem freien eigenen Urteil Geltung zu verschaffen. In ihm wird die Form der Dinge zu den Bedingungen der eigenen Vermögen immer wieder neu bestimmt. Damit ist keineswegs die Wahrheitsfähigkeit der Urteilskraft behauptet. Nicht umsonst zitiert Montaigne das alte, von Seneca übernommene Beispiel des wohlgeformten Ruders, das im Wasser gekrümmt erscheint. Aber er gibt ihm eine eigene Wendung. Weniger auf die illusionäre Verzerrung der Wahrnehmung komme es dabei an, als auf die Geltung des eigenen Blicks: „Il n'importe pas seulement qu'on voye la chose, mais comment on la voye." (E, S. 277) Stets wird es Montaigne darum gehen, die Selbstbehauptung des eigenen Urteils auch angesichts fehlender Wahrheitsgewissheit zu behaupten. Die kleine ökonomische Biographie, die er konstruiert, trägt diesen Anspruch, der die *Essais* durchgängig antreiben wird, exemplarisch vor.

ERSTER TEIL

Lektüren und Konzepte

KAPITEL I

Lesen, Übersetzen, Schreiben

1 Latein als Muttersprache

Michel Eyquem, der Nachwelt als Michel de Montaigne bekannt (die Erstausgabe seines Buches erscheint als *Essais de Messire Michel Seignevr de Montaigne*), wird am 28. Februar 1533, kurz vor Mittag, auf Schloss Montaigne, dem Familienbesitz gut fünfzig Kilometer östlich von Bordeaux, geboren. Der Eintrag in der *Ephemeris historica*, dem Almanach Michael Beuthers, der für Familienaufzeichnungen auch noch nach Montaignes Tod verwendet wurde, stammt von Montaignes eigener Hand, er ist, im Gegensatz zu den meisten anderen seiner Einträge, auf Lateinisch abgefasst, und weist einige Korrekturen auf. Diese betreffen die Jahreszahl (bis 1564 begann das Jahr an Ostern), aber auch den Namen: Sowohl beim Vater wie bei ihm selbst wird der Familienname ‚Eiquemius' durchgestrichen und durch ‚Montanus' ersetzt. Die Auskunft, er stamme von „nobilibus par[en]tibus" ab, ist unterstrichen.

Montaigne wächst zunächst bei einer Amme in einer bäuerlichen Familie der Umgebung auf, aber bereits 1535 engagiert der Vater einen deutschen Hauslehrer, mit dem der junge Michel, wie die ganze Familie, sich auf Lateinisch verständigt. So zumindest die von Montaigne selbst berichtete Version, er schreibt darüber in dem Essay *De l'institution des enfans* (I, 25). Der an Diane de Foix adressierte Essay äußert sich allerdings skeptisch über die pädagogische Bedeutung der alten Sprachen, das Verhältnis von Aufwand und Ertrag erscheint dem zum Erziehungsberater avancierten Autor denkbar ungünstig: „C'est un bel et grand agencement sans doubte, que le Grec et Latin, mais on l'achepte trop cher." (E, S. 179) Eine einfachere und günstigere Gelegenheit (*meilleur marché*) als den schulischen Unterricht, die allerdings nur das Lateinische, nicht das Griechische betrifft, führt Montaigne am Beispiel seiner eigenen Erziehung nicht ohne ironische Untertöne vor. Sein Vater, des Lateinischen unkundig, lässt sich von den Gelehrten, die er konsultiert, eine *forme d'institution exquise* (E, S. 180) für seinen dritten Sohn Michel vorschlagen, der zugleich der erste ist, der nicht im Kindesalter stirbt, und der damit zum Erben wird. Da die lange Zeit, die mit dem Erlernen der alten Sprachen verbraucht werde, das einzige Hindernis sei, welches die Menschen der Gegenwart daran hindere, die Seelengröße und das Wissen der Alten (*la grandeur d'ame et de cognoissance des anciens*) zu erlangen, engagiert er einen deutschen Arzt (er heißt vermutlich Gisbert Horst), welcher, des Französischen unkundig, mit

 | DOI 10.30965/9783770563548_002

dem jungen Michel wie mit dem ganzen Hausstand nur Lateinisch spricht. Immerhin lernen bei der Gelegenheit auch Vater und Mutter, sogar das Dienstpersonal, genügend Latein, um sich im Notfall der Sprache zu bedienen. Der junge Montaigne aber erwirbt die alte Sprache so rein, wie sein Lehrer selbst sie spricht, ohne die üblichen Hilfsmittel und Disziplinierungsmaßnahmen „sans art, sans livre, sans grammaire, ou precepte, sans fouet, et sans larmes" (E, S. 180), dass er damit alle seine späteren humanistischen Lehrer im Collège in Erstaunen versetzt: Die lateinische Sprache hat er „si prest et si à main" (E, S. 181), dass die Pädagogen kaum wagen, ihn in der alten Sprache anzusprechen. Montaigne lernt Latein ohne erzieherische Gewalt, im alltäglichen Gebrauch. Im Nachhinein erscheint das Lateinische ihm als die erste Sprache, die er gesprochen hat, das Französische und der heimatliche Dialekt des Périgord sind dem Kind zunächst ebenso unvertraut wie das Arabische, so die provokativ überspitzte Auskunft:

> Quant à moy, j'avois plus de six ans, avant que j'entendisse non plus de François ou de Perigordin, que d'Arabesque [...] (E, S. 180)

Später erklärt der bedeutende schottische Humanist George Buchanan, der Montaignes Lehrer auf dem Collège de Guyenne sein wird und der zeitweilig als Erzieher des Comte de Brissac tätig ist, dass er sich am Beispiel Montaignes zu orientieren gedenke, wenn er über Erziehungsfragen schreiben wolle.

In den Jahren 1539–1546 ist Montaigne Schüler des wenige Jahre vorher (1533) gegründeten Collège de Guyenne.[1] Montaigne erwähnt in *De l'institution des enfans* einige der Lehrer, die ihn dort unterrichtet haben: Nicolas Grouchy, Autor eines Werks *De comitiis Romanorum*, Guillaume Guerente, Verfasser eines Aristoteleskommentars, Marc Antoine Muret, der „meilleur orateur du temps" (E, S. 181), und eben George Buchanan (1506–1582), „the most profound intellectual sixteenth century Scotland produced"[2]. Montaigne nennt Buchanan in seinem Essay einen „grand poëte Escossois" (E, S. 180). In der Tat war der schottische Gelehrte auch Dichter, Autor lateinischer (*Baptistes sive Calmunia, Jephthes sive Votum*) und überdies Übersetzer griechischer Tragödien (*Medea, Alcestis*), bei deren Aufführung der Schüler Montaigne offenbar

1 Zur Geschichte des Collège vgl. Ernest Gaullier, *Histoire du collège de Guyenne*, Paris 1874. Über Montaignes Kindheit und seine Schulerfahrungen informieren beispielsweise Roger Trinquet, *La jeunesse de Montaigne. Ses origines familiales, son enfance et ses études*, Paris 1972 und Philippe Desan, *Montaigne. Une biographie politique*, Paris 2014.

2 Keith M. Brown, „Reformation to Union, 1560–1707", in: Robert A. Houston/William W. Knox (Hgg.), *The New Penguin History of Scotland*, Harmondsworth 2001, S. 182–275, S. 185.

zeitweise mitwirkte – vor allem aber ist Buchanan ein europäischer Humanist, Philosoph und Historiker, in dessen Karriere sich die politischen und theologischen Spannungen der Epoche exemplarisch verfolgen lassen: Er unterrichtet in Paris und an der portugiesischen Universität Coimbra, er wird später wegen lutherischer Tendenzen angeklagt; im Gefolge seiner Rückkehr nach Schottland wird er Tutor von Mary Stuart und James VI., dem späteren James I., überdies schreibt er eine Geschichte Schottlands (*Rerum Scoticarum Historia*) und verfasst den politischen Traktat *De Jure Regni apud Scotos*, nunmehr als offener Vertreter des Protestantismus. Im kollektiven Bildgedächtnis ist er noch gegenwärtig: Auf der Princes Street in Edinburgh findet sich an der Westseite des Scott Monuments seine von John Rhind geschaffene Statue, obwohl Buchanan in den historischen Romanen Walter Scotts als Figur nicht vorkommt.

Angesichts von humanistischen Pädagogen solcher Statur war das Collège de Guyenne um die Mitte des 16. Jahrhunderts offensichtlich ein intellektueller Brennpunkt der Zeit, an dem zugleich konfessionelle und politische Antagonismen deutlich werden konnten. Der junge Montaigne tritt in eine Institution ein, die er als die damals beste Schule Frankreichs, „très-florissant pour lors, et le meilleur de France“ (E, S. 182), bezeichnet. Auf seine Kenntnis der alten Sprachen, insbesondere des Lateinischen, hat das Collège, trotz der philologisch kompetenten Lehrer, allerdings einen ungünstigen Einfluss. So beklagt Montaigne: „Mon Latin s'abastardit incontinent, duquel depuis par desaccoustumance j'ay perdu tout usage.“ (E, S. 182) Die humanistische Schule verdirbt den Umgang mit der lebensweltlich erworbenen alten Sprache. Als er mit dreizehn Jahren die Schule verlässt, habe er nichts mitgenommen, was ihm gegenwärtig, beim Lesen der antiken Autoren und beim Schreiben der *Essais*, nützlich sei. Vom Griechischen ist an dieser Stelle gar nicht die Rede, Montaigne erwähnt nur die Bemühungen seines Vaters, ihm die alte Sprache durch eine *voie nouvelle* beizubringen, „par forme d'ébat et d'exercice“, aber diese spielerische Methode versagt offenbar, Montaigne hat, wie er festhält, „quasi du tout point d'intelligence“ (E, S. 181) des Altgriechischen. In dem Essay *A demain les affaires* (II, 4), der vor allem die Leistung des Plutarchübersetzers Jacques Amyot rühmt, unterstreicht Montaigne noch einmal: „je n'entends rien au grec.“ (E, S. 382) Diese kategorische Feststellung ist indes ein massives Understatement, die Belege einer gewissen Vertrautheit mit griechischen Autoren und ihren Originaltexten finden sich in den Sentenzen von Montaignes Bibliothek ebenso wie in den *Essais*.[3]

---

3 Vgl. dazu Kyriaki Christodoulou, „Sur le grec de Montaigne“, in: *Montaigne Studies*, 4 (1992), S. 19–39; Alain Legros, „La main grecque de Montaigne“, *Bibliothèque d'Humanisme et Renaissance*, 61 (1999), S. 461–478.

Die Zeit der Schule ist indes nicht nur die Zeit der Sprachen. Vor allem fällt in die Jahre des Collège de Guyenne auch Montaignes erste Vertrautheit mit der Welt der Bücher, und das heißt in erster Linie der Literatur der Antike: Mit sieben oder acht Jahren, in den Schulen der Renaissance durchaus kein ungewöhnliches Alter für lateinische Lektüren, liest er Ovids *Metamorphosen*, er entdeckt die Attraktionen der Poesie und den Genuss der Fiktion: „Le premier goust que j'euz aux livres, il me vint du plaisir des fables de la Metamorphose d'Ovide." (E, S. 182) Auch wenn der Platz Ovids in seinem Lektürekanon später deutlich zurücktritt – Montaigne wird als Autor ebenso von der (lateinischen) Poesie fasziniert bleiben, wie er es als Schüler war. Ihre typographisch hervorgehobenen und nicht übersetzten Zitate durchziehen Montaignes Buch. Und schließlich: Die letzten Worte der *Essais* in dem Essay *De l'Experience* (III, 13) stammen nicht vom Autor selbst, sondern aus einer Ode des Horaz, die ihrerseits selbstreflexiv die Dichtung thematisiert und zur letzten Instanz der Selbstreflexion des Essays wird.

2 Montaigne als Übersetzer: die *Theologia naturalis* des Raimundus Sabundus

Man weiß erstaunlich wenig über Montaignes Zeit als Student der Jurisprudenz, selbst die Orte, vermutlich Toulouse und Paris, sind nicht zuverlässig gesichert. Ähnliches gilt für die Jahre seiner juristischen Berufstätigkeit als *conseiller*, zunächst ab 1555 an der Cour des Aides in Périgueux, wo er die Funktion von seinem Onkel Pierre Eyquem, sieur de Gaujac, übernimmt, ein Jahr später dann am Parlement de Bordeaux, wo er bis 1570 tätig ist, um dann sein Amt zu verkaufen. Ab 1561 ist Montaigne in der sogenannten Chambre des Enquêtes, einem Berufungsgericht, tätig. Immerhin konnte man inzwischen aus den Archiven erschließen, dass er an mehreren Hundert Verfahren beteiligt war und eine umfangreiche Tätigkeit als Berichterstatter (*rapporteur*), aber auch als Gesandter des Gerichts ausgeübt hat.[4] Die *Essais* schweigen über diese Zeit, seine juristische (wie überhaupt seine akademische) Kompetenz hat Montaigne

4 Vgl. dazu Desan, *Biographie politique*, a.a.O., S. 76ff., v.a. S. 111. Desans Bilanz ist ernüchternd: „Que sait-on du travail de Montaigne au parlement de Bordeaux? Peu de choses finalement, mais il est tout de même possible d'imaginer son travail à partir de la pratique judiciaire du parlement de Bordeaux durant son service." (S. 102) Zu den Archivdetails vgl. auch Katherine Almquist, „Examining the Evidence: Montaigne in the *Registres secrets du Parlement de Bordeaux*", in: *Montaigne Studies*, 16 (2004), S. 45–74.

immer wieder heruntergespielt[5], die Jurisprudenz ist bis in *De l'Experience* (III, 13), dem letzten Kapitel der *Essais*, Gegenstand überaus kritischer Reflexionen, die indes nie die Ebene der Allgemeinheit von Gesetzen und juristischen Begriffen, von Rechtssetzungen, Rechtsordnungen und Rechtsauslegungen verlassen.[6] Das Buch des Selbst, zu dem die *Essais* werden, vernachlässigt, vergisst oder verdrängt die juristische Karriere seines Autors.

1569, ein Jahr vor dem Ende seiner Zeit als *conseiller* am Parlement de Bordeaux, veröffentlicht Montaigne seine französische Übersetzung der *Theologia naturalis seu Liber creaturarum* des katalanischen Theologen Raimundus Sabundus (Ramon Sibiuda), der 1385–1436 lebte und zeitweilig auch Rektor der Universität Toulouse war. Im Druck war das Buch erstmals 1484 in Lyon erschienen. Wann genau Montaigne das fast tausendseitige Werk übersetzt hat, ist nicht bekannt, einige Biographen Montaignes gehen davon aus, dass die Übersetzung im Wesentlichen bereits vor Beginn der juristischen Karriere abgeschlossen war. Montaignes eigene Aussagen konstruieren allerdings eine andere Geschichte. Der an den Vater gerichtete Widmungsbrief der Übersetzung ist auf den 18. Juni 1568 datiert, dem Todestag Pierre Eyquems. In ihm spricht Montaigne von dem Auftrag, den ihm der Vater ein Jahr zuvor erteilt habe. Sein Bemühen war, in seiner Übersetzung dem großen „Theologien & Philosophe Espaignol" eine französische Einkleidung, „vn accoustrement à la Francoise", zukommen zu lassen, um ihm seine wilde und barbarische Erscheinung (*port farrouche, & maintien Barbaresque*) zu nehmen.[7]

Die *Apologie de Raimond de Sebonde* (II, 12), das längste Kapitel der *Essais*, ist das einzige, das einen Gattungsbegriff im Titel führt (auch wenn der Text

---

5 Vgl. die Bemerkungen am Anfang von *De l'institution des enfans*: „[...] ce ne sont icy que refveries d'homme, qui n'a gousté des sciences que la crouste premiere en son enfance [...] je sçay qu'il y a une Medecine, une Jurisprudence, quatre parties en la Mathematique, et grossierement ce à quoy elles visent." (E, S. 150)

6 Montaigne zitiert das Beispiel des Königs Ferdinand, der dafür Sorge trug, in die Kolonien keine „escholiers de la jurisprudence" zu entsenden und fügt hinzu: „Comme estant science de sa nature, generatrice d'altercation et division, jugeant avec Platon, que c'est une mauvaise provision de païs, que jurisconsultes, et medecins." (E, S. 1113)

7 Zit nach der Ausgabe: *La Theologie naturelle de Raymond Sebon, tradvicte novvellement en françois par messire Michel, Seigneur de Montaigne, Cheualier de l'ordre du Roy, & Gentil-homme ordinaire de sa chambre. A Paris, chez Guillaume Chaudiere, ruë S. Iaques, à l'enseigne du Temps, & de l'Homme Sauuage*, Paris 1581. Nach dieser, der zweiten, leicht veränderten Ausgabe wird im Folgenden zitiert. Zu den Qualitäten und Tendenzen von Montaignes Übersetzung vgl. vor allem Philip Hendrick, *Montaigne et Sebond. L'art de la traduction*, Paris 1996. Zum Verhältnis von Übersetzung und Kritik vgl. die Beiträge in Claude Blum (Hg.), *Montaigne. Apologie de Raimond Sebond, de la Theologia à la Théologie*, Paris 1990.

dessen generische Intention unterläuft). Zugleich handelt es sich um den Namen eines ‚modernen', nichtantiken Autors. An seinem Anfang berichtet Montaigne, wie er in den Besitz des theologischen Werks kam und warum er es übersetzen sollte:

> [...] Pierre Bunel, homme de grande reputation de sçavoir en son temps, ayant arresté quelques jours à Montaigne en la compagnie de mon pere, avec d'autres hommes de sa sorte, luy fit present au desloger d'un livre qui s'intitule *Theologia naturalis; siue, Liber creaturarum magistri Raimondi de Sebondi.* (E, S. 458)

Da Pierre Bunel, ein humanistischer Gelehrter aus Toulouse, bereits 1547 verstarb, muss das Geschenk an den Vater mehr als zwanzig Jahre vor der Veröffentlichung der Übersetzung überreicht worden sein. Die angeführte Begründung fällt allerdings überraschend aus. Pierre Eyquem, der nach dem Urteil seines Sohnes keinerlei „cognoissance des lettres" hatte, werde, so zumindest Bunels von Montaigne berichtete Einschätzung, das Buch des spanischen Theologen mit unaufwendiger Hilfestellung lesen können, weil er des Italienischen und des Spanischen mächtig sei, und die *Theologia naturalis* in einem „Espagnol barragouiné en terminaisons Latines" (E, S. 458) abgefasst sei, eine Beschreibung, die dem durch und durch scholastischen Latein des Buches allerdings entschieden Unrecht tut.[8] Aber Bunel hatte, so die *Apologie*, auch einen konkreten sachlichen Anlass für sein unhandliches Geschenk. In einer Zeit, wo die *nouvelletez de Luther* (E, S. 459) vielerorts bereits die *ancienne creance* erschütterten, sei das Werk des Sabundus ein nützliches, der aktuellen Situation angemessenes Buch, *livre très-utile et propre à la saison* (E, S. 459). Montaigne teilt Bunels Einschätzung, dass die Krankheit des Lutherismus zu einem *execrable atheisme* führen werde, weil sie die Autorität der Gesetze und die *reverence de l'ancien usage* untergrabe. Montaigne und Bunel argumentieren, wie man sieht, keineswegs dogmatisch, sondern funktionalistisch, ihre Sorge gilt der sozialen Rolle der Religion, das heißt vor allem ihrer immensen Bedeutung für den Zusammenhalt der Nation. So trete mit dem Protestantismus und der konfliktträchtigen Koexistenz zweier Konfessionen das unverbindliche und haltlose *particulier consentement* jedes Einzelnen an die Stelle von *authorité* und *fondement.* Montaignes in der *Apologie* ausdrücklich gemachtes Urteil gründet natürlich in der Erfahrung des konfessionellen

8 Zutreffender ist wohl die Feststellung, dass es wegen der mangelnden *elegance du langage* nur darum gegangen sei, die *matiere* des Buches wiederzugeben (E, S. 459) und literarische Ansprüche hintanzustellen.

Bürgerkriegs, der die Zeit zwischen dem Geschenk des Buchs und der Abfassung der *Apologie* bestimmt. Es mag sein, dass er Bunels Äußerung, die aus der Zeit vor dem Ausbruch der Glaubenskämpfe stammt, nachträglich der eigenen Wahrnehmung der geschichtlichen Situation angepasst hat.

Gleichwohl verschwand, so berichtet Montaigne weiter, die *Theologia naturalis* unter anderen Papieren des Vaters, erst kurz vor seinem Tod habe er das Buch zufällig wieder entdeckt und den Sohn beauftragt, es ins Französische zu übersetzen. Für Montaigne ist die Übersetzung des theologischen Werks eine „occupation bien estrange et nouvelle pour moy" (E, S. 459), sie wird auch eine einmalige Erfahrung bleiben. Da er dem Besten aller Väter, dem *meilleur pere qui fut onques* (E, S. 459), aber nichts abschlagen kann, habe er sich seiner Aufgabe so gut er konnte entledigt, eine offenbar erfolgreiche Anstrengung, die der Vater mit einem *singulier plaisir* aufgenommen habe. Die retrospektive Darstellung wirkt durchaus stilisiert, es scheint wenig wahrscheinlich, dass Montaigne binnen eines Jahres die Übersetzung und Veröffentlichung des Buches neben seiner Tätigkeit als *conseiller* am Parlement de Bordeaux abschließen konnte. In der Übersetzung der *Theologia naturalis*, die in der ersten Hälfte des 16. Jahrhunderts in ganz Europa rezipiert wurde, hat sich Montaigne intensiv und über längere Zeit auf die Begrifflichkeit und Argumentationsmuster der spätmittelalterlichen Theologie eingelassen. Die zweihundertseitige *Apologie de Raimond de Sebonde* ist das Dokument einer mehrjährigen Auseinandersetzung mit der theologischen Begriffswelt, in die sich Montaigne als Übersetzer vertieft hat. Allerdings wird im Fortschreiten des Textes der katalanische Theologe mehr und mehr durch den Bezug auf die antike Philosophie und namentlich die pyrrhonistische Skepsis verdrängt. Montaignes Textbewegung praktiziert ein ‚aktives' Vergessen von Thema und Titel, dessen Motive die *Apologie* dem Leser allerdings vorenthält.

Das *liber creaturarum*, als das Sabundus die *Theologia naturalis* im Untertitel vorstellt, will das Buch der Natur entziffern und lesbar machen. Indem es dieses Programm mit Erfolg zu Ende bringt, wird es den Menschen über seine Natur und seine Stellung in der Schöpfung aufklären. In Montaignes Übersetzung liest sich dieser Anspruch folgendermaßen: Es geht um die „[...] doctrine de l'homme, & à luy propre en tant qu'il est homme: doctrine conuenable, naturelle & vtile à tout l'homme: par laquelle, il est illuminé à se cognoistre soy-mesme, son createur & presque tout ce, à quoy il est tenu comme homme [...]" (*Theol. nat.*, S. 1b). Das Buch der Geschöpfe entfaltet also eine Anthropologie avant la lettre, die Lehre vom Menschen, deren Nutzen in der Anleitung zur Selbsterkenntnis liegen werde. Aber die *theologia naturalis* kann dieses ambitionierte Vorhaben nur einlösen, wenn sie den Menschen zur Erkenntnis Gottes und seines Schöpferwillens führt. Als theologische Anthropologie handelt sie von Gott und seinen Absichten mit der Schöpfung, und leitet daraus die Natur und die Pflichten des Menschen ab.[9] Ihr geht es daher fundamental nicht nur darum, was der Mensch für sich selbst ist, sondern vor allem um die Frage, was das Geschöpf dem Schöpfer schuldet. So lehrt die natürliche Theologie die *cognoissance de Dieu & de soy-mesme* (*Theol. Nat.*, S. 2a), aber sie tut es mit den Mitteln der *raison naturelle*.

Zwar erzählt das Buch der Geschöpfe auch eine Geschichte, die von der *corruption & deffaut de l'homme* des Menschen in seiner gegenwärtigen sündhaften Verfassung handelt und daher den Gegensatz zu der *premiere perfection* des Ursprungs (*origine*) seines Seins als Ereignis darstellt. Indem die Erzählung eine nicht an Individuen, sondern an Begriffen orientierte Geschichte des Sündenfalls liefert, übersetzt sie den biblischen Bericht in die Konzepte der natürlichen Theologie. In einem zweiten Schritt entfaltet die *Theologia naturalis* dann den Weg des Heils (*salut*), den Gott mit der Gestalt des Erlösers eröffnet hat. Es ist die erklärte Absicht des Autors, den katholischen Glauben, *la foy catholique*, zu stärken und die Irrtümer der heidnischen Philosophen (*Theol. nat.*, S. 2a: *erreurs des payens & philosophes infidelles*) aufzuzeigen. Aber das soll geschehen, ohne auf die Autorität der Bibel oder irgendeine andere Autorität zurückzugreifen. Die natürliche Theologie „n'allegue nulle authorité" (*Theol. nat.*, S. 3b), das Buch der Geschöpfe ist ein Buch ohne Namen, selbst der Name Jesus Christus, der „vray Dieu, vray homme & vray fils de Dieu" (*Theol. nat.*, S. 358a) ist, fällt erst nach langen Erörterungen über die Möglichkeit und Wirklichkeit des Erlösers. Sie setzt ausschließlich auf das Buch der Natur[10], denn dieses kann, anders als die Bibel, das Buch der Offenbarung, nicht missverstanden oder verfälscht werden: „[...] le liure de nature ne se peult ny falsifier, ny effacer, ny faulsement interpreter" (*Theol. nat.*, S. 3b). Niemand kann, so die kühne These des Autors, Häretiker werden, wenn er das Buch der Natur liest, anders als durch die Lektüre der Bibel, welche Interpretationsspielräume lässt. Außerdem ist das Buch der Natur das ältere Buch, weil es bereits seit der *origine du monde* (*Theol. nat.*, S. 3b) vorliegt und keine menschlichen Autoren benötigt. So gibt es für Sabundus eine markante Asymmetrie der beiden Bücher, „celuy de l'vniuersel ordre des choses ou de la nature, & celuy de la Bible." (*Theol. nat.*, S. 3b) Während die Bibel nur von den Klerikern richtig verstanden werde könne, ist das Buch der Natur für jedermann lesbar, seine Lehre ist,

9 Vgl. *Theol. nat.*, S. 2b: „[...] elle instruit l'homme à se cognoistre soy-mesme: à sçauoir pourquoi il a esté creé, & par qui il l'a esté, à cognoistre son bien, son mal, son deuoir, dequoy & à il est obligé."

10 Zur Geschichte und der Interpretation der zwei Bücher vgl. Hans Blumenberg, *Die Lesbarkeit der Welt*, Frankfurt/Main 1981, v.a. S. 47ff.

so der Anspruch, „commune aux laics, aux clercs & à toute maniere de gens" (*Theol. nat.*, S. 2bf.).

Wie muss man sich die Lektüre des Buchs der Natur vorstellen, um was für einen Text handelt es sich, wie wird das Buch, dessen Leser ohne theologische Vorbildung auskommen soll, lesbar? Sabundus' Antwort lautet: Jedes Geschöpf ist wie ein von der Hand Gottes geschriebener Buchstabe, „chaque creature n'est que comme vne lettre, tiree par la main de Dieu." (*Theol. nat.*, S. 3b) Ein spätes Kapitel wird diese Buchstabenanalogie auf Schöpfer und Geschöpfe insgesamt ausdehnen.[11] Der Mensch hat das Privileg, der ausgezeichnete Buchstabe der Schöpfung zu sein, die *lettre capitale & principale* (*Theol. nat.*, S. 3b). Dieser Anspruch soll sich gerade nicht aus der biblischen Formel der Gottebenbildlichkeit des Menschen ableiten, sondern aus der Lektüre des Buchs der Natur. Dazu aber muss zunächst die grundsätzlich hierarchische Ordnung der geschöpflichen Natur verstanden werden. In einem zweiten Schritt kann dann die Geschichte des Falls nachvollzogen werden, der dazu geführt hat, dass der Mensch seine anfängliche Vollkommenheit verlieren musste und damit die ursprüngliche Ordnung gestört ist. Das Buch der Natur muss also zweierlei leisten, es muss die Ordnung der Schöpfung entziffern und es muss eine Geschichte, eine Art ‚Naturgeschichte' des Falls, erzählen. Nur so kann es die Fragen beantworten, warum der Mensch einerseits ihr kapitaler Buchstabe ist und warum er andererseits in seiner gegenwärtigen Verfassung so eklatant nicht mehr dem entspricht, wozu ihn ursprünglich Gott erschaffen hat.

Die *Theologia naturalis* gilt als Dokument eines ausgeprägten spätmittelalterlichen Rationalismus – Hugo Friedrich spricht von dem „extremen, apologetisch gemeinten Rationalismus"[12] seines Verfassers, der sich gegen den Irrationalismus der averroistischen Schule wende. Auch Montaigne konstatiert die kühne Absicht des Verfassers, die Glaubensartikel der christlichen

---

11 Das Kapitel 264, *Exemple tres-familier pour esclaircir cest conionction des deux natures en vne personne*, arbeitet mit dem *exemple grossier des lettres de l'alphabet* (*Theol. nat.*, S. 349b), genauer: mit den Phonemen, vor allem mit der Unterscheidung von Vokalen und Konsonanten. Es gibt danach drei „voielles totallement immuables & qui ne perdent jamais leur son, A, E, O" (*Theol. nat.*, S. 350a), diese drei Vokale bedeuten die „trois personnes diuines immuables". Die beiden anderen Vokale, I und U (geschrieben V), die ihre Lautung im Verbund mit Konsonanten ändern können, bedeuten die beiden „natures creées propre à faire personnes, à sçauoir la nature angelicque & la nature humaine", die sich ebenfalls ändern können. Das I bedeutet die Natur der Engel, die keinen Körper besitzen, das zweischenkelige V bedeutet die aus Körper und Seele zusammengesetzte menschliche Natur. Die Konsonanten bezeichnen alle anderen Geschöpfe und niedrigeren Naturen, all jene, die keine Personen sind und diesen dienen.

12 Hugo Friedrich, *Montaigne*, Bern 1949, S. 124.

Religion „par raisons humaines et naturelles“ (E, S. 460) beweisen (*establir et verifier*) zu wollen, um damit den Atheismus in die Schranken zu weisen. Und die *Apologie* hält auch den zentralen Einwand gegen das rationalistische Prozedere fest, die Vernachlässigung der Rolle des Glaubens und der Gnade: „les Chrestiens se font tort de vouloir appuyer leur creance, par des raisons humaines, qui ne se conçoit que par foy, et par une inspiration particuliere de la grace divine“. (E, S. 460) Auch wenn er kein Theologe sei, wolle er diesem Monitum, das die Grundintenton des von ihm übersetzten Autors betrifft, nicht widersprechen. Angesichts einer *chose si divine et si haultaine*, wie sie der christliche Glaube sei, welcher die menschliche Intelligenz weit überragt, sei es nötig, dass Gott uns in einer außerordentlichen Zuwendung beistehe, um ihn verstehen zu können.[13] Von solchen fideistischen Konzessionen ist Sabundus indes weit entfernt, er verweigert den Rekurs auf den Glauben ebenso wie auf die Autorität der Bibel. Stattdessen entwirft seine natürliche Theologie in immer neuen Anläufen und Variationen die Ordnungsmuster, die er in der Schöpfung ausmacht. Sie zeichnen sich im Wesentlichen durch zwei Merkmale aus, ihre Vertikalität und ihre komplementäre Iterativität. Die Ordnung der Natur ist die einer strikten Hierarchie (*degre, eschelle*) der in ihrem Dignitätsanspruch gestuften Wesen und sie ist eine Ordnung der Wiederholung prägnanter Strukturmerkmale. Die Schöpfung ist also zugleich eine Ordnung der Ordnungen. Diese komplexe Schichtung der Ordnung macht die *beauté du monde* aus.

Bereits das 1. Kapitel der *Theologie naturelle, De l'eschelle de natvre par laquelle l'homme monte à la cognoissance de soy & de son createur*, führt eine doppelte Vertikalität vor, einerseits in der Aufstiegsbewegung der Erkenntnis[14], andererseits in der hierarchischen Ordnung der Welt. Die Gegenstände und Lebewesen folgen einem Vierstufenmodell wachsender Komplexität und Dignität, vom bloßen Dasein über das Leben zu den komplexeren Formen des Lebens, das zunächst mit Empfindung und schließlich mit Intelligenz begabt sei: „ces quatre choses, estre, viure, sentir & entendre, comprennent tout, & rien n'est au delà.“ (*Theol. nat.*, S. 7a). Diese vertikale Vierstufigkeit wiederholt sich beispielsweise in der Hierarchie der vier Elemente[15], Sabundus findet sie auch in der ständischen Ordnung der sozialen Welt, wo er die mittelalterliche

---

13 E, S. 460: „[…] il est bien besoin qu'il nous preste encore son secours, d'une faveur extraordinaire et privilegiée […] et ne croy pas que les moyens purement humains en soyent aucunement capables.“

14 Diese Bewegung ist selbst noch einmal zweigeteilt: „Ce sont deux mõtees & deux traictes à faire: l'vne par les choses, qui sont au dessoubs de l'homme iusques à luy, & le seconde de luy iusques à son createur.“ (*Theol. nat.*, S. 6b)

15 Vgl. *Theol. nat.*, S. 7a: „La terre est la plus abaissee & de moindre pris, l'eau est plus noble que la terre, l'air encore plus noble que l'eau, & au feu est reserué le dernier honneur.“

Trias von *laboratores, bellatores* und *oratores* umschreibt und um einen vierten Term erweitert. Die *diversité d'estat,* in der der Klerus nicht mehr vorkommt, umfasst nun die *laboureurs* als unterste Stufe, es folgen Händler und Bürger, dann der Adel von den Rittern bis zu den Herzögen, schließlich die oberste Schicht der Könige und Kaiser. Dabei hätte der Autor aus ordnungstechnischen Gründen durchaus bei der Dreizahl der Stände bleiben können, denn auch das ternäre Schema ist in seinem Werk prominent vertreten, von der göttlichen Trinität über die drei Teile der menschlichen Seele[16] bis zur Dreistufigkeit der Welt der Engel und schließlich der drei Hindernisse, welche die *reparation* (oder *restauration* oder *reformation*) der Beziehung des Schöpfers zu seinen Geschöpfen behindern.[17] Auf der „triplicité & nombre ternaire" (*Theol. nat.*, S. 266a) der Engel insistiert Sabundus schon deshalb, weil sie für die Geschichte des menschlichen Falls eine zentrale Rolle einnehmen. Dass er damit eine tradierte Lehre umschreibt, bleibt unerwähnt, auch hier werden, im Interesse der Konsistenz der natürlichen Theologie, keine Autoritäten ins Spiel gebracht.[18] Sabundus hätte allerdings auch kein Problem gehabt, einen Engelsdualismus auf andere duale Strukturen der Schöpfung abzubilden. So sind die Engel natürlich reine Geistwesen und stehen insofern im Gegensatz zu den Körperwesen ohne Geist, wie sie auch durch ihre Geistnatur auf ihren Schöpfer verweisen, von dem sie jedoch die Geschöpflichkeit unterscheidet. Und der Mensch, der kapitale Buchstabe der Schöpfung, der zwischen beiden steht, verkörpert den Dualismus von Körper und Seele sowohl in seiner Natur wie in seiner Geschichte, welche durch den Sündenfall die Ordnung der Natur verkehrt.

---

16 Vgl. *Theol. nat.,* S. 265a/b.: „toute son ame se diuise aussi en trois classes, hierarchies & principautez que nous appellons vegetatiue, sensitiue & intellectuelle". – Es versteht sich, dass Sabundus hier wie anderswo darauf verzichtet, die Unterscheidungen seiner natürlichen Theologie auf jene philosophischen Vorgaben zu beziehen, etwa die platonisch-aristotelische Lehre der Seelenteile, denen er seine Schematisierungen weitgehend verdankt. Die natürliche Theologie liest ohne Vermittlung im Buch der Natur und muss daher ihre Intertexte verschweigen.

17 Davon handelt Kapitel 249, *Des moyens de la reparation du genre humain et de la triple barriere qui est entre Dieu et nous.* Die drei Hindernisse betreffen die Sünde der ersten Vorfahren, ihre Weitergabe durch die Generationen und die aktuellen Verfehlungen der Lebenden: „La premiere (i.e. ‚fermure') massonnee par le peché de nostre premier pere, la seconde par la deriuation & insiniuation de sa coulpe en chacun de nous, & la tierce par les fautes que sciemment & volontairement nous cõmettons." (*Theol.nat.*, S. 323a)

18 Zur patristischen Doppelung der Engelsfiguren in eine kontemplative und eine administrative Klasse vgl. Giorgio Agamben, *Il regno e la gloria. Per una genealogia teologica dell'economia e del governo*, Turin 2009, S. 161ff.

In der Welt als Ordnung der Hierarchien und der Strukturwiederholungen, der Ordnung der Ordnungen, hat der Mensch in seiner originären Verfassung seinen Ort. Er vermag im Buch der Natur zu lesen und erkennt sich selbst, indem er sich mit den Dingen vergleicht, die unter und über ihm sind. Das Spiel von Ähnlichkeit und Unähnlichkeit, von *ressemblance* und *dissemblable*, erzeugt die *intelligence qu'il cherche de soy* (*Theol. nat.*, S. 6b). Aber diese fraglose Spiegelung in der hierarchischen Ordnung der Natur ist durch den Fall verlorengegangen.

Montaignes Vertrautheit mit der Sprache der Ähnlichkeiten und Unähnlichkeiten, die Sabundus prominent vertritt, kommt in den *Essais* immer wieder zum Tragen. Dem Vertrauen in ihre identitätsgarantierende Kraft wird er noch in seinem letzten Essay, *De l'experience*, entschieden widersprechen. Die Erfahrung der historischen Welt als *regio dissimilitudinis*, der die Stabilität der Hierarchie, des *degré*, der Verdoppelungen und der Spiegelungen abhanden gekommen ist, artikuliert sich gegen die Gewissheiten des *liber creaturarum*. Aber es gibt natürlich auch die andere Seite der natürlichen Theologie, ohne die sie nicht christliche Theologie wäre. Dort geht es nicht mehr nur um die Metaphysik der göttlich geschaffenen Ordnung, sondern um die Konsequenzen jenes Ereignisses, das diese Ordnung verletzt hat, der Sündenfall. Mit ihm hat der Mensch seine *premiere perfection* verloren, die natürliche Theologie muss erklären, warum der gottgegebene freie Wille, der *liberal arbitre* des Menschen[19], zum Abfall von Gott geführt hat, und zwar ohne auf die biblische Mythe des Falls und ihre Akteure zurückzugreifen. Natürliche Theologie ist nicht nur Ordnungswissenschaft, sondern zugleich Geschichte der Genese einer radikalen Unordnung, deren Ursache im Menschen als dem kapitalen Buchstaben der Schöpfung zu suchen ist.

In seiner *Apologie* berichtet Montaigne von einem namenlos bleibenden gebildeten Mann, einem *homme d'authorité nourry aux lettres* (E, S. 468), der durch die Lektüre der *Theologia naturalis* wieder aus den „erreurs de la mescreance" (E, S. 468) befreit wurde. Und er fügt hinzu: Auch wenn die Darstellungen Sebonds nur als „fantasies pures humaines" verstanden werden, können sie doch dazu dienen, all jene Ungläubigen zu bekämpfen oder zumindest vom falschen Weg abzubringen, die in die „espouvantables et horribles tenebres de l'irreligion" (E, S. 468) gestürzt sind. Denn es geht in der Situation nach dem Fall darum, den Menschen mit seiner „maladie naturelle et originelle" (E, S. 473)

19 Wie das Kapitel 103, *De l'estimation de l'homme par l'excellence du liberal arbitre*, erklärt, ist der freie Wille „la plus singuliere & la plus parfaicte chose qui soit en nature [...] L'aduãntage, le priuilege, la prerogatiue de l'hõme c'est ce beau & riche present." (*Theol. nat.*, S. 107b) Der freie Wille ist „la vraye image de Dieu." (*Theol. nat.*, S. 109a)

zu konfrontieren, und ihm dabei seine Selbstüberhebung (*presomption*) vor Augen zu führen, *l'orgueil, et l'humaine fierté*. Nur so kann die Nichtigkeit und Leere des gottfernen Menschen ihm selbst vor Augen gestellt werden. Von dieser *deneantise de l'homme* (E, S. 469) handelt die *Theologie naturelle*, wenn sie den postlapsarischen Menschen beschreibt, in dem sich die ursprüngliche Natur des Menschen in ihr Gegenteil verkehrt hat.[20]

Sabundus behandelt dieses Thema in einer Sprache, die ethische und ökonomische Konzepte amalgamiert. Im 233. Kapitel der *Theologie naturalis*, *Comme les actions de l'homme sont tresmal accordantes à son deuoir*, geht es zunächst um die Pflichten des Geschöpfs gegenüber dem Schöpfer. Der Mensch bleibt auch nach dem Fall ein ewiger Schuldner seines Gottes. Sabundus unternimmt es nachzuweisen und in einer Kaskade von adjektivischen Bestimmungen augenfällig zu machen, dass „nostre obligation enuers Dieu [...] est naturelle, perpetuelle, ineffaçable, infallible, incorruptible, & immortelle" (*Theol. nat.*, S. 268a). Wir können diese unabgegoltene Schuld im *liure de nature* lesen, aber auch in uns selbst, in der Wirklichkeit unserer doppelten Natur als Körper- und Geistwesen, „au corps mesme & ame de l'homme" (*Theol. nat.*, S. 268a). Selbsterkenntnis, *cognoissance de la nature de l'homme*, heißt nichts anderes als die Erkenntnis der aus der ursprünglichen Schuld gegenüber Gott resultierenden Pflichten. Sie wird damit identisch mit der *intelligence de son deuoir*. Aber all dieses ist außer Kraft gesetzt, wenn der Mensch, den Gott mit der Freiheit des Handelns ausgestattet hat[21], gegen seine Pflichten handelt, weil er von der Liebe zu Gott abgefallen ist, und an ihre Stelle eine schuldhafte Selbstliebe gesetzt hat[22]. Seine Handlungen sind dann im Blick auf die göttliche Ordnung der Natur *discordantes & eslongnees* und nicht mehr *conformes et conuenables* (*Theol. nat.*, S. 269b). Der Mensch wird zum Feind Gottes und zum Feind seiner selbst, er handelt gegen seine ursprüngliche Natur und ihr göttliches Gesetz. In dieser

---

20 Sabundus redet daher in Kapitel 235 von „duas scientias, una de homine perfecto, et alia de homine corrupto et lapso". Montaigne macht daraus die „entiere cognoissance de nostre nature, qui pend de l'intelligence de sa perfection & de sa decadence." (*Theol.nat.*, S. 295a) Zu den Differenzen von Text und Übersetzung vgl. Emmanuel Faye, *Philosophie et perfection de l'homme. De la Renaissance à Descartes*, Paris 1998, S. 166ff.

21 Vgl. *Theol. nat.*, S. 269a: „nostre faire est volõtaire & logé en la liberté de l'homme".

22 Vgl. *Theol. nat.*, S. 272a: „à la verité n'aymons nous pas tout ce que nous aymons, à cause de nous seuls & à nostre cõtemplation? qui est proprement n'aymer que soy-mesme." Dem augustinischen Thema des Gegensatzes von Gottesliebe und Selbstliebe ist eine ganz Serie von Kapiteln gewidmet (chap. 137ff.), mit Titeln wie: *Comme il n'y peut auoir que deux premieres amours, l'amour de Dieu et l'amour de nous, Comme l'amour de Dieu est racine de tout bien, außi est l'amour de nous mesmes racine de tout mal, L'amour de Dieu, & l'amour de soy sont les deux fondemens de la science du bien et du mal*, etc.

Fremdheit gegenüber sich selbst und seinem Schöpfer kann er nicht mehr im Buch der Natur lesen und sich in ihm seiner Identität als Geschöpf Gottes versichern. Der Mensch nach dem Fall ist seiner Natur entfremdet, er gerät damit in eine Krise der Selbsterkenntnis. So drängt Sabundus auf einen neuen Modus der Selbstinspektion des gefallenen Menschen, in dem es nicht mehr um die Betrachtung der Schöpfung, sondern um den Abstieg in die Tiefen der eigenen Verdorbenheit geht:

> […] profondon l'homme iusques dans son cœur, espluchõ & recherchon les interieurs secrets de ses entrailles, pour y descouurir au net […] la nature corrompue de ses actions […] (*Theol. nat.*, S. 269b)
> […] il faut penetrer au dedans de luy, sonder ses moëlles, & l'esprouuer bien auant iusques aux plus creuses, & plus occultes parties de ses membres, touchant en bon escient & au vif son propre faict & action particuliere. (*Theol. nat.*, S. 269b/270a)

Montaigne wird diese eindringliche Sprache, die er in seiner Übersetzung findet, in den Selbstbeschreibungen der *Essais* vielfach aufgreifen, ihre metaphorische Dramatik gewinnt programmatischen Charakter für das Buch des Selbst. Der Übersetzer Montaigne findet oder erfindet im fremden Text Modalitäten der Selbstinspektion, welche die *Essais* an der eigenen Person und ihrer Biographie durchspielen werden. Anders in der Systematik der *Théologie naturelle*, die ihren Autor nirgendwo ins Spiel bringt. Sie offeriert keine Techniken der Selbstinspektion des Individuums, geht es ihr doch in ihrem theologisch-anthropologischen Interesse vorrangig um die Rekonstruktion der gewissermaßen natürlichen Logik des Falls, die der biblischen Version konform sein muss, ohne doch bei ihr Anleihen zu nehmen. So erzählt die natürliche Theologie eine singuläre Geschichte mit begrifflich-allegorischen Mitteln. In ihr sieht sich das Modell der Lesbarkeit der Natur allerdings mit der Notwendigkeit der Erfindung konfrontiert. Denn lesbar ist die Natur als Ordnung, nicht als Ereignis. Der Autor versucht den fiktiven, supplementären Charakter der von ihm erzählten Geschichte kaum zu verbergen, obwohl er der Fiktion die erhebliche Aufgabe zumuten muss, den gegenwärtigen Stand des Menschen und der Menschheit zu erklären. In dieser Geschichte kommt der Angelologie – jener Teil, der wohl Montaignes Beschreibung als *fantasies pures humaines* provozierte – eine entscheidende Funktion zu. Sie erklärt, wie es zum Fall des Menschen kommen konnte, und sie entlastet ihn zugleich partiell von der Verantwortung für sein Tun, indem sie mit den Mitteln der natürlichen Theologie die Geistwesen der Engel dafür in Anspruch nimmt. Zwar ist es dem freien Willen des Menschen zuzuschreiben, dass er von Gott abgefallen und sich gegen ihn gewendet hat, der *liberal arbitre*, der edelste Teil des Menschen, ist unzweifelhaft die *cause de nostre corruption* (*Theol. nat.*, S. 295a)[23]: „nous auons trouué la racine de tous nos maux partis de nostre volonté ou liberal arbitre" (*Theol.nat.*, S. 295b). Aber Sabundus traut es dem freien Willen der prälapsarischen Verfassung nicht zu, aus eigenem Antrieb die privilegierte Stellung des Menschen in der Schöpfung zu ruinieren. Keine Rede ist in seiner Erzählung von dem mythologischen Arsenal des 1. Buch Mose, weder der Baum der Erkenntnis noch die Schlange treten auf. Sabundus konzentriert das Drama des Falls ganz auf die Begrifflichkeit des Ungehorsams und das Moment der Verführung:

> Il n'est donc pas possible que l'hõme en son entiere & naïfue excellence soit allé de gaieté de cœur & de son propre mouuement aigrir & picquer celuy duquel il venoit de receuoir sur l'heure tant de biens & tant d'auantage sur toutes les autres creatures: Sans doute, il fut esmeu d'ailleurs, & incité par quelque autre à mespriser la volonté de son facteur (*Theol. nat.*, S. 302b).

Was der Autor dem freien Willen des Menschen nicht zurechnen will, muss er einer anderen, höheren Instanz anlasten. Er findet sie in der Gestalt des ersten Engels, der höchsten Instanz der Engelshierarchie, die von allen Geschöpfen Gott am nächsten und am ähnlichsten ist. Ihm meint er das singuläre Ereignis des perversen Abfalls von Gott und der Wendung gegen den Schöpfer zuschreiben zu können[24]. Sabundus konstruiert am Beispiel der Rebellion des Engels die Urszene einer mimetischen Rivalität avant la lettre:

> [...] le mal s'empoigna certainement en premier lieu à l'Ange de toute sa troupe le plus esueillé, le plus dispost & le plus digne, garny d'vn liberal arbitre souuerainement pur & parfaict, d'vne façõ seigneuriale & cõmanderesse, d'vne condition actiue & inquiete & d'vne volonté surpassant en excellence & noblesse toutes les autres [...] (*Theol. nat.*, S. 306b/307a).

---

23 Der Titel des Kapitels 236 lautet: *De la cause et origine de la corruption de nostre nature.* Dort erklärt Sabundus im Blick auf die originäre Freiheit des Menschen: „[...] rien ne pouuoit forcer ou violenter sa liberté, il s'ensuit que c'est luy-mesme qui à son escient & non contrainct a peruerty & corrompu ses qualitez anciennes." (*Theol. nat.*, S. 295a)

24 Der erste Engel ist „le plus parfaict de sa troupe en dignité, suffisance & noblesse, la premiere des creatures de l'vniuers en toute excellence, & la plus voisine de son createur". (*Theol. nat.*, S. 308a) Wenn allerdings die *peruerse volonté* von ihm Besitz ergriffen hat, dann gibt es keinen Weg zurück, der Weg der Reue ist dem Engel anders als dem Menschen verwehrt: „[...] il ne peut se repentir de son peché, ny se douloir du mal volontaire qu'il a commis ignorant de soy-mesme & de sa pemiere nature [...]" (*Theol. nat.*, S. 311a).

Der erste Engel als der Ursprung des Bösen setzt dann jene Kette der Verführung in Gang, die auf den Menschen ausgreift. Sie hat in seinem perversen Willen ihren Ausgangspunkt, greift anschließend auf die *Anges inferieurs* über, die sich seiner Auflehnung anschließen, um dann auf den Menschen überzuspringen, und zwar dort, wo er seinen schwächsten Teil hat, das weibliche Geschlecht, welches dann ihrerseits den Mann infiziert.[25] Die ordnungstheoretisch informierte Erzählung liefert eine konzeptuelle Übersetzung der Sündenfallgeschichte.

So könnte es zumindest gewesen sein, die Logik der Verführungshierarchie ist von eindrücklicher Folgerichtigkeit. Aber an dieser Stelle kassiert die natürliche Theologie ihren Anspruch, die Ordnung des Schöpfers und der Schöpfung in ihren Begriffen abzubilden. Immer wieder bringt nun Sabundus die Kategorie der Wahrscheinlichkeit ins Spiel, die Erzählung des entscheidenden Ereignisses ist, wie mehrfach unterstrichen wird, nur eine Konjektur des Autors: „il est fort vraysemblable, que la corruption toucha la liberté angelicque" (*Theol. nat.*, S. 305a), „nous pouuons argumenter par vne tres-apparente conjecture" (*Theol. nat.*, S. 305b), etc.[26] Die Geschichte, die Sabundus erzählt, um das singuläre Ereignis mit den Mitteln seines naturtheologischen Begriffsarsenals plausibel erscheinen zu lassen, folgt einer Logik der Wahrscheinlichkeit – sie lässt schließlich eine Kategorie triumphieren, die seit der Antike den Diskurs der Poetik beherrscht. Die natürliche Theologie, die doch nichts anderes sein will als die Lektüre des Buchs der Natur, das niemanden täuscht, sieht sich in der Erzählung des zentralen Ereignisses der Geschichte des Menschen auf ihre Vermutungen und Erfindungen verwiesen. So hält die Fiktion Einzug in die Begriffsarchitektur der *théologie naturelle*. Sabundus wiederholt die biblische Geschichte des Sündenfalls im Rahmen seiner Hierarchien und Doppelungen, die Inversionslogik, dass der stärkste Engel den schwächsten Teil des Menschen, die Frau, verführt, lässt sich zwanglos aus ihren Begriffsoppositionen ableiten. Aber sie bleibt eine Konstruktion des Autors, sie verdankt sich nicht der unmittelbaren Lesbarkeit des Buchs der Natur.

---

25 Vgl. *Theol. nat.*, S. 307a: „Voilà donc le progrez & la suite de nostre mal-heur, vn des esprits & le plus noble de tous laissa premierement corrompre sa volonté à quelque fantasie desordonnee & vicieuse, cestuy-là corrompu tira quelques vns de ses compagnons à sa suitte, l'vn desquels seduict la femme, la femme nostre commun pere."

26 Oder: „ie viens de vray semblablement mõstrer que la nature angelicque à souffert de la corruption" (*Theol. nat.*, S. 306a), „il peut bien estre aduenu au pareil cas que le mal de la nature spirituelle se soit prins premierement à quelqu'vn des Anges" (*Theol. nat.*, S. 306a/306b), „il semble qu'il en faille argumenter tout au cõtraire, et dire plustost" (*Theol. nat.*, S. 306b), etc.

Die neue Form der Selbstreferenz, die durch den Fall notwendig wird, Selbsterkenntnis als Tiefeninspektion der menschlichen Natur angesichts des Verlusts der Orientierung, der Pflichtvergessenheit gegenüber dem göttlichen Willen, hat Sabundus nicht entfaltet, sein Werk gibt keine methodische Anleitung für spirituelle Übungen der Einzelseele. Vielmehr greift die *Theologia naturalis* auf eine supplementäre Lesbarkeit der gefallenen Natur zurück. In ihr geht es um die Entzifferung jener Zeichen, in denen sich der fortgesetzte Ungehorsam des postlapsarischen Menschen lesen lässt. Das Postulat dieser Lesbarkeit verlangt eine Semiotik, welche die Schuld und ihr Ausmaß in der Gestalt der Strafe liest. Die göttliche Ökonomie der Strafe ist so bemessen, dass sie die Verfehlung erkennen lässt. Indem wir die Auswirkungen der Strafe gewärtigen, können wir auf die Größe der Schuld schließen. Sabundus formuliert hier seine eigene Version des *contrapasso*-Prinzips als Interpretationsmaxime der natürlichen Theologie: „Puis que les qualitez du chastiment nous sont notoires par effect, nous pouuons aisément attaindre à celles de la coulpe." (*Theol. nat.*, S. 298b)[27] Mit dem Schluss von der Wirkung auf die Ursache ist die Präzision der göttlichen Strafsemiotik allerdings noch nicht erschöpft. Hinzu kommt, dass diese Strafe an eben jenen Organen sichtbar wird, die uns mit unseren Vorfahren verbinden. Das Drama der Verführung betrifft zwar die spirituelle Seite des Menschen, seinen freien Willen, der nur von einem reinen Geistwesen, eben dem abgefallenen Engel, verführt werden konnte. In der Gegenwart der gefallenen Natur bleibt es für die natürliche Theologie aber an der Verortung seiner körperlichen Anzeichen ablesbar. Gottes Strafe trifft den Menschen dort, wo es nicht um die Identität des Individuums, sondern um die Kontinuität der Generationen geht, in den Organen der Fortpflanzung. In ihnen bringt sich eine *peine* zum Ausdruck, mit der Gott auf die *coulpe* der ersten Menschen reagiert. Sie trifft seither die menschliche Gattung in ihrer postlapsarischen Geschichte insgesamt. Es müssen daher der Akt und die Organe der Zeugung sein, in denen der Ungehorsam gegenüber Gott weiterlebt. Diese verweigern sich hartnäckig dem freien Willen des Menschen, der wieder gehorchen möchte, um die Folgen des Falls auszulöschen. Das Stigma des Falls ist allerdings nicht durch einen Willensakt auszulöschen. Die Rebellion des Geschöpfes gegen seinen Schöpfer, welche die Rebellion der Engel nachahmt, wird immer wieder dann sichtbar, wenn der Mensch sich fortpflanzt.

27 Das Kapitel 237, *Comme il n'y a que deux maux, le mal de coulpe et le mal de la peine*, entfaltet die Komplementarität des freiwilligen Übels der Schuld und des unfreiwilligen Übels der Strafe, vgl. *Theol. nat.*, S. 297a: „[…] c'est pour le chastiment de sa corruptiõ & malice que Dieu nous a accompagnez du mal de la peine, c'est à dire des douleurs, des ennuis, & d'vn million d'incommoditez que nous sentons iournellement […]".

Die Reproduktion der Art reproduziert den Fall und hält seine Wirklichkeit gegenwärtig:

> [...] nous sommes tous produicts, & sortons par vn instrument & membre de rebellion, aussi sommes nous enfans de desobeïssance, puis que notamment ceste seule partie se meut cõtre nostre cõmandement & cõtre raison (*Theol. nat.*, S. 299a).

3 Bücher und Bibliothek

Der Essay *De trois commerces* (III, 3) handelt von drei Dimensionen des Umgangs mit dem Anderen, mit Menschen und Dingen. Zunächst geht es um Beziehungen zu Männern, mit denen Montaigne im Idealfall (wie mit Etienne de la Boétie) Freundschaft pflegen kann, im nächsten Schritt um die Beziehung zu Frauen, die im Zeichen des Eros steht, schließlich um den Umgang mit Büchern, der bei Montaigne nicht durch die Anstrengung des *studium*, sondern durch Vergnügen und Genuss bestimmt ist. Der Leser des dritten Buches der *Essais* erfährt, dass Montaigne sich für fähig hält, anspruchsvolle Freundschaften (E, S. 861: *amitiez rares et exquises*) zu knüpfen und zu unterhalten, eine Auskunft, die ihn nach der Lektüre von *De l'amitié* (I, 27) und der dort betriebenen Reflexion der Freundschaft zu Etienne de la Boétie ohnhehin nicht überraschen wird. Für die alltäglichen, gewöhnlichen Freundschaften (*amitiez communes*) sei er hingegen nicht zu gebrauchen, sie lassen ihn kalt. Der Umgang mit den *belles et honnestes femmes* andererseits ist für Montaigne ein *doux commerce*, an dem der Körper und seine Sinne (*sens corporels*) großen Anteil haben. Jedenfalls ist eine Beziehung zu Frauen zwar durchaus ohne die Anmut des Geistes (*graces de l'esprit*) denkbar, keinesfalls aber ohne die des Körpers (*graces corporelles*).[28] Und natürlich lauern hier Gefahren, der Körper droht das Übergewicht zu gewinnen und kann die Seele oder den Geist beherrschen. Der Autor weiß aus eigener Erfahrung, dass man in Geschlechterbeziehungen

---

28 Es fällt allerdings auf, dass das Bildungsprogramm, welches Montaigne den Frauen empfiehlt, seinen eigenen Lektürepraktiken und -vorlieben weitgehend entspricht. Dazu gehören die Dichtung („un art follastre, et subtil, desguisé, parlier, tout en plaisir, tout en montre, comme elles"), die Geschichte („diverses commoditez") und der lebenspraktische Teil der Philosophie („la part qui sert à la vie") (E, S. 864). Abgeraten wird von Rhetorik, Juristerei und Logik: „Quand je les voy attachées à la rhetorique, à la judiciaire, à la logique, et semblables drogueries, si vaines et inutiles à leur besoing: j'entre en crainte, que les hommes qui le leur conseillent, le facent pour avoir loy de les regenter soubs ce tiltre." (E, S. 863f.)

einer *affection furieuse et indiscrette* (E, S. 868) verfallen kann. Und es droht noch eine weitere Gefahr. Montaigne hat sich zwar nur selten den *accointances venales et publiques* (E, S. 868)[29] hingegeben, blieb aber trotzdem nicht von Geschlechtskrankheiten verschont, auch wenn deren *atteintes* weitgehend folgenlos, „legeres toutesfois, et preambulaires", waren.

Das dritte *commercium* betrifft den Umgang mit Büchern. Es macht das zentrale Anliegen des Essays aus, und es wird von vornherein als eine Austauschbeziehung, als ein ‚Handel', aufgefasst und damit in eine Analogie mit den Beziehungen zu Personen manövriert. Ihnen gegenüber hat es allerdings gewichtige Vorzüge, auch wenn Montaigne durchaus ambivalente Aspekte der Lektüre im Blick hat. Das Lesen ist eine vielfältige Tätigkeitsform, entsprechend differenziert fallen die Dienste aus, welche die Bücher dem leisten, der sich mit ihnen beschäftigt. Bücher sind, anders als Menschen, stets zugänglich und verfügbar, Montaigne rühmt ihre „constance et facilité" (E, S. 868). Sie erweisen sich damit als die beste ‚Munition' (*munition* im dreifachen Wortsinn von Schutz, Ausrüstung und Munition) für die Lebensreise (*humain voyage*). Die Lektüre ist zudem ein Genuss, den sich der Leser jederzeit leisten kann: „j'en jouyray quand il me plaira" (E, S. 869), selbst auf Reisen verzichtet Montaigne nie auf die Begleitung der Bücher.[30] Aber dieser doppelte Vorzug der Verfügbarkeit und des Genusses hat gleichwohl eine bedenkliche Kehrseite. Die Lektüre der Bücher lenkt von der Beschäftigung mit dem eigenen Selbst ab, die der Autor der *Essais* als den *plus laborieux et principal estude* (E, S. 860) seines Geistes proklamiert. Sich selbst zu studieren, *s'estudier soy*, besetzt für Montaigne gerade jene Sphäre eines aufmerksam-konzentrierten Studiums, das der Humanismus der Renaissance vorzugsweise mit der Welt der Bücher zu assoziieren pflegt. Die Lektüre hingegen ist dem Autor der *Essais* nicht Arbeit, sondern Genuss, sie gehört damit zu dem „genre des occupations, qui le desbauchent de son estude." (E, S. 860) Lektüre als Genuss aber, so der Befund, lenkt ab vom Ich, die *jouissance* des Lesens lebt nicht von der „consistance de son (i.e. des Lesers) *moi*", sondern von seiner *perte*[31]. In seiner intensiven

29 Montaignes Erfahrung mit den römischen Kurtisanen werden im *Journal de voyage* zumindest angedeutet: sie zeigen sich „à leurs jalousies, avec un art si traistresse que je me suis souvant esmerveillé comme elles piquent ainsi nostre veue; et souvant estant descendu de cheval sur le champ et obtenu d'estre ouvert, j'admirois cela, de combien elles se montroint plus beles qu'elles estoient [...] Le fruict d'y avoir couché la nuit pour un ecu ou pour quatre, c'est de leur faire ainsi landemein la court en publiq." (Œ, S. 1231)

30 Vgl. E, S. 869: „Je ne voyage sans livres, ny en paix, ny en guerre".

31 Vgl. Roland Barthes, *Le plaisir du texte*, Paris 1973, S. 26. Der *texte de jouissance*, so heißt es dort kurz vorher, „fait vaciller les assises historiques, culturelles, psychologiques, du lecteur [...]". (S. 25)

Form als Meditation hat das Studium des eigenen Selbst eine ethische Qualität, denn es wird zu einer „puissant estude et plein“ (S. 860), die sich als aktive Selbstformung manifestiert. Ihr gegenüber erscheint die durch das Lesen produzierte Anhäufung kultureller Reichtümer in der Person als eine Form der Ausschweifung. Montaigne will indes, wie es in einer prägnanten metaphorischen Opposition heißt, der Schmied, nicht der Ausstatter seiner Seele sein.[32] So entwirft der Essay einen Gegensatz von Genuss und Arbeit, Ästhetik der Lektüre und Ethik der Selbstsorge.

Zwischen der *estude* und der *jouissance* gibt es für Montaigne allerdings eine dritte Ebene, auf der das Studium des eigenen Selbst und der Genuss der Lektüre zur Konvergenz gebracht werden können. Sie macht das Terrain aus, auf der sich die *Essais* zu bewegen suchen, indem sie die Lektüre in die Selbstbeobachtung zurücklenken. Ihr Ort im Vermögenshaushalt ist dort zu suchen, wo das Lesen zur Übung der Urteilskraft wird:

> La lecture me sert specialement à esveiller par divers objects mon discours: à embesongner mon jugement, non ma memoyre. (E, S. 860)

Als Beschäftigung der Urteilskraft verbindet sich das Lesen mit dem Programm der Selbstformung und mit seinem sprachlichen Medium, dem essayistischen Schreiben. Das Lesen als Übung des Urteils ist nicht mehr atopischer Selbstverlust und nomadischer Genuss, sondern partizipiert an der Selbstbeobachtung und -formung der Person in den Aktivitätsspielräumen der eigenen Vermögen. Über deren Interaktionsformen berichten die *Essais* mit nicht nachlassender Intensität und hoher begrifflicher und metaphorischer Elastizität, auch wenn immer wieder das Spiel von Einbildungskraft und Urteil, *imagination* und *jugement*, im Zentrum von Montaignes Selbstreflexion steht. Aber die Balance der Vermögen, die Kohärenz ihrer Ansprüche und die Einstimmigkeit ihrer Auskünfte sind keineswegs stabil oder selbstverständlich. Vor allem in den großen Essays des dritten Buches, namentlich in *Sur des vers de Virgile* (III, 5), *De la vanité* (III, 9) und *De l'Experience* (III, 13), wird Montaigne immer wieder Schieflagen und Asymmetrien seiner Vermögen thematisieren, und zwar gerade auch in der Erfahrung der Lektüre: So kann der Genuss der Lektüre die Urteilskraft des Lesers überfordern und überwältigen, seine Intensität kann sich gegen die Reflexivität der Urteilskraft behaupten, die im Lesen mobilisierte Einbildungskraft entzieht sich dem Souveränitätsanspruch des Urteils.

Der Vorrang der Lektüre versteht sich für eine Person mit dem sozialen Hintergrund Montaignes in der Welt des 16. Jahrhunderts keineswegs von selbst.

---

32 Vgl. E, S. 860: „J'ayme mieux forger mon ame, que la meubler.“

Der Autor der *Essais* ist sich bewusst, gegen die Üblichkeiten, aber teilweise auch gegen seine eigenen Neigungen zu verstoßen. Er betrachtet sich selbst als eine gesellige Natur, er gehöre keineswegs zu den „naturels particuliers, retirez et internes" (E, S. 864). Der Kern seiner Form (*ma forme essentielle*) disponiert ihn zur Kommunikation in den vertrauten Verhältnissen seiner Lebenswelt: „je suis tout au dehors et en evidence, nay à la societé et à l'amitié." (E, S. 864) Allerdings ist diese natürlich-unreflektierte Disposition zu einer zwanglosen Geselligkeit in der Gemeinschaft der „honnestes et habiles hommes" in der gesellschaftlichen Realität, von welcher die *Essais* ausgehen, gänzlich fehl am Platze. Die selbstzweckhafte Form der Kommunikation, als ein „exercice des ames, sans autre fruit" (E, S. 865)[33], verlangt eine Welt, die längst vergangen ist. Den Dimensionen seiner Lebenswelt, der Sphäre des Hauses wie der Ämterwelt der städtischen Politik, aber auch den Machtspielen des Hofes, spricht Montaigne ab, zwanglose Interaktion und Kommunikation, in der sich die natürliche ‚Form' der Individuen zur Geltung bringen kann, überhaupt zuzulassen. Vielmehr herrschen dort allenthalben entweder Indifferenz oder Heteronomie, sprachloses Desinteresse oder zweckorientierte Ansprüche. In den sozialen Räumen, in denen er sich bewegt, werden ihm Interessen und Rollen zugemutet, denen er sich verweigern muss. Die Beispiele, die der Essay berichtet, fallen drastisch aus. In seinem eigenen Haus, „chez moy, au milieu d'une famille peuplée, et maison des plus frequentées" (E, S. 865), trifft der Hausherr zahlreiche Besucher, aber nur wenige, mit denen er sich austauschen will, er bleibt daher stumm und verschlossen, „muet, resveur, et enfermé" (E, S. 865)[34]. Noch unerfreulicher fallen die Beziehungen am Hof, *(a)u Louvre et en la presse*, aus, denn dort ist Montaigne mit Erwartungen und Verpflichtungen konfrontiert, denen er mit aller Kraft zu entgehen strebt, „fuyant mortellement la servitude et l'obligation" (E, S. 864). Die heteronome Äußerlichkeit der „agitation des cours" legt den Rückzug in den Binnenraum der eigenen Person nahe, die eigene Haut wird zur imaginären Grenzfläche gegenüber den Zumutungen der Gesellschaft des Hofes: „je me resserre et contraints en ma peau." (E, S. 864)

Montaigne liest überall, auch auf Reisen, aber vor allem in der Bibliothek im Turm des Familienschlosses. Davon ist bereits in der Erstveröffentlichung von *De trois commerces* in der Ausgabe von 1588 die Rede. Eine spätere

---

33 Vgl. auch die ein Ideal zwangloser Kommunikation entwerfende Formulierung: „Une ame bien née, et exercée à la pratique des hommes, se rend plainement aggreable d'elle mesme." (E, S. 865f.)

34 Zu einem solchen Verhalten rät er auch den Gästen: „Il s'y faict trefve de ceremonie, d'assistance, et convoiemens, et telles autres ordonnances penibles de nostre courtoisie (ô la servile et importune usance) chacun s'y gouverne à sa mode, y entretient qui veut ses pensées". (E, S. 865)

handschriftliche Ergänzung auf seinem Handexemplar, dem exemplaire de Bordeaux (Umschlagabbildung: EB 362r), bewirkt allerdings nicht nur eine thematische Schwerpunktverlagerung des Essays, sie verleiht vor allem dem Lesehabitus und dem Leseraum Montaignes eine unerhörte Anschaulichkeit. Zunächst insistiert der Autor auf der absichtslosen Nonchalance seines kursorischen Umgangs mit den Büchern seiner Bibliothek, er blättert in ihnen und springt von einem Band zum anderen, in einer Diskontinuität der Zuwendung, die immer wieder unterbrochen wird vom Nachdenken oder Tagträumen und vom Schreiben (oder Diktieren):

> Là je feuillette à cette heure un livre, à cette heure un autre, sans ordre et sans dessein, à pieces descousues: Tantost je resve, tantost j'enregistre et dicte, en me promenant, mes songes que voicy. (E, S. 869f.)[35]

Diese Zirkularität von sprunghafter Lektüre, ungezwungener Reflexion und okkasioneller Schreibpraxis wird in der Erstversion des Textes noch nicht als Rückzug gegenüber den Verpflichtungen des Hauses und des Alltags verstanden. Ganz im Gegenteil: Die Höhe des Turmes, in dem sich die Bibliothek befindet, erlaubt dem Autor einen privilegierten Beobachterstatus. Ohne selbst gesehen zu werden, wird der Hausherr zum optischen Souverän seines Besitzes:

> [...] tout d'une main, je commande mon mesnage: Je suis sur l'entrée, et vois soubs moy, mon jardin, ma basse cour, ma cour, et dans la plus part des membres de ma maison. (E, S. 869)

Montaigne bewegt sich hier, wie man sieht, noch auf beiden Seiten einer Grenze von Innen und Außen: In der Bibliothek gehört ihm ein Raum der Kultur, des Lesens und Schreibens, im Blick aus dem Fenster versichert er sich der ökonomischen Ordnung seines Hauses.

Die nachgetragenen Erläuterungen des exemplaire de Bordeaux revidieren diese Stilisierung einer Doppelrolle als Haushälter und Leser und machen dabei auch das räumliche Arrangement der Bibliothek anschaulich. Dem Leser wird der Ort präsentiert, an dem der Schlossherr zum Autor wird. Man erfährt,

35 Die Bewegung des Körpers ist für den Leser und Schreiber Montaigne von großer Bedeutung, denn der Umgang mit Büchern führt zu einer Asymmetrie von Körper und Seele, einer Art Melancholie, welche Montaigne in seiner „declinaison d'aage" unbedingt vermeiden möchte: „L'ame s'y exerce, mais le corps, duquel je n'ay non plus oublié le soing, demeure ce pendant sans action, s'atterre et s'attriste." (E, S. 871)

dass sich die *librairie* im dritten und letzten Stockwerk des Turmes befindet – das erste wird von einer Kapelle, das zweite von Schlafgemächern eingenommen, Montaigne pflegt dort gelegentlich zu übernachten, „pour estre seul" (E, S. 870).[36] Darüber befindet sich die Bibliothek, ursprünglich eine *grande garderobe*, also eine Art Abstellraum, und zunächst „le lieu le plus inutile de ma maison" (E, S. 870), daneben ein heizbares *cabinet assez poly* (E, S. 870). Die Bibliothek, die den Turm in der Hauptsache ausfüllt, ist rund, von seinem Schreibtisch hat Montaigne einen offenen Blick auf seine Bücher, „tous mes livres, rengez sur des pulpitres à cinq degrez tout à l'environ." (E, S. 870) Die Fenster bieten nunmehr „trois veues de riche et libre prospect". Einen reichen und freien Ausblick also hat der seinen Essay weiterschreibende und zugleich korrigierende Montaigne – und dieser freie Blick ist nicht mehr an der Beobachtung des eigenen Besitzes interessiert, er ist vielmehr der Blick einer souveränen ästhetischen Freiheit. Allen Unbequemlichkeiten zum Trotz – die Bibliothek ist überaus zugig – hat der Leser und Autor hier nun seinen Ort gefunden: „C'est là mon siege." (E, S. 870) Hier herrscht er in einer *domination pure*, welche den Ausschluss der Sorge um Haus, Familie und Gesellschaft fordert. Der Raum der Bibliothek wird zum Raum der Person und ihrer Selbstkultur, der Ort der Bücher ist der „communauté et conjugale, et filiale, et civile" (E, S. 870) entzogen. Die Bibliothek wird zum Refugium, in ihr treten die Rituale der Kultur, des Lesens und des Schreibens, an die Stelle der verweigerten Gemeinschaft des Hauses und der Politik. Montaigne ist in ihr bei sich, um sich ganz zu gehören, die Bibliothek ermöglicht ein Beisichsein als Selbstbesitz, sie ist ein *chez soy, où estre à soy*. Hier hält er Hof nicht für die anderen, sondern für sich selbst. Diese Stilisierung der Turmexistenz markiert die Gegenposition zu jener aus der *ambition* lebenden öffentlichen Selbstinszenierung, welche die Person wie eine Statue auf dem Marktplatz präsentiert.

Die Existenz in der Bibliothek ist ein freies, lustvolles Spiel, in ihm herrschen „le plaisir, le jeu et le passetemps" (E, S. 871) – aber der vermeintliche Unernst des Zeitvertreibs lässt den Ernst anderer Zwecke, des Hauses wie der Stadt und des Hofes, als lächerlich erscheinen. In der Kultur der Bücher nur für sich selbst zu leben, *pour moy*, in einer Zirkularität des Lesens und Schreibens außerhalb disziplinärer Ordnungen, ist alles andere als eine Selbstverständlichkeit. Ihre Exzentrizität kann sich nur behaupten, indem sie die Welten der Lektüre und die Experimente des Schreibens gegen ökonomische und politische Lebensräume und gegen die Normen der Wissenswelten zur

---

36 Eine präzise topographische Beschreibung der Räumlichkeiten von Montaignes Turm findet sich in Alain Legros, *Essais sur poutres. Peintures et inscriptions chez Montaigne*, Paris 2003, S. 105ff.

Geltung bringen. Der späte Montaigne, der um 1590 sein Buch weiterschreibt, ist sich darüber im Klaren, dass die von ihm praktizierte Lebensform sowohl die Opposition gegen die sozialen Üblichkeiten wie auch gegen den Habitus humanistischer Gelehrsamkeit und die lebenspraktischen Empfehlungen der Philosophen impliziert:

> J'estudiay jeune pour l'ostentation ; depuis, un peu pour m'assagir: à cette heure pour m'esbattre: jamais pour le quest. (E, S. 871)

4 Lektürekanon

In dem Essay *Des livres* (II, 10) gibt Montaigne zum ersten Mal ausführliche Antworten auf zwei Fragen, welche die *Essais* implizit wie explizit von Anfang bis Ende begleiten: Welche Bücher liest Montaigne und wie liest er sie? Beide Fragen betreffen unmittelbar das Schreiben der *Essais*, ihren intertextuellen Horizont wie ihre generische Poetik. Der Autor Montaigne liest nicht wissens-, sondern genussorientiert, aber er richtet den Blick auf jene Bücher, die für ihn und damit für sein konsubstantielles Buch von Bedeutung sind. Die Horizonte der Lektüre sind so organisiert, dass die gelesenen und wiedergelesenen Bücher in die Bewegung der *Essais* integriert werden können. Der Fortschritt des Buchs, das so entsteht, ist wiederum durch das Spiel der Vermögen des Autors bestimmt. Die *Essais*, so formuliert Montaigne durchaus apodiktisch, sind der *essay de mes facultez naturelles, et nullement des acquises* (E, S. 427). Im Lesen und Schreiben trifft also Natur auf Kultur. Der genuine Ort der Schnittstelle von Individuum und Tradition ist die Lektüre: An den Büchern, die er liest und die ihm die Fülle der Kultur verkörpern, übt Montaigne seine natürlichen Vermögen, Einbildungs- und Urteilskraft zumal, die damit mit einem Index der Kultur versehen werden. Allerdings dient ihm die Lektüre nicht zum Erwerb von Wissen oder disziplinärer Kompetenz. Auch als Buch eines notorischen Lesers halten die *Essais* Abstand zu allen institutionalisierten Wissensordnungen und noch mehr zu dogmatisch ausgearbeiteten Wissensansprüchen. So warnt der Autor der *Essais* seinen Leser: „Qui sera en cherche de science, si la pesche où elle se loge: il n'est rien dequoy je face moins de profession." (E, S. 428) Diese Auskunft wird bis in die späten Essays des dritten Buches immer wieder formuliert und variiert werden. Montaigne präsentiert seine *fantasies* (E, S. 428), seine *resveries* (E, S. 429), er führt im Umgang mit den Büchern die regellosen Bewegungen seiner Einbildungskraft und die situativen Übungen seiner Urteilskraft vor, aber er vermittelt kein Wissen, weder das der Anderen und ihrer Bücher noch sein im Spiel seiner Vermögen gebildetes eigenes.

Die Ablehnung von Wissen und Wissenschaft als Gegenstand und Zweck des Textes begründet Montaignes Habitus des Lesens. Bereits in *Des livres* wahrt er Distanz gegenüber jeder disziplinären Anstrengung wie gegenüber dem Anspruch umfassender Speicherung überlieferten Wissens. Das humanistische Programm des *studium* bildet die stillschweigende Folie dieser Selbstbeschreibung als Leser. Montaignes Lektüren orientieren sich nicht an der Fülle des Überlieferten und seiner institutionalisierten Verwaltung, sondern an den beweglichen Interessen eines aus den Rahmungen vorgängiger Relevanzsetzungen freigesetzten Lesers. In ihrem Zentrum stehen zwei Motive, das Vergnügen, der Genuss und die Vertreibung der Langeweile einerseits, das Interesse an der Lebensführung und der Selbstsorge andererseits, welche eine eigene Form des *studium* ausbilden kann. Der Leser ist der Souverän der Lektüre, er lässt sich, wie der Essay mehrfach variiert, weder von der Einheit des Buches noch von der Kohärenz eines Themas den Rhythmus seiner Zuwendung bestimmen:

> Si ce livre me fasche, j'en prens un autre, et ne m'y addonne qu'aux heures, où l'ennuy de ne rien faire commence à me saisir. (E, S. 430)

> Je ne cherche aux livres qu'à m'y donner du plaisir par un honneste amusement: ou si j'estudie, je n'y cherche que la science, qui traicte de la connoissance de moy-mesmes, et qui m'instruise à bien mourir et à bien vivre. (E, S. 429)

Um derart kursorisch lesen zu können, braucht der Leser natürlich eine Bibliothek, die es erlaubt, von einem Buch zum nächsten zu springen, im schnellen Wechsel der Beispiele, Argumente und Themen. Die Zuhandenheit der Bücher ist ihm wesentlich, sie müssen sichtbar und jederzeit griffbereit sein, um den Raum eines freischwebenden Interesses entstehen zu lassen, das punktuelle und diskontinuierliche Zugriffe trägt. Montaigne verweilt nach eigener Auskunft kaum mehr als eine Stunde bei einem Buch, er stilisiert sich zugleich zu einem Leser ohne Gedächtnis, dem das Wiederlesen des Gelesenen als Lesen des Ungelesenen erscheinen kann: „si je suis homme de quelque leçon, je suis homme de nulle retention." (E, S. 428) So kommt es vor, dass er Bücher in die Hand nimmt, die er vor Jahren gelesen und mit Anmerkungen versehen hat, *barbouillé de mes notes* (E, S. 440), und die er nun wieder liest, als wären sie unbekannte, neue Bücher, „comme recents, et à moy inconnus" (E, S. 439) Die Bibliothek ist für den Autor ohne Gedächtnis ein Art perpetuum mobile. Um in ihr den Ort des Lesers, der er selbst ist, zu markieren, beherzigt Montaigne einen Ratschlag des Juristen, Ökonomen und Historikers Jean Bodin. Der *trahison de ma memoire* begegnet er durch die Datierung der (Erst-)Lektüre und durch die Aufzeichnung eines die Lektüre dokumentierenden Urteils:

> […] j'ay pris en coustume depuis quelque temps, d'adjouster au bout de chasque livre […] le temps auquel j'ay achevé de le lire, et le jugement que j'en ai retiré au gros […] (E, S. 440)

In den Akten von Lektüre und Wiederlektüre werden die Bücher der Bibliothek in Bewegung gesetzt und gehalten. Montaigne macht sie für die eigenen Schreibinteressen verfügbar, er kann sie zitieren, paraphrasieren oder anspielend gegenwärtig halten. Er kann sie sagen lassen, was er selbst ohne sie nicht zu sagen vermöchte. Die Bibliothek ist für den Autor der *Essais* so etwas wie ein Kreditinstitut, dessen virtuoser Kreditnehmer er ist, ohne sich jemals um Rückzahlung kümmern zu müssen. Die *Essais* werden damit zum Dokument einer utopischen Ökonomie des Kredits, in der der Schuldner die eigenen Defizite (seiner Sprache und seines Wissens) zu tilgen vermag, indem er Anleihen aufnimmt, die er nie zurückzuzahlen braucht:

> […] je fay dire aux autres, non à ma teste, mais à ma suite, ce que je ne puis si bien dire, par foiblesse de mon langage, ou par foiblesse de mon sens. Je ne compte pas mes emprunts, je les poise. (E, S. 428)

Was Montaigne in *Des livres* allerdings nicht explizit erörtert, betrifft die Modalitäten der Kreditnahme: Die Anleihen bei Büchern und Autoren treten in den *Essais* in einem weiten Spektrum von Wiederholungen und Transformationen auf. Sie können als (meist lateinische) Zitate unmittelbar sichtbar sein, vor allem wenn die Versform von der Kontinuität des Prosatextes drucktechnisch abgesetzt ist, sie können aber auch die Form von Übersetzungen, Anspielungen und Paraphrasen annehmen, die sie an der Textoberfläche unsichtbar macht. Die intertextuelle Kreditsituation des Autors der *Essais* ist intrikat, sie spielt mit der Opposition von Sichtbarkeit und Unsichtbarkeit ebenso wie mit der Differenz von Sprache und Sinn. Immerhin gibt der Text einige Hinweise, die Montaignes Bewusstsein intertextueller Relationen partiell zur Sprache bringen.

Einerseits bewegt sich Montaigne mit seinen Anleihen in einem Raum kultureller Vertrautheit, den er mit seinem Leser teilt oder zu teilen vorgibt. Er verschweigt die Namen der im Wortlaut zitierten Autoren, weil er dem Leser zutraut oder zumutet, die Identifikation von Anleihe und Autor selbst zu vollziehen, handle es sich doch meist um „noms si fameux et anciens, qu'ils me semblent se nommer assez sans moy." (E, S. 428) Wer keine Übersetzung für die lateinischen Zitate braucht, dem werden auch die ungenannten Namen der zitierten Autoren vertraut sein. Es mag offenbleiben, welches Bild seines Lesers Montaigne dabei vor Augen stand und welcher historischen Realität es entsprach – der Autor bleibt indes konsistent bei der Strategie der Namensverweigerung und der Nichtübersetzung. Aber damit ist noch nicht die andere Seite der Anleihenökonomie erhellt, die Vielfalt und der Umfang all jener *raisons, comparaisons, argumens* (E, S. 428), denen der Autor der *Essais* ihre Identitätssignatur, und das heißt die Fremdheit der Sprache wie die Besonderheit des Autornamens, nimmt, um sie, ohne jede Gegenleistung, ohne sichtbare Markierung, seinem eigenen Text ‚einzupflanzen': „j'en transplante quelcun en mon solage" (E, S. 428). Wo Montaigne in der Kontinuität des Essays den eigenen und den anderen Text vermischt und ihre Grenze unsichtbar macht, verschweigt er nicht nur den fremden Autor, er verbirgt ihn: „j'en cache l'autheur" (E, S. 428) Dieses Verbergen ist beabsichtigt. Der fremde Text erscheint damit als eigener, die Anleihe als Eigenkapital.

Vorgeblich ist es Montaignes Absicht, den fremden Text, den er doch ansonsten, vor allem bei poetischen Texten, in seiner sprachlichen und auktorialen Differenz zur Identifikation durch den Leser freigibt, vor dem Eifer hastiger und unreflektierter Urteile (*sentences hastives*) zu bewahren. Dieses Argument ist ebenso überraschend wie enthüllend. Montaigne, so seine Diagnose, schreibt in einer Epoche, in der die *temerité* der gegenwärtigen Leser und Autoren sich eine Souveränität des Urteils über *toute sorte d'escrits* anmaßt. Die Autorität des Überlieferten hat ihre Selbstverständlichkeit verloren, man instrumentalisiert die alten Texte umstandslos für eigene Anliegen. Die Frage ist allerdings unabweisbar, ob Montaigne in dieser kritischen Beobachtung zeitgenössischer Lektürepraktiken nicht eine indirekte Beschreibung seines eigenen Verfahrens liefert, präsentieren sich die *Essais* doch als Übungen einer Urteilskraft, deren zentraler Gegenstand die ihrer Autoritätssignatur beraubten Autoren und Texte der Antike sind. Es bleibt auch offen, warum Montaigne meint, dass die in ihrer fremden sprachlichen Identität zitierten Autoren vom kritischen Zugriff der *modernes* verschont bleiben sollten. Auch hier ist offenbar seine eigene intertextuelle Praxis mitgemeint. In der Regel verzichtet Montaigne darauf, die im lateinischen Original zitierten Texte (Verse) eigens zu kommentieren und lässt sie als kompakte fremde Sprachkörper stehen.

Aber neben den verschwiegenen und den in ihrer Differenz ausgestellten Texten und Autoren gibt es auch einzelne Autoren, für welche die *Essais* eine Art Bürgschaft übernehmen wollen. Montaigne verfolgt eine Strategie rhetorischer Generosität, für die Technik der Identitätsvermischung von eigenem und fremdem Text die Last der Identifikation mit dem fremden Autor auf sich zu nehmen:

> Je veux qu'ils donnent une nazarde à Plutarque sur mon nez, et qu'ils s'eschaudent à injurier Seneque en moy. (E, S. 428)

Der Leser, der nicht zu unterscheiden vermag, wird die Anleihe bei den alten Autoren dem Autor Montaigne zuschreiben – in der Fehladressierung seiner Kritik stellt er seinen Mangel an Urteilsvermögen aus. Daneben rechnet Montaigne indes auch mit Lesern, die Anleihe und Eigenkapital auseinanderhalten und erkennen, dass der *emprunt* eine Schwäche (*foiblesse*) des modernen Autors kompensiert. Die *grands credits* (E, S. 428) der fremden Autoren werden dann zu einer Binnendifferenz des Essays, über die der Leser zur unverstellten ‚Nacktheit' des Autors vorzudringen vermag:

> J'aimeray quelqu'un qui me sçache deplumer: je dy par clairté de jugement, et par la seule distinction de la force et beauté des propos. (E, S. 428)

So präsentiert sich Montaigne in der Maske der diebischen Elster (oder Krähe). Ostentativ stellt er die defizitäre Qualität seines eigenen *terroir* aus. Daraus ergibt sich die Notwendigkeit, die *fleurs trop riches* der anderen Autoren zu entwenden, um sie der minderwertigen Beschaffenheit des eigenen Bodens hinzuzufügen und neben die kargen *fruicts de mon creu* (E, S. 429) zu pflanzen. Die Reaktionen des Lesers können sich dann in dem weiten Spielraum zwischen illusionärer Identifikation und kritischer Unterscheidung des Eigenen und des Fremden bewegen. Die *Essais* als Übungen der Urteilskraft werden damit selbst zur Schule der Urteilskraft des Lesers.

Montaigne lässt in *Des livres* allerdings nicht nur intertextuelle Praktiken sichtbar werden, er präsentiert auch einen Kanon von Büchern und Autoren, der das scheinbar aleatorische Spiel seiner Zuwendungen und Zugriffe stillschweigend organisiert. Der Essay präsentiert vier ‚Textsorten', besser vielleicht: Textensembles, welche die privilegierten Objekte der Lektüren seines Autors darstellen. Montaigne orientiert sich dabei weder an vorgegebenen generischen noch an disziplinären Textordnungen; vielmehr bringt der Katalog, den er entfaltet, Kriterien der Autorschaft ebenso ins Spiel wie die Gegenstände der Texte und die Dimensionen ihrer Wirkung auf den Leser. Allerdings werfen der Kanon der Lektüren und seine Textensembles zugleich Licht auf ihre intertextuelle Relevanz für das Schreiben der *Essais*. Ihre Rezeptionsgeschichte konvergiert nicht zwanglos mit den die eigenen Lese- und Schreibinteressen verkoppelnden Intentionen Montaignes.

Die erste Kategorie, von der die Rede ist, erfüllt den Anspruch des Lesevergnügens, Montaigne redet von *livres simplement plaisans* (E, S. 430) und meint damit offenbar gerade nicht jene Bücher, deren *jouissance* den Charakter der Ausschweifung oder Überwältigung trägt und denen er sich in *Sur des vers de Virgile* (III, 5) zuwenden wird. Bezeichnenderweise dominieren in dieser

Rubrik die Bücher der *modernes*, Boccaccios *Decameron* gehört dazu, ebenso Autoren wie Rabelais oder Ariost. Auch die Tradition der Ritterromane wird aufgerufen, allerdings negativ akzentuiert: Die Romane um *Amadis de Gaule* habe er nicht einmal als Kindheitslektüre geschätzt, „ils n'ont pas eu le credit d'arrester seulement mon enfance." (E, S. 430) In die Kategorie der *livres plaisans* rechnet der Autor der *Essais* mittlerweile allerdings auch die *Metamorphosen* des einst hoch geschätzten Ovid[37], die sich in der Wiederlektüre abgenutzt haben, „sa facilité, et ses inventions, qui m'ont ravy autresfois, à peine m'entretiennent elles à ceste heure" (E, S. 430). Unterhaltungsbücher, Bücher als Unterhaltung – Montaigne kennt und liest sie, spielt indes ihre Bedeutung für das eigene Schreiben herunter, und diese Distanzierung betrifft große Teile der für ihn ‚modernen' Literatur, auch jene, deren mittlerweile kanonischer Status sie aus der Rubrik der *livres simplement plaisans* weit herausgehoben hat. Die *Essais* tendieren dazu, die fiktionale Literatur der *modernes* in die Irrelevanz für ihr eigenes Schreibprogramm abzuschieben. Ihr Autor hält Distanz gegenüber den Autoren und Gattungen der Moderne.

Montaignes zweite Lektürekategorie umfasst das weite Feld der *poësie* (E, S. 431), sie tritt in den *Essais* in erster Linie in der Form des Zitats auf, welches die Kontinuität des essayistischen Texts sprachlich und drucktechnisch unterbricht, in zweiter Linie auch als Gegenstand einer ihre Form und Wirkung thematisierenden Reflexion. Montaigne hat seinen eigenen poetischen Kanon mehrfach formuliert, mit kleineren Variationen der Liste der zentralen Autoren. Die Wirkungsdimension poetischer Texte wird in den *Essays* intensiv reflektiert, so schon in *Du jeune Caton* (I, 36), vor allem aber in dem großen Essay *Sur des vers de Virgile*. In dem Katalog, den *Des livres* präsentiert, dominieren die Autoren der lateinischen Literatur, vor allem Vergil, Lukrez, Catull und Horaz, aber auch Lukan und Terenz werden eigens hervorgehoben, ersterer wegen der „verité de ses opinions et jugemens" (E, S. 431), letzterer wegen der „graces du langage Latin" und auch wegen seiner Fähigkeit „à representer au vif les mouvemens de l'ame" (E, S. 431). Bemerkenswerterweise sind es die *Georgica* Vergils, die Montaigne als „le plus accomply ouvrage de la Poësie" (E, S. 431) apostrophiert und über die *Aeneis* stellt.[38] Der Poesiebegriff,

37 In *De l'institution des enfans* hebt Montaigne ausdrücklich die Initiationsfunktion der *Metamorphosen* hervor, die ihm den Zugang zur Welt der Bücher eröffnet hätten: „Le premier goust que j'euz aux livres, il me vint du plaisir des fables de la Metamorphose." (E, S. 182)

38 Vgl. E, S. 431: „[…] on peut reconnoistre aysément qu'il y a des endroicts de l'Æneide, ausquels l'autheur eust donné encore quelque tour de pigne s'il en eust eu loisir: Et le cinquiesme livre en l'Æneide me semble le plus parfaict."

der hier im Spiel ist, erweist sich als generisch ausgesprochen offen, er umfasst lyrische Gattungen wie Ode, Satire oder Epigramm, darüber hinaus aber auch Gattungen wie das Epos, das Lehrgedicht und auch die Komödie, er ist offen für den hohen wie den mittleren und den niedrigen Stil. Dieses Konzept der Poesie entspricht weitgehend den Üblichkeiten der Renaissancepoetiken. Im Gegensatz zu den *livres plaisans* und ihrer modern-volkssprachlichen Orientierung ist Montaignes poetischer Kanon antik ausgelegt und auf die lateinische Literatur konzentriert. Die ihm wohlvertrauten Autoren der französischen Pléiade des 16. Jahrhunderts, von denen an anderer Stelle die Rede ist[39], werden in *Des livres* nicht einmal erwähnt. Generell greift gegenüber jenen Autoren, die als Vertreter der modernen Poesie gelten können, ein Vorbehalt, den man den Einwand der Manieriertheit nennen könnte. Während nämlich die *bons et anciens Poëtes* alles vermeiden, was zu *l'affectation et la recherche* führen könnte, neigen die modernen Dichter in Montaignes Urteil zu den „fantastiques elevations Espagnoles et Petrarchistes", auch wenn sie in der moderaten Form der „pointes […] plus douces et plus retenues" (E, S. 432) auftreten, dem durchgängigen *ornement* der Poesie der nachantiken Zeit.[40] Insgesamt zeigt sich: Die Kategorie der Poesie betrifft vorrangig jene Texte, die Montaigne in den *Essais* im (lateinischen) Original zitiert und von der Kontinuität der eigenen Prosa absetzt. Die Poesie ist das Andere des Essays, das in ihm selbst auftritt, wobei der Bezug der Zitate zur essayistischen Rede semantisch und thematisch naheliegt, aber von Montaigne selbst nicht explizit formuliert wird.

Das dritte Textensemble, von dem *Des livres* handelt, verbindet für den Leser Nutzen und Genuss, „mesle un peu plus de fruit au plaisir" (E, S. 433). Das horazische Junktim von *prodesse* und *delectare* zielt bei Montaigne allerdings nicht auf die Poesie, sondern auf die praktische Philosophie, namentlich dort, wo ihr Fokus auf ethischen Fragen liegt. Das in Frage stehende Textrepertoire

39 Vgl. z.B. *De l'institution des enfans*: „Depuis que Ronsard et du Bellay ont donné credit à nostre poësie Françoise, je ne vois si petit apprenti, qui n'enfle des mots, qui ne renge les cadences à peu près, comme eux." (E, S. 177) *De la presumption* (II, 17) räumt ihnen sogar einen Stellenwert ein, der kaum hinter der antiken Poesie zurücksteht: „[…] aux parties, en quoy Ronsart et du Bellay excellent, je ne les treuve gueres esloignez de la perfection ancienne." (E, S. 700) In der *Apologie de Raimond de Sebonde* (II, 12) zitiert Montaigne eine längere Passage aus Ronsards *Remonstrance au peuple de France* (E, S. 542f.).

40 Diese Differenz von Antike und Moderne lässt sich allerdings, wie der Fortgang des Arguments zeigt, bereits als Kriterium der Beurteilung lateinischer Poesie heranziehen: „[…] qui n'admire plus sans comparaison, l'egale polissure et cette perpetuelle douceur et beauté fleurissante des Epigrammes de Catulle, que tous les esguillons, dequoy Martial esguise la queue des siens." (E, S. 432)

dient zur Orientierung im Denken und im Handeln, bei den einschlägigen Autoren lernt Montaigne „à renger mes opinions et conditions“ (E, S. 433). Die Texte, an die Montaigne denkt, bewegen sich zwar durchgängig auf dem Feld der Moralphilosophie, aber im Zentrum steht in ihnen nicht die *science*, das Wissen oder die Theorie der Ethik, sondern die ethische Reflexion in gnomischen Kleinformen, „à pieces décousues“ (E, S. 433).[41] Nur in dieser Form textueller Verknappung, Diskontinuität und pointierter Konzentration besitzen sie eine *notable commodité pour mon humeur*. Es ist klar, dass damit weder die *Nikomachische Ethik* des Aristoteles noch Ciceros *De officiis* gemeint sein können, zwei Autoren, die zwar häufig Gegenstand von stillschweigenden Anleihen sind, deren Werke Montaigne indes wenig schätzt. Er nennt vielmehr zwei Philosophen, deren ‚Verteidigung‘ er später einen eigenen Essay widmen wird, Seneca und Plutarch, und aus ihrem Werk wiederum die Kurzformen des Briefs (*les Epistres de Seneque*) und der ‚Moralia‘ (*les Opuscules de Plutarque*). Der Kanon ist denkbar schmal und er gewinnt Profil durch einen Gegenkanon, der durch jene Autoren besetzt ist, die Montaigne zwar vertraut sind, deren Texten er aber die geforderte Einheit von Genuss und Nutzen nicht konzediert. An erster Stelle steht Cicero, der Schulautor des Humanismus, dessen *façon d'escrire* nicht Genuss, sondern Langeweile vermittelt. Apodiktisch wird die Leere seines Werks beklagt und als Gegenstand der Lektüre verworfen, „je n'y treuve que du vent“ (E, S. 434).[42] Auch die *ordonnances logiciennes et Aristoteliques* sind für den Autor der *Essais*, der nicht Wissen, sondern Weisheit sucht, nicht *à propos*. Selbst die platonischen Dialoge werden Gegenstand der Kritik, auch wenn das eine *sacrilège audace* sein mag. Ihre *dialogismes*, das heißt die Umständlichkeiten der Dialogführung, erdrücken oft, wie Montaigne meint, den Gegenstand, die *matiere*, um die es geht und die vor allem in gnomischer Kürze prägnant hervortreten kann.

Die Lektürepräferenzen sind also, wie sich zeigt, eindeutig, das moralphilosophische Textuniversum sortiert sich nach der Analogie der Kochkunst

41 Was Montaigne Philosophie nennt, und was zum Gegenstand der Lektüre und der Wiederlektüre wird, ist durchgängig die praktische Philosophie, insofern sie für die Lebensführung des Lesers Relevanz gewinnt, als Orientierung des Handelns und der ethischen Dispositionen: „Je demande en general les livres qui usent des sciences, non ceux qui les dressent.“ (E, S. 435)

42 Die Kritik an Cicero meint allerdings nicht nur das philosophische Werk und die Rhetorik, sondern auch die Person: „Quant à Cicero, je suis du jugement commun, que hors la science, il n'y avoit pas beaucoup d'excellence en son ame.“ (E, S. 436) Schockierend findet Montaigne Ciceros mangelndes Urteilsvermögen, die Unfähigkeit, seine Selbstüberschätzung und *vanité ambitieuse* zu erkennen: „Et si ne sçay comment l'excuser d'avoir estimé sa poësie digne d'estre mise en lumiere.“ (E, S. 436)

und der Essensvorlieben des Lesers: Montaigne verlangt nicht nach der Sauce, sondern nach dem Fleisch ethischen Nachdenkens, nicht um *alechement* oder *saulse* geht es ihm, sondern um die Sache selbst: „je mange bien la viande toute crue." (E, S. 435) Und das ‚rohe' Fleisch der praktischen Philosophie besteht eben nicht in Abstraktionen und Distinktionen, sondern in der Präsenz des Autors und seiner Urteilskraft im Text. Ethische Erfahrung in der Lektüre heißt, die Operationen der Urteilskraft des Autors zu beobachten und dessen Ethos imaginär nachzuvollziehen: „j'ay une singuliere curiosité [...] de connoistre l'ame et les naïfs jugemens de mes autheurs." (E, S. 435) In Senecas Briefen und in den *Moralia* Plutarchs kommen, wie in den *Essais*, die ‚natürlichen' Vermögen der Autoren, vorrangig ihre Urteilskraft, zur Geltung. Sie setzen damit in Szene, was die *Essais* zum Programm essayistischen Schreibens erheben.

Das vierte Textensemble betrifft schließlich die Formen der Geschichtsschreibung, die *Histoires*. Mit einem aus dem jeu de Paume gebräuchlichen Ausdruck nennt Montaigne die Historiker *ma droitte bale*, seinen direkten, geradewegs ihm zufliegenden Ball. Anders als in den ethischen oder ‚moralistischen' Büchern[43], von denen eben die Rede war und die Montaignes Kanon der praktischen Philosophie ausmachen, haben es die Autoren der Geschichtsschreibung mit dem *homme en general* zu tun, auf dessen Erkenntnis (*cognoissance*) es Montaigne nach eigener Auskunft vordringlich ankommt. Bereits im ersten Kapitel der *Essais*, *Par divers moyens on arrive à pareille fin* (I, 1), wird der Mensch als ein „subject merveilleusement vain, divers, et ondoyant" (E, S. 33) apostrophiert, auf den ein sicheres und stetiges Urteil (*jugement constant et uniforme*) zu gründen schwierig (*malaisé*) sei. Auch dort ist es das Material der Geschichte, wenngleich in der autorlosen Anonymität der kleinen Form des Exemplums, welches diese Einschätzung motiviert. Die Historiker von Montaignes Lektürekanon gehen über die auf das Skelett der Narration und des Urteils reduzierten Beispielserien hinaus, in ihren Werken erscheint der Mensch ebenso lebendig wie vollständig, „plus vif et plus entier qu'en nul autre lieu" (E, S. 437). Dieser Anspruch betrifft die innere Ordnung seiner Vermögen ebenso wie die Kontingenzen der Welt, mit denen er zu rechnen hat, „la varieté et verité de ses conditions internes, en gros et en detail, la diversité des moyens de son assemblage, et des accidents qui le menacent." (E, S. 437) Die Vielfalt dessen, was die Geschichtsschreibung präsentiert, geht also weit über das Exemplarische hinaus, die Historiker, die zu lesen sich lohnt, bringen die Binnenwelt der Akteure zur Geltung und sie rufen die Details der jeweiligen Situation in Erinnerung. Zumindest ist damit der Spielraum der Historie benannt. Aber

43 Zu Montaignes ‚Moralistik' vgl. Karlheinz Stierle, *Montaigne und die Moralisten: Klassische Moralistik – Moralistische Klassik*, München 2016.

auch hier zeigt die Lektüre der „autheurs et vieils et nouveaux“ (E, S. 437) die Notwendigkeit eines schmalen Kanons, der sich von jenen Varianten der Historiographie abhebt, deren anthropologische Irrelevanz sie in einen Gegenkanon abschieben lässt. Das Feld der Geschichtsschreibung ist für Montaigne alles andere als homogen. Die Kategorie der ‚exzellenten‘ Historiker[44], in deren Werk die Wirklichkeit der Geschichte mit der souveränen Autorität des Urteils, und damit einer „authorité de regler nostre creance à la leur“ (E, S. 438) vermittelt wäre, ist in *Des livres* durch keinen einzigen Namen besetzt. Das Junktim von ‚Materie‘ der Geschichte und ‚Form‘ des Urteils, dessen Erfüllung Montaigne als Merkmal großer Geschichtsschreibung auszeichnet, beschreibt einen Grenzwert, der von den beiden anderen Historikerarten, die er in *Des livres* zur Sprache bringt und mit Namen exemplifiziert, verfehlt wird, entweder durch ein Übermaß der Materie oder durch ein Wuchern der Form. Die ‚einfachen‘ Historiker (als Beispiel wird Froissart angeführt) präsentieren dem Leser die *matiere de l'Histoire nue et informe* (E, S. 438) und überlassen ihm damit die Urteilsbildung, „chacun en peut faire son profit autant qu'il a d'entendement.“ (E, S. 438) Die Chronik als nackte und formlose Geschichtsschreibung lässt die Urteilskraft ihres Autors im Text nicht sichtbar werden. Das Urteil des Lesers bleibt damit auf sich selbst gestellt, es hat kein auktoriales Gegenüber, mit dem er in einen Dialog eintreten könnte.

Aber die Chronik ist nicht der Normalfall der Geschichtsschreibung. Deren *plus commune façon* ist vielmehr ein Übermaß von ‚Form‘, die Deformation der Geschichte durch die Einbildungskraft des Historikers, und damit eine problematische, weil kurzschlüssige Identität von Urteil und Vorstellung: „ils se donnent loy de juger et par consequent d'incliner l'Histoire à leur fantaisie.“ (E, S. 438) Die Differenz von Einbildungs- und Urteilskraft, die Notwendigkeit, kontinuierlich die eine durch die andere zu korrigieren, macht ein zentrales Thema der Selbstreflexion der *Essais* aus, in Montaignes Selbstverständnis bildet die Interaktion der beiden Vermögen, deren Differenz bewahrt bleibt, den Kern der Selbstausstellung, welche die *Essais* zum Programm erheben. Das Gros der Historiker, die er liest, kassiert indes die Differenz von Vorstellung und Urteil, von *imagination* und *jugement*, das Urteil des Historikers wird identisch mit seinem Imaginären, das als Form der Geschichte erscheint, obwohl es nur die Form seiner eigenen Vorstellung darstellt. So wird die *narration* der Geschichte verdreht, sie ‚hängt‘ auf eine Seite, die der Einbildungskraft. Montaigne beobachtet diese Tendenz auch bei einem modernen Historiker, den er als Autor schätzt und einen *historiographe diligent* nennt, aus dessen Werk man die *verité des affaires de son temps* (E, S. 440) erfahren könne:

44 Vgl. E, S. 438: „J'ayme les Historiens, ou fort simples, ou excellens […]“.

Francesco Guicciardini (1483–1540), der Autor einer monumentalen *Storia d'Italia*, der Geschichte Italiens in seiner eigenen Lebenszeit. Immerhin erfüllt sein Werk eine Bedingung, die Montaigne im Blick auf die antike Geschichte für den Normalfall hält, die des Historikers, der sowohl zu den Akteuren wie zu den Augenzeugen (*tesmoings oculaires*) des Geschehens gezählt werden kann: „Les seules bonnes histoires sont celles, qui ont été escrites par ceux mesmes qui commandoient aux affaires, ou qui estoient participans à les conduire [...]" (E, S. 439). Der Autor der *Storia d'Italia* mag die doppelte Forderung der Augenzeugenschaft und des geschichtlichen Handelns zwar nicht in einem strikten Sinne erfüllen, aber dieses Defizit wiegt weniger schwer als ein zweites. Guicciardinis ethische Imagination zeichnet sich für seinen Leser Montaigne durch die kontinuierliche Dominanz einer anthropologisch-moralistischen Negativität aus, welche die historische Darstellung prägt und deformiert:

> [...] de tant d'ames et d'effects qu'il juge, de tant de mouvemens et conseils, il n'en rapporte jamais un seul à la vertu; religion, et conscience: comme si ces parties la estoyent du tout esteintes au monde [...] (E, S. 440).[45]

Die Unterscheidung der drei Typen der Geschichtsschreibung nach dem Verhältnis von Materie und Form muss natürlich die Vielfalt der historischen Genera ignorieren. Sie bringt das Interesse eines Lesers zur Geltung, für den die *condition humaine* im Mittelpunkt steht. Das Beispiel Guicciardinis verweist (ebenso wie das anschließende der *memoires de monsieur du Bellay*) auf das Paradigma der politischen Geschichte. Aber Montaigne verliert in *Des livres* keineswegs das zentrale Motiv seiner Lektüre der Geschichte aus den Augen, die Beobachtung des *homme en general*. Dafür eignet sich offensichtlich die Gattung der Biographie mehr als jede andere, insbesondere dann, wenn sie sich nicht auf eine Lebensgeschichte beschränkt, sondern die Form der biographischen Serie annimmt, und wenn sie überdies eine überzeugende Lösung der darstellungsstrategischen Materie-Form-Relation präsentiert. Montaigne, mit den antiken Biographen wie Diogenes Laertius, Sueton und Plutarch vertraut, kennt die Biographie nicht im Singular, sondern nur im Plural, in den Formen der Serie, des Vergleichs, der Parallele. In ihnen können Staatsmänner ebenso behandelt werden wie Philosophen, Feldherrn wie Redner,

---

45 Das französische Gegenbeispiel zu Guicciardini ist in Montaignes Augen in den *Mémoires* von Guillaume du Bellay (1491–1543) zu suchen. In ihnen erkennt er „plustost un plaidoyer" (E, S. 441) zugunsten von François I. und gegen Karl V.

Gründergestalten wie Tyrannen. Das entscheidende Kriterium der Lektüre ist allerdings ein anderes: Bei den Biographen, „ceux qui escrivent des vies“ (E, S. 437), geht es vorrangig um Intentionen und Motive (*conseils*), nicht um Ereignisse (*evenemens*), sie betrachten die Geschichte von der Innenseite der Person her (*du dedans*), nicht vom Geschehen in der Welt (*au dehors*). So werden Biographiesammlungen, indem sie einzelne historische Akteure seriell darstellen und dabei den Motiven und Intentionen mehr Raum geben als den Taten und Ereignissen, schließlich zu Exemplifikationen des *homme en general*.

Das prominenteste Beispiel einer biographischen, besser: autobiographischen Verschränkung von Motiv, Handeln und Augenzeugenschaft ist für Montaigne Cäsar, denn er verkörpert wie kein anderer eine Souveränität der Entscheidung und des Handelns, über deren Motive er zugleich prinzipiell Rechenschaft abzulegen vermöchte. Historische Größe und Eleganz der sprachlichen Darstellung gehen in Cäsars Selbstbeschreibungen eine singuläre Allianz ein, Montaigne bewundert das *miracle de sa grandeur* ebenso wie die *inimitable polissure de son langage* (E, S. 437). Allerdings werden diese Vorzüge durch zwei gravierende Nachteile des (Auto-)Biographen konterkariert, zum einen durch Cäsars exzessiven Willen zur Macht, die *ordure de sa pestilente ambition*, die sich skrupellos über die traditionsgesättigte Normativität der republikanischen Ordnung Roms hinwegsetzt und die alles überschattet, was Cäsar über sich und seine *mauvaise cause* zu sagen hat, zum anderen durch die Verweigerung der Rede über das eigene Selbst und sein Motive, die für Montaigne den Kern der Attraktivität (auto-)biographischer Darstellung ausmacht: „[...] il a esté trop espargnant à parler de soy“ (E, S. 437). So bleibt ungesagt, was Cäsar *du sien* (E, S. 438) in seine Handlungen investiert hat. Der Rückgang von den Taten zu den Motiven und zum Ethos bleibt dem Leser Cäsars versperrt.

Die Biographie ist für den am *homme en general* interessierten Leser das Vorzugsparadigma der Historiographie, am prägnantesten in einer autobiographischen Verbindung von Akteur und Beobachter. Dieses strukturelle Desiderat wird allerdings durch die überlieferten Texte konterkariert. Damit bleibt der Rückgriff auf die Biographie, insbesondere jene Formen, die aus der Nähe des Beobachters zu den geschichtlichen Akteuren resultieren. Auch hier bleibt Montaignes Kanon schmal, es dominieren zwei Namen, Diogenes Laertius und Plutarch.[46] Diogenes schreibt die Leben der Philosophen, ist aber weder umfassend noch urteilsfähig (*estendu/entendu*) genug, um das Interesse des Lesers am Leben, den Schicksalen, Gedanken und Motiven der Philosophen

46 Zu Montaignes biographischem Kanon vgl. Alison Calhoun, *Montaigne and the Lives of the Philosophers. Life Writing and Transversality in the ‚Essais‘*, London 2015.

zufriedenstellen zu können. Weder zeige sich Diogenes dem gewachsen, was *les fortunes et les vies de ces grands precepteurs du monde* ausmacht, noch vermag er Rechenschaft von der *diversité de leurs dogmes et fantasies* (E, S. 437) abzulegen. Angesichts seines Interesses an der Lebensform der Philosophen greift Montaigne gleichwohl häufig auf das exemplarische und anekdotische Material der Philosophenviten des Diogenes zurück, aber als einen kanonischen Autor im biographischen Genre lässt er ihn angesichts seiner gravierenden Einwände im Blick auf seine Urteilskraft kaum gelten. So bleibt nur Plutarch übrig: „c'est mon homme que Plutarque" (E, S. 437). Der Autor der Parallelviten erfüllt Montaignes Normen der Biographie in geradezu idealtypischer Weise: Er lässt die Innenansicht der Motive und Normen über die Außenansicht der Handlungen und Ereignisse dominieren, er bewegt sich überdies im Umkreis der Macht – Montaigne hält ihn, irrtümlicherweise, aber im Einklang mit der Überlieferung, für einen Berater Trajans[47], seine die griechisch-römischen Parallelbiographien abschließende Synkrisis bringe die Urteilskraft zur Geltung. Sie erfüllt damit die Forderung der Sichtbarkeit seiner Vermögen und des differenzierten Spiels von Vorstellung und Urteil. Auch wenn Plutarch weder prominenter Akteur der Geschichte noch Augenzeuge der historisch weit ausgreifenden Gegenstände seiner griechisch-römischen Parallelbiographien ist – in Montaignes Wahrnehmung hat er jedenfalls in der Nähe der Macht gelebt. Er war ein Akteur der Geschichte und berichtet nicht nur von den Handlungen anderer. Plutarch habe das Glück gehabt, in anderen Zeiten und anderen Stellen eben jenes historische Handeln selbst zu vollziehen, worüber er in seinem biographischen Werk erzählt, „d'en conduire d'autres de mesme sorte" (E, S. 439). Diese Position zwischen dem geschichtlich maßgeblichen Handeln und seiner distanzierten Beobachtung versetzt Plutarch in die Lage, die historisch durch mehrere Jahrhunderte getrennten Gegenstände seines biographischen Verfahrens einem souveränen Urteil zu unterwerfen, dessen Autorität der Leser anerkennen muss.

5 *Homo sum humani a me nihil alienum puto* – die Sentenzen der Bibliothek

Mit dem Rückzug aus dem Hofleben und den öffentlichen Ämtern, den er nach mehr als zehnjähriger Tätigkeit am Parlement de Bordeaux im Sommer

47 Aus dieser Situation leitet Montaigne im Übrigen auch die Parallele zu Seneca, dem Berater Neros, ab: „[...] tous deux precepteurs de deux Empereurs Romains: tous deux venus de pays estranger: tous deux riches et puissans [...]" (E, S. 433).

1570 vollzieht[48], begibt sich Montaigne in den Schoß der Musen, *in doctarvm virginvm* [...] *sinvs*, wie die im *cabinet* des Turms angebrachte Wandinschrift wissen lässt.[49] Dieser Rückzug ist, wie sich zeigen wird, keineswegs endgültig. Er wird in den Jahren 1579–1581 durch die Deutschland-, Schweiz- und Italienreise unterbrochen, anschließend in den Jahren 1581–85 durch das Amt als Bürgermeister von Bordeaux, zwischenzeitlich auch durch diverse Vermittlungsaktivitäten während der verschiedenen Phasen der konfessionellen Bürgerkriege, die erst nach Montaignes Tod durch das Edikt von Nantes von 1598 ein Ende finden. Aber der Gestus des Rückzugs in einen Raum der Freiheit, der Ruhe und der Muße, den die Inschrift ausdrückt, ist mit aller Entschiedenheit formuliert. Die datierte Formel fungiert als ein Memento, das sich der Autor im Turm jederzeit vor Augen führen kann. Montaigne wird die Zeit, die ihm noch bleibt, so die erklärte Absicht, anders als bisher verwenden, sein Leben ist an einem entscheidenden Wendepunkt angelangt.[50] Das *cabinet* und die *librairie* werden eingerichtet als Räume der Bilder und der Texte. Zwar sind die Fresken, die an den Wänden des *cabinet* gemalt waren, mittlerweile kaum mehr erkennbar, man kennt jedoch aus den Berichten von Besuchern des Schlosses aus dem 18. und 19. Jahrhundert die wesentlichen Motive dieser Bilder. Es handelt sich vor allem um mythologische Sujets: eine Schiffbruchszene, in der ein

48 Zur Analyse der Motive dieses Rückzugs, der offenbar auch mit problematischen Karrierechancen zu tun haben kann, vgl. André Tournon, *Montaigne. La glose et l'essai*, Lyon 1983 und Desan, *Biographie politique*, a.a.O.

49 Der Text der Inschrift lautet: „AN. CHR. M. D. LXXI AET. 38. PRIDIE CAL. MART. DIE SVO NATALI MICH. MONTANVS. SERVITII AVLICI ET MVNERVM PVBLICORVM IAMDVDVM PERTAESVS DVM SE INTEGER IN DOCTARVM VIRGINVM ABDERE GESTIT SINVS VBI QVIETVS ET OMNIVM SECVRVS QVANTILLUM ID TANDEM SVPERABIT DECVRSI MVLTA IAM PLVS PARTE SPATII SI MODO FATA DVINT EXIGAT ISTAS SEDES ET DVLCES LATEBRAS AVITASQ. LIBERTATIT SVAE TRANQVILLITATIQ. ET OTIO CONSECRAVIT." (E, S. 1315. „Im Jahre Christi 1571, im Alter von 38 Jahren, am Vorabend der Kalenden des März, seinem Geburtstag, seit langem des Dienstes am Hof und der öffentlichen Ämter überdrüssig, während er noch wohlbehalten darauf sann, sich in den Schoß der gelehrten Jungfrauen zu begeben, um dort, heiter und sorglos, die so kleine Wegstrecke, die ihm noch bleibt, wenn das Schicksal es erlaubt, zu durchlaufen, hat Michel de Montaigne diesen Ort, einen von seinen Vorfahren geerbten Raum des Rückzugs, seiner Freiheit, seiner Ruhe und seiner Muße gewidmet.")

50 Zur Analyse des Rückzugs in den „espace votif" vgl. auch Jean Starobinski, *Montaigne en mouvement*, Paris 1982, S. 17ff., zur „*naissance* volontaire" und zum „acte votif qui consacre et circonscrit étroitement le lieu de la retraite"(S. 19), sowie Friedrich, *Montaigne*, a.a.O., S. 22f. zur „antikische(n) Stilisierung dieses Einsamkeitsentschlusses" in der Tradition des stoischen *otium cum litteris*.

Geretteter sich bei Neptun bedankt, das Urteil des Paris, der Brand von Troja, die von Mars überraschten Liebenden Mars und Venus (ein Thema, das Montaigne auch in *Sur des vers de Virgile* beschäftigt), etc.[51]

Den Bildern des *cabinet* stehen die griechischen und lateinischen Sentenzen der Bibliothek gegenüber. Auch für die auf den Balken der Decke aufgemalten Inschriften haben sich Reisende seit dem 18. Jahrhundert interessiert, bereits 1861 stellen Edouard Galy und Léon Lapeyre eine Liste von sechsundfünfzig Sentenzen zusammen, deren Umfang in der Folge nur geringfügig, um etwa zehn weitere Merksätze, ergänzt wurde.[52] Die Mehrzahl der Sentenzen ist auch gegenwärtig lesbar, wozu Restaurierungen und Überschreibungen erheblich beigetragen haben (vgl. Abb. 1). Montaigne hat die gnomischen Sentenzen und aphoristischen Maximen vermutlich in den Jahren nach 1570, also unmittelbar nach dem Rückzug in den Turm, anbringen lassen, die verschiedentlich erkennbare Tendenz zum Palimpsest deutet allerdings darauf hin, dass es sich nicht um einen in sich stimmigen und abgeschlossenen Kanon von Weisheitssprüchen handelt, sondern um eine offene, revisionsfähige Serie.

Die Inschriften befinden sich auf den beiden Trägerbalken (*poutres*) und auf insgesamt sechsundvierzig quer dazu verlaufenden, von den Trägern in drei Raumabschnitte geteilten Deckenbalken (*solives*). Die Rekonstruktion der Differenz von überschriebenen und nichtüberschriebenen *sententiae* verlangt natürlich eine genaue Inspektion der Materialität von Trägerschicht und Inschrift. Eine andere Differenz springt hingegen sofort ins Auge: Sämtliche Texte sind in Griechisch und Latein, mit einem kleinen, wohl eher zufälligen Übergewicht des Lateinischen, was wohl auch damit zu tun hat, dass die Bücher der Bibel durchgängig in einer lateinischen Übersetzung (nicht immer der Vulgata) zitiert werden. Die Einheit dieser Differenz der Sprachen ist natürlich die antike Qualität der Sentenzen. Mit einer einzigen Ausnahme handelt es sich um biblische oder klassisch-antike Gnomik, auch wenn nicht immer das Zitat einem Autor oder Werk zugeschrieben werden kann, weil der Spruch sich mittlerweile als Topos eingebürgert hat. Die singuläre Ausnahme betrifft ein Zitat des französischen Kanzlers Michel de l'Hospital (1505–1573), der selbst neben seiner politischen Tätigkeit als neulateinischer Dichter hervorgetreten ist, und dem Pierre Ronsard eine berühmte poetologische Ode (*Ode à Michel de l'Hospital*) gewidmet hat. Montaigne entnimmt aus einer von dem Autor an Marguerite de Navarre, der Schwester von François I., adressierten *Epistola* die skeptische Formulierung: „Nostra vagatur in tenebris nec caeca potest

51 Vgl. dazu Legros, *Essais sur poutres*, a.a.O., S. 141ff.

52 Vgl. die Listen zit. Ausgabe, S. 131ff. und Legros, *Essais sur poutres*, a.a.O., S. 189ff.

ABBILDUNG 1 *Gnomische Sentenzen auf den Deckenbalken in Montaignes Bibliothek*
FOTO: HELMUT PFEIFFER

mens cernere vervm" – unser Geist irrt in der Finsternis, blind und unfähig, die Wahrheit zu erkennen. In dieser apodiktischen Negation der menschlichen Wahrheitsfähigkeit hat die ohne Autornamen zitierte Auskunft Michel de l'Hospitals eine antikisierende Resonanz, sie variiert ein durchgängiges Motiv der Sentenzen, ihre zeitliche Differenz ist unsichtbar geworden.

Die Inschriften auf den Balken der Bibliothek bestehen aus kleinen und kleinsten Textformen, gelegentlich sind sie auf eine finite Verbform verkürzt, manchmal handelt es sich um verblose Syntagmen, oft um einen kurzen Hauptsatz. Die Herkunft aus Prosa- oder Verskontexten ist meist nicht mehr ohne weiteres erkennbar. Eine grundsätzliche Differenz bleibt indes gewahrt und wird explizit angezeigt. Während alle profanen, griechischen wie lateinischen Zitate ohne Angabe von Autor und Werk präsentiert werden, sind die Bibelpassagen, gleichgültig, ob sie aus dem Alten oder Neuen Testament stammen, mit einer Herkunftsangabe versehen. Diese nennt den Titel des Buchs und die Nummer des Kapitels oder Psalms. Die Differenz der Textwelten, auf welche die Inschriften zurückgreifen, ist damit deutlich signalisiert, ein möglicherweise intendiertes Autoritätsgefälle bleibt aber angesichts der formalen Ununterscheidbarkeit und der thematischen Affinität biblischer und nichtbiblischer Sentenzen auf die Anzeige der Herkunft beschränkt.

Die Präferenz Montaignes für zwei Textensembles ist unübersehbar. Insgesamt zwölf Mal wird das Buch Kohelet (*Der Prediger Salomo*), von Montaigne als Ecclesiastes (mit dem Kürzel *Eccl.*) zitiert[53], zehn Mal Sextus Empiricus und die pyrrhonische Skepsis. Vielleicht lässt es sich sogar symbolisch verstehen, dass die mit je vier Sentenzen beschriebenen Trägerbalken ausschließlich die Skepsis zur Geltung kommen lassen, je drei Mal mit den *Hypotyposes* des Sextus Empiricus und je einmal mit topischen lateinischen Sentenzen (*ivdicio alternante* und *more dvce et sensv*). Die Ecclesiasteszitate sind demgegenüber über die Dachbalken verstreut, sie reichen thematisch von der konzisen Deklaration universeller Eitelkeit (*per omnia vanitas* oder *omnivm qvae svb sole svnt fortvna et lex par est*) bis zur Denunziation menschlichen Unwissens (*sicut ignoras qvomodo anima conivngatur corpori sic nescis opera Dei* oder *nescis homo hoc an illvd magis expediat an aeqve vtrvmqve*). Daneben finden sich, was das Griechische angeht, vor allem Zitate aus den Tragikern (vier Mal Euripides, drei Mal Sophokles), im Hinblick auf das Lateinische stehen vier Zitate aus den Paulusbriefen (*Römer, Galater, 1Korinther*) neben ebenso vielen Lukrez- und drei Horazzitaten. Ansonsten reicht die historische und sprachliche Spannweite von Homer und Menander bis zu Terenz und zum älteren Plinius. Im Einzelfall ist schwer zu entscheiden, ob Montaigne direkt zitiert oder auf Sammlungen und Thesauren, die er in seiner Bibliothek hatte, zurückgreift.[54] Die Weisheitstopik, welche die Sentenzen variieren, ist überschaubar: Variiert werden die *miseria hominis*, die Neigung des Menschen zur Selbstüberhebung und die Notwendigkeit der Selbstbegrenzung, die Unverfügbarkeit des Wissens und die Notwendigkeit der Urteilsenthaltung, die *vanitas* der Welt und die Transzendenz des Göttlichen.

Der kleine Essay *De l'Oysiveté* (I, 8) wurde vermutlich kurz nach der lateinischen Inschrift auf der Wand des *cabinet* verfasst, also am Anfang der Arbeit

---

53 Die Tatsache, dass Montaignes Zitate aus dem Predigerbuch meist nicht der Vulgataversion folgen, hat zu weitreichenden Diskussionen geführt. Michel Butor, *Essais sur les Essais*, Paris 1968, S. 91ff., macht in der Zitatpraxis eine listige Heterodoxie aus, Jean Céard, „Montaigne et l'Ecclésiaste. Recherches sur quelques sentences de la ‚librairie'", in: *BHR* 33 (1971), S. 367–383, und Alain Legros, *Essais sur poutres*, a.a.O., S. 201ff., erkennen darin vor allem Montaignes Interesse an und Vertrautheit mit den epochalen Diskussionen über die angemessenen Formen der Bibelübersetzung und ihre praktische Umsetzung.

54 Die Sentenzen der Bibliothek stellen philosophische und theologische *loci communes* dar. Nach der Auskunft von *De la phisionomie* (III, 12) verfährt Montaigne dabei oft nicht anders als seine Zeitgenossen: „Tel allegue Platon et Homere, qui ne les veid onques. Et moy ay prins des lieux assez ailleurs qu'en leur source." (E, S. 1103) Vgl. dazu auch die Diskussion bei Legros, *Essais sur poutres*, a.a.O., S. 208ff., vor allem S. 214: „En dépit de leur diversité d'origine, toutes les sentences peintes ici se ramènent à l'un des trois principaux gisements reconnus: Stobée, *voces Scepticorum* (Pyrrhoniens et citations aparentées), Ecclésiaste."

an den *Essais*, er paraphrasiert den Entschluss des Rückzugs in den Schoß der Musen aus einer minimalen zeitlichen Distanz:

> Dernierement que je me retiray chez moy, deliberé autant que je pourroy, ne me mesler d'autre chose, que de passer en repos, et à part, ce peu qui me reste de vie: il me sembloit ne pouvoir faire plus grande faveur à mon esprit, que de le laisser en pleine oysiveté, s'entretenir soy-mesmes, et s'arrester et rasseoir en soy [...] (E, S. 54f.).

Aber dieses Programm, die Pflege der Musen als Anleitung zum Müßiggang zu verstehen, hat sich nicht so verwirklicht, wie Montaigne erwartet hatte. Die Selbstbeobachtung konstatiert eine Differenz von programmatischer Rhetorik und aktuellem Vollzug. Zwischen Einbildungs- und Urteilskraft tun sich Abgründe auf, die das Selbst und seine Vermögen in Bewegung halten. Der sich selbst überlassene, aus den Ämtern und den Räumen der Öffentlichkeit zurückgezogene Geist neigt dazu, wie ein unbestelltes Feld (*terres oysives*), welches nur wilde und unnütze Gräser hervorbringt, Chimären und Ungeheuer zu gebären, *chimères et monstres fantasques* (E, S. 55). Montaigne zitiert die horazische Formel der *uanae species* (*Ars poetica*, 7f.), der eitlen Bilder, um sie auf seine eigene Situation des Rückzugs abzubilden. Und er zieht die Konsequenz, das Projekt der *Essais* in das Vorhaben umzuwandeln, den eigenen Geist mit der Nichtigkeit seiner imaginären Produkte zu konfrontieren. Das Schreiben wird zur Aufzeichnung (*mettre en rolle*) und Buchhaltung der *ineptie* und *estrangeté* einer sich selbst überlassenen Einbildungskraft. Der Schoß der Musen bringt nicht die ersehnte Ruhe, sondern die anarchische Freiheit der *fantasies* hervor. Angesichts ihrer nutzlosen und monströsen Bilder der Einbildungskraft stilisiert Montaigne die *Essais* explizit als ein Projekt der Selbstbeschämung, es geht um ein „faire honte à luy (i.e. mon esprit) mesmes" (E, S. 55). Die Urteilskraft wird damit zum Organ der Selbstdenunziation.

Der Umschlag vom Programm zur Praxis, von Muße in Müßiggang, von Freiheit in Desorientierung, impliziert eine fundamentale Paradoxie des Eigenen und des Fremden. Was Montaigne in dem frühen Essay *De l'Oysiveté* als Chimären der Einbildungskraft apostrophiert, die er als Anzeichen ethischer Negativität im Selbst zum Zweck der Selbstbeschämung aufzeichnen will, erscheint dem Autor im retrospektiven Blick der späten Essays demgegenüber als Zeichen seiner *condition singeresse et imitatrice*, wie er in *Sur des vers de Virgile* formulieren wird. Was die frühen Essays aufzeichnen, ist nicht das fremde Eigene der Phantasie, sondern das angeeignete Fremde der Kultur. Damit verwandelt sich das Motiv der Selbstdistanzierung, denn der Grund der Negativität ist nun ein anderer, er betrifft die hartnäckige Gegenwart des Fremden im Text des Selbst: „de mes premiers essays aucuns puent un peu à l'étranger." (E, S. 918) In den Chimären der eigenen Imagination ist die Welt der Musen, welche die Inschrift des *cabinet* beschwört, durchaus anwesend, allerdings in einer entfremdeten Form. Und das ist noch nicht alles: Der Gestus der Selbstdenunziation, der sich aus der Selbstbeobachtung ergeben soll, wiederholt noch einmal jene Topik der *miseria hominis*, deren Repertoire Montaigne in den Sentenzen seiner Bibliothek einen zentralen Platz eingeräumt hat. So erweist sich nicht nur das vermeintlich Eigene der Chimären als geprägt von dem Fremden, dem *étranger*, auch der Duktus der Selbstkritik und der Selbstbeschämung lebt aus einem tradierten Repertoire der gnomischen Selbstverkleinerung.

Die Sentenzen auf den Balken seiner Bibliothek hat Montaigne in den *Essais* vielfältig verwendet, teilweise mehrfach.[55] Sie werden entweder wörtlich zitiert, oder, vor allem was die griechischen Texte angeht, übersetzt und paraphrasiert. Auffällig ist dabei insbesondere ihre intensive Verwendung in der Erstausgabe von 1580 und dort vor allem in der *Apologie de Raimond de Sebonde* (II, 12), jenem Essay, der zwar einen anderen Gattungsnamen aufruft, in dessen Verlauf sich indes die in den Sentenzen prominenten theologischen Motive der *miseria hominis* und die Aphorismen der pyrrhonistischen Erkenntnisskepsis kreuzen. Der Befund überrascht angesichts der theologisch-epistemologischen Thematik der *Apologie* kaum, allerdings lässt die essayistische (Re-)Kontextualisierung den Geltungsanspruch der gnomischen Sätze nicht unberührt. Selbst dort, wo sie eine prominente Position einnehmen, werden sie zu einem Moment einer offenen Textbewegung. Ihre pointierte Prägnanz verliert sich in der nachgerade nomadischen Bewegung des Essays, der auch in seiner Form die funktionale Konzentration der Apologie dementiert.

Exemplarisch lässt sich der Umgang Montaignes mit dem ihm täglich sicht- und lesbaren Spruchmaterial seiner Bibliothek an den beiden unmittelbar aufeinander folgenden Essays *Comme nostre esprit s'empesche soy-mesme* (II, 14) und *Que nostre desir s'accroist par la malaisance* (II, 15) beobachten. Der erste Essay endet mit einer im lateinischen Original zitierten Sentenz des älteren Plinius, die sich in identischem Wortlaut auch auf den Balken findet, der zweite setzt ebenso unvermittelt mit der französischen Paraphrase einer dort im griechischen Original zitierten Maxime des Skeptikers Sextus Empiricus ein. Plinius wird im Essay namentlich als Autor der Sentenz *solum certum nihil esse certi, et homine nihil miserius aut superbius* (E, S. 649) genannt – die einzige

55 Zu den einzelnen Nachweisen vgl. Legros, *Essais sur poutres*, a.a.O., S. 227ff.

Gewissheit sei, dass nichts gewiss ist, und dass nichts verächtlicher und hochmütiger sei als der Mensch. Montaigne nennt den Satz ein *mot hardy* – die Überlegungen des Essays liefern, so der Autor, möglicherweise (*à l'adventure*) ein Argument, um die Maxime zu unterstützen (*secourir*). Sextus Empiricus wird nicht namentlich genannt, sondern dem „plus sage party des philosophes" zugerechnet und mit der Einsicht zitiert: „Il n'y a raison qui n'en aye une contraire" (E, S. 649). Die beiden Sprüche folgen unmittelbar, nur durch den Titel von II, 15 getrennt, aufeinander.

Der Essay *Comme nostre esprit s'empesche soy-mesmes* variiert das Problem von Buridans Esel: Was tun, wenn man die Wahl zwischen zwei gleichermaßen attraktiven Möglichkeiten hat? Das Dilemma kennt seit dem persischen Philosophen Al-Ghazali (1058–1111) mehrere Varianten, auch die Literatur der Renaissance spielt es verschiedentlich durch, wobei die Rolle der dem Esel offerierten Heuhaufen meist durch Speisen und Getränke eingenommen wird, zwischen denen der Mensch wählen muss, so auch bei Montaigne. In seinem Essay geht es allerdings um eine Wahl zwischen Flasche und Fleisch, „la bouteille et le jambon", die Tatsache, dass die Alternative nicht Gleichheit präsentiert, sondern bereits ein Moment der Differenz enthält, ist nicht zufällig. Für Montaigne ist die „plaisante imagination" eines „esprit balancé justement entre deux pareilles envies" (E, S. 648) immer schon asymmetrisiert, die Gleichheit ist nur scheinhaft. Er zitiert daher auch die stoische Konzeption, nach der die *election de deux choses indifferentes* auf eine *impulsion estrangere, accidentale, et fortuite* (E, S. 649) zurückzuführen sei, um gegenläufig seine eigene Position zu verdeutlichen. Die Wahl zwischen den für die Person gleichwertigen, ‚indifferenten' Optionen werde, so die zitierte stoische Position, durch eine fremde Instanz herbeigeführt. Es ist aber genau diese Exteriorisierung der Entscheidung, die Montaignes Widerspruch hervorruft. Die Differenz, welche die Wahl letztlich entscheidet, liege gerade nicht außerhalb, sondern in der Person, auch wenn sie ihr selbst nicht bewusst sein mag:

> Il se pourroit dire [...] que aucune chose ne se presente à nous, où il n'y ait quelque difference, pour legere qu'elle soit: et que ou à la veue, ou à l'attouchement, il y a tousjours quelque choix, qui nous tente et attire, quoy que ce soit imperceptiblement. (E, S. 649)

Die Person ist sich selbst in ihren Antrieben verborgen, sie sieht nicht, dass der Unterschied, den sie von einer *impulsion estrangere* erwartet, in ihr bereits unbemerkt vorhanden ist. Bis zu *De l'experience* wird dieses Motiv der Differenz, die in Ähnlichkeiten, ja vermeintlichen Identitäten zur Geltung kommt, in den *Essais* immer wieder aufgenommen. In dem kurzen Essay *Comme nostre esprit s'empesche soy-mesme* bricht das Argument an dieser Stelle allerdings ab. Beiläufig werden noch Paradoxien der Geometrie, die *pierre philosophale* und die *quadrature du cercle* erwähnt, um schließlich dem zitierten Diktum des Plinius Platz zu machen. Montaignes Version des Dilemmas bleibt ebenso offen wie die Bedeutung des ‚kühnen Wortes' für die Selbstbehinderung des menschlichen Geistes.

Der unmittelbar folgende Essay, *Que nostre desir s'accroist par la malaisance*, holt weiter aus. Es geht in ihm nicht nur um die Exemplifikation der eingangs zitierten skeptischen Position, sondern um das Ausspielen der im Titel formulierten Behauptung, unser Begehren werde durch Widerstand stärker. Der Essay bringt wiederum eine stoische Position ins Spiel, gegen die er die eigene Gegenthese profiliert. Sein Parcours lässt die Autorität der Philosophie nicht nur gegen die eigene Erfahrung, sondern auch gegen eine Pluralität von Intertexten spielen. Und schließlich lässt ein am Ende des Essays im exemplaire de Bordeaux nachgeschobener autobiographischer *allongeail* erkennen, dass für Montaigne die thematische Konstellation noch einmal neu eröffnet werden soll. Die eigene, gegen die Stoa formulierte Position wird damit selbst wieder distanziert. Es gebe keinen Grund ohne Gegengrund – so lautet die eingangs zitierte Auskunft der Skepsis als der ‚klügsten' Schule der Philosophen. Den Grund, der den Gegengrund provoziert, liefert Seneca, der namenlos bleibt und nur als *ancien* apostrophiert wird. Er habe ein den *mespris de la vie* betreffendes *beau mot* formuliert, das Montaigne ‚wiedergekäut' (*Je remaschois*), also gründlich bedacht hat. Seneca kommt an dieser Stelle zwei Mal zu Wort, französisch und lateinisch, in der Übersetzung und im Original:

> Nul bien nous peut apporter plaisir, si ce n'est celuy, à la perte duquel nous sommes preparez: *In aequo est dolor amissae rei, et timor amittendae.* (E, S. 649f.)

Beide Sentenzen stammen aus Senecas Luciliusbriefen (IV, 6; XCVIII, 6), einem, mit Plutarchs *Moralia*, Eckpfeiler dessen, was Montaignes Kanon der praktischen Philosophie ausmacht. Montaigne beschränkt sich indes nicht auf Zitat und Übersetzung, er paraphrasiert und erläutert, was der zitierte Autor wohl gemeint habe, nämlich, dass wir das Leben nicht wirklich genießen können, wenn wir gleichzeitig fürchten, es zu verlieren.[56] So ist der *ancien* drei

56 Vgl. E, S. 650: „Voulant gaigner par là, que la fruition de la vie ne nous peut estre vrayement plaisante, si nous sommes en crainte de la perdre."

Mal vertreten, im lateinischen Zitat, in der Übersetzung und in der Interpretation. Das hilft dem Gewicht seiner Position allerdings wenig, wenn Montaigne anschließend *au rebours* (E, S. 650), gegen den Strich des Stoikers, den Gegengrund in eigener Rede zur Geltung kommen lässt. Die stoische Regel wird zur bloßen Spielmarke der essayistischen Bewegung. Als Gegenthese formuliert, besagt Montaignes Antwort: „nostre volonté s'aiguise [...] par le contraste" (E, S. 650). Wir begehren umso mehr, je weniger wir der Sache sicher sein können und mit Widerstand rechnen müssen. Die Formulierung, die der Essay wählt, variiert den Titel, *desir* wird zu *volonté*, *malaisance* zu *contraste*. Entscheidend ist indes die textuelle und generische Fülle (*copia*), in der sie entfaltet wird. Die römische Poesie wird mit Versen von Ovid, Lukrez, Properz und Vergil, etc. lateinisch zitiert, antike und moderne Exempla werden ins Spiel gebracht.[57] Die Vielzahl der Beispiele und Zitate spielt konzeptuelle und metaphorische Variationen des Themas durch:

> La volupté mesme cherche à s'irriter par la douleur. Elle est bien plus sucrée, quand elle cuit, et quand elle escorche. (E, S. 650)
> Il en va ainsi par tout: la difficulté donne prix aux choses. (E, S. 651)
> Nostre appetit mesprise et outrepasse ce qui luy est en main, pour courir après ce qu'il n'a pas. (E, S. 651)
> [...] la satieté engendre le dégoust [...] (E, S. 651)

Der Fülle der Worte (*verba*), welche der Essay durch die zitierten fremden Texte vortragen lässt, entspricht die Fülle der Dinge (*res*), die durch Montaignes Erfahrung[58] beglaubigt sind. Zu deren vielfältigen Dimensionen zählen einschlägige Beobachtungen bei italienischen Prostituierten[59] ebenso wie die Konsequenzen veränderter Ehe- und Scheidungsgesetze in Frankreich[60], aber

57 Darunter auch Cato von Utica mit der von Plutarch berichteten ambivalenten Beziehung zu seiner Frau: „Ce grand Caton se trouva aussi bien que nous, desgousté de sa femme tant qu'elle fut sienne, et la desira quand elle fut à un autre." (E, S. 651) Montaigne scheint sich Catos Präferenzen zu eigen zu machen.

58 Montaignes Berufung auf die eigene Erfahrung hat einen deiktischen Charakter, der ihre Autorität begründet: „cecy sçay-je par experience" (E, S. 653).

59 Vgl. E, S. 652: „Voyez en Italie, où il y a plus de beauté à vendre, et de la plus fine, comment il faut qu'elle cherche d'autres moyens estrangers, et d'autres arts pour se rendre aggreable [...]".

60 Vgl. E, S. 653: „Nous avons pensé attacher plus ferme le nœud de nos mariages, pour avoir osté tout moyen de les dissoudre, mais d'autant s'est dépris le nœud de la volonté et de l'affection, que celuy de la contraincte s'est estrecy."

auch die erbauliche Funktion religiöser Unruhen[61] oder die Wirkung von Folter und Milde in politischen Auseinandersetzungen.

Montaigne opponiert der philosophischen Autorität der Stoa mit den Mitteln rhetorischer und poetischer Fülle wie mit dem Spektrum der Erfahrung. Seine ironische *balance*[62] von Philosophie einerseits, Rhetorik und Erfahrung andererseits löscht die Symmetrie von Grund und Gegengrund. Der Kritiker der Rhetorik wird zum Virtuosen einer essayistischen Textrhetorik, wenn es darum geht, die Autorität der (stoischen) Philosophie zu subvertieren und eine Gegenposition zu profilieren. So weit geht der Essay in der Ausgabe von 1580. Er bleibt im Horizont einer agonalen Rhetorik von Grund und Gegengrund, die er asymmetrisch markiert.

Nach 1588 hat Montaigne seinen Essay fortgeschrieben, ein langer handschriftlicher Zusatz des exemplaire de Bordeaux (vgl. Abb. 2, EB 264r) distanziert die Opposition von These und Gegenthese. Von dieser nachträglichen Öffnung des Essays ist allerdings die Orientierungsleistung der gnomischen Formeln und Sentenzen der Bibliothek in ihrer Verwendung im essayistischen Kontext insgesamt betroffen. Der späte Montaigne blickt in seinem *allongeail* zurück auf den konfessionellen Bürgerkrieg in Frankreich, der den Erfahrungshorizont seines Erwachsenenlebens so nachdrücklich geprägt hat. Dreißig Jahre, so heißt es am Ende seiner nachgeschobenen Reflexionen, sei sein Haus verschont geblieben: „Comment? Il y a bien trente ans." (E, S. 655) Die Frage artikuliert das Erstaunen, in der *violence de noz guerres civiles* (E, S. 654) mitsamt seinem Oikos heil geblieben zu sein. Da der Bürgerkrieg 1562 begonnen hatte, stammt Montaignes Notiz, nimmt man den genannten Zeitraum beim Wort, offenbar aus der Zeit kurz vor seinem Tod im Jahre 1592. Das eigene Überleben zu thematisieren wird durch den Titel und den Tenor des Essays motiviert. Es sei möglicherweise gerade die Leichtigkeit (*aisance*) gewesen, mit der die Soldaten sein unbefestigtes Schloss hätten einnehmen können, die es so lange vor Angriffen bewahrt habe. Ein schutzloses Haus zu erobern widerstrebe dem soldatischen Ehrenkodex:

> J'ay affoibly le dessein des soldats, ostant à leur exploit, le hazard, et toute matiere de gloire militaire [...] Ce qui est faict courageusement, est

61 Vgl. E, S. 653: „C'est un effect de la providence divine, de permettre sa saincte Église estre agitée, comme nous la voyons de tant de troubles et d'orages, pour esveiller par ce contraste les ames pies [...]".

62 Vgl. dazu Floyd Gray, *La balance de Montaigne*, Paris 1982.

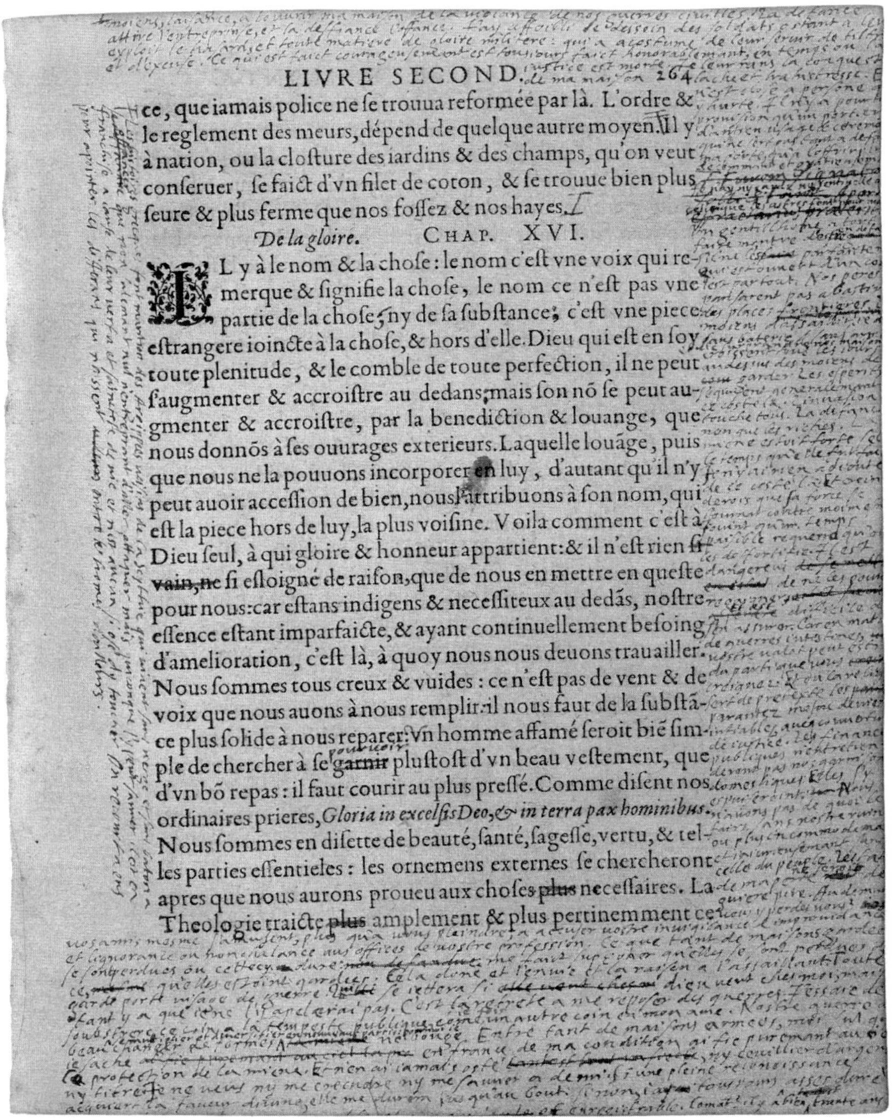

LIVRE SECOND. 264

ce, que iamais police ne se trouua reformée par là. L'ordre & le reglement des meurs, dépend de quelque autre moyen. Il y à nation, ou la closture des iardins & des champs, qu'on veut conseruer, se faict d'vn filet de coton, & se trouue bien plus seure & plus ferme que nos fossez & nos hayes.

De la gloire. CHAP. XVI.

IL y à le nom & la chose: le nom c'est vne voix qui remerque & signifie la chose, le nom ce n'est pas vne partie de la chose, ny de sa substance; c'est vne piece estrangere ioincte à la chose, & hors d'elle. Dieu qui est en soy toute plenitude, & le comble de toute perfection, il ne peut s'augmenter & accroistre au dedans; mais son nō se peut augmenter & accroistre, par la benediction & louange, que nous donnōs à ses ouurages exterieurs. Laquelle louāge, puis que nous ne la pouuons incorporer en luy, d'autant qu'il n'y peut auoir accession de bien, nous l'attribuons à son nom, qui est la piece hors de luy, la plus voisine. Voila comment c'est à Dieu seul, à qui gloire & honneur appartient: & il n'est rien si vain, ne si esloigné de raison, que de nous en mettre en queste pour nous: car estans indigens & necessiteux au dedās, nostre essence estant imparfaicte, & ayant continuellement besoing d'amelioration, c'est là, à quoy nous nous deuons trauailler. Nous sommes tous creux & vuides: ce n'est pas de vent & de voix que nous auons à nous remplir: il nous faut de la substāce plus solide à nous reparer. Vn homme affamé seroit biē simple de chercher à se garnir plustost d'vn beau vestement, que d'vn bō repas: il faut courir au plus pressé. Comme disent nos ordinaires prieres, *Gloria in excelsis Deo, & in terra pax hominibus.* Nous sommes en disette de beauté, santé, sagesse, vertu, & telles parties essentieles: les ornemens externes se chercheront apres que nous aurons proueu aux choses plus necessaires. La Theologie traicte plus amplement & plus pertinemment ce

ABBILDUNG 2 *Michel de Montaigne,* Essais, *Exemplaire de Bordeaux, 1588, S. 264r.*

tousjours faict honorablement, en temps où la justice est morte. Je leur rends la conqueste de ma maison lasche et traistresse. (E, S. 654)[63]

63 Vgl. auch E, S. 655: „Ce que tant de maisons gardées se sont perdues, où ceste cy dure: me fait soupçonner, qu'elles se sont perdues de ce, qu'elles estoyent gardées. Cela donne et l'envie et la raison à l'assaillant."

Das erstaunliche Beispiel der eigenen Erfahrung drängt auf Verallgemeinerung und diese auf gnomische Verdichtung. So erörtert Montaigne die Wahrscheinlichkeit von Angriffen während der konfessionell begründeten *guerres intestines* und fragt nach der Opportunität von Befestigungsanlagen. Er ist mit den militärstrategischen Überlegungen seiner Zeit durchaus vertraut, Machiavellis *Arte della guerra* befand sich wohl in seiner Bibliothek. Aber nicht um Strategie und Kriegskunst geht es in dem Nachtrag zu dem Essay, sie sind nicht von Belang, wo es um das Erstaunen angesichts des wehrlosen Überlebens geht. Um Schloss Montaigne zu bewachen, so der Autor, gebe es von alters her, *d'ancien usage et ceremonie* (E, S. 654), nur einen Portier, als Bewachung (*sentinelle*) habe er, der Hausherr, nur den Schutz, den ihm die Sterne bieten. Die strategischen Argumente treten am Ende angesichts der Unwahrscheinlichkeit der Verschonung hinter die Berufung auf die *faveur divine* (E, S. 655) zurück, die ihn offenbar beschützt habe. Jedenfalls ist seine *durée remerquable et enregistrable* anders kaum er erklären, auch nicht durch jene gnomischen Maximen, die der Essay vorher ins Spiel bringt und von denen der *allongeail* des exemplaire de Bordeaux seinen Ausgang nimmt. Montaignes nachträgliches Nachdenken thematisiert ein Erstaunen, das seit dreißig Jahren anhält. Seine Weiterschreibung des Essays nimmt die Form eines Memorabiles an – merk- und denkwürdig ist es gerade nicht, weil es die Titelsentenz, mit der der Autor die Philosophie herausfordert, bestätigen würde, sondern weil Erklärungen überhaupt zu kurz greifen. Montaignes Verschonung widerspricht der antistoischen These des Essays nicht, aber es bestätigt sie auch nicht. Die *raison*, von deren Balancen und Bilanzen der Anfang des Essays handelt, geht ins Leere, das Staunen anerkennt eine Unbegreiflichkeit.

KAPITEL II

Der Autor und sein Text. Ethik des Wortes und List des *Essai*

1 Textform und Identität

Die Erfahrung, dass Titel und Inhalt in den *Essais* in höchst unterschiedlichen Beziehungen stehen, gehört zu den unhintergehbaren Lektüreeindrücken jedes Lesers. Die mangelnde Offensichtlichkeit des Zusammenhangs von Titel und Thema wird bereits von Montaignes ersten Lesern verschiedentlich moniert, sie treibt auch gegenwärtig noch die Bemühungen zahlreicher Interpreten an, bislang nicht wahrgenommene Modalitäten essayistischer Kohärenz aufzuzeigen. Ein eklatantes Beispiel liefert der kleine Essay *Du desmentir* (II, 18). Erst gegen Ende des Essays kommt Montaigne auf das im Titel annoncierte Thema des Dementis zu sprechen. Andererseits thematisiert das Kapitel selbstreflexiv die essayistische Praxis, liefert also selbst einen Kommentar zum Verfahren. Auf der letzten Seite des Essays verweist der Autor summarisch auf die *divers usages de noz desmentirs* (E, S. 706) und erwähnt bei der Gelegenheit beiläufig die unterschiedlichen Gesetze, welche die Ehre (*honneur*) der Zeitgenossen und die Pflichten (*devoir*) der Griechen und Römer regulieren. Die Ankündigung, er werde bei anderer Gelegenheit sein einschlägiges Wissen offenlegen, wird in den *Essais* allerdings nicht mehr eingelöst werden. Dabei besitzt die Praxis des *desmentir* eine erhebliche Bedeutung für das Selbstverständnis von Montaignes Stand und seinen Ehrbegriff. Es bedeutet eine gravierende Verletzung der Ehre eines Edelmannes, wenn er der Lüge bezichtigt wird, er muss darauf angemessen reagieren. Die geläufigen sozialen Regulierungen von Provokation, Reaktion und Satisfaktion treten in *Du desmentir* allerdings hinter zwei Motiven zurück, die das Verhältnis von sprachlicher Wahrheit und Lüge nicht in der Interaktionspraxis des Adels, dem der Autor angehört, aber auch nicht in der kulturellen Vielfalt ihrer Normierung thematisieren, sondern nach ihrer konstitutiven Leistung für den Nexus des Sozialen, auch jenseits schichtspezifischer Sondernormen zur Sprache bringen. Montaignes grundsätzliche Fragen betreffen zum einen die Poetik und Pragmatik der Selbstdarstellung, zum anderen die Sphäre dessen, was für ihn das sprachliche Fundament der Gesellschaft ausmacht. Beide Themen sind für die *Essais* von grundsätzlicher Bedeutung, betreffen sie doch sowohl den ethischen Anspruch des eigenen Schreibens wie die Kohäsion der sozialen

 | DOI 10.30965/9783770563548_003

Gemeinschaft, die offenbar weder durch eine göttliche oder natürliche Ordnung garantiert wird, sondern nur in der Sprache und den Prozessen einer ethisch verankerten Kommunikation fundiert ist und in ihnen ihre Kontinuität findet. Montaigne hat *Du desmentir* wohl, wie Pierre Villey vermutet, in den Jahren 1578–80 geschrieben, also unmittelbar vor der ersten Veröffentlichung der *Essais*. So trägt er in dem Essay eine Auseinandersetzung mit der Frage aus, was es heißt, die Wahrheit des Selbst in einer Zeit auszustellen, der die Verbindlichkeit der Sprache und ihrer Sprechakte abhandengekommen ist. Trotz seiner Kürze ist *Du desmentir* daher ein zentrales Dokument für Montaignes Reflexion auf autobiographische Wahrhaftigkeit und seine Konzeption einer Ethik des Wortes als Band der Gesellschaft.

Über sich selbst zu schreiben, so zitiert der Essay die *communis opinio*, ist üblicherweise nur denen erlaubt, die wegen ihres in ihrem Reden und Tun begründeten Ruhms, ihrer *reputation*, das Interesse des Publikums, den *desir de leur cognoissance* (E, S. 702), geweckt haben. Die historische Bedeutsamkeit der Person und ihres Handelns begründet die Legitimität der Selbstrede. Selbstbeschreibung, Erzählung des eigenen Lebens, Vortrag eigener Meditation beträfen demnach nur die „hommes rares et fameux". Sich selbst auszustellen, sich ‚zur Kenntnis' zu geben, „se faire cognoistre", wäre unter diesen Prämissen nur gerechtfertigt, wenn man Anlass zur Nachahmung gibt (E, S. 702: „celuy qui a dequoy se faire imiter"). Geschichtliche Größe, wirkungsgeschichtliche Prominenz und Antrieb zur Ämulatio konstituieren die fundierende Trias legitimer Selbstdarstellung. Männer wie Cäsar und Alexander, Augustus und Xenophon, Cato und Brutus können als *patron* der Selbstdarstellung dienen, denn ihr vorgängiges Handeln, dessen Bedeutsamkeit durch ihren Nachruhm sanktioniert ist, begründet und orientiert die von ihnen selbst erzählte Geschichte (*narration*) ihres Lebens. Es sind die gleichen historischen Gestalten, die man auch dann studiert, wenn sie von fremder Hand in Metall gegossen oder in Stein gemeißelt sind. Fremd- und Eigendarstellung gehen ineinander über, sie bestätigen und kommentieren sich wechselseitig. Für den Autor der *Essais* gilt das allerdings in eklatanter Weise nicht, er macht sich selbst zum Thema, ohne durch exemplarische Reden und Taten hervorgetreten zu sein, er gehört zu den „homme(s) de la commune façon", denen das Recht auf Selbstrede nicht zusteht, schon gar nicht in jener Exzessivität, welche die *Essais* zunehmend ausstellen. Montaignes Projekt will zwar Selbstrede und Selbstdarstellung sein, es kann aber weder auf die Exemplarität fragloser historischer Größe Anspruch erheben noch zielt es auf eine umfassende, Gegenwart und Nachwelt einbeziehende Öffentlichkeit. Montaigne greift an dieser Stelle noch einmal auf die provokativen Konzepte seines *Avis au Lecteur*, der das Buch eröffnet und zugleich die Erwartungen des Lesers brüskiert, zurück. Dort heißt es kategorisch:

> C'est icy un Livre de bonne foy, Lecteur. Il t'advertit dès l'entrée, que je ne m'y suis proposé aucune fin, que domestique et privée: je n'y ay eu nulle consideration de ton service, ny de ma gloire [...] Je l'ay voué à la commodité particuliere de mes parens et amis: à ce que m'ayans perdu (ce qu'ils ont à faire bien tost) ils y puissent retrouver aucuns traicts de mes conditions et humeurs, et que par ce moyen ils nourrissent plus entiere et plus vifve, la connoissance qu'ils ont eu de moy. (E, S. 27)

Das Buch hat einen häuslichen und privaten Zweck, es ist für die Verwandten und Freunde gedacht, sie sollen ihn nach dem Tod des Autors, der ohnehin nicht lange auf sich warten lassen wird, in seinem Buch wiederfinden. Die *Essais* werden nach dem Tode Montaignes gelesen werden, diejenigen, welche ihn als Person kannten, werden deren Bild nach dem Tod des Autors in seinem Buch finden. Dass Montaigne nach der Erstausgabe der *Essais* noch zwölf Jahre leben wird und im Weiterschreiben des Werks seinerseits auf die Reaktionen auf sein Buch zu reagieren vermag, wird er selbst in den späten Essays des dritten Buchs thematisieren, die sich immer wieder auf das Altern und das allmähliche Absterben des Lebens einlassen. Für den *Avis au lecteur* aber bilden die *Essais* ein Substitut der Interaktion, die Lektüre wiederholt eine vorgängige lebensweltliche Vertrautheit, sie lässt die Person des Autors prägnanter und lebendiger werden, allerdings nur für die, welche ihn bereits im Leben kannten. Es gehört zur Redlichkeit (*bonne foy*) des Autors, dass er den anonymen Leser auf seine Außenseiterrolle hinweist, ihn stellt der Autor beim Schreiben ebenso wenig in Rechnung wie das klassische Motiv der Autorschaft, den Ruhm. *Du desmentir* greift den Gegensatz von Lektüre als Wiederholung vorgängiger Interaktion und als demonstrative Selbstausstellung historischer Größe noch einmal auf:

> Je ne dresse pas icy une statue à planter au carrefour d'une ville, ou dans une Église, ou place publique [...] C'est pour le coin d'une librairie, et pour en amuser un voisin, un parent, un amy qui aura plaisir à me racointer et repratiquer en cett' image. (E, S. 702f.)

Nicht die Öffentlichkeit der Stadt, des städtischen Platzes oder der Kirche, sondern die Privatheit des Hauses oder der (Privat-)Bibliothek ist der Ort, wo man im Umgang mit den *Essais* die Intimität des Autors genießt. Die Lektüre ist Wiederholung vorgängiger Vertrautheit und damit immer schon auf einen überschaubaren Kreis der Freunde, Nachbarn und Verwandten beschränkt, und sie realisiert sich in den informellen, zwanglosen Formen der Unterhaltung, des Vergnügens und der Interaktion mit dem Buch, das die Person des Autors vertritt.

Der Autor der *Essais* ist als Privatmensch ohne Amt kein *subject digne et riche* – er sei vielmehr *si sterile et si maigre* (E, S. 703), dass der Verdacht demonstrativer Selbstausstellung (*ostentation*) gar nicht aufkommen könne. Allerdings: Entgegen der Auskunft des *Avis au lecteur*, Montaigne wolle sich in seiner „façon simple, naturelle et ordinaire, sans estude et artifice" (E, S. 27) darstellen, trägt *Du desmentir* der spezifischen Medialität der Selbstverschriftlichung nunmehr entschieden Rechnung. Der *Avis au lecteur* kündigt die Darstellung der natürlichen Form (*forme naïfve*) des Autors an, wobei dieser durchaus auf das soziale Dekorum (*reverence publique*) Rücksicht nehmen will. *Du dementir* dokumentiert, wie der Autor zu seinem eigenen Leser wird und wie ihn diese Erfahrung zum Weiterschreiben treibt (vgl. Abb. 3, EB 285v). Die *Essais*, so zeigt sich nun für Montaigne im Fortgang des Schreibens, sind nicht das Abbild einer vorgängigen, in ihrer Identität stabilen Person. In ihnen manifestiert sich vielmehr eine offene Dynamik wechselseitiger Formung von Person und Text. Im Schreiben des Buchs bildet sich die Identität eines Selbst, das es vor dem Schreiben so nicht gab. Damit sind die Prämissen des *Avis au lecteur* suspendiert. Die *Essais* sind nicht mehr auf eine den Horizont der Erfahrung wiederholende Lektüre im Umkreis des Hauses und der Freunde bezogen, die Leserrolle, welche Montaigne nun ins Auge fasst, emanzipiert sich von vorgängiger biographischer Vertrautheit. Der Autor beobachtet, wie er sich beim Schreiben formt, sich eine Identität erschreibt und weiterschreibt, indem er die Form, die er in den *Essais* gewinnt, rekursiv in die schreibende Person zurücklaufen lässt:

> Moulant sur moy cette figure, il m'a fallu si souvent me testonner et composer pour m'extraire, que le patron s'en est fermy, et aucunement formé soy-mesme. Me peignant pour autruy, je me suis peint en moy, de couleurs plus nettes, que n'estoyent les miennes premieres. Je n'ay pas plus faict mon livre, que mon livre m'a faict. Livre consubstantiel à son autheur: D'une occupation propre: Membre de ma vie: Non d'une occupation et fin, tierce et estrangere, comme tous autres livres. (E, S. 703f.)

Das ‚konsubstantielle Buch' ist mithin eines, in dem sich der Autor findet, indem er sich erfindet, in ihm erkennt er sich als ein anderes Selbst, dessen Form er sich aneignet. Die vermeintlichen Substanzen sind beweglich geworden, ihre ateleologische Bewegung folgt keiner vorgegebenen Norm, sie steuern kein Ziel an, an dem sich der Leser orientieren könnte. Die rekursive Bewegung des Schreibens verläuft atopisch, das unterscheidet sie grundsätzlich von den überlieferten Normen der Selbstrede. Der *patron*, von dem die großen Männer der Geschichte in ihren Selbstdarstellungen erzählen, ist *imitabile*. Er existiert

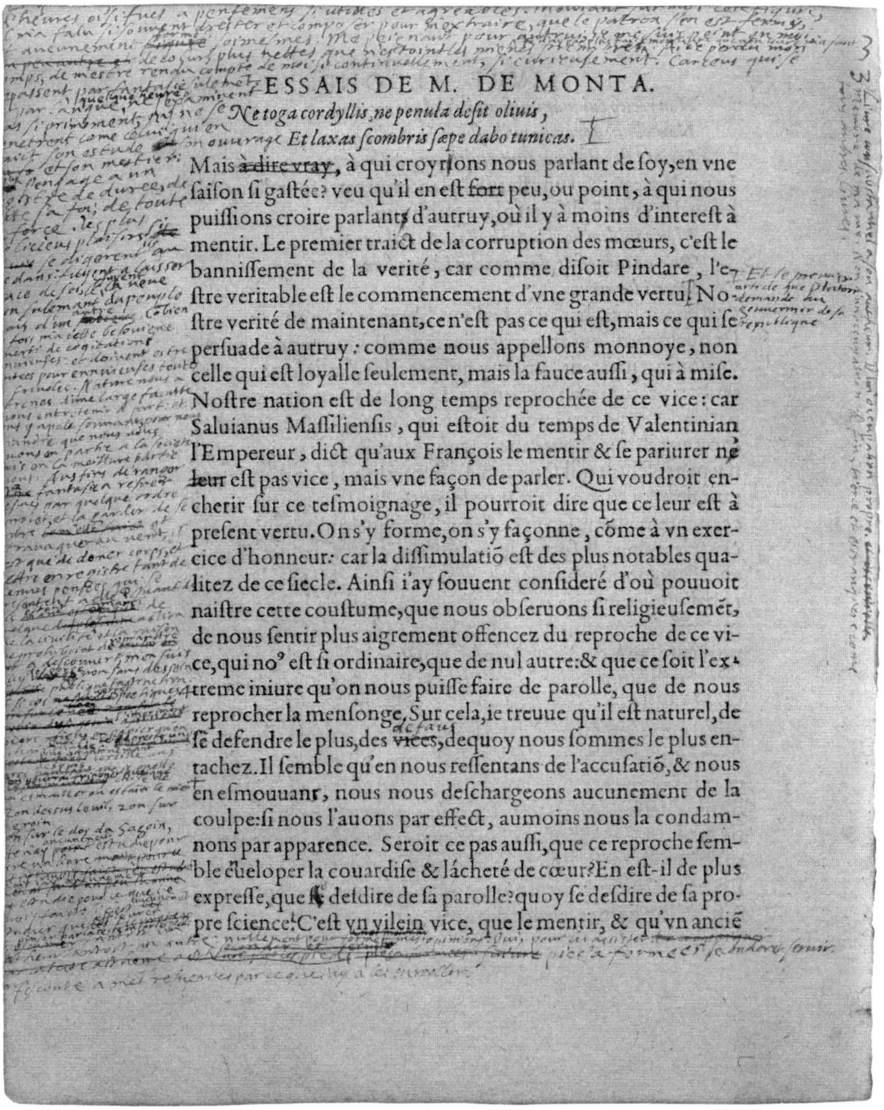

ABBILDUNG 3 *Michel de Montaigne,* Essais, *Exemplaire de Bordeaux, 1588, S. 285v.*

als fraglose Form in der spektakulären Identität seiner Taten. Dargestellt und erzählt wird ein solcher *patron* nur, weil er eine exemplarische Qualität besitzt, welche die Leser zur Nachahmung antreibt. Die Selbstdarstellung erzählt in diesem Fall nur, was vorgängig existiert und auch als Gegenstand der Fremddarstellung, der Biographie, in Frage kommt. Die Medialität und Auktorialität der Darstellung bleibt in diesem System sekundär: Ob in der Schrift oder in

Marmor, ob im Selbstporträt oder im Fremdporträt, die nachahmungswürdige Gestalt bleibt mit sich identisch, Gegenstand der Bewunderung und des Nacheiferns.

Der *patron*, dessen Modellierung Montaigne unternimmt, ein privates Individuum, das keine exemplarischen Taten und Reden in die Waagschale der Geschichte zu werfen vermag, besitzt keine stabile Form. Sie gewinnt er erst durch die Entäußerung in der Form des Textes, in welcher der Autor sich spiegelt und als Gestalt wahrzunehmen vermag. Die *Essais* inszenieren ein ‚Spiegelstadium' des Individuums, das allerdings ohne stabiles Telos bleibt, sondern in der Umschreibung der Spiegelbilder die Person selbst umschreibt. Die Formgebung im Text hat ihr Analogon in der Kunst des Malers und des Bildhauers, die, im Prozess von Entwurf und Korrektur, nicht nur abbilden, sondern formen und erfinden. Die Form des Essays aber ist, wie die Form eines Gemäldes oder einer Statue, das Ergebnis einer Arbeit des Schreibens. Diese braucht Zeit, die sie sich nehmen muss. So überkreuzt das Selbstporträt die biographische Zeit, die vergeht, und die Schreibzeit, die von der Lebenszeit genommen wird. So wird schließlich aus dem, was bloße *resveries* waren, ein Körper (*corps*), der aber selbst in Bewegung bleibt. Montaigne macht aus sich selbst „son estude, son ouvrage, et son mestier" (E, S. 704). Sich selbst Studium, Werk und Beruf zu sein wird zum zeitaufwändigen Unternehmen der Selbstverschriftlichung (*enroller*). Das Selbstporträt als dauerhafte, fortlaufende Buchführung (*registre de durée*) verlangt von seinem Autor sowohl Kraft (*force*) wie auch Aufrichtigkeit, Wahrhaftigkeit (*foy*). Damit ist ein sprachethisches Kriterium ins Spiel gebracht, welches das zweite tragende Thema des Essays darstellt.

2 Ethik des Wortes

Sprachliche Selbstdarstellung kommt nicht ohne den Rekurs auf die Vielfalt sozialer Sprachen und fremder Texte aus. Das gilt insbesondere dort, wo sie nicht die Form der Erzählung, sondern die des ‚Porträts' wählt.[1] Die Person, die sich selbst in den Blick nimmt, ist auf den Umweg über Diskurse und Textmodelle verwiesen, um sich selbst Form geben zu können. Sie bewegt sich im Medium von Soziolekten, disziplinär organisierten Begriffsensembles und literarischen Genres, die sie zwar auf Distanz halten oder bringen, auf die sie aber nicht verzichten kann. Die unhintergehbare Angewiesenheit auf Sprachen, Konzepte und Formen und die Negation ihres Geltungsanspruchs gehören

1 Vgl. dazu Michel Beaujour, *Miroirs d'encre. Rhétorique de l'autoportrait*, Paris 1980.

zur elementaren Textbewegung der *Essais*. Der *commerce*, den Montaigne mit dem Lesepublikum pflegt, greift durchgehend auf geläufige Redeformen und Schreibpraktiken zurück, er sucht sie für das eigene Schreiben ‚auszuleihen', um das fortlaufende ‚Register' (*registre de durée*) der Person mitteilen zu können. *Du desmentir* umkreist die Frage, wie die Intensität der Selbstinspektion mit einem gesteigerten Interesse an den Büchern der anderen korreliert, um durch Verfahren der Entwendung und Enteignung die Ausstattung der eigenen Person anzureichern:

> Quoy si je preste un peu plus attentivement l'oreille aux livres, depuis que je guette, si j'en pourray friponner quelque chose dequoy esmailler ou estayer le mien? (E, S. 704)

Montaigne, so die anschauliche Metaphorik, ‚hört' aufmerksamer auf die Bücher, seit er sich selbst ‚belauert'. Der Umgang mit den Büchern, die für die *Essais* Ornament und Stütze sein sollen, ist allerdings nicht durch aufmerksames Studium (*estudier*) charakterisiert, sondern durch eine Nonchalance, die zwanglos zwischen Oberfläche und Tiefe, bloßer Berührung und festem Zugriff pendelt und sich auf keinen Autor festlegen lässt[2]. Diesem ebenso beweglichen wie unsystematischen Umgang mit den fremden Texten eignet ein Moment der Illegitimität, das Montaigne durchaus vor Augen steht, lange vor der Verrechtlichung des geistigen Eigentums: Der Autor eines unerhörten Projekts der Selbstdarstellung ‚entwendet' Teile (Zitate, Beispiele, Konzepte, etc.) aus fremden Texten, die nicht sein Eigentum sind, um es dem ‚Register' des eigenen Lebens einzufügen. In der Mehrzahl der Fälle löscht er dabei die Sichtbarkeit oder die Identifizierbarkeit des Fremden. Die *Essais* werfen damit die Frage der Wahrhaftigkeit[3] der Selbstrede als Selbstporträt auf. Zunächst: Was hat es zu bedeuten, wenn das Buch des eigenen Selbst zugleich das Buch der Splitter und Spuren fremder Texte, Autoren und Sprachen ist? Und weiter, angesichts der Verhältnisse der eigenen Epoche und ihrer sprachlichen Situation: Wem vermag man zu glauben, wenn er von sich selbst spricht, in einer Zeit, deren Verdorbenheit (*corruption des mœurs*) sich für den Beobachter gerade in der Verbannung der Wahrheitsrede zeigt? In der *saison si gastée*, in der

---

2 Vgl. E, S. 704: „effleurer et pincer, par la teste, ou par les pieds, tantost un autheur, tantost un autre". Es gehe daher auch nicht um die Bildung der eigenen Überzeugungen oder Meinungen, „nullement pour former mes opinions", sondern um ihre Unterstützung: „Oui, pour les assister, pieça formées, seconder et servir."

3 Zum Begriff vgl. Bernard Williams, *Wahrheit und Wahrhaftigkeit* (engl. *Truth and Truthfulness*), Frankfurt/Main 2003.

Montaigne lebt, steht es mit der Wahrheit des Wortes wie mit der Echtheit der Münzen, im Umlauf sind nicht nur die echten, sondern auch die gefälschten. Wie aber kann man sie unterscheiden? Mit der *verité de maintenant* ist es jedenfalls schlecht bestellt. Die Verstellung (*dissimulation*) sei ohnehin eines der großen Laster der Zeit, ihre Notwendigkeit räumt die politische Theorie der Epoche umstandslos ein und empfiehlt sie als Überlebensstrategie. Den Franzosen werfe man ohnehin schon lange ein schwieriges Verhältnis zur Wahrheit vor, die Lüge sei für sie nur eine *façon de parler*. Die heftige Reaktion auf den Vorwurf der Lüge, der im Milieu seiner Standesgenossen als *extreme injure* betrachtet werde, lässt Montaigne nicht als Gegenargument gelten. Schließlich mag sie darin gründen, dass man nach Außen, *par apparence*, verwerfen will, wovon man im Kern, *par effect*, beherrscht wird. Damit bestätigt sie nur das allgegenwärtige Syndrom der Dissimulation.

Die soziale Regulierung der Praxis des *desmentir* im Kontext eines schichtenspezifischen Begriffs der Ehre lässt eine epochale Krise der Wahrhaftigkeit des Sprechens sichtbar werden. Aber sie ist für Montaigne nur das Symptom einer tieferen Krise der Wahrheitsrede, welche die Grundlagen jeder Form von Sozialität betrifft. Wer die Verbindlichkeit des Wortes sabotiert, untergräbt das Fundament der Gesellschaft, die zur Gemeinschaft durch das Wort wird. Nichts Anderes hält das soziale Leben zusammen als die Wahrhaftigkeit voraussetzende und unterstellende Reziprozität der Individuen in ihrer sprachlichen Kommunikation:

> Nostre intelligence se conduisant par la seule voye de la parolle, celuy qui la fauce, trahit la societé publique. C'est le seul util, par le moyen duquel se communiquent noz volontez et noz pensées: c'est le truchement de nostre ame: s'il nous faut, nous ne nous tenons plus, nous ne nous entrecognoissons plus. S'il nous trompe, il rompt tout nostre commerce, et dissoult toutes les liaisons de nostre police. (E, S. 705f.)

Die dramatische, pathetische Eindringlichkeit dieser Formulierungen ist kaum zu überhören, in dieser ungebrochenen Intensität findet sie sich bei Montaigne überaus selten. Die *Essais* reagieren immer wieder auf die Krise der Wahrhaftigkeit, in der er seine Epoche angekommen sieht. Die theologisch artikulierten Antagonismen, aus denen sich die konfessionellen Bürgerkriege des 16. Jahrhunderts speisen, sind für Montaigne das Gegenteil jener Wahrhaftigkeit des Wortes, in der es zum Übersetzer und Sprachrohr, zum Vermittler der Seele und ihrer Intentionen wird. Das Wort ist der fundamentale Nexus des Sozialen – indem wir in der Sprache unser Wissen und unseren Willen manifestieren, werden wir als Individuen mit Ansichten und Ansprüchen sichtbar.

Zugleich aber gehen wir damit Verpflichtungen ein, für die eigenen Sprechakte und das gegebene Wort einzustehen, denn in ihm werden wir für die anderen erkennbar: Das eigene Wort zu dementieren, *se desdire de sa parolle*, ist für Montaigne daher Ausdruck einer verderbten Seele (*couardise et lascheté de cœur*) (E, S. 705). Im Wort als Sprachhandlung konstituiert sich für den Autor der *Essais* eine soziale Welt wechselseitiger Verpflichtung auf Wahrhaftigkeit. Dabei geht es ihm nicht nur um die Erwartbarkeit von Erwartungen und Einstellungen, sondern um die Verbindlichkeit des gegebenen Wortes. Der ‚Fälscher' des Wortes verrät das eine unverzichtbare Band der Gesellschaft. Die *Essais* stellen sich unter diesen Anspruch einer Ethik des Wortes, sie sind für ihren Autor nicht nur eine unverbindliche *peinture*, vielmehr verstehen sie die Selbstdarstellung als wahrhaftige, an ein Gegenüber adressierte Rede. Montaigne macht sich mit seinem Buch für die anderen erkennbar – Täuschung und Lüge würden den elementaren *commerce* verraten, den die Veröffentlichung des Buches mit den Lesern herstellt. Aber die Selbstrede der *Essais* steht unter den verschärften Bedingungen, dass sie in einer Zeit der Auflösung des durch das Wort gestifteten Nexus der Gesellschaft erscheinen. Sie müssen sich einer öffentlichen Sprache bedienen, deren Zirkulation durch die Erwartung von Dissimulation und Täuschung geprägt ist.

3 Kirchliche Autorität und essayistische Freiheit

Der Essay *Des prieres* (I, 56), der vorletzte des ersten Buches, hat eine komplizierte Textgeschichte, sein Umfang ist zwischen 1580 und 1595 um das Dreifache gewachsen[4], er trägt schließlich auch die Spuren der Reaktion Montaignes auf die Einwände der römischen Zensur gegen einzelne Formulierungen der *Essais*. Zudem ist er, wie der Titel vermuten lässt, geprägt von den theologischen Auseinandersetzungen zwischen der katholischen Kirche und den Autoren der Reformation. In dieser Situation formuliert der Essay gleich eingangs ein explizites Bekenntnis der Zugehörigkeit seines Autors zur katholischen Kirche, deren Zensur er sich vorbehaltlos unterwirft, „me remettant tousjours à l'authorité de leur censure, qui peut tout sur moy" (E, S. 335).[5]

---

4 Die Ausgabe von Alain Legros, *Montaigne. ‚Essais I, 56: Des prières'*, Genf 2003, präsentiert und kommentiert die einzelnen Textstufen.

5 Vgl. E, S. 335: „Esgalement m'en sera acceptable et utile la condemnation, comme l'approbation, tenant pour absurde et impie, si rien se rencontre ignoramment ou inadvertamment couché en cette rapsodie contraire aux sainctes resolutions et prescriptions de l'Église Catholique Apostolique et Romaine, en laquelle je meurs, et en laquelle je suis nay."

Montaigne greift auch mit Skepsis die Versuche auf, das Wort Gottes in die Volkssprachen zu übersetzen und in dieser Form neue Glaubenspraktiken zu installieren. Am deutlichsten zeigt sich das in seiner Kritik an den Psalmenübersetzungen und -vertonungen, wie sie beispielsweise durch Clément Marot und Théodore de Bèze als Autoren, Claude Goudimel und Pierre de l'Estocart als Komponisten für den calvinistischen Gottesdienst bereitgestellt wurden.[6] Sich dem Urteil (*jugement*) der Kirche zu unterwerfen, bedeutet für Montaigne eine Instanz anzuerkennen „à qui il touche de regler non seulement mes actions et mes escrits, mais encore mes pensées." (E, S. 335) Er unterstreicht den unauflöslichen Konnex von Denken, Sprechen und Handeln, die Autorität der Kirche hat nicht nur Zugriff auf die öffentliche *confessio*, sondern auch auf die innere *fides*. Die später im Hobbesschen Leviathan scharf formulierte Unterscheidung zwischen *faith* oder *belief* und *confession*[7] kann für Montaigne noch nicht gelten, weil seine Selbstdarstellung das Innere öffentlich macht und dabei einer Ethik des Wortes folgt. Die Kirche, die das Wort und den Willen Gottes vertritt, zensiert und sanktioniert in der Beichtpraxis, was sich dem göttlichen Wort widersetzt. Und das Mitglied der Kirche, das deren Wahrheitsanspruch in der *confessio* anerkennt, vertritt diesen Anspruch zugleich im Binnenraum der eigenen Gedanken, auch unabhängig vom beichtsakramentalen Zugriff der Kirche auf die Gedanken und Begehrlichkeiten der Gläubigen.

Es zeigt sich indes, dass der Spielraum, der dem Individuum dann bleibt, zum weiten Feld der Urteilskraft und ihrer Suchbewegungen werden kann. Montaigne macht geltend, dass sich die *Essais* auf einer Redeebene bewegen, wo die Kollision mit der göttlichen Wahrheit unwahrscheinlich, ja geradezu ausgeschlossen ist. Der Essay beginnt mit dem Satz: „Je propose des fantasies informes et irresolues [...] non pour establir la verité, mais pour la chercher." (E, S. 335) Was der Autor präsentiert, sind mithin formlose Produkte der Einbildungskraft und tentative Abwägungen der Urteilskraft, die keine Wahrheit behaupten, sondern den Prozess der Wahrheitssuche dokumentieren und in Bewegung halten. Deren Richtung ist nicht durch vorgängige Ordnungen des Wissens begrenzt, sie tendiert zur nomadischen Überschreitung eingespielter

6 Vgl. dazu Vf., „Stimme und Schrift, Lesen und Hören. Konzeptuelle Artikulationen in der Renaissancelyrik", in: Hermann Danuser (Hg.), *Musikalische Lyrik*, Laaber 2004, S. 255–268.

7 Vgl. Thomas Hobbes, *Leviathan*, hg. von Crawford B. Macpherson, Harmondsworth 1985, S. 478 (Kap. XXXVII): „A private man has always the liberty, (because thought is free,) to beleeve, or not beleeve in his heart, those acts that have been given out for Miracles [...] But when it comes to confession of that faith, the Private Reason must submit to the Publique; that is to say, to Gods lieutenant."

Grenzziehungen: „je me mesle ainsi temerairement à toute sorte de propos" (S. 335). Montaignes einschneidende Erfahrung auf seiner Italienreise, als man ihn mit dem Vorwurf der päpstlichen Zensur konfrontierte, die *Essais* würden durch einzelne Behauptungen den kirchlichen Wahrheiten widersprechen (vgl. E, S. 1492Anm. 3), provoziert den zitierten zweiseitigen Gestus der Unterwerfung. In ihm handelt es sich um die Formen eines affirmativ ausgetragenen Konflikts, der das von der Kirche vertretene Wissen um die Glaubenswahrheiten betrifft. Solche dogmatischen Wahrheiten besetzen den Raum der konfessionellen Antagonismen. In den *Essais* geht es indes nicht um theologische Dogmen, sondern um die Verschriftlichung von Prozessen der Imagination und des Urteils, die ihre eigene Freiheit beanspruchen.

Montaigne entwirft mithin einen Schreibraum des Essays, in dem theologische oder philosophische Wahrheitsansprüche vermieden werden. Er lebt von der Einheit von Denken und Sprache, Intention und Sprechakt. In dieser Sphäre sind die Urteile über die Welt, und das heißt vor allem über andere Urteile über die Welt, nicht affirmativ, sondern Gegenstand einer unterscheidenden Beobachtung, die in Bewegung bleiben will. Sie geraten daher nicht als heterodoxe Gedanken mit der kirchlichen Autorität in Konflikt, sie verhandeln Meinung (*opinion*), nicht Glauben (*foy*). *Des prieres* beobachtet die Vermischung der Sphären der Religion und des menschlichen Wissens, der Sprache Gottes und der Sprache des Menschen an einer Vielzahl von Beispielen, sowohl aus der Antike wie aus der Zeit der Reformation. Er thematisiert den Umgang der Juden und des Islam mit den jeweiligen Ursprungstexten, er beobachtet die Versuche der Bewahrung des göttlichen Ursprungs wie die Praktiken der Anpassung an die Sprache der Immanenz.[8] Die Übersetzungen der Bibel in die Vielzahl der menschlichen Sprachen sind ein prominentes Beispiel.[9] Die *Essais*, die mit den Sprachen und Diskursen der Anderen arbeiten, sollen jedenfalls kein Text der Vermischung göttlicher und menschlicher Rede sein, auch wenn sie gelegentlich, wie Montaigne bemerkt, Ausdrücke und Begriffe (wie *fortune, destinée*, etc.) verwenden, die sich sowohl in der Sprache der Theologie wie in anderen disziplinären Diskursen finden. Aber die Grenzüberschreitungen, welche sie praktizieren, machen, so ihre Selbstbeschreibung, vor der einen entscheidenden Grenze Halt: Die *Essais* wollen der *doctrine divine* ihren

8 Vgl. E, S. 339: „L'ignorance pure, et remise tout en autruy, estoit bien plus salutaire et plus sçavante, que n'est cette science verbale, et vaine, nourrice de presomption et de temerité. Je croy aussi que la liberté à chacun de dissiper une parole si religieuse et importante, à tant de sortes d'idiomes, a beaucoup plus de danger que d'utilité."

9 Vgl. E, S. 339: „Sçavons nous bien qu'en Basque, et en Bretaigne, il y ayt des Juges assez, pour establir cette traduction faicte en leur langue?"

rang à part lassen, „comme Royne et dominatrice" (E, S. 341). Die Sphäre der *Essais* ist die menschliche Rede, der *dire humain*, dieser hat seine eigenen *formes plus basses*, welche sich nicht der hohen Formen, in der die Würde des *parler divin* zur Geltung kommt, bedienen sollten. Aber die niedrigen Formen verbinden sich mit diskursiven Ordnungen und literarischen Schemata, mit denen sie in Verhandlungen treten. Nur dadurch, als Diskurs zwischen den Diskursen und als Diskurs über Diskurse, erreichen sie das spezfische Niveau der essayistischen Beweglichkeit, deren Freiheit die Kollision mit dem autoritativen Wort der Kirche vermeidet:

> Je propose les fantasies humaines et miennes, simplement comme humaines fantasies, et separement considerées: non comme arrestées et reglées par l'ordonnance celeste, incapable de doubte et d'altercation. (E, S. 341)

Die Sphäre der *Essais* sind die *fantasies humaines* als *humaines fantasies*. Sie bewegen sich außerhalb der kirchlich verwalteten Sphäre des göttlichen Wortes, auch dann noch, wenn sie auf religiöse oder theologische Begriffe zurückgreifen. Was in der Sprache selbst nicht immer geschieden ist, die Rede über die göttlichen und die menschlichen Dinge, wird durch das essayistische Verfahren getrennt. Allerdings nicht durch begriffliche Eindeutigkeit, sondern durch den Wechsel der Ebene der Rede. Nicht die Wörter sind anders, sondern die Einstellung zu ihnen. So kann Montaigne von Gott und den Göttern reden, ohne mit der Religion und dem Wahrheitsanspruch ihres Wortes zu kollidieren. Die Transzendenz zirkuliert in der souveränen Unbelangbarkeit der essayistischen Rede.

4 Sokrates und Montaigne: Natur und Kultur

Über ihn als Autor könne man sagen, so bemerkt Montaigne im vorletzten Essay seines Buches, *De la Physionomie* (III, 12), er habe nur einen „amas de fleurs estrangeres" (E, S. 1102) hervorgebracht, das Eigene und ausschließlich ihm Zugehörige sei nur der Faden (*filet*), der die fremden Blüten zusammenhält. Die selbstkritische Bemerkung fällt nach einer langen Paraphrase der Verteidigungsrede des Sokrates aus der platonischen *Apologie des Sokrates*, einer Passage, die über mehr als eine Seite den fremden Text Platons zu Wort kommen lässt, wobei Montaigne vorgibt, die Rede des Sokrates aus dem Gedächtnis und nicht nach der Lektüre des platonischen Textes wiederzugeben. Sokrates ist für Montaigne an dieser Stelle das Vorzugsparadigma jener Gestalten, die als *interpretes de la simplicité naturelle* (E, S. 1099) gelten können. *De la Physionomie* präsentiert seine Rede als Beispiel einer natürlichen oder naturgemäßen Rhetorik[10]. So wird Sokrates zu einem Gegenbild für die naturvergessene Epoche, in der Montaigne schreibt.[11] Sokrates greift, so der Essay, vor seinen Richtern nicht auf die ihm von Lysias aufgeschriebene Rechtfertigungsrede zurück, er verschmäht die Kunst der Rhetorik[12] und vertraut seine Verteidigung ganz der eigenen reichen und mächtigen Natur an. Deren Sprache sei von geradezu kindlicher Sicherheit (*securité enfantine*), in ihr komme die reine *impression et ignorance de nature* zum Ausdruck. Diese Kunst der Natur sei der Kunst der Kunst weit überlegen.[13] Die Identifikation der Rede des Sokrates als einer Rhetorik der individuellen Natur mag rezeptionsgeschichtlich überraschen. Montaigne sieht sich schließlich selbst veranlasst, seine These zu modifizieren und eine zweite Instanz der Rede zu postulieren: Sokrates habe, anders als er selbst es tue, die Natur durch die Vernunft korrigiert.[14] Gleichwohl hat die Rede von der natürlichen Eloquenz des Sokrates in *De la Physionomie* eine spezifische Funktion: Sie setzt Facetten der Selbstbeschreibung der *Essais* frei, die gerade durch die Differenz zur Natürlichkeit der sokratischen Rede Prägnanz gewinnt. Sokrates ist an dieser Stelle keine Figur der Identifikation oder der Nachahmung, sondern des Kontrasts und der Differenz.

Auch seine Absicht (*dessein*) sei es, so Montaigne, nur das zu sagen (oder: zu schreiben), was ihm von Natur aus zugehöre, was er sein eigen nennen könne, *ce qui est mien par nature*. Aber bereits die Ausgangssituationen des antiken Philosophen und des modernen Essayisten sind grundsätzlich verschieden.

---

10 Bereits am Anfang des Essays heißt es: „Socrates faict mouvoir son ame, d'un mouvement naturel et commun." (E, S. 1082)

11 Vgl. E, S. 1096: „Nous avons abandonné nature, et luy voulons apprendre sa leçon: elle, qui nous menoit si heureusement et si seurement." – Montaignes Beschäftigung mit der Gestalt des Sokrates wurde vielfach diskutiert, vgl. z.B. Friedrich, *Montaigne*, a.a.O., S. 70ff.; Charles Gagnebin, „La figure de Socrate dans les *Essais* de Montaigne", in: *Revue de Théologie et de Philosophie*, 141 (2009), S. 237–242; Thierry Gontier/Suzel Mayer (Hgg.), *Le Socratisme de Montaigne*, Paris 2010; Charlotte Bretschneider, *Montaignes exemplarische Ethik. Auf dem Weg zur Konzeption des souveränen Individuums*, Paderborn 2015, S. 126ff.

12 Vgl. E, S. 1101: „Et sa riche et puissante nature, eust elle commis à l'art sa defense: et en son plus haut essay, renoncé à la verité et naïveté, ornemens de son parler, pour se parer du fard, des figures, et feintes, d'une oraison apprinse?"

13 E, S. 1102: „Vrayment il est bien plus aisé, de parler comme Aristote, et vivre comme Cæsar, qu'il n'est aisé de parler et vivre comme Socrates. Là, loge l'extreme degré de perfection et de difficulté: l'art n'y peut joindre."

14 Vgl. z.B. E, S. 1106: „Je n'ay pas corrigé comme Socrates, par la force de la raison, mes complexions naturelles: et n'ay aucunement troublé par art, mon inclination."

Sokrates redet über den Tod, er bringt das ethisch und politisch Gute zur Sprache und er ruft den Richtern sein Handeln für das Gemeinwesen in Erinnerung. Der öffentlichen Rede des Sokrates in der agonalen Situation des Prozesses steht bei Montaigne das einsame Schreiben gegenüber, das sich in der privaten Bibliothek im Turm vollzieht, in deren Büchern Montaigne die *parements empruntez* (E, S. 1102) findet, jene geliehenen Ornamente, mit denen er den eigenen Text ausstattet und zugleich das eigene Selbst maskiert. Montaignes Äußerungssituation ist durch kulturelle Fülle (*copia*) charakterisiert, „ayant mille volumes de livres, autour de moy, en ce lieu où j'escris." (E, S. 1103) Die Vielzahl der Bücher und der Bücher über die Bücher hält die Topoi und Exempla bereit, welche die *Essais* ausbreiten. In ihnen findet er die poetischen Zitate, deren Enargeia die rhetorische Wirkung der eigenen Rede steigert. Die fremden Texte haben sich von ihrem Ursprung emanzipiert, sie sind frei verfügbar, ihre Funktion im neuen Kontext ist nicht mehr durch ihre ursprüngliche Rede- oder Schreibsituation bestimmt. Sie werden zum Spielmaterial des Essays.

Allerdings steht Montaignes Umgang mit den Büchern, den Autoren, den kanonischen Intertexten wie den gebrauchsorientierten Kompilationen, im Gegensatz zu den Üblichkeiten seiner Zeit. Er hebt selbst hervor, wie er sich von den geläufigen Strategien der Autorisierung des eigenen Textes durch die Autorität des fremden Werks unterscheidet. Offenbar stellen viele Autoren der eigenen Zeit die *lieux estrangers*, die sie ihren Texten inkorporieren, geradezu demonstrativ aus. Deren Zahl und Autorität soll den Geltungs- und Wahrheitsanspruch des modernen Autors untermauern. Montaigne opponiert diesem Vorgehen: „Je fais le contraire: et parmy tant d'emprunts, suis bien aise d'en pouvoir desrober quelqu'un: le desguisant et difformant à nouveau service." (E, S. 1103) Diese Strategie des Verbergens und der Deformation kollidiert zwar mit der Lektüreerfahrung, die im Text der *Essais* sich mit der typographischen und sprachlichen Differenz der lateinischen Zitate und der Vielzahl von Autorennamen konfrontiert sieht. Dem ausgestellten Fremden stehen indes die Beispiele und Anekdoten, Maximen und Reflexionen gegenüber, die Montaigne als scheinbar autorloses Material in die *Essais* integriert. Die gelesene Geschichte und der fremde Gedanke werden damit angeeignet, ihr Ursprung bleibt verborgen, die Quelle ungenannt.[15] Über die Differenz zur Redesituation des Sokrates thematisiert *De la Physionomie* noch einmal sein eigenes

15 Montaigne weist in *De la phisionomie* darauf hin, dass er die Quelle (*source*) der verwendeten *lieux* auch dadurch verdecke, dass er sie anderswoher (*ailleurs*) beziehe, aus Sammlungen und Kompilationen beispielsweise E, S. 1103: „Sans peine et sans suffisance, ayant mille volumes de livres autour de moy en ce lieu où j'escris, j'emprunteray presentement

Verfahren. Das fremde Wissen, das in den Essay eingespielt wird, besitzt nicht mehr die Autorität des alten Namens, sondern verschwindet in der Anonymität essayistischer Fülle, in der sie zum Eigenen zu mutieren scheint, weil ihre Differenz gelöscht ist. Die Dekontextualisierung und Anonymisierung des Repertoires schleift seine Konturen ab und lässt es in den *service* der *Essais* treten.

Dem entspricht ein auch terminologisch geltend gemachter Anspruch des Autors. Montaigne rechnet sich selbst unter die *naturalistes*. Er meint damit jene Autoren, welche die *invention* (das eigene Finden oder auch die Erfindung) der *allegation* (der expliziten Berufung auf eine Autorität) vorziehen. Er bringt den rhetorischen Terminus der *inventio* ins Spiel. Aber es geht ihm dabei nicht in erster Linie um Techniken des Findens oder Erfindens, sondern um den Vorrang der aktuellen Redesituation. Die gegenwärtige Funktion des Materials im Kontext einer traditionslosen Selbstrede zehrt den Anspruch der Bewahrung des Ursprungs und seiner Integrität auf. Montaigne zitiert die Verteidigungsrede des Sokrates so ausführlich, um im Gegenzug die spezifische Situation seines eigenen Schreibens zur Geltung zu bringen, das weder der Natur noch der Vernunft umstandslos zugeschlagen werden kann. Die *Essais* rufen Paradigmen mündlicher Redesituationen auf um kontrastiv zu profilieren, dass ihr Autor die institutionell verankerten Genera der Rhetorik und ihre konventionellen Funktionen verabschiedet hat. Die das apologetische Schema zitierende Selbstrede des Essays visiert, anders als es noch der *Avis au lecteur* wollte, eine offene Situation der Kommunikation. Für die Lektüre sind weder das Wiedererkennen des Vertrauten noch die rhetorische Pragmatik einer institutionalisierten Situation von Belang. Indem er deren Rahmen überschreitet, kann der Essay nicht nur die anonymen Traditionsbestände nivellieren, sondern auch die Autorität des antiken Autors und des kanonischen Textes distanzieren. An die Stelle des vertikalen Autoritätsgefälles von fremdem und eigenem Text tritt die Herstellung eines Binnenkontexts, der als horizontales Verweissystem operiert.

Minutiöse Selbstbeobachtung und -verschriftlichung ohne generische und situative Rahmungen, souveräner Umgang mit der Bibliothek und dem Archiv der Texte – Montaigne will in dem neuen Freiraum dessen, was er *essayer* nennt, keineswegs das *mestier d'escrire* (E, S. 1104) betreiben. Das Schreiben als Beruf lebt von einer Expertise, die durch Wissen (*science*) artikuliert und durch Studium (*estude*) erworben wird. Dafür wird die Ausbildung spezifischer Fähigkeiten, wie beispielsweise die Optimierung der Auffassungsgabe (*esprit*)

s'il me plaist d'une douzaine de tels ravaudeurs, gens que je ne feuillette guere, de quoy esmailler le traicté de la phisionomie."

und des Gedächtnisses (*memoire*) verlangt. Dieser auktoriale Habitus wird vom Autor der *Essais* in der Selbstreflexivität seines Verfahrens immer wieder entschieden zurückgewiesen. Gleichwohl situiert er das essayistische Schreiben in *De la Physionomie* nicht in Bezug auf die ‚Poesie' und die Gattungen der Literatur, sondern durch die Distanz, die er gegenüber den Texten und Autoren des Wissens einnimmt. Die Identität der *Essais* bestimmt sich in erster Linie durch die Negation dessen, was Wissenstexte ausmacht. Die Distanzierung der Ansprüche des Wissens und der Wissenschaft wird doppelt motiviert, biographisch wie institutionell. Die Autorschaft als Beruf ist, so Montaigne, einem Alter angemessen, in dem die Vermögen (*facultez*) der Person intakt sind, und sie verlangt Vertrautheit mit den Institutionen, welche die Disziplinen des Wissens beherbergen. Der Antiautor Montaigne aber ist immer schon ein alter Autor, und die Lebensphase des Alters ist nicht mehr die biographische Zeit der Einheit von Wissen und Schreiben: „Nostre esprit se constipe et s'espessit en vieillissant." (E, S. 1104) Wissenstexte verlangen von ihren Autoren Anpassung an disziplinäre Normen und institutionelle Üblichkeiten. Die Projektion des biographischen Alters, in dem die Erstarrung der eigenen Vermögen mit dem Rückzug aus den Institutionen des Wissens in die Privatbibliothek zusammenkommt, entwirft keine Position gesicherten Wissens mehr. Ihre Räume sind die einer neuen Unwissenheit.

Montaigne ist sich durchaus im Klaren, dass das Terrain der Unwissenheit selbst zum Schauplatz von Wissensansprüchen werden kann, von der sokratischen Maieutik bis zur gelehrten Unwissenheit der frühneuzeitlichen Theologie. Essayistische Unwissenheit ist etwas anderes als die *docta ignorantia* des Nikolaus von Kues, das wissende Unwissen, das sich einem vorgängigen Durchgang durch die Felder des Wissens verdankt, um sie an der Transzendenz des göttlichen Wissens zu messen[16]. Die essayistische Negation des Wissens meint eine Unwissenheit, die ihre Defizite ausstellt, um damit den Anspruch des Wissens gewissermaßen von unten her in Frage zu stellen: „Je dis pompeusement et opulemment l'ignorance, et dis la science maigrement et piteusement." (E, S. 1104) Die Unwissenheit der *Essais* verkehrt die Beziehung der Wörter und der Dinge, die Sprache verselbständigt sich gegenüber dem Wissen, das sie zu repräsentieren hat. Der Opulenz der *verba* korrespondiert die Auszehrung jener *res*, die durch disziplinäres Wissen verwaltet werden. Montaigne prägt für diese Situation einen eigenen Terminus, neben die

16 Vgl. dazu Inigo Bocken, „Friede und Schöpfungskraft: Cusanus, Montaigne und die Philosophie der Renaissance", in: Kazuhiko Yamaki (Hg.), *Nicholas of Cusa: A Medieval Thinker for the Modern Age*, Richmond 2002, S. 60–76.

ignorance tritt die *inscience*[17], das Nichthaben des Wissens. In einer solchen *inscience* geht es nicht mehr um die vertikale Überschreitung des Wissens durch ein gelehrtes Unwissen oder ein Wissen um das Nichtwissen, sondern um eine im Zeichen des Nichtwissens vollzogene Entkopplung von *res* und *verba*. In ihr ist das Wissen stumm geworden, während das Nichthaben des Wissens sich selbst aus- und darstellt. Die Fülle der *verba* wird damit potentiell zum Ort der Produktion von unvordenklichen *res*, die in den Ordnungen des Wissens keinen Platz haben.

5 Poetik der *difformitas*

Der *De la Physionomie* vorausgehende Essay *Des boyteux* (III, 11), dessen Thema vorgeblich die Hinkenden sind, ist selbst ein Beispiel metaphorischen Hinkens, eines hinkenden Schreibens. „Tout exemple cloche" (E, S. 1116) wird Montaigne in seinem letzten Essay, *De l'experience*, formulieren: Jede exemplarisch intendierte Beziehung, die im Rückgriff auf die Erfahrung hergestellt wird, ist unvollkommen und hinfällig.[18] Jedes Beispiel hinkt, die Ähnlichkeiten der Erfahrung sind trügerisch. Aber das Hinken der Beziehungen ist nicht nur ein unvermeidliches Übel der menschlichen Erfahrung und der ihr inhärenten Unähnlichkeiten. Es kann auch Ausgangspunkt einer Schreibpraxis werden, die das Hinken produktiv werden lässt. Der Essay ist eine Form, in der das Hinken als Gegebenheit der Erfahrung in das Hinken der Textbeziehungen übersetzt wird. *Des boyteux* führt ein solches Verfahren vor und macht das Hinken zugleich zum poetologischen Thema. Der Essay setzt mit Gedanken über die gregorianische Kalenderreform aus dem Jahre 1582 ein[19], widmet sich dann dem Verhältnis von Wissen und Glauben, vor allem am Beispiel populären Aberglaubens[20], und damit einer Verstrickung von Gewissheit und Illusion,

---

17 Vgl. E, S. 1104: „Et ne traicte à poinct nommé de rien, que du rien: ny d'aucune science, que de celle de l'inscience."

18 Vgl. E, S. 1116: „Et la relation qui se tire de l'experience, est tousjours defaillante et imparfaicte."

19 Das Thema beschäftigt Montaigne während der Arbeit am 3. Buch intensiv. Der *Des boyteux* vorausgehende Essay *De mesnager sa volonté* thematisiert sein gestörtes Verhältnis zu der neuen Zeitordnung und seine Unfähigkeit, die eigene Form ihr anzupassen, vgl. E, S. 1056: „Mon monde est failly, ma forme expirée. Je suis tout du passé [...] Que l'eclipsement nouveau des dix jours du Pape, m'ont prins si bas, que je ne m'en puis bonnement accoustrer. Je suis des années, ausquelles nous comtions autrement."

20 Der aus einem *commencement d'estrangeté* entstehende Wunderglaube setzt sich in einer Kette von Weitererzählungen fort, die einer Logik von Zins und Wucher folgt. Was

die man als Beispiel des Hinkens der Erfahrung verstehen kann. Explizit kommt Montaigne auf das vom Titel annoncierte Thema der Hinkenden erst kurz vor dem Ende des Essays zu sprechen, wiederum durch einen hinkenden Übergang vermittelt, den der Autor eigens bespricht.

Meinungen bewegen sich zwischen den Polen von Wissen und Glauben, und Montaigne handelt an dieser Stelle auch von seinem Verhältnis zu den Meinungen, die er selbst vertritt. Dabei bringt der Essay eine Differenz von Rede und Schrift ins Spiel: Es macht einen Unterschied, ob man Meinungen öffentlich vorträgt oder sie für ein anonymes Publikum drucken lässt. Der Autor der *Essais* hat eine niedrige Meinung von den eigenen Meinungen, die Person Montaigne hingegen trägt ihre Meinungen im Gespräch und in der Öffentlichkeit mit Vehemenz vor. So habe sich, wie er berichtet, eine hochgestellte Persönlichkeit einst über das Acharnement seiner Ansichten, die „aspreté et contention de mes enhortemens" (E, S. 1079), beklagt. Offenbar tritt der im Schreiben so meinungsskeptische Autor in der Diskussion als meinungsstarker, rhetorisch versierter Redner auf.[21] Die distanzierte Selbstbeobachtung präsentiert einen Redner, der Montaigne einmal war und der, durch Gegenrede und Selbstaffektion angetrieben, seinen Gegenstand mit dem Einsatz des Körpers, der Gesten und der Stimme rhetorisch vergrößert: „[…] estant eschauffé ou par la resistance d'un autre, ou par la propre chaleur de ma narration, je grossis et enfle mon subject, par voix, mouvemens, vigueur et force de parolles […]" (E, S. 1074) Allerdings tut er das nur, wie der Autor einschränkt, weil er ohnehin nicht davon ausgeht, dass die Gegenseite die von ihm vehement geäußerten Ansichten übernimmt; die Kühnheit der Rede ist nur die Kehrseite ihrer unterstellten Folgenlosigkeit.[22] Montaignes Ziel war es, so die retrospektive Darstellung, die andere Seite des Gegenstands ins Spiel

---

man uns ‚geliehen' hat, so Montaigne, geben wir mit Zinsen, „quelque usure, et accession de nostre creu" (E, S. 1073) weiter. So wird die *erreur particuliere* zur *erreur publique*, welche wiederum die Illusionen der Individuen speist. *Des boyteux* ist vor allem wegen Montaignes Stellungnahme zum Hexenglauben ein intensiv gelesener und interpretierter Essay, vgl. z.B. Terence Cave, *Pré-histoires. Textes troublés au seuil de la modernité*, Genf 1999, S. 59–84; Claude-Gilbert Dubois, „La place de Montaigne dans le débat sur la sorcellerie au XVIe siècle", in: Françoise Argod-Dutard (Hg.), *Des signes au sens: lectures du livre III des ‚Essais'*, Paris 2003, S. 179–200.

21 Vgl. E, S. 1074: „La parole vive et bruyante, comme est la mienne ordinaire, s'emporte volontiers à l'hyperbole." Bei dieser rhetorischen Emphase zahlt dann allerdings die „verité nayfve" die Zeche.

22 Vgl. E, S. 1079: „Je ne serois pas si hardy à parler, s'il m'appartenoit d'en estre creu". Der Essayist Montaigne liebt die Wörter „qui amollissent et moderent la temerité de nos propositions" (E, S. 1076).

zu bringen, nicht sie durchzusetzen. Dem Gesprächspartner tritt er entgegen, weil er ihn für *bandé*, in der eigenen Meinung gefangen, hält, und damit blind für die Meinungen der anderen. Sein Ziel ist nicht die Überzeugung oder Überredung des Gegenübers, sondern die Demonstration der Kontingenz der Doxa und der durch sie immer wieder hergestellten hinkenden Beziehungen. Inwiefern die spätere essayistische Praxis die frühe rhetorische Performanz nachträglich stilisiert, ist natürlich kaum zu entscheiden. Deutlich ist jedenfalls: Auch der junge Montaigne will andere Sichtweisen offerieren, um das Urteilsvermögen zu erhellen (*esclaircir*), nicht um den Gesprächspartner auf die vorgetragene Meinung zu verpflichten (*obliger*). Letzteres wäre nichts anderes als Selbstüberhebung.[23]

Die rhetorische Agonalität der Meinungen ist daher für Montaigne nur ein Spiel. Als Redner ist er ein Schauspieler, für den die Doxa eine Rolle ist. Sie zu übernehmen und sich zu eigen zu machen, kann allerdings zu massiver Selbstaffektion führen, wie Montaigne beispielsweise in *De la diversion* (III, 4) deutlich macht. Daran ändert auch die als illusionär erkannte Qualität der Meinungen nichts.[24] Zugleich aber bleibt die Doxa für ihn ein Fremdkörper, zu dem er auf Distanz geht, sobald die Urteilskraft aktiv wird. Gerade wenn sie in einer rhetorischen Verkörperung vehement vorgetragen wird, ähnelt die Meinung einer Vielzahl von Dispositionen und Einstellungen, die ebenfalls in der Selbstbeobachtung durch die Urteilskraft abgespalten werden, wie *Des boyteux* deutlich macht: „Certes, j'ay non seulement des complexions en grand nombre: mais aussi des opinions assez, desquelles je dégousterois volontiers mon fils, si j'en avois." (E, S. 1080) Wenn er einen Sohn hätte – bekanntlich hat Montaigne nur eine Tochter – würde er ihm die Meinungen, die er selbst hyperbolisch vorträgt, zum Gegenstand der Ablehnung, ja des Ekels, machen. Die Urteilskraft, welche die Kontingenz und Rhetorizität der Doxa beobachtet, schließt sie aus dem Programm der Pädagogik, der *institution des enfans*, aus.[25]

---

23 Vgl. E, S. 1080: „Je ne suis pas si presomptueux, de desirer seulement, que mes opinions donnassent pente, à chose de telle importance."

24 Es ist die *opinion de science*, welche den fraglosen *usage du monde, et de soy-mesmes* (E, S. 1072) unterbricht. Unsere auf Meinung gestützte Rede (*discours*) vermag hundert Welten zu erfinden, sie baut auf Leere ebenso wie auf Fülle, „il bastit aussi bien sur le vuide que sur le plain", sie nährt sich ebenso „de l'inanité que de matiere" (S. 1072). Ihre Substanzlosigkeit motiviert gegenläufig die Rehabilitation der stummen Gewohnheit: „Reprenons nostre coustume." (E, S. 1072)

25 Auch in Erziehungsdingen rät Montaigne daher zu einer „façon [...] enquestente, non resolutive" (E, S. 1076), welche man bereits den Kindern beibringen sollte.

Der Übergang zum Thema des Hinkens wird durch den Ausdruck *sauvage composition* (E, S. 1080) eröffnet. Die ‚wilde' Komposition ist ein Merkmal der *conditio humana* überhaupt, für die es charakteristisch ist, dass die wahren Meinungen keineswegs die für die Menschen bequemsten sind. Aber die wilde Komposition ist auch eine Signatur der essayistischen Schreibweise: „À propos, ou hors de propos; il n'importe." (E, S. 1080) In der Ambivalenz der Meinung spielt Wahrheit gegen Opportunität, in der Wildheit des Essays spielt Zugehörigkeit gegen Nichtzugehörigkeit, Einschlägigkeit gegen Beiläufigkeit. Als poetologische Kategorie demonstriert Wildheit die Indifferenz der essayistischen Schreibart gegen die rhetorischen Normen der *dispositio* und des *aptum*. Indem der Essay Ordnung und Pertinenz, wie überhaupt konventionelle Schemata der Form und des Themas, verweigert, wird er im wörtlichen wie im metaphorischen Sinn zum impertinenten Genre, das eine hinkende Gangart vorführt. Aber dieses aus dem Blickwinkel der Wissenstexte defizitäre Verfahren kann durchaus erotische Qualitäten besitzen, wie der Autor an einem ebenfalls impertinenten Beispiel illustriert. Montaigne zitiert ein italienisches Sprichwort[26], in dem die hinkende Frau mit höchster sexueller Lust assoziiert wird: „On dit en Italie en commun proverbe, que celuy là ne cognoist pas Venus en sa parfaicte douceur, qui n'a couché avec la boiteuse." (E, S. 1080) Es ist sicherlich kein Zufall, dass Montaigne an dieser Stelle das Wort *douceur* verwendet, ein Terminus, der in den *Essais* nicht nur eine Eigenschaft von Personen oder Sitten bezeichnet, sondern auch auf die Rede und, im Einklang mit seiner lateinischen Herkunft (*dulcedo*), auf die Poesie bezogen werden kann.[27] Nicht die makellose, sondern die hinkende Venus gewährt vollkommene Lust, so zumindest die Auskunft der im Sprichwort verdichteten Erfahrung. Die Einsicht mag den Italienern durch die Gunst der Fortuna oder durch einen *particulier accident* zugefallen sein. In anderen Kulturen, so Montaignes Auskunft, hat man sie auch für das männliche Geschlecht geltend gemacht. So habe die Königin der Amazonen, von einem Skythen zum Liebesakt gedrängt, geantwortet, der Hinkende könne das am besten, „le boiteux le faict le mieux." (E, S. 1080)

Natürlich stellt sich die Frage, ob sich aus solchen verstreuten Äußerungen oder Kleinformen des Alltagswissens Schlussfolgerungen für die essayistische

---

26 Seine Überlieferung ist nach der Auskunft der Herausgeber der Pléiade-Ausgabe der *Essais* allerdings nicht gesichert: „Source non repérée. Montaigne a-t-il appris l'existence de ce proverbe lors d'une conversation au cours de son long séjour en Italie (novembre 1580-octobre 1581)?" (E, S. 1817)

27 So ist etwa in *Des livres* von der „perpetuelle douceur et beauté fleurissante des Epigrammes de Catulle" (E, S. 432) die Rede.

Textpraxis ableiten lassen. Worin liegt das Genussprivileg der Hinkenden, der Menschen wie der Texte, wo sie doch dem Anspruch der Wohlgeformtheit so eklatant zuwiderlaufen? Der *mouvement détraqué* der Hinkenden verschafft denen, die sich daran ‚versuchen' (bezeichnenderweise fällt hier tatsächlich das Verbum *essayer*), einen sowohl neuartigen wie gesteigerten Genuss, einen *nouveau plaisir* wie eine *poincte de douceur*. Montaigne zitiert auch geläufige Erklärungen für die Lust mit den Hinkenden, so vertrete man in der antiken Medizin die Ansicht, die Atrophie der Beine der Hinkenden befördere die Kräftigung der *parties genitales*, zudem könne Bewegungsmangel Kräfte sparen, welche dann für die *jeux de Venus* zur Verfügung stünden. Aber das sind Argumente eines medizinischen Wissens, dessen Fragwürdigkeit Montaigne häufig unterstreicht und noch in *De l'experience* ausstellen wird.

In solchen exemplarischen und anekdotischen Zusammenhängen wird die Erotik des Hinkens und der deformierten Bewegung allerdings selbst zum Gegenstand der Meinung und verfestigt sich als Erwartung. Der Essay droht damit zum Meinungstext zu werden. Aber die Transformation der Meinung ins Verfahren sorgt für essayistische Mobilisierung. Montaigne lässt die hinkende Bewegung des Essays noch einmal eine andere Richtung einschlagen. Er verweigert die erotische und poetologische Privilegierung von hinkender Bewegung und verpfuschter Form. Die Infragestellung des Hinkens ereignet sich auf zwei Ebenen, erstens explizit in der Kritik der Meinung und im Rekurs auf die eigene Erfahrung, zweitens implizit in der Schreibart seines Essays, in der Momente der Kohärenz, vor allem in der kritischen Kontinuität der Urteilskraft, die hinkende Bewegung konterkarieren. Wenn das vermeintliche erotische Privileg des Hinkens nämlich die eigene Meinung prägt, so droht diese sich an die Stelle der unvoreingenommenen Erfahrung zu setzen, sie nimmt geradezu zukünftiges Erleben vorweg, „nos raisons anticipent souvent l'effect" (E, S. 1081). Die abweichende und normkritische Dimension des Hinkens wird in Erwartungen transformiert, die sich als Norm stabilisieren. Die substanzlose, aber als Meinung auftretende *inanité* solcher Erwartungen überlagert die Ereignisqualität der physischen Deformation. Montaigne hat eigene biographische Erfahrungen mit der Erotik des Hinkens, sie entsprechen nicht unbedingt den seit der Antike etablierten medizinischen Meinungen hinsichtlich ihrer exzeptionellen Qualität. Er weiß vielmehr zu berichten, wie einst seine sexuelle Erfahrung von der dem Hinken gewogene Doxa orientiert und deformiert wurde: „[...] je me suis autresfois faict accroire, avoir receu plus de plaisir d'une femme, de ce qu'elle n'estoit pas droicte, et mis cela au compte de ses graces." (E, S. 1081) Der Satz ist von abgründiger Unentscheidbarkeit. Hat Montaigne mehr Lust durch die Hinkende erfahren? Oder hat man ihn das nur glauben lassen? Lag es an ihren spezifischen Reizen oder schreibt er diesen eine

Erfüllung zu, deren Realität man ihm suggeriert hat? Die Erfahrung erotischer und die Praxis essayistischer *difformitas* ist die eine Seite, ihre Stabilisierung als Norm die andere. Die *parfaicte douceur* der Erotik und Poetik des Hinkens wird ins Feld geführt, wenn es um gegennormativen Genuss und konterdiskursive Essayistik geht. Aber sie wird zum Gegenstand der Infragestellung, wenn sie sich als Meinung stabilisiert, Erfahrung durch Erwartung überformt und damit ihren Ereignischarakter verliert. Die Urteilskraft greift die geronnene Meinung auf, um ihren Geltungsanspruch zu negieren. Das hinkende Schreiben kann nur als Subversion von Schreibordnungen poetologische Relevanz gewinnen – es verliert diesen Vorrang in dem Moment, wo es als deklarierte Konternormativität selbst zur Norm wird.

6 List und Phantasma

Der Essay *De la diversion* (III, 4) handelt von den Mitteln, Personen, die durch einschneidende Ereignisse präokkupiert oder, modern gesprochen, traumatisiert sind, auf andere Gedanken zu bringen. Wie trägt man als Gegenüber dazu bei, eine Fesselung des Interesses und der Aufmerksamkeit, die sich hartnäckig auf einen unerfreulichen Gegenstand richtet, von diesem abzuziehen, wie lassen sich affektive Besetzungen und tiefsitzende Fixierungen lösen? Die Erfahrung ist Montaigne aus persönlichen Beziehungen geläufig, der Rhetorikkritiker wird, ist er mit einer solchen Situation konfrontiert, zum Apologeten der Rhetorik. Der Essay fragt nach den sprachlichen Mitteln, Vorstellungen und Gedankeninhalte zu verschieben, Gegenstände der Sorge, der Verletzung oder der Trauer durch andere, weniger schmerzhafte zu ersetzen. Die ‚Ablenkung', welche der Titel ankündigt, ist vor allem eine Verschiebung der affektiven und kognitiven Orientierung. Ihr primäres Paradigma findet sie bei Montaigne in diesem Kontext allerdings nicht in der Selbstbeobachtung und im Binnenraum des eigenen Selbst, sondern sie wird als das Ergebnis einer rhetorischen Intervention gegenüber einem Gesprächspartner thematisiert[28]. Die Kontiguitäten und Ähnlichkeiten von Vorstellungen werden eingesetzt, um jene hartnäckigen Besetzungen, die man später psychische Blockaden oder gar

28 In der *Traumdeutung* analysiert Sigmund Freud die „Traumverschiebung" zusammen mit der „Traumverdichtung" als die „beiden Werkmeister, deren Tätigkeit wir die Gestaltung des Traumes hauptsächlich zuschreiben dürfen". Durch die „*Übertragung und Verschiebung der psychischen Intensitäten* der einzelnen Elemente" kommt es zur „Textverschiedenheit von Trauminhalt und Traumgedanken." (Sigmund Freud, *Die Traumdeutung*. Studienausgabe Bd. II, Frankfurt/Main 1972, S. 305.)

Traumata nennen wird, zu beheben. Montaigne geht es um die Entlastung von Widerfahrnissen, deren Be- und Verarbeitung die Person nicht loslässt.

Blaise Pascal, ein intensiver Leser und Kritiker Montaignes, wird in seinen *Pensées* ein ähnliches Phänomen der ‚Ablenkung' unter dem Stichwort *divertissement* thematisieren und einer vernichtenden Kritik unterziehen. Wenn bei Montaigne die *diversion* auf die Entschärfung eines fortwirkenden Missverhältnisses von Ereignis und Reaktion zielt, so geht es bei Pascals Denunziation des *divertissement* gerade um die Unfähigkeit oder den Unwillen der Menschen, sich den entscheidenden Fragen ihres Verhältnisses zu Gott zu stellen. Die Zerstreuung, die man in der Gesellschaft sucht, soll vom Elend der gottfernen menschlichen Situation ablenken. In Wirklichkeit aber stürzt sie die Menschen immer tiefer hinein: „La seule chose qui nous console de nos misères est le divertissement. Et cependant c'est la plus grande de nos misères." (Fr. 393) Im Versuch, unserem Elend durch Zerstreuung zu entgehen, richten wir uns gerade in dem ein, was unser größtes Elend ist. So fragt das große Fragment 126 der *Pensées* nach den Motiven des *divertissement* und findet sie in der Unfähigkeit des Menschen, bei sich selbst zu bleiben: „[…] on ne recherche les conversations et les divertissements des jeux que parce qu'on ne peut demeurer chez soi avec plaisir."[29]

Wenn Montaigne von der *diversion* handelt, so hat er etwas grundsätzlich Anderes im Sinn, es geht ihm um die Positivierung der Ablenkung und der rhetorischen Manipulation im Interesse einer Entlastung von der Unerträglichkeit der großen Zumutungen des Lebens. Die pascalsche Thematisierung der Transzendenz bleibt ausgespart, die Sphäre der Ablenkung und ihrer Bearbeitung ist beschränkt auf die Immanenz der Welt. Der Ausgangspunkt des Essays ist die Beobachtung von unlösbaren Schwierigkeiten des Umgangs mit existentieller Betroffenheit. Deren prominentestes Paradigma in den *Essais* ist zweifellos der Tod, die Auseinandersetzung mit dem eigenen Tod in erster Linie, aber auch die Trauer über den Tod der Anderen: *Que Philosopher, c'est apprendre à mourir* (I, 19) handelt von der philosophischen Topik des Todes und ihrer Lebensdienlichkeit, *De l'exercitation* (II, 6) stellt die Nahtoderfahrung eines Sturzes vom Pferd ins Zentrum, *De l'Experience* (III, 13) erörtert die alltägliche Gegenwart des Sterbens am Beispiel des Verlusts eines Zahns, *De l'Amitié* (I, 27) handelt von der Freundschaft mit dem verlorenen Freund Etienne de la Boétie. Die Liste ließe sich verlängern. An keiner Stelle thematisiert

29 Blaise Pascal, *Œuvres complètes*, Bd. II, hg. von Michel Le Guern, Paris 2000, S. 675 und S. 583. Kurz zuvor hält Pascal fest: „[…] j'ai dit souvent que tout le malheur des hommes vient d'une seule chose, qui est de ne savoir pas demeurer en repos dans une chambre." (S. 583)

Montaigne indes exzessive eigene Affekte angesichts des Todes, die Distanz der Urteilskraft bleibt gewahrt. Auch *De la diversion* thematisiert weder den Umgang mit der eigenen Sterblichkeit noch die Trauer um den unvergleichlichen Freund. Montaigne ist vielmehr mit der Trauer der Anderen konfrontiert, die er als Beobachter und Gesprächspartner nicht teilt. Seine Reaktion wahrt affektive und kognitive Distanz. Wie aber verhält man sich zu den als exzessiv wahrgenommenen Affekten vertrauter Personen?

Das Beispiel, das Montaigne berichtet, betrifft eine namenlos bleibende Frau, man vermutet, es könnte sich um Diane de Foix handeln, der auch der Essay *De l'institution des enfans* gewidmet ist. Sie ist eine „dame vrayement affligée" (E, S. 871), auch wenn der Grund oder Anlass ihrer Trauer nicht genannt wird. Ihr Verhalten beschränkt sich nicht auf den Umkreis der künstlichen Trauerrituale, die Montaigne bei seinen Zeitgenossen ansonsten beobachtet.[30] In einer solchen Situation sei es unangemessen, sich der *passion* direkt entgegenzustellen, man provoziert dadurch nur Widerspruch, der Affekt bleibt bei seinem Gegenstand, Trauerarbeit wird unmöglich. Montaigne greift nicht auf starke Argumente (E, S. 872: *fortes et vives raisons*) zurück, über die er ohnehin nicht verfügt, er bemüht auch nicht die ebenso vielfältigen wie widersprüchlichen Empfehlungen der Philosophie, die er in seinen frühen Essays ausgiebig diskutiert. Vielmehr greift er zu einer rhetorischen Strategie der Ablenkung und der Verschiebung auf das Naheliegende:

> […] declinant tout mollement noz propos, et les gauchissant peu à peu, aux subjects plus voysins […] je luy desrobay imperceptiblement cette pensée douloureuse (E, S. 872).

Die metonymische Verschiebung der *diversion* ‚entwendet' der Person ihre Trauer, deren Gegenstand nunmehr durch naheliegende, aber nicht trauerbesetzte Themen substituiert wird.[31] Ein solches Verfahren mag durchaus prekär bleiben, es kann sein, dass Montaigne die Axt nicht an den Wurzeln der Trauer angelegt hat.[32] Aber die ablenkende Rede erzeugt eine Entlastung für den Augenblick, die stets möglich bleibt, weil das Gewicht der biographischen Ereignisse und Widerfahrnisse keine feststehende Größe, sondern immer

30 Vgl. E, S. 871: „La plus part de leurs deuils sont artificiels et ceremonieux."

31 Zur Affinität von Montaignes *diversion* mit der *insinuatio* der Rhetorik vgl. Jean-Paul Sermain, „*Insinuatio, circumstantia, visio* et *actio*: L'itinéraire rhétorique du chapitre III, 4: ‚De la diversion'", in: Frank Lestringant (Hg.), *Rhétorique de Montaigne*, Paris 1985, S. 123–139.

32 E, S. 873: „[…] je n'avois pas porté la coignée aux racines."

auch eine Funktion des Umgangs mit ihnen ist. So wird die Ablenkung zur therapeutischen Intervention.

Diversion, Ablenkung und Verschiebung sind indes nicht nur rhetorische Kommunikationsstrategien der Interaktion. Sie kommen auch in Selbsttechniken zum Einsatz, in denen es um die Selektivität der Wahrnehmung, die Steuerung der Einbildungskraft und die Orientierung des Willens geht. Ärzte wissen um Praktiken der Um- und Ableitung (*divertir/desvoyer*), wenn es um die Leiden des Körpers geht, es gelte nun, solche Techniken effizient für die *maladies de l'ame* einzusetzen. Auch die Leiden der Seele können durch die Ablenkung und Umsteuerung des Blicks auf ihre Gegenstände therapiert werden. Solche Techniken der Manipulation der Objekte gehören zur *conditio humana*, die stets durch die Disproportion von Vermögen und Gegenstand, von Seele und Welt gefährdet ist. Der Autor der *Essais* kennt nur eine einzige Seele *de premiere classe*, Sokrates nämlich, welche ihm imstande scheint, auch noch dem Druck der äußersten Gefährdung, dem Tod, direkt und ohne den Umweg intermediärer Objekte und Themen, also ohne *diversion*, zu begegnen. Sokrates ist imstande „de s'arrester purement à la chose, la considerer, la juger" (E, S. 874). Er vermag den Tod zu zähmen und mit ihm zu spielen (*s'en apprivoiser et s'en jouer*). Aber eine derartige singuläre Souveränität ist allen anderen, auch noch den *ames principales*, verwehrt. Sie gehören allesamt zur vertrauten Gemeinschaft (*consorce*) derer, die Ablenkung von der ‚Reinheit' des Todes brauchen. Sie erfinden Techniken, seine Wirklichkeit unsichtbar zu machen, indem sie ihn als etwas Anderes, Kleineres erscheinen lassen. Antike Beispiele für eine solche Verkleinerung oder Marginalisierung des Todes gibt es zuhauf: Zenon entschärft den Tod, indem er demonstriert, dass er kein Übel sei, Epaminondas geht heiter in den Tod, als er vom Sieg der eigenen Truppen erfährt. Der Diskurs oder das Ereignis treten an die Stelle der unerträglichen Zumutung der Wirklichkeit des Todes. Ähnlich verfährt Montaigne selbst, wenn er durch die Schmerzattacken seiner Nierensteine an den Rand des Todes geführt wird.[33] Die Krankheit hat ihn gelehrt, mit dem Tod umzugehen. Er sieht ihn mit Gelassenheit, so lange er ihn in seiner Allgemeinheit, als Ende des Lebens, betrachtet, eben in jener *diversion*, wie er sie beispielsweise in der Revue der Todesdiskurse in *Que Philosopher, c'est apprendre à mourir* praktiziert.[34] Und er

33 Vgl. E, S. 879: „L'opiniastreté de mes pierres, specialement en la verge, m'a par fois jetté en longues suppressions d'urine, de trois, de quatre jours". Der Kaiser (Tiberius) „qui faisoit lier la verge à ses criminels, pour les faire mourir à faute de pisser, estoit grand maistre en la science de bourrellerie!"

34 Vgl. E, S. 879: „Je voy nonchalamment la mort, quand je la voy universellement, comme fin de la vie."

weiß (oder glaubt zu wissen), dass ihm der Tod unerträglich wird, wenn er sich in drastischer Anschaulichkeit, als Schmerz und Klage, manifestiert.[35]

Aber ist es der Tod selbst, der Tod als solcher und in seiner ‚Reinheit', der sich im Schmerz und in der Klage zeigt? Oder sind es selbst wiederum nur ‚ablenkende' Zeichen einer ebenso unvermeidlichen wie nichterfahrbaren Wirklichkeit? Und lässt sich über den Tod angesichts seiner Unverfügbarkeit anders als im Modus der *diversion* sprechen? Solche Fragen werden in *De la diversion* nicht diskursiv beantwortet, sondern essayistisch transponiert. Unversehens wendet sich der Essay an dieser Stelle einem verwandten Thema zu, er praktiziert eben jene Ablenkung durch Verschiebung, von der er handelt. Die rhetorische und selbsttherapeutische Ablenkung ist auch ein Modus der essayistischen Textbewegung. Wie geht man, fragt Montaigne nun, mit der Wirkung der Gegenstände um, welche über die Sinne auf die Seele eindringen? Auge und Ohr, die zentralen Sinnesorgane unseres Weltbezugs, lassen widerstandslos Eindrücke zu, deren Intensität kein distanziertes Urteil zu neutralisieren vermag. Der in der Seele anwesende Grund des Affekts wird durch seine sinnliche Präsenz noch einmal verstärkt:

> Et nulle sagesse ne va si avant, de concevoir la cause d'une tristesse, si vive et si entiere, par jugement, qu'elle ne souffre accession par la presence, quand les yeux et les oreilles y ont leur part: parties qui ne peuvent estre agitées que par vains accidens. (E, S. 879)

Damit hat sich eine bemerkenswerte Umkehrung vollzogen. Sind es am Anfang des Essays die Ablenkungsmanöver, die den Affekt von der Größe des Gegenstands auf die Überschaubarkeit seiner kleinen Umstände ablenken und damit den Affekt selbst verkleinern, so sind es nun gerade die kleinen Umstände, die Details der Sache und gerade nicht die Sache selbst, welche die *passion* intensivieren. Der Anblick der Kleider des toten Cäsar habe Rom mehr bewegt als die Tatsache seines Todes. Die Urteilskraft, welche die Sache abwägt, braucht eine Ablenkung zum Kleinen, wenn ihr Gegenstand zu groß ist, dass sie ihn nicht zu bewältigen vermag, die Wahrnehmung durch die Sinne hingegen, auf deren Zeugnis die Urteilskraft angewiesen ist, erweist sich als anfällig für die Erschütterung durch die Details, die *vains accidens* der großen Ereignisse. Das Urteil bleibt davon nicht unberührt. Diese paradoxe Verschränkung des Kleinen und des Großen wiederholt sich im Hinblick auf das Verhältnis

35 Das gilt nicht nur für den eigenen Schmerz, sondern auch für die Vorstellung des Schmerzes der Anderen: Die literarisch vermittelten Tränen der Dido wie auch die eines vertrauten häuslichen Dieners erschüttern ihn zutiefst.

von Imagination und Urteilskraft. Letztere praktiziert, wie *Que Philosopher, c'est apprendre à mourir* vorführt, Vergleiche und Verkleinerungen, durch die die unvermittelte Größe des Todes distanziert wird. Die Imagination hingegen, welche den allgemeinen Begriff des Todes gelassen vorstellt, wird durch die Begleiterscheinungen des Todes, die *legers causes et objects*, von denen sie sich nicht zu lösen vermag, in den *regret de la vie* gezogen. Und es sind gerade die ‚Atome' der Einbildungskraft, ihre *frivoles pensées*, die in der Seele jene Last (*le poids et la difficulté*) auftürmen, von der die Trauer der *dame vrayement affligée* zeugt.

Die Experten des Großen und die Zeugen des Kleinen, des Wichtigen und des Nebensächlichen der *condition humaine*, kommen in den *Essais* immer wieder zu Wort. Dem Dogmatismus der philosophischen Doxa setzt Montaigne jene Inversionsdynamiken entgegen, die sich im Erleben der Individuen und in den Aktivitäten ihrer Vermögen vollziehen. Die Ambivalenz der *diversion*, der Ablenkung und Verschiebung, liegt darin, dass sie zwar von unzuträglicher Größe entlastet, das von ihr offerierte Kleine aber eine Intensität gewinnen kann, wodurch es wiederum für die eigenen Vermögen in Größe umschlägt. Die Unverfügbarkeit existentieller Grenzen treibt das Spiel der Zeichen und der Dinge bis zur Selbstgefährdung an.

Aus dieser Zirkulation des Großen und des Kleinen hilft nur eine Technik listiger Selbstmanipulation, welche die Passivität des Ausgesetztseins in die Aktivität der Selbststeuerung transformiert. Montaigne führt das Verfahren an einem prominenten Fall seiner eigenen Trauerarbeit vor. Er beschreibt eine *diversion*, die er sich selbst auferlegt hat, indem er den Affekt der Trauer durch die *passion* der Liebe in einem Verfahren metaphorischer Substitution verdrängt hat: „Tousjours la variation soulage, dissout et dissipe: Si je ne puis la combattre, je luy eschappe: et en la fuyant, je fourvoye, je ruse" (E, S. 877). Das Beispiel ist umso bemerkenswerter, als es eine Erfahrung betrifft, die Montaigne ansonsten stets als singulär und unvergleichbar qualifiziert. Er sei, so heißt es zunächst ganz allgemein und unspezifisch, einst durch ein *puissant desplaisir* betroffen gewesen. Die Folge wird zeigen, dass es um den Verlust eines Freundes ging, die Anspielung auf den Tod Etienne de la Boéties ist unübersehbar. Eine *aigre imagination* besetzt nunmehr den Raum seiner Seele, Montaigne kann sich von ihr ebenso wenig lösen wie die trauernde Frau, der er durch hartnäckige *diversion* aus der Not ihrer Trauer geholfen hat. Die Trauer ist in seinem Fall, nach dem Tod La Boéties, „encores plus juste que puissant" (E, S. 877). Die ‚gerechte', angemessene Trauer angesichts des Verlusts des einzigartigen Freundes und des Endes der unerhörten Freundschaft führt dazu, dass Montaigne die Trauer aus eigenen Kräften (*forces*) nicht zu bewältigen vermag, das Objekt der Trauer ist übermächtig, es besetzt die Vermögen des

Trauernden. Aber eben, anders als im Fall der vertrauten Dame, nicht vollkommen und ausschließlich. Die Selbstdistanz ist nicht gelöscht und sie erlaubt es dem Autor, bei sich selbst jene Rolle der *diversion* einzunehmen, die er ansonsten gegenüber anderen vertritt. Der Gegenstand der Trauer, der verlorene Freund, muss durch eine *vehemente diversion* transponiert und durch ein neues Objekt ersetzt werden.

An die Stelle des Freundes und der ebenso mächtigen wie ‚gerechten' Trauer treten gelegentliche Liebschaften und eine erotische Leidenschaft, die sich Montaigne zu selbsttherapeutischen Zwecken auferlegt: „[…] je me fis par art amoureux et par estude: à quoy l'aage m'aydoit: L'amour me soulagea et retira du mal, qui m'estoit causé par l'amitié." (E, S. 877) Die Flucht in die *variation* wird von Montaigne als ein ingeniöser Austausch des Gegenstands der Vorstellung apostrophiert, um einem Übel zu entgehen, das man nicht bezähmen kann.[36] Sie besteht darin, die Einbildungskraft mit anderen *affaires* zu beschäftigen, der Übergang von der Trauer zur Liebe ist durch eine Relation der Ähnlichkeit der Objekte organisiert. Der Leser der *Essais* mag durchaus diese Ähnlichkeit bezweifeln, steht in den *Essais* doch die Emphase der singulären Freundschaft der Anonymität altersgemäßer Liebesaventüren gegenüber. Aber die Ähnlichkeit gründet nicht in der Ähnlichkeit der Gegenstände, sondern in der Vergleichbarkeit der Affekte. Die listige Substitution bringt die Trauerarbeit um den Freund auch nicht zu Ende, erst der Essay *De l'amitié*, vielleicht auch der Entschluss, La Boéties Werke aus den *Essais* auszuschließen, lassen einen Abschluss erkennen. Aber nicht darum geht es Montaigne in *De la diversion*, sondern um die retrospektiv erschlossene Bewältigung einer akuten lebensgeschichtlichen Krise.

Die Ablenkung kann funktionieren, weil der Affekt, selbst wenn ihn die Person als unveränderlich erlebt, nicht von Dauer ist, auch er unterliegt der *mutabilitas*. Es ist die Zeit, welche die Vorstellung des Objekts verschwinden lässt und damit die Notwendigkeit der Verschiebung abschwächt. Die Natur selbst sei es, so Montaigne, die der Zeit diese Macht verleiht. Wenn es auch für einen weise gewordenen Philosophen gleichgültig sein mag, ob der Freund vor Jahrzehnten oder vor einem Jahr gestorben ist, weil seine Trauer ihr Objekt in eine Sphäre der Allgemeinheit transponiert und damit der Zeit enthebt, so gilt doch für alle anderen, und das heißt für Montaigne alle Menschen im Zeichen der *humaine condition*: Die Zeit ist der *souverain medecin* der Leidenschaften. Indem sie die Intensität des ersten Eindrucks, der *premiere apprehension*, abschwächt und ‚verdirbt', arbeitet sie den metonymischen oder metaphorischen

36 Vgl. E, S. 877: „Une aigre imagination me tient: je trouve plus court, que de la dompter, la changer […]".

Ersetzungen der Trostrhetorik zu. Diese flüchten sich insgesamt, wie Pascal sagen würde, ins *divertissement*, oder, wie es bei Montaigne heißt, in eine „presse d'autres amusemens et pensées" (E, S. 877), in der die Trauer die Spur der Person, deren anwesende Abwesenheit ihre Gegenwart verfolgt, allmählich verliert.[37]

Die Kette der Substitute ist damit allerdings noch nicht an ihr Ende gekommen. Die *diversion* des Objekts kann sich auch auf den Akteur der Substitution zurückwenden. Montaigne entgeht der Trauer, weil er auf Liebesobjekte setzt, deren Substitutcharakter sie auf Distanz hält. Aber das Objekt kann sich auch in einen Akteur verwandeln und den Regisseur der *diversion* dabei zum Objekt werden lassen. Montaigne rekurriert auf zwei antike Paradigmen, Quintilians *Institutio oratoria* und Plutarchs *Moralia*, um diese Inversion der listig inszenierten Verschiebung zu erläutern. Bei beiden Autoren geht es um den Umschlag von der souveränen Manipulation der Vorstellungsbilder in die Fesselung durch ein selbsterzeugtes Phantasma. Der Parcours, den sie beschreiben und den Montaignes Erfahrung wiederholt, führt von der Fremdaffektion zur Selbstaffektion, von der rhetorischen Manipulation zur Auslieferung an ein Imaginäres, das Macht über die Person gewinnt. Ein Beispiel dieser Umkehrung macht Montaigne in der List mancher Frauen aus, die ihre wirklichen, aber illegitimen Leidenschaften durch fingierte, aber legitime *affections contrefaictes* verdecken wollen. Es komme dann oft vor, dass die Simulation zur Wirklichkeit wird, die Ausgangsleidenschaft werde durch die vorgetäuschte substituiert, an die Stelle der „vraye et originelle affection" (E, S. 878) tritt die gespielte (*feinte*).

Die Auskunft der antiken Rhetorik, die *actio* des Redners betreffend, besagt: Der Redner muss ein virtuoser Schauspieler sein[38]. Er hat die Leidenschaften, von denen er vorgeblich bewegt ist, vorzuspielen, um sein Publikum mit ihnen zu infizieren. Es kommt allerdings vor, dass er von den gespielten Leidenschaften (*agitations feintes*) mehr bewegt ist als seine Zuhörer. Auch hier ist es der Affekt der Trauer, der als Vorzugsbeispiel vorgestellt wird. Montaigne zitiert Quintilian[39], der berichtet, er habe Schauspieler erlebt, die durch ihre gespielte Trauer so überwältigt wurden, dass sie selbst dann noch Tränen vergossen, als sie längst aus der Rolle herausgetreten waren.[40] Solche Formen der

---

37 Vgl. E, S. 877: „Muant de lieu, d'occupation, de compagnie, je me sauve dans la presse d'autres amusemens et pensées, où elle perd ma trace, et m'esgare."

38 Vgl. zur Affinität von Rhetor und Schauspieler bereits Cicero, *De oratore*, III, 56, 214.

39 Die Quelle ist *Inst. orat.*, VI, 2 (bzw. XI, 3).

40 Montaigne verstärkt in seiner Wiederholung die Details der von Quintilian erwähnten Nachwirkung des Affekts: Noch in ihrem *logis* hätten die Komödianten geweint.

Selbstaffektion haben die poetische Reflexion und die dramatische Praxis der Renaissance intensiv bewegt, Quintilians gelehrigster und prominentester Schüler ist zweifellos Shakespeares Hamlet, der seine eigene Unentschlossenheit mit der Selbstaffektion (oder was Hamlet dafür hält) der Schauspieler, deren Spiel im Spiel er aufführen lässt, vergleicht:

> O what a rogue and peasant slave am I! / Is it not monstrous that this player here, / But in a fiction, in a dream of passion, / Could force his soul so to his own conceit / That from her working all his visage wann'd, / Tears in his eyes, distraction in his aspect, / A broken voice, and his whole function suiting / With forms to his conceit? And all for nothing! / For Hecuba! / What's Hecuba to him, or he to her, / That he should weep for her?[41]

Der Schauspieler produziert die Zeichen einer Leidenschaft, die ihm nichts ist. Hamlet hat angesichts des Todes seines Vaters und der Schuld der Mutter jeden Grund für eine eigene Leidenschaft (II, 2, 555: „the motive and the cue for passion"). Aber er bleibt außerstande, ihr Ausdruck zu verleihen.

Für Quintilian besteht die Fähigkeit des Redners, Gefühlswirkungen zu erzielen, in der Kunst, sie in sich selbst zu erzeugen.[42] Es gibt eine Technik diese Affekte zu erregen, man muss Phantasiebilder (*phantasiai, visiones*) produzieren, die so lebhaft und wirkungsstark sind, dass sie eben jene Affekte hervorrufen, die wir empfinden würden, wären wir bei dem Geschehen selbst anwesend.[43] Quintilian steht als Redner auf der Seite des Schauspielers: Beim Versuch die Leidenschaft in den Zuhörern zu erregen, wird er selbst von ihr ergriffen, der Affekt der Trauer ruft alle Anzeichen des Schmerzes, vom Erbleichen bis zu den Tränen, hervor.[44] Allerdings gibt es einen bezeichnenden Unterschied. Quintilian nennt den Schmerz, der ihn beim Reden erfasst, ‚wahrscheinlich' (*veri similis*), für den Zuhörer muss er wahr scheinen, aber er ist es nicht, zumindest nicht aus der Perspektive retrospektiver Selbstbeobachtung. Montaigne paraphrasiert diese Beschreibung, indem er die poetologisch seit Aristoteles normierte Differenz des Wahren und des Wahrscheinlichen

---

41 *Hamlet. The Arden Shakespeare*, hg. von Harold Jenkins, London 1982, S. 269f. (II, 2, 544–553)

42 *Inst. orat.* VI, 2, 26: „summa [...] circa movendos adfectus in hoc posita est, ut moveamur ipsi."

43 Ebd., VI, 2, 32: „adfectus non aliter, quam si rebus ipsis intersimus."

44 Ebd., VI, 2, 36: „Häufig habe ich mich so ergriffen gefühlt, dass es nicht nur Tränen bekundeten, die mich überkamen, sondern sogar erblassen und ein solcher Schmerz, als wäre er echt." Quintilian trägt dies mit dem Duktus des Geständnisses vor („Haec dissimulanda mihi non fuerunt").

nivelliert: „Quintilian dit [...] qu'ayant prins à esmouvoir quelque passion en autruy, il l'avoit espousée, jusques à se trouver surprins, non seulement de larmes, mais d'une palleur de visage et port d'homme vrayement accablé de douleur." (E, S. 880) Für Montaigne macht Quintilian den Schmerz sich zu Eigen, die Vermählungsmetapher dramatisiert die Herstellung einer Identifikation. Montaigne ruft die Konfrontation mit dem eigenen Aussehen auf, das die Zeichen der Trauer zeigt, und lässt an die Stelle des Adjektivs *veri similis* das Adverb *vrayement* treten, das die Dramatik der affektiven Überwältigung unterstreicht und Quintilians nachträgliche Einschränkung löscht. Was den Redner ergreift, wenn er den fremden Schmerz spielt, beobachtet Montaigne aber auch bei der Inszenierung von Trauerritualen in seiner näheren Umgebung. Um die *ceremonie du deuil* möglichst eindrucksvoll ausfallen zu lassen, engagiert man Trauergäste. Deren Tränen, die doch zunächst nur gespielt sind, verwandeln sich allerdings oft von der *forme empruntée* zur *vraye melancolie*. Die zunächst Unbeteiligten werden zu wirklichen Trauernden, die Teilnehmer des Rituals „s'emportent souvent tous entiers" (E, S. 880). Der Gegenstand der Trauer tritt hinter der Selbstaffektion im Trauerritual zurück. Nicht mehr der Anlass steht so für Montaigne im Zentrum des essayistischen Interesses, sondern die Identifikation der Person mit einer Leidenschaft, die zunächst nur eine gespielte Rolle war, um schließlich die ganze Person zu erfassen.

Rhetorik, Schauspiel und soziales Ritual liefern in *De la diversion* Beispiele dafür, wie der Versuch, Affekte im Anderen zu erregen, in die Selbstaffektion zurückläuft. Die als Spiel inszenierte *resverie sans corps et sans sujet* beginnt, die Seele des Schauspielers zu beherrschen, die ‚Schatten' (*ombres*) der Einbildungskraft, ihre *passions fantastiques*, werden für sie zur Wirklichkeit. Solche selbsterzeugten Realitäten können manchmal nur kurze Zeit wirksam sein, sie können sich aber auch in einer längerfristigen Verwandlung niederschlagen, sie verändern dann Körper und Seele, *l'ame et le corps* (E, S. 881) dessen, der sie in Szene gesetzt hat. Das alltägliche Beispiel der listigen Frauen und ihrer erotischen Täuschungsmanöver, von deren Wirklichkeit sie eingeholt werden, zeigt bereits die Macht eines Spiels, das in biographischen Ernst umschlägt. Noch massiver treten solche Wirkungen dort zutage, wo sich ein wahnhaftes Phantasma stabilisiert, das zur beherrschenden seelischen Wirklichkeit wird. Montaigne zitiert zwei Beispiele, die er Plutarchs kleinem Traktat *Vom Aberglauben* (*perí deisidaimonías*) entnimmt. Dieser zählt den Aberglauben zu den „Verkehrtheiten der Seele"[45], denn er ist im Gegensatz zum Atheismus, mit dem er die „Unwissenheit und Unerfahrenheit in göttlichen Dingen" teilt, „ein

45 Plutarch, *Moralia*, I, S. 275–287, hier S. 275.

mit Leidenschaft verbundener und Furcht erzeugender Wahn, welcher den Menschen niederschlägt und zermalmt“[46]. Das Verhalten zweier Könige exemplifiziert bei Plutarch diese Vernichtung der Seele durch den Wahn:

> Der alte Midas [...] fühlte sich, geängstigt und beunruhigt durch einige Träume, so unglücklich, dass er freiwillig seinem Leben ein Ende machte, indem er Stierblut trank. Der messenische König Aristodemus verlor in dem Kriege mit den Lacedämoniern, als die Hunde wie Wölfe heulten, und um seinen Hausheerd Gras wuchs, welches die Seher für unglückbringende Zeichen hielten, ganz den Muth, er gab alle Hoffnung auf und tödtete sich selbst.[47]

Plutarch berichtet diese Selbsttötungen, um zu zeigen, wie der Aberglaube jene Übel, die ohne ihn immerhin erträglich wären, ins Maßlose steigert. Die Unterscheidung von wahrem und falschem Glauben ordnet seine exemplarischen Geschichten und garantiert ihre Orientierungsleistung. Bei seinem Leser Montaigne geht es nicht mehr um die Wahrheit des Glaubens und die Illusionen des Aberglaubens, sondern um die lebensbeherrschende Macht des Phantasmas. „C'est priser sa vie justement ce qu'elle est, de l'abandonner pour un songe.“ (E, S. 881) Sein Leben für einen Traum (*songe*) hinzugeben und es damit als das zu sehen, was es ist, das mag wie eine barocke Identifikation von Leben und Traum aussehen, eine Vorwegnahme des calderónschen Titels *la vida es sueño*. Aber der maximenförmige Schluss des Essays spricht nicht unbedingt für eine solche Lesart. Montaignes Konklusion statuiert kein souveränes Wissen über die Identität von Leben und Traum, sondern fragt vielmehr, was das Leben für den geworden ist, der es an seinen Träumen misst. Wer sein Leben für einen Traum, eine Hervorbringung seiner Einbildungskraft, deren Ursprung er verkennt, hinzugeben bereit ist, der schätzt es dann eben als das ein, was es ohnehin mittlerweile und unvermerkt für ihn geworden ist, ein Phantasma, in dem die Person aufgegangen ist. Die antiken Könige, deren Aberglauben Plutarch warnend anklagt, sind für Montaigne Beispiele einer tödlichen Identifikation mit einem selbsterzeugten Wahn geworden. Den Königen fehlt jene Fähigkeit der Distanz und der Beobachtung der eigenen Vermögen, die das selbstverschriebene Programm des essayistischen Autors auszeichnet. In der phantasmatischen Selbstaffektion ist die äußerste Gegenfigur zu jenen Formen der *diversion* erreicht, in denen es am Anfang des Essays um die Entlastung vom Druck überstarker Wirklichkeiten ging. Die Erstarrung

46 *Moralia*, I, S. 276.

47 *Moralia*, I, S. 282.

der *fantasies* in dem zur beherrschenden Wirklichkeit gewordenen Wahn zeigt die Fragilität jener Strategien der *diversion* an, in denen die Person glaubt, mit eigenen und fremden Affekten spielen zu können. Und die denkwürdigen antiken Beispiele, die Montaigne aufgreift um sie umzuschreiben, überschatten auch den Anspruch souveräner Virtuosität der Ablenkung als essayistischem Verfahren und zeigen seine Fragilität an.

ZWEITER TEIL

Erschließungen

KAPITEL III

Zugänge. Anwesenheit und Abwesenheit der antiken Welt

1 *parsimonia* der Alten

Weniger als eine Seite beträgt der Umfang eines der kürzesten Essays Montaignes, *De la parsimonie des anciens* (I, 52), der sich gegen Ende des ersten Buches in einem Umfeld ähnlich knapper Texte findet. Thema ist ein in der Antike verbreiteter Habitus, den Montaigne selbst in einem Latinismus fasst: *parsimonie*, von lateinisch *parsimonia* gebildet, ist ein im Französischen, im Gegensatz zum Englischen, nicht heimisch gewordener Ausdruck. Indem er ihn verwendet, bringt Montaigne implizit bereits eine antike Semantik zur Geltung. Über die positiven oder negativen Konnotationen des Ausdrucks, die von Sparsamkeit und Nüchternheit bis zu Knauserei und Geiz reichen, äußert sich der Essay nicht. Er veranschaulicht das Gemeinte vielmehr durch exemplarisches und anekdotisches Material. Dabei praktiziert er eine eigene Form essayistischer *parsimonie*, das heißt einer sprachlichen Verknappung, die als rhetorische Mimesis des in Frage stehenden Habitus der Alten verstanden werden kann und zugleich ex negativo die Charakteristika essayistischer *copia* profiliert, der Montaigne sich hier entschlägt, obwohl er sie bereits im ersten Buch häufiger praktiziert. Diese Intention der *brevitas* schlägt sich auf unterschiedlichen Ebenen nieder, zum einen in der Verknappung der narrativen Präsentation der Beispiele, zum zweiten im weitgehenden Verzicht auf auktoriale Kommentare und zum dritten schließlich in der Ausblendung von historischen oder episodischen Kontexten.

Der Essay versammelt eine Reihe von Beispielen, deren Reichweite sich zwischen ethischer Exemplarität und privater Idiosynkrasie des Verhaltens spannt. Sie stammen weitgehend von den beiden Autoren, denen Montaigne einen eigenen Essay gewidmet hat, Plutarch und Seneca, und deren Bücher er als das elementare Baumaterial der *Essais* auszeichnet. In der *Deffence de Seneque et de Plutarque* (II, 32) wird Montaigne erklären, sein Buch sei „massonné purement de leurs despouilles" (E, S. 757). Namentlich werden beide in *De la parsimonie des anciens* allerdings nicht erwähnt, aber Montaigne findet bei ihnen die prägnanten Beispiele, die sein Essay unter dem Konzept der *parsimonie* versammelt. Das erste Paradigma betrifft den römischen Feldherrn Attilius Regulus, der inmitten seines triumphalen Feldzugs gegen Karthago den Senat

 | DOI 10.30965/9783770563548_004

in Rom um Dispens von seinen Aufgaben bittet, weil der für sein kleines Landgut bestellte Verwalter geflohen ist und Attilius um das Wohl von Frau und Kindern besorgt ist – eine Anfrage, die der Senat mit der Bestellung eines neuen Verwalters und der generösen staatlichen Alimentierung der Familie beantwortet. Anschließend geht es um den älteren Cato, der sein Pferd verkauft, um die Kosten des Rücktransports zu sparen, und seinen Gouverneurspflichten auf Sardinien zu Fuß und mit dem Koffer in der Hand nachkommt. Von dem notorisch streng und asketisch lebenden Cato werden auch Selbstaussagen zur eigenen Sparsamkeit kolportiert, sie betreffen den Verzicht auf teure Kleidung und Lebenshaltung, die Details kulminieren im Hinweis auf die karge Ausstattung seiner Landhäuser, die er nicht einmal verputzen lässt. Der Leser erfährt nicht, was Montaigne von dieser ostentativen Nüchternheit hält. Immerhin scheint sein Interesse an dem Thema damit weitgehend erschöpft. Es folgt nur noch eine kurze Liste zum Umfang der Dienerschaft bei auffällig sparsamen Herren, nunmehr mit vorwiegend griechischen, bei Seneca gefundenen Beispielen, wobei, kaum überraschend, die Welt der Philosophen im Zentrum steht. So erfährt man, dass sich Homer mit einem, Plato mit drei Dienern begnügt habe, der Stoiker Zeno habe ganz darauf verzichtet. Das abschließende Beispiel zur kargen Alimentierung des Volkstribunen Tiberius Gracchus wurde erst 1588 hinzugefügt und bleibt unverbunden neben den vorherigen stehen.

Als Paradigma essayistischer Sparsamkeit lässt *De la parsimonie* eine Reihe von Verfahren prägnant sichtbar werden, wie sich das narrative und konzeptuelle Repertoire der antiken Texte in der Komposition der *Essais* wiederfindet. Die Verknappung lässt das Skelett von Um- und Neuschreibungen sichtbar werden, die auch in der essayistischen Expansion wirksam bleiben. Vier generative Prinzipien lassen sich unterscheiden. Das erste betrifft die Versammlung exemplarischen, historiographischen und anekdotischen Materials unter einem Leitkonzept. Dieses wird hier nicht nur thematisiert, sondern auch in der Textform mimetisch in Szene gesetzt. Das ist nicht die Regel. In den *Essais* dominieren ansonsten Verfahren der Perspektivierung, der Kontextualisierung, der Vernetzung und der Dekonstruktion der narrativen und konzeptuellen Vorgaben. Das zweite betrifft das bewegliche Widerspiel von narrativer Entfaltung und allusiver Verdichtung. In ihm spiegeln sich nicht nur die Präsenz und Absenz antiker Textkorpora, wie sie Montaigne vorfindet, sondern vor allem die Spielräume imaginärer Realisierung und narrativer Fortschreibung. Das dritte Moment betrifft das Verhältnis von Repräsentation und Kommentar, von Wiederholung und Diskursivierung. An dieser Stelle kommt die Differenz von Evidenz und Opazität zur Geltung, die sich in den Prozessen der Lektüre und Wiederlektüre, zwischen den Polen der Zerstreuung und der Konzentration, auftut. Sie wird zum Anlass der Mobilisierung der Vermögen des

Lesers und des Autors, von der Imagination, welche Szenarien des Geschehens vorstellbar macht, die das Tradierte im Bild entwirft, bis zur Urteilskraft, die Geltungsansprüche zwischen den Polen der Wahrscheinlichkeit und der Grenzüberschreitung abwägt. Das vierte generative Prinzip betrifft die zeitliche und räumliche Differenzierung und Perspektivierung des tradierten Textrepertoires. Es wird sich vor allem in der Bedeutsamkeit niederschlagen, die Montaigne den Manifestationen kultureller Differenz verleiht. Damit ergibt sich eine doppelte Perspektive. Die erste betrifft die Differenz von Antike und Moderne, die unabweisbare *querelle des anciens et des modernes*. In ihr wird die Antike zum kritischen Horizont der Moderne, zum Problem der Einbildungskraft, der die Referenz für das historisch fremd gewordene Andere fehlt, und zum Thema der Urteilskraft, welche die Spielräume von Identität und Differenz ausloten muss. Die zweite betrifft die protoethnograhische Distanzierung der Antike, welche – namentlich vor dem Horizont der Neuen Welt – nunmehr auch auf Parameter projiziert wird, die durch räumliche Distanz charakterisiert sind.

2 Eigennamen

In dem Essay *Des noms* (I, 46), der vermutlich um 1572, also in den ersten Jahren der Arbeit an den *Essais* geschrieben wurde, kommt Montaigne auch auf das Wappen zu sprechen, das er trägt: „Je porte d'azur semé de trefles d'or, à une pate de Lyon de mesme, armée de gueules, mise en face." (E, S. 299) Goldene Kleeblätter auf blauem Grund, dazu eine Löwenpranke, etc., Montaignes Beschreibung hält sich im Rahmen dessen, was den heraldischen Üblichkeiten entspricht. Der *blason* verweist auf die Tradition des Schlosses, das sich seit 1477, nachdem es Ramon Eyquem für neunhundert Francs erworben hatte, im Besitz seiner Vorfahren befindet. Aber die detaillierte Beschreibung, mit der sich der Autor einer Diskurstradition des Adels verpflichtet zeigt, geht doch in die Leere der Substanzlosigkeit. Montaigne fragt sich: „Quel privilege a cette figure, pour demeurer particulierement en ma maison?" (E, S. 299) Der adlige Status der Familie Eyquem ist erst am Anfang des 16. Jahrhunderts unbestritten, der Autor der *Essais* blickt zurück auf eine Geschichte des Statuswechsels vom bürgerlichen Handel zum adligen Schlossbesitz. Zwar geht Montaigne in seiner Beschreibung des Wappens nicht explizit auf die Herkunft und Veränderungen der heraldischen Zeichen ein, aber er macht doch deutlich, dass ihnen keinerlei Stabilität eignet. Sie sind ebenso veränderlich wie die Realität, auf die sie verweisen. Das Wappen ist ein semiotischer Komplex, den man kaufen und verkaufen kann, „il n'est chose où il se rencontre plus de mutation et de confusion." (E, S. 299) Das Identitätszeichen verändert sich, indem es Konstanz suggeriert; während es Gegenstand der Manipulation ist, stiftet es Verwirrung. Damit exemplifiziert das Wappen jene Unsicherheit und Unzuverlässigkeit, die Montaigne den Eigen- oder Familiennamen generell attestiert: „Les armoiries n'ont de seurté, non plus que les surnoms." (E, S. 299)

Den Essay *Des noms* selbst präsentiert Montaigne als *galimafrée de divers articles* (E, S. 296), ein Ragout von Fleischresten, die Nähe zur etymologischen Bedeutung von ‚Satire' dürfte intendiert sein. So wie man eine Vielzahl von Kräutern und Pflanzen schließlich mit dem Ausdruck Salat zu dem Namen einer Einheit in der Vielfalt zu bündeln pflege, so ist auch der Titel ‚Von den Namen' nur die Bezeichnung einer heterogenen Sammlung. Obgleich Montaigne in dem Essay ebenso virtuos wie parodistisch mit juristischen Diskurskonventionen, zum Beispiel der Verwendung von *item* zur Aneinanderreihung von Gründen, spielt, unternimmt er keinen Versuch einer Definition seines Gegenstands, insbesondere unterscheidet er nicht zwischen den Eigennamen und dem Wort als Bedeutungskomplex, der auf ein Ensemble von Dingen zu referieren vermag. So umkreist der Essay ohne systematischen Anspruch das Verhältnis des Namens und des Wortes zu den Modalitäten seines Gebrauchs.

Auch für den Eigennamen gilt wie für das sprachliche Zeichen insgesamt ein Prinzip der Knappheit, ihre Zahl ist immer geringer als die Zahl ihrer Träger.[1] Sie werden allerdings so gebraucht, als seien sie nicht nur konventionelle Etiketten, die sich einem Individuum zu Identifizierungszwecken anheften lassen, sondern erscheinen als stabile, bedeutungstragende Zeichen. Der Name, den man trägt, reichert sich in seinem Gebrauch mit Bedeutung an, er kommuniziert Wert und Unwert. Nur deshalb ist es möglich, wie Montaigne festhält, mit einem ‚guten' Namen *credit et reputation* (E, S. 297) unter den Menschen zu erwerben. In jeder Nation gebe es schlecht beleumdete Namen, ebenso andere, namentlich in der Genealogie von Fürstengeschlechtern, die eine schicksalshafte Schwere und Negativität in sich zu tragen scheinen. Andererseits zeichnen sich manche Namen durch leichte Merkbarkeit aus, was die soziale Interaktion erleichtert – ein unschätzbarer Vorzug im Umgang der *grands* mit der Menge ihrer Untertanen, die leichter durch den Namen als durch die individuelle Existenz zu identifizieren sind.

Aber damit ist noch keineswegs die erstaunliche Macht der Namen ins Auge gefasst, die sie trotz oder vielleicht gerade wegen ihrer Unsicherheit gewinnen können. Montaigne leitet das Thema wiederum narrativ ein, indem er eine Anekdote erzählt, deren Implikationen er anschließend in ein anthropologisches Register transformiert. Die *fondation de nostre Dame* in Poitiers, so der historische Hintergrund, habe ihren Ursprung in der Frage gehabt, mit der ein

1 Vgl. E, S. 300: „Combien y a-il en toutes les races, de personnes de mesme nom et surnom?"

sittenloser junger Mann eine Prostituierte ansprach. Die Antwort, welche die Nennung des Namens provoziert, wird zum Ereignis. Es stellt sich heraus, dass die Frau den Namen der Jungfrau Maria trägt, was zu einer radikalen Konversion des über die Auskunft erschütterten Mannes führt. Er verändert seinen Lebenswandel, man baut schließlich die Kirche, die an das wunderbare Ereignis erinnert. Montaigne hat die Episode aus J. Bouchets *Annales d'Aquitaine* übernommen, er erkennt in ihr eine „correction voyelle et auriculaire" (E, S. 297), welche direkt in die Seele des Hörers eingedrungen sei. Die Lautgestalt des Namens ruft die Mutter des Heilands auf, der heilige Name überwältigt die Seele des Sünders. Montaigne rückt diesen überwältigenden Effekt in eine direkte Analogie zu der von der Musik auf die *sens corporels* ausgeübten Wirkung der Musik. Auch Pythagoras habe einst durch eine „musique poisante, severe, et spondaïque" (E, S. 298) eine Gruppe junger Männer von ihren frevelhaften Absichten abgebracht. Aber diese durchschlagende Wirkung des Namens im Erleben der Betroffenen ist nur die Kehrseite seiner Verfügbarkeit für Zwecke der Manipulation durch einschlägig interessierte Akteure. Auch hier liegen Beispiele aus der zeitgenössischen Geschichte nahe. So neigt etwa nach Montaignes Wahrnehmung die Reformation dazu, die geläufigen französischen Eigennamen durch alttestamentarische zu ersetzen und bevölkert nunmehr die Welt mit Methusalems und Ezechiels, Namen, die den ‚Geruch' des Glaubens mit sich führen (*sentans de la foy*) und damit einen gottgefälligen Lebenswandel suggerieren sollen. Die Erwartung, die Welt werde dadurch wieder mit *devotion* und *humilité* erfüllt, ist allerdings ein frommer Wunsch, den Montaigne mit unverkennbarer Ironie vorführt.

Der Gegensatz von Konversion und Manipulation erschöpft keineswegs das Spektrum der Wirkungen des Eigennamens, die in seiner fundamentalen Substanzlosigkeit gründen. In den Namen verdichtet sich das kulturelle Gedächtnis, sie fungieren als Kondensate kultureller Praktiken[2]. So werden die Eigennamen zu einem Medium, in dem soziale Unterschiede und zeitliche Abstände sichtbar werden. Ausdrücklich hebt Montaigne hervor, dass Jacques Amyot, der Übersetzer Plutarchs, in seiner französischen Übersetzung die Identität der antiken Namen bewahrt und nicht den zeitgenössischen Usancen angepasst habe. Schon durch den Namen wird die antike Welt als andere Welt erkennbar. In ähnlicher Weise sei einer seiner Nachbarn bestrebt gewesen, an der „magnificence des noms de la noblesse" (E, S. 298) der Vergangenheit,

2 In *Du desmentir* erwähnt Montaigne Opferpraktiken einiger „nations des nouvelles Indes"; ihre Namen erwähnt er nicht, weil man sie ausgelöscht hat: „jusques à l'entier abolissement des noms, et ancienne cognoissance des lieux, s'est estendue la desolation de ceste conqueste, d'un merveilleux exemple, et inouy" (E, S. 706).

an dem bloßen Klang der fremd gewordenen Namen, den Unterschied in der sozialen Position der Personen und den Gegensatz von Vergangenheit und Gegenwart, auszumachen. Die Differenz des Namens wird zum Zeichen einer Differenz in der Sache, oder doch zumindest zum Schein dieser Differenz. Die Löschung der Fremdheit der Namen führt zur Verwischung der zeitlichen und räumlichen Distanzen, ebenso wie die Verfremdung eigener Namen, beispielsweise die Latinisierung französischer Namen, zur Verwirrung führen muss, weil den fremden Zeichen keine fremde Wirklichkeit entspricht: „nous ne sçavons où nous en sommes, et en perdons la cognoissance." (E, S. 298) Eigennamen sind zwar unzuverlässig und instabil, aber sie bewahren die Erfahrung des Anderen, dessen Identität sie doch nicht garantieren können.

Montaigne trägt den Namen seiner *seigneurie*, den alten Familiennamen Eyquem, unter dem man noch seinen Vater kannte, verwendet er nicht mehr. Das ist erstaunlich, auch angesichts der großen Rolle, welche der Vater in den *Essais* einnimmt. Er handelt damit überdies gegen seine eigene Empfehlung, kritisiert er doch die Neigung, Person und Grundbesitz durch den Namen zu identifizieren. Denn der Wechsel des Besitzes zwingt dann zur Veränderung des Namens, die *cognoissance de ces hommes* (E, S. 298), die sich aus ihrer Familiengeschichte speist, geht verloren. Man könne das an der *maison Royalle* beobachten, die Vielzahl der neuen Namen (*surnoms*) führt zum Vergessen des Ursprungs, des *originel de la tige* (E, S. 299). Die soziale Überschreibung einer biologischen Kontinuität, die sich in Neu- und Umbenennungen niederschlägt, erzeugt damit eine *falsification* (E, S.299). Einerseits wird die Genealogie der Familie durch die Diskontinuität der (am Grundbesitz orientierten) Namen verwischt, andererseits produzieren die Wechselfälle der Fortuna soziale Auf- und Abstiege, die sich durch fiktive *tiltres genealogiques* zu legitimieren suchen: „Combien avons nous de gentils-hommes en France, qui sont de Royalle race selon leurs comptes?" (E, S. 299) Was, so heißt es am Ende, hindert meinen Stallknecht daran, sich Pompeius zu nennen.[3] Die *sottes imaginations* fiktiver Genealogien führen dazu, dass man vergisst, was und wer man ist – und das heißt vor allem, man vergisst und verdrängt die *fortune et conditions de noz ayeulx* (E, S. 299). Genau dieses aber tut Montaigne, wenn er den Familiennamen durch den Namen des Besitzes ersetzt – er setzt Diskontinuität, welche die freie Erinnerung genealogischer Kontinuität erlaubt, vor allem in der Beziehung von Vater und Sohn, ohne sich auf Identität zu verpflichten. Der Eigenname erweist sich als das Gegenteil des Eigenen, in der sozialen Praxis wird er das Objekt vielfältiger Manipulation. An seinem Gebrauch lassen sich die Verleugnung der Herkunft wie die Mobilisierung von Geltungsansprüchen

3 Vgl. E, S. 300: „Qui empesche mon palefrenier de s'appeler Pompée le grand?"

ablesen, das Streben nach *gloire* und *reputation*, ja die Hoffnung auf Unendlichkeit (*l'infinité, l'immensité*). Durch seine Instabilität wird der Eigenname als Zeichen eines individuellen Anerkennungsbegehrens lesbar, er zeigt die Machtansprüche sozialer Eliten an, aber auch, wie im Falle Montaignes, die Distanz gegenüber dem Herkommen.

3 Die Wörter und die Dinge

Montaigne lebt in einem Zeitalter, das die antike Rhetorik intensiv rezipiert und für neue Kontexte instrumentalisiert hat. Dabei ist sein Verhältnis zur rhetorischen Praxis wie auch zu ihrer disziplinären Tradition kritisch. Die *Essais* sind ein entschieden antirhetorisches Buch, zumindest, wenn man sich an die von ihrem Autor geäußerten Ansichten hält. Dass sie selbst ein rhetorisches Buch sind, in dem elementaren Sinn, dass sie sich an ein Publikum richten und die Wirkung auf die Leser in Frage steht und reflektiert wird, ist offensichtlich, bereits der den *Essais* vorangestellte *Avis au lecteur* kreist um das Verhältnis von Selbstdarstellung und Publikumsbezug. Darüber hinaus ist die Beziehung von Wörtern und Dingen wie die Handhabung und Interpretation dieser Beziehung durchgängiger Gegenstand der Selbstreflexivität der *Essais*. Die Ethik des Sprachgebrauchs und die Referenz der Sprachzeichen werden immer wieder verhandelt, von der Verantwortung für das sprachliche Handeln bis zur skeptischen Sprachkritik. Aber diese Selbstpositionierung der *Essais* braucht den polemischen Bezug auf die Rhetorik, und das heißt vor allem die Distanz zu jenen öffentlichen Funktionen der Rede, die den Wahrheitsbezug und die ethischen Implikationen der Sprache vernachlässigen. Mit der Medizin, dem Recht oder der Theologie teilt die Rhetorik das Schicksal, in den *Essais* Gegenstand einer Kritik ihrer Ansprüche wie ihrer Wirkungen zu sein. Stärker als diese aber lenkt sie das Interesse des Autors auf die Spielräume einer antirhetorischen Sprachlichkeit der *Essais*, die im Dementi der alten Funktion neue Formansprüche aufwirft.

De la vanité des paroles (I, 51) lässt die Rhetorikkritik[4] bereits im Titel anklingen – der kurze Essay präludiert mit seinem Titelkonzept dem großen Essay *De la vanité* (III, 9), in dem die *vanitas* als umfassendes Thema der conditio humana verhandelt wird. Er werde an dieser Stelle, so der Autor in dem

---

4 Montaignes Rhetorikkritik betrifft sowohl die Redekunst wie ihre Theorie. Letztere wird allerdings nur kurz gestreift, insofern die Termini der Lehre von den Tropen, wie Metapher, Metonymie oder Allegorie, einen „langage rare et pellegrin" (E, S. 327) zu bezeichnen scheinen, obwohl sie doch von der Rede jeder Kammerzofe praktiziert werden.

kleinen Essay über die *vanité des paroles*, von den Wörtern (*mots*), nicht von den Wirklichkeiten (*effects*) handeln.[5] Ausgangspunkt ist das eingangs zitierte Selbstverständnis der Rhetorik, in dem es gerade um die bewegliche Relation von Wörtern und Dingen geht. Montaigne setzt mit der Auskunft eines *Rhetoricien du temps passé* (E, S. 324) ein, der geäußert habe, sein Beruf sei es, die kleinen Dinge groß erscheinen zu lassen, „de choses petites les faire paroistre et trouver grandes." (E, S. 324). Damit ist natürlich die berühmte Sophistikkritik des platonischen *Phaidros* (267A/B) aufgerufen, wo Sokrates Teisias und Gorgias als diejenigen vorstellt, die den Schein über die Wahrheit stellen, „die das Kleine groß erscheinen lassen und das Große klein durch die Gewalt ihrer Rede".[6] Die (sophistisch geprägte) Rhetorik steht bereits seit den platonischen Dialogen im Verdacht, das Verhältnis von Wörtern und Dingen zu destabilisieren. Montaigne wird diese Umkehrung der sprachlichen Angemessenheit zwei Seiten später an einem drastischen Beispiel erläutern. Er erzählt von einer rezenten Begegnung mit einem rhetorisch gewandten Italiener, der dem Kardinal Caraffa als *maistre d'hostel* (E, S. 326) gedient habe. Dieser stellt seine Aufgaben im Haushalt so dar, als ginge es dabei um theologische Wahrheit, um *quelque grand poinct de Theologie*. Die *science de gueule* des römischen Oberkellners transformiert die Angelegenheiten der Küche und die Kunst der Zubereitung der Speisen in ein hohes Sprachregister, das dem „gouvernement d'un Empire" (E, S. 326) angemessen wäre. Die Rhetorik erweist sich durchgängig als eine *art piperesse et mensongere* (E, S. 324), ihr manipulativer Einsatz reicht von der belanglosen Alltagsrhetorik bis zur zeremoniellen öffentlichen Rede. Aber sie ist Täuschung und Lüge zugleich in einem fundamentalen Sinn, der über die pragmatischen Situationen der Lebenswelt hinausreicht. Die Rhetorik untergräbt den sprachlichen Weltzugang des Menschen an der Stelle, wo sie für Montaigne ihre epistemologisch und ethisch entscheidende Dimension hat. Indem sie die Einbildungskraft manipuliert, führt sie zugleich die Urteilskraft in die Irre. Der Fall der Rhetorik ist für Montaigne gravierender als der Fall anderer geläufiger Techniken des Ornamentalen. Es gebe beispielsweise Künste, welche die Sinne täuschen, so beispielsweise die Schminke, mit der die Frauen ihre unverstellte Natürlichkeit maskieren. Dabei gehe allerdings wenig verloren, wie Montaigne nicht ohne Sarkasmus konzediert. Anders die Wirkung der Rhetorik, sie verstellt und verdirbt (*abastardir et corrompre*) das Wesen der Dinge (*essence des choses*), denn sie täuscht mit den Mitteln der Sprache das Urteilsvermögen des Zuhörers.

---

5 Vgl. E, S. 326: „je ne parle poinct icy des effects, je parle des mots."

6 Platon, *Sämtliche Dialoge*, Bd. 2, hg. von Otto Apelt, Hamburg 1988, S. 91 (*Phaidros*).

Als Paradigma für diese Dimension reicht die Komik des römischen Kardinalshaushalts allerdings nicht mehr aus. Montaigne thematisiert die rhetorische Verfälschung der Dinge und ihre Gefährdung der Urteilskraft vorrangig an Beispielen der politischen Rhetorik und ihrer prominenten Akteure. Damit rückt unvermeidlich die Antike als die große Zeit der politischen Redekunst in den Mittelpunkt. Zugleich ist es die Antike, vor allem die griechische, welche die Rhetorik erfunden und in ihren vielfältigen Funktionen eingesetzt hat. Sie ist es aber auch gewesen, die angesichts der Macht der Rhetorik und ihres prekären Verhältnisses zur Wahrheit die erste grundsätzliche Kritik an den sophistischen Techniken der Redekunst formuliert hat. Die politische Rhetorik hatte ihre Blütezeit in Athen und sie hat den Einspruch von Philosophen wie Sokrates und Platon provoziert, die sie bereits als „art de tromper et de flatter" (E, S. 325) denunziert hätten. Später wird sie im nachrepublikanischen, kaiserlichen Rom eine zentrale politische Rolle spielen. Wohlorganisierte (*bien policé*) Gemeinwesen wie Sparta[7] oder Kreta hätten die politische Redekunst stets gering geschätzt. Die politisch instrumentierte Rhetorik ist ein Werkzeug, um orientierungslose, ungeordnete Massen (E, S. 325: *une tourbe, une commune desreiglée*) zu bewegen. Sie hat ihren politischen Ort in der Ochlokratie oder Herrschaft des Pöbels, wo alle sich berufen fühlen, in den Angelegenheiten des Gemeinwesens Autorität zu beanspruchen. Die Zeit ihrer größten Macht ist die des Bürgerkriegs, der *guerres civiles*. Gemeinsam ist der Ochlokratie und dem Bürgerkrieg eine Formlosigkeit, die sich dem Mangel stabiler Institutionen und dauerhafter *coustumes* verdankt. Wo, wie beispielsweise in traditionsgesättigten Monarchien, Machtansprüche durch die Autorität der Institution und des Urteils, der *bonne institution* und des *bon conseil*, orientiert werden, vermag sich das Gift der Rhetorik (E, S. 326: *l'impression de cette poison*) nicht auszubreiten.

Sowohl Rhetorik wie Antirhetorik sind also Hinterlassenschaften der Antike. Sie hat die Möglichkeiten der Rhetorik wie ihre Gefahren vorgeführt und thematisiert, alles Wesentliche lässt sich an ihren Paradigmen beobachten. Die eigene Gegenwart, die Montaigne am Ende des Essays thematisiert, ist demgegenüber in doppelter Weise derivativ, ja epigonal. Sie führt die eingespielten Verfahren rhetorischer Amplifikation des Gegenstandes fort und sie ahmt zugleich die Sprache der alten Rhetorik nach. So bedient man sich der römischen Ehrentitel (E, S. 327: *titres superbes des Romains*), ohne doch noch auf substantielle Ähnlichkeit (*ressemblance*) Anspruch erheben zu können. Rühmende Beinamen, *les surnoms les plus glorieux* (E, S. 327), mit denen die Antike

7 Vgl. E, S. 324, wo der Redner mit einem Schuster verglichen wird: „C'est un cordonnier qui sçait faire de grands souliers à un petit pied. On luy eust faict donner le fouet en Sparte [...]".

ihre großen Männer ausgezeichnet habe, werden in der Moderne inflationär gebraucht. So kehre der ‚göttliche' Platon, dessen Ruhm in einem *consentement universel* der Jahrhunderte gründet, nunmehr als der ‚göttliche' Pietro Aretino wieder, einem Literaten, dem Montaigne keinen Vorzug über die „communs autheurs de son siècle" konzedieren will, es sei denn wiederum die Neigung zu exzessiver Rhetorik in der Form einer „façon de parler bouffie et bouillonnée de pointes" (E, S. 327). Die Konstellation der beiden Namen belegt drastisch den Geltungs- und Niveauverlust rhetorischer Ansprüche und ihrer kritischen Diskussion. Der antike Antagonismus von Rhetorik und Antirhetorik wird in der Moderne in die Zirkulation der Nachahmungen transformiert. Montaigne beobachtet ihre Substitute selbst noch dort, wo es nicht um die Macht der Sprache der Rhetorik, sondern um ornamentale Qualitäten wie die Türeinfassung seiner Küche geht, welche für die Architekten der Zeit nicht ohne die antike Sprache der Pilaster und Architraven zu besprechen und gestalten ist.

Mit der Konfrontation von antiker und moderner Rhetorik bewegt sich Montaigne in der Dimension des Vergleichs, der an dieser Stelle epochale Differenzen profiliert. Er ist die elementare Operation der Urteilskraft, deren literarische Bedeutung Montaigne beispielsweise in seiner Diskussion des Verfahrens der Synkrisis, wie es Plutarchs Parallelbiographien vorführen, erörtern wird. Die Antike in den Blick zu nehmen heißt für den Autor der *Essais*, sie mit der eigenen Gegenwart zu vergleichen. Die Wirklichkeiten, welche Montaigne in den antiken Texten gegenübertreten, provozieren als Erfahrung der Differenz unvermeidlich die Konfrontation mit der Moderne. Seine Dynamik gewinnt der Vergleich als dreistellige Relation durch die Variation seiner Hinsichten und Gesichtspunkte. Die Gegenstände des Vergleichs erweisen sich in den *Essais* als überaus vielfältig, sie betreffen nicht nur die Sphäre von Kunst, Literatur und Philosophie, oder die Alltäglichkeiten des Essens und Trinkens, sondern auch, beispielsweise, die Realien des Militärs. Die Leser der *Essais* haben sich wenig dafür interessiert – die Kunst der Kriegsführung, wie sie Montaigne vor Augen hat, gehört unwiderruflich der Vergangenheit an, auch kann der Autor der *Essais* kaum als militärtechnischer Experte gelten. Immerhin wird kaum einem Leser der Stolz des Autors auf seine Fähigkeiten zu Pferde entgehen. Aber nicht nur im beiläufigen biographischen Detail kommt das essayistische Verfahren zur Geltung, sondern vor allem im Ebenenwechsel des Vergleichs. Montaigne ist, nach dem Aufstieg seiner Vorfahren, ein Edelmann geworden, zu dessen Lebenswelt das selbstverständliche Interesse an den Ordnungen der Kriegsführung zählt[8]. Aber der standesspezifische Standpunkt

8 Vgl. dazu beispielsweise den Essay II, 21: *Contre la faineantise*, der sich ausführlich mit der „action militaire" (E, S. 714) als der ersten und vornehmsten Pflicht des Fürsten beschäftigt.

wird in den einschlägigen Passagen der *Essais* überschritten, nicht mehr die Perspektiven der *bellatores* stehen im Vordergrund, sondern die Differenz historischer Kampf- und Kriegskulturen. Die beiden kleinen Essays *Des destriers* (I, 48) und *Des armes des Parthes* (II, 9) führen die Transformation adelstypischer militärischer Bedeutsamkeiten im Medium einer frei flottierenden *curiositas* vor, die sich mehr für kulturelle Differenzen des militärischen Habitus als für die Optimierung der Kriegskunst interessiert. Später, in *Des coches*, wird Montaigne dieses Vergleichsinteresse auf die Kulturen der Neuen Welt ausdehnen. Die „comparaison des armes anciennes aux nostres"(E, S. 311), welche *Des destriers* ankündigt, ohne sie systematisch einzulösen, betrifft nicht die technischen Fortschritte der Kriegskunst, sondern den Kampf als kulturelle Praxis.

Eine Textvariante in *Des armes des Parthes* erzählt eine in dieser Hinsicht instruktive Geschichte:

> [...] ayant pris autrefois la peine de dire bien amplement, ce que je sçavois sur la comparaison de nos armes, aux armes Romaines: mais ce lopin de mes brouillars m'ayant esté desrobbé avec plusieurs autres, par un homme qui me servoit, je ne le priveray point du profit qu'il en espere faire: aussi me seroit il bien malaisé de remascher deux fois une mesme viande. (E, S. 1538)

Ein Bediensteter habe ihm seine einschlägigen Entwürfe entwendet, er wolle ihm den erhofften Profit nicht nehmen, ein zweites Mal werde er das Thema nicht aufgreifen, das Wiederkäuen des bereits Besprochenen ist ihm zuwider. Der Realitätsgehalt dieser kleinen biographischen Episode mag offenbleiben, die Intention des Autors ist jedenfalls deutlich: Der Vergleich der alten und der modernen Waffensysteme, ein Vorhaben, mit dem sich Montaigne durchaus im Gefolge eines genuinen Interesses der Renaissance, ausgearbeitet beispielsweise in Machiavellis *Arte della guerra*, situiert, ist zwar angekündigt, in den *Essais* wird er aber keinen Platz finden.

Immerhin lässt der kurze Essay *Des armes des Parthes* noch Versatzstücke des Vergleichs erkennen. Montaignes Ausgangspunkt ist die Abneigung des Adels seiner Zeit gegen schwere Rüstung, die er nur im Falle äußerster Notwendigkeit (E, S. 424: *extreme necessité*) anzulegen pflege. Der Grund ist die mangelnde Fitness (*mollesse*) seiner Standesgenossen, ihr Verhalten ist

Die eindrucksvollen Beispiele, die Montaigne anführt, sind vor dem Hintergrund der Neigung mancher Renaissancefürsten, wie etwa von Henri III., zu sehen, sich intensiver der Beschäftigung mit den *lettres* zu widmen und daraus ein humanistisches Selbstverständnis abzuleiten.

gleichwohl eine *façon vitieuse* der kriegerischen Auseinandersetzung, die im Kampf zu chaotischen Zuständen (*desordres*) zu führen pflege. Im Gegensatz zur Praxis der Vorfahren, die eine vorbildliche Kampfordnung praktizierten, sind die Truppen seiner Zeit *troublées et difformes*. Zweierlei lehrt nun allerdings der Blick auf die Antike. Erstens: Es kann gelegentlich besser sein, auf schwere Rüstung zu verzichten, das zeigt zumindest das Beispiel Alexanders, des „plus hazardeux Capitaine qui fut jamais" (E, S. 425), der meist ohne sie in den Kampf gezogen sei. Das spektakuläre Beispiel wird unterstützt durch weitere antike Exempla, die zeigen, wie man durch schwere Rüstung sich in ein eisernes Gefängnis (E, S. 425: *prison de fer*) begibt und damit die eigene Beweglichkeit und Kampftüchtigkeit ruiniert. Zweitens: Alles ist, wie das Beispiel der römischen Fußsoldaten (*pietons Romains*) lehrt, eine Frage der Gewohnheit. Den Zeitgenossen wird die „charge de nos armes" nur unerträglich, weil die *coustume* fehlt. Die römischen Soldaten hingegen waren es gewohnt, nicht nur schwere Ausrüstung, sondern auch Lebensmittelvorräte zu tragen, so groß war ihre *discipline militaire*. Was ist daraus für die Gegenwart zu lernen? Welche Konsequenzen wären zu ziehen?

Zwei Themen, welche Montaigne ins Spiel bringt, lassen die Fragen ins Leere laufen: die Entwicklung der Feuerwaffen und das Beispiel der Parther. Die *mousquetaires*, die mit ihren schwerfälligen Musketen das Zeitalter der Feuerwaffen eröffnen, werfen die Frage auf, welche Rüstungen überhaupt geeignet sein könnten, als Schutz gegen Feuerwaffen zu dienen, ohne dass man sich wie „enfermez dans des bastions" (E, S. 425) in den Kampf schleppe. Die Welt der Rüstungen, die den Vergleich von Antike und Moderne instrumentiert, ist, so scheint es, im Verschwinden begriffen, der Vergleich verliert seine pragmatische Relevanz zugunsten eines kulturellen Interesses. Die Parther kommen andererseits ins Spiel, weil sich ihre Rüstung, wie Ammianus Marcellinus, ein römischer Historiker des 4. Jahrhunderts nach Christus, in seinen *Res gestae* berichtet, und ihre Kampftechnik signifikant von der der Römer unterscheiden. Die Parther, ein Volk aus der Gegend des heutigen Iran, sind insofern das Paradigma einer ‚anderen Antike', auch wenn das Wissen über sie durch die römische Historiographie vermittelt wird. Bereits für die Römer sind die Parther die Anderen – aber Montaigne entdeckt an ihnen die Ähnlichkeit mit der eigenen Waffentradition: „Voilà une description, qui retire fort bien à l'equippage d'un homme d'armes François, à tout ses bardes." (E, S. 427) Die Moderne findet ihre Ähnlichkeit in der anderen Antike des Orients. Aber diese Ähnlichkeit ist durch die Differenz der Zeiten und Techniken zugleich obsolet geworden. Die Ähnlichkeit von Parthern und Franzosen wird beobachtet, aber zugleich als angesichts der neuen Waffensysteme pragmatisch bedeutungslos dargestellt. Montaigne beschreibt vor allem, dass die Parther wie *hommes de fer* in beweglichen Metallrüstungen auftreten, sie ähneln jenen Rittern, deren Rüstungen durch die neuen Waffen überholt sind. Ähnlichkeit und Differenz verharren in der Sphäre der Anschauung und der Vorstellung, über die die Technik hinweggegangen ist.[9]

Diese Transformation militärischer Pragmatik in kulturelle Vielfalt lässt sich auch in *Des destriers* deutlich verfolgen. Der Autor präsentiert sich zunächst als „Grammairien", obwohl er doch nie eine Sprache erlernt habe, außer „par routine" (E, S. 308). In dieser Rolle blickt er auf die Etymologie von *destriers*, Streitrössern, deren Name sich vom Lateinischen *dextrarios* herleite, Pferde, die mit der rechten Hand geführt wurden. Die Geschichte der Bezeichnung gibt Aufschluss, sie führt zu Hinsichten, die der aktuelle Sprachgebrauch ignoriert, die sich aber durch Zitate antiker und moderner Autoren illustrieren lässt. Das Interesse des Vergleichs von Antike und Moderne diffundiert über den sprachlichen Befund hinaus in die Sphäre kultureller Differenzen im Umgang mit Pferden. Die Streitrösser machen den Blick auf die Praxis des Reitens frei. Der Autor selbst ist ein begeisterter Reiter, er beruft sich auf die Autorität Platons, der das Reiten für die Gesundheit empfiehlt, und die des Plinius, der seine heilsame Wirkung auf den Magen und die Gelenke unterstreicht. Der militärische Kontext wird zu einem kulturellen transformiert, um dann auf die eigene Lebenssituation bezogen zu werden. So wird Montaigne das Reiten zur Form der Selbstsorge: „Je ne demonte pas volontiers quand je suis à cheval: car c'est l'assiette, en laquelle je me trouve le mieux et sain et malade." (E, S. 309)

Auch wenn im Anschluss wiederum von Waffentechniken die Rede ist, vom Kampf mit und ohne Pferd, vom Vor- und Nachteil alter und neuer Waffen bis zu den rezenten Feuerwaffen, so geht es darin doch keineswegs um einen systematischen Vergleich von Antike und Moderne im Interesse einer Optimierung der Kriegskunst. Vielmehr überlagern die kulturellen Differenzen, die eine Vielfalt von Räumen aufrufen, die Opposition der Zeit und der Relation von Antike und Moderne. So wird vom Brauch der „armées Turquesques" berichtet, wo die Soldaten nur Wasser trinken und Reis mit gesalzenem Fleisch essen, allerdings bei Bedarf auch gesalzenes Pferdeblut verzehren. Über die „nouveaulx peuples des Indes" heißt es, sie behandelten Pferde so wie Menschen und betrachteten ihr Wiehern als eigene Sprache. Stützt sich Montaigne in seiner Darstellung dabei auf spanische Berichte aus der neuen Welt, an dieser Stelle in erster Linie auf Lopez de Gomaras *Historia de don Fernando Cortes*, so wird dieses Beispiel mit der alten Praxis der „Indes de deça" konfrontiert,

9 Die Herausgeber der *Essais* zitieren eine aus dem Jahre 1635 stammende Anmerkung von Charles de La Mure: „La manière de combattre a bien changé depuis le temps que l'autheur escrivoit puisque nul ne porte plus de cuirasse ni hautes armes dans les occasions." (E, S. 1537)

wonach in der Dignität der Fortbewegungsmittel das Pferd an letzter Stelle stand. Und so geht es weiter: Reiten ist immer auch Demonstration von Artistik und Körperbeherrschung gewesen, Montaigne beschreibt die staunenswerten Vorführungen eines Reiters, der mit den *singeries* seiner Auftritte den Lebensunterhalt bestreitet, Reiten gehört aber auch zum Verhaltensrepertoire eines französischen Edelmanns. Niemanden habe er gekannt, der in dieser Hinsicht Monsieur de Carnavalet übertroffen habe, „(l)e plus sçavant, le plus seur, le mieux advenant à mener un cheval à raison" (E, S. 315).

Montaignes Ausgangspunkt war der Vergleich antiker und moderner Waffen, er gehört in das Feld einer historisch reflektierten Kriegskunst, wie sie die frühe Neuzeit entfaltet hat. Aber der Essay, der dieses Interesse Montaignes dokumentiert haben soll, existiert nach seiner Auskunft nicht mehr, er wurde entwendet – im wörtlichen, vielleicht aber auch im metaphorischen Sinne. Jedenfalls wird er nicht ersetzt. Was bleibt, sind Rüstungen und Kriegspferde, aber nicht mehr als militärisches, sondern als kulturelles Thema. Diese Transformation impliziert die Öffnung des Textes für heterogene Kontexte und die Stillstellung der alten pragmatischen Relevanzen. An ihre Stelle tritt von Fall zu Fall die Anschlussfähigkeit der eigenen Erfahrung. Die Vielfalt der Hinsichten und die Neutralisierung von Nützlichkeitserwägungen führen dazu, dass die Konfrontation von Antike und Moderne durch eine Pluralität der Räume und Zeiten, in der andere Antiken und die Neue Welt eine Rolle spielen, ersetzt wird. So mündet die Rede von den Pferden, die von den Streitrössern ausgeht, in eine Ausstellung sozialer Praktiken, welche die Körperkultur ebenso betrifft wie die Distinktionstechniken der sozialen Welt. In dieser Vielstrahligkeit der Hinsichten werden die Kontingenz der Gegenstände und die Mobilität der Perspektiven nicht verdeckt, sondern vielmehr demonstrativ ausgestellt und vorgeführt.

KAPITEL IV

Interpretation

1 Handlung, Person, Interpretation

Das erste Kapitel des zweiten Buches der *Essais* trägt den programmatischen Titel *De l'inconstance de nos actions* (II, 1). Mit dem Konzept der ‚Unbeständigkeit' oder ‚Unstetigkeit' greift es Fragen auf, die bereits der Eingangsessay des ersten Buches, *Par divers moyens on arrive à pareille fin* (I, 1), aufgeworfen hatte. Die Serie der antiken, mittelalterlichen und modernen Exempla, in denen die Relation von Mittel und Zweck des Handelns sich als instabil erweist, weil man mit gegenläufigen Mitteln die gleichen Zwecke zu erreichen vermag und weil die Gründe von Erfolg und Misserfolg höchst vielfältig sind, hatte Montaigne gleich in seinem ersten Essay zu dem ebenso resignierten wie faszinierten Fazit geführt: „Certes c'est un subject merveilleusement vain, divers, et ondoyant, que l'homme: il est malaisé d'y fonder jugement constant et uniforme." (E, S. 33) Der Topos der *mutabilitas*, der die Literatur der Renaissance prägt, wird von Montaigne auf die Menschenwelt und ihre Beurteilung fokussiert. Die bewegliche Vielfalt der *conditio humana*, die keine stabile Substanz hat, macht es für den Beobachter schwierig, wenn nicht unmöglich, ihr mit einem einförmigen, regelgeleiteten Urteil zu begegnen. Er muss selbst beweglich bleiben, seine Maßstäbe und Perspektiven an der Inkonstanz seines Gegenstands, an der er selbst partizipiert, ohne sich davon stets Rechenschaft ablegen zu können, immer wieder neu einstellen. Der Sprung von der Vielfalt der Exempla zur Allgemeinheit der *conditio humana* bleibt am Anfang der *Essais* allerdings weitgehend unvermittelt.

Die Wiederaufnahme der Frage nach der Vielfalt des menschlichen Handelns und der Herausforderung des Verstehens wird in *De l'inconstance de nos actions* auf eine neue Ebene transponiert. Zwischen das historische Material und den allgemeinen Befund, die in *Par divers moyens on arrive à pareille fin* nebeneinanderstehen, schiebt sich eine begrifflich differenzierte Argumentation, die auf die Konzepte der praktischen Philosophie der Antike zurückgreift, ohne sich auf die Doxa einer Schule zu verpflichten. Die Unbeständigkeit und Wechselhaftigkeit, die im Handeln des Menschen sichtbar wird, wirft für Montaigne grundsätzliche ethische, ökonomische und politische Fragen auf: Wie steht es angesichts der staunenswerten Diversität seiner Handlungen und Verhaltensweisen mit der Einheit und Identität des Handelnden? In welcher Beziehung stehen Antrieb und Ausführung, unsichtbares Motiv und

 | DOI 10.30965/9783770563548_005

manifeste Handlung? Welcher Vielfalt der Person ist die Vielfalt ihrer Handlungen zuzuordnen? Wie lassen sich Handlungen im Blick auf ihre situativen und institutionellen Bedingungen verstehen? Wie verhalten sie sich zu den normativen Ordnungen, in deren Kontext sie sich ereignen? Welcher Instanz oder welchem Vermögen können sie zugeschrieben werden? Wie verhalten sich Handlung und Wahrnehmung, Intention und Interpretation? Wie wirken die Motive des Beobachters, dessen Beobachtung selbst ein Handeln ist, auf die Interpretation dessen ein, was er sieht, hört oder liest?

De l'inconstance de nos actions setzt mit einer radikalen Zuspitzung der Attributionsproblematik ein: Wer ist das Ich, das handelt? Handlungen werden gemeinhin handelnden Personen zugeschrieben, aber deren Identität steht angesichts der Heterogenität ihres Tuns selbst in Frage. Der Handelnde selbst besteht, wie es aussieht, aus mehreren, sich widersprechenden ‚Läden' oder ‚Geschäften' (*boutique*):

> Ceux qui s'exercent à contreroller les actions humaines, ne se trouvent en aucune partie si empeschez, qu'à les r'apiesser et mettre à mesme lustre: car elles se contredisent communément de si estrange façon, qu'il semble impossible qu'elles soient parties de mesme boutique. (E, S. 351)

Contreroller – gemeint ist damit ursprünglich ein zweites Register, das heißt eine Form doppelter Buchführung – bezeichnet das Verhalten des Haushälters, Einnahmen und Ausgaben seines ökonomischen Handelns systematisch noch einmal zu verschriftlichen, zu ‚kontrollieren', um ihr Verhältnis durch kontinuierliche Aufzeichnung überblickbar und in Balance zu halten. Montaigne verwendet den Terminus auch, als Verbum wie als Substantiv, um sein Selbstverhältnis zu bezeichnen, er beschreibt die fortlaufende Beobachtung seiner eigenen Vermögen und Handlungen. So heißt es in *De la presumption* (II, 17): „Je n'ay affaire qu'à moy, je me considere sans cesse, je me contrerolle, je me gouste." (E, S. 697) Dabei ist die Orientierung dieses ‚Geschäfts' und seines unablässigen Blicks eindeutig, sie zielt nach innen, auf die Binnenwelt der Person: „je regarde dedans moy". Montaignes ‚Kontrolle' der Handlungen anderer Akteure folgt der gleichen Richtung, sie geht ins Innere, fragt nach dem Antrieb, dem Affekt oder der Intention. Dieses Vorgehen markiert den Weg der Urteilskraft, ihrer Unterscheidungen und ihrer Interpretationen. Aber, so der Ausgangsbefund von *De l'inconstance de nos actions*, den stabilen Kern, den sie sucht und hinter der heterogenen Vielfalt der Welt des Handelns vermutet, findet sie nicht. Die Binnenwelt der Person ist nicht weniger mannigfaltig als die Welt des Handelns. Der Befund formuliert Montaignes ironische Inversion der topischen Bildlichkeit von Mikrokosmos und Makrokosmos: An die Stelle der im Kleinen wie im Großen herrschenden Ordnung und Einheit treten Spiegelungen von Vielfalt und Differenz.

Unter den Beispielen, die Montaigne ins Spiel bringt, betrifft eines der ersten den römischen Kaiser Nero. Er ist natürlich jedem Leser der *Essais* als eine Figur unerhörter Grausamkeit, als eine „vraye image de cruauté" (E, S. 351), vertraut. Aber repräsentieren die Bilder der Grausamkeit seines Handelns auch den Kern der Person, seine ‚Substanz', seine ‚Form'? Gibt es überhaupt ein solches Zentrum der Person? Offenbar konnte Nero, wie seine Zeitgenossen berichten, sich auch ganz anders verhalten, ohne jegliche Verstellung (*dissimulation*), in spontanen, unreflektierten Äußerungen erstaunlicher Menschlichkeit. Montaigne ruft eine Episode auf, die er in Senecas *De clementia* (II, 1) gefunden hat. Den Üblichkeiten entsprechend, soll der Kaiser das Todesurteil eines (bei Seneca: zwei) Delinquenten unterschreiben. Der Schmerz darüber lässt Nero in den Ausruf ausbrechen: „Pleust à Dieu que je n'eusse jamais sceu escrire" (E, S. 351) heißt es bei Montaigne – *Vellem litteras nescirem* lässt ihn Seneca ausrufen. Dort, in *De clementia*, wendet sich der Stoiker direkt an Nero. Der Präfekt Burrus habe, auch er bereits widerwillig, Nero die überfälligen Urteile über die beiden Verbrecher vorgelegt, der Kaiser reagiert darauf mit den von Montaigne zitierten, in der Übersetzung pathetisch verstärkten Worten. Seneca zitiert den Ausspruch als Beispiel der *clementia* des Kaisers, für den stoischen Philosophen handelt es sich um den großmütigen Ausspruch (*vocem generosam*) einer edlen Seele (*magni animi*). Neros Reaktion ist umso bemerkenswerter, als sie ohne Überlegung und Wirkungsabsicht hervorbricht (*non conposita nec alienis auribus data subito erupit*) und den Widerstreit einer natürlichen Güte des Kaisers mit den Zumutungen der Fortuna (*bonitatem tuam cum fortuna tua litigantem*) zur Anschauung bringt.[1] Der Ausspruch, so Seneca, sei der ursprünglichen Unschuld des Menschengeschlechts würdig, er verdiene es, von jedermann vernommen und bedacht zu werden. Montaigne hält sich nicht bei der hyperbolischen Rhetorik auf, die ohnehin angesichts des später von Nero erzwungenen Selbstmords Senecas ihre eigene Ironie gewinnt. An die Stelle des ethischen Diskurses des Stoikers tritt in dem Essay eine epistemologisch-anthropologische Frage: Montaigne wundert sich über die *gens d'entendement*, die sich bemühen, die ‚Teile' (*pieces*) der Person, die in ihren heterogenen Handlungen erschließbar werden, zur Einheit zusammenzusetzen. Dieser Anspruch müsse ins Leere gehen, weil er die Vielfalt der Person ignoriere. Die Unbestimmtheit oder Unentschiedenheit (*irresolution*) sei vielmehr der offensichtlichste Mangel (*vice*) der menschlichen Natur, die durchaus kein

1 Lucius Annaeus Seneca, *De clementia. Über die Güte*, hg. und übers. von Karl Büchner, Stuttgart 2010, S. 72.

einheitliches, festes und homogenes Gewebe sei: „veu la naturelle instabilité de nos mœurs et opinions, il m'a semblé souvent que les bons autheurs mesmes ont tort de s'opiniastrer à former de nous une constante et solide contexture." (E, S. 351f.) Der Text, der, auch im Interesse eigener Kohärenz, den Menschen als homogene ‚Kontextur' entwirft, geht in die Irre. Will er der menschlichen Natur Rechnung tragen und sich ihre Facetten vergegenwärtigen, muss er ihre Widersprüchlichkeit in seiner eigenen Form reproduzieren.

Montaigne entfaltet keinen systematischen, theorieorientierten Begriff der Interpretation, weder in den frühen noch in den späten Essays. Aber es ist offensichtlich, dass sie für ihn eine ebenso unvermeidbare wie fragwürdige Praxis darstellt, die er beobachtet und die er selbst als Autor betreibt. Sie richtet sich auf Handlungen ebenso wie auf Äußerungen und Texte und sie stellt Beziehungen zwischen Motiven und Zwecken, Intentionen und Kontexten her. Indem sie dies tut, ordnet sie die Welt des Menschen und schreibt bestehende Ordnungen um. In der Interpretation nimmt die Aktivität der Urteilskraft Form an. Insofern stehen Interpretationen zwischen der Diskontinuität der Akte der Urteilskraft und der abstrakten Situationslosigkeit des Wissens, der Welt der Meinung oder der Episteme. Da Interpretationen aus der Urteilskraft des Beobachters kommen, betreffen sie ihn auch als Person, sie werden zum Anlass, das Zusammenspiel und die Ordnung seiner Vermögen zu beobachten und das heißt zu interpretieren.

Bereits die Serie der Exempla im ersten Essay des ersten Buchs, *Par divers moyens on arrive à pareille fin*, macht die Interpretationsexposition, aber auch Interpretationsangewiesenheit von Handlungen schlagartig deutlich. Das Beispiel des Fürsten Scanderberch, erläutert Montaigne, „pourra souffrir autre interpretation" (E, S. 32), je nachdem, was man über die Motive seines Handelns weiß und wie man dieses Wissen gewichtet. Seine Begnadigung eines Soldaten lässt verschiedene Interpretationen zu, das Exemplum kann daher nicht als Beweis für die Regel dienen, es sei besser den Mächtigen mit Entschiedenheit entgegenzutreten und nicht um ihr Mitleid zu betteln. Der pragmatische Nutzen dieses wie der folgenden Exempla ist suspendiert. Das Handeln des Fürsten ‚erträgt' eine andere Interpretation, aber es trägt sie auch. Die Gewaltsamkeit des Interpreten ist die eine Seite, die andere die vielfältige Lesbarkeit von Handlungen und Texten.

Später, in dem Essay über die Kannibalen (I, 30: *Des Cannibales*), beklagt Montaigne die Neigung der *fines gens* (einen ähnlichen Vorwurf macht er auch den Historikern seiner Zeit), die Geschichte (*Histoire*) durch ihre Interpretation zu verändern und damit die unverstellte Wirklichkeit der *choses pures* (E, S. 210) nicht zur Geltung kommen zu lassen. Die ingeniösen Beobachter ‚glossieren' (*glosent*) die Dinge „pour faire valoir leur interpretation" (E, S. 210). Immerhin beruft sich Montaigne an dieser Stelle auf das Zeugnis eines „homme simple et grossier“ (E, S. 210), von dem ein wahrhaftes Zeugnis (*veritable tesmoignage*) zu erwarten sei. Aber das ironische Ende des Essays unterläuft diese optimistische Erwartung, die Übersetzung der fremden Kultur in die eigene scheitert an dem Dolmetscher (*truchement*), der Montaignes *imaginations* nicht versteht, so dass die knappen Auskünfte des indigenen Informanten den Fragenden in einer Ratlosigkeit lassen, die er rhetorisch überspielt: „Tout cela ne va pas trop mal: mais quoy? ils ne portent point de haut de chausses.“ (E, S. 221) Das Scheitern der sprachgebundenen Interpretation setzt das beziehungslose Detail der Bobachtung ins Recht, das doch seinerseits interpretationsbedürftig ist. Dem aber verschließt sich der abrupte Schluss des Essays.

Interpretationen sind wie andere Handlungen beobachtbar, es lassen sich stilistische und epistemische Differenzen unterscheiden. Montaigne interessiert sich intensiv für kulturelle und historische Interpretationstypen und er beobachtet zugleich die unwillkürlichen Tendenzen seiner eigenen Interpretationsakte. Dabei fällt zunächst auf, dass Montaignes Urteil über die Interpretationen der Anderen von einer Achse konzeptuell-metaphorischer Vertikalität gesteuert ist. Es gibt Interpretationen ‚nach unten‘, *in malam partem*, und Interpretationen ‚nach oben‘, *in bonam partem*. Der Rückgriff auf eine aus der Sphäre des Rechts stammende vertikale Differenz kommt keineswegs überraschend, der Jurist, der Montaigne in seinem Berufsleben bis 1570 war, ist mit ihr zweifellos vertraut. Aber die Verwendung des vertikalen Schemas wird bei Montaigne durch eine gegenläufige Ebene der Interpretation konterkariert, die man als horizontal bezeichnen kann. Sie arbeitet mit den Gegensätzen von Form und Formlosigkeit, von Prägnanz und Unabschließbarkeit – ihr ‚Nabel‘ ist die Implikation und das Engagement des Interpreten. Die Interferenz beider Verfahren macht die Kontur der Interpretation der Interpretation aus, mit der Montaigne das zweite Buch seiner *Essais* eröffnet.

Das naheliegende, ebenso verbreitete wie kritikwürdige Interpretationsschema ist die Interpretation nach unten, *in malam partem*. Montaigne hat für dieses Verfahren eine eigene begriffliche Übersetzung, er nennt sie *interpretation vile*. Zu beobachten ist sie vor allem als ein verbreiteter Interpretationshabitus der eigenen Zeit, ist sie doch der Ausdruck einer Pathologie der Urteilskraft angesichts der in konfessionellen Antagonismen zerfallenen sozialen Welt, in der Partei und Gegenpartei unversöhnlich sich gegenüberstehen. So heißt es in *Du jeune Caton* (I, 36): „Ce siecle, auquel nous vivons, au moins pour nostre climat, est si plombé, que je ne dis pas l’execution, mais l’imagination mesme de la vertu en est à dire […] Je voy la pluspart des esprits de mon temps faire les ingenieux à obscurcir la gloire des belles et genereuses actions anciennes, leur donnant quelque interpretation vile, et leur controuvant des occasions et des causes vaines." (E, S. 234f.) Der Gegenwart ist die Welt der Menschen bleiern und grau geworden, Montaignes Zeitgenossen sind gar nicht mehr in der Lage, tugendhafte Handlungen und Personen sich vorzustellen. Auch dann, wenn sie über die andere Welt der Antike reden, erfinden sie Anlässe, Motive und Ursachen, in denen ihr Interesse der *interpretation vile* zum Ausdruck kommt. Der Befund betrifft nicht nur eine summarische Klage über die eigene Gegenwart. Die Tendenz der Interpretation *in malam partem* beobachtet Montaigne auch bei den Autoren, vor allem den Historikern seiner Zeit. Das in den *Essais* prominenteste Beispiel ist Francesco Guicciardini, der Autor der monumentalen *Storia d'Italia*. Über ihn heißt es in *Des livres*: „J'ay aussi remerqué cecy, que de tant d'ames et effects qu'il juge [...] il n'en rapporte jamais un seul à la vertu; religion, et conscience: comme si ces parties là estoyent du tout esteintes au monde." (E, S. 440) Wie glänzend auch immer der äußere Anschein sein mag, Guicciardini findet einen unerfreulichen Grund in der Situation, der Person des Handelnden und ihrer Motive, eine *occasion vitieuse* beispielsweise, oder ein Gewinninteresse (*proufit*). Tugend, Frömmigkeit und Gewissen sind für den italienischen Historiker aus der Welt seiner Zeit verschwunden. Die negative, ‚gemeine' Interpretation ist für Montaigne in erster Linie ein Gegenwartsphänomen, sie tendiert mittlerweile dazu, andere Optionen auszuschließen. Sie ist aber zugleich eine stets verfügbare Option, die man auch schon bei den Autoren der Antike beobachten kann. Dort allerdings ist sie oft Ausdruck einer offenen Beweglichkeit des Urteils und damit nur eine Möglichkeit unter anderen. So diskutiert Montaigne in *De l'yvrongnerie* (II, 2), dem Essay, der auf *De l'inconstance de nos actions* folgt, Plutarchs Urteil über Brutus und Torquatus, die nicht davor zurückschreckten, ihre eigenen Kinder zu töten. Sind solche exzessiven Handlungsweisen noch im Einklang mit dem Ethos der Person, kann die Tugend so weit gehen oder so weit gedehnt werden, dass sie unter bestimmten Umständen die Vernichtung der eigenen Kinder einschließen kann – oder muss man vermuten, dass im grenzüberschreitenden Extremismus der Tat eine andere, ‚niedrigere' Leidenschaft als Antrieb gewirkt hat? Die Interpretation nach unten mag eine Zeitkrankheit sein, aber sie ist offenbar immer dann eine Möglichkeit oder gar eine Versuchung, wenn es um das Urteil über außergewöhnliche, den Rahmen des Erwartbaren und Üblichen sprengende Handlungen geht. Die Tat, welche Grenzen überschreitet, setzt auch eingespielte Horizonte der Interpretation außer Kraft: „Toutes actions hors les bornes ordinaires sont subjectes à sinistre interpretation" (E, S. 366). Weil sich Montaigne als Autor vor allem für Handlungen interessiert, die Grenzen überschreiten, ist die ‚sinistre' Interpretation eine Versuchung, der er fortwährend ausgesetzt ist und die er auf Distanz halten muss. Er ist, wenn auch aus anderen Gründen, keineswegs frei von jenem Interpretationshabitus, den er bei seinen Zeitgenossen beklagt.

Im *Prologue de l'Autheur* zum *Tiers livre des faicts et dicts héroïques du bon Pantagruel* defniniert François Rabelais das Konzept des *pantagruelisme* als eine „forme specifique, et proprieté individuale", die dazu führe, dass seine Vertreter „jamais en maulvaise partie ne prendront choses quelconques, ilz congoistront sourdre de bon, franc, et loyal couraige."[2] Der Pantagruelist ist stets zur Interpretation *in bonam partem* geneigt, wenn er, auch bei *debilité de puissance* des Handelnden, von der Integrität der Intentionen und Motive ausgehen kann. Montaigne zitiert in seiner Kritik an den zeitgenössischen Interpretationspraktiken Rabelais, der vor dem Ausbruch der Konfessionskriege schrieb, ebenso wenig wie andere vergleichbare humanistische Interpretationskonzepte, etwa Erasmus von Rotterdam. Er steht dem *pantagruelisme* allerdings auch keineswegs nahe, obwohl er sich eine zu den zeitgenössischen Üblichkeiten gegenläufige Interpretationsneigung zuschreibt. Montaignes Selbstbeschreibung bricht aus der Vertikalität der Interpretationen ‚nach oben' und ‚nach unten' aus. Und sie setzt dabei nicht primär auf Kontextvariationen als Möglichkeit, die Spielräume der Interpretation zu erweitern. Es geht Montaigne nicht darum, im Gegensatz zu seinen konfessionell verblendeten Zeitgenossen, ‚nach oben' zu korrigieren oder die situative Vielfalt des Handelns zu thematisieren. Im Vordergrund steht ein Postulat der Suspendierung eigener, vertrauter Maßstäbe, der Verzicht darauf, die Gegenstände des Urteils nach dem zu beurteilen, was man selbst ist und wie man selbst zu verstehen neigt. Interpretation ist für Montaigne Anerkennung und Modellierung von Differenz, die aus dem Zusammenspiel von Einbildungskraft und Urteil Form gewinnt. Der Anspruch des essayistischen Verfahrens ist es, das Fremde nach seinen eigenen Bedingungen, in seiner Andersheit, zu entwerfen und zu verstehen. Bereits in *Du jeune Caton* formuliert Montaigne diesen Anspruch in einer seltenen Massivität und zugleich in einem epistemischen Optimismus, den die *Essais* insgesamt weder durchhalten noch einlösen werden: „Je descharge tant qu'on veut, un autre estre, de mes conditions et principes: et le considere simplement en luy mesme, sans relation, l'estoffant sur son propre modelle." (E, S. 234) Der Andere, so die programmatische Intention, wird imaginär so geformt, wie es seiner eigenen Wirklichkeit entspricht, er wird damit zur prägnanten Vorstellungsgestalt gerundet, auch wenn diese nicht als solche, sondern nur partiell überliefert sind. Das ist eine Form der *interpretation*, der es durchaus auf die günstigen Umstände (*favorable circonstance*) ankommt, die sich also gegen die epochalen Tendenzen behaupten will. Vor allem aber

2 François Rabelais, *Œuvres complètes*, hg. von Mireille Huchon, Paris 1994, S. 351.

ist sie eine Interpretation von Interpretation, sie lebt aus dem Bewusstsein der Wirkungsgeschichte und zielt auf die „rares figures, et triées pour l'exemple du monde, par le consentement des sages" (E, S. 236). Der Interpret Montaigne zielt auf die imaginäre Prägnanz des Fremden und baut auf den kritischen Umgang mit rezeptionsgeschichtlicher Selektivität.

Aber das ist noch nicht alles. Die Dehnung des Zusammenspiels von Imagination und Urteilskraft ist nur die programmatische Seite einer Interpretation, die sich ihrer konstruktiv-experimentellen Qualität bewusst ist. Montaigne ist ein Virtuose der Interpretation, er beherrscht die Mimikry von Interpretationsstilen. Die *interpretation vile* als pathologische Praxis der eigenen Zeit zu verwerfen, heißt für den Autor der *Essais* nicht, dass er nicht imstande wäre, sie noch effizienter als seine Zeitgenossen selbst zu betreiben. Man möge ihm, so heißt es in *Du jeune Caton*, die *action la plus excellente et pure* (E, S. 235) nennen, er werde dafür fünfzig durchaus wahrscheinliche *vitieuses intentions* finden. Nichts ist einfacher als eine Hermeneutik des Verdachts, man kann sich ihren Stil aneignen und reproduzieren. So wird die Welt der Texte zum Spielraum einer Negativität der Interpretation. In dieser Praxis stellt der Interpret vor allem sich selbst aus. Aber Montaigne sieht andererseits auch, dass die gegenläufige Interpretation *en bonne part*, wie das Prinzip des *pantagruelisme*, ebenfalls in hohem Maße fragwürdig ist. Sie unterstellt eine Kohärenz der Motive einer Person, die seinen Erfahrungen mit der *conditio humana* nicht entspricht. Ein *fait courageux* garantiert keinen *homme courageux*, die Tat mag lobenswert sein, besagt aber wenig, wie das Beispiel Neros gezeigt hatte, über die tugendhafte Identität oder ‚Form' des Menschen, der sie begeht. Hinzu kommt, dass die Vielfalt der Person in einer Vielfalt der kulturellen Situation agiert. So schiebt sich zwischen den Habitus und die konkrete Handlung für Montaigne eine Zwischenwelt der Nachahmung, der Simulation und Dissimulation. Durch sie wird die Beziehung von Motivlage und Verhalten noch einmal gebrochen. So heißt es in *De l'inconstance de nos actions*:

> Encore que je sois tousjours d'advis de dire du bien le bien, et d'interpreter plustost en bonne part les choses qui le peuvent estre, si est-ce que l'estrangeté de nostre condition, porte que nous soyons souvent par le vice mesme poussez à bien faire, si le bien faire ne se jugeoit par la seule intention. (E, S. 355)

Die Differenz von Motiv und Handlung, von Ursache und Anschein ist ein Moment der Bodenlosigkeit der Interpretation, das für Montaigne nicht hintergehbar ist. Es manifestiert sich besonders dort, wo Öffentlichkeit herrscht. In dem späten Essay *De mesnager sa volonté* (III, 10), dem ‚politischsten' Kapitel des dritten Buchs, formuliert Montaigne die Konsequenzen dieser hermeneutischen Offenheit im Hinblick auf seine Reaktion, wenn er mit dem Schauspiel der Tugend konfrontiert wird. Die Unterscheidung von Schein und Sein wird dann zum Prinzip der Interpretationspraxis: „À mesure, qu'un bon effect est plus esclatant: je rebats de sa bonté, le soupçon en quoy j'entre, qu'il soit produict, plus pour estre esclatant, que pour estre bon." (E, S. 1070) Montaigne beschreibt seinen eigenen Habitus der Interpretation und distanziert ihn damit zugleich. Er gründet in seiner Erfahrung, ohne doch damit den Anspruch erheben zu können, der neuen Situation gerecht zu werden. Als Beobachter zweiter Ordnung beobachtet er sich selbst, wie er in seinen Urteilen Interpretationsstile in Szene setzt. Diese Selbstreflexivität greift auch noch auf jene Interpretationspraktiken aus, in denen die *Essais* in der riskanten Dehnung des Spiels von *imagination* und *jugement* auf die Modellierung einer nicht von den eigenen Vorurteilen reduzierten Differenz setzen.

2 Erfahrung und Interpretation

Handlungen zu interpretieren heißt für Montaigne zunächst, sie auf ihre ethischen Motive zu befragen. Aber das ist nur der Ausgangspunkt der essayistischen Bewegung. Daran schließt sich ein weites Spektrum von Relevanzgesichtspunkten an, das von der Identität des Handelnden bis zu den Wirkungen der Handlung reicht, die sich oft weit von den Motiven entfernen. Vor allem aber interessiert Montaigne der Konnex von Handlung, Motiv und Habitus in jenen Fällen, wo das Handeln den Charakter einer Grenzüberschreitung hat. Nichts fasziniert den Autor der *Essais* mehr als das Handeln *hors les bornes*, welches die Interpretation herausfordert, weil es aus dem Rahmen des Alltäglichen und Habituellen heraustritt.

Die meisten Taten, von denen in den *Essais* die Rede ist, sind schriftlich überliefert, Montaigne kennt sie aus den Büchern seiner Bibliothek. Gelegentlich berichtet Montaigne auch von dem, was er gehört und selbst erlebt hat, meist ohne den Namen der Betroffenen zu erwähnen. Und natürlich thematisiert das Buch des Selbst auch seine eigenen Handlungen, allerdings höchst selektiv und in einer auffälligen Asymmetrie. Von seiner prominenten Tätigkeit als Bürgermeister von Bordeaux, die er nach dem Erscheinen der ersten Ausgabe der *Essais* zwischen 1581 und 1585 ausübt, ist ausführlich vor allem im dritten Buch, namentlich in *De mesnager sa volonté* (III, 10), die Rede.[3] Aber auch dort

3 Vgl. dazu Vf., „Das Ich als Haushalt. Montaignes ökonomische Politik", in: Rudolf Behrens/Roland Galle (Hgg.), *Historische Anthropologie und Literatur*, Würzburg 1995, S. 69–90.

stehen die Motive und Dispositionen im Vordergrund, über die Amtsführung des Bürgermeisters Montaigne erfährt der Leser ebenso wenig wie von seiner juristischen Berufstätigkeit in den Jahren vor dem Rückzug in den Turm und der Konzentration auf das Schreiben. Durchgängig aber beschäftigen Montaigne seine *fantasies*, nichts beobachtet er intensiver als die auf die eigenen Vorstellungen gerichteten Akte seiner Urteilskraft. Am Anfang von *De la vanité* werden die eigenen Handlungen und Vorstellungen in einen expliziten Gegensatz gebracht, der die *Essais* auf der Seite der letzteren situiert: „Je ne puis tenir registre de ma vie, par mes actions: fortune les met trop bas: je le tiens par mes fantasies." (E, S. 989) Und in *De la presumption* liest man: „C'est prou que mon jugement ne se deferre point, duquel ce sont icy les essais." (E, S. 692) Die *Essais* stellen das ‚Register' der *fantasies* und die ‚Versuche' der Urteilskraft des Autors dar, die sich auf die Vielfalt der Handlungswelt und ihre widersprüchlichen Interpretationen beziehen. Der Leser Montaigne, der seine Vermögen vor allem mit den Taten der Alten beschäftigt, weil sie ihm von Möglichkeiten des Menschen berichten, die seinen Zeitgenossen unzugänglich, ja unvorstellbar geworden sind, bewegt sich in einer Welt, deren Reichtum nicht nur in den Differenzen der Akteure und ihrer Lebenswelten gründet, sondern durch die heterogene Vielfalt der in den Texten überlieferten Interpretationen und Interpretationsgeschichten unabsehbar gesteigert wird. Die räumlichen und zeitlichen Schichtungen der Interpretationen lassen die Textwelten opak werden. Die Bücher verlieren ihre fraglose Autorität, Darstellung und Dargestelltes treten auseinander, der Leser wird mit Versionen des Geschehens konfrontiert, die zu Interpretationen werden, und die auf ihre Motive und ihre Selektivität befragt werden können. Zu lesen heißt für Montaigne, dem ‚Konflikt der Interpretationen'[4] ausgesetzt zu sein und ihn weiter auszutragen. Wie geht man als Leser inmitten der Bibliothek mit divergierenden Versionen eines Ereignisses, einer Handlung, einer Person um? Gibt es ein Verfahren der Versöhnung widersprüchlicher Interpretationen, ein hermeneutisches Telos der Lektüre?

Montaignes späte Essays umkreisen diese Fragen, indem sie ausdrücklich die Texte als Interpretation und die Interpretation der Texte zum Thema machen. *De l'experience*, das letzte Kapitel der *Essais*, wird im Gegenzug zu den Interpretationswelten den Anspruch der Erfahrung zur Geltung bringen. Der Begriff der Erfahrung ist bei Montaigne offen genug, um weder auf theorieferne Empirie begrenzt zu sein, wie in der aristotelischen Tradition, noch mit einem modernen hermeneutischen Begriff der Erfahrung identifiziert werden zu können, in dem Erfahrung mit Negativität und der Korrektur von

4 Das Konzept steht im Zentrum von Paul Ricœurs Freud-Lektüre, vgl. ders., *De l'interprétation. Essai sur Freud*, Paris 1965.

eingespielten Erwartungen zu tun hätte. Sein Spielraum ist weit, er reicht von scheinbar interpretationslosen Details der alltäglichen Lebensführung bis zur Anerkennung einer stummen Gegenwart der Interpretation in elementaren Vollzügen. So stehen am Anfang des Essays über die Erfahrung kritische Beobachtungen zu disziplinären, juristischen wie theologischen, philosophischen wie medizinischen Praktiken der Interpretation, die im weiteren Verlauf einer Fülle von Aufzeichnungen alltäglicher Gewohnheiten, Neigungen und Abneigungen Platz machen. Die *nugae* des Essens und Trinkens, des Geschmacks und seiner Verträglichkeiten, der Schlafgewohnheiten und der erotischen Usancen, der Heizungsverfahren und ihrer Wirkung auf das Befinden nehmen breiten Raum ein. Der Autor rekurriert auch extensiv auf die Erfahrung seiner Reise durch Süddeutschland, die Schweiz und Italien in den Jahren 1580–81, dem Thema seines *Journal de voyage en Italie*. Dabei kommen auch medizinische Fragen zur Sprache, vor allem die Nierenkrankheit, welche der Reise am Anfang den Charakter einer Kur- oder Bäderreise verleiht. Ebenso werden alltägliche Widerfahrnisse des Alters, wie der Verlust eines Zahns, kommentierend berichtet. Das sind, so scheint es auf den ersten Blick, Erfahrungen, die keiner Interpretation bedürfen.

Aber *De l'experience* ist auch ein Essay, der Montaignes Erfahrung der Lektüre ins Spiel bringt. Diese ist eine Erfahrung der Interpretation und prägt den Essay über die Erfahrung vom nicht kenntlich gemachten Zitat bis zur Ausstellung markierter Passagen fremder Texte. *De l'experience* führt vor, dass die Erfahrung immer schon eine Erfahrung der Lektüre und ihrer Interpretationen ist. Der Essay mutet seinem Leser eben diese Erfahrung durch ein virtuoses Spiel mit unsichtbaren und sichtbaren Zitaten zu. Sowohl der Anfang wie das Ende des Essays lassen Autoren der Antike zur Geltung kommen, zunächst als eigenen Text, später als explizites Zitat. Die Fülle der Daten der Erfahrung ist durch den Rahmen der als Interpretationen fungierenden Texte situiert. Erfahrung und Interpretation sind unauflöslich verwoben. Der Essay setzt ein mit einer französischen Version des Anfangs der *Metaphysik* des Aristoteles[5], welche apodiktisch die Natürlichkeit des menschlichen Wissensbegehrens behauptet, und er endet mit dem Zitat einer *Ode* des Horaz (I, 31), in der Apoll um den Genuss der eigenen Güter, Gesundheit und wachen Geist gebeten wird. Die letzten Worte des Zitats, zugleich die letzten Worte von Montaignes *Essais*, *nec Cythara carentem* (E, S. 1167), der Wunsch, dass das Instrument des Spiels, die Kithara, nicht fehlen möge, lässt sich unschwer als Transposition des Begehrens, die *Essais* in der Form weiter zu spielen, wie sie *De l'experience* praktiziert, verstehen. Die markierte Position der Aristoteles- und Horazzitate am Anfang

5 Vgl. E, S. 1111: „Il n'est desir plus naturel que le desir de cognoissance."

und am Ende des Essays lässt alle Erfahrung, von der der Essay detailreich berichtet, im Horizont der Bücher und ihrer Interpretationen erscheinen. *De l'experience* lebt von der inszenierten Opposition von Erfahrung und Interpretation, deren Unterscheidung seine Textbewegung sabotiert. Indem er am Ende den Wunsch der Kontinuität dieser Paradoxie an den fremden, horazischen Text delegiert, sanktioniert er eben jene Verstrickung der Pole von Erfahrung und Interpretation, deren Gegensatz er vorher diskursiv ausspielt.

3 *regio dissimilitudinis*

Zwischen dem Wissen, nach dem wir streben, und dem Genuss des Lebens und der Kunst, den wir erhoffen, breitet sich die Welt der Erfahrung als eine Welt der Vielfalt, der Differenz und der Nichtidentität aus. So die Spannweite, welche *De l'experience* eröffnet. Bereits am Anfang des Essays widmet Montaigne einige Seiten der Fragwürdigkeit des Wissens über die Erfahrung im Zeichen eines Konzepts der Unähnlichkeit und seiner Relation zur Praxis der Interpretation. Die Bedeutung des Konzepts der Ähnlichkeit für die Struktur des Wissens und die Auffassung der sprachlichen und nichtsprachlichen Zeichen in der Renaissance steht außer Frage.[6] Mit der Insistenz auf Unähnlichkeit greift Montaigne indes auf einen anderen diskursiven Kontext zurück. Auch wenn er in *De l'experience* keinen expliziten Anschluss an die patristische Tradition herstellt – die unterschwellige Präsenz des theologischen Konzepts der *regio dissimilitudinis* ist in *De l'experience*, an der Scharnierstelle von Wissen und Erfahrung, ebenso unverkennbar wie produktiv. Essayistisch produktiv wird die *regio dissimilitudinis*, nachdem der Heilsbezug des Konzepts getilgt oder doch mindestens neutralisiert ist. Montaigne geht es in seinem letzten Essay um den aus dem anthropologischen Wissensbegehren resultierenden Versuch, mit Hilfe der Bücher und ihrer Interpretation, der Bücher über die Bücher, eine verlässliche Ordnung der Dinge zu (re-)konstruieren und daraus Regeln des Lebens abzuleiten. Er fragt nach dem Verhältnis von Vergewisserung im Wissen und Orientierung im Verhalten. Das Konzept der Unähnlichkeit fungiert

6 Die mittlerweile klassische Exposition des Themas mit der Unterscheidung von vier Typen von Ähnlichkeiten findet sich im zweiten Kapitel von Michel Foucault, *Les mots et les choses*, Paris 1966: „La prose du monde". In der Sprache Montaignes ist die Fragilität der Episteme der Ähnlichkeit von Anfang an mit Händen zu greifen, das Zeitalter der Repräsentation mit seinem binären Zeichenmodell kündigt sich an, mit allen Konsequenzen der mit nicht mehr ähnlichkeitsgarantierten Beziehung von Bezeichnendem und Bezeichneten.

als Instrument der Subversion und untergräbt die Stabilität der Pole der Relation wie der Relation selbst.

Der locus classicus des patristischen Themas der *regio dissimilitudinis* findet sich in den *Confessiones* des Augustinus (VII, 10, 16), wo der spätere Bischof von Hippo seinen Zustand der Gottferne vor seinem Konversionserlebnis in der dramatischen Apostrophe eines Reichs der Unähnlichkeit formuliert: „et inueni longe me esse a te in regione dissimilitudinis“[7]. Im Rückblick auf die Zeit vor der Bekehrung fasst Augustinus die eigene Existenz im Bild einer Region der Unähnlichkeit. Ironischerweise hat das Konzept, das Augustinus zur Beschreibung der heilsfernen Welt einsetzt, seine Wurzeln in eben jener Welt, die er mit der Bekehrung hinter sich zu lassen glaubt. Von einem „endlosen Abgrund des Andersseins“ (*topos anomoiotetos*) ist bereits in Platons *Politikos* (273d) die Rede[8]. Der Terminus wird anschließend neuplatonisch weiter tradiert, Augustinus hat ihn wohl dort gefunden und für die retrospektive Verwerfung seines alten Selbst aufgegriffen.[9] In der Patristik, wo das Konzept der *regio dissimilitudinis* von der scholastischen Theologie, von Eusebius über Hugo von Sankt-Viktor, Petrus Lombardus und vor allem Bernhard von Clairvaux, Verwendung findet, geht es in der systematischen Ausarbeitung der augustinischen Situation vor allem um den „Zustand der Sünde und Verunstaltung infolge der verlorenen Ähnlichkeit mit Gott“[10], für den die *regio dissimilitudinis* steht. Einst befand sich der Mensch im Zustand der Gottähnlichkeit, seit dem Fall bewegt er sich im Reich der Unähnlichkeit. Montaigne ist diese theologische Figur spätestens seit seiner Übersetzung der *Theologia naturalis* des Raimundus Sabundus vertraut. Er transformiert das theologische Motiv der durch

7 Zit. nach *Opere di Sant'Agostino. Le Confessioni* (Nuova Biblioteca Agostiniana), hg. und übers. von Michele Pellegrino und Carlo Carena, Rom 1965, S. 200.

8 Vgl. Platon, *Sämtliche Dialoge*, Bd. 6, hg. von Otto Apelt, a.a.O., S. 48f. (*Politikos*).

9 Im Lukasevangelium (15, 13) ist in der Parabel vom verlorenen Sohn die Rede von dem ‚fernen Land‘, in dem er sein Vermögen verprasst. Die Vulgata verwendet an der Stelle den Ausdruck *regio loginqua*: „Et non post multos dies, congregatio omnibus, adolescentior filius preregre profectus est in regionem longinquam, et ibi dissipavit substantiam suam vivendo luxuriose.“ Die Erfahrung der Ferne ist für den verlorenen Sohn eine Erfahrung der Sünde und des Todes, also der Gottesferne.

10 Dominik Terstriep, *Weisheit und Denken: Stilformen sapientialer Theologie*, Rom 2001, S. 227. – Zur Geschichte und Diskussion des Konzepts vgl. vor allem Etienne Gilson, „‚Regio dissimilitudinis‘ de Platon à Bernard de Clairvaux“, in: *Medieval Studies*, 9 (1947), S. 108–130; Pierre Courcelle, *Les ‚Confessions‘ de St. Augustin dans la tradition littéraire*, Paris 1963, S. 623ff.; Margot Schmidt, „Regio dissimilitudinis. Ein Grundbegriff mittelhochdeutscher Prosa im Lichte seiner lateinischen Bedeutungsgeschichte“, in: *Freiburger Zeitschrift für Philosophie und Theologie*, 15 (1968), S. 63–108.

den Fall verlorenen Gottesähnlichkeit in ein semiotisches Thema, bei dem es um die Lesbarkeit der Welt geht.

Von der strikten theologischen Opposition, deren Prägnanz am Ereignis des Falls hängt, ist in Montaignes letztem Essay fast nichts mehr geblieben, obwohl der Text die theologische Spur anzeigt.[11] In ihm wird die Unähnlichkeit zur Signatur der auf Zeichen und ihre Lesbarkeit angewiesenen *conditio humana* schlechthin. Montaigne spielt mit einer immanenten, welthaften Opposition von Ähnlichkeit und Unähnlichkeit. Aber der Gegensatz ist in *De l'Experience* dezidiert asymmetrisch angelegt, die markierte Seite ist die der Unähnlichkeit als einer ‚universellen' Qualität:

> Il n'est aucune qualité si universelle, en cette image des choses, que la diversité et varieté [...] La dissimilitude s'ingere d'elle-mesme en nos ouvrages, nul art peut arriver à la similitude [...] La ressemblance ne faict pas tant, un, comme la difference faict, autre. Nature s'est obligée à ne rien faire autre, qui ne fut dissemblable. (E, S. 1111)

Unähnlichkeit ist nicht einfach ein Zustand, eine Gegebenheit, die sich beschreiben ließe, und die durch die Bemühungen der ‚Kunst' zu überwinden und in Ähnlichkeit zu überführen wäre. Bei Montaigne hat die Unähnlichkeit ihre topische, ‚regionale' Qualität verloren, die ihr die theologische Opposition zuschreibt. *Dissimilitude* wird zu einem dynamischen Prinzip. Sie ist weniger Zustand als Prozess, selbst die Natur produziert für Montaigne Unähnlichkeit, vor allem aber der Mensch mit seinen ‚Künsten'. Von diesen werden im Folgenden vor allem jene Techniken und Wissenschaften in Frage stehen, die als ‚Künste' der Interpretation auftreten. Sie produzieren keine werkhafte Ganzheit ihres Gegenstands, sondern steigern die Unähnlichkeit. Die Interpretation ist selbst ein Generator und Multiplikator von Unähnlichkeit. Montaigne hat vor allem das Recht und die Medizin, die Theologie und die Philosophie als disziplinäre Produktionsstätten agonaler oder disseminativer Unähnlichkeit im Blick. Das Zitat der aristotelischen *Metaphysik* am Eingang des Essays ist alles andere als zufällig, es ist der Ausgangspunkt einer ironischen Reflexion auf das Verhältnis von Wissensanspruch und Interpretation. Aristoteles, der *Dieu de la science scolastique* (E, S. 570), hat, wie *De l'experience* festhält, geschrieben um verstanden zu werden. Indes: Hat er selbst es nicht vermocht, sich verständlich zu machen, um wie viel weniger werden es seine Exegeten

---

11 Die Einschränkung bezieht sich auf die Bemerkung E, S. 1115: „Il n'y a point de fin en nos inquisitions. Nostre fin est en l'autre monde."

vermögen, sein Wissen zu erklären und seine Intention zu verdeutlichen.[12] Der namentlich ungenannte Reformer (gemeint ist vermutlich Charles VII.), der meinte, durch die Vermehrung der Gesetze die Autorität der Richter zu zähmen, hat offenbar nicht bedacht, dass er damit der *interpretation des loix* neue Freiheiten und Auslegungsspielräume schafft.[13] Theologischen Streit dadurch entschärfen zu wollen, indem man – wie die Protestanten – die Kontrahenten auf die *expresse parole de la Bible* (E, S. 1112) verweist, unterschätzt für Montaigne die *aspreté de gloser*, durch deren Anspruch die Interpreten des göttlichen Wortes auch noch den vermeintlich gesicherten Bibelsinn in Unähnlichkeit verwandeln und durch ihre Interpretation neue Kontroversen auslösen.[14] Kein autoritativer Text, auch nicht der autoritative Autor schlechthin, der in seinem Buch sich manifestierende Schöpfer, vermag sich der zentrifugalen Dynamik der Interpretation zu widersetzen. Genau diese Einsicht vermittelt auch die Erfahrung, wenn sie sich nicht in den Konflikt der Interpretationen hineinziehen lässt und eine Position der Interpretationsunbedürftigkeit behauptet: „[…] il se sent par experience, que tant d'interpretations dissipent la verité, et la rompent." (E, S. 1113) Aber natürlich provoziert die Auskunft der Erfahrung wiederum den Zugriff der Interpretation.

Die Interpretation, die sich auf Handlungen, sprachliche Äußerungen und Texte richtet, generiert unablässig Unähnlichkeit, und zwar in der doppelten Dimension des Abstands von einem autoritativen Wahrheitsanspruch und der Differenz im Verhältnis zu konkurrierenden Interpretationen: „D'un subject nous en faisons mille." (E, S. 1114) Die Interpretation tritt als Meinung (*opinion*), als Doxa auf, die nie Episteme wird. Sie produziert Unähnlichkeit und Widerstreit, zwischen den Individuen wie im Individuum selbst.[15] Ihre rastlose Unruhe zeigt an, dass sie sich nicht in einem Kreis der Ähnlichkeiten bewegt. Für die Interpretation gibt es, wie der Blick in die Bibliothek zeigt, kein Buch, auch nicht das eines Gottes, das sich ihrem nivellierenden Zugriff und dem Wuchern der Kommentare (*gloses*) zu widersetzen vermöchte. Auch wo sie

12 Vgl. E, S. 1113: „Aristote a escrit pour estre entendu; s'il ne l'a peu, moins le fera un moins habille […]".

13 Vgl. E, S. 1111f.: „Pourtant, l'opinion de celuy-là ne me plaist guere, qui pensoit par la multitude des loix, brider l'authorité des juges, en leur taillant leurs morceaux. Il ne sentoit point, qu'il y a autant de liberté et d'estendue à l'interpretation des loix, qu'a leur façon."

14 Wenig später kommt Montaigne direkt auf Luther zu sprechen: „J'ay veu en Allemagne, que Luther a laissé autant de divisions et d'altercations, sur le doubte de ses opinions, et plus, qu'il n'en esmeut sur les escritures sainctes. Nostre contestation est verbale." (E, S. 1116)

15 Vgl. E, S. 1114: „Et est impossible de voir deux opinions semblables exactement: non seulement en divers hommes, mais en mesme homme, à diverses heures."

Autorität beansprucht, vermehrt sie Unsicherheit und Zweifel.[16] Montaigne stellt die Tendenz der Interpretation, nicht nur in der Welt der profanen Texte zu wuchern, sondern auch noch heilige, kanonische Texte ihrem Zugriff zu unterwerfen, vielleicht auch deshalb so heraus, weil er damit eine naheliegende Versuchung, denen seine *Essais* ausgesetzt sind, beschreibt. Auch deren Praktiken im Umgang mit der Welt der heiligen und profanen Texte verwandeln vertikale Autorität in horizontale Intertextualität. Der Essay macht jeden Text, den er ins Spiel des *essayer* bringt, zum Text unter Texten. Zwar diagnostiziert der Leser Montaigne gelegentlich die gegenläufige Tendenz, Interpretationen und ihre Autoren, die *infinis docteurs*, selbst mit Insignien der Autorität auszustatten. Aber damit kommt die Interpretation nicht ans Ende. Indem sie Zeichen und Gesten der Autorität erzeugt, zeigt sie eine Affinität zu Machtpositionen, deren Kontingenz in der Beobachtung sichtbar wird und ein neues *besoin d'interpreter* (E, S. 1114) provoziert. Und damit beschreibt er noch einmal den Ort, von dem die Bewegung der *Essais* ihren Ausgang nimmt.

Montaigne beobachtet mit besonderem Interesse, zweifellos aus der Erfahrung seiner eigenen Zeit der konfessionellen Bürgerkriege, wie Interpretationen mit Machtansprüchen oder Machtinteressen verquickt sind. Diese ‚Politik' der Interpretation lässt sich sowohl als Versuch verstehen, die horizontale Vielfalt der Interpretation zu begrenzen, wie auch als der Ausgangspunkt neuer, antihegemonialer Differenz. Aber die Sonde des Essays zielt über die Institutionen der politischen Instrumentalisierung der Interpretation hinaus auf den Vermögenshaushalt des Menschen und dessen Affinität zur Interpretation. Die politische Diagnose ist bei Montaigne in einem anthropologischen Interesse grundiert. Als anthropologisches Symptom betrifft die Interpretation unmittelbar das anthropologische Experiment, als das sich die *Essais* verstehen. Die *Essais* als Genre ohne Vorbild sind, nach der wiederholten Versicherung ihres Autors, Übungen der Urteilskraft. Interpretationen sind versprachlichte, textförmige Ergebnisse von Akten der Urteilskraft. Was aber treibt deren endlose Dynamik an, warum findet die Interpretation kein Ende, sondern potenziert sich selbst, indem sie Glosse auf Glosse, Kommentar auf Kommentar türmt? Auf diese Fragen gibt es keine Antwort, sondern nur eine weitere Interpretation, welche die Vielfalt sprachlich bündelt. Montaigne gibt dem Organ der Unruhe der Interpretation an dieser Stelle den geläufigen Namen *esprit*. Es bleibt hier wie anderswo offen, ob der *esprit* ein diskretes Vermögen darstellt und welchen Ort er in der Binnendifferenzierung des menschlichen Geistes

---

16 Vgl. ebd.: „Qui ne diroit que les gloses augmentent les doubtes et l'ignorance, puis qu'il ne se voit aucun livre, soit humain, soit divin, sur qui le monde s'embesogne, duquel l'interpretation face tarir la difficulté?"

einnimmt. Montaignes Skepsis gegenüber den Namen der Dinge ist in der Identifikation psychischer Vermögen noch ausgeprägter als sonst. Immerhin erfährt der Leser über den *esprit* an dieser Stelle, dass er an einer natürlichen Krankheit (*maladie naturelle*) leidet, einer Unruhe, die sich nicht stillstellen lässt, sondern über das Gegebene und einmal Erreichte hinaustreibt: „Il ne faict que fureter et quester." (E, S. 1114) Diese Krankheit des Geistes, seine ziellose Forscher- und Suchernatur, kann selbstzerstörerische Züge annehmen. Montaigne zitiert das bekannte Adagium der Maus im Pechtopf, *mus in pice*, das sich auch in den *Adagia* des Erasmus von Rotterdam findet: Je angestrengter und verzweifelter die Bewegungen des Überlebenskampfes der Kreatur in der zähen Masse, desto härter wird das Pech und desto aussichtsloser das Entkommen.[17] Die ursprünglich aus der juristischen Gerichtspraxis stammende Formel wird in *De l'experience* auf die Ruhelosigkeit der menschlichen Vermögen bezogen. Nicht ohne dramatische Verschärfung assoziiert Montaigne das Adagium der Maus im Pech mit der von Nikolaus von Kues in seinem *De venatione sapientiae* geprägten wirkungsmächtigen Vorstellung der Jägernatur des menschlichen Geistes. Montaigne lässt sie zu einer *chasse de cognoissance* (E, S. 1115) werden, die ziel- wie formlos ist. In dieser Hybridisierung ist die cusanische *venatio sapientiae* ebenso gegenwärtig wie ihrer teleologischen Orientierung entkleidet.[18] Die anthropologische Dynamik, welche die Unähnlichkeit der Interpretation bei Montaigne antreibt, liegt in der konstitutiven Nichtidentität von Antrieb und Ergebnis, von *eslans* und *effects* – die ‚Effekte' lösen den Überschuss des ‚Elans' nicht ein, der sich in der Negation des Erreichten weiter ins Offene treibt.

Montaigne, der mit der expansiven humanistischen Sammel-, Übersetzungs- und Kommentarpraxis vertraut ist und dessen Privatbibliothek die disziplinären Ordnungen seiner Zeit ignoriert, beschreibt im Blick auf die Praxis der Interpretation so etwas wie einen zweiten Turmbau zu Babel. Die Verwirrung der Sprachen wiederholt sich in der Verwirrung der Interpretationen. Die

---

17 Vgl. dazu Steven Rendall, „Mus in Pice: Montaigne and Interpretation", in: *MLN* 94/5 (1979), S. 1056–1071; zum Verhältnis der Jägernatur des Geistes bei Montaigne und der ‚Jagd' nach Weisheit in Nikolaus von Kues' *De venatione sapientiae* vgl. Vf., „Wissen und Genuss. Gegenstrebige Selbstreferenz in Montaignes *De l'experience*", in: Barbara Kuhn (Hg.), *Selbst-Bild und Selbst-Bilder. Autoporträt und Zeit in Literatur, Kunst und Philosophie*, München 2016, S. 99–122.

18 Bei dem Cusaner ist die Jagd nach der Weisheit, wenn sie denn in der richtigen Weise erfolgt, am Ende erfolgreich, wie das Kapitel über die gewonnene Beute (*De praeda capta*) schließlich unterstreicht: „Magnam utique venationem feci, ut magnam praedam reportarem." (Nikolaus von Kues, *Philosophisch-theologische Werke*, Bd. IV, hg. von Karl Bormann, Hamburg 2002, S. 146.)

Meinungen türmen sich in ihrer Haltlosigkeit übereinander, ohne je ein stabiles Gebäude zu errichten.[19] Das vertikale Bild der Leiter und des Kletterns mündet bei Montaigne gerade nicht in jene Fortschrittstopik, die mit dem verwandten Bild der Zwerge auf den Schultern von Riesen Karriere gemacht hat. Im Gegenteil: Das Wuchern der Interpretation subvertiert die Differenz von Riesen und Zwergen ebenso wie die Prägnanz eines vertikal orientierten Ascensus, wie ihn der Neuplatonismus der Renaissance ausgearbeitet hatte. Die Interpretation verdrängt den Autor, der Kommentar die Autorität des Ursprungs:

> Il y a plus affaire à interpreter les interpretations, qu'à interpreter les choses: et plus de livres sur les livres, que sur autre subject: Nous ne faisons que nous entregloser. Tout fourmille de commentaires: d'autheurs, il en est grand cherté. (E, S. 1115)

Das Universum der Texte und Intertexte, das Material, mit dessen Verarbeitung die *Essais* ihre eigene Form erzeugen, erweist sich zugleich als die Welt einer epochal neuen Asymmetrie von Autor und Interpretation. Der Marginalisierung des Autors korrespondiert die zentripetale Zirkulation der Interpretation. Montaigne ist sich durchaus darüber im Klaren, dass die *Essais* sowohl ein symptomatisches wie ein exzentrisches Paradigma dieser Situation darstellen. Er wiederholt den Kommentar in der Form des Selbstkommentars, er kompensiert die Verdrängung des Autors durch seine Erfindung im Selbstporträt. „Combien souvent, et sottement à l'avanture, ay-je estendu mon livre à parler de soy?" (E, S. 1115) Die *Essais* sind nicht nur Zitat, Anspielung, Kommentar und Interpretation anderer Texte[20], sie wiederholen das Verhältnis von Text und Prätext in der Reflexivität ihrer kontinuierlichen Selbstreferenz. Auktorialer Narzissmus ist keineswegs neu, ein erotisches Verhältnis zum eigenen Text, vor allem in der genealogischen Form der ‚Mutterliebe', beobachtet Montaigne allenthalben.[21] Seine eigene Rechtfertigung (*mon excuse*) versucht daher auch gar nicht, die *Essais* aus der Welt der Interpretation herauszuziehen, sie bezieht sich nur auf die neuartige Form der Selbstreflexivität. Er schreibe über sich, seine Schriften und seine sonstigen Handlungen[22], „mon theme se renverse en soy" (E, S. 1116). Die Unähnlichkeit, welche die essayistische Bewegung erzeugt,

19 Vgl. E, S. 1115: „Nous eschellons ainsi de degré en degré."

20 Vgl. dazu ausführlicher André Tournon, *Montaigne. La glose et l'essai*, a.a.O.

21 Vgl. E, S. 1115f.: „Que ces œillades si frequentes à leurs ouvrages, tesmoignent que le cœur leur frissonne de son amour, et les rudoyements mesmes, desdaigneux, dequoy ils le battent, que ce ne sont que mignardises, et affetteries d'une faveur maternelle."

22 Vgl. E, S. 1116: „j'escry de moy, et de mes escrits, comme de mes autres actions".

soll, so hat es den Anschein, durch die Rekursivität der Selbstreferenz gezähmt werden. Aber der Autor ist selbst, wie Montaigne wiederholt versichert, ein Ort der Unähnlichkeit. So räumt er immerhin ein, nicht sicher zu sein, ob jeder seiner Leser diese Form der Selbstautorisierung als Zentrierung des Buches annehmen werde: „je ne sçay, si chacun la prendra" (E, S. 1116) Den Autor zum Ursprung und Telos der essayistischen Bewegung zu machen, erweist sich als eine Fiktion der Auktorialität unter den Bedingungen der Interpretation und der Unähnlichkeit. In seiner demonstrativen Skepsis im Blick auf die Autorität der selbsterzeugten Autorrolle unterschätzt Montaigne zweifellos die vielfach dokumentierte Bereitwilligkeit seiner späteren Leser, die *Essais* im Zeichen der Ähnlichkeit von Autor und Text zu lesen. Ihre Rezeptionsgeschichte ist überwiegend, wenn auch keineswegs ausschließlich, ein erstaunliches Dokument der insistenten Produktion auktorialer Form. Montaignes Selbstbeschreibung indes ruft noch einmal nachdrücklich die Zeichenskepsis in Erinnerung, die in der Thematisierung der Interpretation als Praxis der Unähnlichkeit in den vielfältigen Modi der Intertextualität mitläuft. In den *Essais* ist die Autorität des Autors immer schon zur Verhandlungssache geworden, seine Identität bewegt sich zwischen den provokativen Gesten der Selbstautorisierung und der demonstrativen Infragestellung der Autorrolle.

4 Textform: Poesie und Prosa

Montaignes *Essais* präsentieren sich als ein offenes, durch keine vorgängigen Gattungsnormen orientiertes Buch, das im freizügigen Rekurs auf die Bücher der Bibliothek von der Intention getragen ist, dem Leser ein Porträt seines Autors zu liefern. Dieses entsteht im vielfältigen Durchgang durch die Welten der Geschichte, des Denkens und der Fiktion. Die Spannung von Material und Selbstporträt, die sich in einer offenen Zeitlichkeit des Schreibens als fortlaufende ‚Buchhaltung' des Selbst realisiert, motiviert die Reflexion auf die essayistische Form der Darstellung. Angesichts der Distanz zur Rhetorik muss es um so etwas wie die Poetik des Essays gehen. Die Formfrage stellt sich in doppelter Hinsicht: Es geht ebenso um die Verwendung wie um die Herstellung von Form. Montaigne postuliert bereits im *Avis au lecteur* eine Einheit seines Textes durch die Referenz auf die Person des Autors, noch ehe die ersten Essays in der digressiven Bewegung ihrer exemplarischen Topik die Frage nach dem Selbstbezug explizit aufwerfen können. Die konzise Rhetorik des *Avis au lecteur* erweist sich im Fortgang aus zwei in den *Essais* selbst explizit verhandelten Gründen als fragil: Zum einen ist das vermeintliche Zentrum des Textes, wie die *Essais* immer wieder pointieren, selbst ein Ort der Differenz und der

Vielfalt; zum andern vermag der Autor die Heterogenität der Lektüren, die sich auf seinen Text richten, wenn der Leser nicht mehr, wie im *Avis au lecteur* unterstellt,[23] von einer vorgängigen Vertrautheit mit der Person des Autors ausgehen kann, nicht selbst zu kontrollieren. Der Selbstkommentar, den Montaigne exzessiv betreibt und den er selbstreflexiv fortschreibt, kann die *Essais* nicht vor Unähnlichkeit, vor Zerstreuung in der Interpretation retten. Er ist selbst Symptom, nicht Remedium der Interpretation.

Montaigne betont wiederholt nicht nur seine geringe Neigung, mit den Diskursen des Wissens und den Techniken der Rhetorik zu rivalisieren, sondern auch seine Unfähigkeit, ‚Kunst' oder Dichtung hervorzubringen. So heißt es am Anfang von *Du repentir* (III, 2):

> Est il aussi raison, que je produise au monde, où la façon et l'art ont tant de credit et de commandement, des effects de nature et crus et simples, et d'une nature encore bien foiblette? Est-ce pas faire une muraille sans pierre, ou chose semblable, que de bastir des livres sans science? Les fantasies de la musique, sont conduites par art, les miennes par sort. (E, S. 845)

Einfache, natürliche, ja rohe Naturprodukte wollen die *Essais* sein, weit entfernt von den Disziplinen des Wissens und den Regeln der Kunst. Diese Rhetorik der Selbstverkleinerung lässt sich natürlich selbst als die Wiederholung eines vertrauten rhetorischen Kunsteffekts lesen. Aber Montaigne bedient sich nicht nur einer eingespielten Bescheidenheitstopik. Die Distanz zu den Autoren des Wissens wie zu den Genres regelorientierter Poesie markiert vielmehr eine rhetorische Negation, deren unformulierte Kehrseite die Frage nach dem literarischen, rhetorisch-poetischen Status der *Essais* ist. Die *Essais* lassen die Kontexte der mündlichen, öffentlichen Rede hinter sich und sie verweigern zugleich die Orientierung an poetologisch normierte Genera. Sie stellen diese doppelte Distanz ostentativ aus und werden damit zur Neusituierung im Blick auf ihre Form und deren Funktionen genötigt.

Montaigne ist, wie vor allem die Essays *Du jeune Caton* (I, 36) und *Sur des vers de Virgile* (III, 5) zeigen, mit den platonischen Konzepten einer Dichtung im Zeichen des Enthusiasmus vertraut, er kennt ihre Reprisen in den Poetiken der Renaissance, insbesondere im Umkreis der Autoren der Pléiade, und er bedenkt ihre Bedeutung für die *Essais*. Die Dichtungen und die poetologischen Konzepte Ronsards und Du Bellays sind ihm als zeitgenössischer Kanon der

23 Vgl. E, S. 27: „Je l'ay voué (die Rede ist von dem „Livre de bonne foy", das Montaigne dem Leser präsentiert) à la commodité particuliere de mes parens et amis [...]".

Poesie und der Rezeption der antiken Poetik geläufig, gelegentlich zitiert er sie, wenn auch auffällig selten und nicht ohne kritische Distanz, insbesondere was ihre epochale Wirkung und die Praktiken der Nachahmung, die sie auslösen, angeht.[24] Ein Paradigma differentieller Selbstverortung sind sie jedenfalls nicht. Aber Montaigne diskutiert in den beiden Essays einlässlich die Wirkung der (antiken) Poesie als Erfahrung der Lektüre, in der nicht mehr der Kommentar oder die Interpretation im Vordergrund stehen, sondern die Überwältigung und der Souveränitätsverlust des Lesers. Damit ist ein singulärer Status im Universum der Texte angezeigt. Die Erfahrung wirkungsmächtiger Poesie suspendiert die Praxis der Interpretation und ihre Nivellierung der Texte. Der Autor der *Essais* ist ein Leser, dem der Umgang mit den Diskursen des Wissens ebenso vertraut ist wie der mit den unterschiedlichen Formen und Gattungen der Poesie. Dieser Offenheit korrespondiert die generische Zwischenstellung der *Essais*. Ihre Zweiseitigkeit zeigt sich in den Selbstbeschreibungen des Autors darin, dass er sie einerseits als Akte und Übungen der Urteilskraft präsentiert, andererseits auch als Produkte der Phantasie, der Einbildungskraft. Als Ausstellung der *fantasies* des Autors, die keinen Normen rhetorischer Inventio folgen, rücken die *Essais* in die Nähe eines poetisch-fiktionalen Verfahrens. So schattet sich zwischen der Urteilskraft und der Imagination, der Kritik und der Erfindung, der Reflexion und dem Phantasma eine implizite Poetik der *Essais* ab, die in den expliziten Selbstbeschreibungen des essayistischen Verfahrens ebenso beiläufig wie insistent an der Textoberfläche sichtbar wird. In ihnen zeigt sich eine fortlaufende Latenz der unabgegoltenen Gattungsfrage an, die sich bis in die späten Essays verfolgen lässt.

Prominent wird der poetische Anspruch Montaignes in einem Essay des dritten Buches sichtbar, der, ähnlich wie *Sur des vers de Virgile*, die Erwartungen diskursiver Kohärenz durch die Vielzahl der Themen und die Komplexität ihrer Verknüpfung nachhaltig enttäuscht. *De la vanité* (III, 9) ist angesichts seiner Heterogenität und Digressivität eine Herausforderung für den Leser. An seinem Ende richtet sich Montaigne ausdrücklich auf die Machart seines Textes. Diese reflexive Wendung kommt unvermittelt, sie ist selbst ein Beispiel dessen, was der Autor als *alleure poetique, à sauts et à gambades* (E, S. 1040) apostrophiert, um sich in dieser Selbstbeschreibung auf Platon zu berufen, der

24 So heißt es in *De l'institution des enfans* (I, 25): „Depuis que Ronsard et du Bellay ont donné credit à nostre poësie Françoise, je ne vois si petit apprenti, qui n'enfle des mots, qui ne renge les cadences à peu près, comme eux [...] Pour le vulgaire, il ne fut jamais tant de poëtes: Mais comme il leur a esté bien aisé de representer leurs rythmes, ils demeurent bien aussi court à imiter les riches descriptions de l'un, et les delicates inventions de l'autre." (E, S. 177)

die Poesie als eine *art* [...] *leger, volage, demoniacle* bezeichnet habe.[25] Eine poetische Gangart also, im Zeichen des Enthusiasmus.[26] Im Kontext von Betrachtungen der Übel seiner eigenen Zeit nutzt Montaigne die phonetische Affinität von *effects* und *essais*[27], um noch einmal die Distanz des essayistischen Schreibens zu den Handlungsnormen der Geschichte zu unterstreichen. Die *suffisance*, die er als Autor beansprucht, ist eine andere als die, welche die politischen Akteure auszeichnet. Montaigne wahrt in seiner Beschreibung auch Distanz gegenüber zeitgenössischen Poesiekonzepten, die sich – wie beispielsweise die Oden von Pierre Ronsard – explizit auf (neu-)platonische Konzepte des Enthusiasmus und der Inspiration berufen und daraus die Autorität ihrer poetischen Interventionen, auch wenn sie die politisch-religiöse Situation betreffen, ableiten. Die Prosa der *Essais* ist keine Poesie, sie markiert Distanz gegenüber den poetischen Programmen der Epoche, aber ihre auktorial intendierte

25 Der Referenztext ist *Ion*, 534.

26 Die poetologische Relevanz der Selbstbeschreibung in *De la vanité* ist häufiger bemerkt und analysiert worden. Exemplarisch seien genannt: Lawrence Kritzman, *Destruction/découverte. Le fonctionnement de la rhétorique dans les ‚Essais' de Montaigne*, Lexington 1980, S. 155: „Le texte montaignien fournit un métatexte dont l'intention est d'établir une correspondance scripturale avec l'écriture de Platon et celle de Plutarque en se faisant instrument d'une analogie implicite [...] il est évident que Montaigne essaie de rapprocher son écriture de la poésie." – Gisèle Mathieu-Castellani, *Montaigne. L'Ecriture de l'essai*, Paris 1988, S. 97ff., vor allem S. 104: „N'ayant nul goût pour la narration [...] mais se sachant incapable d'être poète, il reste à Montaigne cette voie étroite de l'essai, et cette quête d'une prose *luisante* qui représente l'air de sa fureur [...] Les *Essais* transposeraient idéalement dans le discours d'une prose serrée et variée, légère et dense à la fois, qui récuserait les normes de l'*oratio* et les règles rhétoriques de la *dispositio*, la vigueur et la hardiesse de la poésie." – Die einschlägige Passage des Essays wirft angesichts der zahlreichen, in ihrer Zuordnung nicht immer eindeutigen Zusätze, die sich im exemplaire de Bordeaux finden, Rekonstruktionsfragen auf, vgl. dazu vor allem André Tournon, „Montaigne et ‚l'alleure poetique'. Pour une nouvelle lecture d'une page des *Essais*", in: *Bibliothèque d'humanisme et Renaissance* 33 (1971), S. 13–57. Zum neuplatonischen Kontext vgl. Jean Lecointe, „Naissance d'une prose inspirée: ‚prose poétique' et néo-platonisme au XVIe siècle en France", in: *Bibliothèque d'Humanisme et Renaissance* 51 (1989), S. 13–57, einschlägig ist vor allem eine Formulierung Louis le Carons, in dessen Werk *La Claire ou de la Prudence de Droit* (1554) es heißt: „Je ne doute qu'aucuns trouveront la forme et manière de laquelle j'use en mes discours comme Asiane, Poétique et trop numéreuse [...] Nous veons les Dialogues de ce philosophe (i.e. Platon, H.P.) enrichis de figures Poétiques, les dispositions des mots si gracieusement ordonnés que les oreilles sont merveilleusement de leurs douceurs remplies." (Zit. nach Lecointe, a.a.O., S. 50)

27 E, S. 1038: „De conclurre par la suffisance d'une vie particuliere, quelque suffisance à l'usage public, c'est mal conclud: Tel se conduict bien, qui ne conduict pas bien les autres. Et faict des Essais, qui ne sçauroit faire des effects."

Wirkung lässt sich weniger von rhetorischen als von poetologischen Konzepten her verstehen. Das zeigt sich auch in Montaignes Pointierung der thematischen Inkohärenz seines Essays, deren Kehrseite die Behauptung eines anderen, alternativen Kohärenzprinzips ist:

> Cette farcisseure, est un peu hors de mon theme. Je m'esgare: mais plustost par licence, que par mesgarde: Mes fantasies se suyvent: mais par fois c'est de loing: et se regardent, mais d'une veue oblique. (E, S. 1040)[28]

Der Essay, so scheint es, gehört in die Sphäre der ‚Unähnlichkeit', der Autor verläuft sich. Aber dieses Verirren ist scheinhaft, denn es ist gewollt, inszeniert. Der Text wird als eine *farcisseure* apostrophiert, er ähnelt der aus der Kochkunst geläufigen Füllung eines Gerichts mit heterogenen Zutaten, die gleichwohl eine stimmige Geschmackskomposition ergeben. Er ist gewissermaßen das Produkt einer kreativen (Text-)Küche. In die Sphäre der Literatur übersetzt heißt das: Je weniger der Text einem erwartbaren rhetorischen oder poetischen Regelwerk und generischen Normen folgt, umso nachdrücklicher vermag er überraschende Korrespondenzen und ‚schräge' Verbindungen herzustellen. Die Verbindung der *fantasies* als der ‚Zutaten' geschieht über, wie es heißt, entlegene Spuren und schiefe Blicke. Aber Montaigne stellt sein kompositionelles Analogon einer populären Küche zugleich in den Horizont eines hohen, gedanklich wie sprachlich anspruchsvollen Horizonts. Platons *Phaidros* und Plutarchs Schrift über den Dämon des Sokrates (*Der Schutzgeist des Sokrates*, der selbst die Form des platonischen Dialogs nachahmt) erscheinen als Paradigmen des *ordo neglectus*[29] einer poetischen Prosa und ihrer „merveilleuse grace à se laisser ainsi rouller au vent: ou à le sembler." (E, S. 1040)[30]

---

28 Ähnliche Passagen finden sich häufiger; wie die folgende Bemerkung aus der *Apologie de Raimond de Sebonde*, dem Essay, der sich am intensivsten mit den Diskursen des Wissens und ihrer epistemologischen Begründung beschäftigt, zeigt, hat nicht nur der Leser, sondern auch der Autor Schwierigkeiten mit der Gangart seines Textes: „En mes escris mesmes, je ne retrouve pas tousjours l'air de ma premiere imagination: je ne sçay ce que j'ay voulu dire: et m'eschaude souvent à corriger, et y mettre un nouveau sens, pour avoir perdu le premier qui valloit mieux." (E, S. 600)

29 Vgl. dazu Friedrich, *Montaigne*, a.a.O. S. 415ff. Auch Friedrich hebt den Charakter einer Selbstbeschreibung hervor, vgl. S. 418f.: „Montaigne sorgt dafür, dass man nicht übersehen kann, wie sehr dies alles eine Selbstcharakterisierung der *Essais* am Spiegelbild des Platon und Plutarch ist. Beide, Platon und Plutarch, und dazu sich selbst, rückt Montaigne in die Nähe des poetischen Enthusiasmus."

30 Der *Phaidros* wird charakterisiert als „miparty d'une fantastique bigarrure: le devant à l'amour, tout le bas à la Rhetorique" (E, S. 1040). Zu Plutarchs Dialog heißt es: „Voyez ses

Der antirhetorische Text, der Wissen und Kunst, die Ordnung der Diskurse wie die Regeln der Poesie gleichermaßen zu negieren scheint, gehorcht einer artifiziellen Poetik der Diskontinuität, die von indirekten Bezügen und zunächst verborgenen Kontinuitäten durchzogen ist. Ihr Autor ist ein Virtuose der *sprezzatura*, dessen Kunst dort am größten ist, wie Castigliones *Cortegiano* lehrte, wo sie unsichtbar bleibt. Diese Verweigerung spektakulärer Effekte unterscheidet Montaignes Nonchalance auch von den Rhetoriken des Konzeptismus, der *accutezza* oder *agudeza*, die sich einige Jahrzehnte später in den Barockpoetiken Emmanuele Tesauros oder Baltasar Graciáns artikulieren wird.

Die metaphorischen Beschreibungen der *alleure poetique* weisen unverkennbar Affinitäten mit dem anthropologischen Thema der Diskontinuität und der epochalen Erfahrung der *mutabilitas* und ihren „cruell sports“[31] auf. Die poetische Gangart der Sprünge wiederholt Merkmale der Unstetigkeit und der Heterogenität, welche die Gegenstände auszeichnet, von denen sie handelt. Aber die Kunst setzt in Szene, was sich ansonsten nur als Widerfahrnis ereignet. Dem ‚Gewicht‘ der Welt – und der ‚Schwere‘ des Individuums Montaigne, das seinen ‚Ort‘ nicht verlässt – setzt die poetische Gangart ein Prinzip ästhetischer ‚Leichtigkeit‘[32] entgegen. Ihre *alleure* manifestiert sich in *gaillardes escapades*: „C’est un art“, heißt es wiederum mit Berufung auf Platon, „leger, volage, demoniacle“ (E, S. 1040). Die dämonische Leichtigkeit und Flüchtigkeit der poetischen Gangart organisiert die Eskapaden der *fantasies* oder *cogitations*, die in der Welt des Handelns nicht möglich sind. Nur in der konsequenzentlasteten Sphäre der poetischen Gangart kann sich der *esprit*

---

alleures au Dæmon de Socrates. Ô Dieu, que ces gaillardes escapades, que ceste variation a de beauté: et plus lors, que plus elle retire au nonchalant et fortuit.“ (E, S. 1040f.) Auch Plutarch ist ein Artist der *sprezzatura*. In *De la physionomie* wird Montaigne den männlich-herablassenden Charakter der plutarchischen Schreibweise betonen: „La façon de Plutarque, d’autant qu’elle est plus desdaigneuse, et plus destendue, elle est selon moy, d’autant plus virile et persuaive: Je croirois aysément, que son ame avoit les mouvemens plus asseurez, et plus reiglez.“ (E, S. 1086)

31 Vgl. Edmund Spenser, „Two Cantos of Mutabilitie“, in: ders., *Poetical Works*, hg. von J.C. Smith/Ernest de Selincourt, Oxford 1975, S. 394. „Proud *change*“, so heißt es programmatisch weiter, „(not pleasd, in mortall things, / beneath the Moone, to raigne) / Pretends, as well of Gods, as Men, / to be the Soueraine.“

32 ‚Leichtigkeit‘ (*leggerezza*) ist das erste poetologische Konzept, das Italo Calvino in seinen *Lezioni americane. Sei proposte per il prossimo millenio* vorträgt: „[…] la mia operazione è stata il più delle volte una sottrazione di peso; ho cercato di togliere peso ora alle figure umane, ora ai corpi celesti, ora alle città; soprattutto ho cercato di togliere peso alla struttura del racconto e al linguaggio.“ (Zit. nach Italo Calvino, *Saggi 1945–1985*, Bd. 1, hg. von Mario Barenghi, Mailand 1995, S. 631.)

einer ziellosen Bewegung des Wechsels und des Vagabundierens überlassen oder sie virtuos simulieren.[33]

Montaignes Rekurs auf Platon ignoriert die rezeptionsgeschichtlich prominente Dichterkritik der *Politeia*. *De la vanité* bezieht sich vielmehr auf die für die Poetiken der Renaissance bedeutsame Enthusiasmuskonzeption des *Ion*[34]. Der Essay evoziert im Blick auf die Antike eine ursprüngliche Ungeschiedenheit von Wissen und Poesie. Die *vieille theologie* und die *premiere philosophie* seien selbst ganz Poesie, so etwas wie der *originel langage des Dieux* (E, S. 1041). Die ursprüngliche Sprache der Götter, die poetische Sprache des Ursprungs kennt die späteren Differenzierungen, die Trennung von Wissen und Poesie, die Unterscheidung von Vers und Prosa, die Ordnungen der rhetorischen und literarischen Gattungen noch nicht. Montaigne bewegt sich an dieser Stelle im Umkreis einer durch den Florentiner Neuplatonismus und die Poetik der Pléiade vertraut gewordenen Topik.[35] Aber er gibt ihr eine eigene Wendung in der

---

33 Montaigne formuliert an dieser Stelle auch eine bemerkenswerte Selbstkritik, die sich auf seine anfängliche Praxis des kurzen Essays bezieht: „Par ce que la coupure si frequente des chapitres, dequoy j'usoy au commencement, m'a semblé rompre l'attention, avant qu'elle soit née, et la dissoudre: dedaignant s'y coucher pour si peu, et se recueillir: je me suis mis à les faire plus longs: qui requierent de la proposition et du loisir assigné [...] Joint, qu'à l'adventure ay-je quelque obligation particuliere, à ne dire qu'à demy, à dire confusement, à dire discordamment." (E, S. 1042) Der Essay ist also eine Form der dezentrierten und indirekten Schreibweise, Ort der Andeutung, der Vermischung und der Diskordanz. Bereits in *De l'exercitation* (II, 6) hatte Montaigne die Formlosigkeit der ‚Gedanken' als Gegenstand eines nichtwerkhaften Textes bezeichnet: „Je peins principalement mes cogitations, subject informe, qui ne peut tomber en production ouvragere." (E, S. 398)

34 Im Anschluss an das Gleichnis des Magneten formuliert Sokrates (*Ion*, 533f.) dort die Lehre von der Kette der Begeisterung: „Ebenso erfüllt die Muse zunächst den Dichter mit göttlicher Begeisterung, und indem durch diese Begeisterten wieder andere in Begeisterung versetzt werden, bildet sich eine ganze Kette [...] Denn mit dem Dichter ist es ein eigen Ding: leichtbeschwingt und gottgeweiht wirft er die irdische Schwere von sich und ist nicht eher imstande zu dichten, als bis er von Begeisterung ergriffen und von Sinnen ist und aller ruhigen Vernunft bar [...]" (zit. nach Platon, *Sämtliche Dialoge*, Bd. III, hg. von Otto Apelt, a.a.O., S. 112f. (*Hippias I/II, Ion*))

35 Marsilio Ficinos Brief an Bartolomeo della Fonte, *Oratio soluta poeticis modis et numeris exornanda est* setzt mit einer einschlägigen Vorgabe ein (zit. nach der englischen Übersetzung in *The Letters of Marsilio Ficino*, 3 Bde., London 1975–1981, hier Bd. 2, S. 9f.): „You ask, most discriminating Fonte, by whose direction I am principally compelled, or on whose support I mainly rely, when on occasion I weave poetic rhythms and numbers into my prose. So let me give a brief answer to a most perceptive man: heaven commands me and the heavenly Plato also teaches the same. For if you look up to heaven, there you see Mercury, both the master of eloquence and inventor of the lyre." Platons Sprache „flows

Fokussierung auf ein Konzept poetischer Prosa, in der kühnen Analogie von platonischer Ursprungssprache und essayistischer *bigarrure*. Die Schreibart der *Essais* wird in den Horizont poetischer Kühnheit gerückt, ihre Prosa lebt von der Doppelung von ursprünglicher Energie und reflektierter Inszenierung:

> Mille poëtes trainent et languissent à la prosaïque, mais la meilleure prose ancienne, et je la seme ceans indifferemment pour vers, reluit par tout, de la vigueur et hardiesse poëtique, et represente quelque air de sa fureur: Il luy faut certes quitter la maistrise, et preeminence en la parlerie. (E, S. 1041)

Poetische Kraft und Kühnheit, *enargeia* – das ist der Horizont, den die *Essais* ins Spiel bringen, ohne ihn explizit als eigenen Anspruch zu formulieren. Ganz im Gegenteil, selten fallen die Gesten der Selbstverwerfung drastischer aus als in dem Essay über die Eitelkeit, der auch ein Essay über die Eitelkeit des Schreibens ist. Dieser notorischen Selbstverkleinerung der *Essais* als *caquet* oder *escrivaillerie* korrespondiert allerdings in *De la vanité* eine Projektion poetischer Energie, die in der Maske der Beschreibung antiker Prosa auftritt. Ihre Vorzugsparadigmen sind die Dialoge Platons und die *Moralia* Plutarchs, die Selbstanwendung bleibt implizit.

Montaignes poetologische Reflexionen sind indes nicht wirkungslos geblieben, sie dienten bereits seinen ersten Lesern als Orientierung im Umgang mit dem neuartigen Genre. Dass die *Essais* nicht nur als diskursiv-expositorischer Text, als philosophische Exposition oder gelehrter Kommentar gelesen wurden – dafür bietet bereits die frühe Rezeptionsgeschichte der *Essais* zahlreiche Belege[36]; sie zeigen, dass Montaignes Prosa, auch wenn man sie nicht

---

midway between prose and poetry", sie sei ein „mixing or tempering of prose and poetry." Er weist schließlich darauf hin, die ganze Antike vor Aristoteles habe die Verbindung von Philosophie und Dichtung gelehrt, „[...] mainly so that the sacred mysteries of Minerva should be honoured and loved by all and should be understood by the few who are indeed pure." – Ronsard zitiert die platonische Bildlichkeit des Magneten in der 13. Strophe der großen poetologischen Ode *A Michel de l'Hospital, Chancelier de France*, um in der folgenden Antistrophe zu ergänzen: „A fins, ô Destins, qu'il n'avienne / Que le monde appris faussement, / Pense que vostre mestier vienne / D'art, et non de ravissement." (Pierre de Ronsard, *Œuvres complètes*, hg. von Georges Cohen, Bd. 1, Paris 1950, S. 396.)

36 Vgl. die selektive Aufarbeitung dieses Strangs der Rezeptionsgeschichte in Jules Brody, *Lectures de Montaigne*, Lexington 1982, S. 13 (u.f.): „Parallèlement à la réception idéologique de Montaigne, l'on constate la présence moins visible, moins imposante, d'une autre famille d'esprits: Marie de Gournay, Pasquier, Baudins, Jean-Pierre Camus, Guez de Balzac, Sorel, qui voyaient surtout dans les *Essais* un discours audacieux, éloquent, et

ausdrücklich mit den von ihm selbst ins Spiel gebrachten antiken Paradigmen in Verbindung bringt, immer schon Anlass gab, ihre generische Exzentrik mit Konzepten des Poetischen oder Literarischen zu assoziieren. Die neuere Interpretationsgeschichte der *Essais*, vor allem in den letzten Dekaden des 20. Jahrhunderts hat diese Tendenzen wieder aufgegriffen, um einem entschieden ‚textuellen' Interesse an den *Essais* Platz zu verschaffen.[37]

Nur wenige Seiten nachdem Montaigne in *De la vanité* festgehalten hat, dass die *uniformité et simplesse de mes mœurs* ein *visage d'aisée interpretation* (E, S. 1025) hervorbringe, auch wenn die *façon* dieses im Text erscheinenden Gesichts *un peu nouvelle* sei, erscheint im Bild der poetischen Gangart ein Konzept der essayistischen Form, das dessen seit dem *Avis au lecteur* behaupteten Spiegelcharakter von Text und Autor untergräbt. Mit dem Zitat der platonischen Inspirationspoetik stellt Montaigne die *Essais* zwar nicht geradezu in die Kontinuität einer Inspirationspoetik, aber er relativiert entschieden die mimetische Qualität seines Selbstporträts. Die Prosa der *Essais*, wenn sie denn, wie auch immer indirekt oder ‚schief', im Zeichen der poetischen Gangart steht, ist alles andere als ein kunstloser Reflex naturhafter Formen und Gewohnheiten des Individuums. Die vagabundierende, ‚indiskrete' Bewegung des poetischen Prosatextes garantiert keineswegs, wie der *Avis au lecteur* in Aussicht stellte, das umstandslose Wiedererkennen des Autors im Text, sie wirkt vielmehr als nachhaltige Desorientierung des Lesers, als Verunsicherung seines Lektürehabitus und seiner Urteilskraft. Der Autor lässt ihn wissen, dass er Gefahr läuft, in den *escapades* des Textes dessen Gegenstand zu verlieren:

---

pourtant problématique en ce qu'il se dérobait par le statut exceptionnel de son langage et de sa forme aux critères normaux de la prose." – Zur Bedeutung der Rhetorik Erasmus von Rotterdams für die Durchsetzung eines anticiceronianischen Stilideals vgl. ebd., S. 20ff.

37 Vgl. dazu Richard Regosin, „Recent Trends in Montaigne Scholarship: A Post-Structuralist Perspective", in: *Renaissance Quarterly*, 28 (1984), S. 34–54, hier S. 37: „Interest has begun to shift from the essays as re-creation of the ‚subject' (Montaigne and his ideas) to a concern with the writing itself, its internal workings and mechanisms, its rhetorical devices and arguments." Bereits die Titel einschlägiger Bücher der letzten Dekaden des 20. Jahrhunderts machen diese Tendenz deutlich: *Les métamorphoses de Montaigne* (François Rigolot), *Montaigne en mouvement* (Jean Starobinski), *Montaigne. L'écriture de l'essai* (Gisèle Mathieu-Castellani), *Montaigne à bâtons rompus. Le désordre d'un texte* (Joseph-Guy Poletti). – Die mittlerweile zu beobachtende Tendenz einer Rehistorisierung der Lektüre der *Essais* neigt, bei aller Präzision der Kontextualiserung, gelegentlich dazu, die Einsichten des Textualitätsparadigmas wieder zu vergessen.

> C'est l'indiligent lecteur, qui perd mon subject; non pas moy. Il s'en trouvera tousjours en un coing quelque mot, qui ne laisse pas d'estre bastant, quoy qu'il soit serré. Je vois au change, indiscrettement et tumultuairement: mon stile, et mon esprit, vont vagabondant de mesmes [...] (E, S. 1041)

Der späte Montaigne postuliert eine grundsätzliche Asymmetrie von Autor und Leser, was die Ordnung und den Fortgang des Textes angeht. Der Anspruch des Autors besagt, dass ihm sein Gegenstand auch in einer ‚indiskreten' und stürmischen Bewegung seines Textes nicht aus dem Blick gerät; der Leser hingegen, so er denn nicht als *suffisant lecteur* zu einem Doppelgänger des Autors wird, kann sich in ihr verlieren. Die Zugangsschwelle verschiebt sich: Der *Avis au lecteur* arbeitet mit der Opposition vorgängiger Vertrautheit oder Unvertrautheit, *De la vanité* mit der Differenz von Lese- und Interpretationskompetenzen. Montaignes Verwerfung der Rhetorik und ihrer Regeln ist nur, so zeigt sich nun, die Kehrseite einer anspruchsvollen idiosynkratischen Rhetorik des Essays.

Jedenfalls markiert der späte Essay einen provokativen Gegensatz von Souveränität auf der Autorseite und Orientierungsverlust auf der Leserseite. Die Überforderung des Lesers manifestiert sich als distanzlose Verstrickung im Text, die dessen Relationierungs- und Reflexionsverfahren verfehlt. Die *Essais* vergewissern sich der Aufmerksamkeit des Lesers nicht durch das ‚Gewicht' der Dinge, von denen sie handeln, sondern durch die indiskrete Gangart ihrer poetischen Prosa, die diskursive und rhetorische Ordnungen durchkreuzt. Es geht, wie bereits der *Avis au lecteur* festhält, zwar nur um ein „subject si frivole et si vain" (E, S. 27), aber dieser affichierten *vanité* des Gegenstands steht nun die Ambitioniertheit seiner Behandlung gegenüber. Die fragliche und fragwürdige Kohärenz der *Essais* wird Gegenstand einer Selbstbeschreibung, die rhetorische Selbstverkleinerung und poetischen Anspruch verklammert und den Leser zu ebenso gesteigerten wie unvertrauten Aktivitäten provozieren muss, will er sich die Bewegung des Essays im Vollzug der Lektüre präsent halten: „Puisque je ne puis arrester l'attention du lecteur par le poix: *manco male*, s'il advient que je l'arreste par mon embrouilleure" (E, S. 1041). Der Leser kann sich natürlich der von ihm als Unordnung wahrgenommenen Ordnung entziehen, beispielsweise wenn er dem Text die rhetorisch approbierte Dignität der *obscuritas* zuschreibt.[38] Auch mit solchen Lektürestrategien lässt sich die als ziellose Unruhe erfahrene Bewegung des Essays abarbeiten. Verzichtet der Leser

---

38 Vgl. E, S. 1041: „Et puis il est des humeurs comme cela, à qui l'intelligence porte desdain: qui m'en estimeront mieux de ce qu'ils ne sçauront ce que je dis: ils conclurront la profondeur

indes auf reduktive Entscheidungen der Zuordnung und der Interpretation, muss ihm die Lektüre des Buches zwangsläufig zunächst als ein fragwürdiges, weil orientierungsloses Unterfangen vorkommen. Montaigne, der nur selten in die Position des Lesers seines eigenen Buches rückt, nimmt diesen Einwand vorweg. Der Leser, der die Lektüre der *Essais* bereut, verwirft damit seinen eigenen Genuss: „[…] il s'y sera tousjours amusé." (E, S. 1041) Die Lust am scheinbar regellosen, atopischen Text ist gleichwohl ein ästhetischer Genuss, dem allerdings sein Grund und seine Motive entzogen sind und der deshalb nachträglich Gesten der Verwerfung provoziert, in denen der Leser die Erfahrung stillstellt oder negiert, die er mit dem Buch gemacht hat.

Das Konzept der poetischen Prosa steht quer zur Vorstellung eines mimetischen, seinem Gegenstand ‚konformen' Textes, dessen Wirkungslogik die des Wiedererkennens wäre. Bereits in dem Essay *Divers evenemens de mesme Conseil* (I, 23) – der Titel greift den des unmittelbar vorangehenden Kapitels *De la coustume, et de ne changer aisement une loy receue* auf – hatte Montaigne die *saillies poëtiques* thematisiert, welche ihren Autor aus sich selbst herausreißen (E, S. 132: *le ravissent hors de soy*). Auch an dieser Stelle wird die Poetik des Enthusiasmus ins Spiel gebracht. Anders als in *De la vanité* steht sie in dem frühen Essay nicht im Zeichen der Asymmetrie von Autor und Leser, vielmehr operiert der Essay mit dem Konzept eines souveränen Lesers. Was der Autor hervorbringt, übersteigt seine Fähigkeiten, er ist das Medium einer ihm heteronomen Gewalt der poetischen Sprache. Die *saillies* seines Werks „surpassent sa suffisance et ses forces". Sie kommen „d'ailleurs que de soy" (E, S. 132) und entziehen sich seiner *intention.* So stehen sie außerhalb der *cognoissance mesme de l'ouvrier* und setzen diesen selbst in Erstaunen über seine Hervorbringungen. Die *suffisance*, die in *De la vanité* vom Autor in Anspruch genommen wird, steht in dem Essay *Divers evenemens de mesme conseil*, der gewissermaßen die spiegelbildliche Inversion präsentiert, auf der Seite des Lesers. Er vermag sich vom Interesse an den Intentionen des Autors zu emanzipieren, weil diese das Buch, das seiner Feder entstammt, ohnehin nicht beherrschen. Wenn das Werk aber die *suffisance* des Autors übersteigt, dann kann die Fülle seiner Bezüge erst in der Lektüre eines *suffisant lecteur* Einlösung finden:

> Un suffisant lecteur descouvre souvent ès escrits d'autruy, des perfections autres que celles que l'autheur y a mises et apperceues, et y preste des sens et des visages plus riches. (E, S. 132)

---

de mon sens, par l'obscurité: Laquelle à parler en bon escient, je hay bien fort: et l'eviterois, si je me sçavois eviter."

Das ‚Antlitz', das der Text präsentiert, der ‚Sinn', der in ihm zu entdecken ist – sie sind nun nicht mehr Porträt des Autors und Ausdruck seiner Intention, sondern ‚Leihgaben' des Lesers, der Formen der Vollkommenheit ‚entdeckt', von denen der Autor nichts weiß. Die Vermutung liegt nahe, dass die Vorstellung des *suffisant lecteur* bei Montaigne in einer doppelten Lektüreerfahrung gründet: zum einen im souveränen Umgang mit den Büchern der Bibliothek, der sich seine eigenen Rhythmen und Intensitäten gibt, zum anderen aber auch in den Facetten der Selbstentdeckung durch die (Wieder-)Lektüre der eigenen *Essais*, die zum Antrieb des Weiterschreibens werden.

Selbstentdeckung[39] und Selbstformung erscheinen als Funktionen des Buches, dem der Autor als *suffisant lecteur* gegenübertritt. Als Leser gewinnt er erst jene Souveränität, die er sich als Autor abspricht. Im Lesen liest er sich selbst, aber anders, als er es im Schreiben beabsichtigt hatte. Die Lektüre des Buchs des Selbst beobachtet die Formen der Selbstverborgenheit, die im Wiederlesen des Geschriebenen hervortreten. Erfahrungen mangelnder Transparenz, unzugänglicher Tiefenschichten und des Selbstverlusts sind in den *Essais* wiederholt Thema. So geht es in *Du repentir* (III, 2) um die Schichtung der Sprachen in seiner Biographie: Die Rede ist von der ‚Natürlichkeit', die das Lateinische für ihn besitzt (E, S. 851: *Le langage Latin m'est comme naturel*), eine Qualität, die allerdings jahrzehntelanger Nichtgebrauch verschüttet hat, so dass die lateinische Sprache nur noch in den *extremes et soudaines esmotions* (E, S. 851) Ausdruck findet. Dann springt sie aus der Tiefe der *entrailles* hervor[40], die Natur verschafft sich gewaltsam Ausdruck, gegen die langjährige Gewohnheit des Französischen.[41] In *De l'exercitation* (II, 6) handelt Montaigne von einem Sturz vom Pferd, der ihm in den Wirren des Bürgerkriegs widerfährt und bei dem er das Bewusstsein verliert. Der Essay thematisiert einlässlich die Wiedergewinnung der *functions de l'ame* (E, S. 392), den Übergang von der Ohnmacht zum Bewusstsein und das irritierende Zusammenspiel von Wahrnehmung und Einbildungskraft im Prozess der allmählichen Reorientierung. Dabei gewinnt die Diskrepanz von Selbstwahrnehmung und

39 Den Begriff verwendet auch bereits Friedrich, *Montaigne*, a.a.O., S. 404, allerdings bezogen auf Differenzerfahrungen im Blick auf andere, sich selbst kommentierende Autoren des Mittelalters und der Renaissance, von Dante bis Lorenzo il Magnifico.

40 Bezeichnenderweise betrifft das von Montaigne angeführte Beispiel den Vater, also jene Instanz, welche den exklusiven lateinischen Spracherwerb des Sohnes in der frühen Kindheit forciert hatte: Montaigne wird Zeuge, wie sein bis dahin völlig gesunder Vater ohnmächtig auf ihn stürzt: „voyant mon pere tout sain, se renverser sur moy pasmé" führt dazu, dass Montaigne „du fond des entrailles, les premieres paroles Latines" (E, S. 851) hervorstößt.

41 E, S. 851: „Nature se sourdant et s'exprimant à force, à l'encontre d'un si long usage [...]".

Augenzeugenberichten die Funktion einer skeptischen Relativierung der Selbstgewissheit in kritischen Situationen. *De la presumption* (II, 17) annonciert bereits im Titel Formen verzerrter Selbstwahrnehmung, welche philosophisch unter dem Titel der Hybris und theologisch unter dem der *superbia* abgehandelt zu werden pflegen. Gleich eingangs thematisiert Montaigne den Hiat von Selbsteinschätzung und Fremdwahrnehmung an einer biographischen Erfahrung. Man habe an ihm seit seiner Kindheit eine Körperhaltung und verschiedene Gesten moniert, die angeblich auf eine *vaine et sotte fierté* schließen ließen. Montaigne weist diesen Tadel keineswegs kategorisch als im Widerspruch zu seiner Selbstwahrnehmung zurück, sondern transponiert das biographische Detail, indem er seine Voraussetzungen generalisiert. Es gibt in uns *des conditions et des propensions, si propres et si incorporées en nous* (E, S. 670), dass wir selbst keine Möglichkeit haben, sie zu empfinden (*sentir*) und zu erkennen (*recognoistre*). Die Tiefenschichten der Natur sind der Person entzogen, fremde Beobachter mögen sie an den Zeichen des Körpers erkennen (oder auch, angesichts der Unzuverlässigkeit dieser Zeichen, erfinden). Das *proprium* der Person, im frühen Humanismus oft emphatisch in Kategorien der Zugänglichkeit und Verfügbarkeit gedacht[42], entzieht sich bei Montaigne in eine Opazität des Körpers und seiner Zeichen, die allenfalls in der Fremdwahrnehmung lesbar wird, in einer stets prekären Semiotik.

Die Versatzstücke der platonischen Enthusiasmuslehre, welche die *Essais* ins Spiel bringen, dienen nicht einer neuen Selbstmythologisierung des modernen Dichters, wie häufig bei den Autoren der Pléiade. Montaigne steht nicht im Bannkreis des Neuplatonismus. Es geht ihm im Blick auf die Form des Essays um das Konzept einer poetischen Prosa, deren Paradigmen er bei Platon und Plutarch findet. Eine solche Prosa tritt aus der Zirkulation der Interpretationen heraus. Sie spielt mit dem Leser und seinen Vermögen. Sie zieht ihn in ihren Bann, indem sie seine Urteilskraft aus den Angeln hebt. Die *prose poétique* verlangt einen *suffisant lecteur*, dem der Text zur Erfahrung einer prägnanten Vielfalt von Bezügen, Verweisen und Vernetzungen wird. Damit arbeitet die poetische Prosa der Zerstreuung durch Interpretation entgegen, auch wenn sie nicht die Überwältigung des Lesers, wie die große Poesie der

42 Vgl. exemplarisch die Rede Giannozzos im 3. Buch von Leon Battista Albertis *Della famiglia*, wo dieser seine Diskussion der drei *propria* Seele, Körper und Zeit mit der Bemerkung einleitet: „[...] tre cose sono quelle le quali uomo può chiamare sue proprie, e sono in tanto che dal primo dí che tu venisti in luce la natura te le diede con questa libertà, che tu l'adoperi e bene e male quanto a te pare e piace, e comandò la natura a quelle sempre stiano pressoti, né mai persino all'ultimo dì si dipartano di sieme da te." (Leon Battista Alberti, *Opere volgari*, hg. von Cecil Grayson, Bd. 1, Bari 1960, S. 168.)

Antike, bewirkt. Indem sie die Vermögen des Lesers zu ihren Bedingungen beansprucht, ihre Beweglichkeit fordert – wenn nicht überfordert –, zwingt sie ihn zur Realisierung ihrer antirhetorischen Form, zur imaginären Konstitution eines ästhetischen Gegenstandes, dessen Selbstbeschreibung auf die Beobachtung der poetischen Prosa der Antike verwiesen ist. Montaigne kennt die Extreme des Umgangs mit Texten, die Endlosigkeit der Interpretation und die Gewalt der Poesie. Das Konzept der poetischen Prosa besetzt einen Zwischenraum, der nicht durch Gattungen, sondern durch Autorennamen, Platon und Plutarch zuvörderst, besetzt ist. Vor allem letzterer wird für Montaigne zum Autor, dem er sich als *suffisant lecteur* in immer neuen Anläufen widmet. Zugleich orientiert die paradoxe Vorstellung der poetischen Prosa die Wahrnehmung seines eigenen Buches. Die Negation diskursiver und rhetorischer Schemata macht die *Essais* zum Medium einer Selbstentdeckung und Selbstdarstellung, die nicht mehr, wie der *Avis au lecteur* ankündigt, Spiegel und Wiederholung des Vorgegebenen, sondern Vorstellung und Formung des in seiner Opazität Entzogenen ist.

KAPITEL V

Die Sitten der Alten und die Unsitten der Modernen

Montaigne écrivit si gaillardement dans un château dont il ne pouvait faire le tour sans courir le risque d'être enlevé par des bandes de ligueurs ou de protestants.

CHATEAUBRIAND

1 Sitte und Ethos

Der kurze Essay *Des coustumes anciennes* (I, 49) rückt ein Thema in den Mittelpunkt, das Montaigne bis in die letzten Kapitel des dritten Buchs beschäftigen wird: die Rolle der Sitten und Gebräuche für die Identität einer kulturellen Formation, aber auch die Funktion der Gewohnheit und ihrer Verhaltenstypik als einer zweiten Natur für den Lebensvollzug der Individuen. In der essayistischen Durcharbeitung wechselt Montaigne immer wieder zwischen der Innen- und Außenperspektive. Die *coustume* ist einerseits jenes Ensemble eines durch Sozialisationsprozesse erworbenen Habitus[1], das dem Leben der Individuen Form gibt, ihre Mentalität prägt und ihr Verhalten steuert. Sie ist daher ein privilegiertes Thema der Selbstinspektion. Die Diversität der Sitten präsentiert sich andererseits in der Beobachtung von außen als eine heterogene und kontingente Vielfalt, deren Verbindlichkeit die Verwunderung, das Erstaunen des externen Beobachters hervorruft, könnte doch, wie der vergleichende Blick festhält, auch alles anders geregelt sein.

1 Pierre Bourdieus geläufige Definition lässt die Komplexität des Konzepts anschaulich hervortreten. *Habitus* (pl.) sind demnach zweiseitige Dispositionen, ebenso strukturiert wie strukturbildend, „systèmes de *dispositions* durables et transposables, structures structurées prédisposées à fonctionner comme structures structurantes, c'est-à-dire en tant que principes générateurs et organisateurs de pratiques et de représentations qui peuvent être objectivement adaptées à leur but sans supposer la visée consciente de fins et la maîtrise expresse des opérations nécessaires pour les atteindre" (etc.) (*Le sens pratique,* Paris 1980, S. 88.).

 | DOI 10.30965/9783770563548_006

Des coustumes anciennes präsentiert eine Serie von kulturellen Üblichkeiten, welche ein weites Spektrum von Sitten, Gebräuchen, Institutionen und Gesetzen umfassen und sich keineswegs zwanglos zu einem einheitlichen oder gar normativen Kulturtypus organisieren. Die von den Alten beobachteten und berichteten Verhaltensformen werden so präsentiert, dass ihre Kontingenz sichtbar wird. Die ausgestellte Heterogenität untergräbt die Erwartungen exemplarischer Normativität. Die antiken Sitten werden zum Material einer kulturvergleichenden Reflexion. Allerdings lässt Montaignes Essay durchaus eine Differenz von Antike und Moderne sichtbar werden, welche auf eine Überlegenheit der Antike gegenüber der Moderne hinausläuft. Das essayistische Manöver der Privilegierung der Antike hat indes zwei Seiten: Zum einen geht es um die Gründe der Überlegenheit, zum anderen schreibt der Autor der *Essais* gegen ein von ihm konstatiertes, als weitverbreitet wahrgenommenes Muster des Umgangs mit kultureller Differenz an, das die Asymmetrie des Eigenen und des Fremden gegenläufig markiert. Montaignes Essay verkörpert eine frühe Version der *Querelle des anciens et de modernes*. Aber sein Autor ist nicht umstandslos der Seite der *anciens* zuzuschlagen.

Ausgangspunkt des Essays ist nicht ein humanistisch etablierter Anspruch der Überlegenheit der Antike, sondern das naive, fraglos praktizierte Privileg des Eigenen als einer selbstverständlichen Orientierung. Montaigne beobachtet diesen Vorrang in seiner eigenen Gegenwart ebenso wie in anderen Kulturen, es handelt sich für ihn um ein *commun vice*: „J'excuserois volentiers en nostre peuple de n'avoir autre patron et regle de perfection, que ses propres meurs et usances" (E, S. 316). Der Vorrang des Eigenen ist der kulturelle Normalfall. In ihm manifestiert sich indes ein Versagen der Urteilskraft der Individuen, ihre *coustume* wiederholt distanzlos die *coustume* ihrer Welt. Für den Beobachter, der ihre stumme Geltung hinter sich lässt, ist das Privileg des Eigenen demgegenüber eine Form der Selbsttäuschung, nicht nur, weil es in naivem Ethnozentrismus fremde Sitten geringer schätzt als die eigenen, sondern vor allem, weil es die Kontingenz und Instabilität der eigenen Sitten und Institutionen ausblendet. Obwohl diese nicht von Dauer zu sein pflegen, wie jeder Beobachter sieht, der sich aus ihrem Selbstverständnis befreit, wird ihre Geltung fraglos unterstellt und hingenommen. Wenn aber der *usage present* sich jederzeit verändern kann, wenn das, was heute gilt, morgen verschwunden ist, dann ist es ein Zeichen mangelnder Urteilskraft und Unterscheidungsfähigkeit (*indiscretion*), sich von dem Anschein der *authorité* der eigenen Kultur blenden zu lassen.[2] Der *coustume* wohnt damit eine verborgene Dynamik inne, sie überlistet gewissermaßen diejenigen, welche sich ihrer Autorität unterwerfen,

2 E, S. 316: „se laisser [...] piper et aveugler".

und führt zu deren fortgesetzter Selbsttäuschung. Wer sich von den eigenen, eingespielten Sitten tragen lässt und ihre Veränderungen ignoriert, wird die Instabilität der *coustume* in die Selbsteinschätzung transferieren. So erlebt er Instabilität als Stabilität, Kontingenz als Normativität. Im Banne stummer Üblichkeiten nimmt sich der Einzelne stets nach den je momentanen Maßstäben seiner eigenen Kultur wahr, die Variationen seines Urteils leben nicht aus der an ihren Gegenständen orientierten Beweglichkeit der eigenen Vermögen, sondern aus den stummen Veränderungen der kulturellen Maßstäbe, deren Instabilität sich ihm entzieht: „il (i.e. nostre peuple) juge si diversement de soy-mesme." (E, S. 316) Die Wahrnehmung der eigenen Sitten ist, so der aus den Bedingungen des Eigenen heraustretende Beobachter, ebenso in dauernder Bewegung wie die Sitten selbst, aber sie wird als Unbeweglichkeit erlebt.

Montaignes anschauliches Beispiel der Wechselhaftigkeit der Sitten betrifft die Kleidermode, die *façon de se vestir*. Dem Thema hatte er bereits den Essay *De l'usage de se vestir* (I, 35) gewidmet. Ausgangspunkt war dort die viel diskutierte Nacktheit der Völker der neuen Welt, „la façon d'aller tout nud de ces nations dernierement trouvées" (E, S. 230). Der Essay führt dann ein Panorama von Kleidungsstilen vor, auch die eigenen Vorlieben werden thematisiert. Im Gegensatz zur Buntscheckigkeit (E, S. 232: *accoustumez à nous biguarrer*) der Kleidermode seiner Zeitgenossen zieht Montaigne die Farben Schwarz und Weiß vor, womit er dem Vorbild seines Vaters folgt.[3] Durchaus distanziert beobachtet er die Tendenz, den Körper allzu sehr mit Kleidung zu bedecken, und damit natürliche Unterschiede zu verdecken und soziale Unterschiede zu betonen.[4] Das Interesse des Essays ist es, die *loix naturelles* und die (*loix*) *controuvées* (E, S. 230) zu unterscheiden und zu fragen, was denn dem Menschen im Blick auf die *generale police du monde* angemessen wäre.[5] Es wird schnell deutlich, dass damit eine Perspektive eingenommen wird, welche die Kleidersitten und ihre modische Variation als eine Verstellung der Natur, welche der nackte Körper sichtbar werden lässt, begreift: „il me faut forcer quelque barriere de la coustume, tant ell' a soigneusement bridé toutes nos avenues."

3 E, S. 232: „[…] je ne m'habille guere que de noir ou de blanc, à l'imitation de mon pere".

4 Das schließt auch den kritischen Blick auf den eigenen Habitus ein: „[…] entre ma façon d'estre vestu, et celle du païsan de mon païs, je trouve bien plus de distance, qu'il n'y a de sa façon, à celle d'un homme, qui n'est vestu que de sa peau." (E, S. 231)

5 Montaigne zitiert Herodot, der bemerkt habe, dass die Köpfe der in der Schlacht gefallenen Ägypter härter als die der Perser gewesen wären, was er darauf zurückführt, dass die Ägypter von der Kindheit an ihre Köpfe unbedeckt ließen, während die Perser erst Hauben und dann Turbane verwendeten.

(E, S. 230) Die Kritik der Mode wird zur Kritik an den Masken der Kultur, zur Kultur als Maske der Natur.

In *Des coustumes anciennes* geht es indes nicht mehr vorrangig um das Verhältnis zur Natur und ihrer Maskierung, sondern um die Zeitlichkeit der Sitten und der Mode. Letztere ändert sich, wie Montaigne bereits in seiner eigenen Gegenwart beobachtet, so schnell, dass der Erfindungsreichtum der Schneider nicht ausreicht, den Wunsch nach Neuem zu befriedigen. Der Innovationsbedarf führt daher zum Recycling des Alten, die abgelegten Schnitte werden wieder geschätzt: „il est force que bien souvent les formes mesprisées reviennent en credit" (E, S. 317). Aber der Widerspruch schnell wechselnder Moden und Meinungen wird von den Akteuren nicht als Verunsicherung erlebt, weil die Veränderung der kulturellen Sitten und der von den Individuen gepflegten Gewohnheiten synchron verläuft und damit als Stabilität erlebt wird. So lässt man sich in der Immanenz der eigenen Kultur zum Narren halten, metaphorisch genauer: zum Affen machen (*embabouiner*). Der Affe der Kultur existiert indes nur in der Fremd-, nicht in der Selbstwahrnehmung.

An dieser Stelle wechselt Montaigne, diskursiv unvermittelt, aber in der Sache durchaus konsequent, zu den Sitten der Alten, den *façons anciennes*. Damit ist die Zirkularität von kultureller *coustume* und individuellem Habitus, die der Autor bei seinen Zeitgenossen beobachtet, suspendiert, der Essay handelt nun von den vergangenen Sitten der Antike, die den in ihrer *coustume* lebenden Menschen der Gegenwart fremd geworden sind. Diese Fremdheit gilt allerdings nicht für Montaigne, dessen essayistische Praxis das Junktim von Kultur und Habitus zerschneidet. Er ist mit den Sitten der Alten so vertraut, dass er sie aus dem Gedächtnis zu präsentieren vermag, ohne den Umweg über die eigene Bibliothek und ihren antiken Kanon einzuschlagen.[6] Sie sind ihm gegenwärtiger als die eigene Gegenwart. Montaignes durch Wiederholung zum Topos gewordene Klage über die Mängel seines Gedächtnisses bleibt an dieser Stelle aus, denn die antiken *coustumes* sind, wie es scheint, stabil in den Räumen seines Gedächtnisses so verankert, dass ihre Differenz zu den *coustumes* der eigenen Zeit jederzeit aufrufbar ist. Die Beispiele, die der Essay anschließend präsentiert, sind allerdings weit davon entfernt, die Selbstverständlichkeit kultureller Überlegenheit vorzuführen. Montaigne wiederholt in der Inversion nicht die an seinen Zeitgenossen beobachtete Überschätzung des Eigenen. Die antiken Sitten, die er aufruft, verkörpern keineswegs eine zeitlose Norm, aus deren Warte die Instabilität der Gegenwart zu kritisieren wäre. Auch sie gehören unweigerlich der *continuelle variation des choses humaines* an. So kommt ein anderes Interesse ins Spiel, die Übung des Urteils. In ihrer offenen

6 E, S. 317: „Je veux icy entasser aucunes façons anciennes, que j'ay en memoire [...]".

Prozessualität wird stumme Hierarchie in offene Heterarchie transformiert. Montaigne beobachtet die antiken Sitten, die er aktiv erinnert, durchaus aus der Distanz, um damit zu einem *jugement plus esclaircy et plus ferme* (E, S. 317) zu gelangen. Die *coustumes* der Alten werden im Interesse der Selbstaufklärung des Beobachters vorgeführt. Dafür sind sie disponiert: Als fremd gewordene sind sie dem Rücklauf der Sitten in den Habitus des Beobachters entzogen und führen daher nicht in den Zirkel der Selbsttäuschung, als in der Topik des Gedächtnisses gespeicherte und verortete stehen sie dem Training der Urteilskraft jederzeit zur Verfügung.

Die Beispiele antiker Sitten, die der Essay vorführt, betreffen vor allem das private, ja das intime Leben der Römer, als Quellen dominieren einschlägig renommierte Autoren wie Martial. Beispielsweise ist von Baderitualen die Rede, auch von Tisch- und Schlafgewohnheiten. Intime Details kommen zur Sprache, etwa die Säuberung der Analregion (mit einem Schwamm) oder der männlichen Genitalien (mit parfümierter Wolle), Techniken der Epilation werden ebenso zur Sprache gebracht wie der Pudereinsatz zur Schweißunterdrückung. Allerdings bleiben diese Details unvermittelt, sie werden in dem Essay weder mit einem philosophischen Programm der Selbstsorge und ihrer *cura corporis* noch mit medizinisch motivierten Hygienevorschriften in Beziehung gesetzt. So werden sie zu den *disiecta membra* kultureller Beliebigkeit. Wenn man solche Einzelheiten der Lebenspraxis präsentiert, dann zeigt sich, dass die Sitten der Alten und die der Modernen manchmal ähnlich, manchmal unähnlich sind, „les unes de mesme les nostres, les autres differentes" (E, S. 317). Die Feststellung kann nach der Isolierung einzelner Details der Welt privater Sitten kaum überraschen. Aber der Befund wird nun selbst zum Antrieb, durch die Urteilskraft die verdeckten Momente der Differenz aufzudecken. Erst in dieser Vertikalität, welche die Oberfläche durchbricht, führt das Studium der Sitten der Alten zur distanzierenden Beobachtung des Neuen und Aktuellen.

Die Urteilskraft vergleicht nicht nur Oberflächenphänomene der Kultur, sie kommt vor allem dort zum Einsatz, wo es um die Frage geht, was sich in der heterogenen Vielfalt der Sitten einer Kultur manifestiert. Es zeigt sich nun, dass Montaignes Essay eine doppelte Differenz ins Spiel bringt, welche die Serien der Ähnlichkeiten und Unähnlichkeiten in eine kulturelle Differenz transformiert, in der es um die Einheit einer Lebensform geht, in der sich Antike und Moderne unterscheiden. Herausgearbeitet wird sie nicht abstrakt, sondern am konkreten Beispiel. Der Unterschied betrifft in *Des coustumes anciennes* zum einen die Differenz von Authentizität und Nachahmung, zum anderen einen Gegensatz, der mit den semantischen Polen von Intensität und Leere operiert. Indem er solche asymmetrischen Oppositionspaare aus der Beobachtung entfaltet und im Blick auf die Gegenwart kritisch perspektiviert, bringt Montaigne ein Verfahren ins Spiel, welches man später Kulturkritik nennen wird. Der Essay evoziert beispielsweise die *inventions voluptueuses*, die *desbauche* und *sumptuosité*, durch die seine Zeitgenossen den Alten auch in den *parties* [...] *vitieuses* gleichkommen wollen. Aber sie scheitern im Laster wie in der Tugend, die *forces* der Modernen reichen nicht an die *vigueur d'esprit* (E, S. 319) der Alten heran. Dieses Urteil ist ebenso eindeutig wie überraschend. Die kontextlose Präsentation der Sittendetails hatte diese ja aus ihren Lebenszusammenhängen isoliert und in ein Vexierspiel von Ähnlichkeiten und Differenzen transponiert. Will die Urteilskraft des Beobachters darüber hinaus gelangen, so ist sie, wie *Des coustumes anciennes* deutlich werden lässt, auf Erfahrungen angewiesen, die nicht aus der bloßen Sammlung der Topoi herzuleiten sind. Das im Kern rhetorische Modell der Speicherung und des Vergleichs kultureller Details reicht dann nicht mehr aus. Darin gründet auch die Schwierigkeit des Umgangs mit den Beobachtungen der Sitten der neuen Welt, stammen die Berichte doch von externen, mit der Innenperspektive der indigenen Kulturen unvertrauten Beobachtern. Montaigne hat das Problem der ‚Übersetzung' von Kulturen am Ende von *Des cannibales* zur Sprache gebracht, wenn er von seiner eigenen Begegnung mit drei ‚Kannibalen' berichtet.[7] Über die neue Welt haben Montaigne und seine Zeitgenossen kein anderes Wissen als das der Reiseberichte der Europäer. Indem der Essay über die *coustumes anciennes* auf eine Tiefenschicht zielt, in der weitreichende Differenzen sichtbar werden, welche in der Oberflächentopik der Kultur nicht ohne Weiteres wahrnehmbar sind, lässt er auch erkennen, dass sittengeschichtliche Details, so vielfältig sie sein mögen, nicht der Königsweg des Zugangs zur inneren Welt der Antike sind. Dafür sind andere Medien und Genres nötig.

Wie der Essay den Übergang von den Einzelheiten der *coustume* zu ihrer konzeptuell artikulierten Spezifik in Szene setzt, lässt sich prägnant an einer exemplarischen Geschichte beobachten, die ein Ereignis detailreich darstellt, um die Differenz von antiker und moderner Welt am Beispiel des Ethos einer historischen Person zu profilieren. Aus der heterogenen Vielfalt treten die Versatzstücke der *coustume* nur heraus, so könnte man Montaignes Vorgehen beschreiben, wenn sie die Form eines Ereignisses annehmen, in dem für den modernen Beobachter eine Grenze überschritten wird, die für seine eigene Welt gilt, während sie in der fremden Kultur zur *coustume* gehören. Dort wird die individuelle *façon* zum demonstrativen Vollzug der *coustume*, statt ihr bloß zu folgen oder sie zu verwerfen. Die desaströsen Konsequenzen entfesselter

7 Vgl. E, S. 221: „Je parlay à l'un d'eux fort long temps, mais j'avois un truchement qui me suivoit si mal, et qui estoit si empesché à recevoir mes imaginations par sa bestise, que je n'en peus tirer rien qui vaille."

Leidenschaften, die aus dem Geltungsverlust der *coustume* folgten, führt Montaigne immer wieder an Erfahrungen der eigenen Zeit vor. Aber diese bleiben meist in einer Sphäre der Allgemeinheit, Ort und Zeit sind ebenso unspezifisch wie die personale Zuschreibung des Handelns oder Erlebens. Im Blick auf die Gegenwart mag es dafür Gründe geben, die Unabgeschlossenheit und Unentschiedenheit der Antagonismen etwa, oder die Unausweichlichkeit eines parteiischen Urteils, aber auch die fehlende Prägnanz der Erzähltraditionen. All dies gilt nicht für die Geschichten, welche die antiken Autoren überliefern.

Ein spektakuläres Beispiel thematisiert der Essay *Coustume de l'Isle de Cea* (II, 3). Er beschäftigt sich mit dem Problem des Selbstmords, mit den kulturellen Praktiken und den notorischen Beispielen der Geschichte, mit antiken und christlichen Diskursen der Rechtfertigung und der Verwerfung der Selbsttötung. Montaigne bewegt sich auf einem vertrauten, vieldiskutierten Terrain, das der Titel des Essays allerdings zunächst nicht erkennen lässt. Dessen Sinn erschließt sich erst am Ende. Montaigne greift dort eine beispielhafte Erzählung auf, die er in den *Facta et dicta memorabilia* des Valerius Maximus (II, 6) gefunden hat. Er schreibt die Geschichte um, sie wird ihm zum Anlass einer grundsätzlichen Reflexion auf das Verhältnis von kultureller *coustume* und individueller *façon*, von Sitte und Ethos.

Sextus Pompeius (ca. 67–35 v. Chr.), der Sohn des Gnaeus Pompeius Magnus, wird auf der Insel Cea (in der Ägäis) mit einer *femme de grande authorité* (E, S. 381) konfrontiert, die ihn bittet, ihrem Selbstmord, dessen Vollzug sie bereits vorher mit ihren Mitbürgern besprochen hat, beizuwohnen. Er soll den Vorbildcharakter der Tat durch seine Anwesenheit unterstützen und die *coustume* der Insel, die ihm doch fremd ist, auch für die römische Welt anerkennen. Erst durch die Reihe der fremden Beobachter, die bei Sextus einsetzt, deren Bericht von Valerius überliefert und schließlich bei Montaigne ausgearbeitet wird, entsteht die Denkwürdigkeit des Geschehens. Ein Hintergrund der Szene ist im Übrigen, wie Montaigne in Erinnerung ruft, die verbreitete Sitte oder Regel, manchmal auch das Gesetz, die Legitimität der Selbsttötung von der Zustimmung der jeweiligen politischen Autorität, dem *congé du magistrat*, abhängig zu machen. Der Römer versucht ebenso eloquent (S. 381: *à force d'eloquence* [..] *et de persuasion*) wie vergeblich, die betagte Dame, sie ist über achtzig Jahre alt und hat ihr Leben „en très-heureux estat d'esprit et de corps" zugebracht, von ihrem Vorhaben abzubringen, schließlich willigt er ein, der Zeremonie beizuwohnen. Die alte Frau ruht nun auf ihrem Bett, „mieux paré que de coustume", bereit für ihre letzte Rede, die Besprechung ihres Todes. Was sie vorträgt, besteht aus den Versatzstücken einer vertrauten populärphilosophischen Topik. Von den Göttern ist die Rede, auch von der vergangenen Gunst und wahrscheinlich zukünftigen Ungunst der Fortuna. Die Sterbende kennt nicht nur die Regeln der *coustume*, sie verfügt ebenso souverän über das mythische Repertoire ihrer Kultur. Nun gilt es nur noch, in der Inszenierung ihres Todes zu zeigen, wie sich in ihrem Handeln die Normen ihrer Welt zu einem exemplarischen Schauspiel verdichten lassen. Ihr individuelles Verhalten demonstriert, dass die *coustume* nicht nur eine heterogene Vielfalt umfasst, sondern eine in sich stimmige Lebensform bildet, die das Ethos der Individuen durchdringt und in ihrem Handeln anschaulich zum Ausdruck kommt. Die Person lebt aus der Sitte und gibt ihr durch ihr Handeln öffentliche Form. Der selbstgewählte eigene Tod, den die Greisin in Szene setzt, ist zugleich eine Feier der in der *coustume* gebundenen Gemeinschaft. Er demonstriert nachdrücklich, dass die Autorität der *coustume* im Handeln der Person gespiegelt wird. Die zwanglose Balance beider, in der die handelnde Person nicht unter der Tyrannei der *coustume* steht, sondern sich in ihrer finalen Selbstinszenierung in ein freies Verhältnis zu den Üblichkeiten der Sitte und den Sinnwelten der Kultur setzt, konstituiert für Montaigne einen wesentlichen Vorzug der antiken Welt gegenüber den zerstörerischen zentrifugalen Tendenzen der eigenen Gegenwart.

Die Frau, von der die Geschichte handelt, hinterlässt zwei Töchter und eine *legion de nepveux*, sie ermahnt ihre Mitbürger zu Einheit (*union*) und Frieden (*paix*), so steht nun nichts mehr *der heureuse fin* im Wege. Sie ergreift den Giftbecher, bittet Merkur um Geleit und trinkt entschlossen den *mortel breuvage*.[8] Noch eine Weile unterhält sie die *compagnie* der Umstehenden mit dem Bericht über die fortschreitende Wirkung des Giftes, doch als sie schließlich merkt, dass es das Herz und die inneren Organe erreicht, bittet sie ihre Tochter, ihr die Augen zu schließen. Montaigne kommentiert diese souveräne, für sich selbst sprechende Inszenierung des eigenen Todes nicht – er wechselt übergangslos zur Ebene der *coustume* zurück und berichtet knapp von einem langlebigen Volk, wo es üblich sei, dass die Menschen, wenn sie „las et saouls de vivre" (E, S. 381) sind, sich im hohen Alter von einem zu diesem Zweck ausgewählten Felsen ins Meer stürzen. Der lakonische Schluss des Essays, Schmerz und ein schlimmerer Tod, „(l)a douleur, et une pire mort" (E, S. 381) seien die besten Entschuldigungsgründe für die freie Selbsttötung, spricht bereits wieder aus dem Blickwinkel einer heillosen, von Grausamkeit gezeichneten Gegenwart, der die antike Einheit von *coustume* und *façon* verloren gegangen ist.

8 Vgl. E, S. 381: „comme les parties de son corps se sentoyent saisies de froid l'une apres l'autre: jusque à ce qu'ayant dict en fin qu'il arrivoit au cœur et aux entrailles, elle appela ses filles pour luy faire le dernier office, et luy clorre les yeux."

2 Tod in der Moderne: der sterbende Freund

Über den Selbstmord der tugendhaften Griechin hat Montaigne bei einem antiken Autor gelesen, dem es generell um die exemplarische Funktionalisierung des Geschehens ging. Er selbst macht daraus eine Geschichte, die von dem Verhältnis von kultureller und individueller *coustume* erzählt, das im Handeln der Person sichtbar wird und dessen Einheit in der Moderne verlorengegangen ist. Die insistente Projektion einer gerade in entscheidenden Momenten präsent gehaltenen und vorgeführten Stabilität von Sitte und Ethos hat vielleicht auch mit einer einschneidenden biographischen Erfahrung zu tun, die von gegenläufigen Momenten der Dissoziation geprägt ist. Es gibt nur einen Tod, den Montaigne selbst erlebt und von dem er auch ausführlich berichtet. Es ist der Tod des Freundes Etienne de la Boétie, den Montaigne nicht in den *Essais*, sondern in einem Brief an den Vater erzählt. Dagegen findet sich eine Vielzahl antiker Tode, an denen Montaigne das Zusammenspiel von *coustume* und *façon* beobachtet, die prominentesten sind zweifellos die Freitode des Sokrates und des jüngeren Cato. Überdies stößt man, ähnlich wie in *Coustume de l'isle de Cea*, auf namenlose Tode, nicht selten handelt es sich, zum Beispiel in dem Essay *De trois bonnes femmes* (II, 35), um Frauen. Vergleichbare moderne Beispiele finden sich in den *Essais* nicht.

Seinem Freund Etienne de la Boétie hat Montaigne mit dem Essay *De l'amitié* (I, 27) ein vielbesprochenes Denkmal gesetzt. Die Formel „Par ce que c'estoit luy, par ce que c'estoit moy" (E, S. 195) hat als spektakuläre Deklaration eines frühneuzeitlichen Individualitätsbewusstseins eine ebenso nachhaltige wie umstrittene Karriere gemacht. Der frühe Tod La Boéties am Ende einer schnell fortschreitenden Krankheit, in deren Verlauf Montaigne über längere Phasen zugegen war, bleibt hingegen in den *Essais* ausgespart. Der Brief an den Vater Pierre Eyquem, in dem Montaigne über das Sterben berichtet, stammt aus der Zeit vor der Arbeit an den *Essais*. La Boétie, am 1. November 1530 geboren, stirbt bereits am 18. August 1563 im Alter von zweiunddreißig Jahren an einer Entzündung der Verdauungsorgane.[9] Montaigne hat seinen Brief vermutlich kurz nach dem Tod des Freundes abgefasst, er wird ihn später selbst am Ende der von ihm besorgten Werkausgabe La Boéties 1570 veröffentlichen.

9 Vgl. Œ, S. 1347–1360. Montaigne spricht in seinem Brief von einem „flux de ventre avec des tranchées", Durchfall mit Koliken also, auch von „forte dissenterie" (Œ, S. 1348) ist die Rede. – La Boétie zitiert er mit den Worten: „J'estois prest à entrer à mon trente-troisiéme an." – Zum Kontext des Briefes und zur Geschichte der Freundschaft mit La Boétie vgl. die einlässliche Rekonstruktion in Gérard Defaux, *Montaigne et le travail de l'amitié*, Paris 2001.

Wegen der *singuliere & fraternelle amitié*, die ihn mit dem gut zwei Jahre älteren La Boétie verbindet, glaubt Montaigne nach der Auskunft des Briefes derjenige zu sein, der von den *dernieres paroles* des Freundes Rechenschaft ablegen kann und soll. Nur er, der Freund, habe eine *trescertaine cognoissance des intentions, jugements & volontez* La Boéties[10], zumindest in dem Maße, wie ein solches Wissen überhaupt möglich ist, zumal in einer Situation des Sterbens. In einer ebenso summarischen wie konventionellen Rhetorik heißt es zunächst, in der Krankheit habe sich La Boétie sowohl durch *belles imaginations* wie durch eine ausgeprägte *eloquence* mehr denn je ausgezeichnet. Die Reden des Sterbenden seien ein „singulier tesmoignage d'une ame pleine de repos, de tranquillité, & d'asseurance" (Œ, S. 1348) gewesen. Dieses enkomiastische Register, das der Brief eingangs anschlägt, wird allerdings durch die anschließende Erzählung der Tage der Krankheit und des Todes nicht fortgeschrieben, sondern mehr und mehr konterkariert. Montaigne berichtet einlässlich über die letzten zehn Tage La Boéties. Bereits am Anfang, wo es noch um die Reisepläne des Kranken und die Vermeidung der in der Umgebung grassierenden Pest geht, ist Montaigne erstaunt und berührt (*touché*) über die insistente Bitte des Freundes, er möge so viel wie möglich bei ihm bleiben. Montaigne erschrickt angesichts des schnellen Fortschritts der Krankheit[11] und will den Freund nicht mehr alleine lassen: „Je ne l'abandonnay plus." (Œ, S. 1349) Dieser Freundschaftsdienst ist nicht selbstverständlich, weil La Boétie selbst seine Krankheit nicht nur als ansteckend betrachtet, sondern auch als *malplaisante & melancholique* (Œ, S. 1349) erlebt. Nicht nur deswegen ist sie für die Anwesenden eine Herausforderung. So wird Montaigne bald Zeuge einer *grand'-foiblesse* La Boéties, die mit dem Verlust des Bewusstseins einhergeht und kaum etwas von der anfänglichen Souveränität übriglässt:

> [...] comme il fut revenu à soy, il dit, qu'il luy avoit semblé estre en une confusion de toutes choses, & n'avoir rien veu qu'une espesse nuë, & brouillart obscur, dans lequel tout estoit pesle-mesle, & sans ordre. (Œ, S. 1349)

---

10 Allerdings: Bereits hier beklagt der dreißigjährige Montaigne seinen Gedächtnismangel, seine *memoire fort courte* (Œ, S. 1347). Das schlechte Gedächtnis, die Erschütterung durch den Verlust des Freundes und stilistische Defizite könnten dazu führen, dass die Darstellung unterhalb des Niveaus der *brave démarche* des Freundes bleibe. Die Klage gehört allerdings sebst auch ins Register einer rhetorischen Bescheidenheitstopik.

11 Vgl. Œ, S. 1349: „il alloit tousjours en empirant".

Das ist zweifellos ein erstaunliches Zeugnis. La Boétie berichtet von einem chaotischen Durcheinander, das er erlebt habe, im dichten Nebel der Bewusstseinstrübung sei nichts mehr deutlich erkennbar gewesen. Die Krankheit produziert offenbar Phantasmen der Störung der Wahrnehmung und des Weltverlusts, die Dinge sind in Unordnung, sie haben ihre Prägnanz und ihren Ort verloren. La Boétie wird die wenigen Tage, die ihm noch bleiben, dazu verwenden, sein Erbe zu ordnen und sich von den ihm Nahestehenden zu verabschieden. Der Prozess seines Sterbens aber dokumentiert für den Beobachter Montaigne die zunehmende Vergeblichkeit dieses Bemühens.

Nachdem La Boétie keine Hoffnung auf Genesung mehr hat[12], rät Montaigne zur Regelung der *affaires domestiques*, Testamentsfragen werden erörtert und schließlich geklärt[13]. Der Kranke kommt nun ausführlich zu Wort, er wendet sich allerdings nicht an eine Gemeinschaft, sondern an einzelne Individuen, den Freund, den Onkel (der ihm der *vray pere* ist), die Ehefrau. Später, nach der Abfassung des Testaments, richtet sich La Boétie auch an die anderen Verwandten, eine Nichte wird beispielsweise ermahnt, Gott zu ehren, die Eltern zu lieben und sich von dem *vilain bourbier du vice* fernzuhalten, das heißt die *folles privautez* (Œ, S. 1355) mit den Männern zu vermeiden. Das sind ebenso erwartbare wie allgemeine Weisheiten und Ratschläge, Montaigne selbst findet die Reden langatmig, *longuets*. Nur mit dem Freund redet La Boétie offen über seinen Zustand, ihm vertraut er auch an, was er glaubt, für die *chose publicque* getan zu haben, ihm, mit dem er jene *vertueuse & sincere amitié* (Œ, S. 1352) erneuern will, die der Gegenwart fremd ist und von der es nur *quelques vieilles traces en la memoire de l'antiquité* gibt, hinterlässt er seine Bibliothek. So nimmt er Abschied von den „plus cheres personnes qu'il eust en ce monde" (Œ, S. 1352) und verlangt nach einem Priester, denn er will mit ruhigem Gewissen und als katholischer Christ sterben.

Die Reden hinterlassen Eindruck – nicht nur bei den Zuhörern, sondern auch beim Redner selbst, der durch sie eine *nouvelle vigueur* zu gewinnen scheint. Die Zweifel, die Montaigne angesichts der Schwächeanfälle des Freundes hegt, werden durch dessen Rhetorik zerstreut, die eine intakte *grandeur de courage* demonstriert. Nun scheint endlich wirklich geworden, was Montaigne

12 Vgl. Œ, S. 1349: „Il commença à desesperer entierement de sa guerison: ce qu'il me communiqua." Den Angehörigen allerdings verbirgt er die „opinion certaine qu'il avoit de sa mort" und spielt ihnen stattdessen „belles esperances" vor, um sie zu schonen, fürchtet er doch andernfalls, sie würden die „gonds de la raison" (Œ, S. 1351) überschreiten.

13 La Boétie möchte das Testament zunächst selbst schreiben, angesichts seiner Schwäche diktiert er es dem Notar: „J'appellay le notaire: & sur le champ il dicta si viste son testament, qu'on estoit bien empesché à le suyvre." (Œ, S. 1354)

parmy les histoires (Œ, S. 1353) gelesen hat. Was ihm der Freund vorführt, so die Hoffnung, wird ihm in Zukunft als Beispiel (*exemple*) dienen, um dereinst die gleiche Rolle (*rolle*) im Angesicht des Todes spielen zu können. Indes zeigt sich schnell, dass die Übereinstimmung mit den antiken Vorbildern das Ergebnis einer Nachahmung ist, die etwas beschwört, was nicht mehr zu erreichen ist. Man zelebriert eine Welt, die man idealisiert, die man aber nicht mehr wiederholen kann – und die vielleicht immer schon eine Projektion war. Die Rhetorik soll die Wirklichkeit erzeugen. Man hat, wie La Boétie erklärt, Reden (*discours*) geführt, um sie, wenn es darauf ankommt, *engravez bien avant au cueur & en l'ame* (Œ, S. 1353), zur eigenen Wirklichkeit werden zu lassen, das sei die *vraye prattique de noz estudes*. Aber die alten Reden und die moderne Wirklichkeit fallen auseinander.

Mit seiner letzten Ansprache wendet sich La Boétie an Montaignes jüngeren Bruder Thomas, Monsieur de Beauregard. Diese Rede betrifft nun nicht mehr das Erbe und die Tugenden der Familie, sondern die *reformation de l'Eglise* und damit die Einheit des Glaubens und der Nation: „Ne faictes point de bande & de corps à part: joignez vous ensemble." (Œ, S. 1356) Der konfessionelle Streit, die *dissentions*, die in die Welt der Freunde und der Familie vorgedrungen sind, zerstören die Einheit des Königreichs. Die letzten Worte des Sterbenden sind eine Rede über die Zwietracht, über den Religionskrieg, der für La Boétie wie für Montaigne zu einer Zerstörung der alten und verbindlichen *coustume* des katholischen Glaubens geführt hat. Und diese Entzweiung hat Einzug in die Ordnung der Familie und des Hauses gehalten, bis hin zum drohenden Bruderkrieg. Ihr gegenüber beruft sich La Boétie mit einem pathetischen Appell noch einmal auf die Treue zu jenem Glauben, den Moses begründet habe, der in Judäa empfangen wurde, um schließlich auch in Frankreich anzukommen – und dort nun zu zerbrechen droht.

Was danach kommt, ist ein Prozess des Sterbens, an dem Montaigne die Auflösung der sich selbst steuernden souveränen Person beobachtet. Der Freund stirbt keinen antiken, sondern einen kreatürlichen Tod. Seine letzten Äußerungen sind allerdings kulturell codiert, auch wenn sie dem anwesenden Freund unverständlich bleiben. La Boétie verliert das Bewusstsein, eine *sueur mortelle* (Œ, S. 1357) erfasst seinen Körper, seine Äußerungen werden inkohärent, die Zunge versagt den Dienst, ebenso schließlich die Augen. Der Sterbende scheint den Tod herbeizusehnen und wünscht die Vorstellungsbilder des Jenseits, die *effets des imaginations que je viens d'avoir*, verwirklicht zu sehen.[14] Montaigne gewinnt angesichts des Geschehens den Eindruck, nur

14 Vgl. Œ, S. 1358: „[…] qu'elle vienne quand elle voudra, je l'attends, gaillard & de pié coy."

noch das Bild (*image*) und den Schatten (*ombre*) eines Menschen zu sehen[15]. Sein Brief evoziert keinen gezähmten, von der Gemeinschaft eingerahmten und der Glaubensgewissheit getragenen Tod, sondern den Kampf eines Sterbenden, der seine Welt verloren hat.[16] La Boétie „donnoit des tours dans son lict avec tout plein de violence", die Stimme ertönt schließlich „plus esclatante & plus forte" (Œ, S. 1359), aus ihrem Wortschwall gibt der Brief nur eine einzige, allerdings durch Wiederholung pathetisch gesteigerte Äußerung wieder. In ihr bündelt sich allerdings eine Not, die religiöse und politische, soziale und affektive Resonanzen hat: „il se print à me prier & reprier avecques une extreme affection, de luy donner une place" (Œ, S. 1359). Der Sterbende hat keinen Platz mehr, der Freund soll Abhilfe schaffen. Die Dramatik dieses Appells wird noch dadurch gesteigert, dass sein Adressat auf die eindringliche Bitte mit Verständnislosigkeit reagiert. Er zweifelt nunmehr am Verstand La Boéties, „j'eus peur que son jugement fust esbranlé" (Œ, S. 1359). Der tadelnde Hinweis, solche Äußerungen seien nicht die eines *homme bien rassis*, veranlasst den Sterbenden nur zur eindringlichen Erneuerung seiner Bitte. Montaigne verkennt die Intensität des Appells, ihm einen Platz zu geben, indem er ihn in die kalte Rationalität metaphysischer Begriffe aristotelischer Provenienz übersetzt: Er, La Boétie, habe doch einen Körper, er atme und spreche und habe folglich auch einen Ort (*lieu*). Montaigne vermag nur einen Ort zu erkennen, wo La Boétie einen Platz verlangt, und verfehlt damit die Dimension dessen, worum es dem Sterbenden offenbar zu tun ist, der nun noch einmal, ein letztes Mal, protestiert. Der Ort, der ihm in der Antwort zugewiesen wird, ist nicht der, den er verlangt, „ce n'est pas celuy qu'il me faut" (Œ, S. 1360), er habe kein eigenes Sein, kein *estre*, mehr, klagt La Boétie. Mit unverwandter Sachlichkeit konstatiert Montaigne die letzten Lebensäußerungen des Freundes, die dramatische Gegenläufigkeit von Appell und Klage, von sprachlicher Benennung und körperlicher Expressivität, „me nommant une fois ou deux, & puis tirant à soy un grand soupir" (Œ, S. 1360).

So stirbt Etienne de la Boétie einen unversöhnten Tod, das Verhältnis zur Mitwelt bleibt bis zum Ende von rhetorischen Manövern geprägt, der Appell an den Freund geht ins Leere, am Ende steht eine panische Ortlosigkeit, deren Äußerungsform unverstanden bleibt. Die politisch-konfessionelle Spaltung der eigenen Nation und die Auflösung fraglos-verpflichtender *coustume* treiben La Boétie um, solange er noch bei klarem Bewusstsein ist. Die ebenso

---

15 La Boétie sagt über sich selbst, mit einem charakteristischen Wechsel in die lateinische Sprache: „Non homo, sed species hominis."

16 Zur *mort apprivoisée* vgl. Philippe Ariès, *Essais sur l'histoire de la mort en Occident du Moyen Age à nos jours*, Paris 1975, v.a. S. 21ff.

enigmatische wie eindringliche Bitte um einen Platz, an dem das Sein der Person zu hängen scheint, bleibt ohne Antwort, Montaigne kann nur mit der zwar unbestreitbaren, aber zugleich belanglosen Auskunft antworten, dass auch der Körper des Sterbenden unzweifelhaft seinen Ort habe.

Es liegt nahe zu vermuten, dass die letzte, unheilbare Verständnislosigkeit der Freunde beim Überlebenden einen Stachel hinterlassen hat. Die *Essais* tragen überdeutlich den Anspruch aus, dem toten Freund einen angemessenen Platz zu sichern, am deutlichsten in dem Bild der Grotesken, die sich um ein abwesendes Zentrum ranken, das *De l'amitié* bemüht. Der Autor Montaigne will dem Beispiel des Malers folgen, der in den Mittelpunkt der Wand ein möglichst vollkommenes Bild platziert, während er die umgebende Leere mit fantastischen Grotesken bemalt. So wolle auch er selbst verfahren, die eigenen *crotesques et corps monstrueux* (E, S. 189) sollen sich um ein *tableau riche, poly et formé selon l'art* (E, S. 190) ordnen, das er von dem toten Freund zu übernehmen gedenkt.[17] Diese Ankündigung hat Montaigne allerdings nie eingelöst, vielmehr hat er die textuelle Anwesenheit des Freundes in den *Essais* zunehmend marginalisiert und ihn schließlich ausgegrenzt. La Boéties *Discours de la servitude volontaire*, um den es zunächst geht, der selbst eine „maniere d'essay" darstellt und von seinem Autor als Manifest „à l'honneur de la liberté contre les tyrans" (E, S. 190) konzipiert war, wird nie in die *Essais* aufgenommen – trotz gegenteiliger, im selben Essay aber bereits zurückgenommener Ankündigung.[18] Die bis 1588 in die *Essais* integrierten *Vingt et neuf sonnets d'Estienne de la Boétie* werden im exemplaire de Bordeaux durchgestrichen und mit der Bemerkung verabschiedet: „ces vers se voient ailleurs" (vgl. E, S. 1418). Als Erbe der Bibliothek des Freundes und als Herausgeber seiner Schriften hält Montaigne La Boétie präsent und zugleich auf Distanz. Die *Essais* beschwören die Freundschaft, aber sie grenzen den Freund aus.

Unübersehbar gegenwärtig aber bleibt La Boétie indirekt dadurch, dass der Autor der *Essais* selbst die dramatische Ortlosigkeit des Freundes sich zu Eigen macht und sie zur Signatur seines exzentrischen Schreibens werden lässt. Die

17 So heißt es am Anfang von *De l'amitié*: „Considerant la conduite de la besongne d'un peintre que j'ay, il m'a pris envie de l'ensuivre. Il choisit le plus bel endroit et milieu de chaque paroy, pour y loger un tableau élabouré de toute sa suffisance; et le vuide tout autour, il le remplit de crotesques: qui sont peintures fantasques, n'ayans grace qu'en la varieté et estrangeté." (E, S. 189)

18 Vgl. E, S. 190: „Je me suis advisé d'en emprunter un d'Estienne de la Boitie, qui honorera tout le reste de cette besongne. C'est un discours auquel il donna nom: *La Servitude volontaire* […]". Am Ende des Essays heißt es dann: „Parce que j'ay trouvé que cet ouvrage a esté depuis mis en lumiere, et à mauvaise fin, par ceux qui cherchent à troubler et changer l'estat de nostre police […] je me suis dédit de le loger icy." (E, S. 201)

Essais entfalten nachträglich jenes Bewusstsein des unsicheren oder verlorenen Platzes, das der junge Montaigne im Augenblick des pathetischen Appells des Sterbenden noch flagrant vermissen lässt. Der späte Montaigne ist weit entfernt von dem frühen Zeugen des ortlosen Sterbens des Freundes, der er war und dem die Auskunft der aristotelischen Metaphysik zureichend schien. Für ihn werden die Plätze zu Orten des Eingedenkens, mehr noch: der phantasmatischen Heimsuchung. So heißt es noch in *De la vanité*:

> Est-ce par nature, ou par erreur de fantasie, que la veue des places, que nous sçavons avoir esté hantées et habitées par personnes, desquelles la memoire est en recommandation, nous emeut aucunement plus, qu'ouïr le recit de leurs faicts, ou lire leurs escrits? (E, S. 1043)[19]

3 Ambivalenz der *coustume*

Der Essay *De la coustume, et de ne changer aisement une loy receue* (I, 22) gehört zu denen, die Montaigne in seinen letzten Lebensjahren durch die handschriftlichen Ergänzungen des exemplaire de Bordeaux gegenüber der Erstausgabe von 1580 erheblich erweitert hat (Abb. 4, EB 40v). Dafür sind in erster Linie zwei Gründe maßgeblich: zum einen die intensive Lektüre von Reiseberichten aus der neuen Welt, insbesondere der *Histoire générale des Indes* von Lopez de Gomara (auf dieses Werk wird Montaigne auch im dritten Buch, namentlich in *Des coches*, zurückgreifen), zum anderen die Auseinandersetzung mit dem Wiederaufleben und der scheinbaren Endlosigkeit des konfessionellen Bürgerkriegs in Frankreich, dessen Spätphase in die Jahre 1585–1589 fällt und dessen Wiederaufleben Montaigne als ein deutliches Zeichen eines auch in anderen Zusammenhängen konstatierten Zerfalls der *coustume* wahrnimmt. Die umständliche Zweiteiligkeit des Titels trägt dieser doppelten Orientierung Rechnung. Montaigne beobachtet sowohl die ungeheure Vielfalt dessen, was man mittlerweile über die Sitten und Gewohnheiten in den Kulturen der alten und der neuen Welt erfahren und lesen kann als auch die Fragilität der Lebenszusammenhänge, die sich auf eingespielte Sitten stützen und in deren Destabilisierung ihren Halt verlieren. So heißt es einerseits:

> J'estime qu'il ne tombe en l'imagination humaine aucune fantasie si forcenée qui ne rencontre l'exemple de quelque usage public [...] (E, S. 114).

19 Die Bemerkung bezieht sich auf Rom. Montaigne zitiert anschließend einen Satz aus Ciceros *De finibus* (V, 1,2): „Tanta uis admonitionis inest in locis."

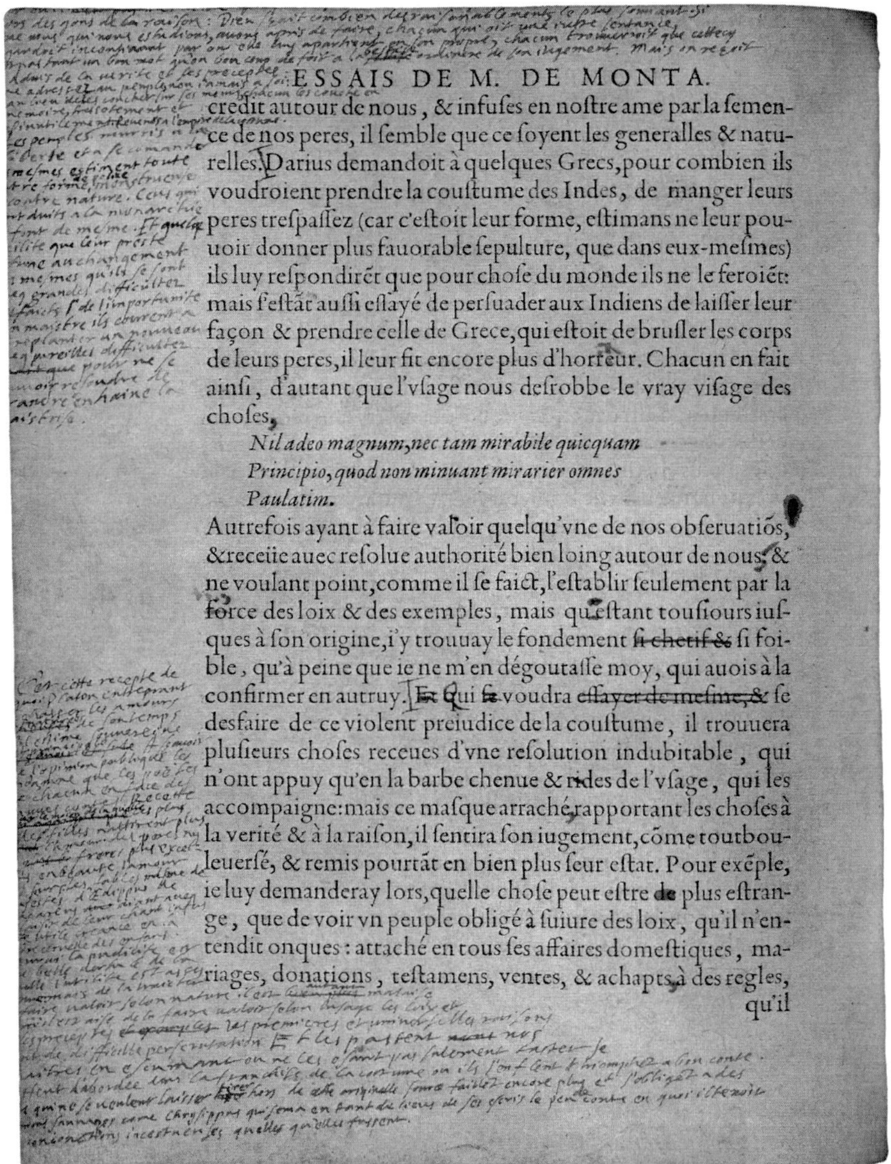

ESSAIS DE M. DE MONTA.

credit autour de nous, & infuſes en noſtre ame par la ſemence de nos peres, il ſemble que ce ſoyent les generalles & naturelles. Darius demandoit à quelques Grecs, pour combien ils voudroient prendre la couſtume des Indes, de manger leurs peres treſpaſſez (car c'eſtoit leur forme, eſtimans ne leur pouuoir donner plus fauorable ſepulture, que dans eux-meſmes) ils luy reſpondirẽt que pour choſe du monde ils ne le feroiẽt: mais s'eſtãt auſſi eſſayé de perſuader aux Indiens de laiſſer leur façon & prendre celle de Grece, qui eſtoit de bruſler les corps de leurs peres, il leur fit encore plus d'horreur. Chacun en fait ainſi, d'autant que l'vſage nous deſrobbe le vray viſage des choſes,

Nil adeo magnum, nec tam mirabile quicquam
Principio, quod non minuant mirarier omnes
Paulatim.

Autrefois ayant à faire valoir quelqu'vne de nos obſeruatiõs, & receüe auec reſolue authorité bien loing autour de nous, & ne voulant point, comme il ſe faict, l'eſtablir ſeulement par la force des loix & des exemples, mais queſtant touſiours iuſques à ſon origine, i'y trouuay le fondement ~~ſi chetif &~~ ſi foible, qu'à peine que ie ne m'en dégoutaſſe moy, qui auois à la confirmer en autruy. ~~Et~~ Qui ~~ſe~~ voudra ~~eſſayer de meſme, &~~ ſe deſfaire de ce violent preiudice de la couſtume, il trouuera pluſieurs choſes receues d'vne reſolution indubitable, qui n'ont appuy qu'en la barbe chenue & rides de l'vſage, qui les accompaigne: mais ce maſque arraché, rapportant les choſes à la verité & à la raiſon, il ſentira ſon iugement, cõme toutbouleuerſé, & remis pourtãt en bien plus ſeur eſtat. Pour exẽple, ie luy demanderay lors, quelle choſe peut eſtre de plus eſtrange, que de voir vn peuple obligé à ſuiure des loix, qu'il n'entendit onques: attaché en tous ſes affaires domeſtiques, mariages, donations, teſtamens, ventes, & achapts à des regles, qu'il

ABBILDUNG 4 *Michel de Montaigne,* Essais, *Exemplaire de Bordeaux, 1588, S. 40v.*

Noch die für einen distanzierten Beobachter unwahrscheinlichsten und exzentrischsten Produkte der menschlichen Einbildungskraft schlagen sich in der *coustume* nieder und erscheinen denen, die in ihnen leben, als Ausdruck der Vernunft oder als Regel der Natur.[20] Andererseits hält es Montaigne für höchst bedenklich, ja ungerecht (*très-inique*), die „constitutions et observances publiques et immobiles" (E, S. 125), das heißt stabile Institutionen und verstetigte Routinen, deren unhintergehbare Kontingenz die Vielzahl der Beispiele des Essays unzweideutig vorführt, nun ihrerseits der „instabilité d'une privée fantasie" (E, S. 125) zu unterwerfen. Die aus der Unverbindlichkeit subjektiver Vorstellungswelten entspringende, aber zur Stabilität von Dispositionen und Verhaltensmustern kristallisierte Sitte, deren untergründige Beweglichkeit *Des coustumes anciennes* nachdrücklich demonstriert hatte, soll gleichwohl von Ansprüchen auf Veränderung verschont bleiben, deren Motiv kein anderes ist als das ihres eigenen Ursprungs, die *fantasie* [...] *forcenée* der Individuen. Was zur Stabilität der *coustume* geronnen ist, besitzt bei aller fortlaufenden Veränderung eine Verbindlichkeit, welche die Fragwürdigkeit des Ursprungs verdeckt und die reziproken Erwartungen und Erwartungserwartungen der Welt des Handelns orientiert. Wo das Zufällige den Anschein der Notwendigkeit erlangt hat und von den Mitgliedern der Kultur als fraglose Norm erfahren wird, muss es als heillose Innovation (*nouvelleté*) erscheinen, darauf wiederum mit dem Anspruch der Veränderung (*changement*) zu reagieren.[21] Die Stabilisierungsleistung der *coustume* ist für Montaigne ein Wert an sich, auch wenn ihr Ursprung zufällig ist und ihre Motive fragwürdig sind. Die *coustume* gibt Orientierung und stiftet Verlässlichkeit, deren Bedeutung allererst ins Auge springt, wenn ihre Geltung verloren gegangen ist. Montaignes überaus massive Negativierung des Neuen und der Innovation sowie die Verteidigung des Eingespielten und der Üblichkeiten gründen in der Erfahrung der geschichtlichen Situation des Religionskriegs, in der die *coustume* zerbrochen ist und antagonistische Neuerungen unter dem Titel der ‚Reformationen' einander bekämpfen.

---

20 Blaise Pascal wird in seinen *Pensées* das von Montaigne umkreiste Verhältnis von Natur und Gewohnheit aufgreifen und bis zur paradoxen Ununterscheidbarkeit verschärfen: „La coutume est une seconde nature qui détruit la première. Mais qu'est-ce que la nature? Pourquoi la coutume n'est-elle pas naturelle? J'ai grand-peur que cette nature ne soit elle-même qu'une première coutume, comme la coutume est une seconde nature." (Fr. 117, *Œuvres complètes*, Bd. II, hg. von Michel Le Guern, Paris 2000, S. 578.)

21 Vgl. E, S. 123: „Je suis desgousté de la nouvelleté, quelque visage qu'elle porte; et ay raison, car j'en ay veu des effets très-dommageables [...] Ceux qui donnent le branle à un estat, sont volentiers les premiers absorbez en sa ruine."

Der erste Satz des Essays handelt von der „force de la coustume" (E, S. 111). Er greift die Rede von der Stärke oder Kraft wieder auf, die Montaigne kurz vorher in dem Titel *De la force de l'imagination* (I, 20) ins Spiel gebracht hatte. Beide Essays bilden eine Art Diptychon, nur getrennt durch das kurze Kapitel *Le profit de l'un est dommage de l'autre* (I, 21). In beiden geht es um das Verhältnis des Neuen und des Gegebenen, um die Emergenz und die Stabilisierung von Wirklichkeiten, die einerseits aus der Unruhe der Vermögen des Einzelnen, andererseits aus der Dynamik sozialer Beziehungen resultieren und von ihnen mit Leben erfüllt werden. Für den Beobachter, der sie aus räumlicher und zeitlicher Distanz wahrnimmt, sind sie ebenso kontingent wie substanzlos, was indes an ihrer erstaunlichen Orientierungsleistung für die, welche in ihnen leben, nichts ändert. Sie sind für Montaigne Manifestationen des individuellen und des gesellschaftlichen Imaginären, sie lassen Wirklichkeiten entstehen, sie beharren und verschwinden scheinbar ohne Grund, aber sie machen den Kitt der sozialen Welt aus. *De la coustume* trägt als Beleg der stummen Wirklichkeit der Gewohnheit ein prägnantes Beispiel aus der eigenen Lebenssituation vor. Der Autor der *Essais* verbringt seine Tage in dem Turm, in dem seine Bibliothek steht, jeden Morgen und jeden Abend lässt eine große Glocke ein Ave Maria erklingen. Deren *tintamarre* ist so stark, dass es den Turm erschüttert, der Bewohner findet den Ton zunächst kaum erträglich, gewöhnt sich allmählich daran, schließlich wird er durch das Läuten nicht einmal mehr geweckt. Das zunächst Unerträgliche ist im Laufe der Zeit unter die Wahrnehmungsschwelle gefallen, der Hausherr kann nun ungestört seine literarischen Interessen verfolgen. Das Beispiel zeigt prägnant „combien l'accoustumance hebete noz sens" (E, S. 112). Mit der Abstumpfung der Sinneswahrnehmung ist allerdings die Weltoffenheit der Person eingeschränkt, die Gewohnheiten werden vollzogen, ohne im Fokus der Aufmerksamkeit zu stehen. Die Lebensdienlichkeit der Gewohnheit hat als Kehrseite ihre massive Reizreduktion. Darin zeigt sich die Janusgesichtigkeit der *coustume*: Sie entlastet die Wahrnehmung und die Aufmerksamkeit der Person und reduziert damit die Komplexität der Welt, aber sie macht die Person zugleich blind für ihre eigenen Reaktionen, deren Vollzüge unter der Herrschaft der *coustume* weitgehend vorbewusst ablaufen.

Gewohnheiten bilden sich nicht nur durch wiederholte und schließlich unter die Bewusstseinsschwelle fallende Wahrnehmungen, sondern vor allem in der Wiederholung und Automatisierung von Handlungen. In diesen Prozessen der Habitualisierung prägt sich das Ethos einer Person aus, moralisches und unmoralisches, aber auch indifferentes Handeln wird zur Gewohnheit. Soweit bewegt sich der Essay durchaus im Gefolge der *Nikomachischen Ethik* und ihrer

Beschreibung der Tugend als Habitus.[22] Dabei vollzieht sich der gleiche Prozess der Invisibilisierung, den Montaigne bei Wahrnehmungen beobachtet. Man folgt der *coustume*, ohne zu sehen und ohne nachzudenken, was man damit tut. Angesichts stets fragwürdiger Innovationsansprüche sei sie zu respektieren, so die Auskunft des Essays. Was aber, wenn ihre Unsichtbarkeit nur ihre eigene Fragwürdigkeit verdeckt?

Montaignes Apologie der *coustume* lebt von der Erfahrung der Gegenwart, ihrer Auflösung tradierter Geltungen und von der Beobachtung der Einheit von Sitte und Ethos in den Texten der Antike. In ihnen erscheint das Handeln der Individuen als Affirmation der Regeln der Kultur. Seine Kritik der *coustume* gründet in der Reflexion auf die Maßstäbe individuellen Handelns, und vor dem Hintergrund dieses ethischen Anspruchs tritt ihre Fragwürdigkeit zutage. Die Individuen werden zu dem, wozu sie die *coustume* macht. Aber sie können sich zu dem verhalten, was sie geworden sind. An dieser Stelle schlägt die politische Verteidigung der *coustume* in die Ausstellung ihrer ethischen und dianoetischen Fragwürdigkeit um. Die *coustume* formt soziale und politische Körper, aber sie verformt das Urteils- und Unterscheidungsvermögen (*discretion*) der Individuen. Montaigne konstatiert, dass sich die entscheidenden Prägungen bereits im frühen Kindesalter (*tendre enfance*) ausbilden können. Das gilt insbesondere für jene Disposition zur Grausamkeit, die Montaigne als das Antihumane des Menschen schlechthin ansieht.[23] So lernen Kinder das Quälen und Töten von Tieren bereits in frühen Nachahmungsspielen. In solchen Einübungen aber werden die Fundamente einer Disposition gelegt, die sich später zur Tyrannei und zum Verrat gegenüber den Menschen wandelt. Im kindlichen Spiel liegen die „vrayes semences et racines de la cruauté, de la tyrannie, de la trahyson." (E, S. 112) Der Habitus der Tugend wie der Hass auf das Laster sind Effekte von Lernprozessen, die zur Verwerfung habitualisierter Dispositionen zwingen.[24] Die Macht der Gewohnheit, der sozialen *coustume* wie der individuellen *façon*, wird durch keine göttliche Instanzen oder Gesetzlichkeiten der Natur reguliert, das Verwerfliche steht ihr nicht ferner als

22 Vgl. Aristoteles, *Nikomachische Ethik*, hg. und übers. von Eugen Rolfes und Günter Bien, Hamburg 1995, S. 26ff. (1103a/b): „Darum werden uns die Tugenden weder von Natur noch gegen die Natur zuteil, sondern wir haben die natürliche Anlage, sie in uns aufzunehmen, zur Wirklichkeit aber wird diese Anlage uns zur Gewöhnung [...] die Handlungen sind es [...] durch welche die Beschaffenheit des Habitus bestimmt wird."

23 In dem Essay *De la cruauté* (II, 11) heißt es kategorisch: „Je hay entre autres vices, cruellement la cruauté, et par nature et par jugement, comme l'extreme de tous les vices." (E, S. 451)

24 E, S. 113: „Il faut apprendre soigneusement aux enfants de haïr les vices de leur propre contexture [...]".

das Nachzuahmende. In *De l'experience*, wo es um die Erfahrung der eigenen Gewohnheiten geht, wird Montaigne die *coustume* als das Getränk der Kirke (*breuvage de Circé*) apostrophieren, „qui diversifie nostre nature, comme bon luy semble." (E, S. 1127) Dieser Macht der Gewohnheit, die über die menschliche Natur verfügt, unterliegt offenbar selbst das Gewissen, seine Gesetze gründen durchaus nicht in der Natur, sondern in der *coustume*:

> Les loix de la conscience, que nous disons naistre de nature, naissent de la coustume: chacun ayant en veneration interne des opinions et mœurs approuvées et receues autour de luy, ne s'en peut desprendre sans remors, ny s'y appliquer sans applaudissement. (E, S. 119)

Francis Bacon wird in seinem *Novum Organon* im Kontext seiner Analyse und Kritik der Idole auch den Terminus der Idole des Marktes, *idola fori*, prägen, der präzise fasst, was Montaigne als ‚innere' Verehrung der eingespielten Ansichten und Verhaltensmuster der *coustume* beschreibt. Die Idole des Marktes haben es, wie es im 43. Aphorismus des ersten Teiles des *Novum Organon* heißt, mit dem *hominum commercium et consortium* zu tun, in dem das Verhältnis der Wörter zu den Dingen manipulierbar ist: „Homines enim per sermones sociantur; at verba ex captu vulgi imponuntur." So werden die Menschen durch die Sprache, ihr Urteil verdunkelt und sinnlose Kontroversen erzeugt, „homines ad inanes et innumeras controversias et commenta deducunt."[25] Montaigne wird seine eigene Version der *idola fori* in *De l'experience* als Sprachkritik formulieren. *De la coustume* kreist um die Beweglichkeit der menschlichen Natur, die durch Gewohnheit und Sitte stabilisiert, aber auch verführt wird. Montaigne kennt die Nichtfestgestelltheit oder *perfectibilité* (Rousseau) des Menschen, die seit dem 18. Jahrhundert zur anthropologischen Fundamentalkategorie avanciert, zwar nicht dem Namen, aber der Sache nach. Der Essay verfolgt sie im beweglichen Wechselspiel von individueller *façon* und sozialer *coustume*. Der Prozess der *accoustumance* führt zu einer ‚Feststellung', einer Stabilität der Person, die um den Preis der Souveränität und Selbsttransparenz ihrer Vermögen erkauft wird. Die *Essais* leben davon, die Operationen der Vermögen des Autors in der offenen Beweglichkeit ihrer Fremd- und Selbstbezüge vorzuführen. Zum Autor der *Essais*, der von ihm erfundenen Gattung der Literatur, kann Montaigne nur werden, wenn er Distanz zu den stummen Regeln der Sitten wahrt oder herstellt. Der Essay als Form impliziert die Sistierung der *coustume*. Aber er ist zugleich auch immer wieder auf sie verwiesen, weil die Selbstbeobachtung laufend mit Momenten der Selbstentzogenheit und der Fremdheit des Eigenen konfrontiert ist. In *De la coustume, et de ne*

25 Francis Bacon, *Neues Organon*, Teilband 1, hg. von Wolfgang Kron, Hamburg 1990, S. 102.

changer aisement une loy receue verfolgt Montaigne die soziale und individuelle Zwiespältigkeit seines Gegenstands in vier bemerkenswerten Hinsichten, die er in den großen Essays des dritten Buches aufgreifen und variieren wird. Aber bereits der frühe Essay spielt die Ambivalenz seiner Perspektiven, die sich zwischen den Polen eines politischen Konservativismus und dem Souveränitätsanspruch des Urteils, zwischen der Notwendigkeit der Feststellung der menschlichen Natur und dem Anspruch essayistischer Freiheit bewegen, in prägnanter Kürze durch.

a) *Autorität der Gewohnheit.* Der *coustume* zu folgen geht einher mit der fraglosen Zustimmung zu dem eigenen Tun, ihr sich zu widersetzen führt hingegen zu Gewissensbissen und Reue. Die ‚Stimme' des Gewissens ist das Medium in der Person, wo Habitus und Sitte als Autorität auftreten. Diese Diagnose ist für Montaigne durch die Lektüre und die eigene Erfahrung vielfach bestätigt. Die Sitten der Kultur sind mithin in der Person auf zwei Ebenen vertreten, einerseits in den habitualisierten Einstellungen, Dispositionen und Verhaltensweisen, andererseits als Instanz der (Selbst-)Beobachtung und Kontrolle. Es ist die *coustume*, die sich als Stimme des Gewissens äußert, sie ist so etwas wie ein Über-Ich avant la lettre, denn sie äußert sich in kritischen Situationen der Entscheidung als eine innere Stimme, welche den Gedanken und Handlungen der Person beifällig applaudiert oder sie tadelnd zurückweist. Das Gewissen als zweite Natur der Gewohnheit markiert damit eine Grenze der souveränen Urteilskraft. Montaigne spricht daher von der Autorität der Gewohnheit, und diese steht offensichtlich im Gegensatz zum Selbstverständnis des essayistischen Autors. Man folgt ihr, auch wenn man nicht weiß, warum man ihr folgt. Man muss nicht einmal wissen, dass man ihr folgt. Die Autorität der *coustume* ist meist stumm, aber gerade deshalb ist sie mächtiger als die Autoritäten des Wissens und der Politik, aber auch als der Souveränitätsanspruch der Person und ihrer Urteilskraft. Sie gefährdet damit die essayistische Freiheit. Der Prozess der *accoustumance*, wie er sich seit der Kindheit lebensgeschichtlich vollzieht, verweist zurück auf die Autorität des Vaters und die Linie der Väter, durch die sie eingepflanzt wurde, um dann mit der Natur und der Vernunft identifiziert zu werden, mit denen sie allerdings keinesfalls identisch ist. So manifestiert sich die *coustume* als Gegenstand der Beobachtung überhaupt erst dann, wenn man im Denken und in der Sprache aus ihr heraustritt oder im Handeln mit ihr in Konflikt gerät:

> [...] les communes imaginations, que nous trouvons en credit autour de nous, et infuses en nostre ame par la semence de nos peres, il semble que ce soyent les generalles et naturelles. Par où il advient, que ce qui est hors les gonds de la coustume, on le croit hors les gonds de la raison (E, S. 119).

In dem Junktim von internalisierter väterlicher Autorität und gesellschaftlicher Vernunft gewärtigt Montaigne die tyrannische Seite der Gewohnheit. Durch sie wird der Person die Verfügung über sich selbst entzogen. Die *coustume* ist eine „violente et traistresse maistresse d'escole": „Elle establit en nous, peu à peu, à la desrobée, le pied de son authorité" (E, S. 111). Das Regime der Sitte, das sich allmählich installiert, erweist sich, gerade wegen seiner Unsichtbarkeit, als eine Gewaltherrschaft. Für den Beobachter, der sie, sei es in anderen Kulturen, sei es in Prozessen der Selbstinspektion, thematisch macht und damit ein Bild von ihr generiert, zeigt sie ein „furieux et tyrannique visage" (E, S. 111)[26]. Sie hinterlässt *estranges impressions* (E, S. 114) und wird damit als der Fremdkörper sichtbar, der sie ist. Der unsichtbare Abdruck des Fremden wird in der distanzierten Beobachtung zum fremden Eindruck. Die *coustume* beherrscht die Urteilskraft und die Meinungen derer, die sich ihr unterworfen haben: „Que ne peut elle en nos jugemens et en nos creances?" (E, S. 114) Dieser Befund zwingt den Autor der *essais de mon jugement* zur fortlaufenden Distanzierung der *coustume*.

Der Essay führt an einer Vielzahl von Beispielen vor, dass es keine noch so exzentrischen Produkte der Einbildungskraft, keine entfesselten Gebilde der Phantasie gibt, die sich nicht irgendwo als kulturelle Norm niedergeschlagen und verfestigt haben. Montaigne notiert, wie Kulturen, die ihrerseits andere Kulturen beobachten, deren Sitten und Gebräuche geradezu als Manifestationen des Wunderbaren (*merveilleux*) wahrnehmen. Das Gleiche tun die Europäer, wenn es um die Abweichung von den eigenen Sitten geht. Montaigne illustriert diesen naiven Zentrismus des Eigenen mit einer Anekdote, durch die er ihn ingeniös bloßstellt. Er berichtet von einem französischen Edelmann, der sich – *chose très-ennemie de nostre usage* (E, S. 114) – stets mit der bloßen Hand geschnäuzt habe. Der Herr war allerdings zugleich ein Mann von Witz, *fameux en bonnes rencontres*, und pflegte auf Vorhaltungen angesichts seiner nonkonformistischen Technik der Nasenreinigung zu fragen, welches Privileg denn das *salle excrement* der Nase habe, dass es, anders als andere Körperausscheidungen, verdiene, in ein vornehmes Tuch gewickelt und in der Tasche getragen zu werden. Das Argument überzeugt den Autor der *Essais* schon deshalb, weil es ihm die sonst unsichtbare befremdliche Fremdheit (*estrangeté*) der eigenen Sitten schlagartig vor Augen führt. In den Reiseberichten aus der Neuen Welt springt diese Fremdheit ohnehin ins Auge, sie wird noch einmal gesteigert, wenn sie als unverbundene und unkommentierte Serie präsentiert wird. So reiht Montaigne über mehrere Seiten anaphorische Beispiele, welche

26 Später (E, S. 121) ist von dem „violent prejudice de la coustume" die Rede.

die Heterogenität und Extravaganz der Sitten drastisch sichtbar werden lassen, indem sie jede Form der Motivierung oder Begründung aussparen:

> Il en est […] Où non seulement les bagues se portent au nez, aux levres, aux joues, et aux orteils des pieds: mais des verges d'or bien poisantes au travers des tetins et des fesses. Où en mangeant on s'essuye les doigts aux cuisses, et à la bourse des genitoires, et à la plante des pieds. (E, S. 115)

Die Serie dieser Praktiken der Ornamentierung und Pflege des Körpers ist, so suggeriert es die Parataxe, potentiell endlos. Der menschliche Körper ist zwar ein endlicher Schauplatz, aber zugleich Objekt einer unabsehbaren Vielfalt von Zuwendungen. Angesichts der Kontingenz der kulturellen Verhaltensnormen könnte alles auch anders sein, und es finden sich auch zahllose Zeugnisse dieser Andersheit. Der essayistische Beobachter lässt die Autorität der *coustume* kollabieren, indem er sie zum Panoptikum der Diversität werden lässt. Und dieser Geltungsverlust durch Entzauberung in der parataktischen Serie steigert sich noch einmal, wenn der Autor der *Essais* auch noch die Beobachter der *coustume* und die Heterogenität ihrer Urteile beobachtet.

b) *Konservativismus.* In der *coustume*, so konstatiert der horizontal und vertikal ausgreifende Blick der *Essais*, herrscht weder die Natur noch die Vernunft. Von ihr beherrscht zu leben heißt, unter dem Joch einer ebenso unbefragten wie tyrannischen Autorität zu stehen. Von außen betrachtet, fällt vor allem ihre *estrangeté* auf. Aber der Essay über die *coustume* demonstriert nicht nur die bodenlose Vielfalt der Sitten, sondern auch die Unverzichtbarkeit der *coustume* für die Stabilität von sozialen Gemeinschaften. Man hat *De la coustume* daher oft als prononcierte Exposition von Montaignes politischem wie religiösem Konservativismus gelesen.[27] Das gilt zumindest für die historische Situation, in der der Autor lebt und auf die er sich mehrfach bezieht. Der Essay ist im Kern eine Reaktion auf den Autoritätsverlust der *coustume*, der mit dem religiösen und politischen Bürgerkrieg des 16. Jahrhunderts einhergeht. Montaigne

---

27 Zum Konservativismus Montaignes vgl. z.B. die prägnante Bemerkung in den *Notizheften* Henning Ritters, Berlin 2010, S. 35: „Die Zweischneidigkeit von Montaignes Konservativismus besteht darin, dass er die bestehende Ordnung akzeptiert – weil sie Ordnung ist und die Stelle der Unordnung einnimmt – und ihr zugleich jede übermenschliche Autorität, jede geheiligte Grundlage entzieht. So schließt die konservativ bejahende Haltung Montaignes keine positive Begründung der politischen Institutionen ein. Sie sollen es nur ermöglichen, in Gewohnheiten zu leben". Zum Kontext vgl. Frieda S. Brown, *Religious and Political Conservatism in the ‚Essais' of Montaigne*, Genf 1963; Jean Starobinski, *Montaigne en mouvement*, a.a.O., v.a. S. 293ff. Dagegen schlägt David L. Schaefer, *The Political Philosophy of Montaigne*, Ithaca/London 1990, eine liberalistische Lesart der *Essais* vor.

erlebt ihn als permanenten Ausnahmezustand. Nur die stumme Autorität der Gewohnheit vermag jene Antagonismen zu kanalisieren, die in ihrem Zerfall massiv hervortreten. Die unsichtbare Gewalt, die in ihr gebunden ist, verhindert den Ausbruch jener manifesten Gewalt, die aus der Selbstautorisierung der von *ambition* und *presomption* getriebenen, den Idolen des Marktes verfallenen Individuen stammt. Mit großer Nachdrücklichkeit umkreist der Essay über mehrere Seiten die entfesselte Dynamik der aus der *coustume* heraustretenden Leidenschaften der Individuen:

> […] il me semble que toutes façons escartées et particulieres partent plustost de folie, ou d'affectation ambitieuse, que de vraye raison (E, S. 122).
> […] il y a grand amour de soy et presomption, d'estimer ses opinions jusques-là, que pour les establir, il faille renverser une paix publique, et introduire tant de maux inevitables, et une si horrible corruption de mœurs que les guerres civiles apportent, et les mutations d'estat […] (E, S. 124).
> Me semblant très-inique, de vouloir sousmettre les constitutions et observances publiques et immobiles, à l'instabilité d'une privée fantasie (E, S. 125).

Montaigne interessiert sich an dieser Stelle nicht für die religiösen oder theologischen, sozialen oder politischen Motive des Bürgerkriegs. Seine Vorbehalte gegenüber dem Protestantismus sind ebenso bekannt wie seine mehrfach deklarierte Treue zur katholischen Kirche und ihren Lehren. Aber es sind andere Kontexte, in denen diese Themen virulent werden. In *De la coustume* ist davon nur unterschwellig die Rede, wenn von „nostre presente querelle" (E, S. 126) die Rede ist. Immerhin wird deutlich, dass Montaignes Kritik sowohl die Hugenotten wie die katholischen Ligueurs trifft. Aber der Essay handelt nicht von theologischen Kontroversen und politischer Legitimität. Er nimmt sie vielmehr zum Anlass einer anthropologischen Umschreibung, der es um die Einhegung der Potentiale der menschlichen Natur geht. Montaigne umkreist jene Antriebe der *privée fantasie*, durch die sich die Individuen gegen die Autorität der *coustume* stellen, getrieben in erster Linie von Machtstreben und Selbstüberhebung. Die Begriffe der *presomption* und *ambition* verweisen auf theologische Vorgaben ebenso wie auf den politischen Diskurs der Zeit, sie sind nicht Bestandteil einer homogenen anthropologischen Konzeption. Aber indem Montaigne ihre zerstörerische Energie aufruft, wird gegenläufig die Stabilisierungs- und Orientierungsleistung der *coustume* ins Spiel gebracht. Diese erscheint dann nicht nur, wie die ethnographischen Beispiele der Neuen Welt suggerieren, als eine heterogene und zerstreute Vielfalt, sondern als ein geordnetes kulturelles Ensemble. Dafür stehen vor allem die Beispiele der antiken Welt ein. Montaigne übersetzt ihre Leistung in eine architektonische Analogie, wobei der kontrafaktische, kompensatorische Charakter des metaphorischen Bildes kaum zu übersehen ist:

> [...] une police, c'est comme un bastiment de diverses pieces joinctes ensemble d'une telle liaison, qu'il est impossible d'en esbranler une que tout le corps ne s'en sente. (E, S. 123)

In der Moderne lässt erst der Bürgerkrieg und die Auflösung der tradierten Ordnung die stumme Bindungswirkung sichtbar werden, die von der nunmehr zerstörten Einheit der *coustume* ausging. Die Lehre, die aus der heillosen Gegenwart zu ziehen ist, lautet: Die *coustume* einer intakten Kultur bildet, dem Anschein der Beliebigkeit zum Trotz, einen in sich vernetzten Zusammenhang. Überdies lässt sich, was in der Gegenwart verloren gegangen ist, bei den Autoren der Antike in der Konvergenz von *façons* und *coustume* exemplarisch beobachten. Später, in *Des cannibales* und *Des coches*, wird Montaigne diesen Nexus auch im Hinblick auf die durch die entfesselte Grausamkeit der Europäer dem Untergang geweihten Kulturen der Neuen Welt erproben.

c) *Souveränität des Urteils.* Montaigne beobachtet abwechselnd die subjektive und die objektive Seite der Gewohnheit oder Sitte, die *façon* der Individuen und die *coustume* der Nationen. Letztere bewegt sich zwischen den Polen der Vielfalt und der Ordnungsstiftung, erstere zwischen der *accoustumance* durch Nachahmung und Internalisierung und der tyrannischen Autorität der Gewohnheit über die Person und ihre Vermögen. Allerdings: Das Hin- und Herpendeln der Urteilskraft, die sich in immer neuen Unterscheidungen zu den Orten und Prozessen der Gewohnheit verhält, impliziert hier wie durchgängig in den *Essais*, dass Montaigne seinen Ort als Beobachter und Autor, und das heißt die Instanz seiner Urteilskraft, außerhalb der ohnehin erschütterten *coustume* seiner Zeit ansiedelt. Das Urteil ist nur souverän, wenn es die Gewohnheit objektivierend beobachtet. Wenn die essayistische Abwägung in ihrer offenen Beweglichkeit keine stabile Position markiert, so hat das weniger mit mangelnder Distanz als mit der fortlaufenden Veränderung und Selbstkorrektur der Vermögen dessen, der seine Beobachtung selbst beobachtet, zu tun. So sehr Montaigne einerseits das Verhalten des *bon et grand Socrates* (E, S. 122) hervorhebt, der sich geweigert habe, sein Leben durch die *desobeissance du magistrat* (E, S. 122f.) zu retten, obwohl ihm die Ungerechtigkeit des über ihn gefällten Urteils vor Augen steht, so insistent Montaigne den Gehorsam gegenüber Sitten und Gesetzen als *regle des regles*, als *loy des loix* (E, S. 123) auszeichnet, so ist andererseits doch unverkennbar, dass die sozialen Üblichkeiten für die Urteilskraft des Essayisten keinerlei Autorität besitzen, weder als erinnerte Tradition noch als Kompensation gegenwärtiger Unordnung. Die *coustume* aIs eine Art Metaregel oder oberstes Gesetz zu apostrophieren ist daher eher eine Symptomanzeige ihrer Hinfälligkeit als die Feststellung ihrer ungebrochenen Herrschaft über die Individuen. Angesichts der epochalen Erfahrung einer Entfesselung der religiösen und politischen Leidenschaften die Autorität der *coustume* zu beschwören unterstreicht in den *Essais* nurmehr die andere Seite eines Anspruchs unbedingter Freiheit des Urteils. Der Weise (*sage*) – der Montaigne nicht sein will, dessen Position er gleichwohl in der Souveränität des Urteils besetzt – „doit au dedans retirer son ame de la presse, et la tenir en liberté et puissance de juger librement des choses" (E, S. 122). Freiheit der Seele, Freiheit des Urteils – zwei Mal unterstreicht Montaigne auf kürzestem Raum seinen Anspruch auf Autonomie, gegenüber der *presse*, den Zumutungen der antagonistischen Parteien ebenso wie gegenüber den Üblichkeiten der Gemeinschaft, der Politik wie der Religion. Auf deren Tyrannei reagiert Montaigne mit einer rigorosen Grenzmarkierung. Die Person spaltet sich damit auf in einen Binnenraum der Urteilsfreiheit und eine Außenseite der sozialen Konformität. Wer weise und klug ist, gehorcht der *coustume* in seinem Verhalten in der Öffentlichkeit, „au dehors [...] il doit suivre entierement les façons et formes receues." (E, S. 122) Die *societé publique*, die von der stummen Autorität der Sitte zusammengehalten wird, hat mit den frei beweglichen *pensées* der Individuen nichts zu schaffen, diese werden in der Binnenwelt der Person weiterverarbeitet. *De la coustume* führt eine Spaltung von Innen und Außen, von Denken und Handeln, von Identität und Rolle vor, deren Spannung die *Essais* insgesamt durchzieht. Montaigne verteidigt die *coustume*, der er selbst in seiner literarischen Turmexistenz nicht zugehören will.

Nicht immer ist die Trennung von privatem und öffentlichem Ich indes so massiv als unvermittelte Opposition angelegt wie hier. Denn sie droht mit zwei Gegenpositionen in Konflikt zu geraten, zum einen der von Montaigne immer wieder postulierten Einheit von Denken, Reden und Handeln, zum anderen mit den biographischen Erfahrungen des Amtes, insbesondere der Rolle als Bürgermeister von Bordeaux, und der Vermittlerrolle zwischen den antagonistischen Parteien der Zeit, die ihm ein Engagement abverlangen, welches die Differenz von Innen und Außen untergräbt. *De la coustume* hingegen lässt die Opposition, welche die *Essais* insgesamt immer wieder neu justieren und dabei auch manchmal sabotieren, scharf hervortreten. Die Üblichkeiten, denen man sich unterwirft, erscheinen als ebenso unnatürlich und unvernünftig wie obligatorisch und tyrannisch. Das gilt gleichermaßen für die stummen Sitten, denen man reflexionslos folgt, wie für die aus ihnen entstandenen sichtbaren Institutionen und verschriftlichten Gesetze. Auch deshalb wird die Person zur Grenzziehung und zur Profilierung eines Binnenraums veranlasst, der Distanz und Souveränität vereint. Aber zugleich nötigt die epochale Erfahrung eines auf Dauer gestellten Ausnahmezustands Montaigne zur Verteidigung dessen, was in der Vergangenheit stets Stabilität und Stetigkeit zu versprechen schien und zumindest in der antiken Welt noch als Konvergenz von *façon* und *coustume* erfahren und gelebt werden konnte.

d) *Rettung durch List*: Warum, so könnte man fragen, triumphiert die politische Leidenschaft der *ambition* über die Macht der Gewohnheit, die Montaigne als die zweite Natur des Menschen auszeichnet? Warum erweisen sich Sitten und Gebräuche, Institutionen und Gesetze angesichts der Herausforderung durch die Antagonismen des Bürgerkriegs als so überaus brüchig und hinfällig? Wie kommt es, dass die Herrschaft der *coustume* zerfällt und an ihre Stelle die Gesetzlosigkeit des Ausnahmezustands tritt? Der Essay liefert keine Erzählung über die Genese des Ordnungsverlusts der Epoche, er handelt auch nicht von theologischen Wahrheitsansprüchen und politischen Legitimationsansprüchen. Die *discipline ordinaire d'un estat* verfügt, so scheint es, über keine Mittel, sich gegen die *accidens extraordinaires* (E, S. 127), die seine Ordnung destabilisieren, zu wappnen. *De la coustume* benennt einen anthropologischen Antrieb der Krise, das Syndrom der politischen Leidenschaften, den Machtanspruch und die Selbstüberhebung der Individuen. Getrieben von *ambition* und *presomption*, treten sie aus den Verbindlichkeiten der tradierten Sitten heraus. Diese Erfahrung ist natürlich nicht neu, der Bürgerkrieg in Frankreich hat eine prominente, in der politischen Literatur der Renaissance vieldiskutierte Analogie in der Antike, den römischen Bürgerkrieg und das Ende der Freiheit der Republik. Auch von ihm ist in *De la costume* die Rede. Der Essay zitiert das Beispiel des jüngeren Cato, der dem Vaterland gegen Cäsars Machtanspruch nicht zu Lasten der Gesetze, *aux despens de ses loix* (E, S. 127), beistehen will und damit den eigenen Untergang wie den der Republik provoziert. Montaigne deckt die Schwäche eines politischen Handelns auf, das als *aller legitime*, das heißt in Übereinstimmung mit den Gesetzen, stets ein *aller froid* sein will. Diese Kälte der Legitimität vermag dem *aller licencieux et effrené* (E, S. 127) eines entfesselten Machtwillens nicht standzuhalten, wie die Parallele von römischem und französischem Bürgerkrieg zeigt. Das Charisma der Person und die Unbedingtheit konfessioneller Wahrheitsansprüche triumphieren über die Trägheit der *coustume* und die pedantische Orientierung am Wortlaut des Gesetzes.

Mit der *ambition* Cäsars beschäftigt sich Montaigne in den beiden aufeinanderfolgenden Essays *L'Histoire de Spurina* (II, 33) und *Observation sur les moyens de faire la guerre, de Julius Caesar* (II, 34), zwei Essays, die bei aller Bewunderung für den Feldherrn Cäsar, dem „vray et souverain patron de l'art militaire" (E, S. 772), keinen Zweifel an der Verwerfung seines überbordenden Machtwillens lassen:

> Somme, ce seul vice, à mon advis, perdit en luy le plus beau, et le plus riche naturel qui fut onques: et a rendu sa memoire abominable à tous les gens de bien, pour avoir voulu chercher sa gloire de la ruyne de son païs, et subversion de la plus puissante, et fleurissante chose publique que le monde verra jamais. (E, S. 770)

Auch die Antike kennt den Ruin der *coustume* durch die *privée fantasie*. Der Untergang der römischen Republik ist, trotz der eklatanten Differenz der Maßstäbe angesichts der unterschiedlichen historischen Größe der Akteure und der Antriebe ihres Handelns, ein Fanal der Krise der Gegenwart. In beiden Fällen geht es für Montaigne um den Antagonismus von *coustume* (in dem weiten Sinne, der auch Institutionen und Gesetze umfasst) und *ambition* (der politischen Leidenschaft von Individuen und Gruppen). Die Gegenwart befindet sich in einem Stadium der *dernieres necessitez* (E, S. 127), auch der permanente Ausnahmezustand des Königreichs Frankreich verlangt andere Reaktionen als die Berufung auf die Sitten oder eine vergebliche Gesetzestreue im Stile des jüngeren Cato. Und natürlich weiß Montaigne, dass die Spaltung von distanziertem Urteil und konformistischem Handeln, die er für sich angesichts der blinden Herrschaft religiöser und politischer Leidenschaften beansprucht, unter den Bedingungen eines tiefgreifenden Geltungsverlusts der *coustume* zu kurz greift. Sie rettet die Autonomie des Urteils und überlässt die Antagonismen des Handelns ihrer eigenen Dynamik.

Immerhin scheint ein Ausweg in Sicht, der zumindest situativ Erfolg verspricht, ohne Identifikation und distanzloses Engagement zu fordern. Er verbindet sich allerdings mit einem Begriff, der in den *Essais* meist negativ konnotiert ist. Montaigne widmet ihm ein eigenes kleines Kapitel, *Des vaines subtilitez* (I, 54), es geht um die List, um die Nichtigkeit ihrer Unterscheidungen, aber auch um die Macht ihrer Interventionen. Wiederum sind es wie in *De la coustume* antike Beispiele, die Montaigne aufruft. Sie sind deutlich weniger prominent als der römische Bürgerkrieg und die rhetorischen Positionen seiner Protagonisten. In ihrem Verlauf werden die Beispiele listiger Umkehrung der Situation kaum mehr als angedeutet, selbst die Namen der Akteure nennt der Essay nicht immer. Das historische Material stammt in erster Linie aus den Biographien Plutarchs, den Leben von Agesilaos, Alexander, Lysander und Perikles. Die Gemeinsamkeit, die Montaigne ausmacht, gründet darin, dass in ihnen nicht die Leidenschaft, sondern die *subtilité*[28] der Akteure die Lösung brachte. Die List verzichtet auf Gewalt, indem sie die Gesetze zu ihren

28 Diese *subtilité* des Handelns ist etwas Anderes als die „subtilitez frivoles et vaines" (E, S. 330), von denen *Des vaines subtilitez* handelt. Den Begriff selbst hatte Gerolamo Cardano

Zwecken umdeutet. Durch subtile (Re-)Interpretation der politischen Wirklichkeiten und ihrer Legitimitätsaspekte manipuliert sie die Idole des Marktes:

> (il) vaudroit mieux faire vouloir aux loix ce qu'elles peuvent, puis qu'elles ne peuvent ce qu'elles veulent. (E, S. 127)

Montaignes Zeit kennt nur die Machtlosigkeit der Gesetze, die Herrschaft der Gesetzlosigkeit als die sichtbare Seite des Geltungsverlusts der Üblichkeiten. Immerhin, so zeigen die Beispiele, lassen sich auch Wege finden, die machtlosen Sitten und Gesetze wieder zu ermächtigen. Man muss sie interpretieren und für die eigenen Rettungsabsichten instrumentalisieren. So tritt an die Stelle der Gewalt die List. Die *subtilité* rettet die *coustume*, indem sie ihre Autorität ignoriert. Montaignes Beispiele der listigen Umgeltungen von Geltungen haben es weniger mit der Tiefenschicht stummer Gewohnheiten als mit der Ebene der Institutionen und Gesetze zu tun. Es geht in ihnen beispielsweise um die temporäre Aussetzung der Gesetze, um Manipulationen der Zeitrechnung und um die Interpretation juristischer Klauseln für die Besetzung öffentlicher Ämter. Die Spielräume, welche die Wörtlichkeit der Regeln bietet, werden von listigen Akteuren ingeniös ausgenutzt. Indem man unerwartete Bedeutungen aufdeckt oder setzt, rettet man die Geltung der Vorgaben der Gesetze. Die *subtilité*, die Montaigne beobachtet, hat ihr historisches Vorbild zweifellos in der List, der *metis* der Sophisten. Als explizite intertextuelle Referenz spielt die Sophistik in den *Essais* eine geringe Rolle, thematisch werden ihre Verfahren erst angesichts des Geltungsverlusts gegenwärtiger Institutionen. Aufgerufen wird sie, weil die Not der eigenen Zeit groß ist und keine normativen Lösungen in Sicht sind. In der *subtilité* triumphiert wie in der *metis* das Ingenium über die Routine, der situative Einfall über die stumme Dauer, die virtuose Manipulation über den Dogmatismus der Bedeutung.[29] Und vielleicht muss man in unsicheren, instabilen Zeiten gerade darauf setzen, von Fall zu Fall und ohne Blick für die Ordnung des Ganzen.

Die Rehabilitation der List, die in *De la coustume* selbst situativ und nicht systematisch ansetzt, gibt keine wirklich zureichende Antwort auf das drängende Problem des Essays, den Geltungsverlust der stummen Autorität der Gewohnheit in den entfesselten Antagonismen seiner Zeit. Ob Montaigne

---

in seinem monumentalen *De subtilitate* von 1550 prominent werden lassen. Vgl. dazu Ian Maclean, „Montaigne, Cardano: the Reading of Subtlety / The Subtlety of Reading", in: *French Studies*, 37 (1983), S. 143–156.

29 Vgl. dazu Marcel Detienne/Jean-Pierre Vernant, *Les ruses de l'intelligence. La mètis des Grecs*, Paris 1974. Zur Rezeption der Sophistik in der Renaissance: Gerhart Schröder, *Logos und List. Zur Entwicklung der Ästhetik in der frühen Neuzeit*, Königstein 1985.

seine eigenen Vermittlungsambitionen in der Bürgerkriegssituation vor Augen hatte, muss offenbleiben, er selbst tritt schließlich, so scheint es, hinter die fremde Rede zurück, die den Nutzen der List hervorhebt. *De la coustume* überlässt das letzte Wort Plutarch, der am Ende seiner Parallelbiographie von Philopoimen und Flaminius den griechischen Feldherrn, den ‚letzten der Hellenen', rühmt, weil er nicht nur gemäß den Gesetzen, sondern über die Gesetze geherrscht habe:

> [...] il sçavoit non seulement commander selon les loix, mais aux loix mesmes, quand la necessité publique le requeroit. (E, S. 127)[30]

Philopoimen praktiziert, so die Auskunft seines Biographen, die Montaigne zitiert, eine listige Herrschaft über die Gesetze. Auch er lässt die Gesetze etwas sagen, was sie nach dem üblichen Verständnis (dem der Gewohnheit) nicht sagen. Er tut damit etwas, was auch Montaigne tut, indem er Plutarch etwas sagen lässt, was dieser nicht gesagt hat. Der Essay wiederholt die Erzählung Plutarchs, indem er sie subtil umschreibt, so wie Philopoimen die Gesetze uminterpretiert hatte. Montaigne adaptiert sie damit für die Nöte seiner eigenen Zeit. Amyot, der Übersetzer Plutarchs, verwendet an der zitierten Stelle den Begriff des *bien publique*, des Gemeinwohls oder *bonum commune*, an dem sich Philopoimen orientiert habe, als er sich anmaßte, den Gesetzen seinerseits zu befehlen. Bei Montaigne steht an der Stelle des Gemeinwohls der Begriff der öffentlichen ‚Notwendigkeit', er ersetzt *bien publique* durch *necessité*.

Dieses semantische Manöver geschieht unausdrücklich, Montaignes Manipulation an Amyots Plutarchübersetzung bleibt für den Leser der *Essais* unsichtbar. Bringt man sie zur Geltung, dann wird deutlich, dass Montaigne ein Grundkonzept der modernen Politik aufruft, dessen antitraditionalistische Bedeutung ihm vor allem durch das Werk Machiavellis vertraut war. „Necessità fa virtù" heißt es in den *Discorsi sopra la prima deca di Tito Livio* und noch dramatischer: „gli uomini non operono mai nulla bene se non per necessità"[31]. Das neuzeitliche machttheoretische Konzept der Notwendigkeit rechnet mit

30 Montaigne zitiert Amyots Plutarch-Übersetzung (*Vies*, I, S. 864). Dort heißt es: „Par ainsi étant né pour commander, il ne savait pas seulement commander selon les lois, mais aux lois mêmes quand il en était besoin, et que le bien public le requérait; car alors il n'attendait pas que ceux qu'il devait gouverner lui donnassent autorité de commander, mais la prenait de lui-même [...]".

31 Niccolò Machiavelli, *Discorsi sopra la prima deca di Tito Livio*, hg. von Corrado Vivanti, Turin 1983, II, 12, S. 261; I, 3, S. 28f. Vgl. dazu Fabio Raimondi, „‚Necessità' nel *Principe* e nei *Discorsi* di Machiavelli", in: *Scienza e politica*, 40 (2009), S. 27–50.

dramatischen Erfahrungen von Ordnungsverlust und gefährdeter Selbsterhaltung. Das in der antiken politischen Philosophie prominente Gemeinwohl wird durch ein Konzept der Dringlichkeit des Handelns angesichts der *mutabilitas* substituiert, das mit zeitlichen Dynamiken rechnet. Montaignes essayistische List liegt darin, die Autorität Plutarchs einzusetzen, um ihr eine moderne Auskunft erteilen zu lassen, die im Interesse der durch *coustume* gestifteten Ordnung darauf verzichtet, das politische Leben als das gute Leben auszuzeichnen. Dass seine konzeptuelle Umschreibung des biographischen Beispiels vom Gemeinwohl zur Notwendigkeit zugleich eine Differenz von Antike und Moderne markiert, welche die antiken Beispiele distanziert, unterstreicht allerdings die politische Ratlosigkeit eines Essays, der den Autor am Ende hinter einer antiken Maske verschwinden lässt, welche die Sprache der Moderne spricht.

KAPITEL VI

Zwei Paradigmen historischer Größe. Das Wissen der Geschichte und die Arbeit der *Essais*

1 Epaminondas

Der Thebaner Epaminondas war ein Feldherr und Staatsmann des vierten vorchristlichen Jahrhunderts. Ihm ist es zu verdanken, dass sich Theben von der Vorherrschaft Spartas befreien konnte, sein Name steht für die kurzlebige Hegemonie Thebens im Ensemble der griechischen Städte. Mit seinem Tod ist sie auch schon wieder zu Ende, nur wenige Dekaden später wird Alexander der Große die Stadt verwüsten und die Elitetruppe des heiligen Bandes vernichten. Epaminondas ist keine historisch wirkungsmächtige Gestalt geworden, sein Nachruhm konzentriert sich auf wenige exemplarische oder anekdotische Szenen. Immerhin gilt er als Erfinder einer neuen, der sogenannten schiefen Schlachtordnung, die ein gesteigertes strategisches Ingenium erfordert und deren Prinzipien selbst in der Gegenwart noch aktuell zu sein scheinen.[1] Als Böotarch gelingt es ihm, die Spartaner 371 bei Leuktra zu besiegen, mehrere Feldzüge und Invasionen in den Peloponnes folgen, um die Machtstellung Thebens zu sichern. Die vierte Invasion führt schließlich 362 zur Schlacht von Mantineia, in der Theben gegen eine Koalition von Sparta, Athen und Arkadien kämpft. Der militärische Sieg geht zwar an die Thebaner, der Triumph aber ist überschattet von der tödlichen Verletzung des Epaminondas, der immerhin im Bewusstsein stirbt, dass seine Truppen den Sieg davongetragen haben.[2] Montaigne bespricht den Tod des Epaminondas in *De la diversion* (III, 4): „Épaminondas print sa mort bien plus alaigrement, ayant esté informé, que la victoire estoit demeurée de son costé.“ (E, S. 876) Der Thebaner stirbt heiter, nachdem er vernommen hat, dass sein Heer triumphiert.

---

1 Vgl. dazu Alexander G. Rubio, „Man Against History: Epaminondas and Thebes“, in: *European Tribune*, http://www.eurotrib.com/?op=displaystory;sid=2006/1/29/231755/979, der eine Linie über Alexander und Friedrich den Großen bis zu dem Golfkriegsgeneral Norman Schwarzkopf zieht: „What Epaminondas had done was nothing less than a revolution in the conduct of warfare. Up to this point, the army might have a right flank, left flank and centre. But they all had basically the same task. Epaminondas however had for the first time formed an army into a cohesive organism, but one which had limbs, each performing a different task.“

2 Vgl. dazu Hans Beck, *Central Greece and the Politics of Power in the Fourth Century BC*, Cambridge 2008; Guy Vattero, „Grandeur et décadence d'un héros: Epaminondas le Thébain“, in: Jeanne Dion (Hg.), *Le paradoxe du héros ou d'Homère à Malraux*, Nancy, Paris 1999, S. 43–86.

 | DOI 10.30965/9783770563548_007

Über die Biographie des Epaminondas weiß man nicht allzu viel: In seiner philosophischen Orientierung war er offenbar ein Erbe der pythagoräischen Tradition und pflegte eine asketische Lebensführung. Zeitlebens unverheiratet[3], wurden ihm verschiedene Liebhaber (*eromenoi*) zugeschrieben. Sein antiker Ruhm beruht wesentlich auf seinen Qualitäten als Feldherr, selbst der ihm als Parteigänger Spartas feindlich gesinnte Xenophon räumt das in seinen *Hellenica* ein, obwohl er ansonsten die Rolle des Epaminondas herunterspielt, ihn im Blick auf die Schlacht von Leuktra gar nicht erwähnt. Plutarch, dessen Parallelviten Montaignes wichtigste biographische Quelle sind, was antike Staatsmänner angeht, hat zwar ein Biographienpaar verfasst, das Epaminondas mit Scipio Africanus konfrontiert, aber die Viten sind verloren gegangen.[4] Immerhin bewahren die *Moralia* Plutarchs einige verstreute Taten und Aussprüche des Thebaners auf, Montaigne greift verschiedentlich auf sie zurück. In den politischen Texten der Renaissance tritt Epaminondas zurück. Bezeichnenderweise operiert Machiavelli in seinen *Discorsi sopra la prima deca di Tito Livio* nicht mehr mit der Konstellation Plutarchs, sondern mit dem Protagonistenpaar Hannibal und Scipio, die im Zweiten Punischen Krieg auch militärische Gegner waren.[5] Die abstrakte Konfrontation von Griechen und Römern, aus denen sich das biographische Verfahren Plutarchs speist, hat in der Renaissance ihre Attraktivität verloren. So bleibt als biographische Information über Epaminondas vor allem die Vita, welche Cornelius Nepos in seinen *De viris illustribus* dem Thebaner gewidmet hat, an Ausführlichkeit und Differenziertheit kann sie sich allerdings nicht mit dem Paradigma der Parallelbiographien Plutarchs messen.[6]

Cornelius Nepos weist in seiner Biographie ausdrücklich auf die kulturelle Differenz hin, die es erschwere, die der römischen Lebensform unvertraute

---

3 Auf den Vorwurf, er hinterlasse dem Vaterland keine Kinder, lässt ihn Cornelius Nepos antworten, seine *stirps* sei die unsterbliche Schlacht von Leuktra (Cornelius Nepos, *De viris illustribus. Biographien berühmter Männer*, übers. und hg. von Peter Krafft und Felicitas Olef-Krafft, Stuttgart 1993, 10, 2, S. 168.). Montaigne greift diese Rhetorik am Ende von *De l'affection des peres aux enfants* (II, 8) auf: „Il est malaisé à croire, qu'Épaminondas qui se vantoit de laisser pour toute posterité des filles qui feroyent un jour honneur à leur pere (c'estoyent les deux nobles victoires qu'il avoit gaigné sur les Lacedemoniens) eust volontiers consenty d'eschanger celles-là, aux plus gorgiases de toute la Grece". (E, S. 423)

4 Montaigne ruft die plutarchische Parallele am Ende von *Des noms* auf, er zitiert Verse, welche die „deux compagnons en principale valeur entre les hommes" (E, S. 301) rühmen.

5 Vgl. Machiavelli, *Discorsi*, a.a.O., z.B. S. 466ff., Kap. III, 21: „Donde nacque che Annibale con diverso modo di procedere da Scipione fece quelli medesimi effetti in Italia che quello in Ispagna."

6 Plutarch liefert allerdings auch einige biographische Informationen zu Epaminondas in den Biographien seiner Zeitgenossen Pelopidas und Agesilaos.

Figur des Thebaners zu verstehen. Man dürfe fremde Sitten (1, 1: *alienos mores*) nicht nach dem Maßstab der eigenen beurteilen. Das Bild, das er vom Leben und dem Habitus (1, 3: *imaginem consuetudinis atque vitae*) des Epaminondas geben will, präsentiert das Ethos einer Person, das römischen Erwartungen nur in eingeschränktem Maße entspricht. Über den Feldherrn erfährt man kaum etwas, umso mehr über sein Ingenium, seine künstlerischen Talente und seine Lebensführung. Epaminondas entstammt demnach einer ehrbaren, aber verarmten Familie, gleichwohl erhält er eine exzellente Bildung: Er lernt Tanz und Musik, spielt Zither und Flöte.[7] In der Philosophie wird er von dem weisen und strengen Pythagoräer Lysis unterrichtet. Als Ephebe trainiert er seinen Körper, er will Krieger werden, legt daher größeren Wert auf Schnelligkeit als auf Stärke (2, 4: *non tam magnitudini virium servivit quam velocitati*), Vorrang haben das Lauftraining, der Ringkampf und die Übung der Waffen. Aber die erprobte Tüchtigkeit des Körpers steht doch hinter den vielfältigen Vorzügen des Geistes und der Seele zurück. Cornelius Nepos breitet einen veritablen Tugendkatalog aus. Epaminondas ist maßvoll und klug, tapfer und wahrheitsliebend, selbstbeherrscht und großzügig, gütig und verschwiegen, die Zeit versteht er klug zu nutzen (3, 1: *temporibus sapienter utens*). Seine Beredsamkeit umfasst die Kürze der scharfen Replik ebenso wie den Ornat der langen Rede (5, 1: *in brevitate respondendi quam in perpetua oratione ornatus*). Ein derart umfassender Katalog von tugendhaften Dispositionen kann offenbar nur exemplarisch durch einzelne Handlungen oder Reden anschaulich werden. So berichtet der Biograph vom Versuch des Artaxerxes, Epaminondas über Mittelsmänner zu bestechen, dieser widersteht souverän und beschämt die Werkzeuge der Bestechung durch kluge Belehrungen. Und Cornelius Nepos merkt an, Epaminondas habe vor der Schlacht von Leuktra durch seine Rede gegen die Tyrannei der Spartaner deren Macht ebenso erschüttert wie durch die Schlacht selbst.

In den *Essais* fällt der Name Epaminondas insgesamt sechzehn Mal.[8] Das ist, verglichen mit anderen heroischen Figuren der Antike, nicht viel, Alexander der Große wird mehr als siebzig, Cäsar mehr als hundert Mal erwähnt, von den philosophischen Gestalten oder Autoren wie Sokrates, Platon oder Seneca, die Montaigne umtreiben, ganz zu schweigen. Und die Mehrzahl

7 Montaigne erinnert an diese musischen Übungen, wenn er am Ende von *De l'experience*, wo es um die Lebensform des Weisen geht (*Ainsin ont vescu les sages*), das Beispiel des Epamonindas zitiert: „Épaminondas n'estimoit pas que de se mesler à la dance des garçons de sa ville, de chanter, de sonner, et s'y embesongner avec attention, fust chose qui desrogeast à l'honneur de ses glorieuses victoires, et à la parfaicte reformation des mœurs qui estoit en luy." (E, S. 1159)

8 Vgl. dazu auch Kyriaki Christodoulou, „Le portrait d'Épaminondas chez Montaigne et chez Pascal", in: Ilana Zinguer (Hg.), *Le Lecteur, l'Auteur et l'Écrivain. Montaigne. 1492–1592–1992*, Paris 1993, S. 121–136.

der Erwähnungen beschränkt sich auf einzelne Handlungen oder Äußerungen, deren exemplarische Qualität zwar benannt, aber nicht extensiv entfaltet wird. Epaminondas, von dem noch in *De l'experience* die Rede ist, wird bereits im ersten Essay, *Par divers moyens on arrive à pareille fin*, erwähnt, Montaignes Quelle ist an dieser Stelle der kleine Traktat *Wie man, ohne anzustoßen, sich selbst loben kann* aus den *Moralia* Plutarchs. Die Episode lässt sich folgendermaßen resümieren: Zusammen mit Pelopidas wird Epaminondas angeklagt, sein Amt als Befehlshaber über die vorher festgesetzte Frist hinaus ausgeübt zu haben. Pelopidas, von der Anklage erschüttert, verteidigt sich mit demütigen Bitten und findet für dieses Vorgehen kaum Beifall, Epaminondas hingegen spricht gänzlich unerschüttert „viel von seinen glänzenden Thaten", und erklärt ohne Zögern, er sei bereit zu sterben, wenn die Thebaner nur eingestehen würden, „daß er Lacedämon verheert, Messenien neu gegründet, und Arkadien gegen den Willen der Lacedämonier (mit Thebe) vereinigt habe", woraufhin das Volk, „voll der Bewunderung über den Mann, mit Freuden und Lachen zugleich"[9], auseinandergeht. Montaigne lässt Epaminondas mit herrischer Arroganz, „d'une façon fiere et arrogante" (E, S. 33), auftreten, sein Verhalten zeige, was das *estonnement* und die *admiration* bei einem kleinmütigen Publikum (*ames moins genereuses*) zu bewirken vermag. Die beeindruckten Thebaner loben jedenfalls die *hautesse du courage de ce personnage* in höchsten Tönen. Man verzichtet auf Abstimmung, die Anklage fällt in sich zusammen, Epaminondas erscheint in Montaignes Eingangsessay als Beispiel einer in der Situation opportunen Unerschrockenheit, deren Erfolg durchschlagend ist.

Der kleine Essay *Qu'il ne faut juger de nostre heur, qu'après la mort* (I, 18) berichtet einen Ausspruch des Epaminondas, auch hier sind die *Moralia* der einschlägige Prätext. Plutarch lässt in den *Denksprüchen von Königen und Feldherrn* Epaminondas auf die Frage, wen er für den besseren Feldherrn halte, Gabrias, Iphicrates oder sich selbst, die knappe Auskunft geben: „Das ist schwer zu entscheiden, so lange wir leben."[10] Epaminondas' ingeniöse Replik macht pointiert deutlich, dass der Feldherr jederzeit mit zukünftigen Schlachten zu rechnen habe und erst nach seinem Tod ein endgültiges Urteil möglich sei. Montaigne macht am Ende seines Essays, der unmittelbar vor der

9 *Moralia*, I, S. 910. Die Szene geht auf die Biographie des Cornelius Nepos zurück, der bereits die mit schneidender Ironie formulierte Verteidigungsrede des Epaminondas zitiert: Auf seinen Grabstein möge man schreiben, die Thebaner hätten ihn zum Tode verurteilt, weil er sie gezwungen habe, die Spartaner bei Leuktra zu besiegen, weil er die griechische Freiheit wiederhergestellt habe, etc. Das Publikum reagiert mit heiterer Zustimmung, kein Richter wagt ihn zu verurteilen.

10 Plutarch, *Moralia*, I, S. 331.

Todesreflexion in *Que Philosopher, c'est apprendre à mourir* (I, 19) steht, aus der situativen Auskunft des Thebaners einen Spruch von grundsätzlicher und allgemeiner Bedeutung, in der es nicht mehr um das Urteil über Feldherrn und ihre Taten, sondern um die Sterblichkeit des Menschen überhaupt geht. Er lässt Epaminondas auf die Frage, wen er am höchsten von den drei genannten Akteuren schätze, antworten: „Il nous faut voir mourir, fit-il, avant que d'en pouvoir resoudre." (E, S. 82) Damit ist eine kleine, aber entscheidende Verschiebung gegenüber der Vorgabe Plutarchs vollzogen: Nicht das Leben, sondern das Sterben erlaubt das entscheidende Urteil, man muss uns sterben sehen, lässt Montaigne Epaminondas sagen, um über den Vorzug der Person zu entscheiden. Das Diktum des Thebaners variiert die Maxime des Essaytitels und präludiert der im folgenden Kapitel entfalteten Meditation über das Verhältnis der Philosophie zum Sterben. Es erzeugt eine thematische Kontinuität über die Einheit des einzelnen Essays hinaus. Steht bei Plutarch der Spruch des Thebaners in einer Serie von *dicta*, welche allesamt das situativ virtuose Ingenium des Thebaners vorführen, so steht er bei Montaigne im Kontext einer Serie von Beispielen, die unterschiedliche Relationen von Lebensführung und Sterben vorführen und im folgenden Essay auch einlässlich reflektieren, vor allem im Rekurs auf die antiken Lehren vom rechten Sterben. Montaigne zitiert daher auch keine weiteren *dicta*, sondern erinnert an das exemplarische Sterben des thebanischen Helden. Dessen überzeitliche Bedeutsamkeit werde verkleinert, wenn man nicht die Größe seines Todes sieht: „De vray on desroberoit beaucoup à celuy là, qui le poiseroit sans l'honneur et grandeur de sa fin." (E, S. 82)

Cornelius Nepos berichtet von diesem Ende, dessen Vertrautheit Montaigne voraussetzt, Folgendes. Epaminondas, vom feindlichen Speer getroffen, weiß, dass er tödlich verwundet ist. Zieht er den Speer aus seiner Brust, so wird er augenblicklich verbluten. So harrt er lieber aus und wartet ab, bis er vom Sieg der Thebaner gehört hat. Dann spricht er seinen letzten Satz, der seinen Tod bespricht und seinen letzten Triumph verkündet: *satis vixi: invictus enim morior* (9, 4). Er hat genug gelebt und stirbt unbesiegt. Anschließend zieht er sich das Eisen aus der Brust und stirbt einen plötzlichen, selbstgewählten Tod, der keine Sprache mehr braucht. Der souveräne Tod in der Schlacht von Mantineia hat offensichtlich jene Prägnanz, die ihn für die Speicherung im kulturellen Gedächtnis disponiert. Für Montaigne indes, den die Zeitlichkeit des Sterbens beschäftigt, vom Lernen des Umgangs mit dem Tod über die *praeparatio mortis* bis zum eigenen Tod, wird der Tod des Epaminondas zum Auslöser einer Reflexion über das Sterben, welche im folgenden Essay von den Beispielen des Sterbens auf die philosophischen Diskurse über die Kunst des Sterbens ausgreift.

Nicht der Tod als solcher, sondern der Prozess des Sterbens erlaubt ein Urteil über die Person. Aber das heißt keineswegs, dass damit auch schon ein abschließendes Urteil gefällt würde. Montaigne korrigiert die Bedeutung, die er dem Sterben beimisst. Das Leben in seiner Vielfalt ist vielmehr die andere Seite, die in Rechnung zu stellen ist, und wiederum wird Epaminondas zum Paradigma. Die letzten Seiten der *Essais* kreisen um das Thema der rechten Lebensführung, verdichtet in der Formel eines *vivre à propos* (E, S. 1158)[11]. Diese Kunst der Lebensführung und nichts anderes, so heißt es gegen Ende von *De l'experience*, sei das Meisterwerk des Menschen. Aber wie lebt man *à propos*? Gibt es dafür eine Regel und welcher philosophischen Ethik ist sie zuzutrauen? Oder sollte man sich an nachzuahmenden Vorbildern orientieren? Der Essay ruft eine Reihe vertrauter antiker Gestalten auf, deren Nachruhm auf heroisch-militärischen Taten oder philosophischen Weisheitsmaximen beruht. Aber nicht darum geht es Montaigne, wenn er den Begriff der Erfahrung in seiner Lebensrelevanz ausspielt. Er fragt vielmehr nach dem, was den Spielraum der Person insgesamt ausmacht. Der Prozess des Sterbens verliert damit seine Prominenz für das, was die Person ausmacht. Der Ausspruch des Epaminondas hatte diesen Gesichtspunkt stark gemacht, seine Lebensführung wird ihn relativieren. Zugleich geht der Anspruch des *vivre à propos* über den Rahmen jener Sphäre hinaus, in welcher der Ruhm der Person begründet ist. Er suspendiert nicht nur den Vorrang heroischer oder philosophischer Vorbildlichkeit, sondern auch den singulären Aufschlusscharakter des Sterbens.

Zwei überlieferungs- und rezeptionsgeschichtlich prominente Beispiele bilden zusammen mit Epaminondas ein Triptychon der Exemplifikation des *vivre à propos*. Zunächst ein Römer, der ältere Scipio oder auch Scipio Africanus (*Scipion l'ayeul*), der Bezwinger Hannibals, der angesichts seiner militärischen Verdienste der Nachwelt geradezu von göttlicher Herkunft scheint. Er sei, so befindet Montaigne, nirgendwo anmutiger als beim ungezwungenen Spiel am Strand, weitab vom Heroismus seiner von der Geschichtsschreibung gefeierten Taten:

> [...] il n'est rien qui luy donne plus de grace, que de le voir nonchalamment et puerilement baguenaudant à amasser et choisir des coquilles, et jouer à cornichon va devant, le long de la marine avec Laelius [...] (E, S. 1159).

Der Feldherr, der am Strand Muscheln sammelt und mit Steinen spielt – die Szene bildet eine Figur souveräner Gelassenheit und kindlicher Ungezwungenheit ab, die sich auch im Spiel mit dem Kleinen und Nichtigen zeigt. So

11 Vgl. dazu auch Vf., „Wissen und Genuss", a.a.O., v.a. S. 118ff.

wird eine andere Seite des gefürchteten Feldherrn, der Karthago niedergerungen hat, sichtbar. Montaignes ausgeprägtes Interesse an dieser zweiten, von der Wirkungsgeschichte verdeckten Seite ist stärker als der Anspruch historischer Genauigkeit. Er verwechselt an dieser Stelle den älteren und den jüngeren Scipio, von dem Cicero und Valerius Maximus berichten, er habe mit Laelius Muscheln und Schnecken am Strand gesammelt. In einer Fortführung der Verwechslung von Scipio Africanus und Scipio Aemilianus (dem man die Komödien des Terenz zuschrieb), von Großvater und Enkel, schreibt Montaigne dem älteren, heroischen Scipio sogar zu, in seiner Freizeit Komödien geschrieben zu haben, um sich über die Schwächen der Menschen zu amüsieren.[12] Aber nicht um historische Details geht es in *De l'experience*, sondern um ein anthropologisches Paradigma. In der Figur des Scipio Africanus koexistieren für Montaigne der Ernst des politisch-militärischen Konflikts mit dem Scherz des Spiels, der Heroismus der großen Tat und der Genuss der kleinen Dinge. Scipio geht nicht in dem auf, was er gerade verkörpert. Er erfüllt die Rolle, die er gewählt hat oder die ihm zugemutet wird, und vermag doch auch aus ihr herauszutreten, um eine gegenläufige Figur zu verkörpern. Die Identität seiner Person zeigt sich sowohl in der Fähigkeit zur Rollendistanz (in Bezug auf sein Feldherrnamt) wie im momentanen, vorbehaltlosen Aufgehen im Rollenspiel, das er im nächsten Augenblick wieder hinter sich lassen kann. Der alte Römer wird zum Paradigma eines virtuosen Spiels von Rollenidentifikation, Rollendistanz und Rollenwechsel.

Ähnliches gilt für das zweite Paradigma, den philosophischen Lebenskünstler Sokrates. Was an der Vielzahl seiner Auftritte in den *Essais* insgesamt abzulesen ist, erscheint in *De l'experience* noch einmal verdichtet. Montaigne folgt an dieser Stelle zunächst dem Bericht aus dem *Symposion* Xenophons, wenn es darum geht, dass Sokrates im Alter Zeit findet, den Tanz zu erlernen, Musikinstrumente zu spielen und darin einen guten Gebrauch der Zeit zu sehen. Der Essay orientiert sich andererseits aber auch an dem *Symposion* Platons, wenn er daran erinnert, wie sich Sokrates einen Tag und eine Nacht im Angesicht der griechischen Armee in einem Zustand der Ekstase befunden habe und gleichwohl der Erste gewesen sei, der dem von den Feinden bedrängten Alkibiades zu Hilfe geeilt sei. Ganz zu schweigen von der Geduld, mit der er seine störrischen Kinder und die widerspenstige Ehefrau dreißig Jahre ertragen habe – und andererseits doch nie die Fähigkeit eingebüßt habe, anmutig-vergnügt mit eben diesen Kindern zu spielen, auf Holzpferden zu reiten, und

12 In der Ausgabe von 1588 ist es noch der jüngere Scipio, dem all dies zugeschrieben wird, mit der Bemerkung: „Je suis extrement despit dequoy le plus beau couple de vies, qui fut dans Plutarque, de ces deux grands hommes (i.e. Epaminondas und Scipio Aemilianus) se rencontre des premiers à estre perdu" (vgl. die Textvarianten E, S. 1847).

damit einzutauchen in die Rollenspiele einer Welt des Unernstes und der Distanz zu den Fragen der Philosophie. Auch Sokrates ist für Montaigne ein Paradigma der Vielfalt der Person in der Einheit der *concordia discors*. Das scheinbar Nichtige kann ihm ebenso wichtig werden wie der philosophische Ernst, das Spiel wie der Diskurs. So wird Sokrates zur zweiten Exemplifikation dessen, was am Ende der *Essais* in der Formel des *vivre à propos* vorstellbar werden soll.

In dieser Reihe findet sich schließlich auch Epaminondas, ein Mann vieler Talente, in dessen Lebensführung sich Tanz und Krieg, Gesang und politische Beredsamkeit zwanglos vereinen. Montaigne rühmt die *parfaicte reformation des mœurs* (E, S. 1159), die sich in dem Thebaner findet. Die Formulierung erstaunt. Was sind ‚reformierte' Sitten und wie verhalten sie sich zur jeweils geläufigen Form der Sitten? Wie die Beispiele der *Essais* von Anfang an immer wieder zeigen, werden Sitten, wie Gewohnheiten und Dispositionen, geformt und umgeformt, in fortlaufenden Prozessen der Habitualisierung und der Transformation, die meist unsichtbar bleiben, aber auch sichtbar gemacht werden können. Man erwirbt Sitten und kann sich zu ihnen verhalten, man lebt sie und vermag sie zu reflektieren, in vielfältigen Abstufungen zwischen stummem Vollzug und kritischer Distanz, ritualisierter Unterwerfung und dogmatischer Verwerfung. Epaminondas verkörpert für Montaigne das Beispiel eines antiken Heros, der ohne Zweifel eine *ame forte et genereuse* besitzt, sich aber zugleich immer wieder durch *relaschement et facilité* (E, S. 1159) in seinem Verhalten auszuzeichnen vermag. Wie Sokrates ist der Thebaner in unterschiedlichen Rollen zuhause, auch seine individuelle ‚Form' dementiert die Ausschließlichkeit einer Rollenidentifikation, sei es der Ernst der Politik oder das Spiel der Kunst. Montaignes doppelte Verwendung des Präfixes *re-* unterstreicht die Reflexivität der *reformation* wie des *relaschement*, die jeden Anschein naturhafter Unmittelbarkeit untergräbt. *Vivre à propos* impliziert für Montaigne also, so scheint es, sowohl die Heterogenität der verfügbaren Rollenprogramme und Handlungsoptionen wie die Reflexivität ihres Vollzugs. In ihnen erweisen sich die immer wieder beschworenen Lehren und Anweisungen der Natur als Ausdruck der zweiten Natur der *coustume* und ihrer im distanzierten Blick der Sozial- und Selbstbeobachtung sichtbar werdenden Kontingenz. Nichts sei schöner und legitimer, bemerkt Montaigne, „que de faire bien l'homme" (E, S. 1160). Aber zugleich sei nichts schwieriger als zu wissen, wie man dieses Leben des menschlichen Lebens gut lebt: „Ny science si ardue que de bien sçavoir vivre cette vie." (E, S. 1160) *Faire l'homme* – das heißt: den Menschen zu machen, zu bilden, aber auch zu spielen. Zum Selbstverständnis der Renaissance gehört es seit Pico della Mirandolas *Oratio de hominis dignitate*, dass der Mensch *plastes et fictor* seiner selbst ist. Das ist die Auskunft, die Gott in Picos Rede seinem Geschöpf Adam gibt.[13] Er möge sich als Bildner und Erfinder seiner selbst zu dem machen, was er zu sein vermag und schließlich sein wird. Aber die Optionen, die Picos Gott im Auge hat, sind die eidetisch vorgegebenen Wesen, die von ihm als Form vorgeprägten Geschöpfe der Seinskette. Der Spielraum des Menschen erschöpft sich in Picos *Oratio* in der Vertikalität von Auf- und Abstiegsbewegungen, die auf die göttlich vorgegebenen Formen zielen. Montaigne hat in *De l'experience* etwas entschieden anderes im Auge: das Selbstmachen und Selbstspielen des Menschen vor einem Hintergrund offener Vielfalt und einer fundamentalen Nichtfestgestelltheit, die nicht nur die Orte der Bewegung des Menschen, sondern auch ihre Formen disponibel hält.

Was Montaigne am Ende von *De l'experience* in der Formel des *vivre à propos* umkreist, hat er bereits zwei Mal vorher am Beispiel der Gestalt des Epaminondas thematisiert, ohne dabei bereits die prägnante Formel zu verwenden, die sein letzter Essay ins Spiel bringt. Die Paradigmatisierung des Thebaners für die Möglichkeiten, welche die *condition humaine* offeriert, hat, so zeigt sich dort, geradezu eine Bedingung in der mangelnden Detailliertheit der Überlieferung, die auch durch rezeptionsgeschichtliche Festschreibungen nicht kompensiert wurde. Der enkomiastische Biographismus des Cornelius Nepos kann Montaigne ebenso wenig genügen wie die verstreuten Exempla der Taten und Reden des Epaminondas, die sich bei Plutarch und Diodorus Siculus finden. Sie werden für Montaigne zu suggestiven Splittern, die gerade in ihrer Heterogenität dazu antreiben, die Person in der Einheit ihrer Vielheit und der Vielheit ihrer Einheit, als heterotopische *concordia discors*, vorzustellen und die so entworfene Gestalt reflexiv zu befragen. So funktioniert die Interaktion von *imagination* und *jugement*, die Montaigne am Beispiel von Epaminondas in den beiden Essays *Des plus excellens hommes* und *De l'utile et de l'honneste* vorführt.

Des plus excellens hommes (II, 36) bildet ein Diptychon mit dem vorangehenden Kapitel *De trois bonnes femmes* (II, 35). Letzteres bewegt sich in der römischen Welt, die Berichte über die Frauen, die der Text präsentiert, stammen vor allem aus der Briefliteratur (Plinius der Jüngere, Seneca) und aus den *Annalen* des Tacitus.[14] Anders im Falle der – wiederum drei – vortrefflichen Männer, diese gehören ausschließlich der griechisch-makedonischen Welt an. Während die Römerinnen die Sphäre des Privatlebens repräsentieren, welches

13 Vgl. Giovanni Pico della Mirandola, *De hominis dignitate*, hg. von Giovanni Semprini, Rom 1986, S. 8f.

14 Vgl. dazu Vf., „Römerinnen (Michel de Montaigne)", in: Judith Kasper/Cornelia Wild (Hgg.), *Rom rückwärts. Europäische Übertragungsschicksale*, München 2015, S. 143–151.

nur in krisenhaften Momenten ihrer Biographie, von denen in dem Essay allerdings durchaus die Rede ist, mit der politischen Welt in Berührung kommt, stehen die vortrefflichen Männer im Blick der Öffentlichkeit, ihrer Zeitgenossen ebenso wie der Nachwelt, als Dichter, Feldherrn, Staatsmänner. Montaignes Triade der Exzellenz ist in ihrer Zusammenstellung wie auch in der gewählten Reihenfolge ebenso eigenwillig wie signifikant: Homer, Alexander der Große, Epaminondas. Die historische wie perspektivische Heterogenität der Auswahl ist nicht zu übersehen, offenkundig verkörpern Homer und Alexander sehr unterschiedliche Dimensionen der Vortrefflichkeit, und die Logik einer auf Epaminondas zulaufenden Steigerung, die der Essay verfolgt, ist keineswegs offensichtlich. Aber Montaigne unterwirft die drei Männer einem Maßstab, der sie vergleichbar macht und der es ihm zugleich erlaubt, ein Moment der Überbietung in die Serie einzubauen. Für Montaigne ist der Thebaner nämlich die überragende Figur (E, S. 794: *le plus excellent*), auch wenn er Homer und Alexander unter dem Gesichtspunkt des Nachruhms eklatant unterlegen ist. Aber die *gloire*, welche die Nachwelt verleiht, betrifft eben nicht die intrinsische Qualität der Person, die *substance de la chose*, und um diese geht es dem Autor der *Essais*. Was aber ist die Substanz einer Vortrefflichkeit, die weder über Regelkonformität noch über Nachruhm bestimmbar ist? Was macht den Dichter und den Feldherrn vergleichbar? Worin liegt die Identität der Substanz des Humanen, die alle drei Gestalten verkörpern, wenn auch in unterschiedlichem Maße und auf anderen Feldern?

Homer zu rühmen heißt, die lange Reihe derer fortzusetzen, die seinen Namen in der Literaturgeschichte kanonisiert haben. Dass der Dichter eine „pepiniere de toute suffisance“ ist und die Wörter seiner Epen die *seuls mots substantiels* sind, dass die Menschen nie seiner Werke überdrüssig (E, S. 791: *jamais soulé ne dégousté*) werden, das zeigt Montaigne, indem er die späteren Autoren der Antike, die auf Homer Bezug nehmen, zitiert: Aristoteles, Horaz, Ovid, Lukrez, Plutarch. Dass er als Person *au dessus de l'humanité* (E, S. 789) steht, muss aus der Wirkung seiner Werke geschlossen werden, denn wir haben kein anderes Wissen über den Menschen Homer, der Rückschluss vom Text der Epen auf die Person des Dichters ist unvermeidlich, aber legitim. Anders steht es mit Alexander, dem Glückskind der Fortuna. Er lebt nicht im Text, sondern in der Tat. In dem halben Leben, das ihm beschieden war, habe er all das erreicht, was wir der menschlichen Natur überhaupt zutrauen, in seiner Karriere als Feldherr und Eroberer ist es ihm gelungen, „tout l'effort de l'humaine nature“ (E, S. 792) auszumessen. Was wäre ihm erreichbar gewesen, hätte er länger gelebt? Womöglich wäre er über die Grenzen des Menschen, *au dessus de l'homme* (E, S. 792), hinausgelangt. Aber diese Vertikalität seines Tuns, die Anspannung der Kräfte, die über die Grenzen des Menschen hinaus strebt, gibt Montaigne zu denken. Die Urteilskraft distanziert das Imaginäre der Überschreitung. Macht Alexanders Karriere überhaupt das aus, was ein der menschlichen *condition* gemäßes Leben, eben in der später als *vivre à propos* apostrophierten Form, auszeichnet? Vor allem: Ist der übermenschliche *effort* bei Alexander nicht durch Ausschließlichkeit, durch die Eindimensionalität der heroischen Tat, erkauft? Alexander ist – wie Homer – ein Grenzphänomen, Montaigne ruft einige seiner Taten in Erinnerung, er greift in den Details vor allem auf die Alexandervita Plutarchs zurück. Dabei aber stellt sich für den Autor der *Essais* heraus, dass der große Alexander zu denen gehört, die *en gros* beurteilt werden können, „par la maistresse fin de leurs actions" (E, S. 792). Die Größe des Alexander ist die der Eroberung, der Erfüllung eines heroischen Handlungszwecks.[15] Damit bewegt er sich in einem Rahmen, der noch keine Herausforderung für die Urteilskraft des Beobachters darstellt. Dass Alexander allerdings auch zu unerwarteten Handlungen fähig ist, lässt Montaigne an anderen Stellen durchaus sichtbar werden. So wird in dem Essay *Divers evenemens de mesme Conseil* (I, 23) im Anschluss an Plutarchs Alexandervita die Anekdote berichtet, wie Alexander auf die ihm hinterbrachte Bestechung seines Arztes Philippus durch Darius reagiert: Nicht nur zeigt er dem Arzt den denunziatorischen Brief, er schluckt überdies entschlossen das ihm zubereitete Getränk, damit doch die Freunde ihn töten könnten, wenn sie es denn unbedingt wollten. Für Montaigne zeigt dieses Verhalten Alexanders, den er den „souverain patron des actes hazardeux" nennt, sowohl *fermeté* als auch *beauté* (E, S. 134). Aber auch hier, in der unvorhergesehenen Situation, dominiert jene Kühnheit, die den Feldherrn Alexander insgesamt auszeichnet. Deren Vertikalität hat ihre Kehrseite, die fehlende Besetzung der horizontalen Spielräume der menschlichen Natur. So bleibt die Beweglichkeit der Figur begrenzt.

Epaminondas, der die Trias der *plus excellens hommes* als ihren Gipfel abschließt, verkörpert eine andere Ausprägung humaner Größe. Sie findet ihren Niederschlag weder im dichterischen Werk noch in der heroischen Tat. Es verwundert nicht, dass sich Montaigne nicht für den Erfinder der schiefen Schlachtordnung interessiert, als den das militärtechnische Interesse der Nachwelt Epaminondas erinnert. Obgleich man vergleichsweise wenig über Epaminondas weiß und das Wenige nicht durch eigene Zeugnisse oder Schriften der Person beglaubigt ist, sondern nur aus dem, was spätere Historiker und

15 Deutliche Kritik an Alexander formuliert auch der Essay *De l'inconstance de nos actions* (II, 1): Zwar sei die Tapferkeit (*vaillance*) in ihrer Art extrem, aber „elle n'est qu'en espece, ny assez pleine par tout, et universelle. Toute incomparable qu'elle est, si a elle encores ses taches." (E, S. 356) Überall entdeckt Montaigne Zeugnisse der „inegalité de son courage", in seinem Misstrauen, der Ungerechtigkeit seiner Urteile, seinem Aberglauben, etc.

Biographen aus der Überlieferung gemacht haben, zögert Montaigne nicht, ein prononciertes Urteil zu fällen: Der Thebaner ist für ihn die Verkörperung einer *ame bien reglée* (E, S. 794), einer wohlgeordneten, sich selbst lenkenden Seele. Epaminondas geht gerade nicht in dem auf, was bei Homer und Alexander die entscheidende Manifestation der Vortrefflichkeit ausmacht, das (literarische) Werk und die (heroische) Tat. Vielmehr wird der Binnenraum der Seele zum Ort einer Differenz gegenüber ihren Manifestationen in der Welt, und diese Differenz verlangt ihrerseits eine hohe Eigenkomplexität der Seele: Sie ist keineswegs identisch mit dem, was in ihren Äußerungen, Handlungen wie Reden, sichtbar wird. Ihre Antriebe und Motivlagen sind vielfältig und beweglich: Die Tapferkeit des Epaminondas gründet nicht nur, wie die des Alexander, in der *ambition*, das heißt einem entfesselten Macht- und Expansionsanspruch, sie hat vielmehr einen rational-ethischen Kern, in dem *raison* und *sagesse* herrschen. Er kann damit zum Paradigma des *vivre à propos* werden, weil die sich selbst steuernde, differenzierte Komplexität seiner Seele zugleich seine Handlungen, die auf die Verhältnisse in der Welt einwirken, zu einer offenen Vielfalt disponiert.

Epaminondas ist Pythagoräer, so ist er erzogen worden, er weiß viel, spricht wenig, aber vor allem lebt er in einer sich fortlaufend neu einspielenden Balance von Sitten und Gewissen, von *mœurs* und *conscience*. Die Differenziertheit des Habitus und die Wachsamkeit der Selbstkontrolle spielen ineinander, in allem was er tut. Er verkörpert die Einheit von Vielfalt und Beweglichkeit, von kontinuierlicher Selbststeuerung und Selbstbeobachtung, die Montaignes Konzept des *vivre à propos* charakterisieren wird. Epaminondas zeichnet sich gerade nicht, wie Homer und Alexander, die beiden anderen *plus excellens hommes*, durch eine *spéciale qualité* aus, sondern durch eine „vertu et suffisance pleine par tout, et pareille" (E, S. 794). In der Vielfalt seines Tuns herrscht stets eine die eigenen Differenzen vermittelnde Einheit von Anspruch und Handeln. Epaminondas lebt die Tugenden der Entschlossenheit und der Tapferkeit ebenso wie die der Milde (*bonté*) und der Menschlichkeit (*humanité*). Er geht nicht in dem auf, was er tut, aber er tut alles, was er tut, mit *suffisance*. Rollendistanz und Rollenkompetenz sind in seinem Handeln in einer komplexen Einheit vermittelt. Entscheidend ist die Balance von Innen und Außen, von Reflexion und Handlung, von Beobachtung und Habitus. Montaigne wird sich an seine Beschreibungen der Gestalt des Thebaners, die im Kern Konstruktionen oder Imaginationen sind, die aus einem schmalen Textbestand schöpfen, erinnern, wenn er in *De mesnager sa volonté* (III, 10) die eigene politische Rolle als Bürgermeister von Bordeaux zum Thema[16] macht und das Verhältnis von

16 Vgl. dazu Vf., „Ich als Haushalt", a.a.O.

Engagement und Distanz in seinem Handeln bedenkt. In der regulierten Seele des Epaminondas existiert eine Vielfalt, deren Pole sich beobachten, korrigieren und stabilisieren. Damit wird sie für Montaigne zu einer singulären Verkörperung der Form des Menschen, die nicht nur ein ansonsten unerreichtes Paradigma darstellt, sondern zugleich die Affektivität des Beobachters Montaigne mobilisiert. Epaminondas, den die Geschichte vernachlässigt hat, wird zum Objekt eines nachgerade erotischen anthropologischen Blicks: „Je ne cognoy nulle ny forme ny fortune d'homme, que je regarde avec tant d'honneur et d'amour." (E, S. 794f.)

Am Ende von *De l'utile et de l'honeste* (III, 1), dem ‚politischen' Essay, mit dem Montaigne das 1588 erstmals veröffentlichte dritte Buch der *Essais* eröffnet, kommt er explizit auf sein früheres Urteil über Epaminondas zurück, um es ausdrücklich zu bekräftigen. Die explizite Wiederholung von Urteilen, als Bestätigung oder auch Revision früherer Ansichten, ist ein in den *Essais* außerordentlich seltenes Vorgehen, das Montaigne in *De la vanité* ausdrücklich selbstkritisch verwirft. Umso bemerkenswerter ist der Nachdruck, mit dem Montaigne die Einschätzung, die er in *Des plus exellens hommes* formuliert hatte, bekräftigt: „J'ay autrefois logé Épaminondas au premier rang des hommes excellens: et ne m'en desdy pas." (E, S. 842) Auch an dieser Stelle geht es Montaigne um eine Beobachtung der Vermögen und Tätigkeiten der Seele, und wiederum steht sie im Zeichen von Vielfalt, Unterscheidung und Differenzierung. Epaminondas, so heißt es nun, verfügt sowohl über herausragenden Mut, einen *courage si gros*, wie auch über große Sanftmut (*extreme douceur*). Er spielt die Rolle des Feldherrn mit *roideur* und vermag sich doch mit größter *innocence* der Sitten zu bewegen. Und für den Beobachter des Thebaners ist es, wie Montaigne festhält, unmöglich zu entscheiden, ob sich diese Vielfalt naturhafter Ausstattung oder erworbener Rollenkompetenz verdankt, ob sie ein Effekt der *nature* oder der *art* ist. Aber diese Differenz ist auch keineswegs entscheidend, die Grenze von Natur und Kultur wird in den *Essais* ohnehin in Bewegung versetzt und in der Schwebe gehalten. Wesentlich für Montaigne ist, was Epaminondas aus dem Reichtum seiner Seele macht: Beispielsweise erlaubt es ihre differenzierte Vielfalt Epaminondas, auch gegenüber seinen Feinden Menschlichkeit walten zu lassen, ja von ihnen zu lernen. So ruft der Essay in Erinnerung, wie der Thebaner von den Spartanern die Sitte übernimmt, vor dem Kampf den Musen zu opfern, auch damit bringt er ein signifikantes Moment von *douceur et gayeté* in die *furie et aspreté martiale* (E, S. 843) des Krieges. Was für die Schlacht gilt, zeigt sich mutatis mutandis in der Sphäre der Politik. Auch in ihr wird der *homme de bien* das Ethos seines Handelns nicht restlos dem Anspruch des *bien commun*, den er durchaus anerkennt, opfern. Die *obligations privées*, die Freundschaft, das gegebene

Wort, behalten ihr Recht gegenüber der *cause generale*. Montaignes anthropologische Paradigmatisierung des Epaminondas operiert mit einem variationsreichen Spiel von Differenzen, Oppositionen und Reflexionen, wobei der jeweils im Vordergrund stehende Handlungskontext und seine Ansprüche von gegenläufigen Motiven relativiert und durch Selbstbeobachtung distanziert werden.

Im Kontext von *De l'utile et de l'honeste* steht die Figur des Epaminondas allerdings selbst in Opposition zu einer Gegenfigur, deren Name an dieser Stelle nicht fällt, obwohl sie durch das Zitat ihrer Worte leicht zu identifizieren ist: Cäsar.[17] Die Konstellation mag überraschen. Cäsar ist allerdings nur durch drei Verse aus den *Pharsalia*, Lukans römischem Bürgerkriegsepos, präsent. In einer langen Rede im siebten Buch seines Epos lässt Lukan den Feldherrn Cäsar seine Soldaten ermahnen, keinerlei Milde (*pietatis imago*) gegen die Feinde walten zu lassen, auch nicht gegenüber den eigenen Verwandten. Für den Autor der *Essais* stellen solche Tiraden nichts anderes als *exhortemens enragez* dar, die nur einer *ame desreiglée* (E, S. 843) entspringen können. So wird Cäsar zur Gegenfigur des Epaminondas, die entfesselte Seele profiliert gegenläufig die in ihrer Vielfalt geordnete. Der Cäsar des Bürgerkriegs, der alle ethischen Verpflichtungen dem Imperativ der Vernichtung der Feinde und der Durchsetzung seiner Machtansprüche opfert, verkörpert für Montaigne das Paradigma einer ungeordneten Seele, die alles ihrem Machtanspruch unterordnet. Epaminondas hingegen wird gegen Cäsar zum emphatischen Bild einer *ame de riche composition* (E, S. 842) stilisiert, die als eine Figur der ‚Vermählung' der Gegensätze erscheint, gleichermaßen fähig zur Gewalt, den *violentes actions humaines*, wie zur Gewaltlosigkeit von *humanité* oder *bonté*. Und wiederum lässt Montaignes Sprache, welche das Bild einer ‚reichen' Komposition der Person entwirft, das Gemeinte am Indifferenzpunkt von Natur und Kultur, von *nature* und *art*, erscheinen. Die reich komponierte Seele kann ein Werk der Natur wie der Kunst sein, ihr Grund entzieht sich in die Unentscheidbarkeit. Aber die Vielfalt ihrer Operationen, nach innen wie nach außen, untergräbt die Ausschließlichkeit möglicher sozialer Rollen ebenso wie die Identifikation mit einer einsinnigen philosophischen Lebensregel.

---

17 Cäsar ist in den *Essais* der Protagonist von *L'Histoire de Spurina* (II, 33) und *Observation sur les moyens de faire la guerre de Julius Cæsar* (II, 34). Montaigne widmet sich dort ausführlich der Größe Cäsars als Feldherr. Dem aber steht das gravierende Defizit einer grenzenlosen, auch das eigene Staatswesen nicht respektierenden *ambition* (vgl. E, S. 769f.) gegenüber.

2 Cato von Utica

Wenige der großen historischen Gestalten der Antike haben auf Montaigne in den Anfangsjahren der Arbeit an den *Essais* größeren Eindruck gemacht als der *gravissimus atque integerrimus vir*[18] Cato von Utica, wenige sind Anlass einer ähnlich intensiven Reflexion auf die Wirklichkeit historischer Größe für die Nachwelt geworden. In ihrem Zentrum stehen die Fragen nach der Vorstellbarkeit einer fremden Person über den Abstand der Zeiten hinweg und nach den Möglichkeiten des Urteils über das Außerordentliche jener Protagonisten der antiken Geschichte, deren Handeln die Maßstäbe des modernen Beobachters auf die Probe stellen. Die Gestalt des jüngeren Cato wird für Montaigne zum Fokus einer Reflexion auf die ‚Form' des Menschen und ihre individuelle Ausprägung. Wie verhält sich die *condition humaine*, wie sie alltäglich erfahren wird, zu jenen außerordentlichen Verkörperungen einer ethischen und politischen Größe, deren eines zentrale, bereits in der Antike kanonisierte Paradigma der Verteidiger der römischen Republik und lebenspraktische Stoiker Cato von Utica darstellt? Schon von den antiken Autoren wird die *gravitas* der Person und ihres Auftretens hervorgehoben. Das Ethos seines Handelns wie die Souveränität des Freitodes, mit der er Cäsars Begnadigungsangebot zurückweist, werden für Montaigne zum Anlass einer grundsätzlichen Reflexion auf das Verhältnis von menschlicher und individueller Form, von Natur und Habitus, von Norm und Grenze.

Anders als im Falle des Thebaners Epaminondas ist die Thematisierung des Stoikers in den *Essais* alles andere als überraschend. Für Montaigne ist Cato natürlich durch die detailreiche Biographie Plutarchs wie auch durch die Schriften Ciceros und Senecas überliefert. Dazu kommen die Verse der antiken Poesie, auf die sich *Du jeune Caton* (I, 36) konzentriert. Das Problem ist bei Cato weniger das Fehlen als die Fülle und Vielfalt der Zeugnisse. Aber Cato steht zugleich in einer mittelalterlichen Wirkungsgeschichte, welche die Relevanzsetzungen der antiken Autoren aus einer christlichen Perspektive neu orientiert.

---

18 Cicero, *Pro L. Murena*, 3. – Zwar ist es richtig, wie bereits Pierre Villey in seiner Edition der *Essais* (Paris 1978, S. 229) anmerkt, dass Cato nach 1580 für Montaigne viel von seiner moralischen Exemplarität verliert und der Rekurs auf Plutarchs Biographie tendenziell seltener wird. Dieser Befund ignoriert aber einen entscheidenden Punkt: Die Distanzierung des Tugendparadigmas eröffnet in den *Essais* einen Raum, in dem andere Fragen gestellt werden können als die traditionellen nach dem moralischen Vorbildcharakter, namentlich die anthropologische nach der ‚Form' des Menschen. Cato von Utica ist, mehr als die meisten anderen, eine antike Figur, an der sich die Modalitäten der essayistischen Bewegung Montaignes beobachten lassen.

Das prominenteste Beispiel dieser Umschreibung ist zweifellos im Werk Dante Alighieris zu finden. Am Ausgang des Mittelalters hat Dante die Bedeutung der Gestalt Catos erneuert, indem er sowohl die antiken Stilisierungen wieder aufgegriffen als auch die christliche Verurteilung des Selbstmörders zurückgewiesen hat. Augustinus hatte in *De civitate dei* (I, 22ff.) eine wirkungsmächtige Kritik der antiken Tugendtopik formuliert. Warum hat der Selbstmörder Cato, so fragt Augustinus, seinen Sohn leben lassen wollen und ihm die Hoffnung auf Cäsars Milde empfohlen, obwohl der Sohn doch ebenso wie er selbst gegen Cäsar gekämpft hat? Warum verweigert sich Cato diesem auch für ihn selbst möglichen Ausweg? Es kann offenbar nicht nur schmachvolle Selbstaufgabe sein, unter dem siegreichen Cäsar zu leben. So lässt Augustinus Zweifel an den Motiven des Selbstmörders Cato aufkommen: Vielleicht hat er Cäsar den Ruhm missgönnt, oder er gehört möglicherweise zu denen, die aus Schwäche Unglück und Machtlosigkeit nicht ertragen können. Das Interesse dieser augustinischen Rhetorik des Verdachts ist durchsichtig, es geht um die Entkoppelung des antiken Junktims von Tugend und Selbstmord aus einer christlichen Perspektive, die dem Menschen die Verfügung über sein Leben abspricht. Niemand, so Augustinus, darf „freiwillig den Tod suchen […] um zeitlicher Pein zu entgehen, er würde sonst der ewigen anheimfallen."[19]

Dante lässt bereits im 4. Buch des *Convivio* Cato als exemplarische Verkörperung der Stoa erscheinen: „E costoro e la loro setta chiamati furono Stoici, e fu di loro quello glorioso Catone."[20] An einer späteren Stelle rückt die Figur in einen figuralen Bedeutungszusammenhang. Im Rückgriff auf Lukans Bürgerkriegsepos *De bello civile* wird die Geschichte der Beziehung Catos zu seiner Frau für Dante zum Anlass, den Weg Marzias als Allegorie des Weges der menschlichen Seele zu lesen, ihre Rückkehr zu Cato erscheint so als Figur der Rückkehr der Seele zu Gott. Die augustinische Verurteilung des stoischen Selbstmörders schlägt um in eine vor dem patristischen Hintergrund provozierende Verwendung Catos als irdisches Zeichen der Hinwendung zu Gott, als humaner Signifikant des transzendenten Signifikats. Kein Kirchenvater, kein Märtyrer scheint mit dem tugendhaften Helden der paganen Welt rivalisieren zu können: „E quale uomo terreno più degno fu di significare Iddio, che Catone? Certo nullo."[21] In Dantes *Monarchia* schließlich wird Cato, der Gegner Cäsars, der lieber stirbt, als den Untergang der Freiheit zu überleben, ausdrücklich als

19 Augustinus, *Vom Gottesstaat*, hg. von Wilhelm Thimme/Carl Andresen, Düsseldorf/Zürich 1978, S. 40.

20 Zit. nach Dante Alighieri, *Opere minori*, Bd. 2, hg. von Pier Vincenzo Mengaldo u.a., Mailand/Neapel 1979, S. 63 (IV, 6, 10).

21 Ebd., S. 359 (IV, 23, 15).

ein politischer Märtyrer verteidigt. Dante hebt das *inenarrabile sacrifitium* des Hüters der römischen Freiheit (*libertatis tutoris*) hervor.[22]

Damit ist das Terrain für den prominenten und vieldiskutierten Auftritt Catos in der *Commedia* vorbereitet. Der Stoiker gehört in der Architektur des Werks gerade nicht zu der Galerie edler Heiden, denen Dante einen Platz im Limbus, dem ersten Kreis des *Inferno*, reserviert, sondern er begegnet den beiden Jenseitswanderern Dante und Vergil zu Beginn des Aufstiegs zum Läuterungsberg. Im ersten Gesang des *Purgatorio* wendet sich der Blick Dantes und Vergils zum Südpol, wo sie Unerhörtes erblicken, vier nie von Menschen, außer von Adam und Eva, gesehene Sterne, „quattro stelle / non viste mai fuor ch'a la prima gente." (vv. 23f.)[23] Die vier Sterne, deren astronomische Identifikation zahlreiche Fragen aufgeworfen hat[24], verkörpern zeichenhaft prägnant die vier antiken, vorchristlichen Kardinaltugenden *fortitudo, iustitia, prudentia* und *temperantia*, sie gehören zur menschlichen Natur, wie sie vor dem Fall war. Der Blick des Wanderers Dantes wendet sich anschließend von den Sternen ab, wieder nach Norden gewendet sieht er die nicht namentlich benannte Figur des Stoikers neben sich – erst später (v. 74) wird Vergil durch die Nennung des Todesortes Utica eine eindeutige Identifikation vollziehen:

> vidi presso di me un veglio solo, / degno di tanta reverenza in vista, / che più non dee a padre alcun figliuolo. (vv. 31–33)

Ein ehrwürdiger alter Mann also, der einsam am Eingang des *Purgatorio* steht. Die wiederum an das Lukanische Epos angelehnte Beschreibung der äußeren

---

22 Ebd., S. 392f. (II, 5, 15). Im Folgenden zitiert Dante zur Rechtfertigung des Selbstmords eine einschlägige Passage aus Ciceros *De officiis* (I, 31, 112): „Atqui ceteris forsitan vitio datum esset, si se interemissent, propterea quod lenior eorum vita et mores fuerant faciliores; Catoni cum incredibilem tribuisset natura gravitatem, eamque ipse perpetua constantia roboravisset semperque in proposito susceptoque consilio permansisset, moriendum potius quam tyranni vultus aspiciendus fuit." („Und doch wäre es den anderen vielleicht als Fehler ausgelegt worden, wenn sie Selbstmord begangen hätten, weil ihre Lebensauffassung anpassungsfähiger und ihr Charakter umgänglicher gewesen war. Da die Natur dem Cato unglaubliche Festigkeit gegeben hat, er diese selbst durch stete Beharrlichkeit gestärkt hatte und er immer bei seinem Ziel und der vorgefassten Absicht geblieben war, so musste er lieber sterben, als dem Tyrannen ins Gesicht blicken." Zit nach Cicero, *De officiis. Vom pflichtgemäßen Handeln*, übers. und hg. von Heinz Gunermann, Stuttgart 1976, S. 98f.)

23 Zit. nach Dante Alighieri, *Commedia*, hg. von Anna Maria Chiavacci Leonardi, Bd. 2: *Purgatorio*, Mailand 1994, S. 15.

24 Vgl. ebd., S. 36f.

Erscheinung Catos kulminiert schließlich in einer Konstellation, in der das Licht der vier Sterne des Südkreuzes, also des antiken Tugendkanons, auf das Antlitz des Stoikers fällt, um es zu erleuchten:

> Li raggi de le quattro luci sante / Fregiavan sì la sua faccia di lume, / ch 'i 'l vedea come 'l sol fosse davante. (vv. 37–39)

Mit dem prägnanten Bild der die antiken Kardinaltugenden repräsentierenden Sterne, deren Glanz das Antlitz des am Fuße des Läuterungsbergs stehenden Stoikers wie das Licht der Sonne erhellt, wird das antike, vor allem durch Cicero und Seneca repräsentierte Paradigma, das Cato die vollkommenste menschliche Tugend verkörpern lässt, noch einmal aufgenommen und zugleich auf einen neuen Horizont, den der christlichen Gnade, bezogen. Das Licht der Sterne erhellt Cato, so als wäre es die Sonne selbst. Im Fortgang des Gesangs wird die christlich-figurale Transformation[25] der antik-paganen Gestalt durch ihre Einbeziehung in das Aufstiegs- und Befreiungsgeschehen des *Purgatorio* unterstrichen. Der antike Cato empfiehlt nämlich, den Wanderer Dante mit Schilf, dem Symbol frommer *humilitas*, zu gürten und sein noch vom Sumpf des *Inferno* gezeichnetes Gesicht zu reinigen (vv. 94–96). Als derjenige, der sich auf der Suche nach Freiheit befindet, tritt Dante auf seinem Weg, der ihn auf den Läuterungsberg führt, in eine direkte, sein Voranschreiten orientierende Beziehung zu jener kanonischen Gestalt römischer Tugendhaftigkeit, die selbst für die Freiheit der Republik gestorben ist und dafür am Ende aller Tage belohnt werden wird.[26]

Dante greift auf das antike Tugendparadigma des Stoikers Cato zurück, um es figural umzuschreiben. In dieser Transformation verändern sich sowohl die Bedeutung der Figur wie auch die Form ihrer Bedeutung. Die biographischen Gegebenheiten – Catos Zugehörigkeit zur Stoa und seine exemplarische Verkörperung ihres Tugendbegriffs, seine Rolle als Verteidiger altrömischer Freiheit, seine Ehe mit Marzia – werden im Eingangsgesang des *Purgatorio*,

---

25 Zur Rolle des historischen Cato als einer *figura futurorum* vgl. die klassische Interpretation Erich Auerbachs („Figura", in: ders., *Gesammelte Aufsätze zur romanischen Philologie*, Bern 1967, S. 55–92, hier S. 85: „Cato ist eine *figura*, oder vielmehr der irdische Cato, der in Utica für die Freiheit dem Leben entsagte, war es, und der hier erscheinende Cato im *Purgatorio* ist die enthüllte oder erfüllte Figur, die Wahrheit jenes figürlichen Vorgangs. Denn die politische und irdische Freiheit, für die er starb, ist nur *umbra futurorum* gewesen: eine Präfiguration jener christlichen Freiheit, als deren Hüter er hier bestellt ist und um derentwillen er auch hier jeder irdischen Versuchung widersteht [...]").

26 Vgl. dazu vv. 73–75, wo Vergil prophezeit: „Tu 'l sai, ché non ti fu per lei amara / in Utica la morte, ove lasciasti / la veste ch'al gran dì sarà sì chiara."

wo Cato wie aus dem Nichts als isolierte Figur auftaucht, aufgegriffen und in der Sternenkonstellation mit dem Ensemble eines vorchristlichen Tugendbegriffs identifiziert, dem nunmehr die christliche Gnade in Aussicht gestellt wird. Montaignes *Essais* gehen immer wieder von der durch Cicero und Plutarch etablierten, bei Dante anschaulich gebündelten Identität aus: Cato als Paradigma einer Verkörperung menschlicher Tugend, als personale Einheit der vier Kardinaltugenden. Aber sie praktizieren diesen Anschluss, um eine Transformation des wirkungsgeschichtlichen Repertoires in Szene zu setzen. Montaigne geht es im Gegensatz zu den antiken Autoren nicht um ein repräsentatives Tugendensemble, für das Cato stünde, und im Gegensatz zu Dante auch nicht um eine Verteidigung gegen die augustinische Verwerfung des Selbstmords[27], die zu einer figuralen Neufunktionalisierung der paganen Gestalt führt. Die *Essais* vollziehen einen Ebenenwechsel vom Tugendkanon und seiner figuralen Instrumentalisierung zur Frage nach der ‚Form' des Menschen. Die ethisch-politische Identität Catos, welche die antiken Autoren vorgeben, wird nicht figural umkodiert, sondern auf ihre anthropologische Basis befragt. Dabei wird zugleich die fraglose Evidenz ihrer ethischen oder figuralen Identität problematisch. Die von Montaigne aufgeworfene Frage nach der ‚Form' des Individuums in ihrer Relation zur *forme maistresse* des Menschen kreist um ein epistemologisches Thema: Wie lässt sich vollkommene Tugend vorstellen? Wie verhalten sich Habitus und Handlung zueinander? Welchen Anteil hat der Beobachter an der Einheit der Gestalt? Wie kann man sich ein Urteil bilden, das einzelne Äußerungen und Handlungen zu einer Gestalt synthetisiert? Auch Cato wird zu einem prominenten Paradigma des Zusammenspiels von *imagination* und *jugement*. Damit stellt sich zugleich die Frage nach den Gattungen und Diskursen, den Autoren und Texten, in deren Vielfalt die Gestalt Catos überliefert ist.

Dantes figurale Umkodierung stützt sich vor allem auf die römische Moralphilosophie (Cicero, Seneca) und in den biographischen Details auf das Epos Lukans. Montaigne lässt zum einen stärker die biographische Narration

---

27 In dem Essay *Coustume de l'Isle de Cea* zitiert Montaigne sowohl die Verteidiger wie die Kritiker des Selbstmords. Dabei wird auch der von Augustinus etablierte Gegensatz von Regulus und Cato ins Spiel gebracht: „Il y a bien plus de constance à user la chaine qui nous tient, qu'à la rompre: et plus d'espreuve de fermeté en Regulus qu'en Caton." (E, S. 370) Augustinus rühmt Regulus, im Gegensatz zu Cato, als standhaften, auch in der Niederlage unbesiegten Geist: „Unter all ihren gepriesenen und durch hervorragende Tugenden ausgezeichneten Männern haben die Römer keinen besseren aufzuweisen als ihn, den weder das Glück verdarb – denn er blieb in seinem großen Siege ganz arm – noch das Unglück zerbrach – denn unerschrocken ging er dem jämmerlichsten Tode entgegen." (*De civitate Dei*, a.a.O., S. 43)

und zum anderen die Stimulation der Vorstellung durch die poetischen Genera zur Geltung kommen. In dieser Selektivität rückt zugleich die Darstellungsleistung narrativer und poetischer Register in den Vordergrund. Damit werden Fragen thematisch, welche die Prägnanz, Suggestivität oder Evidenz der Darstellungsmedien selbst ins Spiel bringen. Zentral für die *Essais* ist in erster Linie die große Cato-Biographie Plutarchs, des *plus judicieux autheur du monde* (E, S. 759), deren Episoden Montaigne in die Kontinuität des eigenen Textes einbaut. Daneben treten die im lateinischen Original zitierten Facetten der poetischen Evokationen des Stoikers. In der Zitatcollage in *Du jeune Caton* demonstriert Montaigne allerdings durchaus die Heterogenität poetischer Repräsentation und die Differenzen ihrer Wirkung auf den Leser. Das poetische Medium gewinnt ein Eigengewicht, eine sprachlich-textuelle Opazität, die sich vor die vergegenwärtigte Gestalt schiebt und ihre Darstellung auffächert. So werden die Zitate der poetischen Texte zum Ausgangspunkt einer Reflexion auf die Vermittlung von eigener und fremder Welt, gegenwärtiger Erfahrung und historischer Größe. Cato wird für die *Essais* zum Anlass, die Parameter des ‚epistemologischen Felds' des 16. Jahrhunderts zu durchlaufen.[28] Montaigne fragt nach dem Zusammenspiel seiner eigenen Vermögen und der daraus resultierenden Realität der fremden Figur, zwischen den Polen der Evidenz der Vorstellung und der Distanz des Urteils. Die Spuren dieser Durcharbeitung finden sich in einer Serie von Neueinsätzen und Reperspektivierungen.

In dem kurzen Essay *Toutes choses ont leur saison* (II, 28) erscheint der Stoiker noch im Verein mit seinem Urgroßvater, dem Zensor: „Ceux qui apparient Caton le Censeur, au jeune Caton meurtrier de soy-mesme, apparient deux belles natures et de formes voisines." (E, S. 738) Der unangestrengte Lakonismus, welcher die Nähe zweier ähnlicher ‚Naturen' und zweier benachbarter ‚Formen' festhält, lässt kaum mehr vermuten, dass der Satz in der Erstausgabe von 1580 ganz anders endete. Dort hatte es noch geheißen: Diejenigen, welche den Zensor Cato in die Nähe des Selbstmörders rücken „font à mon opinion grand honneur au premier: car je les trouve eslongnez d'une extreme distance" (vgl. E, S. 1674). Gegen die geläufige Tendenz der Annäherung im Zeichen (alt-)römischer Tugend ging es Montaigne in seiner ersten Formulierung um eine als ethisches Gefälle artikulierte Distanz: Den älteren und den jüngeren Cato zu vergleichen, heißt dem ersteren allzu viel Ehre zu erweisen und den gewaltigen Abstand zwischen beiden zu verschweigen. Das Fundament dieses Urteils, das der frühe Montaigne durchaus apodiktisch vorträgt, dürfte ein stoisch

---

28 Vgl. zu diesem Begriff und seiner historischen Spezifik Gerhart Schröder, *Logos*, a.a.O., S. 305 (Anm. 2), wo auf die Spannung „zwischen den polaren Begriffen ingenium-iudicium (prudentia)" hingewiesen wird.

interpretierter Tugendbegriff sein, dessen Substanz und Reichweite von dem Republikverteidiger und Selbstmörder ungleich nachdrücklicher verkörpert würden als von dem altrömischen Zensor. Demgegenüber insistiert die spätere (Selbst-)Korrektur des Essays auf einer Ähnlichkeit, deren Grundlage nicht auf Tugend, sondern auf Konzepte von Natur und menschlicher Form abhebt. Erst zwei Sätze später wird eine neue Differenz ins Spiel gebracht: Die Tugend des jüngeren Cato sei *bien plus nette* gewesen. Sie ist reiner und deutlicher, das lateinische *nitidus* im Sinne von hell und glänzend ist in dem französischen Adjektiv duchaus noch präsent. Montaigne führt damit an die Stelle einer intrinsischen Substanzdifferenz eine extrinsische Differenz der Wahrnehmung und der Erscheinung ein. Ein solches Urteil kann angesichts der Asymmetrie in der die beiden Catones betreffenden Dichte der Überlieferung auch nicht erstaunen, der jüngere Cato übertrifft den älteren in dieser Hinsicht deutlich. Dem naheliegenden Einwand, er würde damit der Wirkungsgeschichte mehr Platz einräumen als es seiner Polemik gegen die *gloire* entspricht, entgegnet Montaigne, indem er hier wie anderswo nicht auf die Fülle der überlieferten Texte, sondern auf die im Spiel der eigenen Vermögen erschlossene Wirklichkeit der alten Welt setzt. So kommt es zu einer entscheidenden Verschiebung der Ebenen. Nicht mehr die moralische Hierarchie der antiken Heroen steht im Vordergrund, sondern die Präsenz in der Vorstellung des Lesers, die Prägnanz der Erscheinung im eigenen Urteil. Der jüngere Cato wird zu einer Natur und Form von beispielloser Evidenz, das unterscheidet ihn von seinem illustren Vorfahren, der in der Vielfalt seines Handelns thematisiert wird.[29]

Der ältere und der jüngere Cato unterscheiden sich in den Modalitäten ihrer Gegebenheit für das rinascimentale Bewusstsein. Montaigne belässt es allerdings nicht bei dieser Umstellung vom Paradigma der Tugend auf das der Vorstellung oder Vorstellbarkeit. Der Rest des kleinen Essays *Toutes choses ont leur saison* rekurriert vielmehr auf die fraglose Präsenz dieser durch das Individuum verkörperten Form des Menschen, um an ihrem Beispiel die durch den Titel des Essays annoncierte Maxime, dass jedes Lebensalter wie jede Stunde und Gelegenheit die ihnen zukommende Beschäftigung habe oder doch haben sollte, am Beispiel des Stoikers wiederum in Frage zu stellen. Die Vorstellungsgestalt wird damit zur Instanz der Kritik aphoristisch konzentrierter Lebensweisheit. Scheint es zunächst so, als würde Cato durch die Lektüre des platonischen *Phaidon*, der von der Unsterblichkeit der Seele handelt, ein seinem bevorstehenden Tod angemessenes Verhalten an den Tag legen und

29 Das Urteil über den älteren Cato fällt demgegenüber gespalten aus: Die *exploits militaires* werden gelobt, auch sein Einsatz für die *vacations publiques*. Negativ fallen *envie* und *ambition* ins Gewicht.

damit die Forderung einer *estude sortable à nostre condition* (E, S. 740) erfüllen, so argumentiert Montaigne nun in einer ingeniösen Inversion der Lebensregel, dass diese Forderung für Cato einen anderen Sinn gehabt habe, nämlich den der lebensgeschichtlichen Einheit einer durchaus individuell geführten Lebensform im Zeichen stoischer Selbstsorge. Cato habe sich nämlich längst auf seinen Tod vorbereitet, „garny de toute sorte de munition pour un tel deslogement" (E, S. 740), seine *science* des Lebens und Sterbens habe das platonische Buchwissen gar nicht nötig gehabt. So ist die demonstrative Platon-Lektüre nicht das Zeichen einer biographischen Kehre mit der Konsequenz einer spektakulären Vorbereitung auf den nahen Tod, sondern vielmehr die ungerührt-stoische Fortsetzung einer längst gefestigten und in sich ruhenden Lebensform: „D'asseurance, de volonté ferme, et d'instruction, il en avoit plus que Platon n'en a en ses escrits" (E, S. 740). Catos Habitus ist die exemplarische, vielleicht sogar singuläre Realisierung des stoischen Weisen, für den die Zeit nicht zählt, auch im Angesicht des Todes bleibt er *sans choix et sans changement* (E, S. 740) bei seinen *actions accoustumées*. Für diese Lebensform gibt es keine Saison, keine Differenz der Zeiten, die in Rechnung zu stellen wäre.

Gerade deshalb allerdings steht seine ‚Form' in Distanz zu dem, was die Zeiterfahrung als Bewusstsein der eigenen Endlichkeit für den Autor der *Essais* ausmacht. Der spielt in seinem Essay nicht nur den Stoiker Cato gegen die gnomische Regel aus, wonach alle Dinge ihre Zeit haben, sondern auch noch die eigene Differenz gegen beide:

> Le plus long de mes desseins n'a pas un an d'estendue: je ne pense desormais qu'à finir: me deffay de toutes nouvelles esperances et entreprises: prens mon dernier congé de tous les lieux, que je laisse: et me depossede tous les jours de ce que j'ay. (E, S. 739)

Die zitierte Selbstbeschreibung ist eine handschriftliche Ergänzung Montaignes, sie datiert aus seinen letzten Lebensjahren und notiert die selbstgewählte Verkürzung der Zeithorizonte, den Abschied von den vertrauten Orten und Dingen des Lebens, den er nunmehr bewusst vollzieht und den er in einer dichten Sequenz von Personal- und Possessivpronomina zur Sprache bringt. Die Notiz verdeutlicht, worauf es dem sich selbst lesenden und fortschreibenden Montaigne ankommt. Sie stellt die individuell verkörperte Lebensform gegen die vorher thematisierten abstrakten Lebensregeln. Ohne jegliches Pathos des Endes konstatiert sie eine Faktizität des eigenen Verhaltens, die von keiner Regel der rechten Zeit oder aber der Indifferenz der Zeit getragen wird. Zugleich stellt sie die Offenheit des Schreibens aus: Die *Essais*, so wie sie Montaigne schließlich hinterlassen wird, stehen im Zeichen einer offenen Synchronie von Lebenszeit und Schreibzeit.

Die essayistische Funktion des jüngeren Cato in *Toutes choses ont leur saison* ist allerdings deutlich markiert. Die Prägnanz einer ethischen Form, eines Habitus, welcher die individuelle Lebenszeit umgreift, ihre elastische Kohärenz sichert und auch das scheinbar Außergewöhnliche in das Alltägliche zurückführt, fungiert als Kritik an der im Titel formulierten Regel der Lebensführung. Letztere war von Montaigne aufgerufen worden, um das *ridiculum* von Verhaltensweisen zu markieren, die dem Lebensalter des Handelnden unangemessen sind. So moniert Montaigne das im hohen Alter begonnene Griechischstudium des älteren Cato, ein *vieillard abecedaire* sei allemal eine *sotte chose* (E, S. 740). Damit kristallisiert sich eine Hierarchie der Positionen heraus, welche der Essay ins Spiel bringt. Die Identität eines Ethos dominiert die Regel biographischer Angemessenheit, welche wiederum biographische Wendungen zu distanzieren erlaubt. Aber all diese gestuften Orientierungen greifen zu kurz, wenn sie an der Erfahrung der Kontingenz des eigenen Lebens und seiner Endlichkeit gemessen werden.

De la cruauté (II, 11) diskutiert die Tugend Catos aus einem anderen Blickwinkel. Montaigne fragt nach dem Nexus von Tugend und Person und markiert in diesem Kontext die Distanz des Stoikers zu seiner eigenen ‚Form'.[30] Nicht um Aemulatio geht es also im Verhältnis zu Cato, sondern um differentielle Selbstbestimmung. Der Essay setzt mit einer Diskussion des philosophischen Tugendbegriffs ein. Ausgangspunkt ist die im Rekurs auf die antike Philosophie (vor allem die Stoa und den Epikureismus) etablierte Opposition von (erworbener) Tugend und (natürlicher) Neigung zu tugendhaftem Verhalten, von *vertu* und *bonté* (E, S. 442). Demnach lebt die Tugend von der Überwindung innerer und äußerer Widerstände (*difficultez internes, difficultez estrangeres*), sie braucht den *contraste* zu den natürlichen Neigungen der Person und ihren „appetits desordonnez" ebenso wie den Widerstand der Fortuna. Die Tugend verlangt mithin einen „chemin aspre et espineux", das Gute in Augenblicken der Gefahr und gegen Widerstände zu tun ist das „propre office d'un homme de vertu" (E, S. 443).

Cato von Utica, später auch Sokrates, werden diese ethische Doxa in Frage stellen. Der postulierte Gegensatz von angeeigneter Tugend und naturhafter Disposition gerät in die Krise, sobald Montaigne sich im Ausgang von der narrativen Prägnanz biographischen Wissens die Identität der Person als

---

30 Zur Interpretation des Essays vgl. auch Philip P. Hallie, „The Ethics of Montaigne's *De la cruauté*", in: Raymond C. La Charité (Hg.), *O un amy! Essays on Montaigne in Honor of Donald M. Frame*, Lexington 1977, S. 156–171.

moralische Form vorzustellen versucht. Der philosophische Diskurs, der Tugend mit Widerstand assoziiert, und die lebensgeschichtlichen Details, welche einen fraglosen, keiner Agonalität bedürftigen Habitus der Tugend präsentieren, passen nicht zusammen. Das erste Paradigma einer solchen Disposition ist Sokrates. Montaigne vermag sich bei bei der Vorstellung des Philosophen keine Hindernisse für die Umsetzung des Habitus ins Handeln vorzustellen: „je n'y puis imaginer aucune difficulté ny aucune contrainte" (E, S. 444).[31] Die daraus folgende Konsequenz, dass nach dem Kriterium des Widerstands und des Kontrasts Sokrates als eine *ame de peu de racommandation* erscheinen müsste, bringt Montaigne nur zur Sprache, um sie umgehend entschieden zurückzuweisen. Die imaginäre Evidenz der Gestalt, der ‚Form' des Sokrates, die noch in der Vorstellung seiner beiläufigsten Handlungen mitläuft, lässt den philosophischen Tugendbegriff irreal werden. Die ethische Identität der Person wird damit zugleich latent ästhetisch, weil sie aus der historischen Distanz nur als ‚Form' gestalthafte Wirklichkeit gewinnt. Ethische Doxa und narrative Prägnanz, philosophische Setzung und imaginäre Gestalt geraten in Konflikt.[32] So werden Sokrates und Cato, die beiden zu Topoi geronnenen Figuren der Verkörperung eines Tugend- und Weisheitskonzepts, für dessen Artikulation Montaigne vor allem auf stoische Motive rekurriert, in *De la cruauté* umgeschrieben und zu Instanzen des Widerspruchs gegen das Konzept der Tugend als Überwindung von Widerständen. Die antiken Figuren besitzen für Montaigne eine suggestive Gestalthaftigkeit, deren Formkohärenz das Heterogene und Widerständige ausschließt.[33] Das ‚innere Sehen' suspendiert die diskursive Opposition

---

31 Dieses Motiv der Zwanglosigkeit wird später in dem Essay *De la physionomie* (III, 12) wieder aufgegriffen und auf die Sprache des Sokrates und ihre antirhetorische Natürlichkeit bezogen. So lehnt der Philosoph die nach allen Regeln der Rhetorik komponierte Verteidigungsrede des Lysias ab: „cette superbe vertu, eust elle calé, au plus fort de sa montre? Et sa riche et puissante nature, eust elle commis à l'art sa defense: et en son plus haut essay, renoncé à la verité et à la naïveté, ornemens de son parler, pour se parer du fard, des figures, et feintes d'une oraison apprinse?" (E, S. 1101)

32 Vgl. zur Struktur solcher Rivalitäten und Ablösungsfiguren Hans Robert Jauss, „Das Vollkommene als Faszinosum des Imaginären", in: Dieter Henrich/Wolfgang Iser (Hgg.), *Funktionen des Fiktiven*, München 1976, S. 443–461.

33 Welcher neue epistemische Anspruch damit für die *imagination*, deren Haltlosigkeit und *vanité* Montaigne durchaus bewusst ist, ins Spiel gebracht wird, zeigt ein Blick auf Gianfrancesco Pico della Mirandolas Traktat *De Imaginatione* von 1501, der 1557 von Jean-Antoine de Baïf ins Französische übersetzt worden war. Picos durchaus eklektische Abhandlung – neben der Hauptquelle, Aristoteles' *De anima*, sind auch stoische Vorgaben, namentlich Epiktets *Encheiridion*, von Bedeutung – schränkt die *imaginatio* auf die Wiedergabe oder Wiederholung sinnlich wahrnehmbarer Gegenstände im Modus der

von Tugend und Natur, es generiert seine eigenen imaginären Szenarien. Montaignes Einbildungskraft produziert so das Phantasma eines imaginären Triumphzugs der sokratischen Tugend, der keine Widerstände kennt: „Il me semble la voir marcher d'un victorieux pas et triomphant, en pompe et à son aise, sans empeschement, ne destourbier" (E, S. 444).

Die Vorstellung, dass Catos Biographie und insbesondere sein spektakulärer Selbstmord nicht nur als Illustration einer abstrakten philosophischen Maxime zu verstehen sind, sondern aus der komplexen Einheit der Person und ihrer Antriebe resultieren, ist das beherrschende Motiv in *De la cruauté*.[34] Catos Handeln ist, so Montaigne, nicht primär im Einklang mit den „regles de la secte Stoïque" (E, S. 445) zu sehen, es sprengt vielmehr deren Rahmen durch die ihm eigene Energie und Spontaneität (E, S. 445: *trop de gaillardise et de verdeur*). Die Versatzstücke von Montaignes Beschreibung – heitere Freizügigkeit und mangelnde Normkonformität auf der einen, Jugendlichkeit und Unreife, aber auch Heftigkeit und Ungestüm auf der anderen Seite – zielen nicht auf konzeptuelle Präzision, sondern auf imaginäre Prägnanz. Der Essay kreist um eine individuelle Form, die durch den historischen Cato verkörpert wird. Es geht

---

Ähnlichkeit ein: „Utitur anima virtute phantastica ad concipiendum propondenumque intellectui sensibilium tantummodo rerum similitudinis." (Zit. nach Harry Caplan, *Gianfrancesco Pico della Mirandola on the Imagination*, Westport 1971, S. 28.) Allerdings führt der Versuch, die *imaginatio* durch *ratio* und *intellectus* kontrollieren zu lassen, schließlich doch zur Unterscheidung eines *duplex in homine imaginationis gradus: humanus videlicet et brutalis* (S. 88), ersterer fällt eine Funktion moralischer Erbauung zu. – Zur Funktion der Imagination in der Poetik der französischen Renaissance vgl. Grahame Castor, *Pléiade Poetics. A Study in Sixteenth-Century Thought and Terminology*, Cambridge 1964. – Zu Montaignes Konzept der Imagination vgl. Karin Westerwelle, *Montaigne. Die Imagination und die Kunst des Essays*, München 2002.

34 Auch in dem *Discours de la servitude volontaire* von Montaignes 1563 verstorbenem Freund Etienne de la Boétie geht es um die biographische Einheit der Figur Catos. La Boétie erzählt eine bereits von Plutarch berichtete Episode nach, in der es um Catos frühe Bereitschaft zum Tyrannenmord geht. Cato beobachtet die im Hause Sullas herrschende Willkür von Urteil und Verurteilung: „Si dist lors à son maistre ce jeune gars: Que ne me donnes vous un poignard? Je le cacherai sous ma robe: je entre souvent dans la chambre de Sylla avant qu'il soit levé, j'ay le bras assez fort pour en despecher la ville. Voilà certes une parole vraiment appartenante à Caton; c'estoit un commencement de ce personnage, digne de sa mort." (Zit. nach *Œuvres complètes de Michel de Montaigne*, Bd. 11: *Discours de la servitude volontaire. Lettres. Ephémérides. Notes marginales*, hg. von Arthur Armaingaud, Paris 1939, S. 87–158, hier S. 120). Hier herrscht die rhetorische Exemplarität des Stoikers noch ungebrochen, der Konflikt von Diskurs und Imagination hat keinen eigenen Raum.

nicht um die Allgemeinheit der ethischen Regel.[35] Steht die Berufung auf Sokrates im Kontext von *De la cruauté* vor allem im Zeichen der Kritik eines antinaturalistischen Tugendbegriffs, so wird Cato zum Paradigma eines die Person betreffenden Formanspruchs. Sein Freitod stimmt mit dem zusammen, was ihn als Person immer schon, seit seiner Jugend, ausmacht, ohne ihn auf eine Regel festzulegen. Zwar spielt die biographische Kontinuität Catos bei Montaigne kaum eine Rolle, dazu greift er allzu selektiv auf Plutarchs Erzählung zurück. Die *Essais* praktizieren die biographische Erzählung so wenig wie die autobiographische. Die von Plutarch ausführlich berichteten Motive und Verwicklungen seines politischen Handelns, aber auch die intrikaten Familienbeziehungen, etwa das durchaus problematische Verhältnis zur Ehefrau und zum Sohn, interessieren den Autor der *Essais* kaum, es dominiert das sich im Freitod zeigende Ethos des Individuums.[36]

Montaignes Darstellung vollzieht eine szenische Konzentration, welche vor allem die Malerei der folgenden Jahrhunderte wiederholen wird, wenn sie das Sujet des spektakulären Freitods des Stoikers zum Gegenstand nimmt. Aber nur die *Essais* spielen das Motiv der Einheit des Ethos als imaginäre Evidenz durch, nur in ihnen wird sichtbar, wie sie als Amalgam von biographischer Überlieferung und gegenwärtiger imaginativer Disposition erzeugt wird. Das Ethos als ethische Form wird zur prägnanten Gestalt nur über die Einbildungskraft, und das heißt als ästhetische Form, als imaginäres Substitut dessen, was einmal Wahrnehmung war (oder zumindest gewesen sein kann). Wiederholt ist bei Montaigne die Rede von einem *bel esploit* und einer *belle espreuve*. Catos Tod wird zum Paradigma einer imaginären Stimmigkeit, die sich von der stoischen Ethik, der sie gleichwohl nicht widerspricht, freigemacht hat. Sein Freitod ist durchaus erfüllte Tugend, aber eben nicht in dem der ‚Philosophie' zugeschriebenen Modus des Kontrasts und des Widerstands. Der Tod Catos

35 Das müsse, meint Montaigne, selbst die ‚Philosophie' anerkennen: „La Philosophie m'a faict plaisir de juger, qu'une si belle action eust esté indecemment logée en toute autre vie qu'en celle de Caton: et qu'à la sienne seule il appertenoit de finir ainsi." (E, S. 445) – Die Referenz ist nach Pierre Villey Ciceros *De finibus*, I, 31, wahrscheinlicher aber die bereits von Dante in der *Monarchia* und von Montaigne anschließend selbst zitierte Passage in *De officiis* (I, 31, 112), wo davon die Rede ist, dass Catos Freitod von anderen, deren *vita et mores* […] *faciliores* waren, als Fehler ausgelegt worden wäre.

36 Die ‚Einheit' Catos ist auch Thema in *De l'inconstance de nos actions*: „Comme il se voit du jeune Caton: qui en a touché une marche, a tout touché: c'est une harmonie de sons très-accordans, qui ne se peut démentir." Auch hier zeigt sich die Tendenz einer ästhetischen (musikalischen) Übersetzung ethischer Kohärenz. Im Übrigen lebt die Evokation Catos an dieser Stelle von der Opposition Caton/nous: „À nous au rebours, autant d'actions, autant faut-il de jugements particuliers." (E, S. 353)

löst den Anspruch einer individuellen Form ein, gerade indem er die Identifikation der Tugend mit der Überwindung innerer und äußerer Widerstände dementiert, als deren exemplarischer Repräsentant er doch seit seinem vergeblichen Kampf für die römische Republik lange gegolten hatte.

Plutarch, der alles andere als ein Augenzeuge ist, schreibt er doch gut 150 Jahr nach dem von ihm berichteten Geschehen, liefert in seiner Vita des Cato eine ausführliche Erzählung des Freitods, deren Details Montaigne nicht im Einzelnen rekapituliert. Schon gar nicht faltet er Catos Tod zu jenem politischen Pathos aus, das ihm später, insbesondere in den Tragödien der Aufklärung, zuwachsen wird.[37] Bei Plutarch lehnt Cato den ihm von seiner Umgebung vorgeschlagenen Appell an Cäsar ab, weil er einem Tyrannen nicht für die Ungerechtigkeit zu Dank verpflichtet sein will, ihm das Leben zu schenken. Er rät seinem Sohn von der Politik ab, unterhält sich ansonsten mit den anwesenden Philosophen, einem Stoiker und einem Peripatetiker. Nach dem Bad und dem Essen ergeht man sich in „plusieurs beaux discours de la philosophie“ (*Vies*, 2, S. 595), wobei Cato die stoische Position, dass nur der tugendhafte Weise wahrhaft frei sei, mit großer Emphase vertritt, „d'une grande véhémence et d'une voix plus âpre et plus grosse que de coutume“ (*Vies*, 2, S. 596), so dass jeder der Anwesenden überzeugt ist, er wolle sich das Leben nehmen. Auch der Abschied vom Sohn und den Freunden gewinnt bei Plutarch außerordentliche Intensität. Schließlich zieht sich Cato zurück, um Platons *Phaidon*, „où il traite de l'âme“ (*Vies*, 2, S. 596) zu studieren, später, schon ganz auf den eigenen unvermeidlichen Tod konzentriert, wird er die Lektüre noch einmal aufgreifen. Immer wieder unterstreicht Plutarch die in Catos Verhalten offenkundig gewordene Absicht des Freitods. Die Freunde verstecken sein Schwert, was wiederum Catos Zorn hervorruft, „se courrouçant à bon escient“ (*Vies*, 2, S. 597), er beklagt sich, man wolle ihn lebend dem Feind ausliefern. Einem Diener versetzt er in unbeherrschtem Zorn einen Faustschlag, wobei er sich selbst an der Hand verletzt – ein Detail, das später noch eine Rolle spielen wird. Aber noch ist es nicht soweit, der Freitod als freier Tod muss sich noch seiner Rahmenbedingungen vergewissern. Erst als er noch einmal den Philosophen Demetrius und Apollonides die Gründe seiner Entscheidung dargelegt hat und man ihm durch ein Kind sein Schwert zurückbringen lässt, kann er sagen: „Je suis [...] maintenant à moi.“ (*Vies*, 2, S. 598) Catos innere Ruhe und Gelassenheit sind nun so ausgeprägt, dass er tief schlafen kann, man hört ihn sogar schnarchen. Noch einmal sorgt er sich dann um die, die aufgebrochen sind, um Utica zu verlassen, und nun auf dem Meer einen gewaltigen Sturm, eine „grosse tourmente

37 Die bedeutendsten Versionen sind Joseph Addisons *Cato. A Tragedy* (1713), das Lieblingsstück von George Washington, und Johann Christoph Gottscheds *Sterbender Cato* (1732).

en la mer" (*Vies*, 2, S. 598) ertragen müssen. Anschließend steht nichts mehr dem Vorhaben im Wege, Hand an sich zu legen. Die entscheidende Passage lautet in Amyots Übersetzung, in der sie Montaigne gelesen hat, folgendermaßen:

> [...] il dégaina son épée et s'en donna un coup au-dessous de l'estomac; toutefois, pour l'inflammation qu'il avait à la main, il ne put pas frapper si grand coup qu'il en trépassait soudainement; mais en tirant à sa fin, il tomba de dessus son lit, et fit bruit en tombant, parce qu'il renversa une table géométrique qui était joignant son lit, tellement que ses serviteurs qui en ouïrent le bruit s'écrièrent incontinent; et aussitôt son fils et ses amis entrèrent en la chambre, là où ils le trouvèrent tout souillé de sang, et la plupart de ses boyaux sortant hors le corps, combien qu'il fût encore en vie et qu'il les regardât. Si furent tellement outrés de douleur, qu'ils ne surent de prime face que dire ni que faire; mais son médecin, s'approchant, voulut essayer de remettre les boyaux qui n'étaient point entamés, et recoudre la plaie; mais quand il se fut un peu revenu d'évanouissement, il repoussa arrière le médecin, et, déchirant ses boyaux avec ses propres mains, ouvrit encore plus sa plaie, tant que sur l'heure il en rendit l'esprit. (*Vies*, 2, S. 598f.)

Das sind zweifellos drastische Details, zahlreiche Maler der frühen Neuzeit werden sich an Bildkompositionen des von Plutarch in seinen körperlichen Details berichteten Geschehens versuchen (vgl. Abb. 5). Montaigne erwartet wohl, dass sein Leser diese Todeserzählung kennt und verzichtet seinerseits auf eine extensive Wiederholung der Erzählung. Plutarchs reflektierte Einschätzung berichtet von der *généreuse magnanimité* und der *vraie vertu*, er hebt auch die *compassion* (*Vies*, 2, S. 589/592/598) Catos hervor. Allerdings lässt er im Verhalten des Stoikers Momente unkontrollierter Affektivität und überdies den Willen zur philosophischen Demonstration durchscheinen. Plutarchs Cato ist durchaus widersprüchlich, aber er hat in jedem Fall nicht jene komplexe, sich selbst steuernde Identität, die Montaigne bei seinen antiken Vorzugsgestalten beschäftigt. Sein selektiver Umgang mit der Erzählung Plutarchs greift ein visuelles Detail auf, nicht zufällig eben jenes, dem sich auch die Malerei seit dem Barock immer wieder widmen wird, die Zerreißung der eigenen Eingeweide im Vollzug des Freitods: „[...] je le voy mourir et se deschirer les entrailles [...]" (E, S. 445). Dieses Bild gewinnt eine imaginäre Evidenz, welche die szenische Dramatik des Todes, den Plutarch narrativ entfaltet, bei seinem Leser Montaigne konzentriert und bündelt.

Allerdings: Montaigne weiß um die illusionären Anteile der im Lesen imaginär erzeugten Prägnanzgestalten. Er stellt sie selbst in Frage. Die Aktivität der

ABBILDUNG 5 *Gioacchino Assereto (1600–1649), „La morte di Catone“*

Einbildungskraft muss durch das kritische Organ der Urteilskraft kontrolliert und revidiert werden. Man kann wohl sogar sagen: Je prägnanter, je überwältigender das Vorstellungsbild, desto distanzierter und kritischer das Urteil des Essayisten Montaigne. Seine Szenarien der Vergegenwärtigung leben von dieser Differenz, er selbst macht die Interaktion von *imagination* und *jugement* zum Thema der Selbstbeobachtung. Auch wenn Montaigne noch nichts von der Faszination der Todesszene des Cato von Utica für die spätere Malerei[38] wissen konnte – die szenische, theatralische Qualität des imaginären Bildes weckt noch in der Bewegung des Essays selbst den Verdacht einer Inszenierung. Für Plutarch resultieren die dramatischen Verwicklungen des Freitods

38 Die prominentesten Beispiele stammen wie Gioacchino Asseretos *La morte di Catone* aus der Zeit des Barock (Charles Le Brun, *Le suicide de Caton d'Utique*, 1646; Giambattista Langetti, *Il suicidio di Catone*, um 1660; Johann Carl Loth, *Der Tod Catos*, 2. Hälfte 17. Jhd.). In der Epoche der französischen Revolution ist das Sujet ebenfalls populär (Guillaume Guillon Lathière, *La mort de Caton d'Utique*, 1795; Pierre-Narcisse Guérin, *La mort de Caton d'Utique*, 1797; Louis-André-Gabriel Bouchet, *La mort de Caton d'Utique*, 1797).

auch aus der Handverletzung, welche die prosaische Umständlichkeit des Vollzugs erklärt. In der Rezeption der Szene wird sie zu einem pathetischen Bild, dessen Prägnanz die Frage nach einer verborgenen Intention dessen, der sich den Tod gibt, mobilisiert. So äußert Montaigne die Vermutung, das aus der schönen Tat, der *belle espreuve*, resultierende Bild könne einer Zirkulation von Wirkungsabsicht und Selbstbespiegelung entsprungen sein, Cato selbst müsse an der Vorstellung seines Handelns Gefallen gefunden haben. Es geht nicht mehr um die fraglose Evidenz einer ethischen Form, sondern um Selbstbeobachtung und Selbstgenuss. Das Handeln des Stoikers ist, so die Vermutung, nicht ausschließlich durch den Imperativ der Tugend oder die *esperance de gloire* motiviert, sondern vielmehr durch das außerordentliche Vergnügen, das die eigene Tat durch ihre ethische Größe auslöst:

> Il me semble lire en cette action, je ne sçay quelle esjouyssance de son ame, et une esmotion de plaisir extraordinaire, et d'une volupté virile, lors qu'elle consideroit la noblesse et haulteur de son entreprise (E, S. 445).

Das Bild, das Montaigne ‚sieht', wird so zum Text, den er ‚liest'. Die Lektüre subvertiert das Bild. Die imaginäre Evidenz der Vorstellung wird durch eine Hermeneutik des Verdachts ausgehöhlt. Cato setzt seinen Tod in Szene – für sich selbst wie für die anderen. Die Tugend des Verteidigers der Republik, so scheint es dem distanzierten Leser des selbsterzeugten imaginären Bildes, ruht nicht mehr in sich, sondern zielt auf Wirkung. Zwar glaubt Montaigne aufgrund seines biographischen Wissens über das Leben des Stoikers, den Vorsatz einer auf Nachruhm zielenden Selbstdarstellung ausschließen zu können – das wäre eine mit der Lebensform Catos kaum vereinbare *consideration* [...] *trop basse* –, aber die in den Unterscheidungen der Urteilskraft entfaltete Zweipoligkeit von Handeln und Inszenierung, Ethos und Selbstgenuss untergräbt die Prägnanz des imaginären Bildes. Cato scheint es auf die *beauté de la chose* (E, S. 445) abgesehen zu haben, er sieht sie in ihrer Vollkommenheit (*perfection*) und glaubt sie erreichen zu können, weil er ihre Mechanismen (*ressorts*) zu manipulieren versteht.

Sokrates und Cato sind für Montaigne Beispiele einer zur zweiten Natur (*complexion*) gewordenen Tugend. Die *parfaicte habitude à la vertu* hat in ihrer *belle et riche nature* (E, S. 446) eine unverwechselbare, noch in einzelnen Gesten und Worten erkennbare individuelle Prägung erfahren. Aber es zeichnet sich auch eine Differenz der Einschätzung ab: Das Verhalten des Sokrates im Augenblick des Todes, während des Vollzugs des Freitodes, führt seine *assiette ordinaire* fort. Sokrates bleibt bis zum Ende in der Verfassung oder Form, die auch sein vorheriges Leben ausgezeichnet hat und deren komplexe Vielfalt die *Essais* immer wieder thematisieren. Wenn Montaigne im exemplaire de Bordeaux das sprechende Detail des sich nach der Befreiung von den Ketten an den Beinen kratzenden Sokrates hinzufügt, so unterstreicht die Reaktion des Philosophen den unwillkürlichen, spontanen Charakter des Verhaltens, sie demonstriert, ohne dass es einer Inszenierung bedürfte, die „douceur et joye en son ame" angesichts des Übergangs von den „incommodités passées" zu den „choses advenir" (E, S. 446).[39] Dagegen erscheint der Tod des Cato, ohne dass Montaigne die dramatischen Details der Erzählung Plutarchs noch einmal in Erinnerung rufen müsste, als eine theatralische Aufführung, er ist „plus tragique et plus tendue" (E, S. 446).[40] *De la physionomie*, das vorletzte Kapitel der *Essais*, wird auf diese Einschätzung noch einmal zurückkommen und den Inszenierungscharakter des catonischen Sterbens in ein drastisches Bild übersetzen: „Aux braves exploits de sa vie, et en sa mort, on le sent tousjours monté sur ses grands chevaux." (E, S. 1083) Cato ist sozusagen immer hoch zu Ross. Die neue ‚Lektüre' des Stoikers verdankt sich einer Interpretation, die in der ebenso bildhaften wie tragischen ‚Schönheit' die Dimension der Verdoppelung, der Selbstbespiegelung und der Wirkung auf das Publikum entdeckt.

Aber ist in diesen Operationen der Urteilskraft, welche die Bilder der Imagination in Frage stellen, die Wahrheit der antiken Person eingeholt, der historische Abstand übersprungen und der eigene Maßstab der Vergangenheit zur Geltung gebracht? Die *Essais* blicken skeptisch auf ihr eigenes Vorgehen. Montaigne beobachtet seinen Umgang mit der antiken Gestalt und er erkennt in

---

39 Die exemplarische Dimension der Gestalt des Sokrates für Montaignes Selbstdarstellung gehört zu den Gemeinplätzen der Forschung, vgl. z.B. Friedrich, *Montaigne*, a.a.O., S. 71ff.; Jules Brody, *Lectures de Montaigne*, a.a.O., S. 92, wo es im Blick auf *De l'experience* heißt, „la *peinture du Moi* acquiert les dimensions d'une *Imitatio Socratis* effective". – Zum Verhältnis und insbesondere zur Differenz zwischen dem platonischen Sokrates und dem Sokrates der *Essais* vgl. immer noch Frederick Kellermann, „Montaigne's Socrates", in: *Romanic Review*, 45 (1954), S. 170–177, z.B. S. 174f.: „The two qualities which Montaigne found in Socrates are natural simplicity and rich versatility [...] One has often the impression where Montaigne describes Socrates that he is also describing himself [...] he missed almost completely the essential and probably most important aspect of Socrates as moralist. He missed the high devotion to knowledge and truth which the life of Socrates exhibits [...] Montaigne's Socrates is certainly unplatonic." Vgl. auch die Ergänzungen in ders., „The *Essais* and Socrates", in: *Symposium*, 10 (1956), S. 204–216.

40 Auch dieser Gegensatz wird in *De la physionomie* zitathaft wiederholt: Während Sokrates „tousjours un et pareil" gewesen sei, bemerke man bei Cato eine „alleure tendue bien loing au dessus des communes" (E, S. 1083). Montaigne wird dieser Form der theatralischen Selbststeigerung in dem Essay *De la presumption* systematisch nachgehen.

seinem Verfahren eine epochale Symptomatik, der sich seine Urteilskraft nicht entzieht. In dem Essay, der den Namen des Stoikers im Titel trägt, *Du jeune Caton* (I, 36) charakterisiert er die Hermeneutik des Verdachts, die er in Szene setzt, als *interpretation vile* (E, S. 235) und bringt sie mit den Üblichkeiten seiner eigenen Zeit in Verbindung, in der die Krankheit der Urteilskraft sich mit der Depravation der Sitten verbinde. Damit ist zweifellos eine starke Distanzierung, ja Verwerfung eines Interpretationshabitus verbunden, den Montaigne dafür verantwortlich macht, dass der Ruhm der „belles et genereuses actions anciennes" (E, S. 235) in der Gegenwart verdunkelt wird. Aber die Hermeneutik des Verdachts gehört ebenso zu seinem eigenen Interpretationshabitus, und die Distanzierung der Faszination, die von der Gestalt Cato von Uticas ausgeht, ist ein prominentes Beispiel. Der Autor der *Essais* ist keineswegs blind für diese Tendenz seiner Urteilskraft: „À mesure qu'un bon effect est plus esclatant: je rabats de sa bonté, le soupçon en quoy j'entre, qu'il soit produict, plus pour estre esclatant, que pour estre bon." (E, S. 1070) Die Formulierung findet sich in *De mesnager sa volonté*, im Kontext einer Kritik der *ambition*, der politischen Leidenschaft par excellence, deren Verwüstungen, die bereits in der Politik der Antike sichtbar sind, der Essay vor allem in den religiösen Bürgerkriegen des 16. Jahrhunderts ausmacht. Montaignes Urteilskraft, die sich und ihre Akte beobachtet, sieht nicht nur ihre Souveränität, sondern auch ihre Typizität. Die Ambiguität von freier Bewegung und unwillkürlicher Tendenz hält die Reflexivität der Urteilskraft in den *Essais* in Bewegung.

Was die Person ausmacht, manifestiert sich in ihren Handlungen, in Gesten und sprachlichen Äußerungen. Aus dieser Lesbarkeit des Verhaltens speist sich das biographische Genre nach dem Muster Plutarchs, das für Montaigne das Modell des historischen Verstehens darstellt. Die Einheit der Person wird für den historisch fernen Leser als ihre ‚Form' vorstellbar. Als Produkte der Einbildungskraft, die ein gestalthaftes Imaginäres entwirft, können solche Formen ästhetische Evidenz gewinnen. Ihre Gestalthaftigkeit bleibt bei Montaigne aber stets auf die kritische Intervention der Urteilskraft bezogen. Die Prägnanz der imaginären Form kann durch Interpretation auf Distanz gebracht und als Illusion bloßgestellt werden. Allerdings bedarf diese Bewegung auch der Inversion, sie stellt nicht den Königsweg der Wahrheit des Verstehens dar. Die in der Lektüre der alten Texte entstehende und als stimmig erfahrene Vorstellung wirkt zurück auf die habitualisierten Schemata des Urteils. Das imaginäre Bild, in dem die Gestalten der Vergangenheit Prägnanz gewinnen, erweist sich nicht nur als die illusionäre Selbstverstrickung des Lesers, sondern zugleich als eine Infragestellung jener voreiligen Weltklugheit des Urteils, die sich dem Habitus des Lesers und der *coustume* seiner Kultur verdankt. Aus dieser Pendelbewegung der Vermögen, die sich in der kontinuierlichen Interaktion und

Korrektur von Einbildungskraft und Urteil niederschlägt, gibt es in den *Essais* keinen Ausweg, keine Stillstellung in einem Telos der Wahrheit oder der Weisheit. Wo Gewissheiten fraglos werden und sich zu verfestigen drohen, werden sie von einem doppelten Sog in Frage gestellt, der zwischen den Polen eines suggestiven Imaginären und der Reflexivität des Urteils seinen Spielraum hat.

DRITTER TEIL

Dialoge

KAPITEL VII

Wissen und Poesie: Lukrez' *De rerum natura* und die *Essais*

1 Lesen: Notizen und Marginalien

Montaigne hat Lukrez' *De Rerum Natura* im Jahre 1564, mit 31 Jahren, gelesen. Ein Jahr vorher war Etienne de la Boétie gestorben.[1] Die sorgfältig edierte und reich kommentierte Lambinusausgabe, die er verwendet hat, war um die Jahreswende 1563/64 in Paris erschienen. Am Ende des von Montaigne annotierten Exemplars findet sich die handschriftliche Notiz: „16 . oktob . / perlegi 1564 /31 /"[2]. Angesichts der knapp hundertfünfzig Lukrezzitate und der zahlreichen Anspielungen in den *Essais* wusste man seit langem von der Bedeutung des Autors, welcher der Renaissance die epikureische Philosophie vermittelte, für Montaignes essayistisches Projekt. Es war angesichts der Textvarianten der im 16. Jahrhundert publizierten Ausgaben von *De rerum natura* auch längst unbestritten (mindestens seit Pierre Villeys *Les sources et l'évolution des ‚Essais'* aus dem Jahre 1908), dass Montaigne ein Exemplar der Lambinusausgabe besessen und verwendet haben muss. Das Buch war allerdings lange verschollen, aufgetaucht ist es erst im Jahre 1989, als es durch ein Londoner Antiquariat an Paul Quarrie, den Bibliothekar von Eton, verkauft wurde. Dieser konsultierte seinerseits den Renaissanceforscher Michael A. Screech in Oxford, ein Experte der französischen Literatur des 16. Jahrhunderts, vor allem was das Werk von Rabelais und Montaigne angeht. Er hat auch eine neue englische, vieldiskutierte Übersetzung der *Essais* herausgebracht. Screech veröffentlicht schließlich 1998 eine umfassende kritische Ausgabe von Montaignes Notizen zu *De rerum natura*.

Dass Montaignes Lukrezexemplar so lange verschollen war, hängt nicht nur mit dem Verkauf seiner Bibliothek nach seinem Tod zusammen. Es stellte sich

1 Vgl. dazu Gérard Defaux, *Montaigne et le travail de l'amitié. Du lit de mort d'Etienne de la Boétie aux ‚Essais' de 1595*, a.a.O., v.a. Kap. III: „Montaigne et Lucrèce (1564): *Et puis, quand tout est dict, je n'ay plus d'estre*", S. 65–96.

2 Vgl. dazu Michael A. Screech, *Montaigne's Annotated Copy of Lucretius. A transcription and study of the manuscript, notes and pen-marks*, Genf 1998, S. 4. Montaignes annotiertes Exemplar von *De rerum natura* ist als Faksimile auch in den *Bibliothèques virtuelles humanistes* zugänglich.

 | DOI 10.30965/9783770563548_008

nämlich heraus, dass seine Ausgabe von *De rerum natura* in die Hände von Paul Despagnet fiel, der seit 1600 Präsident des Parlement de Bordeaux war, und der eine wichtige, aktive Rolle in den Hexenverfolgungen der Zeit spielte. Die Motive seines Interesses an Lukrez und an Montaignes Anmerkungen sind nicht näher bekannt, jedenfalls musste er daran interessiert sein, die von Montaigne, vor allem in dem Essay *Des Boyteux* (III, 11) artikulierte Skepsis gegenüber der Realität des Hexenwesens zurückzuweisen oder doch zumindest nicht mit ihr in Verbindung gebracht zu werden. Sein Name überschreibt seither palimpsestartig in dem vom Autor der *Essais* annotierten Exemplar von *De rerum natura* den des Vorbesitzers Montaigne. Dessen Name ist nur noch für ein geübtes Auge zu erkennen.[3]

Man kennt auch einige andere der Lektürenotizen Montaignes, beispielsweise zu den *Annales et Croniques de France* von Nicole Gilles, zu Cäsars *De bello gallico* und *De bello civile* oder zu Quintus Curtius' *De rebus gestis Alexandri Magni*,[4] an substantieller Bedeutung werden sie allesamt durch die Anmerkungen und Kommentare zu Lukrez überragt. Das hängt zweifellos mit der Reputation des im Mittelalter vergessenen, am Anfang der Renaissance spektakulär wiederentdeckten Autors zusammen. Erst im Jahre 1417 hatte der italienische Humanist und päpstliche Sekretär Poggio Bracciolini in einem deutschen Kloster (möglicherweise handelt es sich um das Benediktinerkloster in Fulda) ein Manuskript von *De rerum natura* gefunden.[5] Der Originaltext wird 1473 erstmals gedruckt, in der ersten Hälfte des 16. Jahrhunderts gibt es bereits mehrere französische Ausgaben. Das Interesse der Renaissance an dem Epikureer Lukrez ist groß, seine Reputation macht ihn zum Skandalautor, er gilt als Atheist und Gottesleugner, vor allem seit eine auf Hieronymus zurückgehende Tradition ihn und sein Werk ins Zwielicht gerückt hatte, Hieronymus berichtet von einer durch einen Liebestrank erzeugten Verrücktheit und von dem Selbstmord des Epikureers. Montaigne wird sich auf diese Tradition beziehen, wenn er das Lob Epikurs (*Rerum natura*, 5, 8: *deus ille fuit*) vom Anfang des fünften Buchs von *De rerum natura* zitiert, um dann hinzuzufügen: „Voylà des paroles tresmagnifiques et belles: mais un bien leger accident, mit l'entendement de cestuy-cy en pire estat, que celuy du moindre berger: nonobstant ce Dieu percepteur et ceste divine sapience." (E, S. 515)[6] Seinem Interesse für den

3 Vgl. dazu L, S. 11ff.

4 Vgl. E, S. 1185ff.

5 Vgl. dazu Stephen Greenblatt, *The Swerve. How the Renaissance Began*, London 2011.

6 In dem Essay *De l'yvrongnerie* (II, 2) bemerkt Montaigne: „Lucrece, ce grand poëte, a beau philosopher et se bander, le voylà rendu insensé par un breuvage amoureux." (E, S. 365) – Screech weist darauf hin, dass Lambinus in seinem Kommentar das von Lukrez formulierte

Autor, sowohl für das in *De rerum natura* entfaltete Wissen als auch für die poetische Form des Werks, hat das allerdings keinen Abbruch getan, insbesondere nicht einem zentralen Anliegen des Epikureers, der kritischen Auseinandersetzung mit der Religion und dem Aberglauben: Dem Thema des lukrezischen *Description des dieus* und seiner zahlreichen Invektiven *contre la religion* widmen sich Montaignes Randbemerkungen mit hartnäckiger Insistenz.[7]

Es sind drei Typen von Notizen und Bemerkungen, die Montaigne in seinem Handexemplar der Ausgabe von *De rerum natura* verwendet. Es gibt zunächst auf den Deckblättern in lateinischer Sprache notierte Anmerkungen philologischer Natur, die sich mit grammatischen und prosodischen Aspekten des Werks beschäftigen. Ebenfalls auf den (vorderen wie hinteren) Deckblättern finden sich Notizen zum Inhalt und den Themen des Buches, auch sie sind lateinisch abgefasst. Montaigne hat sie im Fortgang der Lektüre weitergeschrieben und dabei zunehmend den verfügbaren Raum ausgefüllt. In beiden Fällen finden sich Verweise auf andere Seitenzahlen und Querverweise auf Parallelpassagen, auch auf den selbst bereits extensiven Kommentar des Herausgebers Lambinus wird wiederholt Bezug genommen.[8] Schließlich hat Montaigne den fortlaufenden Text mit – nunmehr meist auf Französisch notierten – Randbemerkungen versehen, ergänzt durch zahlreiche An- und einige Unterstreichungen. Insgesamt kommen so gut eintausend Notate zusammen, in denen Montaigne das Werk des Epikureers für sich strukturiert und seine Leseeindrücke festhält.

Allerdings lassen Montaignes Anmerkungen und Marginalien, in denen er seine Lektüreerfahrungen mit *De rerum natura* sprachlich und thematisch bündelt, nur selten eine klare Positionierung zu den epikureischen Theoremen erkennen. Montaigne notiert sprachliche Auffälligkeiten, zentrale Semantiken und thematische Aspekte, seine Marginalien lassen durchaus eigene Relevanzsetzungen erkennen, bleiben aber zurückhaltend in der Formulierung seiner Einstellung. Häufig indes spricht er in der Sprache des Epikureers und greift dessen Konzepte auf. Diese Situation ändert sich mit den *Essais* grundlegend, die Montaigne gut fünf Jahre nach seiner Lukrezlektüre in Angriff nimmt. In ihnen wird das Werk in die Kontinuität von Montaignes Schreiben integriert und zum Gegenstand intensiver Diskussion. Zwar fällt der Name des Autors

---

Lob nicht auf Epikur, sondern auf Pythagoras oder Sokrates, etc. bezieht. Montaignes Randbemerkung folgt dem nicht, dort ist von der „louange d'Epicurus" die Rede (vgl. L, S. 446).

7 Die zitierten Formulierungen (vgl. L, S. 204) beziehen sich auf *De rerum natura* 1, 44ff. und 1, 62ff. Letztere singt das Lob Epikurs, der die Menschheit vom schweren Joch der Religion befreit habe: „cum vita iaceret / in terris oppressa gravi sub religione".

8 Zu den Details vgl. L, S. 91ff. und E, S. 1859f.

von *De rerum natura* in den *Essais* nur sechs Mal. Gleichwohl ist Lukrez der nach Horaz meistzitierte lateinische Dichter, manchmal werden die Zitate aus *De rerum natura* paraphrasiert oder kommentiert, auch sonst sind die Motive des Epikureismus (wie auch der Name Epikur) als Gegenstand essayistischer Reflexion überaus präsent. Aber die zeitliche Distanz zwischen der intensiven Lukrezlektüre im Jahre 1564 und der späteren Arbeit an den *Essais* seit den siebziger Jahren bedingt nicht nur Interessenverschiebungen. Sie eröffnet vielmehr einen Spielraum der Ver- und Durcharbeitung des Gelesenen, das nunmehr in der je spezifischen Konstellation der Essays und ihrer Eigenlogik neu perspektiviert wird.

2 *alter montanus*

Das dritte Buch von *De rerum natura* ist der Seele gewidmet. Es handelt von den Beziehungen zwischen Seele (*anima*), Geist (*animus*, auch *mens*) und Körper, Lukrez erörtert deren enge Beziehungen auf der Grundlage eines systematischen Materialismus, der auch die Seele aus Atomen bestehen lässt. Diese sind zwar kleiner, ‚subtiler' als die Elemente anderer Materie, aber das ändert nichts an ihrer grundsätzlichen Materialität.[9] Lukrez vertritt auf dieser Grundlage entschieden die im christlichen Kontext der Renaissance provokative These von der Sterblichkeit der Seele (*anima*) und des Geistes (*animus, mens*): „Hat sich die Hülle des Körpers gelöst und der Odem verflüchtigt, / Muss auch die Sinnesempfindung des Geistes sofort mit der Seele / Schwinden; denn eng verknüpft ist für beide die Lebensbedingung." (*Rerum natura*, 3, 577ff.) Darüber aber müsse sich der Mensch keine Sorgen machen, wie Lukrez angesichts der Angstbereitschaft der Menschen nicht müde wird zu versichern. Wer nicht (mehr) lebt, kann auch nicht leiden. Montaigne resümiert seine Lektüre des dritten Buchs in einer Formel, die es mit der Geringschätzung des Lebens, dem *contemptus vitae*, assoziiert und zugleich seine poetische Qualität hervorhebt. Die letzte Deckblattnotiz zu dem Buch lautet: „Perlege totum librum nil est elegantius / de uitae contemptu"[10]. Nichts Eleganteres sei über die Verächtlichkeit des menschlichen Lebens zu finden, Lukrez zeige in poetischer

9 So heißt es beispielsweise über die Atome des Geistes (*animus*), „er sei aus den allerfeinsten und kleinsten Urelementen gebildet" (*Rerum natura*, 3, 179f.: *persubtilem atque minutis perquam corporibus factum constare*).

10 L, S. 137. – Wenig vorher (S. 136) hatte Montaigne bereits einen *Locus perelegans* hervorgehoben, der von den Genüssen des Lebens (*de uitae commoditatibus*) handelt, die wir mit dem Tod zu verlieren scheinen.

Form die Nichtigkeit des menschlichen Lebens. Mehrfach, in den Deckblattnotizen wie in den Marginalien, hält Montaigne die epikureische Lehre von der Sterblichkeit der Seele und der Indifferenz des Todes für die betroffene Person fest. Da die Seele sterblich ist, berührt uns der Tod nicht: „La mort ne nous touche pouint puisque lame est mortelle" heißt es in einer Randbemerkung, ähnlich resümiert ein lateinischer Eintrag der Deckblätter.[11]

Allerdings kommt an einer bezeichnenden Stelle ein Moment der Distanz zur Sprache, an der Montaigne nicht mehr nur die Topoi des Textes notiert, resümiert und nachschreibend wiederholt. Die Passage, um die es geht, hat mit der Frage der Identität und der Besonderheit des Individuums zu tun. Der epikureische Atomismus lässt Personen aus einem zufälligen Teilchenaggregat bestehen, in dem sich kleinere und größere Atome verbinden, die dann als Ensemble von Geist, Seele und Körper agieren, bis der Tod der Verbindung ein Ende macht. Montaignes Bemerkung, mit der er, der Leser von *De rerum natura*, sich selbst als potentiell betroffene Person ins Spiel bringt, bezieht sich auf eine physikalische Hypothese, in der Lukrez am Ende des dritten Buches mit großer Gelassenheit die Möglichkeit einer Wiederkehr identischer Personen ins Auge fasst. Er denkt dabei natürlich nicht an genetische Klone avant la lettre, sondern an die zufällige Wiederholung einer identischen Teilchenkonstellation, die, denkt man in großen Zeiträumen, als ebenso denkbares wie indifferentes Ergebnis erscheint: „Wenn du bedenkst, wie unendlich sich dehnt der Vergangenheit ganzer / Zeitraum, ferner wie mannigfach auch die Bewegung des Urstoffs / Sich gestaltet, so kannst du wohl leicht zum Glauben gelangen, / Dass schon früher die Keime, aus denen wir jetzo bestehen, / Oft in derselbigen Ordnung gestanden sind, wie sie auch jetzt stehn." (*Rerum natura*, 3, 854ff.) Nichts spricht gegen die mehrfache Existenz der gleichen Person in langen Zeiträumen. Aber das ist kein Grund der Beunruhigung. Die spielerische Imagination einer mehrfachen Wiederkehr des Gleichen folgt unmittelbar auf jene beiden Verse, in denen Lukrez entschieden festhält, dass uns Vergangenes und Zukünftiges gleichgültig lässt: „[...] nihil ad nos de nobis attinet, ante / qui fuimus, neque iam de illis nos adficit angor." (*Rerum natura*, 3, 852f.) Es berührt uns nicht, wie wir früher einmal gewesen sind, deshalb betrifft uns auch die Angst um unser künftiges Leben nicht. Nach dem Tod, der Auflösung von Körper und Seele und ihrer Einheit, existieren wir nicht mehr, mit unseren atomtheoretisch möglichen Wiedergängern in der Vergangenheit und der Zukunft haben wir nichts zu schaffen.

11 Vgl. L, S. 317 und S. 134: „Quod cum ita sit mors nil ad nos attinet nihilo enim magis quae post uitam subsequentur quam quae antefuerunt nos tangent." („So betrifft der Tod uns nicht, was nach diesem Leben passiert berührt uns nicht mehr als das Vorangegangene.")

Lukrez verwendet in *De rerum natura* den demokritisch-epikureischen Begriff des Atoms (*atomos*) nicht – er spricht meist von *primordia* oder *corpora prima*, oder, wie in der zitierten Stelle, von *materiai* und *semina* – aber Montaigne greift in seiner Notiz wie auch an anderen Stellen darauf zurück. Für ihn steht der Autor von *De rerum natura* in der Kontinuität Epikurs, seiner Lehre und seiner Begriffe. Die Atome und ihre Bewegung, wie sie Lukrez auf lange Zeiträume projiziert, werden nun mit der Identität des Michel de Montaigne, so wie er sie in seinem Selbstbezug erfährt, kurzgeschlossen: „Vt sunt diuersi atomorum motus non incredibile est sic conuenisse olim atomos aut conuenturas ut alius nascatur montanus." (L, S. 134) Angesichts der Unterschiedlichkeit der Atombewegungen ist es nicht undenkbar, dass die Atome einst so zusammenkamen oder in Zukunft zusammenkommen werden, dass ein anderer Montaigne geboren wird, in seiner Zusammensetzung aus Elementarteilchen ununterscheidbar von dem, der gerade lebt und über das Identitätsproblem nachdenkt. Für Lukrez ist die Frage nach der identischen Wiederkehr einer personalen Konfiguration belanglos, wir können sie uns ohnehin nicht ins Gedächtnis rufen: „Nec memori tamen id quimus reprehendere mente" (*Rerum natura*, 3, 858). Sein Herausgeber und Kommentator Lambinus war ihm darin in einer langen Anmerkung gefolgt: Lukrez habe in einer *anthypophora* gesprochen, also mit einem Einwand, den der Autor gleich widerlege. Natürlich könne jeder fragen, ob ein *alius ego* vor Jahrhunderten existiert habe oder in späteren Epochen existieren werde. Angesichts der großen Zeiträume (*prateriti temporis spatium immensum*) sei das nicht auszuschließen. Aber Lukrez halte auch fest, dass wegen der *vitae interruptio* [...] *per mortem* die gegenwärtige, vergangene und zukünftige Person trotz der Identität der Elemente nicht identisch seien.[12] Montaignes verwundertes Innehalten angesichts der Vorstellbarkeit des *alter montanus* ist damit allerdings nicht wirklich beruhigt – zu ausgeprägt ist die Differenz zwischen der spekulativen Möglichkeit identischer Wiederholung in der epikureischen Seelenlehre und der Imagination des einen identischen Doppelgängers der singulären Person in der Projektion ihrer Selbsterfahrung.

Der andere, vergangene oder zukünftige Montaigne tritt nur einen Augenblick auf. Bereits Montaignes nächste Bemerkung führt wieder weg vom eigenen Ich und seiner Betroffenheit durch die Möglichkeit der Wiederholung: „Id me ipsum non tangit propter oblivionem & uitae pausam." Der andere Montaigne betreffe ihn nicht, wegen des Vergessens und wegen der Unterbrechung des Lebens. Während das Motiv des Vergessens bei Lukrez nicht vorkommt – dort ist vielmehr die Rede vom Nichterinnernkönnen – und in Montaignes

12 Vgl. dazu L, S. 135.

Notizen immerhin ein subjektives Moment zur Geltung bringt, greift die Rede von der *vitae pausa* einen Terminus aus *De rerum natura* auf. Eine Marginalie führt diese Erklärung der Nichtbetroffenheit fort: „Puisque nous auons cesse vne fois d'estre rien ne nous touche"[13]. Auch der lukrezische Epikureismus setzt auf die therapeutische Wirkung dieser Vorstellung, welche die Angst vor dem Tod bannen soll. Dort steht indes nicht die unwahrscheinliche, aber immerhin mögliche Wiederholung der als Teilchenaggregat verstandenen Person im weiten Raum der Zeiten im Vordergrund, sondern die Projektion des Todes, die von derartigen Präokkupationen entlastet. Wenn wir tot sind, berührt uns nichts mehr, auch nicht die Frage, ob es uns schon einmal gegeben hat oder in Zukunft noch einmal geben wird. Körper und Seele sind sterblich, mit dem Tod endet die Person und damit auch alle Sorge, mit der sie sich auf Vergangenheit und Zukunft richten könnte. Montaignes Aneignung der Wiederholungsphantasie geht demgegenüber vom Erleben des Individuums aus, das seine Singularität in der Selbsterfahrung findet, ohne die Irritation der Vorstellung in den Marginalien zu versprachlichen.

3 Tod, Mensch, Natur: *Que Philosopher c'est apprendre à mourir*

Die beiden Essays *Qu'il ne faut juger de nostre heur, qu'après la mort* (I, 18) und *Que Philosopher, c'est apprendre à mourir* (I, 19) signalisieren bereits im Titel die Beschäftigung mit Sterben und Tod. Nur einmal noch, mit *De juger de la mort d'autruy* (II, 13), wird Montaigne den Tod, der die *Essais* durchgängig beschäftigt, in einem Titel explizit als Thema benennen. Es fällt auf, dass der Tod stets als Gegenstand einer prozesshaften Auseinandersetzung begriffen wird. Er ist gerade keine feststehende und unausweichliche Größe, sondern ein unverfügbarer Endhorizont des Lebens, der den Menschen, der um die Notwendigkeit des Sterbens weiß, nicht loslässt. Wie die in den Titeln verwendeten Verben (*juger, philosopher, apprendre*) deutlich machen, geht es Montaigne um die Art und Weise, wie die Urteilskraft des Individuums mit Endlichkeit und Tod umgehen kann. Der Tod ist eine affektive und kognitive Herausforderung, man kann hoffen, durch ihre Bearbeitung den Umgang mit dem Sterben zu lernen. Montaigne weiß allerdings auch, dass in der Betonung der Urteilskraft, also der kognitiven Seite, ein wesentlicher Aspekt des Umgangs der Menschen mit der Aussicht auf den Tod vergessen wird, die Tatsache nämlich, dass wir angesichts seiner affektiven Besetzung nicht aufhören können, ihn uns vorzustellen.

---

13 L, S. 318. Vgl. dazu *Rerum natura*, 3, 866: „scire licet nobis nihil esse in morte timendum."

Der folgende Essay, *De la force de l'imagination* (I, 20), wird dieses Thema in den Titel rücken.

Dass der Tod seinen Schrecken vor allem in der Einbildungskraft gewinnt, dass das Ende und das Andere des Lebens, weil sie sich der Erkenntnis entziehen, unablässig durch Bilder und Phantasmen besetzt werden, welche den Lebenden, der an seinen Tod denkt, erschrecken, hatte Montaigne in *De rerum natura* lesen können. Lukrez weiß um die Macht der Bilder und Todesgedanken, er will die Menschen von ihnen erlösen, indem er die Sterblichkeit von Körper und Seele lehrt und damit dem Tod seinen Stachel nimmt. Im Tod gibt es keine Seele mehr, welche die Auflösung des Körpers beobachten könnte, der Tod ist das Ende des Beobachters und seiner Affekte, von *anima* und *animus*. Die Todesphantasien, welche die Menschen beunruhigen, versucht Lukrez zu entschärfen, indem er sie detailreich aufruft: „Denn wer als Lebend'ger einmal es sich vorstellt, / Wie im Tode den Körper die Vögel und Bestien zerfleischen, / Wird sich selber bejammern." (*Rerum natura*, 3, 879ff.) Der Lebende wähnt (*se fingit*), im Tod noch er selbst zu sein. Dabei vergesse der Betroffene allerdings, „dass beim wirklichen Tod er nicht selbst noch als Fremder / Dastehn werde, um lebend den eigenen Tod zu bejammern / Und zu bedauern, ein Raub von Flammen und Tieren zu werden." (*Rerum natura*, 3, 885ff.)

In den beiden Todeskapiteln des ersten Buchs der *Essais* findet sich die erste clusterartige Verdichtung von Lukrezzitaten, auf achtzehn Seiten schiebt Montaigne achtzehn Passagen aus *De rerum natura* im lateinischen Original in den eigenen Text, allerdings durchaus ungleich verteilt und in variierender Länge, der Umfang schwankt zwischen einem und drei Versen. Dass es sich um Lukrezzitate handelt, bemerkt nur der Kenner des Werks, der Name des Autors fällt in den beiden Essays an keiner Stelle. Der kurze Essay *Qu'il ne faut juger de nostre heur, qu'après la mort* setzt mit einem Ovidzitat ein, um sich dann einer von Solon formulierten Empfehlung (*advertissement*) zu widmen, die durch ein drastisches, den König Krösus betreffendes Exempel unterstrichen wird. Solon – Montaigne stützt sich vor allem auf die Solonvita des Plutarch – habe darauf hingewiesen, dass die Menschen, „quelque beau visage que fortune leur face" (E, S. 80), angesichts der Ungewissheit und Wechselhaftigkeit der menschlichen Dinge erst dann glücklich genannt werden können, wenn der letzte Tag ihres Lebens vorbei sei, „jusques à ce qu'on leur ayt veu passer le dernier jour de leur vie, pour l'incertitude et varieté des choses humaines" (E, S. 80). Glück und Unglück sind also Kategorien eines nachträglichen Beobachters, der auf ein durch den Tod abgeschlossenes Leben zurückblicken kann. Die Fragestellung ist nicht neu, sie durchdringt, wie sich gezeigt hat, auch Montaignes intensives Interesse an der Figur des Epaminondas. Dass das Schicksal plötzlich, und auch noch ganz am Ende, umschlagen könne, zeigen im Folgenden nicht nur längst zu Topoi geronnene Beispiele der Antike, wie das des Pompeius, sondern auch die biographischen Karrieren exponierter politischer Akteure der Moderne: Ludovico Sforza, der Herzog von Mailand, der Italien in Atem hält, endet als Gefangener, Maria Stuart, die *plus belle Royne*, stirbt auf dem Schafott. In der Antike wie in der Moderne manifestiert sich der Umschlag der Fortuna vom Glück ins Unglück. Montaigne fragt an dieser Stelle nicht nach der Selbstwahrnehmung der Betroffenen, er bringt die Außenperspektive ins Spiel, denn nur sie erlaubt es, auf ein definitiv abgeschlossenes Leben zu blicken. Glück und Unglück sind daher wesentlich Kategorien eines retrospektiven Beobachters, der eine abgeschlossene Geschichte zu erzählen hat.

Allerdings begnügt sich der Essay nicht mit einer solchen Einschätzung. Als Buch des Selbst vollziehen die *Essais* den Umschlag zur Selbstwahrnehmung der Akteure. Das gilt auch für Solon. Er kommt für Montaigne nicht als Staatsmann und Gesetzgeber, sondern als Philosoph in Betracht. Als solcher gibt er Anlass zu einer Umstellung von der Außen- zur Innenperspektive. Damit werden die *grandeurs, et puissances*, um die es in den zitierten Exempla der Antike und der Moderne gegangen war, zu Beiläufigkeiten, „accidens de qualité à peu près indifferente" (E, S. 81). Die für den unbeteiligten Beobachter sichtbare Verlaufskurve der Fortuna wird zur Nebensache, die Selbstbeobachtung zum wesentlichen Kriterium. Für den Glücksanspruch des Philosophen zählen die „tranquillité et contentement d'un esprit bien né", die „resolution et asseurance d'une ame reglée" (E, S. 81), also ein Selbstverhältnis, nicht ein externer Blick auf das Leben und seine Umschwünge. Aber auch darüber kann erst geurteilt werden, wenn der *dernier acte de la comédie* gespielt sei, denn erst der Tod lasse die Authentizität dieses Selbstverhältnisses zwingend hervortreten. Natürlich verwendet Montaigne den modernen Begriff der Authentizität nicht, er spricht vielmehr von Maske und Rolle.[14] Überall sonst könne man eine *masque* tragen, aber bei dem „dernier rolle de la mort et de nous, il n'y a plus que faindre" (E, S. 81). Der letzte Akt zeigt, was die Person in ihrem Selbstverhältnis ist, wenn sie keine Maske mehr trägt.[15] Der Moment des Sterbens ist deshalb der *maistre jour* des Urteils: „Voilà pourquoy se doivent à ce dernier traict toucher et esprouver toutes les autres actions de nostre vie." (E, S. 81) Es ist kein Zufall,

---

14 Zur vielfältigen Funktion von Maske und Demaskierung in den *Essais* vgl. vor allem Starobinski, *Montaigne en mouvement*, a.a.O., S. 87ff.

15 Das kann auch bedeuten, wie Montaigne 1588 ergänzt, dass im Tod Qualitäten der Person sichtbar werden, die sie im Leben vermissen ließ: „[...] en mon temps trois les plus execrables personnes, que je cogneusse en toute abomination de vie, et les plus infames, ont eu des morte reglées, et en toute circonstance composées jusques à la perfection." (E, S. 82)

dass Montaigne am Ende des Essays den Tod des Epaminondas in Erinnerung ruft, die „honneur et grandeur de sa fin“ (E, S. 82), ein Ende, auf das die *Essais* mehrfach zurückkommen. Der Tod des Thebaners am Ende einer siegreichen Schlacht stellt mit dem erzwungenen Tod des Sokrates und dem Freitod des Cato von Utica eine Triade von Todesarten vor, an der Montaigne beispielhafte Selbstverhältnisse des Sterbens durchspielt. Und der Autor stellt sich auch selbst unter diesen Anspruch, indem er den Titelbegriff seines Werks verwendet, um die Rolle des Todes für die Wahrheit der Person zu verdeutlichen: „Je remets à la mort l'essay du fruict de mes estudes.“ (E, S. 82) Der Tod wird damit zu jener Instanz des Urteils, die der Autor der *Essais* für die Gegenstände seines Schreibens ist, wozu in erster Linie wiederum die eigene Person und ihre Vermögen gehören.[16]

Der Übergang von der Außen- zur Innenperspektive wird explizit als Reflexion über die Bedeutung von Solons *advertissement* in Szene gesetzt. Gerahmt wird er indes durch zwei Zitate aus dem fünften und dritten Buch von *De rerum natura*. Der jeweilige Kontext bleibt ausgeblendet, die Verse des Lukrez fungieren als Markierung des Vorher und Nachher eines Umschlags von der Fremd- zur Selbstbeobachtung. Das erste Zitat steht in *De rerum natura* im Kontext einer epikureischen Erklärung des Ursprungs der Verehrung, welche die Menschen den Göttern entgegenbringen. Letztere erscheinen ihnen als verborgene Kraft (*Rerum natura*, 5, 1233: *vis abdita*), welche die Mächtigen und ihre Insignien in den Staub wirft. Das Zitat verdoppelt die allgemeine Diagnose des jederzeit möglichen Umschlags vom Glück ins Unglück, der auch

16 Der Essay *De juger de la mort d'autruy* (II, 13) diskutiert die Frage, ob nicht die meisten Menschen sterben, ohne von ihrem bevorstehenden Tod zu wissen: „Peu de gens meurent resolus, que ce soit leur heure derniere: et n'est endroit où la pipperie de l'esperance nous amuse plus.“ (E, S. 642) Sterben in der Hoffnung, zu leben ist indes ein maskierter Tod. In ihm muss die Wahrheit der Person verdeckt bleiben, weil sie in ihre Illusionen verstrickt in den Tod geht. Umso mehr Aufmerksamkeit widmet Montaigne anschließend jenen exemplarischen Todesarten, wo das Bewusstsein der Protagonisten außer Frage steht. Sokrates stirbt, nachdem er einen Monat Zeit gehabt hat „à ruminer le decret de sa mort“ (E, S. 646); Pomponius Atticus will sich zu Tode hungern, um der Krankheit zu entgehen – als er eben deswegen wieder zu genesen beginnt, hält er umso entschiedener an der Absicht zu sterben fest; ähnlich entscheidet sich der Philosoph Cleanthes, „goustant desjà quelque douceur en ceste defaillance, entreprend de ne se retirer plus arriere, et franchir le pas, qu'il avoit fort avancé“ (E, S. 647); und natürlich Cato von Utica, der wegen einer Handverletzung den Freitod mit dem Schwert nicht vollziehen kann und sich deshalb anschließend die Eingeweide zerreißt: „Et si c'eust esté à moy, de le representer en sa plus superbe assiete, c'eust esté deschirant tout ensanglanté ses entrailles, plustost que l'espée au poing, comme firent les statuaires de son temps.“ (E, S. 648) Immerhin werden sich die späteren Maler von Catos Ende an Montaignes Ratschlag erinnern.

die Herrscher über Imperien zu treffen vermag. Das zweite Zitat stammt vom Anfang des dritten Buchs, wo Lukrez einen Rat erteilt, dessen zweite Hälfte Montaigne wiederum im lateinischen Original zitiert: „Darum empfiehlt es sich mehr, den wahren Charakter des Menschen (*noscere qui sit*) / Zu erproben in widriger Zeit und in schweren Gefahren. / Dann erst hört man von ihnen die wirklichen Töne des Herzens / Aus der Tiefe (*verae voces tum demum pectore ab imo*) sich ringen, es fallen die Masken: der Kern bleibt (*eripitur persona: manet res*)." (*Rerum natura*, 3, 55ff.) Die radikal dekontextualisierten und unkommentierten Zitate aus *De rerum natura* fungieren als Markierungen eines Umschlags von der Außen- zur Innenperspektive, den sie nicht benennen und den der Essay explizit mit Blick auf Solon in Szene setzt. Der lukrezische Gegensatz von Rolle (*persona*) und Sache (*res*) wiederholt sich in Montaignes Opposition von *rolle* und *ame* (oder *esprit*). Die damit erzeugte Redundanz verleiht der essayistischen Bewegung eine stillschweigende Autorität, die sie in der tentativen Bewegung, in der Solons gnomisches *advertissement* ins Spiel gebracht wird, noch nicht hat. Das Zitat der lukrezischen Verse wird zur Doppelung der essayistischen Intention, die diese zugleich durch die Prägnanz ihrer sprachlichen Form stabilisieren. Indem er Lukrez kommentarlos zitiert, transformiert Montaigne den Übergang von der Außen- zur Innenperspektive in eine Fraglosigkeit, welche die essayistische Bewegung von Begründungspflichten entlastet.

Auch in *Que Philosopher, c'est apprendre à mourir* (I, 19) bleibt Lukrez als Autor zunächst im Hintergrund. Der Auftakt steht vielmehr im Zeichen einer apodiktischen Auskunft, die einer für Montaigne zweifelhaften Autorität zugeschrieben wird: „Cicero dit que Philosopher ce n'est autre chose que s'aprester à la mort." (E, S. 82) Am Anfang des Essays steht der Name dessen, der für Montaigne der Inbegriff einer Rhetorik ist, deren Virtuosität den Bezug zu den Wirklichkeiten, von denen sie handelt, zu verlieren droht. Cicero wird mit der Auskunft aus den *Tusculanes disputationes* zitiert, dass Philosophieren heiße, sterben zu lernen. Der Prototyp des Redners, der für Montaigne all das verkörpert, was die substanzlose Unverantwortlichkeit der Rhetorik ausmacht, statuiert, was Philosophie sei – aus dieser Paradoxie, welche die Unterscheidbarkeit von Philosophie und Rhetorik in Frage stellt, speist sich der Essay, in dem Montaigne die Grenzerfahrung des Todes explizit zum Gegenstand des Lernens und Übens macht. Er tut dies allerdings in erster Linie, indem er den besprochenen Tod, die Reden über den Tod, ins Spiel bringt. *Que philosopher, c'est apprendre à mourir*, rezeptionsgeschichtlich immer wieder als prominentes Beispiel der Schreibart des Essays gelesen, ist jedenfalls ein auffällig heterogener Essay, das Gegenteil einer konzentrierten, monologischen meditatio mortis. Montaigne kennt und zitiert die Vielfalt der Texte und Topoi, in denen der Tod besprochen wird. Ihr Repertoire besteht vor allem, wie der Titel zumindest anklingen lässt, aus den philosophischen, manchmal auch poetischen Texten der griechisch-römischen Antike. Indem er sie ins Spiel bringt, steigert er nicht nur die intertextuellen Resonanzen des Essays, sondern auch seine formale Komplexität. Der Essay spielt mit Textformen und Redeinstanzen. Die Berufung auf Cicero ist nur der Anfang einer wuchernden Zitat- und Anspielungspraxis, die sich zwischen wörtlichem Zitat (meist von Verstexten), Übersetzungen, Paraphrasen, Anspielungen und Kommentaren bewegt. Dabei dominieren zunächst Zitate aus den Oden des Horaz und Paraphrasen zu Senecas Luciliusbriefen, aber auch andere lateinische Autoren wie Claudian und Porperz, Vergil und Silius Italicus kommen zu Wort, das Beispielreservoir von Valerius Maximus und Plutarch wird ausgebeutet. Es liegt natürlich nahe, dass auch die *Sainte Escriture* zur Sprache kommt, allerdings erscheint die Bibel nur als Text unter Texten. Ihr entnimmt Montaigne die kaum als spezifisch christlich zu bezeichnende Empfehlung, die Vernunft solle dazu dienen „à nous faire bien vivre, et à nostre aise" (E, S. 83), später wird auch noch als *fondement humain* der (‚unserer‘) Religion der *mespris de la vie* (E, S. 93) apostrophiert. Der frühe Tod des Erlösers kann als Hinweis auf die Hinfälligkeit und Kürze des Lebens gelten, Montaigne rät seinem Leser „de prendre exemple de l'humanité mesme de Jesus-Christ" (E, S. 86). Diese Menschlichkeit des Gottessohns soll an dieser Stelle nicht sein Verhalten und Reden in den Tagen vor und bis zu seinem Tod bedeuten, vielmehr ist sie konzentriert in der Tatsache, dass Christus jung gestorben ist: „Or il finit sa vie à trente et trois ans." (E, S. 86)

Der Vielfalt intertextueller Referenzen korrespondiert in Montaignes Essay die Vielfalt der eingesetzten diskursiven Formen. *Que Philosopher, c'est apprendre à mourir* lässt einen rhetorisch versierten Autor auftreten. Exempla werden in mehr oder weniger extensiven Erzählungen eingespielt, das Repertoire der antiken Todesempfehlungen wird in aphoristischer oder apophthegmatischer Konzision ins Spiel gebracht. Andererseits entfaltet der Essay aber auch argumentative Kontexte, welche Grundsatzfragen der philosophischen Ethik und ihrer Sprache berühren. So geht es gleich am Anfang um das Verhältnis von Lust und Tugend, *plaisir/volupté* und *vertu.* Montaigne betont einerseits den Vorrang der Lust[17], unterscheidet aber deren unterschiedliche Modalitäten[18]. Ohnehin bestehe die *jouissance* weniger im Erreichen eines Ziels, sondern in

17 Vgl. S. E, 83: „Quoy qu'ils dient, en la vertu mesme, le dernier but de nostre visée, c'est la volupté. Il me plaist de battre leurs oreilles de ce mot, qui leur est si fort à contrecœur."

18 So heißt es über die *autre volupté plus basse*: „son goust est plus momentané, fluide et caduque", sie führe daher zu einer „satieté si lourde, qu'elle equipolle à penitence." (E, S. 83).

seiner Verfolgung (*poursuite*), wodurch eine Affinität der Lust zur Tugend entsteht. Andererseits versucht er den Tugendbegriff von den Konnotationen der Austerität und Unzugänglichkeit zu befreien, so dass sich die Tugend auch von ihren eigenen Voraussetzungen kaum mehr von der Lust unterscheidet. Als einer der *principaux bienfaicts de la vertu* erscheint dann der *mespris de la mort*, dieser erlaubt eine *molle tranquillité* des Lebens, ohne die „toute autre volupté est esteinte." (E, S. 84) Die Formulierung ist offen genug, um sowohl skeptische wie epikureische Resonanzen zu tragen. Wichtiger ist indes der Umschlag, den der Essay am Ende in Szene setzt. Der argumentativen Diskursivität wird Montaigne dann die mimetische Sprachform der Prosopopoeia entgegensetzen – und nun wird der Epikureismus, der in der Diskussion der Lust implizit mitspielt und dort zumindest allusiv ins Spiel gebracht wird, im Modus einer Zitatexplosion, die Lukrez' *De rerum natura* ausbeutet, an der Textoberfläche prominent.

Dazwischen liegt allerdings das Terrain der essayistischen Ichrede. Montaigne gibt mit dokumentarischer Genauigkeit Auskünfte über seine Geburt und sein Alter zum Zeitpunkt des Schreibens:

> Je nasquis entre unze heures et midi le dernier jour de Febvrier, mil cinq cens trente trois: comme nous contons à cette heure, commençant l'an en Janvier. Il n'y a justement que quinze jours que j'ay franchi 39. ans [...] (E, S. 86).

Sowohl die umständliche Insistenz, ja Pedanterie der Zeitrechnung wie auch die Thematisierung des Zeitpunkts des Schreibens sind in den *Essais* unüblich, Montaigne pflegt sich nicht mit chronologischen Fragen zu beschäftigen. Nur selten äußert sich der Autor, der in der raumzeitlichen Exterritorialität einer Zirkulation von Lesen und Schreiben seine Identität findet, zu seiner Schreibgegenwart und ihren lebensweltlichen Umständen. Montaigne hebt sie an dieser Stelle hervor, weil es ihm um die im Zeichen des unvermeidlichen Todes noch zu erwartende Restlebenszeit geht. Er will sich gerade nicht auf die *contes des Medecins* verlassen, sondern *l'effect et l'experience* in Rechnung stellen.[19] Letztere, die Tatsachen der Erfahrung, werden durch eine Liste von frühen Toden vertreten, die von Jesus Christus und Alexander dem Großen bis

19 Vgl. E, S. 87: „[...] un mien frere le Capitaine S. Martin, aagé de vingt trois ans, qui avoit desjà faict assez bonne preuve de sa valeur, jouant à la paume, receut un coup d'esteuf, qui l'assena un peu au dessus de l'oreille droitte, sans aucune apparence de contusion, ny de blessure: il ne s'en assit, ny reposa: mais cinq ou six heures après il mourut d'une Apoplexie que ce coup luy causa."

zu dem eigenen Bruder reichen, der Capitaine St. Martin, Montaignes jüngerer Bruder Arnaud, stirbt mit dreiundzwanzig Jahren völlig überraschend an den Folgen eines Streifschusses. Die Vielzahl der Beispiele, die nicht außergewöhnlich, vielmehr *frequents et ordinaires* (E, S. 87) seien, veranlasst Montaigne zu jenem *pensement de la mort*, das mit der Begrenztheit der eigenen Lebenszeit und der Plötzlichkeit des Todes rechnet, weil beides zum selbstverständlichen Horizont der Erfahrung gehört. Das Denken an und über den Tod beschäftigt ihn nicht nur beim Schreiben, es schlägt auch auf die Formen der geselligen Interaktion durch. So berichtet Montaigne, wie man ihn in Damengesellschaft für eifersüchtig und beim Spiel für präokkupiert hält, während er doch in Wirklichkeit mit Todesfällen und Todesgedanken beschäftigt ist.

Der stete Umgang mit dem Tod zeitigt ein doppeltes Ergebnis, er bringt den Tod ins Leben, wo er, wie sich zeigt, ohnehin schon immer anwesend ist, aber nunmehr in den Formen des Bewusstseins, und das heißt in den Bildern der Einbildungskraft, wo er unvermeidlich ist, aber auch als Gegenstand der Urteilskraft. Indem sie die Gedanken an den Tod pflegt, befreit sich die Person von dem Schrecken des Todes, der sie niederdrückt, wenn sie sich dem unkontrollierten Strom der Vorstellungen überlässt. Damit kann sie zum Souverän ihrer Selbst werden: Wer gelernt hat zu sterben, der hat es verlernt, sich zu unterwerfen, so Montaignes kategorische Auskunft.[20] Die *premeditation de la mort* verwirklicht sich als kontinuierliche Praxis des Umgangs mit dem Tod, als profanes und durchaus regelungsunbedürftiges Gegenstück der methodisierten geistlichen Übung der Theologen[21], als Gewöhnung durch Dauerrepräsentation: „Ostons luy l'estrangeté, pratiquons le (i.e. den Tod als *ennemy*), accoustumons le [...] à tous instants representons la à nostre imagination et en tous visages." (E, S. 88) Mit den ‚Gesichtern' des Todes zu leben, heißt dem Tod seine Fremdheit zu nehmen und damit eine *vraye et souveraine liberté* (E, S. 93) zu gewinnen. Für diese Souveränität des freien Umgangs mit dem Tod gibt es natürlich antike Vorbilder, Lykurg wird beispelsweise erwähnt, auch von den Ägyptern ist die Rede. Aber sie scheint in der Moderne selten geworden zu sein. Wäre er ein *faiseur de livres*, so Montaigne, würde er ein „registre commenté des morts diverses" (E, S. 91) verfassen, ein Buch der Lebenskunst, weil es die Kunst des Sterbens lehren würde.[22] Die *Essais* sind dieses Buch nicht geworden, obwohl sie immer wieder denkwürdige Tode zur Sprache bringen.

Im *pensement* wird der Tod zum integralen Moment des Lebens. Die kontinuierliche Gegenwart der Bilder des Todes macht ihn zu einem Teil des Lebens, die Übungen der Einbildungskraft heben die Anwesenheit des Todes im Leben

20 E, S. 88: „Qui a apris à mourir, il a desapris à servir."

21 Die *Ejercicios espirituales* des Ignatius von Loyola stammen von 1548.

22 E, S. 91: „Qui apprendroit les hommes à mourir, leur apprendroit à vivre."

ins Bewusstsein, wo sich die Urteilskraft ihm zuwendet. Das Leben wird dadurch zu einer kontinuierlichen Erfahrung des Todes, in dem das Selbst sich mit dem permanenten und unvermeidlichen Selbstverlust konfrontiert und damit jene Freiheit gewinnt, die Souveränität bedeutet: „À chaque minute il me semble que je m'eschappe." (E, S. 89) Wenn aber der Tod zur Erfahrung jedes beliebigen Augenblicks wird, dann ist der faktische Moment des Sterbens gleichgültig. Der Tod mag ihn beim Pflanzen von Kohl treffen, Montaigne wird ihn „nonchallant d'elle, et encore plus de mon jardin imparfait" (E, S. 91) empfangen. Er ist jederzeit bereit, aus dem Haus des Lebens auszuziehen (*desloger*).[23] Wenn der Tod mitten im Leben ist, wenn er zur Erfahrung jeden Augenblicks wird, dann verliert er zugleich seine Singularität. Das Leben vollzieht sich als eine Folge von kleinen Toden. Sie gilt es sich bewusst zu machen. In dieser Serialität verliert der Tod die ihm phantasmatisch verliehene Größe, es zeigt sich, dass der Sprung vom Leben zum Tod geringer ausfällt als der Sprung aus der Fülle des Lebensgenusses in die Erfahrung des Schmerzes, der ein integrales Moment des Lebens darstellt: „le sault n'est pas si lourd du mal être au non estre, comme il est d'un estre doux et florissant, à un estre penible et douloureux." (E, S. 93)[24] Das ist zumindest die Versicherung, die sich Montaigne gibt oder geben will.

Entscheidend ist jedenfalls, dass die Einbildungskraft den Tod aktiv gegenwärtig hält, statt sich von ihm überwältigen zu lassen. Damit tritt nicht nur Freiheit an die Stelle von Knechtschaft. Vielmehr folgt sie damit einer stummen Vorgabe der Natur, die den Menschen durch Krankheit und Verfall auf den Tod vorbereitet. Diese Hilfestellung der Natur angesichts des Todes gelte es ins Bewusstsein zu heben:

> [...] nature mesme nous preste la main, et nous donne courage [...] à mesure que je m'engage dans la maladie, j'entre naturellement en quelque desdain de la vie [...] conduicts par sa main, d'une douce pente et comme insensible, peu à peu, de degré en degré, elle nous roule dans ce miserable estat, et nous y apprivoise. (E, S. 92)

Der Zähmung des Todes durch die Übungen der Einbildungskraft korrespondiert die Zähmung des Todes durch die Führung der Natur. Die Natur selbst trägt die Praktiken, in denen sich das Individuum den Tod gegenwärtig hält.

---

23 E, S. 90: „Je me desnoue par tout: mes adieux sont tantost pris de chascun, sauf de moy."

24 Montaigne kommt auf dieses Thema noch einmal in *De l'experience* zurück. Er berichtet von dem Ausfall eines Zahns und erläutert: „Et cette partie de mon estre, et plusieurs autres, sont déjà mortes, autres demy mortes, des plus actives, et qui tenoyent le premier rang pendant la vigueur de mon aage." (E, S. 1151)

Montaigne lässt sie schließlich selbst zu Wort kommen. Es stellt sich allerdings die Frage: Wie kann die von der zweiten Natur der Gewohnheit überlagerte und verdeckte Natur überhaupt eine Sprache finden? Die Prosopopeia der Natur, die am Ende des Essays steht, ist offenbar selbst nichts anderes als ein Produkt der Imagination, eine Fiktion, die jene Instanz aufruft, die im Interesse der Bewältigung des eigenen Endes zum Reden gebracht werden soll. Die Natur, die als verborgene keine eigene Sprache mehr hat, kann nur in der Sprache der Kunst sprechen.

Der Autor muss der Natur Sprache verleihen, aber ihre Rede kann nur die fremde Rede der Literatur und ihrer Intertexte sein. Zur Rednerin wird die Natur, indem sie die Belesenheit des Autors, der sie zur Sprache bringt, inkorporiert. Montaignes Natur lebt vom Repertoire der Kultur – ihre Rede besteht weitgehend aus Zitaten, vor allem aus dem dritten Buch von *De rerum natura*, darüber hinaus aus Paraphrasen oder freien Übersetzungen, insbesondere aus den Luciliusbriefen Senecas. Montaignes Natur praktiziert einen Synkretismus epikureischer Verse und stoischer Topoi, in den späteren Ergänzungen kommen noch Erasmus' *Lob der Torheit* und die Philosophenviten des Diogenes Laertius ins Spiel.[25] Im Hinblick auf *De rerum natura* zeigt sich, dass Montaigne die Natur einem überschaubaren Textabschnitt des dritten Buches folgen lässt. Die Zitate stehen bereits bei Lukrez in einem thematischen Zusammenhang, der die Gleichgültigkeit des Todes für den Menschen, die falschen Vorstellungen über den Tod und die Nichtigkeit der Trauer exponiert: „Nichts geht also der Tod uns an, nichts kann er bedeuten, / Da ja das Wesen des Geistes nunmehr als sterblich erkannt ist."[26] Montaignes Natur verkündigt eine Ethik der Unbelangbarkeit des sterblichen Menschen, die sie bei Lukrez abschreibt.

Montaignes Natur zitiert nicht nur den Wortlaut von *De rerum natura*, sie übersetzt und paraphrasiert auch die Thesen des Werks. So heißt es beispielsweise: „Je ne suis pas deliberée de vous forger autres nouveaux passetemps. *Nam tibi praterea quod machiner, inueniamque / Quod placeat, nihil est, comme d'autres vous l'ont faite.*"[27] Die Paraphrasen gehen ihrerseits oft in einer topischen Allgemeinheit auf, in der sich epikureische und stoische Maximen bei

25 Aus letzteren wird die berühmte Thalesanekdote wiederholt: „J'appris (es spricht die Natur) à Thales le premier de voz sages, que le vivre et le mourir estoit indifferent: par où, à celuy qui luy demanda, pourquoy donc il ne mourroit: il respondit tressagement, Pour ce qu'il est indifferent." (E, S. 97).

26 *Rerum natura*, 3, 830f.: „Nihil igitur mors est ad nos neque pertinet hilum / quandoquidem natur animi mortalis habetur."

27 *Rerum natura*, 3, 944f.: „Denn was könnt' ich noch weiter ersinnen dir oder erfinden, / Was dich zu freuen vermöchte? Es bleibt ja doch immer beim Alten."

aller dogmatischen Differenz der Schulen treffen können. Aber Montaigne folgt *De rerum natura* noch ein Stück weiter, nicht nur auf thematischer, sondern auch auf formaler Ebene: Seine Prosopopoeia der Natur wiederholt jenen rhetorischen Kunstgriff, den bereits Lukrez bei dem gleichen Anlass verwendet hatte. Auch in *De rerum natura* steht am Ende der Rede über den Tod eine Prosopopoeia der Natur, in der Lukrez die Natur auftreten und einen Sterblichen ansprechen lässt: „Sterblicher, sage, was ist dir? Was gibst du so über die Maßen / Kläglichem Trauern dich hin? Was beklagst und beweinst du das Sterben?" (*Rerum natura*, 3, 933f.) So entsteht in *Que philosopher, c'est apprendre à mourir* eine gespaltene Redesituation: Montaignes Natur wiederholt im Zitat sowohl die Rede des auktorialen, intertextuell angereicherten Ichs als auch das Rollen-Ich der Natur aus dem dritten Buch von *De rerum natura*. Lukrez ist präsent in der Paraphrase, im Zitat und in der Redeform, wobei der Essay die Differenz von auktorialer Rede und Prosopopoeia bei Lukrez unsichtbar werden lässt, um sie dann allerdings in seinem eigenen Text als gespaltene Darstellungsform zu wiederholen. So entsteht die Prosopopoeia der Natur in *Que philosopher, c'est apprendre à mourir* als Hybridisierung heterogener Stimmen und als Homogenisierung fremder Differenz. Montaignes Natur ist, wie ihr Autor, ein rhetorischer Virtuose. Mit ihm teilt sie auch die auffällige Selektivität des Repertoires. Die Inventio ihrer Rede über den Tod speist sich aus den Texten und Topoi der antiken, epikureisch-stoischen Tradition, die christlichen Prätexte bleiben stumm.

Lukrez lässt das dritte Buch von *De rerum natura* nicht mit der Prosopopoeia der Natur enden, er beschäftigt sich anschließend noch mit den Geschichten über die Unterwelt und ihrer Wurzel in der Angst der Menschen. Vor allem aber lässt er das Argument seines ‚psychologischen' Buches auf eine Verwerfung der Lebensgier, der *vitai tanta cupido* (*Rerum natura*, 3, 1077), der *sitis* [...] *vitai* (*Rerum natura*, 3, 1084) zulaufen: „Endlich die Gier nach dem Leben! Wie maßlos beherrscht sie und zwingt uns, / Stets in Gefahren und Zweifeln mit Zittern und Zagen zu leben!" (*Rerum natura*, 3, 1077f.). Das ist eine deutliche Warnung, die einen Rat für die Lebensführung impliziert. Montaignes Essay trennt sich an dieser Stelle von der epikureischen Lebenskunst. Er lässt die Rede der Natur enden, um sich zu fragen, warum *le visage de la mort* in so überaus divergierenden Formen erscheint und sich als abhängig von der Lebenssituation der Individuen erweist. Diese Deformation des Prätexts, die dessen ethische Rezepte hinterfragt, transformiert zugleich die eigene Ausgangsthematik. Montaigne verschiebt damit die im Titel annoncierte pragmatische Dimension des Essays, den lernenden Umgang mit dem Tod, in eine kontingente und situationsabhängige Entscheidung. Warum ist der Tod im Krieg weniger erschreckend als in den Häusern, warum ist den *gens de village et de basse condition* (E, S. 98) ein ruhiger, angstfreier und fragloser Tod erreichbar? Offenkundig widmen sie ihr Leben nicht einem beständigen *pensement de la mort.* Der Schluss des Essays entfaltet nicht, wie das Ende des dritten Buchs von *De rerum natura,* eine lebenspraktische Konsequenz der Todesreflexion, sondern blickt auf das eigene Programm der imaginären Todesvorbereitung, indem er den stummen, bilderlosen Tod der niedrigen Stände ins Auge fasst. Warum sterben einfache Menschen, deren Herkunft sie von den Todesbewältigungsmaximen der Philosophen fernhält, gleichwohl ohne Angst und Schrecken? Offenbar folgen sie der Maßgabe der Natur, ohne je deren als Prosopopoeia der Kultur auftretende Stimme vernommen zu haben. Erspart bleiben denen, die nicht lesen und schreiben können, jedenfalls die *mines et appareils effroyables,* mit denen die Rituale der anderen gesellschaftlichen Schichten den Tod umgeben, von der Aufregung der Nahestehenden bis zum Auftritt der Ärzte und Priester. Es ist diese soziale Maskierung des Todes, dem der sprach- und gedankenlos hingenommene Tod entgeht. Sie macht den Tod zum Schrecken:

> Il faut oster le masque aussi bien des choses, que des personnes. Osté qu'il sera, nous ne trouverons au dessoubs, que cette mesme mort, qu'un valet ou simple chambriere passerent dernierement sans peur. Heureuse la mort qui oste le loisir aux apprests de tel equipage! (E, S. 98)

Der Tod des Dieners oder der Kammerzofe lässt den unmaskierten Tod sichtbar werden. Die sozialen Rituale des Sterbens maskieren ihn durch Szenarien des Schreckens. Ihnen sollen die Exerzitien der Philosophie gegensteuern. Aber auch in den Übungen dessen, der in den Bildern und Topoi des Todes sich die eigene Endlichkeit bewusst hält, löst sich der einfache, unmaskierte Tod in eine Pluralität von Toden auf, die ihn beschäftigt hält. Der natürliche Tod ohne kulturelle Bearbeitung braucht weder Exerzitien noch Rituale. Indem Montaigne ihn am Ende des Essays als jenen Tod ins Spiel bringt, welcher der conditio humana vor jeder Reflexion, Philosophie oder Imagination innewohnt, macht er die phantasmatischen Qualitäten eines Todesverhältnisses sichtbar, das der Essay in seinen epikureisch-stoischen Übungen zur Zähmung des Todes selbst vorgeführt hatte. In dieser Selbstdistanzierung, die zugleich eine Distanzierung der Intertexte und ihrer Todesmodelle ist, entfernt sich Montaigne am Ende von Lukrez, in dessen Mimesis sich seine Prosopopoeia der Natur ebenso entschieden wie uneingestanden bewegt hatte, um die autoreflexive Diskursbewegung des Essays gegen seine kulturelle Fülle zur Geltung zu bringen. Der natürliche Tod wird selbst zum Gegenstand der Vorstellung und des Urteils in der Negation des kulturellen Wissens und bleibt der unvermittelten Erfahrung entzogen.

4 Anthropologie und Epistemologie: *Apologie de Raimond de Sebonde*

4.1 *Mensch und Tier*

Gut die Hälfte aller Zitate aus *De rerum natura*, insgesamt fünfundsiebzig, findet sich in der *Apologie de Raimond de Sebonde*. Der Name Lukrez fällt allerdings auch in der *Apologie* nicht. Wenn vom Epikureismus die Rede ist, tritt der Name des Begründers der Schule ein, mehrfach ist summarisch von den *épicuriens* die Rede. In der *Apologie* kommt Montaigne eingangs, nachdem er über seine Motive für die Beschäftigung mit der *Theologia naturalis* des katalanischen Theologen Rechenschaft abgelegt hat, noch einmal auf die Erfahrung des Todes und die Einheit von Körper und Seele zu sprechen. Aus dem dritten Buch von *De rerum natura* zitiert Montaigne die für Lukrez kontrafaktische Hypothese, die unsterbliche Seele (*mens*) würde sich über den Tod des Körpers nicht beklagen, sondern freuen, wie die Schlange, wenn sie ihre alte Haut abwirft.[28] Der Kontext der Stelle ist allerdings ein christlicher, es geht um die *promesses de la beatitude eternelle*, unmittelbar im Anschluss an Lukrez zitiert Montaigne den Philipperbrief des Paulus (1, 23) mit dem Satz: „Je veux estre dissoult [...] et estre aveques Jesus-Christ." (E, S. 465)[29] Aber die Menschen pflegen sich diesen paulinischen Wunsch nicht zu Eigen zu machen und leben weiterhin in der Angst vor dem Tod. Montaigne merkt ironisch an: Wenn das Versprechen der Seligkeit aus der *authorité* eines *discours philosophique* empfangen würde, „nous n'aurions pas la mort en telle horreur que nous avons" (E, S. 465). So steht das Lukrezzitat im Kontext einer kritischen Beobachtung der Glaubenspraktiken seiner Zeit. Die christliche Offenbarungsreligion wird von ihren Gläubigen nicht anders behandelt als die anderen Religionen von ihren jeweiligen Anhängern, nämlich stets nur „à nostre façon et par nos mains" (E, S. 465). In einer vergleichenden, auf die Glaubenspraktiken der Kulturen insgesamt gerichteten Perspektive erscheint das Christentum als eine Religion unter anderen, und das heißt in erster Linie, wie Montaigne unterstreicht, sie dient den Leidenschaften und Lastern der Menschen, indem sie es erlaubt, diese uneingestandenen Antriebe hinter einer Oberfläche frommer Motive zu verbergen: „Nostre religion est faicte pour extirper les vices: elle les couvre, les nourrit, les incite." (E, S. 464) Unausgesprochen steht auch an dieser Stelle die traumatische Erfahrung des konfessionellen Bürgerkriegs im Raum.

---

28 *Rerum natura*, 3, 613ff. Die Lukrezausgaben variieren an dieser Stelle, Montaigne folgt Lambinus.

29 In der *Vulgata* lautet die Passage: „desiderium habens dissolve, et esse cum Christo". Luther übersetzt: „Ich habe lust ab zu scheiden vnd bey Christo zu sein".

Die Apologie ist, anders als der Essay, ein Genre der Behauptung und des Wissens. Ebenso ist sie, wiederum anders als der Essay, ein traditionsgesättigtes Genre. Montaigne steht bei der Wahl seines Titels insbesondere die platonische und die xenophontische Apologie des Sokrates vor Augen. So wenig die *Apologie de Raimond de Sebonde* allerdings als eine Verteidigung des Theologen, dessen Namen sie im Titel führt, lesbar ist, so intensiv ist sie doch geprägt von der Absicht des Autors, sich zu theologischen, anthropologischen und epistemologischen Positionen zu verhalten. An keiner Stelle der *Essais* ist die Intention, Stellung zu beziehen und Einsichten zu verteidigen, ausgeprägter als in der *Apologie*, die bereits durch ihren Gattungsnamen eine Binnendifferenz anzeigt. In seinem Verlauf bewegt sich der Text von der Theologie zu Fragen der conditio humana und schließlich zur Erkenntniskritik. Mit Blick auf den Kontext der *Essais* insgesamt bedeutet das: Die essayistische Bewegung, deren offene Dynamik sich bereits im 2. Buch steigert, wird in der wuchtigen Architektur der *Apologie* vorübergehend sistiert, Montaigne rivalisiert erkennbar mit den Autoren und Disziplinen des Wissens. Die Intention thematischer Konzentration wird ganz im Gegensatz zu der transgressiven Praxis vor allem der späten Essays mehrfach angezeigt.

Ein erstes Cluster von Zitaten aus *De rerum natura* wird von Montaigne dort eingeschoben, wo es um die Stellung des Menschen im Kosmos und sein Verhältnis zu den anderen Lebewesen geht. Lukrez behandelt die Frage der Entstehung und des Untergangs der Welt im fünften Buch, dort geht es auch um die Tierwelt, die Stellung des Menschen in der Welt und seine kulturelle Entwicklung. Der lukrezische Text wird für Montaigne zur Folie der Profilierung einer Position – er dient ihm als autoritative Bestätigung ebenso wie als zu verwerfende Gegenposition. Ausgangspunkt der schnell ins Grundsätzliche gehenden Fragen ist allerdings eine alltägliche Erfahrung. Wenn ich mit meiner Katze spiele, so fragt sich Montaigne mit gespielter Naivität und bringt unvermittelt das intimistische Motiv des vertrauten und zugleich unergründlichen Haustiers zur Sprache, wer spielt dann eigentlich mit wem? Kann es sein, dass die Katze mehr mit mir als ich mit ihr spiele? „Quand je me joue à ma chatte, qui sçait, si elle passe son temps de moy plus que je ne fay d'elle?“ (E, S. 474) Die familiäre Szene, welche die Selbstverständlichkeit in Frage stellt, dass der Mensch das Spiel kraft seiner herausgehobenen Position in der Seinskette bestimmt, leitet eine anthropologisch orientierte Argumentation ein, in der es um die Subversion jener Positionsbestimmungen geht, durch die in den diskursiven Topiken der Renaissance der Ort des Menschen in der Hierarchie der Lebewesen bestimmt zu werden pflegt. Die Protoanthropologien der frühen Neuzeit sind gemeinhin durch den Gegensatz von *miseria et dignitas hominis* bestimmt, sie heben die reiche oder die arme Natur des Menschen hervor.

Die *Essais* schöpfen intensiv aus diesem topischen Repertoire. Montaignes Infragestellung in der *Apologie* zielt indes auf das Prinzip der Vertikalität überhaupt ab. Es geht um die grundsätzliche Revision der Konzepte einer gestuften Ordnung der Lebewesen, in welcher der Mensch entweder unten, als Mängelwesen, oder an der Spitze, als freies Geistwesen, erscheint. Der Weg, den der Autor unter Vermeidung expliziter biblischer Referenzen beschreitet, bedient sich des Mensch-Tier-Vergleichs: Der Mensch, so wird sich zeigen, ist wie das Tier Natur und das Tier ist wie der Mensch Kultur. Die Liste der Autoren, die explizit oder implizit ins Spiel gebracht werden, reicht von Platon bis Plutarch, in den wörtlichen Zitaten dominiert allerdings Lukrez und sein *De rerum natura.*

Der Ausgangspunkt des Katzenfreunds Montaigne ist die überhebliche Geringschätzung der Tiere durch den Menschen, die *impudence humaine sur les bestes* (E, S. 474). Die Menschen verkennen allzu leicht die *parité qui est entre nous* (E, S. 474). Diese Gleichheit oder Gleichwertigkeit zeigt sich für Montaigne am auffälligsten in den Kommunikationsformen, die es zwischen den Menschen und den Tieren gibt, wir verstehen sie und sie verstehen uns, *environ à mesme mesure* (E, S. 474). Die *Apologie* kassiert, wie man sieht, die klassischen Differenzbestimmungen des Menschen als sprechendes und als politisches Wesen, später wird der Text den Tieren auch noch die Disposition zum Lachen und zum Weinen zuschreiben.[30] Damit sind die traditionellen Auszeichnungen eines *proprium* des Menschen in Frage gestellt. Lukrez wird zwei Mal zitiert, wenn es um die Sprachfähigkeit der Tiere geht. Gegen Ende des fünften Buches heißt es: „Lässt doch auch stummes Vieh, ja selbst die Sippen des Wildes / Ganz verschiedene Töne und mancherlei Laute vernehmen, / Wenn bald Furcht, bald Schmerz, bald schwellende Lust (*metus/dolor/gaudia*) sie beweget." (*Rerum natura*, 5, 1059ff.)[31] Die Tiere verfügen, so schließt Montaigne im Anschluss an die Passage, auch wenn sie keine Stimme haben, über ein *moyen de communication* (E, S. 475). Das zweite Zitat dreht sich um die Anfänge des Sprechens, Lukrez erwähnt die Gesten der Kinder, die noch nicht sprechen, die *Apologie* bettet die Verse in einen Kontext, der Bewegungen der Tiere als Gesten und damit als Zeichen versteht. Auch die

30 Vgl. E, S. 479: „Nostre pleurer est commun à la plus part des autres animaux". Ähnlich E, S. 480: „Il me semble que Lactance attribue aux bestes, non le parler seulement, mais le rire encore." – Zur Erinnerung: Helmuth Plessner tritt in seinem Buch *Lachen und Weinen* entschieden für die anthropologische Differenz ein: „Lachen und Weinen sind Äußerungsformen, über die im Vollsinn nur der Mensch verfügt." (*Philosophische Anthropologie*, Frankfurt/Main 1970, S. 31.) Zur Diskussion der Frage, ob „Tiere lachen (und weinen) können" vgl. ebd. S. 27f.

31 *Apologie*, E, S. 475 (Montaigne verändert den Text leicht).

Tiere, nicht nur der Mensch, „disputent, argumentent, et content des histoires par signes“ (E, S. 475).[32] Tiere können diskutieren, Positionen vertreten und sie können erzählen.

Lukrez ist für Montaigne in anthropologischer Hinsicht allerdings nicht nur eine Instanz der Bestätigung, sondern auch der Opposition und des Widerspruchs. Die ohne den Namen des Autors im Text der *Apologie* verstreuten Zitate sind instrumentalisierbar. Die Nivellierung der Vermögensdifferenzen von Mensch und Tier verkörpert die eine Seite der affirmativen Doppelung von eigenem Text und epikureischem Zitat – die Anthropologie des Menschen als Mängelwesen die andere, die Negation der zitierten Philosophie. An dieser Stelle wird *De rerum natura* zum Gegentext der *Apologie*, Montaigne zitiert weiterhin ausführlich Lukrez und nicht etwa den älteren Plinius, dessen *Historia naturalis* als klassische Formulierung der defizitären Naturausstattung des Menschen gelten kann. Als Mängelwesen kann der Mensch, so die gängige Topik, einerseits den Tieren unterlegen sein, weil ihm deren für die Selbsterhaltung nötigen natürliche Fähigkeiten abgehen, er kann sie aber andererseits auch wegen der Plastizität und Offenheit seiner Antriebe überragen. Montaigne geht in der *Apologie* allerdings weder den einen noch den anderen Weg, er hebt die Logik der Opposition aus den Angeln. Zunächst greift er mimetisch die Rede von der *miseria hominis* auf, derzufolge der Mensch die *choses necessaires à nostre conservation* allererst durch Kunst (*art*) erzeugen müsse, und dabei doch immer hinter den Tieren zurückbleibe, weil ihm die Natur die „moyens de pouvoir arriver par aucune institution et contention d’esprit, à la suffisance naturelle des bestes“ (E, S. 477) verweigere. Es ist diese Position, die ein längeres Zitat aus dem fünften Buch von *De rerum natura* (*Rerum natura*, 5, 222ff.) plastisch vergegenwärtigt. Lukrez kontrastiert dort den „Säugling, nackt und zum Leben / Jeglicher Hilfe entbehrend (*indigus omni vitali auxilio*)“ mit den Tieren, die weder Ammen, Kleidung, noch Waffen benötigen, „denn allen erzeuget ja alle / Reichlich die Erde von selbst und der findige Trieb der Naturkraft (*tellus ipsa parit naturaque daedala rerum*)“. Es ist genau diese Position, der die *Apologie* entgegentritt: „Ces plaintes là sont fauces: il y a en la police du monde, une egalité plus grande, et une relation plus uniforme.“ (E, S. 478) Dem Text des Lukrez kommt im anthropologischen Diskurs der *Apologie* eine doppelte Funktion zu, die der bestätigenden Wiederholung und die des Widerspruchs. Keineswegs geht es Montaigne um die Kritik an einer systematisch entfalteten epikureischen Position. Vielmehr spaltet er die Positionen von *De*

---

32 Im Blick auf eine soziale Ordnung sind es vor allem die Bienen, welche Montaigne ins Feld führt: „[…] est-il police reglée avec plus d’ordre, diversifiée à plus de charges et d’offices, et plus constamment entretenue, que celles des mouches à miel?“ (E, S. 476)

rerum natura auf, um gegen die Anthropologien der *dignitas et miseria hominis* eine These der ‚Gleichheit' von Mensch und Tier auszuspielen, in deren Bauplan Natur und Kultur zusammenkommen:

> Nature a embrassé universellement toutes ses creatures: et n'en est aucune, qu'elle n'ait bien plainement fourny de tous moyens necessaires à la conservation de son estre [...] (E, S. 477).

Es gibt verschiedene Wege der Selbsterhaltung der Lebewesen, die natürliche Ausstattung von Mensch und Tier erweist sich unter funktionalen Gesichtspunkten als äquivalent. Die horizontale Perspektive verdrängt die Vertikalität substantieller Differenzen.

4.2 *Gott und Götter*

Die Lukrezzitate der *Apologie* treten typischerweise in clusterartiger Verdichtung auf. So bestätigt sich die Tendenz zu thematischer und diskursiver Kohärenz in der Konzentration der Referenzen. *Contre la religion* lautet die Notiz, die Montaignes Marginalien auf seinem Exemplar von *De rerum natura* durchzieht.[33] Dem entspricht die Reputation des Epikureers, die sich verfestigt hat, nachdem ihn die Autoren der Renaissance mit unverkennbarer Faszination gelesen haben. Herausgeber und Kommentatoren wie Lambinus sind um inhaltliche Distanzierung gegenüber den religionskritischen Passagen in *De rerum natura* bemüht. Montaignes notorische Marginalie *contre la religion* lässt offen, ob sie distanziert, deskriptiv, kritisch oder gar affirmativ zu verstehen ist. Immerhin wird er später in der *Apologie* auch von den *debats de la religion* (E, S. 638) reden, so als wäre er wie Lukrez ein außenstehender Beobachter theologischer Kontroversen. Im Übrigen führt die *Apologie* an einer zentralen Stelle die Verwendung der lukrezischen Religionskritik exemplarisch vor. Die Passage setzt mit einer langen Liste von Gottesbegriffen und -definitionen ein, die Montaigne in der griechischen Philosophie findet (oder die er ihren Autoren zuschreibt). Von Thales und Pythagoras über Platon und Aristoteles bis zu Theophrast und Epikur reichen die Gottesbestimmungen, die Montaigne in schroffer Parataxe und ohne jeglichen Begründungszusammenhang aneinanderreiht. Gott (oder auch: die Götter) ist zum Beispiel ein in allen Dingen anwesender Geist, oder ein den Himmel umfassender Kreis, oder das Naturgesetz, oder die Vernunft, oder vielleicht auch ein Wesen, das man nicht beschreiben kann. Aus diesem *tintamarre de tant de cervelles philosophiques* (E, S. 544)

33 Vgl. dazu Alain Legros, „Montaigne, annotateur de Lucrèce: dix notes ‚contre la religion'", in: Frank Lestringant (Hg.), *La Renaissance de Lucrèce*, Paris 2010, S. 141–156.

folgert der Autor, dass die Fortuna nicht unbeständiger und wechselhafter (*diverse et variable*), nicht blinder und unbedachter (*aveugle et inconsiderée*) sei als die Vernunft des Menschen, wenn sie sich um das Begreifen göttlicher Instanzen bemüht. Nicht die Wahrheit dieser Gotteskonzepte steht daher in Frage, sondern ihr Mechanismus und die Motive ihrer Verwendung. Mit dieser Umstellung von Wahrheit auf Funktion bewegt sich Montaigne durchaus im Fahrwasser der Religionskritik von *De rerum natura*. Er unterscheidet zwei gegenläufige Tendenzen der religiösen Imagination: Gottesvorstellungen, die auf die Differenz und Unzugänglichkeit der Transzendenz setzen, und solche, welche die Ähnlichkeiten von Göttern und Menschen behaupten. Wie auch immer es um deren Wahrheit bestellt sei: Jedenfalls sind die typischen Gottesvorstellungen stets auf die Position des Menschen bezogen und spiegeln dessen Antriebe. Zum einen werden jene Dinge vergöttlicht, die wir nicht kennen, von denen wir kein Wissen haben[34], zum andern neigt die *yvresse de l'entendement humain* dazu, Götter nach dem Bilde des Menschen, seiner Fähigkeiten und Leidenschaften, als *Dieux de nostre condition* (E, S. 545), zu entwerfen. An dieser Stelle der analytischen Oppositionsbildung liegt es nun nahe, auf *De rerum natura* zurückzugreifen. Lukrez kommt, im Verein mit Cicero, ins Spiel: Ersterer wird mit dem Tadel der Vergöttlichung des Leblosen zitiert[35], Ciceros *De natura deorum* hingegen wird aufgerufen, um die Ausstattung der Götter mit menschlichen Attributen zu kritisieren. Lukrez markiert eine Position, Cicero die andere, beide werden zitiert, um die Option einer dritten Position zu eröffnen.

Montaignes serielle Nivellierung philosophischer Gotteskonzepte, die schließlich auch noch auf die Kultur der alten Ägypter und den Islam[36] ausgreift, führt in der *Apologie* zu einer radikalen Konsequenz. Gott ist dem Menschen inkommensurabel, die *Apologie* entfaltet im Gegenzug zu den kulturellen Gotteskonzepten ihre eigene Version des *deus absconditus*: „S'il y a quelque chose du mien, il n'y a rien de divin […] Nous ne pouvons dignement concevoir la grandeur de ces hautes et divines promesses, si nous les pouvons

34 E, S. 545: „Les choses les plus ignorées sont plus propres à estre deifiées".

35 Vgl. *Rerum natura*, 5, 122f.: „Sind doch Körper wie diese (gemeint sind Himmel, Erde, Sonne, etc., H.P.) so ferne von göttlichem Wesen / Und verdienen so wenig zum Kreise der Götter zu zählen".

36 Vgl. E, S. 546: „Quand Mahumet promet aux siens un paradis tapissé, paré d'or et de pierreries, peuplé de garses d'excellente beauté, de vin, et de vivres singuliers, je voy bien que ce sont des moqueurs qui se plient à nostre bestise, pour nous emmieller et attirer par ces opinions et esperances, convenables à nostre mortel appetit."

aucunement concevoir" (E, S. 547)[37]. Gott vorzustellen geht nur über die Paradoxie, ihn und seine den Menschen betreffenden Intentionen als unvorstellbar, unsagbar und unbegreiflich vorzustellen, „il les (i.e. les promesses, H.P.) faut imaginer inimaginables, indicibles et incomprehensibles" (E, S. 547). An dieser Stelle zitiert Montaigne zunächst den ersten Korintherbrief[38], später auch Lukrez, allerdings nicht aus dem Zusammenhang der Religionskritik, sondern aus jenen Passagen des dritten Buchs, wo es um die Seelenlehre geht, die Montaigne auch später noch ausgiebig beschäftigen wird: „Denn was sich wandelt, das löst sich auch auf, geht also zugrunde. / Da sich die Teile verschieben und nicht in der Reihe verbleiben"[39]. Damit hat sich der Kontext verschoben. Nicht mehr um die absolute Differenz Gottes geht es, sondern um die Sterblichkeit der Seele und die Kritik an der (platonischen) Seelenwanderungslehre[40]. In dichter Folge sind nun vier weitere Lukrezzitate aus dem dritten Buch von *De rerum natura* eingeschoben, sie betreffen allesamt die Seelenlehre, die Sterblichkeit von Körper und Seele, die Diskontinuität der Wesen, auch wenn sie aus den gleichen Atomen zusammengesetzt sein mögen. Montaignes Referat resümiert den Tenor der Verse in einer Formulierung, die keinerlei Distanz erkennen lässt: „[…] nous sommes bastis de deux pieces principales essentielles, desquelles la separation, c'est la mort et ruyne de nostre estre." (E, S. 548)

Der unsagbare Gott muss ungesagt bleiben, aber der Weg in die (christliche) Theologie bleibt verschlossen. Der gerade noch kritisch auf Abstand gebrachte Lukrez wird zum Medium des Wechsels der Diskursebene. Die Sprache der uneinholbaren Differenz und der Paradoxie markiert das Ende des Panoramas der Gottesbegriffe. Die *Apologie* verschiebt ihren Gegenstand auf ein anderes, nicht mehr theologisches, sondern anthropologisches Terrain, das wiederum durch Lukrezzitate eröffnet wird. Vorher aber kommt noch einmal der lukrezische Impuls des *contre la religion* zur Geltung. Er betrifft nunmehr die Tendenz

37 Wenig später wird auch Epikur bemüht, dem die folgende These zugeschrieben wird: „[…] il est impossible d'establir quelque chose de certain, de l'immortelle nature, par la mortelle […]". Die *humaine raison* „ne fait que fourvoyer par tout, mais specialement quand elle se mesle des choses divines." (E, S. 549)

38 E, S. 547: „Œuil ne sçauroit voir, dict Sainct Paul: et ne peut monter en cœur d'homme, l'heur que Dieu prepare aux siens". Die Stelle lautet in der Vulgata, 1 *Kor* 2,9: „Quod oculus non vidit, nec auris audivit, nec in cor hominis ascendit, quae praeparavit Deus iis qui diligunt eum."

39 *Rerum natura*, 3, 756f.: „quod mutatur enim, dissolvitur; interit ergo. / traiciuntur enim partes atque ordine migrant."

40 Vgl. E, S. 548: „Et quand tu dis ailleurs Platon, que ce sera la partie spirituelle de l'homme, à qui il touchera de jouyr des recompenses de l'autre vie, tu nous dis chose d'aussi peu apparence."

der Religionen, das Handeln in der Welt, was auch immer seine Motive sein mögen, mit der Berufung auf Gott oder die Götter zu rechtfertigen. Die *Essais* bringen die Fragwürdigkeit einer religiösen Motivierung des Handelns insistent zur Sprache, wenn es um den konfessionellen Bürgerkrieg geht. In der *Apologie* bleibt der zeitgenössische Konflikt zwar ausgespart, allerdings wird er zumindest ex negativo dort sichtbar, wo Montaigne von der *voye tracée ou battue par l'Église* (E, S. 549) schreibt, an der man sich orientieren solle. Das wäre die „saincte lampe de la verité, qu'il a pleu à Dieu nous communiquer", ohne dieses Licht droht der Mensch sich in der „mer vaste, trouble et ondoyante des opinions humaines, sans bride et sans but" (E, S. 549) zu verlieren. Dieses Licht war Lukrez natürlich nicht zugänglich. Aber gerade deshalb kann er für die eigenen Zwecke instrumentalisiert werden. Lukrez konnte unbefangen und ohne Kollision mit dogmatischen Wahrheiten beobachten, was seine Zeit, die *ancienneté*, mit der Instanz des Göttlichen anfing, wenn sie die Götter nach menschlichen Maßstäben auffasste und mit den eigenen Leidenschaften ausstattete. Und sein unbestechlicher Blick sieht bereits in der Antike, was auch Montaigne in seiner Gegenwart zu beobachten genötigt ist: die Religion im Dienste inhumaner Grausamkeit. Die *Apologie* ruft beispielsweise antike und moderne Opferpraktiken in Erinnerung, Montaigne lässt sie mit den *idoles* der Indianer der neuen Welt kulminieren, welche das Blut der unschuldigen Kinder fordern, offenbar eine „justice affamée de l'innocence" (E, S. 550). Diese drastische Evokation gipfelt im Zitat jenes Verses aus dem ersten Buch von *De rerum natura*, mit dem Lukrez seit Voltaire[41] zum Protagonisten aufklärerischer Religionskritik werden konnte: „Tantum religio potuit suadere malorum."[42] Montaigne hat diesen Satz erst im exemplaire de Bordeaux notiert.[43] Aber der Kontext der *mauvais effets* der Religion war bereits ausgearbeitet. Die *Apologie* erinnert an die berühmt gewordene Schilderung, in der Lukrez die Opferung Iphigenies als verbrecherischen Akt der Religion darstellt, er zitiert auch die Verse „saepius olim / Religio peperit scelerosa atque impia facta"[44], die kurz vorher das religionskritische Thema formuliert hatten.

Es ist allerdings kein Interesse einer voltairianischen Aufklärung, das Montaignes Verwendung der lukrezischen Religionskritik motiviert. Dem widerspricht bereits der Appell, man möge sich an den in den Lehren der Kirche

41 Vgl. Adrienne M. Redshaw, „Voltaire and Lucretius", in: *Studies on Voltaire and the Eighteenth Century*, 189 (1980), S. 19–43.

42 *Rerum natura*, 1, 102: „So viel Unheil vermochte die Religion zu erzeugen." – Manche Übersetzer ziehen an dieser Stelle vor, *religio* mit ‚Aberglauben' zu übersetzen.

43 Vgl. L, S. 453.

44 *Rerum natura*, 1, 83: „die übliche Religion ist's, / Die oft göttliche Taten erzeugt und Werke des Frevels."

bewahrten Wahrheiten orientieren. Allerdings bleibt dieser isoliert, ist er doch eher aus der epochalen Situation als aus dem religionskritischen Kontext der *Apologie* motiviert. Signifikant ist hingegen die wiederholte Assoziation von Lukrez und Paulus. Noch einmal zitiert Montaigne aus dem ersten Korintherbrief (1, 25): „Infirmum Dei fortius est hominibus: et stultum Dei sapientibus est hominibus."[45] Die damit postulierte Inkommensurabilität der menschlichen und der göttlichen Dinge wird anschließend in den Begriffen der lukrezischen Physik fortgeführt. Diese Engführung der paulinischen Rede von der Stärke und Weisheit Gottes mit der epikureischen Kosmologie ist zweifellos eine kühne Heterodoxie, aber das Arrangement einer diskursiven Übergänglichkeit der Worte des Apostels und des Atheisten ermöglicht Montaigne eine entscheidende anthropologische Korrektur. Gott, der größer ist, als die Menschen sich vorstellen können, wird sich nicht mit der Erschaffung der einen Welt zufriedengegeben haben, man muss wohl mit Lukrez und dem Epikureismus von einer *pluralité des mondes* ausgehen. Und so zitiert Montaigne aus dem zweiten Buch von *De rerum natura*: „Erde und Meer, auch Sonne und Mond und die übrigen Dinge / Nicht in der Einzahl dürfen vorhanden sein, sondern in Unzahl"[46]. Der Autor der *Apologie* ist dabei allerdings weniger an der Kosmologie möglicher Welten interessiert, als an der Korrektur der anthropozentrischen Neigung, die eigene Welt als die einzige oder als die vor allen anderen ausgezeichnete zu betrachten. Die epikureische Physik der Pluralität der Welten hat nunmehr die Funktion, die anthropozentrische *loy municipale* des Menschen als universelles Gesetz zu diskreditieren. Über keine höhere Wahrscheinlichkeit (*verisimilitude*) verfüge die Vernunft des Menschen als eben über die, welche sie von der Vielzahl der Welten überzeugt. Und nur wenn die Vermögen der menschlichen Seele die Nichtigkeit der eigenen Welt anerkennen, können sie anfangen, sich auf die Größe der *nature divine* einzulassen. Sie werden dann einsehen können, dass die menschlichen Maßstäbe der Natur Gottes immer unangemessen bleiben müssen:

> Ceste infinie beauté, puissance, et bonté, comment peut elle souffrir quelque correspondance et similitude à chose si abjecte que nous sommes, sans un extreme interest et dechet de sa divine grandeur? (E, S. 552)

---

45 Die Stelle ist offenbar aus dem Gedächtnis zitiert. Der Text der Vulgata lautet: „Quod stultum est Dei sapientius est hominibus, et quod infirmum est Dei fortius est hominibus." Luther übersetzt: „Denn die Göttliche torheit ist weiser denn die menschen sind / vnd die Göttliche schwachheit ist stercker denn die Menschen sind."

46 *Rerum natura*, 2, 1083f.: „terramque et solem, lunam, mare, cetera quae sunt, / non esse unica, sed numero magis innumerali [...]".

4.3 *Seelenwissen*

Die Seele als Thema der *Apologie* wird von Montaigne explizit angekündigt und verabschiedet. Es handelt sich um einen in sich geschlossenen Textblock. Er setzt mit der Ankündigung ein, der Autor wolle sich mit dem beschäftigen, was die Vernunft (*humaine raison*) über sich selbst und die Seele des Menschen gelehrt habe, „non de l'ame en general, de laquelle quasi toute la Philosophie rend des corps celestes et les premiers corps participants […] mais de celle qui nous appartient, que nous devons mieux cognoistre." (E, S. 573) Es geht also nicht um die Weltseele, sondern ausschließlich um die Seele des Menschen und unser Interesse der Selbsterkenntnis. Die fünfzehnseitige Passage endet dann allerdings mit der ironischen Schlussformel: „Voylà les belles et certaines instructions, que nous tirons de la science humaine, sur le subject de nostre ame." (E, S. 589) Was von den vermeintlichen Erkenntnissen des menschlichen Wissens zu halten sei, wiederholt sich noch einmal, wenn Montaigne ankündigt, er wolle sich anschließend den *parties corporelles* widmen, wo keine geringere *temerité* der Ansichten als auf dem Feld des Wissens über die Seele herrsche.

Montaignes essayistischer Gang durch die Positionen des Vernunftwissens zur menschlichen Seele ist nicht nur durch Eröffnungs- und Abschlussmarkierungen gerahmt, sondern auch durch zwei längere Lukrezzitate. Man kann das durch sie ins Spiel gebrachte Wissen mit zwei Aspekten resümieren, die Montaignes Distanz zum Seelenwissen markieren: zum einen die Unwissenheit der Philosophie, zum andern die komische Unangemessenheit der Theorie. Das erste Zitat, das noch aus dem ersten Buch von *De rerum natura* stammt, beginnt mit dem Vers: „Ignoratur enim quae est natura animai" (*Rerum natura*, 1, 112). Man kennt die Natur der Seele nicht – der Befund ist natürlich nicht die Position des Autors Lukrez, sondern seine Diagnose angesichts der geläufigen Auskünfte, welche in der Philosophie vertreten werden: Man fragt sich beispielsweise, ob die präexistierende Seele mit der Geburt in den Körper eingeht oder ob die Seele erst mit diesem entsteht. Löst sie sich mit dem Tod auf, verschwindet sie im Orkus oder geht sie in andere Lebewesen über? Im dritten Buch wird Lukrez seine Antwort im Gefolge Epikurs formulieren: Die Seele ist wie der Körper sterblich, sie besteht wie alle Körper aus Atomen, die allerdings besonders klein und wendig ausfallen, der *animus* ist *persubtilem atque minutis perquam coroporibus factum* (*Rerum natura*, 3, 179f.), der Ort der Seele im Körper lässt sich zwar näher bestimmen, allerdings empfiehlt sich die Unterscheidung von Seele (*anima*) und Geist (*animus, mens*). Das sind die materialistischen Grundzüge der epikureischen Seelentheorie. Montaigne zitiert ihre Lehren, ohne ihre dogmatischen Voraussetzungen zu teilen.

Das Lukrezzitat, das am Ende der Diskussion der Seelentheorien steht, formuliert eine drastische Kritik an der Theorie oder dem Mythologem der Seelenwanderung. Genauer: Die Szene, die sie entwirft, stellt ihre Lächerlichkeit (*deridiculum*) aus. Lukrez imaginiert die groteske Situation, wie unsterbliche Seelen sich bei der Geburt von Tieren präsentieren, um einen Körper zu finden, in dem sie sich nun für eine Lebenszeit einrichten können: „Sollen sie warten unendlich an Zahl auf die sterblichen Glieder / Sie, die Unsterblichen? Sollen sie untereinander sich streiten / Um die Wette, wer allen zuvor soll haben den Zutritt."[47] Als Formulierung des Unwissens und als Verspottung einer prominenten Seelentheorie (sie wird vor allem mit Plato assoziiert) rahmen die Verse des Lukrez Montaignes Diskussion. Aber das ist nicht alles: Zwischen den Rahmenzitaten finden sich in dichter Folge weitere sechzehn Zitate aus *De rerum natura*, allesamt aus dem dritten Buch, dem der Seelenlehre. Das verleiht dieser einen exzeptionellen Status in der *Apologie*.

Wie bei der Diskussion der Gottesbegriffe greift Montaigne zunächst wieder auf das Format der Liste zurück, durch die der Geltungsanspruch des Präsentierten von vornherein nivelliert wird: Die philosophischen Seelenkonzepte stehen in einer Reihe mit ihresgleichen und sie sind von jedem Begründungsdiskurs oder -kontext abgeschnitten. So liest man: Für Plato sei die Seele eine selbstbewegende Substanz, für Thales eine Natur ohne Ruhe, für Parmenides bestehe sie aus Erde und Feuer, für Empedokles hingegen aus Blut. Hippokrates halte die Seele für einen „esprit espandu par le corps", Zenon für die „quint'-essence des quatre elemens" (E, S. 573). In diesem Stil geht es weiter, der Entelechiebegriff von Aristoteles wird ebenso erwähnt wie die fromme Auskunft des heiligen Bernhard, die Unerkennbarkeit Gottes erkenne man schon daran „que les pieces de mon estre propre, je ne les puis comprendre." (E, S. 574) Bereits in dieser heterogenen Serie nimmt der Epikureismus allerdings eine Sonderstellung ein, Lukrez wird mit seiner Platzierung der Seele gleich zwei Mal zitiert. Zunächst geht es um den *animus*, den Lukrez nach Montaignes Auskunft im *estomach* ansiedelt, etwas später werden die Verse zitiert, welche die Verteilung der Partikel der *anima* auf den ganzen Körper erläutern.[48] Anders als im

47 *Rerum natura*, 3, 776ff.: „expectare inmortalis mortalia membra / innumero numero, certareque praeporantur / inter se quae prima potissimaque insinuetur."

48 Es handelt sich um die Verse *Rerum natura*, 3, 141ff. Lukrez macht ab Vers 136 die Verbindung und Differenz von *anima* und *animus* deutlich. Letzterer, „quod nos animum mentemquem vocamus", sitzt in der Mitte der Brust (*media regione in pectoris*), erstere ist über den ganzen Körper ausgebreitet (*per totum dissita corpus*). Screech (L, S. 462) bemerkt zu Montaignes Ortsangabe „en l'estomach", dass dabei vermutlich nicht die lateinische (stomachus = Magen), sondern die griechische Wortbedeutung (stomachos = Brust) gemeint sei.

Fall der übrigen Philosophien sind es also nicht nur schlagwortartig verkürzte Paraphrasen, in denen die epikureische Konzeption der Seele in der *Apologie* präsentiert wird. Das bewahrt sie allerdings nicht vor einer ähnlich radikalen Kritik wie der, die sie selbst gegenüber der platonischen Metempsychose formuliert. Der Versuch einer Verbindung von ungesteuerter Atombewegung und Körper- bzw. Seelenmechanik, wie ihn der Epikureismus formuliert, erzeugt theoretische Kohärenz nur um den Preis einer grotesken Überforderung der Anschauung. Auch bleiben naheliegende Ergebnisse der Atombewegungen unberücksichtig, die im Prinzip ebenso wahrscheinlich sind wie die Seelenaggregate. So resümiert Montaigne:

> Et quoy les Epicuriens, de quelle simplicité estoyent ils allez premierement imaginer que leurs atomes, qu'ils disoyent estre des corps ayants quelque pesanteur, et un mouvement naturel contre bas, eussent basti le monde: jusques à ce qu'ils fussent avisez par leurs adversaires, que par ceste description, il n'estoit pas possible qu'ils se joignissent et se prinsent l'un à l'autre, leur cheute estant ainsi droite et perpendiculaire, et engendrant par tout des lignes paralleles? Parquoy il fut force, qu'ils y adjoustassent depuis un mouvement de costé, fortuite: et qu'ils fournissent encore à leurs atomes, des queues courbes et crochues, pour les rendre aptes à s'attacher et se coudre [...] Si les Atomes ont par sort formé tant de sortes de figures, pourquoy ne se sont ils jamais rencontrez à faire une maison et un soulier? Pourquoy de mesme ne croid on, qu'un nombre infini de lettres Grecques versées emmy la place, seroyent pour arriver à la contexture de l'Iliade? (E, S. 575f.)

Die epikureische Atomtheorie, so zeigt sich, ist das Beispiel einer Konstruktion des Wissens, das sich von den Gegebenheiten der Erfahrung abgelöst hat. Die Setzungen des materialistischen Erklärungsanspruchs werden überdehnt, sie provozieren die Anschaulichkeitsforderung der Einbildungskraft. Aber von diesem Einwand ist die epikureische Lehre von der engen Verbindung von Seele und Körper nicht betroffen.

Was Montaigne aus dem dritten Buch von *De rerum natura* zitiert und in die Kontinuität der eigenen Reflexion einbettet, betrifft die Beobachtung der menschlichen Seele im Lebenszusammenhang der Individuen, der Generationen und der Arten. Die *Apologie* erörtert zunächst das Beispiel der Vererbung von körperlichen und seelischen Merkmalen. Wie kommen Familienähnlichkeiten zustande? Der *commun des anciens*, so die Auskunft, sei der Ansicht, dass die (oder doch zumindest einige) Eigenschaften der Person vom Vater auf den Sohn (von den Müttern und Töchtern ist nicht die Rede) vererbt (*engendrées*) werden, „d'une pareille maniere et production que toutes autres choses naturelles" (E, S. 579). Diese Ähnlichkeit betrifft im Epikureismus nicht nur den Körper, sondern auch die Seele, die damit wiederum entschieden naturalisiert wird. Epikurs Schule lehrt, was der Erfahrung durchaus entspricht, die Familienähnlichkeiten des Seelenlebens, die „ressemblance d'humeurs, de complexions, et inclinations de l'ame." (E, S. 579) Montaigne kommt es dabei auf die physikalische, atomtheoretische Begründung der Ähnlichkeit nicht an. Er zitiert Lukrez, wo dieser von den Artcharakteren der Tiere spricht, beispielsweise der Kühnheit des Löwen, der List des Fuchses und der Furchtsamkeit des Hirsches, um daraus zu folgern, dass die „besondere Kraft wächst / Stets aus dem eigenen Samen und Stamm mit dem Körper zusammen." (*Rerum natura*, 3, 746f.) Wäre es anders, wäre die Seele unsterblich und wechselte sie die Körper, in die sie eintritt, so würde sich der jeweilige Charakter ändern und eine Vermischung der Arten einsetzen. Kämen die Seelen, so paraphrasiert Montaigne Lukrez, nicht aus der *suitte naturelle* der Arten und Individuen, hätten sie eine Existenz außerhalb der Körper, dann müssten sie auch eine Erinnerung (*recordation*) an ihre vorherige Existenz haben. Davon haben wir aber keinerlei Zeugnisse. Ausdrücklich polemisiert Montaigne im Gefolge von Lukrez gegen die platonische Anamnesislehre, ihre Verankerung alles Wissens in der unsterblichen Seele und die Lehre vom Vergessen beim Eintritt in den Körper. Jedermann, so heißt es bündig, könne aus seiner Erfahrung, *par experience*, bestätigen, dass Lernen nicht Erinnerung von Vorwissen sei. Zu behaupten, dass „ce que nous apprenions, n'estoit qu'un ressouvenir de ce que nous avons sceu", sei eine „chose que chacun par experience peut maintenir estre fauce." (E, S. 580) Die beiden Einwände, die Montaigne gegen die platonische Lehre formuliert, setzen auf die Autorität der Erfahrung gegen die Geltungsansprüche der Theorie (oder des Mythologems). Wäre im Gedächtnis mehr als das, was die Erfahrung lehrt, dann müsste sich das in der Erinnerung zeigen, „quelque traict outre l'apprentissage" (E, S. 580). Zudem setzt die Lehre von der Anamnesis voraus, dass in ihr eine „vraye science, cognoissant les choses comme elles sont" (E, S. 580) anwesend ist. Nun ist die Seele in der Welt mit Lüge und Falschheit (*le mensonge et le vice*) konfrontiert, aber dem kann sie, wie wiederum die Erfahrung zeigt, nicht mit der *reminiscence* der Wahrheit begegnen. Wenn allerdings die Fähigkeiten (*potestas*) der Seele, wie sie in der Welt der Erfahrung auftritt, so weitgehend verändert sind, dass sie sich nicht mehr an die in ihr deponierten Wahrheiten zu erinnern vermag, dann ist sie am Ende ihrer unterstellten Unsterblichkeit, wie Montaigne im Gefolge von Lukrez festhält. Die *forces* und *effects de l'ame* müssen hier und jetzt, *icy chez nous, et non ailleurs*, in der alltäglichen Lebenswelt wirksam sein, „tout le reste de ses perfections, luy est vain et inutile."[49]

Hier und nicht anderswo – das ist zweifellos eine Position radikaler Immanenz, die sich Montaigne hier im Gefolge der Verse aus *De rerum natura* erschreibt. Explizit ist sie, in der Berufung auf die *opinion d'Epicurus et de Democritus*, gegen Platon gerichtet, indirekt auch gegen Augustinus: „Qu'on la (die Seele, H.P.) voyoit naistre; à mesme que le corps en estoit capable; on voyoit eslever ses forces comme les corporelles; on y recognoissoit la foiblesse de son enfance, et avec le temps sa vigueur et sa maturité: et puis sa declination et sa vieillesse, et en fin sa decrepitude." (E, S. 581) Die zitierten Namen allerdings sind das eine, die Ausdrücklichkeit des Textes ist das andere. Die Zweipoligkeit impliziert kein Autoritätsgefälle. Im Blick auf *De rerum natura* zeigt sich wiederholt: Die *Apologie* formuliert eine Behauptung, der sie das Zitat, das ihre Formulierung möglich oder zumindest plausibel macht, nachliefert. So wird im unmittelbaren Anschluss an die Beschreibung der Lebensphasen der Seele wieder Lukrez mit einem Zitat ins Spiel gebracht, das die vorgängige Beschreibung der *Apologie* verdoppelt und gewissermaßen nachholend ihre Möglichkeit unterstreicht: „Übrigens fühlen wir selbst, wie der Geist mit dem Körper zusammen / Wird und zugleich auch wächst und zugleich auch wiederum altert."[50] In dieser Beschreibung finden sich zwei Momente, die Montaigne wiederholt, zum einen die enge Verbindung von Körper und Seele, die sich in der gesamten Lebenszeit durchhält, und zum anderen die Autorität der eigenen Erfahrung, auf die sich Lukrez trotz der physikalistischen Präjudizierung seiner Theorie zu berufen pflegt, und die den Nexus von Körper und Seele immer wieder bestätigt.

Ähnlich verfährt Montaigne in der nun folgenden Textpassage, in der es um die Leidenschaften und Krankheiten der Seele geht, denn wie der Körper ist auch die Seele „capable d'alteration et de changement" (E. S. 581). Von der berauschenden Wirkung des Weines ist ebenso die Rede wie vom Fieber und den Medikamenten. Auch dazu wird wiederum *De rerum natura* zitiert, mit den Beschreibungen der Wirkung von Gift (*Rerum natura*, 3, 499ff.) und Krankheiten (*Rerum natura*, 3, 492ff.; 3, 463ff.[51]) auf die Seele, aber auch mit der kategorischen These, dass angesichts dieser Befunde die Natur der Seele eine

---

49 E, S. 580, vgl. ebd.: „c'est de l'estat present, que doit estre payée et recogneue toute son immortalité".

50 *Rerum natura*, 3, 445f.: „Praterea gigni pariter cum corpore et una / crescere sentimus pariterque senescere mentem."

51 *Rerum natura*, 3, 463f.: „Ja, bei Leiden des Körpers verfällt auch der Geist oft in Irrsinn; / Denn er verliert das Bewusstsein und schwatzt wahnschaffene Dinge."

körperliche sein müsse, *corpoream naturam animi necessest* (*Rerum natura*, 3, 175). Und schließlich mit einem längeren Zitat (*Rerum natura*, 3, 800–805), in dem Lukrez die Unmöglichkeit einer Vereinigung oder Einheit des Sterblichen und des Unsterblichen (*mortale aeterno iungere*[52]) behauptet. Ihm schickt Montaigne wiederum proleptisch die These voraus, „que le meslange et societé de deux pieces si diverses, comme est le mortel et l'immortel, est inimaginable." (E, S. 583)

Wir können uns, so befindet der kirchentreue Katholik Montaigne im Gefolge des religionskritischen Epikureers Lukrez, die Vermischung oder Gemeinschaft des Sterblichen und des Unsterblichen in einem Individuum oder einer Art, also beispielsweise die Koexistenz von sterblichem Körper und unsterblicher Seele, nicht wirklich vorstellen. Das heißt natürlich nicht, dass sie nicht möglich wäre. Die Grenzen der menschlichen Vorstellungskraft sind nicht die Grenzen der Welt. Dieses Missverhältnis ist eine Prämisse der Vermögenskritik der *Essais*. Montaigne weiß natürlich, dass die Behauptung einer engen Verbindung von Körper und Seele im Zeichen von Zeitlichkeit und Sterblichkeit unter den Prämissen der christlichen Theologie, und auch der *theologia naturalis* des Raimundus Sabundus, etwas grundsätzlich Anderes bedeutet als die vorchristliche Exposition des epikureischen Atomismus als einer materialistischen Seelenlehre im Kontext der antiken Philosophie. Aber der philosophisch-theologische Rahmen der Seelenlehre wird auf Distanz gehalten. Das Entscheidende ist für ihn nicht die in *De rerum natura* entfaltete Atomtheorie mit ihren ergänzenden Postulaten der Flugbahnabweichung (*clinamen*) der Teilchen, der unterschiedlichen Qualitäten der Elementarkörper und der vielfältigen Modalitäten ihrer Zusammenballung zu größeren Einheiten. Im Zentrum steht vielmehr die Erfahrung der Einheit von Körper und Seele in der Zeitlichkeit der Biographie, die Veränderungen, welche Wachstum und Verfall mit sich bringen. Die Seele hat demnach nicht nur die gleiche Lebensspanne wie der Körper, sie ist auch den gleichen Widerfahrnissen ausgeliefert: Sie kann krank werden und sie ist anfällig für Rauschzustände und dysphorische Ermattung.

Wo es um die Erfahrungswirklichkeit der Einheit von Seele und Körper geht, lehnt sich die *Apologie* erstaunlich eng an die Beschreibungen von *De rerum natura* an. Aber der theologische Kontext, den der Titel der *Apologie* explizit aufruft, veranlasst Montaigne zugleich zur Thematisierung der Grenzen der

52 Am Ende heißt es: „Was lässt sich denn auch Verschiedneres denken / Oder entgegengesetzter und weiter getrennt voneinander / Als ein sterbliches Wesen unsterblichem, ew'gem vermählet (*mortale quod est immortali atque perenni*), / Um aneinandergebunden den widrigen Stürmen zu trotzen?" (*Rerum natura*, 3, 802ff.)

Erfahrung. Lukrez, den seine Herausgeber und Leser in der Renaissance meist umstandslos als Atheisten[53] apostrophieren, ging zwar von der Existenz von Göttern aus, mutete ihnen aber zu, die Welt des Menschen nicht durch Eingriffe zu behelligen. Daran haben die Götter in ihrer privilegierten Existenzform ohnehin kein Interesse. *De rerum natura* lässt den Göttern ihren „seligen Frieden", der ihnen ein „geruhiges Leben und heiteres Dasein" (*Rerum natura*, 2, 1093f.) erlaubt. Lukrez kann ebenso gelassen wie beiläufig über sie reden, weil sie in ihrer Ferne zwar keineswegs unerkannt und unvertraut bleiben, aber für die Lebenswelt der Menschen bedeutungslos sind (oder zumindest sein sollten). Montaigne lässt diese epikureische Welt der untätigen Götter auf sich beruhen. Er hat es mit einem Schöpfergott zu tun, der sich nicht in die Abwesenheit zurückzieht, sondern jederzeit über seine Schöpfung und seine Geschöpfe wacht. Über diesen biblischen Gott und seine Intentionen zu reden, kollidiert in der *Apologie* allerdings mit der ihm zugeschriebenen absoluten Differenz. Die Vermögen der Geschöpfe erreichen nicht die Wirklichkeit des Schöpfers. Davon ist auch die Rede über die Seele betroffen. Aus der Unmöglichkeit, über die gottgeschaffene Seele mit den Mitteln der *raison humaine* zu sprechen, hilft natürlich auch die Konsultation der Unsterblichkeitsbegriffe der antiken Philosophie nicht. Das gelte auch und insbesondere für die Werke des Aristoteles, den „Dieu de la science scholastique" (E, S. 570). Man finde bei ihm zu dem Thema einen „nuage de paroles et sens difficiles, et non intelligibles" (E, S. 584), der seine Nachfolger (*sectateurs*) doppelt ratlos gelassen habe, sowohl was die Urteilskraft des Philosophen als auch das Thema der Unsterblichkeit angeht. Seine Lehre (*doctrine*) ist „à l'advanture autant faulce que une autre." (E, S. 570) Man kann vermuten, dass dieses Urteil nicht nur den Autor Aristoteles und seine Philosophie betrifft, sondern auch jene Theologen, die seit dem 16. Jahrhundert Scholastiker genannt werden und deren Schulwissen sich aus Aristoteles speist.

Es gibt, so befindet der Übersetzer der *Theologia naturalis*, keine Rede der menschlichen Vernunft, die dem Glauben an die Unsterblichkeit gewachsen wäre. In ihrer Schwäche behilft sich die menschliche Seele mit Hoffnungen und Tröstungen, die Montaigne als „legers et fantastiques" (E, S. 585) apostrophiert. Und auch jene Gläubigen, die „plus aheurtez à ceste si juste et claire persuasion de l'immortalité de nos esprits" (E, S. 585) waren, zeigten sich außerstande (*impuissans*), diese Überzeugung von der Unsterblichkeit der Seele mit ihren *humaines forces* darzutun. An dieser Stelle rekurriert Montaigne auf die Konzepte der Gnade Gottes und des Glaubens, zwei in den

53 Vgl. dazu die Diskussion in Ada Palmer, *Reading Lucretius in the Renaissance*, Cambridge/Mass. und London 2014, S. 1ff.

theologischen Debatten des 16. Jahrhunderts nicht unverfängliche Begriffe, verweisen sie doch auf die protestantische Rechtfertigungslehre. Aber sie sind zugleich die stärksten Konzepte gegen jenen theologischen Rationalismus, den die *Theologia naturalis* verkörpert, und die von ihrem Autor praktizierte Überdehnung des Vernunftanspruchs auf dem Feld des Glaubens. Montaigne, der mehrfach seine Bereitschaft versichert, die Lehren der (katholischen) Kirche zur fraglosen Richtschnur seines Glaubenshandelns zu machen – was nicht heißt, dass er von ihrer Wahrheit überzeugt ist –, braucht die Berufung auf das Licht der göttlichen Gnade (*lampe de sa grace*), ohne die alles nur *vanité et folie* ist, weil sie der Ort jener *essence mesme de la verité* (E, S. 585) ist, welche die menschliche Vernunft grundsätzlich verfehlen muss. In seiner Selbstüberhebung (*presomption, insolence*) erreicht der Mensch nur einen Zustand der Selbstblendung (*aveuglement*), die sich in der „infinie et perpetuelle altercation et discordance d'opinions et de raisons" zeigt, aus der das „bastiment de l'humaine science" (E, S. 585f.) besteht. Der *liberalité* Gottes, von der wir nach der Versicherung der kirchlichen Autorität ausgehen müssen, ohne von ihr wissen zu können, verdanken wir das Versprechen der *jouyssance de la beatitude eternelle* (E, S. 586). Aber diese Zusicherung kann nur Gegenstand des Glaubens (*foy*), nicht der natürlichen Vernunft, sein. Vor Gott ist die *raison* nur *folie*. Aber aus ihr und den anderen Vermögen des Menschen, die schon vor den Herausforderungen der mundanen Sphäre versagen, speist sich die Sprache der *Essais*. Das Versprechen Gottes kann jedenfalls kein Gegenstand des menschlichen Besprechens sein. Mit den Mitteln des *jugement* stellen die *Essais* jene Meinungen aus, in denen sich sowohl Vernunft als auch Leidenschaften niederschlagen. Der Raum der *Essais* bleibt das Terrain einer von den Zusicherungen der Gnade und den Gewissheiten des Glaubens abgespaltenen Sphäre der Immanenz. Aber der Entzug transzendenter Gewissheit hat seine Kehrseite. Indem die *Essais* ihren Wahrheitsanspruch klein machen, eröffnen sie sich einen unerhörten diskursiven Freiraum. In ihm werden Lukrez und der Epikureismus als anthropologisches Modell zitier- und repräsentationsfähig, von der Wiederholung und Doppelung der essayistischen Rede bis zur Markierung skeptischer Distanz und zum Widerspruch.

„La persuasion de la certitude, est un certain tesmoignage de folie, et d'incertitude extreme." (E, S. 571) Von den eigenen Meinungen so überzeugt zu sein, dass man sie für Gewissheiten hält, ist ein Zeichen von Wahn und Unsicherheit. So fragen die *Essais* immer wieder: Wie entsteht der Eindruck der Gewissheit? Wie äußert er sich? Wie sollte man sich zu ihm verhalten? In welchem Verhältnis steht Gewissheit zu Wahrheit? Montaigne trägt keine eigenen Gewissheiten vor, er beobachtet die Gewissheiten der Anderen. Das ist die elementare Operation des Essays. Auch die *Apologie*, die mit der

Grenze des essayistischen Verfahrens experimentiert, hält Distanz zur *profession philosophique*, welche die Menschen mit Gewissheiten versorgen wolle und sie gelehrt habe, sich als *juges du monde* zu betrachten. Die Philosophie hat die Vorstellung zur Gewissheit gemacht, „que la raison humaine est contrerolleuse generalle de tout ce qui est au dehors et au dedans de la voute celeste" (E, S. 572). Sie hat das Vermögen, die Vernunft, identifiziert, durch das der Mensch die Wirklichkeit erkennt und Wissen generiert. Dieses Vermögen ernennt sie zum Prüfstein der Erkenntnis, die Vernunft wird zur „touche à toutes sortes d'essais". Diesen Anspruch weist die *Apologie* zurück, nachdem sie die Widersprüche ihrer philosophischen Lehren extensiv ausgestellt hat. Sie denunziert die vermeintliche Instanz der Wahrheit als Quelle des Irrtums. Die Vernunft ist „une touche pleine de fauceté, d'erreur, de foiblesse, et de defaillance." (E, S. 572) Das dritte Buch der *Essais* wird weiter gehen, indem es den Erkenntnisanspruch in Frage stellt, der mit der Identifikation von Vermögen verbunden ist.

Montaignes Vernunftkritik, welche das rationale Vermögen seinem Anspruch unähnlich macht, markiert nicht das Ende der *Apologie*, sie bereitet eine zweite erkenntniskritische Ebene vor. Die Schwäche der Vernunft drängt die Frage nach der Erkenntnisleistung der Sinnesorgane in den Vordergrund. Auch dafür wird der durch Lukrez vertretene Epikureismus herangezogen und zugleich transformiert. Die *Apologie* bleibt, anders als *De rerum natura*, nicht bei der Inversion der epistemologischen Hierarchie von Vernunft und Sinneserkenntnis stehen. Ihr essayistischer Charakter zeigt sich darin, dass es auch in ihr um eine Übung des Urteils am fremden Text geht. Und so bringt sie im Anschluß an Lukrez die Frage nach der Relation von Sinneswahrnehmung und Vernunfturteil in eine Bewegung, die nicht bei der epikureischen Doxa stehenbleibt:

> Il ne faut pas qu'ils me dient, il est vray, car vous le voyez et sentez ainsin: il faut qu'il me dient, si ce que je pense sentir, je le sens pourtant en effect: et si je le sens, qu'ils me dient après pourquoy je le sens, et comment, et quoy (E, S. 572).

4.4 *Die Sinne und die Vernunft*

Es ist die epistemologische Frage nach der Leistung der menschlichen Sinnesausstattung, welche die thematische Kohärenz des letzten Zitatclusters aus *De rerum natura* in der *Apologie* motiviert. Der Epikureismus ist für Montaigne jene philosophische Schule der antiken Welt, die dem Erkenntnisvorrang der Vernunft entschieden widersprochen hat, um die Unhintergehbarkeit der von den Sinnesorganen erzeugten Gewissheit zu demonstrieren. Das macht eine Attraktivität aus, die bereits die frühe Lukrezlektüre Montaignes belegt. Er hatte sich 1564 mit der im vierten Buch von *De rerum natura* entfalteten Philosophie der Wahrnehmung beschäftigt. Seine Notizen auf den Deckblättern halten nicht nur in konziser Begrifflichkeit den Inhalt der einschlägigen Passagen fest, sie formulieren Argumente und implizite Fragen. So heißt es an einer Stelle: „Cum uidentur falli sensus ut nauigantibus terra moveri & similia non sensus falluntur sed animus" (L, S. 146) – wenn die Sinne sich zu täuschen scheinen, wie bei den Seeleuten, für die sich die Erde zu bewegen scheint, und Ähnliches, dann täuschen uns nicht die Sinne, sondern der Verstand. Er verweist auch auf die Diskussion im Kommentar des Lambinus. Wenig später ergänzt er: „Si enim falluntur nil erit certi / neque enim sensus sensum alterum falsi potest conuincere / & praestat fatere nos causam nescire quam sensum falli" (L, S. 149) – wenn die Sinne sich täuschen, dann wird nichts gewiss sein, auch kann kein Sinn einen anderen des Irrtums überführen. Es ist besser zu sagen, wir kennen die Ursache der Täuschung nicht als dass ein Sinn sich täuscht. So weit die Notizen der Deckblätter, deren Umfang und Reflexivität deutlich über Montaignes sonstige Annotationspraxis hinausgeht. In den Marginalien seines Exemplars liest man unter anderem: „Exemples des diuerses tromperies que les yeux reçoivent" (L, S. 304). In der *Apologie* wird Montaigne auf diese Themen intensiv zurückkommen – die Rehabilitation der Sinne im Epikureismus bestimmt die Orientierung der abschließenden epistemologischen Reflexionen der *Apologie*.

Allerdings gilt auch hier: Die Attraktivität des Epikureismus führt nicht zur Identifikation mit seiner Lehre. Die Position von *De rerum natura* wird in der *Apologie* nicht unangefochten bleiben. Montaigne wählt nicht nur die Form der direkten Distanzierung, sondern greift im Folgenden verstärkt auf die Argumentationstopik der pyrrhonischen Skepsis zurück. Gleichwohl bildet die epistemologische Diskussion der Sinneserkenntnis das letzte große, extensiv durchgearbeitete Thema der *Apologie*. Die Zitate aus *De rerum natura* gewinnen in diesem Kontext allerdings einen veränderten Stellenwert. Montaigne macht nunmehr explizit deutlich, dass er auch den Epikureismus als eine dogmatische Schule der Philosophie identifiziert, dessen Aufwertung der Sinneserkenntnis zwar der Hybris der philosophischen Vernunftansprüche opponiert, dabei aber zugleich einen neuen und fragwürdigen Dogmatismus hervorbringt.[54] Die Lukrezzitate werden damit systematisch aufgespalten:

54 Epikureer und Stoiker werden in der *Apologie* als die zwei „grandes sectes dogmatistes" apostrophiert, deren Lehren im Hinblick auf die Sinneserkenntnis im Gegensatz stehen. Erstere behaupten nämlich, „nous n'avons pas de science, si les apparences des sens sont si fauces", letztere „que les apparences sont si fausses qu'elles ne nous peuvent produire

Sie repräsentieren einerseits die Position Epikurs, welche Montaigne in skeptischer Distanz beobachtet, aber sie dienen andererseits auch weiterhin der Verdoppelung des auktorialen Diskurses. Mit *De rerum natura* kommt die epikureische Philosophie der Sinne zur Sprache, deren Geltungsanspruch Montaigne mit Hilfe der Skepsis einklammert. Die Lukrezzitate werden aber auch weiterhin als dekontextualisierte Verse aufgerufen, die Montaigne kommentarlos in die Kontinuität der *Apologie* integriert. *De rerum natura* spielt damit eine doppelte Rolle, als Repräsentant eines kritisch distanzierten Dogmas und als kommentarlos die eigene Rede verdoppelnde oder variierende Poesie. Diese zweifache Funktion wird natürlich dadurch erleichtert, dass der Name des Autors oder der Titel des Buches in der *Apologie* an keiner Stelle genannt werden. Die Vielheit der Zitate verweist daher nicht auf die Identität eines Werks oder die Einheit einer auktorialen Intention, sondern bleibt für die Interessen des Aufnahmetextes verfügbar.

Die *consideration des sens*, zu der die *Apologie* nunmehr ansetzt, beginnt mit der expliziten Benennung der epikureischen Position:

> Les Epicuriens logent aux sens tout jugement, et en la notice des choses, et en la volupté. (E, S. 623)[55]

Diese Theorie der Sinneserkenntnis ist allerdings bei Lukrez systematisch in der Lehre von den Atomen und ihrer Bewegung verankert. Das vierte Buch von *De rerum natura* unternimmt große Anstrengungen, auch komplexe Wahrnehmungssituationen, wie beispielsweise die durch Spiegel und Spiegelungseffekte erzeugten Bilder, durch die Bewegung materieller Teilchen zu erklären.[56] Es ist diese Fundierung, welche die epistemologische Nobilitierung der Sinne erst plausibel macht, weil sie ihnen eine physikalische Realität verleiht. Die Wahrnehmung ist demnach ein Prozess, in dem sich Atome (*imagines, simulacra*[57]) von den Dingen zu den Sinnesorganen bewegen. Lukrez' Leser Montaigne ignoriert diesen Teilchenmaterialismus, in der *Apologie* spielt der fundamentale Konnex von Atomismus und Sinneserkenntnis keinerlei Rolle.

---

aucune science." Montaigne schließt daher gegen die beiden dogmatischen Sekten „qu'il n'y a pas de science." (E, S. 629)

55 Die Originalität dieser Position wird gegen Platon profiliert: „Platon a voulu, le jugement de la verité, et la verité mesme retirée des opinions et des sens, appartenir à l'esprit et à la cogitation." (E, S. 623)

56 Vgl. dazu *Rerum natura*, 4, 269ff.

57 Vgl. *Rerum natura*, 4, 30ff.: Die *rerum simulacra* nennt Lukrez die „Gebilde, / Die von der Oberfläche der Körper wie Häutchen (*quasi membranae*) sich schälen / Und bald hierher bald dorthin umher in den Lüften sich treiben."

Zwar notiert Montaigne auf dem Deckblatt seines Exemplars von *De rerum natura* zum Anfang des vierten Buchs: *De simulachris & imaginibus*[58]. Aber die lukrezische These, die *simulacra* der Dinge (das breit gefächerte terminologische Repertoire umfasst auch die Ausdrücke *membranae, imagines, formae rerum* oder *effigiae*) bestünden aus ‚dünnen Figuren', welche von der Oberfläche der Dinge ausgesandt werden[59], um den menschlichen Wahrnehmungsapparat zu affizieren, bleibt in der *Apologie* ausgeklammert. Die atomistische Physik ist für Montaigne allenfalls eine *fantasie*, die das Unsichtbare und Unzugängliche, die kleinsten, unteilbaren Teile der Materie und ihre Bewegung, vorstellbar macht, indem sie deren Wirklichkeit in die Sprache der sichtbaren Dinge übersetzt. Sie erzeugt damit eine Anschaulichkeit, deren Logik sich verselbstständigt. Montaigne aber interessiert sich nicht für die kleinsten Teile der Materie, sondern für die Orientierungsleistung der Sinnesorgane. Es geht daher um die Rolle der (Sinnes-)Wahrnehmung in der Erfahrung und um das Verhältnis der Sinne zur Urteilskraft. So stehen Fragen im Vordergrund, welche die physikalischen Grundlagen der Wahrnehmung unberührt lassen: Was leisten die Sinne für die Orientierung in der Welt? Wie verhalten wir uns zu dem, was sie uns vermitteln? Und vor allem: Welche Rolle kommt ihnen im Ensemble der Vermögen des Menschen zu? Für die *Essais* bedeutet das in erster Linie: Wie reagieren die Vermögen, auf denen ihre Bewegung beruht, auf das Zeugnis der Sinne?

Alle Erkenntnis braucht den Erkennenden und dessen Vermögen, sie gründet in der *faculté du cognoissant* (E, S. 624). Die menschliche Erkenntnis hat ihren Anfang und ihr Ende in den Sinnesorganen, diese antirationalistische These übernimmt Montaigne von Lukrez: „Les sens sont le commencement et la fin de l'humaine cognoissance." (E, S. 624). Dass die Sinne an dieser Stelle der *Apologie* nicht nur als der Anfang, sondern auch als das Ende (oder gar der Zweck) des menschlichen Erkennens apostrophiert werden, hat vermutlich direkt mit dem anschließenden Lukrezzitat zu tun, in dem der sinnlichen Wahrnehmung die Erkenntnis des Wahren zugesprochen und ihre Unwiderlegbarkeit behauptet wird. Der Anfang lautet: „Invenies primis ab sensibus esse creatam / notitiem veri, neque sensus posse refelli"[60]. Lukrez wird

58 L, S. 137.

59 Vgl. z.B. *Rerum natura*, 4, 42f.: „Also, behaupt ich, es senden die Oberflächen der Dinge / Stets Abbilder der Dinge hinaus und dünne Figuren (*effigias tenuisque figuras*)". – Zum Konzept der Simulakren bei Lukrez vgl. die Diskussion von Gilles Deleuze, *Logique du sens*, Paris 1969, S. 307ff.

60 *Rerum natura*, 4, 478f.: "Du wirst folgenden (=Prüfstein, H.P.) finden: die Sinne verschaffen vor allem / Uns die Erkenntnis des Wahren, die Sinne sind unwiderleglich."

nachdrücklich ergänzen, dass alles, was nach den Sinnen kommt, die Verarbeitung und Interpretation durch den Verstand (*animus*) zumal, aber auch die Bilder der Phantasie, irrtumsanfällig und durch Leidenschaften gefährdet ist.

Aber Montaignes Distanzierung setzt schnell ein, nachdem die epikureische Grundthese zitiert und reformuliert ist. Der erste Einwand betrifft die Frage der natürlichen Vollständigkeit der Sinne. Gibt es so etwas wie eine abgeschlossene Liste der *sens naturels*? Welche interne Organisation und Hierarchie der Sinne wäre notwendig, um ihre Wahrheitsfähigkeit zu garantieren und zu optimieren? Wie verteilen sich die Sinnesorgane auf die Arten der Lebewesen? Der Vergleich mit den Tieren zeigt, dass sie mit einer anders organisierten Sinnesausstattung leben, manche Tiere haben weniger, dafür aber teilweise schärfere Sinnesorgane als der Mensch.[61] Ähnliches lässt sich innerhalb der Menschengattung beobachten. Dort zeigt sich beispielsweise, dass es unmöglich ist, Individuen mit fehlenden Sinnesorganen davon zu überzeugen, dass ihnen etwas fehlt, die Illusion der Vollständigkeit der Sinnesausstattung ist für Lebewesen, die sich selbst beobachten, offenbar unvermeidlich. So erzählt Montaigne das Beispiel eines blinden *gentil-homme de bonne maison* (E, S. 625), der durchaus nicht zu verstehen vermag, was ihm abgeht und der in seiner Sprache wie selbstverständlich die Termini des Sehens in Anspruch nimmt: „Il entend si peu ce qui luy manque, qu'il use et se sert comme nous, des paroles propres au voir [...]“ (E, S. 626). Aber vielleicht bräuchte man ohnehin acht oder gar zehn Sinnesorgane, um die Wahrheit *en son essence* zu erfassen. Das ist natürlich eine rhetorische Frage. Hinter dieser scheinbar willkürlichen Zahlenspekulation steht Montaignes grundsätzlicher, antiepikureischer Zweifel, ob denn die Welt überhaupt gemacht sei, um von den menschlichen Sinnesorganen erkannt zu werden, und ob die Einrichtung der Welt auf die menschlichen Vermögen Rücksicht nimmt: „[...] il n'est pas dict, que l'essence des choses, se rapporte à l'homme seul.“ (E, S. 635)

Die unterschiedliche Leistungsfähigkeit der Sinnesorgane, die Fragwürdigkeit ihrer Anzahl und Vollständigkeit sowie die Relation von Verstand und Sinneswahrnehmung erlauben es Montaigne, den Epikureismus gegen seine Vertreter zu wenden. Wenn nämlich der Verstand, wie Lukrez kategorisch

61 Später beruft sich Montaigne auf die einschlägige Auskunft Demokrits: „Il est certain qu'aucuns (i.e. les animaux, H.P.) ont l'ouye plus aiguë que l'homme, d'autres la veue, d'autres le sentiment, d'autres l'attouchement ou le goust. Democritus disoit que les Dieux et les bestes avoyent les facultez sensitives beaucoup plus parfaictes que l'homme.“ (E, S. 634) Um zu einem zuverlässigen „jugement de l'operation des sens“ zu gelangen, „il faudroit donc que nous en fussions premierement d'accord avec les bestes, secondement entre nous mesmes.“ (E, S. 636)

behauptet, kein verlässliches Prüforgan der Sinne ist, dann stellt sich die Frage nach einer alternativen erkenntniskritischen Instanz. Damit ist der Rekurs auf eine wechselseitige Kritik der Sinnesorgane, in der es um die Rivalität von Sinneszeugnissen ginge, zumindest nahegelegt. Aber gerade diesen Ausweg verstellt Lukrez: „an poterunt oculos aures reprehendere, an aures tactus?"[62] Die Frage ist rhetorisch, Lukrez beantwortet sie mit einem kategorischen Nein: Weder vermag ein Sinn den anderen noch kann der einzelne Sinn sich selbst kritisieren[63]. Jeder einzelne Sinn verdient Vertrauen (*fides*). Die Erkenntniskritik ist in der epikureischen Erkenntnistheorie nicht auf die Leistung der Sinnesorgane, sondern auf den Verstand (*animus*) gerichtet. Sie bedient sich der Mittel des Verstandes, um seine Irrtumsanfälligkeit zu denunzieren und gegenläufig die Zuverlässigkeit der Wahrnehmung zu postulieren. Montaigne aber übernimmt in der *Apologie* die These der wechselseitigen Kritikunfähigkeit der Sinne zunächst ganz von *De rerum natura*: „l'un sens n'en peut descouvrir l'autre". (E, S. 625) Allerdings nur, um die Behauptung in einem zweiten Schritt gegen die Epistemologie ihres Autors zu wenden.

Was aus der fehlenden *consultation et concurrence de nos cinq sens* (E, S. 627) resultiert, erläutert Montaigne an einem berühmt gewordenen Beispiel. Er zitiert die Passage aus dem fünften Buch von *De rerum natura*, in der Lukrez erläutert, dass die Gestirne in Wirklichkeit nicht größer seien, als sie uns in der visuellen Wahrnehmung erscheinen.[64] Die Provokation der antiken Kosmologie ist unübersehbar, aber nicht an ihr entzündet sich die Kritik der *Apologie*. Montaigne spricht, ähnlich wie im Blick auf die Versuche, Atombewegungen und -ballungen aus der je spezifischen Form der Materiepartikel zu erklären, von *fantasies*, wenn es bei Lukrez darum geht, die Sinnesorgane vom Verdacht der Instabilität und des Irrtums freizuhalten.[65] Die Rechtfertigung der Sinneserkenntnis, wie sie Lukrez betreibt, ist ein Produkt der Einbildungskraft, dem sich die Urteilskraft zuzuwenden habe. Aber die epikureische

62 *Rerum natura*, 4, 486f.: „Oder vermöchte das Auge den Fehler des Ohrs zu bekritteln, / Oder das Ohr des Gefühls?"

63 Vgl. *Rerum natura*, 4, 495ff.: „So ist es unmöglich, / Dass ein Sinn durch den andern zur Widerlegung gebracht wird. / Niemals können nun gar die Sinne sich selber bekritteln; / Denn ein jeder verdient allzeit das gleich Vertrauen."

64 Montaigne zitiert die Verse als Beleg für die Behauptung „que le soleil n'est non plus grand que ce que nostre veue le juge." Es handelt sich um *Rerum natura*, 5, 577f.: „Wie dem immer auch sei, nicht größer am Himmel der Form nach / Als uns diese erscheint, wenn mit unserem Blick wir sie schauen."

65 Vgl. etwa die von Montaigne zitierten Verse *Rerum natura*, 5, 379/386: „Aber ich räume nicht ein, dass ein Irrtum des Auges (*oculos falli*) hier vorliegt [...] Deshalb bürde dem Auge nicht auf des Verstandes Verirrung (*animi vitium*)."

Rehabilitation der Sinne gegen den Herrschaftsanspruch der Vernunft und die Leugnung der offensichtlichen *tromperie des sens* ist für Montaigne zugleich das Zeugnis einer verfehlten Ethik der Erkenntnis, kaum weniger fragwürdig als die Hybris der Vernunft, welche Lukrez bloßstellt. Um die absurdeste der *absurditez* der Epikureer, nämlich die Leugnung der aktiven Wirkung der Sinne (E, S. 628: *la force et l'effect des sens*), zu demonstrieren, zitiert er eine längere Passage aus dem vierten Buch von *De rerum natura* (*Rerum natura*, 4, 499–510). Die Auskunft, die Lukrez dort gibt, lässt sich in der Tat als *conseil desesperé et si peu philosophique* (E, S. 628) verstehen, geht es doch um nichts Geringeres als die Bewahrung des Weltvertrauens und der Ordnung des Lebens angesichts des Konflikts von Sinneswahrnehmungen. Wie soll der Verstand reagieren, welche Erklärung vermag er zu offerieren, wenn ein Gegenstand, der, aus der Nähe betrachtet, viereckig ist, aus der Ferne uns rund erscheint? Es sei dann besser, die zweifache Form falsch zu erklären (*reddere mendose causas utriusque figurae*), als auf eine handgreifliche Wahrheit (*manibus manifesta*) zu verzichten und damit das Vertrauen in das Zeugnis der Sinne (*violare fidem primam*) zu erschüttern. Lukrez formuliert an dieser Stelle einen dramatischen Appell. Das Leben werde zusammenbrechen, wenn man den Sinnen nicht mehr vertraut: *vita quoque ipsa / concidat extemplo, nisi credere sensibus ausis.* Die *fundamenta* des Lebens und des Heils (*vita salusque*) wären verloren. Das pathetische Raisonnement über die Sinne als Fundament der Ordnung des Lebens provoziert Montaignes sarkastischen Kommentar, dass offenbar die „humaine science ne se peut maintenir que par raison des-raisonnable, folle et forcenée." (E, S. 628) Die Auszeichnung der Sinne zu Lasten des Verstandes geschieht mit den Mitteln eines in die Irre gehenden Verstandes. Dieser spricht sich seine Wahrheitskompetenz ab und nimmt sie doch zugleich in Anspruch, wenn er das Lob der Sinneswahrnehmung formuliert.

Ist der antiepikureische Befund, der von der Täuschungsanfälligkeit der Sinne, von der *erreur et incertitude de l'operation des sens*, ausgeht, erst einmal etabliert, dann kann *De rerum natura* wiederum jene Funktion übernehmen, die das Buch schon bei den vorangehenden Themen der *Apologie* hatte. Von ihrem Erklärungskontext isoliert, bestätigen die Zitate nun eben jene Befunde, die bei Lukrez durch die materialistische Wahrnehmungstheorie erklärt und damit entschärft werden sollten. In dichter Folge werden die lukrezischen Beispiele eingesetzt, um die Vielfalt von Sinnestäuschungen vorzuführen, die Montaigne durch eigene Erfahrungen anreichert. Der lebensweltliche Horizont, der dabei aufgerufen wird, ist die ihm literarisch und lebensweltlich vertraute Welt von Schifffahrt und Reiterei: Die Hügel und Ebenen, die ein Schiff passiert, scheinen sich dem Heck zuzubewegen, ein in der Mitte des Flusses stehendes Pferd sieht aus, als würde es sich gegen die Strömung bewegen.

Montaigne ergänzt die Beispiele durch den Befund, dass sich die Wahrnehmungen der einzelnen Sinnesorgane widersprechen können, „noz sens mesmes s'entr'empeschent l'un l'autre" (E, S. 636). So kann ein Gemälde für das Auge wie ein Relief aussehen, während der Tastsinn das Bild als plane Fläche wahrnimmt. Diese Erfahrung ist so geläufig, dass kulturelle Praktiken sie auch im Interesse der Leidenschaften ausnützen. So erwähnt Montaigne die antike Praxis, der *volupté* durch Vergrößerungsspiegel beizuspringen, welche den Gefallen an den nunmehr üppiger erscheinenden Geschlechtsorganen steigere, allerdings mit dem gegenläufigen Befund des Tastsinns, der in seiner Sphäre über dieses Hilfsmittel nicht verfügt, in Konflikt zu geraten droht. Welchem Sinnesorgan, fragt sich Montaigne, wird man in dieser Situation den Vorzug geben: „auquel des deux sens donnoient-ils gaigné, où à la veue qui leur representoit ces membres gros et grands à souhait, ou à l'attouchement qui les leur presentoit petits et desdaignables?" (E, S. 636f.)

Sinnestäuschungen und Konflikt der Sinne – beide Befunde tragen für sich bereits dazu bei, das lukrezische Pathos des Vertrauens in die Autorität der Sinne nachhaltig zu untergraben. Darüber hinaus wird die Subversion des epikureischen Theorems durch zwei weitere Verfahren der De- und Rekontextualisierung vorangetrieben. Zum einen eskamotiert die *Apologie* den physikalischen Erklärungszusammenhang von *De rerum natura*, Montaigne ignoriert die von Lukrez elaboriert vorgetragenen Aufklärungen vermeintlicher Irrtümer der Sinne. Zum anderen situiert er die Lukrezzitate in einem neuen, konkurrierenden Kontext der Erkenntniskritik. Der epistemologische Optimismus wird durch den Zweifel subvertiert. Gegen Ende der *Apologie* rücken die Zitate aus *De rerum natura* zunehmend in einen diskursiven Rahmen ein, der durch Paraphrasen der pyrrhonischen Skepsis gebildet wird. Montaigne lässt die Referenz allerdings nicht explizit sichtbar werden, er selbst scheint zu sprechen, wenn er im Wesentlichen auf die Darlegungen rekurriert, die Sextus Empiricus in dem umfangreichen Kapitel *Die zehn Tropen* seiner *Grundzüge der pyrrhonischen Skepsis* vorträgt. Sextus handelt in diesem Kontext von den Veränderungen der Sinneswahrnehmung unter dem Einfluss von Gesundheit und Krankheit, Nüchternheit und Trunkenheit, Schlaf oder Wachen. Bei Montaigne liest sich diese „Argumentation aus den Umständen"[66], wie sie Sextus nennt, folgendermaßen:

---

66 Vgl. Sextus Empiricus, *Grundriß der pyrrhonischen Skepsis*, eingeleitet und übers. von Malte Hossenfelder, Frankfurt/Main 1968, S. 117. Sextus erläutert: „Wie nämlich der Zustand der Gesunden zwar der Natur der Gesunden gemäß ist, der Natur der Kranken aber widerspricht, so widerspricht auch der Zustand der Kranken zwar der Natur der Gesunden, ist aber der Natur der Kranken gemäß, so daß man auch diesen glauben muss, weil ihr

> [...] puis que les accidens des maladies, de la resverie, ou du sommeil, nous font paroistre les choses autres, qu'elles ne paroissent aux sains, aux sages, et à ceux qui veillent: n'est-il pas vray-semblable que notre assiette droicte, et noz humeurs naturelles, ont aussi dequoy donner un estre aux choses, se rapportant à leur condition, et les accomoder à soy, comme font les humeurs desreglées: et notre santé aussi capable de leur fournir son visage, comme la maladie? [...] Or nostre estat accomodant les choses à soy, et les transformant selon soy, nous ne sçavons plus quelles sont les choses en verité, car rien ne vient à nous que falsifié et alteré par noz sens. Où le compas, l'esquarre, et la regle sont gauches, toutes les proportions qui s'en tirent, tous les bastimens qui se dressent à leur mesure, sont aussi necessairement manques et defaillans. L'incertitude de noz sens rend incertain tout ce qu'ils produisent. (E, S. 637)[67]

Montaigne bewegt sich erkennbar im Milieu der pyrrhonischen Skepsis. Dazu gehört insbesondere die erkenntniskritische Infragestellung des Vorrangs des Wachzustands. Wie im Schlaf deformieren wir, auch wenn wir wach sind, die Dinge, die uns begegnen, und passen sie unserem Wahrnehmungsapparat und seiner jeweiligen Verfassung an. Nichts erreicht unser Bewusstsein, was nicht von unseren Sinnen deformiert wäre. Unser Wirklichkeitswissen hängt an unseren Sinnesorganen, so weit folgt Montaigne der epikureischen Metaphysikkritik. Aber diese Organe sind, wie die *Apologie* am Ende mit pyrrhonistischen Argumenten darlegt, alles andere als verlässlich. Der Text, der als Apologie einer dogmatischen natürlichen Theologie einsetzt, endet als skeptische Entzauberung der Sinneswahrnehmung, nachdem deren Leistung mithilfe von *De rerum natura* bereits als Kompensation hinfälliger Vernunftwahrheiten aufgeboten wurde.

Zustand in bestimmter Beziehung naturgemäß ist [...] Entsprechend dem Schlafen oder Wachen entstehen verschiedene Vorstellungen, da wir so, wie wir im Schlaf vorstellen, wachend nicht vorstellen und, wie wir wachend vorstellen, es nicht auch im Schlaf tun, so dass die Wahrheit oder Unwahrheit den Vorstellungen nicht schlechthin zukommt, sondern nur in bestimmter Beziehung, nämlich bezogen auf Schlafen oder auf Wachen. Mit Recht sehen wir also im Schlaf, was im Wachen unwirklich ist, weil es nicht schlechthin unwirklich ist; denn es existiert im Schlaf, ebenso wie das Wachen existiert, auch wenn es im Schlaf nicht existiert." (S. 117f.; I, 103f.)

67 Zu Montaignes Skepsis vgl. vor allem Frédéric Brahami, *Le scepticisme de Montaigne*; Paris 1997; Jean-Luc Marion/Vincent Carraud (Hgg.), *Montaigne: scepticisme, metaphysique, théologie*, Paris 2004; zur *Apologie* und ihrer Relevanz für die frühneuzeitliche Literatur Verena Lobsien, *Skeptische Phantasie. Eine andere Geschichte der frühneuzeitlichen Literatur*, München 1999.

Montaignes Vorgehen in der *Apologie* ist allerdings komplexer, als es der Durchgang durch die Positionen philosophischer Schulen nahelegt. So zeigt sich, dass Montaignes pyrrhonistische Kritik der Sinneserkenntnis unvermittelt auf eine Bildlichkeit rekurriert, die sie dem kritisierten Epikureismus selbst entnimmt. Es geht um einen Vergleich der Erkenntnis mit den Werkzeugen der Baumeisterkunst. Wenn Kompass, Winkel und Lineal schief sind, dann werden die Bauwerke, die mit ihrer Hilfe entstehen, schlecht gebaut sein. Warum springt der Text von der Irrtumsanfälligkeit der Sinne zur Architektur? Verständlich wird der abrupte Kontextwechsel, wenn man ihn als Einlagerung eines epikureischen Topos in den pyrrhonischen Rahmen versteht. Die kritisierte Position kehrt wieder in der Inversion zur Selbstkritik. Wie schon mehrfach vorher, paraphrasiert Montaigne wiederum proleptisch eine Passage aus *De rerum natura*, die er unmittelbar im Anschluss in einem längeren Zitat (*Rerum natura*, 4, 513–521) in die *Apologie* einbaut. Lukrez vergleicht an der Stelle die Erkenntnis mit einem Bauwerk, das nur gelingen kann, wenn die Werkzeuge, die Sinnesorgane, zuverlässig sind. So wie das Haus schief und verpfuscht gerät, wenn „das Richtmaß falsch und mit schiefen Winkeln gebaut ist / Oder das Bleilot endlich auch nur um ein Tüttelchen abweicht," so wird es auch mit der Erkenntnis des Menschen gehen, wenn auf die Sinne kein Verlass ist: „So müßt' auch jedwedes System verpfuscht und verkehrt sein, / Falls dir die Sinne, auf die du gebaut, sich als irrig erwiesen."

In der ersten Hälfte der *Apologie* hatte Montaigne im Hinblick auf die *profession des Pyrrhoniens* noch zwei Verse aus *De rerum natura* zitiert, welche die skeptische Position als in sich widersprüchlich kritisierten: „Nil sciri quisquis putat, id quoque nescit, / An sciri possit, quo se nil scire fatetur." (*Rerum natura*, 4, 469f.: „wer meint, man wisse doch nichts, der weiß ja auch dies nicht, / Ob man was wissen kann, da sein eigenes Wissen er leugnet."[68]). Montaigne hatte diese Kritik allerdings im Interesse der Positivierung eines Wissen um das Nichtwissen positiv gewendet: „L'ignorance qui se sçait, qui se juge, et qui se condamne, ce n'est pas une entiere ignorance: Pour l'estre, il faut qu'elle s'ignore soy-mesme." (E, S. 529) Die pyrrhonische Technik der Urteilsenthaltung (*epoche*) entspricht, wie Montaigne unterstreicht, diesem wissenden Unwissen: Von den drei Seelentätigkeiten (*actions de l'ame*), der imaginativen, appetitiven und der ‚zustimmenden' (*consentante*), machen die Skeptiker sich die ersten beiden zu eigen und praktizieren sie ausgiebig, die letztere hingegen, in der es um die Einstellung zum Wahrheitsanspruch der Erkenntnis geht, steht im Zeichen der Enthaltung, der *epoche*: „ils la soustiennent, et la maintiennent

---

68 Lukrez fährt anschließend fort: „Da er vorher in der Welt nichts Wahres gesehn hat, woher denn / Weiß er, was Wissen bedeutet und was Nichtwissen" (*Rerum natura*, 4, 474f.).

ambiguë, sans inclination, ny approbation d'une part ou d'autre". (E, S. 530) An die Stelle des von Lukrez behaupteten pyrrhonistischen Selbstwiderspruchs tritt eine affirmative Beschreibung des Verfahrens der Urteilsenthaltung.

Am Ende der *Apologie* zeigt sich so, dass die Hybridisierung von epikureischer Wahrnehmungstheorie und pyrrhonischer Skepsis asymmetrisch angelegt ist. Wo Lukrez von den Gefahren handelt, welche die Wahrnehmungsgewissheit bedrohen, führen der pyrrhonistische Rahmen und die Dekontextualisierung der Zitate zu einer Vorführung, ja Demonstration der Unzuverlässigkeit der Sinne. Die *Apologie* lässt den Rettungsversuch von *De rerum natura*, den sie ausgiebig, in seinen Argumenten, Beispielen und Sprachfiguren, zitiert, ins Leere laufen. Am Ende stellt sich Montaigne die Frage nach einer Urteilsinstanz, einem *instrument judicatoire*, das über die *apparences* und ihren Geltungsanspruch urteilen könnte. Aber die Frage hilft kaum weiter, denn dann muss das Instrument des Urteils beurteilt werden, „nous voilà au rouet". Der unendliche Regress wird unvermeidlich, „nous voylà à reculons jusques à l'infiny" (E, S. 638). Der Pyrrhonismus lässt die Fragilität der Sinnesgewissheiten sichtbar werden, aber auch er wird von Montaigne auf Distanz gehalten. Die epistemologische Aporie oder die skeptische Urteilsenthaltung sind nicht das letzte Wort der *Apologie*. Am Ende steht vielmehr eine offene Dialogizität mit jenem Autor der Antike, der Montaigne nach eigenem Bekenntnis am nächsten steht, weil er das Prinzip des Dialogs und der Vielstimmigkeit in seinen Texten selbst praktiziert: Plutarch.

Ein langes Zitat aus dem Dialog *Ueber das Ei zu Delphi* der *Moralia*[69] des Plutarch substituiert am Ende die epistemologische Kontroverse. Die Wiederholung des fremden Textes, die Rede des plutarchischen Ammonius, beherrscht die letzten Seiten der *Apologie* und setzt sich an die Stelle einer Konklusion des philosophischen Disputs. Die Wendung kommt nicht gänzlich überraschend, bereits vorher hatte die *Apologie* wiederholt eine Ebene ins Spiel gebracht, auf der es weniger um die erkenntnistheoretische Dimension der Sinneswahrnehmung als um ihren anthropologischen Stellenwert und ihre kulturelle Ökonomie geht. Für dieses alternative Interesse stehen mythische Erzählungen ein, das Beispiel einzelner Philosophenbiographien wird aufgerufen, Montaigne greift auch auf den Ausweis der eigenen Erfahrung zurück. Das Spektrum dieses Repertoires distanziert das epistemologische Argument und transformiert damit den Fokus der *Apologie*. So ruft Montaigne mit den *Metamorphosen* Ovids die Selbstaffektion durch den Anblick des Spiegelbilds (Narziss) und des eigenen Werks (Pygmalion) auf, er zitiert exemplarische Reaktionen auf

69 *Moralia*, I, S. 678f.

die Erfahrung der Verführbarkeit der Sinne, Demokrit beispielsweise, der sich das Augenlicht nimmt, „pour descharger l'ame de la desbauche qu'elle en recevoit, et pouvoir philosopher plus en liberté" (E, S. 632), oder auch die Warnung Theophrasts, der nicht die Augen, sondern die Ohren für das gefährlichste Sinnesorgan hält, weil sie „impressions violentes à nous troubler et changer" (E, S. 632) empfangen. Montaigne erwähnt darüber hinaus die eigene Neigung zur Höhenangst, die er „en noz montagnes de deça" (E, S. 631) erlebt habe: „je ne pouvoy souffrir la veue de cette profondeur infinie, sans horreur et tremblement de jarrets et de cuisses" (E, S. 632)[70] – ein Erschrecken, das auch durch das Wissen, weit genug vom Abgrund zu stehen, nicht gemildert wird, wohl aber durch die Wahrnehmung eines Baums oder Felsens, welche die Höhe unterbrechen. So steht neben der Wahrheitsfähigkeit die Macht der Sinne über die anderen Vermögen der Person. Neben die Zweifel an ihrer epistemischen Zuverlässigkeit tritt das Staunen über ihre Wirkung auf den psychischen Haushalt der Person.

Das Spektrum dieser Beispiele kreist um die Autorität der Sinne, die *authorité que les sens ont sur le discours* (E, S. 630). Die Dynamik dieser Macht der Sinne zeigt sich allenthalben, im Handeln der Individuen wie in den Ritualen und Praktiken der Kultur. So evoziert der kirchentreue Montaigne den Eindruck, den die *vastité sombre de noz Eglises* auf den macht, der eine Kirche betritt, und der sich dem Eindruck der Ornamente und Zeremonien ebenso wenig entziehen kann wie dem *son devotieux de noz orgues* und der Harmonie des Gesangs. Von diesen Wirkungen ist in den Glaubenssätzen der Kirche natürlich nicht die Rede, Montaigne beschreibt eine von jedem Wahrheitsbezug entkoppelte ästhetische Wirkung der Religion, der sich die Sinne nicht entziehen können, und die über die Sinne auf die Person insgesamt wirkt. Insbesondere das Ohr ist es, das, nach Montaignes Erfahrung, der Wirkung der Kunst, vor allem der Musik, ausgeliefert ist:

> Il n'est cœur si mol, que le son de nos tabourins et de nos trompettes n'eschauffe, ny si dur que la douceur de la musique n'esveille et ne chatouille [...] Quant à moy, je ne m'estime point assez fort, pour ouyr en sens rassis, des vers d'Horace, et de Catulle, chantez d'une voix suffisante, par une belle et jeune bouche. (E, S. 630)

70 Vgl. E, S. 632: „J'y remarquay aussi, quelque haulteur qu'il y eust, pourveu qu'en cette pente il s'y presentast un arbre, ou bosse de rocher, pour soustenir un peu la veue, et la diviser, que cela nous allege et donne asseurance [...]".

Die Autorität der Sinne ist groß, aber nicht unbeschränkt. Sie haben es mit anderen Instanzen in der Person zu tun, sie spielen ihre Rolle in einer Ökonomie der Vermögen, in der Ursache und Wirkung nicht festgelegt sind, sondern ihre Richtung umkehren können. Die Sinne täuschen zwar den Verstand und die Urteilskraft, sie werden aber ihrerseits von den rationalen und emotionalen Dispositionen der Seele manipuliert. Die *pipperie*, welche die Sinne auf den Verstand (*entendement*) ausüben, empfangen sie von ihm zurück. Durch die Sinne werden nicht nur Leidenschaften erzeugt, die *passions de l'ame* (E, S. 633) verändern vielmehr ihrerseits die Sinneswahrnehmung.[71] Auch für diese Wechselwirkung werden lukrezische Beispiele zitiert,[72] wiederum gegen die durch den Kontext stabilisierte Intention von *De rerum natura*. Im Interesse von Montaignes ökonomischer Beschreibung einer Zirkularität von Sinn und Verstand, Wahrnehmung und Seele werden die epistemologischen Hierarchien destabilisiert und in Bewegung gehalten. Autorität und Abhängigkeit sind in der prekären Balance der Vermögen des Menschen nicht festgelegt, die Positionen kehren sich um, Innen und Außen verändern sich fortlaufend, ohne einen festen Anker gesicherten Wissens zu erreichen, denn „[...] et le dedans et le dehors de l'homme est plein de foiblesse et de mensonge" (E, S. 633).

Diese Instabilität der Welt im Gegensatz zur Ewigkeit Gottes steht im Zentrum der Rede des Ammonius, die Montaigne am Ende seiner *Apologie* zitiert.[73] Plutarchs Dialog spielt eine Reihe zentraler Themen der *Apologie* gewissermaßen in Kurzform noch einmal durch: die Bewegung der Zeit und die unaufhörliche Veränderung der menschlichen Welt[74], die Täuschungsanfälligkeit

---

71 Vgl. E, S. 633: „Ce que nous voyons et oyons agitez de colere, nous ne l'oyons pas tel qu'il est."

72 Zum Beispiel über die Neigung der Verliebten, in den Objekten ihrer Leidenschaft Vorzüge zu gewärtigen, die diese nicht besitzen. Montaigne zitiert dazu zwei Verse aus *De rerum natura* (*Rerum natura*, 4, 1155f.): „Vielfach sehen wir so, dass verwachsene, hässliche Mädchen / Doch noch Gefallen erwecken und höchlichst gepriesen werden." Bei Lukrez steht dieser Befund allerdings im Kontext einer Warnung vor blinder Liebe, der bei Montaigne ausgespart bleibt: „Drum ist's besser vorher, wie ich lehrte, darüber zu wachen / Und sich bei Zeiten zu hüten, damit man dem Netze entgehe." (*Rerum natura*, 4, 1144f.)

73 Dem steht die Unwandelbarkeit des wahren göttlichen Seins gegenüber. In Montaignes Text lautet die einschlägige Passage der Rede des Ammonius folgendermaßen: „[...] il faut conclure que Dieu seul est, non point selon aucune mesure du temps, mais selon une eternité immuable et immobile, non mesurée par temps, ny subjecte à aucune declinaison [...]" (E, S. 641).

74 Vgl. E, S. 640: „[...] le jour d'hier meurt en celuy du jourd'huy, et le jourd'huy mourra en celuy de demain: et n'a rien qui demeure, ne qui soit tousjours un."

der Sinne[75], das Verhältnis von Vergänglichkeit und Ewigkeit. Es ist genau diese Welt und diese Unvollkommenheit seiner Sinne und Organe, welche die *Apologie* positiviert und dem Menschen zumutet:

> [...] de faire la poignée plus grande que le poing [...] cela est impossible et monstrueux; ny que l'homme se monte au dessus de soy et de l'humanité [...] (E, S. 642).[76]

5 Wirkung und Wahrheit der Poesie: *Sur des vers de Virgile*

Im dritten Buch der *Essais* nimmt die Frequenz der Lukrezzitate drastisch ab. Die fünfzehn Passagen, die Montaigne in die *Essais* aufnimmt, verteilen sich über das Buch insgesamt. Die auffällige, vor allem in der *Apologie* zu beobachtende Clusterbildung findet sich kaum mehr.[77] *De rerum natura* spielt nicht mehr die Rolle eines heterodoxen Wissenstextes, den Montaigne selektiv reproduziert, im eigenen Text mimetisch wiederholt oder argumentativ distanziert. Der Philosoph Lukrez hat seine Bedeutung eingebüßt. Meist zitiert Montaigne im dritten Buch nur ein oder zwei Verse, die in der heterogenen Vielfalt der intertextuellen Bezüge kein distinktes Profil gewinnen. Die einzige Ausnahme findet sich in *Sur des vers de Virgile* (III, 5), jenem Essay, dessen Titel ein poetologisches Thema annonciert, den Kommentar von Vergilversen. Aber er verschweigt den Namen des zweiten Dichters, Lukrez, dessen Verse eine ähnliche Zuwendung erfahren wie die von Vergil. Montaignes letztes großes Zitat aus *De rerum natura* betrifft nicht den Epikureer, sondern den Dichter Lukrez.

---

75 Vgl. E, S. 641: „Et par consequent se trompent et mentent les sens de nature, prenans ce qui apparoist, pour ce qui est, à faute de bien sçavoir que c'est qui est."

76 Die Auskunft ist vor allem gegen Seneca gerichtet, der dem Menschen zumute, sich über sich selbst zu erheben: „Ô la vile chose, dit-il, et abjecte, que l'homme s'il ne s'esleve au dessus de l'humanité! Voilà un bon mot, et un utile desir: mais pareillement absurde." (E, S. 642) Dazu bedürfte es der göttlichen Gnade: „C'est à nostre foy Chrestienne, non à sa vertu Stoïque, de pretendre à cette divine et miraculeuse metamorphose." (E, S. 642)

77 Die einzige Ausnahme bilden die drei Zitate, die in *Des coches* (III, 6) kurz hintereinander folgen. Zwei der Passagen kommen aus dem fünften Buch von *De rerum natura*, wo Lukrez von der Jugend der Welt handelt: „Aber, mich dünket, die Welt ist noch jung und vor kurzem entstanden / Und ihr Ursprung reicht nicht hinauf in ältere Zeiten." (*Rerum natura*, 5, 330f.) Montaigne verwendet das Argument im Hinblick auf die ‚neue' Welt Amerikas, welche die alte Welt Europas entdeckt hat: „Nostre monde vient d'en trouver un autre." (E, S. 952)

Das erste Wort, das Montaigne an den Rand seines Lukrezexemplars geschrieben hat, ist der Name der Liebesgöttin: *Venus*. Es steht gleich am Anfang des Buchs. Lukrez evoziert in den berühmten Anfangsversen seines Buchs (*Rerum natura*, 1, 10ff.) das Wirken der Göttin: „Denn sobald sich erschlossen des Frühlings strahlende Pforte / Und aus dem Kerker befreit der fruchtbare West sich erhoben, / Künden zuerst, o Göttin, dich an die Bewohner der Lüfte, / Und dein Nahen entzündet ihr Herz mit Zaubergewalten." Wenige Verse später (*Rerum natura*, 1, 32ff.) finden sich seitliche Anstreichungen Montaignes. Die derart markierte Passage wird der Autor in *Sur des vers de Virgile* zitieren, er hat sie offenbar über Jahrzehnte nicht aus den Augen verloren. Am rechten Rand des Anfangs der Stelle hat Montaigne notiert: „Amours de mars & Venus", einige Verse später „Imitè par Vergile".[78] Die Passage lautet in der deutschen Übersetzung:

> Es lenkt ja des Kriegs wildtobendes Wüten / Waffengewaltig dein Gatte. Von ewiger Liebe bezwungen / Lehnt sich der Kriegsgott oft in den Schoß der Gemahlin zurücke; / Während sein rundlicher Rücken hier ruht, schaut gierig sein Auge, / Göttin, zu dir empor und weidet die trunkenen Blicke, / Während des Ruhenden Odem berührt dein göttliches Antlitz. Wenn er so ruht, o Göttin, in deinem geheiligten Schoße, / Beuge dich liebend zu ihm und erbitte mit süßesten Worten, / Hochbeneidete, von ihm für die Römer den lieblichen Frieden.[79]

Der Kommentator der Übersetzung, Ernst Günther Schmidt, merkt an: „Gewöhnlich galt den Griechen der Schmiedegott Hephaistos als Gatte der Aphrodite und der Kriegsgott Ares, den die Römer mit Mars gleichsetzten, nur als ihr Geliebter. Aber es gab, z.B. in der Stadt Theben, auch die Variante, Aphrodite und Ares seien Ehegatten. Dieser Version, aus der er seine Bitte um Frieden ableiten kann, gibt Lukrez den Vorzug."[80] Das ist zweifellos ein eigenwilliges Verständnis der Passage, neuere Übersetzungen folgen ihr keineswegs. Montaigne war mit der thebanischen Mythenvariante vermutlich nicht vertraut,

---

78 Vgl. L, S. 200f.

79 Montaignes Zitat ist etwas kürzer, auch lässt er einen Vers aus (ich vernachlässige die Differenzen der Lambinus- und der zitierten Dielsausgabe von *De rerum natura* und zitiere nur letztere): „[…] belli fera moenera Mavors / armipotens regit, in gremium qui saepe tuum se / reiicit aeterno devictus volnere amoris, / […] / pascit amore avidos, inhians in te, dea, visus, / eque tuo pendet resupini spiritus ore. / hunc tu, diva, tuo recubantem corpore sancto / circum fusa super, suavis es ore loquellas funde […]"

80 Zit. Ausgabe, *Rerum natura*, S. 674.

von einem Gatten ist in seinem Text auch nicht die Rede. Er hält sich an die geläufige Überlieferung, die Mars zum Geliebten der Venus macht. Der Essay spricht von einer geraubten, illegitimen Lust, *jouyssance desrobée* (E, S. 915), im Gegensatz zu der einige Seiten vorher zitierten Passage aus Vergils *Aeneis*, wo es um Venus und Vulkan und ihr eheliches Verhältnis ging.

Der Anfang von *De rerum natura* lässt Venus auftreten, Montaigne notiert die zum Topos gewordene ehebrecherische Liebe zwischen Venus und Mars, für ihn handelt es sich keineswegs um eheliche Liebe. Aber er merkt zugleich an, dass Venus und ihre erotischen Aktivitäten ein vielfältig variiertes Thema der römischen Dichter ist: Vergil wird Lukrez nachahmen und ihn zu überbieten versuchen, auch wenn es bei ihm nicht um Venus und Mars, sondern um die Beziehung der Göttin zu ihrem Ehemann Vulkan geht. Die beiden Randnotizen an seinem Leseexemplar enthalten in nuce das Thema, das Montaigne in dem großen Essay *Sur des vers de Virgile* austragen wird: die Relation von Eros und Poesie.[81] Dass in dem Essaytitel nur noch der Name Vergil, nicht mehr der von Lukrez fällt, dürfte zwei Gründe haben: erstens die rezeptionsgeschichtliche Prominenz und der poetologische Status des Autors der *Aeneis*, vor allem in den einschlägigen Debatten der Renaissance, zweitens die gerade im Blick auf Lukrez überaus ingeniöse Praxis der *Essais*, die den Text von *De rerum natura* zwar massiv ins Spiel bringt, den Namen des heterodoxen Autors, im Gegensatz zu dem Vergils, aber fast immer verschweigt. Allerdings gibt es zwei Essays, in denen Montaigne eine explizit die Autornamen einsetzende Konfrontation von Lukrez und Vergil in Szene setzt, zum einen in *Sur des vers de Virgile*, zum anderen bereits in dem die eigenen Lektüreerfahrungen thematisierenden Essay *Des livres* (II, 10). Dort wird das Verhältnis von Lukrez und Vergil gegen die Zumutungen des Kanons und seiner Hierarchien neu

81 Die Liebe selbst behandelt Lukrez am Ende des vierten Buchs (*Rerum natura*, 4, 1040ff.). Montaigne hat den Gegenstand in seinen Deckblattnotizen hervorgehoben. So heißt es zunächst: *De amore longa & perelegans digressio.* Eine lange und überaus elegante Digression zum Thema der Liebe also. Später ergänzt er: „Quem mirè damnat & plus est voluptatis inquit in Venere promiscua […] Vide totum locum" (vgl. L, S. 158). Lukrez lobe also Promiskuität, Montaigne empfiehlt ein genaues Studium der einschlägigen Passagen. Die Anmerkung bezieht sich auf die Verse *Rerum natura*, 4, 1063ff., wo Lukrez empfiehlt, die *simulacra et pabula amoris* zu fliehen, um stattdessen *iacere umorem conlectum in corpora quaeque*: „Aber man sollte die Bilder verbannen, man sollte der Liebe / Jegliche Nahrung entziehen, den Sinn auf anderes richten / Und den gesammelten Saft auf beliebige Leiber verschleudern, / Statt ihn aufzubewahren, um *einer* Liebe zu frönen / Und sich nur sichere Sorge und Schmerzen dadurch zu bereiten." In Montaignes Randbemerkung heißt es: „Pouint d'amour ny de maistresse mais vn amour a uandre" (L, S. 345), die Venus promiscua ist natürlich die der Prostitution.

justiert: „Ceux des temps voisins à Virgile se plaignoient, dequoy aucuns luy comparoient Lucrece. Je suis d'opinion, que c'est à la verité une comparaison inegale: mais j'ay bien à faire à me r'asseurer en ceste creance, quand je me treuve attaché à quelque beau lieu de ceux de Lucrece." (E, S. 431) Im Vergleich der Autoren und ihres Gesamtwerks mag es durchaus eine Asymmetrie geben, welche ihre Rezeptionsgeschichte seit der Antike belegt. Aber die Erfahrungen der (Mikro-)Lektüre, die Wirkung einzelner ‚Stellen' (*loci*) oder Passagen, unterlaufen die Autorität der Kanonisierung, sie bringen den Anspruch einer poetischen Wirkung zur Geltung, die sich weder auf die Repräsentation von Wissen noch auf generische Normen reduzieren lässt.

Die Länge des Essays *Sur des vers de Virgile*, seine thematische Heterogenität und sein sprunghaftes Vorgehen hatten bereits Montaignes erste Leser irritiert.[82] So ist auch auf den ersten zehn Seiten von Vergil und seinen Versen überhaupt nicht die Rede, in erster Linie, aber nicht ausschließlich, geht es um die Sexualität, die *action genitale* (E, S. 889), und die Geständnisrede, die *confession* (E, S. 887). Am Ende des Essays wird Montaigne seinen, wie es selbstironisch heißt, *notable commentaire* als einen „flux de caquet: flux impetueux par fois et nuisible" (E, S. 941) apostrophieren. Dass die Besprechung der *action genitale* auf ein reiches Repertoire von historischen Beispielen und ethnographischen Berichten zurückgreifen kann, liegt ebenso nahe wie der Rückgriff auf die Zitate aus der antiken erotischen Literatur, Montaignes im Original eingerückte Textbeispiele sind meist römischer Provenienz (Martial, etc.). Auch die Diskussion der Institution Ehe gehört zum Umfeld des Themas, wiederum reichen die Bezüge von der Antike bis zur eigenen Lebenserfahrung. Komplizierter gestaltet sich die Geständnisdimension des Essays, weil damit gesellschaftliche Tabus und individuelle Schamgrenzen überschritten werden.[83] Montaigne hat sich für die *Essais* auferlegt „d'oser dire tout ce que j'ose faire" (E, S. 886), er ist „affamé de me faire congnoistre" (E, S. 888), aber dieser Anspruch kollidiert zum einen mit gesellschaftlichen Verboten und zum anderen mit dem Fehlen einer angemessenen Sprache. Die Ichrede ist gesellschaftlich unerwünscht, wenn sie nicht von historisch prominenten Personen kommt, dieser Befund, von dem die *Essais* ausgehen, gilt umso mehr, wenn sie in Geständnisform die intimen Zonen des Erotischen und der Sexualität betrifft.

---

82 Vgl. dazu Vf., „Selbstentblößung und poetische Präsenz. Montaignes ‚Sur des vers de Virgile'", in: Rudolf Behrens/Maria Moog-Grünewald (Hgg.), *Moralistik*, München 2010, S. 47–82.

83 Vgl. dazu Vf., „Reue und Scham. Selbstbeobachtung und ethische Emotion bei Montaigne", in: Katja Gvozdeva/Hans Rudolf Velten (Hgg.), *Scham und Schamlosigkeit. Grenzverletzungen in Literatur und Kultur der Vormoderne*, Berlin 2011, S. 396–433.

Vergil und Lukrez kommen in *Sur des vers de Virgile* ins Spiel, weil sich für Montaigne in ihren Versen eine poetische Erfahrung der Erotik vermittelt, die in einem Spannungsverhältnis zur Lebenswirklichkeit von Sexualität und Erotik steht. Die antiken Autoren verleihen dem Eros mit den Mitteln der poetischen Sprache eine imaginäre Realität für den Leser, die über das hinausgeht, was in den Diskursen der Gesellschaft erlaubt ist, und die zugleich die erotische Erfahrung des Individuums, für die ihm angesichts des gesellschaftlichen Tabus keine angemessene Sprache zur Verfügung steht, in ein neues, unerhörtes Licht rückt. Natürlich gehören Vergil und Lukrez nicht zum engeren Kanon erotischer Autoren, aber beide vermitteln Montaigne eine Erfahrung erotischer Intensität, die er in der gemeinhin als erotisch apostrophierten Literatur, die in dem Essay auch häufiger zitiert wird, nicht findet. Autoren erotischer Literatur wie Martial operieren mit direkten Benennungen und obszönen Details, Montaigne wird sich ihre Texte gelegentlich zunutze machen, um eigene sexuelle Merkmale und Praktiken in der fremden Sprache des erotischen Dichters zu benennen und zugleich distanziert zu betrachten. Die Passagen aus Vergil und Lukrez, die Montaignes *notable commentaire* ausgiebig bespricht, sprechen indes eine indirekte Sprache und sie behandeln mythologische Sujets. Es ist bezeichnend, dass Montaigne in *Sur des vers de Virgile* gerade nicht noch einmal auf jene Passagen aus dem vierten Buch von *De rerum natura* (*Rerum natura*, 4, 1040ff.) zurückkommt, in denen Lukrez die (verhängnisvollen) Manifestationen der Liebesleidenschaft diskutiert und dabei auch diverse Formen des Liebesspiels beschreibt – allerdings nicht ohne mit einem Lob der Ehefrau und der „gefällige(n) Anmut / Ihrer Sitten" (*Rerum natura*, 4, 1281f.) zu enden.[84] Die poetische Erotik der erotischen Poesie, um die es Montaigne in seinem Essay geht, ist von solchen Rücksichtnahmen frei, sie eignet sich auch nicht dafür, eigene erotische Idiosynkrasien zu versprachlichen. Sie vermittelt vielmehr eine singuläre erotische Erfahrung, für die es weder ein Vorbild noch ein Substitut gibt.

Die Passage aus dem 8. Buch der *Aeneis*, die Montaigne zuerst zitiert, ruft eine Liebesszene zwischen Venus und ihrem Ehemann Vulkan in Erinnerung. Montaignes Zitat ist selbst bereits ein Konstrukt durch Selektion, der Essay montiert zwei bei Vergil durch zwölf Verse getrennte Textstücke.[85] Die ausgelassenen

---

84 So polemisiert Lukrez etwa gegen die Praxis der „geilen Bewegungen", die er für fortpflanzungshemmend hält: „Denn sie hindert nur so die Empfängnis und wirkt ihr entgegen, / Wenn sie mit Wiegen der Hüften die Liebe des Gatten erwidert / Und den gelenkigen Rumpf in wogenden Windungen wirbelt." (*Rerum natura*, 4, 1268ff.)

85 Vgl. Vergil, *Aeneis*, hg. und übers. von Johannes Götte, München 1971, Buch 8, S. 338ff. vv. 387–406.

Verse wird er teilweise später noch zitieren (E, S. 907), der Kontext handelt dann allerdings nicht mehr von erfüllter Erotik, sondern thematisiert das Motiv der Eifersucht. Durch die Textmanipulation entsteht ein kompaktes Versensemble, dessen erotische Homogenität sich der Auslassung der Zwischenpassage verdankt, die von der List der Venus handelt, welche Vulkan zum Waffenschmieden für ihren unehelichen, mit Anchises gezeugten Sohn Aeneas überreden möchte. Montaigne streicht durch die Selektivität seines Zitats die politische Implikation der Szene, ihre Relevanz für den Gründungsmythos Roms. Auch die ausgiebige Replik Vulkans, der seine Schmiedekunst preist und um das Vertrauen der Venus wirbt, bleibt ausgespart. So entsteht eine neue Textkontinuität, welche die erotische Imagination zu mobilisieren vermag. Die Konstruktion einer veränderten narrativen Prägnanz lässt den Leser eine Szene vorstellen, in der Venus mit ihren schneeweißen Armen den Ehemann umfasst, der seinerseits eine vertraute Lust (*solitam flammam*) in seinen Gliedern verspürt, erotische Hitze durchfährt seine Glieder wie der Blitz. So kann der Leser sich schließlich ausmalen, wie Vulkan nach der „sehnlichst erwünschten Umarmung" (*optatos* [...] *amplexus*) im Schoß der Geliebten einschläft.

Montaigne hatte seine Vergilmontage mit einem Vergleich von poetischer und realer Erotik eröffnet. Der Befund ist eindeutig. Die nackte, lebendige, keuchende Venus sei weniger schön als die von Vergil in seinen Versen dargestellte Liebesszene des mythischen Ehepaars. Die Poesie „represente je ne sçay quel air, plus amoureux que l'amour mesme." (E, S. 891) Die Energie (*forces et valeur*) des Liebesgottes ist lebendiger (*plus vifves et plus animées*) in ihrer poetischen Beschreibung (*peinture de la poësie*) als in ihrer Wirklichkeit (*leur propre essence*). Die *imaginations amoureuses* machen einen höchst edlen Gegenstand (*la plus noble matiere*) der Dichtung aus: Wer der Liebe die Unterstützung der Poesie (E, S. 890: *communication et service de la poësie*) nehme, beraube sie ihrer bester Waffen. Montaigne verfolgt diese poetologische Reflexion im Anschluss an die Vergilpassage allerdings erst einmal nicht weiter. Vielmehr artikuliert er zunächst das Erstaunen, das Bild erotischer Erregung und Erfüllung ausgerechnet dort zu finden, wo er sie am wenigsten erwarten würde, in der Ehe, im Bild der *Venus maritale*. *Sur des vers de Virgile* betrachtet die *officia* der Ehe ansonsten von einem pragmatischen Standpunkt, in der Institution der Ehe geht es um die Angelegenheiten des Hauses, das Erbe, die Nachkommen und die Kontinuität der Familie. Die Ehe ist ein vernunftbestimmter Handel, ein *sage marché*, die *bouillante allegresse* des Erotischen, sein unkontrollierter Überschwang und entfesselte Leidenschaften haben dort nichts zu suchen.

Entfaltet werden die Koordinaten einer Poetik der Erotik allerdings erst viel später, im Zusammenhang mit dem Zitat aus der Eingangspassage von

De rerum natura. Der im Essay entfaltete Kontext ist nun ein anderer. Es geht nicht mehr um die *Venus maritale*, sondern um das Verhältnis von Erotik und Gewalt. Das von Montaigne ausführlich diskutierte Beispiel ist die provozierende Untreue der männerverschlingenden Messalina und die rätselhafte Reaktion ihres Ehemannes Claudius, der zunächst alle Zumutungen der *cornardise* stumm erträgt, aber schließlich mit unvermittelter Gewalt und tödlicher Konsequenz reagiert, indem er Messalina und ihr Gefolge hinrichten lässt. Vom Beispiel einer *extreme souffrance*, die sich oft in *vengeances plus aspres* (E, S. 915) entlädt, wechselt Montaigne unvermittelt zurück zur erotischen Poesie. Der Ehebrecherin Messalina stellt er die Ehebrecherin Venus gegenüber, Vergil, dem Dichter der *Venus maritale*, Lukrez, den Dichter der *jouyssance desrobée*: „Ce que Virgile dit de Venus et de Vulcan, Lucrece l'avoit dict plus sortablement [...] d'elle et de Mars" (E, S. 915). Vergil hat sein poetisches Ingenium auf das Unwahrscheinliche gerichtet, die Koinzidenz von Eros und Ehe. Lukrez, der, wie Montaigne meint, die *Venus promiscua* empfiehlt, geht in eroticis angemessener, mehr den Gegebenheiten der Geschlechterbeziehungen entsprechend, vor. Das leidenschaftliche Ehebruchsszenario, das er am Anfang seines Lehrgedichts entwirft, repräsentiert die Realitäten erotischer Erfahrung zutreffender als Vergils Feier ehelicher Erfüllung. Montaigne thematisiert seinen manipulativen Eingriff am Text der *Aeneis* nicht, aber die Differenz zu dem Lukrezzitat ist durchaus rekonstruierbar. Der Essay stellt eine montierte, der ehelichen Venus gewidmete Verssequenz neben eine nur um einen Vers gekürzte, ansonsten in ihrer Kontinuität zitierte Feier des transgressiven Eros von Venus und Mars. Man weiß, dass Montaigne diese mythische Geschichte von Venus und Mars, ein klassisches Paradigma erotischer Erfüllung, fasziniert hat, er hat sich die Szene für sein *cabinet* im Turm malen lassen. Indes sind die lebensweltlichen Institutionen und die Wahrscheinlichkeit der ihnen zugeordneten Verhaltensweisen die eine Seite, die Intensität des poetischen Textes die andere. Denn letztere ist keineswegs das Abbild von jenen. Als Paradigmen einer erotischen Poesie sui generis vermitteln Lukrez und Vergil dem Leser eine imaginäre Erfahrung, die den Rahmen der sozialen Wirklichkeit und ihrer erotischen Rituale sprengt.

Was die poetische Wirkung angeht, so konvergieren die beiden epischen Texte. Zwar hebt Montaigne die historische Vorgängigkeit von Lukrez auch im Essay hervor.[86] Aber er liest die erotischen Passagen der *Aeneis* und von *De rerum natura* nebeneinander, in der Simultaneität einer Lektüre, die beide Textpassagen präsent hält. Wenn er das Sprachmaterial der Texte verarbeitet,

86 Zum Verhältnis von Lukrez und Vergil im Kontext der lateinischen Literatur vgl. Philip Hardie, *Lucretian Receptions: History, the Sublime, Knowledge*, Cambridge 2009.

‚wiederkäut' (*je rumine*), so geht die Liste der im Essay notierten Wortkörper von Lukrez aus und greift dann zurück auf Vergil, bis hin zur Verwischung der Zugehörigkeit der notierten Verben. Die Beschreibung der Sprachqualität und der Wirkung der Autoren fasst sie zu einer Einheit zusammen. Das zentrale Merkmal der *bonnes gens* Lukrez und Vergil ist eine Fülle oder *copia*, ihre Sprache ist *tout plein*. Das Kriterium der Fülle impliziert in erster Linie, dass das Verhältnis von *res* und *verba* zugunsten der Sache asymmetrisiert ist, denn diese ist von der *gaillardise de l'imagination* (E, S. 916) erfüllt. Die sprachliche Intensität der beiden Autoren ist von einer durchgängigen *vigueur naturelle et constante* geprägt:

> Ils sont tout epigramme: non la queue seulement, mais la teste, l'estomach, et les pieds. Il n'y a rien d'efforcé, rien de trainant: tout y marche d'une pareille teneur. (E, S. 915f.)

Ganz Epigramm – in der Beschreibung der poetischen Dichte literalisiert Montaigne die Körpermetaphorik der Metrik, die Versfüße (*pedes*) werden wieder in die Einheit eines lebendigen Organismus zurückübersetzt. Der erotische Vers ist ein homogener Körper, der männlich konnotiert ist.[87] Die entscheidende Wirkungsdifferenz der erotischen Poesie von Lukrez und Vergil, welche ihre exzeptionelle Position markiert, betrifft den Gegensatz von Gefallen und Überwältigung. Die erotische, alle Gattungsdifferenzen überschreitende Diktion der für den modernen Leser erotischen Dichter der Antike ist keine „eloquence molle, et seulement sans offence: elle est nerveuse et solide, qui ne plaist pas tant, comme elle remplit et ravit: et ravit le plus, les plus forts esprits." (E, S. 916) *Ravir* (von lat. *rapere*, mit sich reißen, entführen, berauben) kann sowohl weg- wie hinreißen bedeuten, in jedem Fall wird der Leser aus seinem Habitus herausgerissen, die normalen Reaktionsmuster seiner Vermögen greifen nicht mehr. Und die Instanz dieser Gewalt ist ein kompakter poetischer Körper. Nicht zufällig evoziert Montaigne Lukrez in einem Kontext der Gewalt (Messalina und Claudius) und des Normbruchs (Venus und Mars). Und auch die Wirkung der Verse Vergils, die mehr als zwanzig Seiten vorher zitiert worden waren, wird erst an dieser Stelle thematisiert. So spielt im Blick auf die beiden Autoren das Phantasma einer kompakten Körperlichkeit der Sprache und des Textes, die den Leser mitreißt, eine zentrale Rolle. Die poetische Sprache der großen Dichter meint mehr als sie sagt, sie überwältigt den Leser und gibt der Erotik eine Intensität, die sie in der Wirklichkeit der Erfahrung nicht zu haben pflegt.

87 Mit einem Zitat aus dem 23. Luciliusbrief Senecas heißt es: „Contextus totus virilis est."

Die erotische Poesie von Lukrez und Vergil ist eine Kunst des indirekten Zeigens, weil sie den Wörtern mehr Gehalt zumutet, als sie von sich aus sagen, und damit die Einbildungskraft mobilisiert. Sie benennt nicht, sie figuriert, was sich der Benennung entzieht. Das unterscheidet sie von der Direktheit eines Martial, der Venus so viel entblößen mag, wie er will, ohne doch jemals die Fülle und Intensität der erotischen Poesie, von der in *Sur des vers de Virgile* die Rede ist, zu erreichen.[88] Wer alles sagt, erzeugt nur Überdruss. Wer, wie Lukrez und Vergil, im Benennen ein Unbenanntes aufscheinen lässt, vermag eine in der Lebenswirklichkeit verborgene Wirklichkeit zu enthüllen:

> Les vers de ces deux Poëtes, traictans ainsi reservément et discrettement de la lascivité, comme ils font, me semblent la descouvrir et esclairer de plus près. (E, S. 923)

Die poetische Energie ihrer Texte entfaltet sich in einer Sprache rhetorischer Zurückhaltung, die Autoren praktizieren eine Kunst der Andeutung, die gerade durch ihre ‚Diskretion' die Einbildungskraft des Lesers mobilisiert. Der Ausdruck hat hier offenbar sowohl die moderne Bedeutung der taktvollen Zurückhaltung wie die alte Bedeutung der Unterscheidung. So kann poetische Virtuosität zur *belle route à l'imagination* (E, S. 923) werden, weil sie durch Indirektheit die Einbildungskraft mobilisiert und durch die Differenz der Unterscheidung die imaginäre Realisierung dirigiert.

Um bei aller sprachlichen Virtuosität der Texte den Vorrang der in der Vorstellung zu produzierenden *res* zu unterstreichen, beruft sich Montaigne auf Plutarch, der für ihn die Fülle des Worts in seinem biographischen und moralistischen Prosawerk wie kein anderer praktiziert. Er greift auf ein signifikantes biographisches Detail zurück, welches Plutarchs eigene Erfahrung betrifft. Der Grieche Plutarch habe über das Lateinische, das er erst als Erwachsener lernte, gesagt, „qu'il veid le langage Latin par les choses." (E, S. 916) So sei ihm die fremde Sprache über die Dinge zugänglich geworden, er konnte die Sprache über die Dinge sehen und erfahren. Was Montaigne allerdings nicht sagt: Plutarch waren die Dinge bereits vertraut, mit deren Hilfe er die Sprache lernte. Es geht in der Episode des Sprachenlernens gerade nicht um die im Blick auf Lukrez und Vergil verhandelte Erschließung oder Erzeugung der gemeinten Sache durch poetische Indirektheit.[89] Montaigne zitiert Plutarch gegen den Strich,

---

88 Vgl. E, S. 923: „Que Martial retrousse Venus à sa poste, il n'arrive pas à la faire paroistre si entiere. Celuy qui dit tout, il nous saoule et nous desgouste."

89 Plutarch berichtet in seiner Demosthenesvita, wie er, der Bürger einer griechischen Kleinstadt (Cheironeia), in Italien, vor allem in Rom, in fortgeschrittenem Alter mit dem

weil es ihm um die antirhetorische Markierung des Verhältnisses von *res* und *verba* geht. In der Metaphorik des Organischen, des lebendigen Körpers, mit der *Sur des vers de Virgile* im Blick auf das Konzept erotischer Poesie operiert, geht die Bewegung von der Bedeutung (den *res*) zu den Wörtern (*verba*), wie in Plutarchs kleiner Geschichte seines Sprachenlernens. Nur deshalb kann in der Poesie das Wortmaterial zum Antrieb für den Leser werden, über das Gesagte hinauszugehen:

> [...] le sens esclaire et produit les parolles: non plus de vent, ains de chair et d'os. Elles signifient, plus qu'elles ne disent. (E, S. 916)

So können Wörter aus Fleisch und Knochen entstehen, die mehr bedeuten, als sie sagen.

Unter der Hand hat sich damit allerdings der Fokus der essayistischen Rede geöffnet. Ausgehend von dem speziellen Fall der erotischen Poesie erweitert sich der Blick auf die *energie* der poetischen Sprache insgesamt. Was Lukrez und Vergil dem Leser vermitteln, ist eine entzogene, verborgene Wirklichkeit, die sie nicht benennen, sondern figurieren und das heißt der Einbildungskraft entdecken lassen. Diese Leistung der Sprache bedeutet für Montaigne die Herstellung einer genuin poetischen Relation von *res* und *verba*. In der Alltagssprache, den disziplinären Sondersprachen, aber auch in literarischen Genera wird die poetische Energie der Sprache hingegen meist verfehlt, von den Autoritäten des Wissens ohnehin, aber auch von den Dichtern und Literaten, die einer rhetorischen Konventionalität verpflichtet sind.

Die Sprachen des Wissens zielen zwar auf einen höheren Sinn, pflegen aber die Verankerung in der Erfahrung zu vernachlässigen, welche die poetische Sprache zum Antrieb ihrer Überschreitung nimmt. Montaigne erwähnt Aristoteles und den Neuplatoniker Marsilio Ficino, zwei höchst unterschiedliche Philosophen, denen doch gemeinsam ist, dass in ihrer Sprache die Erfahrung keinen Halt findet.[90] Bei der Lektüre des Aristoteles vermöge er die meisten

Lateinischen vertraut wurde. Es habe ihm die Muße gefehlt „d'étudier et de m'exerciter en la langue latine, tant par l'occupation des affaires que j'avais lors en main, que pour ceux qui me hantaient pour apprendre de moi la philosophie." So greift er zu lateinischen Büchern, mit einem überraschenden Ergebnis: „[...] il m'est advenu une chose étrange, mais véritable néanmoins, c'est que je n'ai pas tant appris ni tant entendu les choses par les paroles, comme par quelque usage et connaissance des choses je suis venu à entendre aucunement les paroles." (*Vies*, II, S. 709)

90 Neben Ficino wird auch noch Leon Hebraeus erwähnt, ein weiterer Neuplatoniker, der durch seine *Dialoghi di amore* als Liebestheoretiker bekannt ist, ebenso wie Ficino, der Autor des epochemachenden *Commentarium in convivium Platonis de amore*.

seiner *mouvemens ordinaires* (E, S. 917) nicht zu erkennen. Genauso würde es seinem in Liebesdingen durchaus erfahrenen Pagen ergehen: Wollte man ihm die Schriften der Neuplatoniker vorlesen, könnte er seine eigenen Gedanken, Empfindungen und Handlungen nicht mehr verstehen: „[...] on parle de luy, de ses pensées, et de ses actions, et si n'y entend rien." (E, S. 917) Die Philosophie und die Wissenschaften (*sciences*) handeln zwar von den Dingen, aber „d'une mode artificielle, et differente à la commune et naturelle." (E, S. 917) Die Autoren des Wissens zielen auf eine andere, höhere Wirklichkeit, aber die Sprache, die sie verwenden, schneidet ihre Leser von deren Erfahrbarkeit ab, weil sich die Autoren nicht auf die erfahrungsgesättigte Sprache des Alltags (*l'ordinaire*), die zur Figuration des Ungesagten taugt, einlassen.[91]

Andererseits verfehlt die Literatur seiner eigenen Zeit, wie Montaigne immerhin andeutet, den hohen Gegenstand, von dem sie mit großem Aufwand rhetorischer Mittel handelt. Der Essay hat vor allem die *escrivains François de ce siecle* im Visier, aber es fallen auch die Namen italienischer Dichter wie Pietro Bembo und Mario Equicola, beides prominente Vertreter der Liebesdichtung, der Petrarkist Bembo ebenso wie der Autor des *Libro de natura de amore*. In der Literatur, so Montaignes Befund, herrscht eine *miserable affectation d'estrangeté* (E, S. 916), man praktiziert *desguisements froids et absurdes* (E, S. 916) und man gefällt sich allzu sehr in der substanzlosen *nouvelleté*. Der Manierismus der Sprache, so könnte man übersetzen, schiebt sich vor die Dinge und verdunkelt sie. So geht verloren, was Lukrez und Vergil besitzen, die Intensität der Wirkung, *l'efficace* (E, S. 917), die von der geläufigen Sprache und ihren Bedeutungen ausgeht, um über sie hinauszuführen. Die rhetorisch virtuose Literatur der Zeit invertiert demgegenüber den Vorrang der *res* gegenüber den *verba*, sie setzt auf das *nouveau mot*, und verspielt damit jene Energie, die Montaigne in dem Adjektiv *nerveux* anzeigt.

Terminologisch und metaphorisch bewegt sich Montaignes *Sur des vers de Virgile*, wenn er die poetische Energie von *De rerum natura* feiert, durchaus im Umkreis der französischen Renaissancepoetiken. Vor allem Joachim Du Bellays *Deffence et illustration de la langue françoise* und Pierre Ronsards *Art poétique françois* haben Spuren hinterlassen. Dazu gehört zum Beispiel die Verwendung der poetologischen Metaphoriken der Jagd und des Krieges, aber auch die in der Poetik der Pléiade zentrale Konzeptualität der Nachahmung und ihrer intertextuellen Konsequenzen im Rekurs auf fremde Redeformen,

91 Montaigne ist zwar nicht strikt für die Orientierung am Sprachgebrauch, wohl aber für die Ausnützung seiner Bedeutungsressourcen: „En nostre langage je trouve assez d'estoffe, mais un peu faute de façon." (E, S. 917)

poetische Gattungen und kanonische Autoren.[92] Aber Montaigne hält Distanz zur poetischen Praxis seiner Zeit, wenn es um die Frage der *energie* des Wortes geht. Für die Poesie der Figuration und des Imaginären stehen in dem Essay Lukrez und Vergil ein. Die Sprache von *De rerum natura*, wie die der *Aeneis*, verbindet, wie die extensiven Zitate zeigen sollen, die Kraft der *invention* und der *discretion*, des Findens und des Erfindens ebenso wie der Unterscheidung und der Indirektheit. In der Mobilisierung der Einbildungskraft des Lesers lassen sie eine *matiere* imaginäre Wirklichkeit werden, die jeder Leser aus seiner Erfahrungswirklichkeit kennt, aber doch nie in der Intensität, die sie im poetischen Text gewinnt. So wird das heterodoxe Werk des Epikureers Lukrez für Montaigne, nachdem er sich in der *Apologie* mit seinen philosophischen Ansprüchen auseinandergesetzt hat, in *Sur des vers de Virgile* als poetisches Werk zum Paradigma imaginärer Welterschließung.

92 Vgl. E, S. 917: „Et les formes de parler, comme les herbes, s'amendent et fortifient en les transplantant." – Du Bellay hatte das Thema vor allem im achten Kapitel des ersten Buchs der *Deffence*: *D'amplifier la langue françoyse par l'immitation des anciens aueurs grecz et romains* diskutiert.

KAPITEL VIII

C'est mon homme que Plutarque: die Welten der Urteilskraft

je me recrée à lire le sieur de Montaigne dont je suis plein, c'est là mon homme.

GUSTAVE FLAUBERT

1 Amyot und Plutarch: Gespräch und Nachahmung

In dem kurzen Essay *À demain les affaires* (II, 4), dessen Titel auf ein griechisches Sprichwort zurückgeht, das dem thebanischen Tyrannen Archias zugeschrieben, später auch von Plutarch berichtet wird und in lateinischer Form als *In crastinum differo res severas* seit Cornelius Nepos geläufig ist, kommt Montaigne auf Jacques Amyot zu sprechen, den er rühmt, weil er ein „livre si digne et si à propos" (E, S. 382), die Werke Plutarchs eben, gewählt habe, um sie zu übersetzen und sie damit seinem des Griechischen weitgehend unkundigen Land zum Geschenk zu machen, „pour en faire present à son païs" (E, S. 382).[1]

Jacques Amyot, 1513 in Melun geboren und 1593 gestorben – er ist zwanzig Jahre älter als Montaigne, der ihn auch persönlich kannte[2], und hat ihn um ein Jahr überlebt – war ein französischer Kleriker, seit 1571 Bischof von Auxerre. Vorher lehrte er als Professor für die alten Sprachen in Bourges, später diente er auch als Erzieher der Söhne von Henri II, Charles IX und Henri III. Das Werk Plutarchs studiert Amyot in der Bibliothek des Vatikans, an der Übersetzung

1 Während seines Romaufenthalts wird Montaigne 1581 auch eine Plutarchhandschrift in der Vatikanbibliothek zu Gesicht bekommen: „Le 6 de mars, je fus voir la librairie du Vatican, qui est en cinq ou six salles tout de suite. Il y a un grand nombre de livres attachés sur plusieurs rangs de pupitres; il y en a aussi dans des coffres, qui me furent tous ouverts; force livres escris à la mein, et notamment un Seneque et les Opuscules de Plutarque." (Œ, S. 1221)

2 Montaigne eröffnet den Essay *Divers evenemens de mesme Conseil* (I, 23) mit der Bemerkung: „Jaques Amiot, grand Aumosnier de France, me recita un jour cette histoire à l'honneur d'un Prince des nostres […]" (E, S. 128).

 | DOI 10.30965/9783770563548_009

der Biographien arbeitet er vor allem in den späteren fünfziger Jahren. Sie erscheinen erstmals 1559 und werden dann überarbeitet, die Übersetzung der *Moralia* Plutarchs wird 1572 publiziert. Die Wirkung dieser imposanten, mehrtausendseitigen Übersetzungsleistung ist kaum zu überschätzen, teilweise werden seine Übersetzungen weiter übersetzt, so durch Thomas North ins Englische, Shakespeare wird sich für seine Römerdramen auf diese Quelle ausgiebig stützen.

Montaigne zeichnet den Schriftsteller Amyot in seinem Essay „sur tous noz escrivains François" (E, S. 382) aus, und zwar aus zwei Gründen: zum einen wegen der Qualität seiner Sprache, der „naïfveté und pureté du langage" (E, S. 382), der Ursprünglichkeit und Reinheit des Französischen seiner Übersetzungen mithin; zum anderen, weil es ihm gelungen sei, einen so sperrigen und ‚eisenbeschlagenen' Autor (E, S. 382: „autheur si espineux et ferré") wie Plutarch seinen Intentionen gemäß für das moderne Publikum zur Geltung zu bringen. Amyot habe den griechischen Autor richtig verstanden, er vermittelt dem Leser daher die „imagination vraye de l'autheur" (E, S. 382). Amyot, so scheint es, hat sich als Übersetzer nicht in den Fallstricken jener Übersetzungspraktiken verfangen, die als Interpretationen den fremden Text dem eigenen Verständnishorizont anpassen. Vielmehr hat er mit seinem Autor ‚gesprochen': In der *longue conversation*, die er mit Plutarch führt, entwickelt Amyot eine Konzeption (*generale Idée*), von der man jedenfalls sagen könne, er habe seinem Autor nichts geliehen, was dessen Texten widerspreche (E, S. 382: „qui le desmente, ou qui le desdie"). Es scheint, als habe Amyot für seinen Leser Montaigne in seinen Übersetzungen jene Utopie eines lebendigen Gesprächs mit den Autoren der Antike verwirklicht, das ein prominentes Phantasma der Autoren der Renaissance ausmacht.[3] Die Schriftlichkeit der Übersetzung, die bei Amyot durch den gelehrten Kommentar, aber auch durch theologische Kritik

3 Der locus classicus dieses Imaginären des Gesprächs mit den Autoren der Antike findet sich in einem berühmten Brief Niccolò Machiavellis an Francesco Vettori vom 10.12.1513, in dem Machiavelli über die Entstehung seines *Principe* berichtet. Die abendliche Lektüre der antiken Autoren wird zum Fest lebendiger Kommunikation und damit zu einem Gespräch, in dem jede historische und hermeneutische Distanz getilgt ist: „Venuta la sera, mi ritorno in casa, et entro nel mio scrittoio; et in su l'uscio mi spoglio quella veste cotidiana, piena di fango e di loto, e mi metto panni reali e curiali; e rivestito condecentemente entro nelle antique corti degli antiqui uomini, dove, da loro ricevuto amorevolmente, mi pasco di quel cibo, che solum è mio, e che io nacqui per lui; dove io non mi vergogno parlare con loro, e domandarli della ragione delle loro azioni; e quelli per loro umanità mi rispondono; e non sento per 4 ore di tempo alcuna noia, sdimentico ogni affanno, non temo la povertà, non mi sbigottisce la morte: tutto mi trasferisco in loro." (*Opere di Niccolò Machiavelli*, Bd. 3: *Lettere*, hg. von Franco Gaeta, Turin 1984, S. 426.)

angereichert ist, wird für den Leser Montaigne zur unvergleichlichen Treue gegenüber dem Autor und seiner Intention, wenn sie die Form eines imaginären Gesprächs annimmt. Durch die Übersetzung wird Plutarch, dessen Griechisch Montaigne nicht geläufig ist, zum vertrauten Autor, der ihm schließlich näher sein wird als alle anderen Autoren, auch die, die er im Original, in ihrer eigenen Sprache, zu lesen vermag. Plutarch wird ihm während der zwanzigjährigen Arbeit an den *Essais* zu einem stets einschlägigen Gesprächspartner, der Montaigne weder die Prätention der Wissenschaft noch die poetische Energie der Dichtung zumutet. Aber diese Nähe hat auch ihre Kehrseite.

Der Essay *Sur des vers de Virgile* exploriert die poetische Energie der antiken Dichtung und ihre Wirkung auf den Leser am Beispiel zweier erotischer Szenen der Venusmythologie, deren imaginäre Wucht für Montaigne die lebensweltliche Wirklichkeit des Erotischen übertreffen. Im Anschluss an seinen Kommentar zur lukrezischen Venus-Mars-Episode, der auch poetologische Konzepte zwischen den Polen des Enthusiasmus und der Nachahmung ins Spiel bringt, kommt Montaigne auf seine eigene *condition singeresse et imitatrice* (E, S. 918) zu sprechen. Diese Neigung, welche die Selbstbeobachtung entdeckt, richtet sich allerdings nicht auf den Höhenkamm der erotischen Poesie, von der die Rede war und deren Wirkung die Urteilskraft des Lesers suspendiert und seine Einbildungskraft mobilisiert. Sie betrifft vielmehr jene Autoren, die, wie Plutarch, Formen des Schreibens praktizieren, in denen sich das eigene Projekt der *Essais* spiegeln lässt. In dieser dialogischen Situation findet Montaignes Schreiben Orientierung. Durch die Lektüre des privilegierten Intertextes gewinnt der Essay Klarheit über sich selbst, ist aber auch der Versuchung der Nachahmung ausgesetzt. Im Kontext von *Sur des vers de Virgile*, in dem es vorrangig um die unerhörte Wirkung der großen, unnachahmlichen Dichtung geht, ist die Neigung zur Nachahmung negativ konnotiert. Das wird durch ein drastisches Beispiel unterstrichen. Montaigne evoziert, nachdem er sich selbst der ‚Nachäffung' bezichtigt hat, das Beispiel der *imitation meurtière* jener furchteinflößenden Riesenaffen, denen ihre Neigung zur Nachahmung (E, S. 919: *inclination à contrefaire*) schließlich zum Verhängnis wird, weil die Jäger, die es auf sie abgesehen haben, durch den vorgespielten Umgang mit Bändern und Klebstoff ihre *complexion singeresse* ausnutzen und die Tiere zur Selbstfesselung verführen.[4] Ihr Nachahmungstrieb stürzt sie ins Verhängnis und gibt Montaigne Anlass zur Selbstkritik als Autor, weil er im Nachhinein eine stärkere Neigung zur Nachahmung konstatieren muss, als ihm während des Schreibens bewusst ist. Und der Intertext, um den es dabei geht, ist das historische und philosophische Werk Plutarchs.

4 E, S. 919: „Ils s'engluoient, s'enchevestroyent et garrotoyent eux mesmes."

Das Ziel, die *fin principale* seines Unterfangens, so Montaigne, ist es, ein Buch zu schreiben, das *exactement mien* (E, S. 918) sei. Allerdings zeigt ihm der Rückblick auf die ersten seiner Essays, dass die Spuren oder der ‚Geruch' des Fremden und der fremden Texte nur allzu gegenwärtig sind: „aucuns puent un peu l'estranger" (E, S. 918). Der Prozess des Schreibens und die Reaktionen der Leser korrigieren diesen Eindruck, die *condition singeresse* wird in der kontinuierlichen Aktivierung der eigenen Vermögen zurückgedrängt. So glaubt Montaigne mittlerweile mit dem Ergebnis zufrieden sein zu können, zumindest wenn er die Reaktion seiner Leser in Rechnung stellt: „J'ay faict ce que j'ai voulu: tout le monde me recognoist en mon livre, et mon livre en moy." (E, S. 918) Der Autor, dem in der Relektüre die Differenz des Eigenen und des Fremden verschwimmt, der im eigenen Text den fremden ‚riecht', will sich nunmehr auch auf das Urteil der Leser verlassen, die ihm versichern, ihn in seinem Text zu erkennen. Immerhin hat Montaigne versucht, durch die Entfernung von den Stätten des Wissens und der Kultur die Identität von Autor und Buch voranzutreiben, er schreibt auf seinem Schloss, *chez moy, en pays sauvage* (E, S. 918). Diese Auskunft ist natürlich hochgradig stilisiert. Das Land, auf dem er lebt, mag, im Vergleich mit der vertrauten Stadt Bordeaux, abgelegen und wild sein, das Schloss mit seiner Bibliothek ist es jedenfalls nicht, in ihr sind die Autoren und ihre Bücher versammelt, das ‚Gespräch' überbrückt den Abstand der Zeiten, die Lektüre und das Schreiben verbinden sich unentwegt. Montaignes Selbstverständnis als Autor eines konsubstantiellen Buches verlangt es allerdings, beim Schreiben die Bücher der Anderen auf Distanz zu halten. Die *souvenance des livres* muss beiseitegeschoben werden, um die eigene Form, *ma forme* (E, S. 917), zwanglos zur Geltung zu bringen. Aber der Leser Montaigne, der die disziplinären und generischen Ordnungen der Bücherwelt überschreitet, hat die Erfahrung gemacht, dass die Nähe und Ferne der Bücher eine Vielzahl von Abstufungen und Übergänge kennt, die sich nicht in der Polarität von Nachahmung und Konsubstantialität erschöpft. Zwischen den Texten des Wissens, zu denen er jederzeit auf Distanz zu gehen in der Lage ist, und den Überwältigungserfahrungen der Poesie, in denen sich die Souveränität des Lesers verliert, liegt das in sich selbst vielfältige und differenzierte Werk des Autors, das ihm durch Amyots Übersetzung zugänglich wurde und dessen verstreute Präsenz in den *Essais* die Praktiken intertextueller Bezüge ausschöpft. Sie umfassen das Zitat, die Erwähnung des Namens, Anspielungen und Paraphrasen, auch den Kommentar. Und gelegentlich, wie am Ende der *Apologie*, gehen sie bis zur fast wörtlichen Wiederholung längerer Passagen des (übersetzten) Texts. Im Umgang mit dem Werk Plutarchs konkretisiert sich für Montaigne die Rede vom konsubstantiellen Buch des Selbst. Sie umfasst zum einen die Aktivierung der Vorstellung und des Urteils des Lesers im Umgang mit einem Autor, der in seinen historischen Erzählungen und philosophischen Dialogen die eigenen Vermögen anschaulich vorführt, sie greift zum anderen auf das essayistische Textspiel aus, das Montaigne zum Autor des konsubstantiellen Buchs durch die Umschreibung seiner Prätexte werden lässt.

Montaigne trägt seine Verpflichtung gegenüber Plutarch gelegentlich ostentativ vor. Anders als im Falle von Lukrez verschweigt er den Namen nicht, er fällt fast einhundert Mal in den *Essais*, auch, im Verein mit Seneca, im Titel des Essays *Deffence de Seneque et de Plutarque* (II, 32). Indes macht die Anzahl intertextueller Bezugnahmen, die sich zwischen den biographischen Exempla und den philosophischen Dialogpositionen ausspannen, ein Mehrfaches aus.[5] Plutarch ist ein Autor, so hat es den Anschein, den Montaigne schon deshalb nicht vermeiden kann, weil er sich in die Schreibbewegung der *Essais* geradezu drängt, auch dann, wenn er nicht gesucht wird. Diese Situation, welche die *condition singeresse* des Lesers mobilisiert, kann indes auch ethisch positiviert werden: Plutarch wird dann zu einem Autor, dem Montaigne die Großzügigkeit zuschreibt, die Fülle seiner Gaben freigebig zu schenken. Die Unvermeidlichkeit des Intertexts wird damit zum Zeichen auktorialer Generosität. Plutarchs Werke sind für seinen Leser Montaigne nicht nur ein Thesaurus des Wissens und der Formen. Vielmehr entsteht in der Lektüre ein auktoriales Gegenüber, das selbstlos seinen Reichtum verschenkt. Diese Einheit von werkhafter Fülle und auktorialer Selbstverschenkung macht seine Lektüre für den Leser Montaigne unvergleichlich:

> [...] je me puis plus malaisément deffaire de Plutarque: il est si universel et si plain, qu'à toutes occasions, et quelque suject extravagant que vous ayez pris, il s'ingere à vostre besongne, et vous tend une main liberale et inespuisable de richesse, et d'embellissemens. (E, S. 918)

Plutarchs Werk ist zu allem tauglich und für alle Zwecke verwendbar, der Autor ist ‚universal', er drängt sich zu jedem Thema auf.[6] Aber die Vielfalt des Werks ist auch die Gabe eines Autors an seinen Leser, der im Falle Montaignes selbst zum Autor wird. Plutarch tritt mit dem privilegierten Leser wie mit seinem Übersetzer in ein Gespräch ein, er lässt ihn an der Fülle seiner Wörter und Dinge teilhaben, die er ihm ohne Gegengabe überlässt. Und wenn der Leser

---

5 Einen extensiven Überblick über die Plutarchreferenzen der *Essais* gibt Isabelle Konstantinovic, *Montaigne et Plutarque*, Genf 1989. Demnach bezieht sich Montaigne 459 mal auf die *Moralia*, 293 mal auf die *Bioi* (vgl. ebd., S. 28ff.).

6 Das führt andererseits zur Plünderung durch die, welche die Generosität des Autors nicht sehen: „Il m'en fait despit, d'estre si fort exposé au pillage de ceux qui le hantent." (E, S. 918)

diese Gabe sich zu Eigen macht, dann wird sie ihm zur substantiellen Nahrung. Ich kann keinen Umgang mit Plutarch haben, sagt Montaigne selbst, ohne dass die Lektüre zur imaginären Mahlzeit würde, stets nehme ich einen Schenkel oder Flügel, „cuisse ou aile" (E, S. 918), zu mir, den mir der Autor Plutarch mit seinen Werken zubereitet hat.

2 Nachschreiben: Menschen und Götter

In dem Dialog *Über das Ei zu Delphi*, den Montaigne am Ende der *Apologie de Raimond de Sebonde* ausführlich zitiert, handelt Plutarch, der seit 95 nach Christus auch als Apollopriester in Delphi tätig ist und daher als ein ausgewiesener Experte für die religiösen Rituale des Ortes gelten kann, vom Sinn einer Tempelinschrift. Es geht um die Anrede ‚Du bist', ihre Bedeutung für den Apollokult und den Sinn ihrer Verwendung. Man kennt die prominenten, vielfach kommentierten Formeln: „Wie viele philosophische Untersuchungen haben nicht die bekannten Inschriften: *Kenne dich selbst*, und: *Nichts zu viel* veranlasst, welche Mengen von Schriften sind aus einer jeder derselben, wie aus einem Samenkorn hervorgegangen!" (*Moralia*, I, S. 668) Die Frage nach der Bedeutung des *Ei*, die Plutarch nun zu beantworten gedenke, stehe den zitierten Inschriften an Fruchtbarkeit nicht nach, seine Auslegung ist bislang kontrovers, der Sinn rätselhaft.

Amyot hat seine Übersetzung (der Titel lautet: *Que signifioit le mot E'i, qui estoit engravé sur les portes du temple d'Apollo en la ville de Delphes*), wie es sein übliches Verfahren bei den *Œuvres morales* Plutarchs ist, mit einer einleitenden Zusammenfassung (*sommaire*) und mit fortlaufenden Randkommentaren versehen. Der Dialog hat es mit einer religiösen Praxis der antiken Welt zu tun und der spätere Bischof von Auxerre sieht sich angesichts der von Plutarch beschriebenen Relation des Gläubigen und des Gottes zu einem energischen Einspruch veranlasst, welcher die Autorität der christlichen Theologie ins Spiel bringt. Bereits am Anfang des Kommentars zu dem Dialog ist von der *fureur des mauvais esprits & mauvais Anges* (*Œuvres morales*, I, S. 1121) die Rede und es stellt sich schnell heraus, dass der delphische Kult des Apollo dafür ein eklatantes Beispiel ist:

> […] s'il y a endroit de la terre habitee où Satan ait fait preuue de sa rage cõtre Dieu & les hommes, c'est la Grece, sur tout au temple renommé de Delphes, qui a esté comme le siege dans lequel ce malheureux ennemi a receu les hommages d'une infinité de gens de toutes qualitez sous

couleur de resoudre leurs questions. Là donques specialement il a osé s'attribuer le nom de Dieu [...]. (*Œuvres morales*, I, S. 1122)

Das theologische Verdikt ist eindeutig: Der delphische Apollo ist nichts anderes als eine Impersonation Satans. Amyot zögert nicht, die Gleichung: „Apollon (qui est le diable)" (*Œuvres morales*, I, S. 1124)[7] aufzustellen. An einem Ort, wo die Vernunft des Menschen ihre theoretischen und praktischen Spielräume auslotet, gelingt es dem Teufel, sich selbst als Gott verehren zu lassen. Die Kulmination dieser Kühnheit gewärtigt Amyot in der *impudence desesperee* der Inschrift *Ei*. Indem er sich so anreden lasse, beanspruche Apollo nämlich den Platz dessen, dem allein das Prädikat des wahren Seins zukomme, weil er ewig sei und alle anderen Wesen ihm ihre Existenz verdankten, „l'Eternel qui seul Est, & donne estre à toutes choses." (*Œuvres morales*, I, S. 1122) Für den christlichen Leser wird damit die satanische Qualität Apolls eklatant sichtbar.

Amyots Präsentation rekapituliert knapp die im Dialog vertretenen Interpretationen der Inschrift, so wird beispielsweise die Ansicht des Mathematikers Eustrophus, es handle sich um die symbolische Verbindung der Zahl Fünf mit der Vollkommenheit Apollos, referiert. Am Ende aber tritt die Ansicht des Ammonius, jenes platonischen Philosophen, der auch der Lehrer Plutarchs war, ins Zentrum des Interesses. Er ist es, der die ontologische Interpretation der Inschrift vorträgt, er behaupte nämlich, so Amyot „qu'Apollo a voulu enseigner par ce mot comment les pelerins le deuoyent saluer & apeller, sauoir est en lui disant, E'i, tu es" (*Œuvres morales*, I, S. 1123). Während die notorische Aufforderung *(Er-)kenne dich selbst* den Pilger zur Selbsterforschung mahnt, stellt die Formel *Du bist* eine Instruktion dar, wie der Gott Apollo anzusprechen sei. Was für den Theologen Amyot ein Zeichen der List des Teufels ist, sich die Prädikate des Schöpfergottes anzueignen, ist für den Platoniker Ammonius der angemessene Ausdruck der Göttlichkeit Apolls. Der Übersetzer Amyot, der als Theologe die Situation gänzlich anders einschätzt, liefert eine prägnante Version des Arguments:

> [...] mon auis est, que ceste escriture ne signifie ni nombre, ni ordre, ni conionction, ni autre particule d'oraison defectueuse quelconque, ains est vne entiere salutation & apellation du Dieu, laquelle en prononçant les paroles induit le lecteur à penser la grandeur de la puissance d'icelui, lequel semble saluer chacun de nous, quand nous entrons par ces

7 Delphi zeige die *furie* der *sagesse humaine*, die *espesses tenebres*, in denen diejenigen gefangen sind, welche nur auf den *discours de leur raison* hören, statt die Geheimnisse Gottes (*adorer les secrets de Dieu*) anzubeten (*Œuvres morales*, I, S. 1124).

> paroles, Conoi toi-mesme: qui ne signifient rien moins que, Dieu te gard: & nous lui rendans la pareille, respondons, E'i, c'est à dire, Tu es: en lui baillant la vraye & nullement fausse apellation, & titre qui à lui seul apartient, d'estre. (*Œuvres morales*, I, S. 1137)[8]

Es geht, wie man sieht, um ein Grußritual, die kanonischen Formeln drücken für den Platoniker Plutarch die ontologische Differenz von Mensch und Gott aus. Indem Apoll den Menschen zur Selbsterkenntnis ermahnt, erinnert er ihn zugleich an die Hinfälligkeit seines Wesens, indem der Mensch Apoll mit dem Seinsprädikat antwortet, anerkennt er dessen göttliche Natur. Die Diagnose, die Ammonius dem Menschen im Anschluss an die Explikation des Grußrituals stellt, spricht ihm ab, an dem göttlichen Sein zu partizipieren.[9] Die Formeln des Rituals anerkennen eine essentielle Seinsdifferenz von Gott und Mensch. Die sterbliche Natur sei, so Ammonius, nur Erscheinung und in ihrem Wissen über sich selbst schwankend und unsicher:

> [...] nous n'auons aucune participatiõ du vrai estre, pour ce que toute humaine nature est tousjours au milieu, entre le naistre & le mourir, ne baillant de soy qu'vne obscure aparence & ombre, & vne incertaine & debile opinion [...]. (*Œuvres morales*, I, S. 1137)[10]

---

8 Vgl. *Moralia*, I, S. 677: „Ich glaube daher, dass der Buchstabe E weder eine Zahl, noch einen Rang, noch ein Verbindungswort, noch andere ausgelassene Redetheile anzeigt, sondern er ist eine für sich selbst bestehende Anrede an den Gott und eine Begrüßung, welche dem, der sie ausspricht, in dem Worte selbst eine Vorstellung von der Macht des Gottes gibt. Denn der Gott begrüßt gleichsam einen Jeden von uns, der sich ihm hier naht, mit dem Worte: *Kenne dich selbst*; was doch gewiss um nichts schlechter ist als: *Sey gegrüßt*. Wir erwidern darauf der Gottheit mit den Worten: Ei, und bringen ihr damit den Gruß des *Seyns*, als den wahren, untrüglichen und allein ihr zukommenden."

9 Die Rede des Ammonius, zugleich das Ende des plutarchischen Dialogs, konstatiert noch einmal die Differenz der beiden Inschriften: „Au demeurant il semble, que ce mot E'i, est aucunement contraire à ce precepte, Conoi toi-mesme, & en quelque chose aussi accordant & conuenable: car l'vne est parole d'admiration & d'adoration enuers Dieu, comme estant Eternel, & tousjours en estre: & l'autre est vn auertissement & vn recors à l'homme mortel, de l'imbecillité & debilité de sa nature." (*Œuvres morales*, I, S. 1142) (Vgl. *Moralia*, I, S. 681: „Uebrigens scheint dem Ei das *Kenne dich selbst* in gewisser Hinsicht zu widersprechen und wiederum mit ihm übereinzustimmen. Denn mit jenem Ausruf ist ein Erstaunen und eine Verehrung gegen den Gott, der von Ewigkeit ist, verbunden, dieses aber für das Sterbliche eine Erinnerung an die Schwäche seiner Natur.")

10 Vgl. *Moralia*, I, S. 677: „[...] wir haben eigentlich gar keinen Antheil an diesem Seyn, sondern eine jede sterbliche Natur, indem sie zwischen Entstehung und Untergang in der

Dieser Satz findet sich mit minimalen, aber signifikanten Änderungen auf den letzten Seiten der *Apologie de Raimond de Sebonde*, nur der Anfang ist leicht verändert: „Nous n'avons aucune communication à l'estre" (E, S. 639) heißt es bei Montaigne in dem langen Zitat der Rede des Ammonius. An die Stelle des ‚wahren' Seins tritt das prädikatslose Sein, an die Stelle der Teilhabe (*participation*), der platonischen *methexis* (lat. *participatio*), tritt die Mitteilungsbeziehung (*communication*), die ontologische Differenz ist stillschweigend durch ein Kommunikationsdefizit ersetzt. Montaigne wird erst drei Seiten später erkennen lassen, dass sich die *Apologie* auf die *conclusion si religieuse* eines *homme payen* (E, S. 642) stützt, aber weder Plutarch noch Ammonius werden namentlich genannt. Montaignes an Amyots Übersetzung angelehnte Wiederschreibung der Rede des Ammonius zeigt zunächst an keiner Stelle an, dass sie fremde Rede ist, der Leser kann nicht umhin, das Urteil über die menschliche Natur, das in der *Apologie* die epistemologische Differenz der epikureischen und pyrrhonistischen Positionen beendet, dem Autor der *Essais* zuzuschreiben. Und er tut es keineswegs zu Unrecht, er folgt der von Montaigne durch Verschweigen und Umschreiben gelegten Spur. Denn wenn auch die intertextuelle Beziehung, das Nachschreiben des plutarchischen Dialogs, unsichtbar bleibt, so ist doch unübersehbar, dass Montaignes minimale Änderungen der ontologischen Hierarchie des Platonismus den Boden entziehen und die Differenz von Mensch und Gott auf jenes epistemologische Feld beziehen, das die *Apologie* unmittelbar vorher in der pyrrhonistisch inspirierten Kritik des epikureischen Privilegs der Sinneserkenntnis beschritten hatte. Anders gesagt: Montaigne löscht die plutarchische Hierarchie der im delphischen Grußritual angezeigten vertikalen Differenz von Gott und Mensch. Die Opposition von Erkennen und Sein wird nunmehr zur Diagnose der unterbrochenen Kommunikation mit der unerreichbaren Instanz Gottes.

Die *Apologie de Raimond de Sebonde* annonciert durch ihren Titel eine Auseinandersetzung mit der natürlichen Theologie, mehr noch: ihre Verteidigung. An ihrem Ende steht die Konklusion des plutarchischen Dialogs, die ontologisch begründete Exposition des Ammonius, welche das Grußritual der delphischen Begegnung von Mensch und Gott expliziert. Montaignes Nachschreibung braucht nur einige Auslassungen und Deformationen, um den Text Plutarchs zu seinem eigenen machen zu können. Seine Transformation steht im Zeichen einer Fortführung der lukrezischen Vernunftkritik, die Montaigne nun auf jenes Vermögen bezieht, das bei ihm das Organon seines essayistischen Umgangs mit Realitäts- und Geltungsansprüchen darstellt, die Urteilskraft:

Mitte liegt, zeigt blos eine Erscheinung und ein schwaches und unsicheres Wähnen von sich selbst [...]".

> Finalement, il n'y a aucune constante existence, ny de nostre estre, ny de celuy des objects: Et nous, et nostre jugement, et toutes choses mortelles, vont coulant et roulant sans cesse. Ainsin il ne se peut establir rien de certain de l'un à l'autre, et le jugeant, et le jugé, estans en continuelle mutation et branle. (E, S. 639)

Ausgangspunkt der Beobachtung ist die Welt, welche die Renaissance die sublunarische nennt, die Welt der endlichen, vergänglichen Dinge. Wenn aber schon auf die Sinne und ihre Illusion der Welthaftigkeit kein Verlass ist, so greift diese Unsicherheit schließlich auch auf die Urteilskraft aus. Sie ist wie die Dinge in steter Bewegung, ebenso unstet wie das, worüber sie urteilt, und zugleich bleibt ihr der Grund ihrer Veränderung entzogen. Indem Montaigne die Rede des Ammonius nachschreibt, bringt er den Bezug zu einer göttlichen Instanz wieder ins Spiel, von dem die *Apologie* in der Berufung auf die natürliche Theologie ausgegangen war. Er tut es allerdings, indem er einen Autor zur Sprache kommen lässt, der nach dem Urteil des Übersetzers, dessen Übersetzung er rühmt und zitiert, nicht von Gott, sondern vom Teufel handelt.

Montaigne folgt den Einlassungen des Ammonius, so lange sie die Topoi der Instabilität und Vergänglichkeit der menschlichen Welt durchspielen und sich damit von ihrem eigentlichen Thema der Explikation einer rätselhaften delphischen Inschrift entfernen. Die einschlägige, im Folgenden an einzelnen Wirklichkeitsbereichen illustrierte Grundthese übernimmt Montaigne nahezu wörtlich:

> Ainsi veu que toutes choses sont subjectes à passer d'un changement en autre, la raison qui y cherche une reelle subsistance, se trouve deceue, ne pouvant rien apprehender de subsistant et permanent: par ce que tout ou vient en estre, et n'est pas encore du tout, ou commence à mourir avant qu'il soit nay. (E, S. 639)

Über zwei Seiten schreibt das Ende der *Apologie* die Ammoniusrede des plutarchischen Dialogs nach. Ergänzende kursorische Hinweise auf Plato und Parmenides, Pythagoras, Epicharmos und auch die Stoiker lassen kaum entscheiden, ob Montaigne auf Originaltexte, plutarchische Referate oder thesaurusartige Kompendien zurückgreift. Auch schiebt Montaigne ein direktes Zitat ein, das sich bei Plutarch nicht findet, sondern wiederum aus dem fünften Buch von Lukrez' *De rerum natura* stammt[11] und die Topik der Instabilität variiert, um

11 *Rerum natura*, 5, 828ff.: „Denn das Alter verändert die ganze Natur in dem Weltall, / Da notwendig sich stets ein Zustand reiht an den andern. / Nichts bleibt immer sich gleich:

dann mit dem Nachschreiben der Ammoniusrede fortzufahren. Der Name des Autors Lukrez fällt an dieser Stelle ebenso wenig wie der Plutarchs und seines Sprechers Ammonius – wohl aber der Name dessen, den Ammonius ausgiebig zitiert, Heraklit, und sein berühmtes Diktum, dass nie ein Mensch zwei Mal in den gleichen Fluss gestiegen sei. Es sieht so aus, als wolle die *Apologie* ihre diskursiven Anleihen verschleiern. Wenn Montaigne zwei Mal die Gnomik des Epicharmos zitiert – derjenige, der in der Vergangenheit Geld borgte, schulde es in der Gegenwart nicht mehr, und derjenige, der am Abend zum Essen geladen wurde, sei am Morgen nicht mehr willkommen, beides wegen des schnellen Identitätswechsels der Person –, dann ist damit die Kontinuität der Ammoniusrede unterbrochen, so dass der Leser die anschließenden Erläuterungen zu den Veränderungen der *substance mortelle,* die Plutarchs Ammonius Heraklit zuschreibt, mit Epicharmos in Verbindung bringen kann. Auf die Präzision der Zuschreibung oder Verankerung in einem Sprecher oder Autor kommt es vielleicht auch nicht mehr in erster Linie an. Das Thema der Passage am Ende der *Apologie* ist die Ausfächerung der *mutabilitas*-Thematik und ihre Konfrontation mit der Ewigkeit und Unveränderlichkeit Gottes. Es mag für Montaigne nahegelegen haben, die Instabilität der philosophischen Meinungen durch die Entkopplung von Autornamen und Äußerung in die Bewegung der Veränderlichkeit hineinzuziehen und damit die Behauptung einer substanzhaften Differenz, die sich bei Plutarch findet, zu untergraben.

Aber die mikrostrukturellen Deformationen und Korrekturen, die sich in Montaignes Umgang mit Amyots Plutarchübersetzung erkennen lassen, ändern natürlich nichts an dem Befund, dass das Ende der *Apologie* sich in der Kontinuität von Motiven aus Plutarchs Delphi-Dialog bewegt. So geht es zunächst um die Veränderungen, denen das menschliche Leben zwischen Geburt und Tod, zwischen der *semence humaine* und dem *decrepite vieillard,* ausgesetzt ist, so dass „l'aage et generation subsequente va tousjours deffaisant et gastant la precedente." (E, S. 640) Ammonius thematisiert auch das von Montaigne aufgeworfene Thema der Todesarten im Leben, eben jenes *espece de mort,* das sich in den lebensgeschichtlichen Übergängen und Umbrüchen manifestiert. Anschließend geht es um die Veränderungen der Leidenschaften (*affections, passions*), die dazu führen, dass wir die Dinge der Welt anders als gewöhnlich wahrnehmen und von unseren Sinnen, den *sens de nature,* getäuscht werden. Schließlich wird die Zeit selbst thematisch, jene *chose mobile,* deren *matiere coulante et fluante tousjours* die Bedeutung der Wörter, mit denen wir unsere Gegenwart identifizieren (E, S. 641: *ces mots, present, instant,*

---

es wechselt und wandelt sich alles; / Alles verändert und zwingt die Natur zu steter Verwandlung" (*Omnia commutat natura et vertere cogit.*).

maintenant), aushöhlt. Die Bezeichnungen der Gegenwart versprachlichen unsere *intelligence du temps*, aber die Zeit spaltet sich sofort in Zukunft und Vergangenheit und lässt den illusionären Charakter unserer sprachlichen Zeitordnung sichtbar werden. So bewegt sich Montaignes Leser über gut zwei Seiten im gedanklichen Milieu Plutarchs und im sprachlichen Milieu seines Übersetzers.

Plutarch ist Montaignes Paradigma des generösen Autors. Dazu gehört indes auch, wie das Ende der *Apologie* vorführt, dass er seinem zum Autor mutierten Leser die Freiheit des Umschreibens lässt. Die in der Umstellung von einem Partizipations- zu einem Kommunikationskonzept eingeleitete Transformation, welche die platonische Position neu perspektiviert, wird schließlich in verschärfter Form sichtbar, auch wenn sie Montaigne keineswegs explizit formuliert. Die entscheidende Differenz zwischen dem Ammonius des Plutarch und der *Apologie* bleibt unausgesprochen und wird erst im Vergleich der Texte sichtbar. Sie manifestiert sich an der Stelle, wo das Nachschreiben endet und Montaigne die *conclusion si religieuse* des *homme payen* (E, S. 642), dessen Namen er auch hier nicht nennt, eigens hervorhebt. In Wirklichkeit ist der Ammonius des Plutarch mit seinen Erläuterungen noch nicht am Ende, die Schlussfolgerungen seiner Reflexionen über die Instabilität der irdischen Welt werden in dem Dialog erst noch gezogen und sie betreffen das angemessene Verhalten des Menschen gegenüber Gott, genauer die Frage, warum das delphische *Ei*, das Apoll dem Menschen zumutet, der richtige Weg ist, Gott zu begegnen: „C'est donc ainsi, qu'il faut qu'en l'adorant nous le saluons, & reueremment l'apellions & le specifions" (*Œuvres morales*, I, S. 1139). Ammonius geht es um den Umgang mit dem Gott, um den Sinn und den Gebrauch seiner drei Namen (Apollo, Ietos, Phoebus) und um das Verhältnis des Gottes zu seinem Bild, der Sonne[12]. Ausdrücklich lobt der Platoniker den „esprit & bon jugement" der Gläubigen, insofern sie die „opinion & aprehension qu'ils ont de Dieu" (*Œuvres morales*, I, S. 1140) durch die Verehrung der Sonne manifestieren. Es geht also bei Plutarch darum, das Grußritual, die Verwendung der Namen und die Repräsentation des Ewigen durch das Zeitliche, des Intelligiblen durch das Sinnliche, als den dem Menschen eröffneten Weg des Zugangs zu Gott zu verstehen. Indem der Mensch das tut, was ihm in Delphi offeriert wird, erhebt er sich über seine Natur. Er kann dann in der Kontemplation sich selbst

12 Die Sonne sollen wir verehren, so lehrt Ammonius, weil sie in ihrer *splendeur* „quelques ombres, aparences & simulachres de sa clemence, bonté & felicité" repräsentiert, soweit es einer *nature sensible* möglich ist, „d'en representer vne intelligible" (*Œuvres morales*, I, S. 1140).

überschreiten und zur Anbetung des Göttlichen gelangen: „excitons-nous, & nous enhortons de passer plus outre, & monter plus haut à contempler ce qui est par dessus nous" (*Œuvres morales*, I, S. 1140). Es handelt sich dezidiert um die Struktur eines vertikalen Ascensus, dessen Versprechen Plutarch seinen Lehrer Ammonius vortragen lässt.

Montaigne hat seine Nachschreibung der Ammonius-Rede vor diesen platonisierenden Schlussfolgerungen abgebrochen, und der Grund ist vermutlich nicht in der harschen theologischen Kritik des Übersetzers Amyot zu suchen, der in einer Randbemerkung von einem „Erreur treslourd & pernicieux" (*Œuvres morales*, I, S. 1140) spricht. Amyots dogmatische Präsentationen und kritische Randbemerkungen zu seinen Übersetzungen der *Moralia* spielen in den *Essais* keine Rolle, zumindest werden sie nicht zitiert. Der Antrieb der Negation durch Abbruch liegt vielmehr in Montaignes abgrundtiefer Skepsis gegenüber allen Modellen humaner Selbsttranszendenz und den daraus abgeleiteten Aufstiegsszenarien begründet. Für diese Wendung gegen den großzügigen Textspender Plutarch muss ein anderer Autor aufgeboten werden, auch er bleibt namenlos, Montaigne hat wohl den Stoiker Seneca im Blick. Das Zitat, das seine explizite Negation provoziert, lautet: „O la vile chose, dit-il, et abjecte, que l'homme, s'il ne s'esleve au dessus de l'humanité!" (E, S. 642) Die konzise Aufstiegszumutung, die der Philosoph formuliere, so Montaignes harsche Replik, sei zwar ein *bon mot* und zeuge von einem *utile desir*, sei aber ein absurdes Begehren, *pareillement absurde*. Die Intention, dass der Mensch sich selbst übersteige, „que l'homme se monte au dessus de soy et de l'humanité", ist ebenso unmöglich wie monströs: „[...] il ne peut voir que de ses yeux, ny saisir que de ses prises." (E, S. 642) Die Ausstattung des Menschen, seine Augen und seine Hände, aber auch die Tugend, die er sich anzueignen vermag, werden ihn nicht aus der *humaine condition* herausführen. Der Weg der Selbsttranszendenz, der Aufstieg zu Gott stehe dem Menschen nicht offen, er sei für ihn nicht gangbar, er könne ihm allenfalls durch göttliche Hilfe und Gnade zufallen: „Il s'eslevera si Dieu luy preste extrordinairement la main"(E, S. 642).[13] Die helfende Hand Gottes ist allerdings in den *Essais* kein Thema. Die *Apologie* setzt mit dem Programm der natürlichen Theologie, und das heißt des natürlichen Wegs zu Gott, ein, und sie endet mit einem Fazit, das theologische und philosophische Aufstiegs- und Selbstüberschreitungsszenarien gleichermaßen als nicht gangbar verwirft.

13 Vgl. E, S. 642: „C'est à nostre foy Chrestienne, non à sa vertu Stoïque, de pretendre à cette divine et miraculeuse metamorphose."

3 Gegenschreiben

Fast hundert Mal fällt der Name Plutarch in den *Essais*. Es ist allerdings kein Zufall, dass er zunächst nicht in den Kontexten historischer Exempla, welche die ersten Essays in großer Fülle präsentieren, genannt wird, obwohl doch die Parallelbiographien dafür zahllose Beispiele liefern, sondern dort, wo es um den Objektbezug und die Selbstreferenz des menschlichen Geistes (oder der Seele) geht. Die biographischen Exempla, die Montaigne Plutarch entnimmt, gehen nahtlos in der anonymen Serialität historischer Beispiele auf. Der Autor Plutarch kommt prominent und explizit ins Spiel, wo es um komplexe Mechanismen der dem Menschen eigenen Vermögen und Antriebe geht, zum ersten Mal in dem Essay *Comme l'ame descharge ses passions sur des objects faux, quand les vrais luy defaillent* (I, 4). Wie der Titel ankündigt, handelt Montaigne von dem Verhältnis der Leidenschaften zu den Gegenständen, auf die sie sich richten. Es ist offensichtlich, dass dieses Verhältnis als beweglich und manipulierbar vorgestellt wird. Der Essay erörtert in erster Linie Wege und Techniken der Verschiebung des Begehrens und der Substitution seiner Objekte. Er interessiert sich kaum für die vernunftgelenkte Orientierung, Zähmung oder gar Unterdrückung der Leidenschaft, die klassischen Themen der ethischen Diskussion der Affekte, sondern für die Beobachtung ihrer Manipulierbarkeit. Es mag natürliche oder legitime Gegenstände des Begehrens geben, auf die sich die Leidenschaften des Menschen fixieren können, Montaignes Interesse an Grenzphänomenen der menschlichen Natur richtet sich indes auf abseitige, unvernünftige und vielleicht auch antinatürliche Objekte des Begehrens. Für solche Verschiebungen und Ersetzungen liefert Plutarch in seiner Vita des Perikles ein prägnantes Beispiel:

> Plutarque dit à propos de ceux qui s'affectionnent aux guenons et petits chiens, que la partie amoureuse qui est en nous, à faute de prise legitime, plustost que de demeurer en vain, s'en forge ainsin une faulce et frivole. (E, S. 45)

Plutarch und Montaigne verbindet das Interesse an der unerhörten Beweglichkeit des menschlichen Begehrens, das Beispiel betrifft die Liebesleidenschaft, die sich ihre Gegenstände jenseits jeder natürlichen Vorgabe oder sozialen Legitimation sucht und in die Tierwelt ausgreift. Das plutarchische Beispiel dient im essayistischen Kontext dem Nachweis, dass sich das erotische oder sexuelle Begehren des Menschen, wenn ihm die *prise legitime* des menschlichen Gegenübers fehlt, auch auf abwegig erscheinende Objekte wie kleine Affen oder Hunde richten kann. Montaigne zitiert Plutarch, um die unerhörte Stärke der

Leidenschaften zu demonstrieren, die sich in Ermangelung ihrer naturgegebenen oder gesellschaftlich verordneten Objekte auch auf Gegenstände richten können, die den Normen und Überzeugungen (*creance*) der Person zuwiderlaufen. Montaignes frühe Essays *Nos affections s'emportent au delà de nous* (I, 3) und *Comme l'ame descharge ses passions sur des objets faux, quand les vrais luy defaillent* (I, 4) fragen nach der Beweglichkeit der Affekte, ihrer Fähigkeit und Neigung zur Objektsubstitution, auch um den Preis der Selbsttäuschung. Die Leidenschaft vermag sich einem *faux subject et fantastique* (E, S. 46) zuzuwenden, und sie lässt auch dann nicht davon ab, wenn diese Besetzung ihrem eigenen, vermeintlich besseren Wissen zuwiderläuft. Plutarch wird zum Kronzeugen der menschlichen Tendenz zur Selbsttäuschung, sein Beispiel der Affen- und Hundeliebe illustriert, dass die Seele „se pipe [...] elle mesme" (E, S. 46). Sie begehrt etwas, von dem sie weiß, dass es dem natürlichen Begehren ebenso wie den Forderungen der sozialen Ordnung zuwiderläuft. Die Antriebsdynamik der menschlichen Natur sprengt die Grenzen aller diskursiv artikulierten Appelle, die sich auf natürliche oder soziale Ordnungen berufen.

Plutarchs Biographie des Perikles liefert den Ausgangspunkt der essayistischen Reflexion. Um zum Paradigma einer anthropologischen Lektüre zu werden, muss das Exemplum allerdings umgeschrieben und neu interpretiert werden. Andererseits bewahrt die Transformation des antiken Beispiels dessen Autorität am besten, wenn sie unsichtbar bleibt. Montaigne spricht von dem ‚legitimen' Objekt, der *prise legitime* der Leidenschaft. Für den Leser, der den Ausgangstext gegenwärtig hat, lässt das Konzept erkennen, in welcher Richtung Montaigne Plutarchs Version der Geschichte deformiert. Der Autor der Parallelviten erzählt am Anfang seiner Periklesbiographie eine kleine Geschichte von Cäsar. Dieser habe einige reiche Ausländer, *hommes riches et opulents* (*Vies*, I, S. 332), die ihm wegen ihrer Gewohnheit auffielen, kleine Hunde und Affen im Arm zum Spaziergang zu tragen, gefragt, ob es in ihrem Land keine gebärfähigen Frauen gebe. Es geht in der Cäsaranekdote um die natürliche *inclination* und *affection* des Menschen, seinesgleichen und nicht Tiere zu lieben oder zu begehren. Der Autor Plutarch verwendet den ingeniösen Ausspruch Cäsars im Interesse einer Analogie, welche die Passion der Liebe mit der des Wissens verbindet. Die Natur hat der menschlichen Seele ein *désir naturel d'apprendre et de savoir* (*Vies*, I, S. 332f.) eingepflanzt, das der Mensch nicht missbrauchen darf: Er soll es nicht auf nutzlose Dinge lenken, sondern auf solche, die *utiles et honnestes* (*Vies*, I, S. 333) sind. Auch die Leidenschaft der Erkenntnis ist natürlich und sie kann doch, wie das erotische Begehren, auf antinatürliche Wege umgeleitet werden. Plutarchs kleiner römischer Geschichte im Kontext der Biographie eines Griechen liegt eine prägnante Opposition zugrunde, sie lebt von der Unterscheidung des Natürlichen und des Unnatürlichen, des Ehrenwerten und des Verwerflichen. Das Beispiel aberranter Affekte hat eine analogische Funktion, das Interesse des Autors richtet sich nicht vordringlich auf erotische Vorlieben, sondern auf die Ökonomie des Wissens. Plutarch erzählt das Beispiel erotischer Konternatürlichkeit im Interesse einer normativen Steuerung des Wissensbegehrens, der *curiositas*.

Montaigne erwähnt in seinem Essay Cäsar und seinen Tadel der fremden Affen- und Hundeliebhaber mit keinem Wort. Ihn interessiert vordringlich die abgründige Beweglichkeit des Begehrens, welche die Geschichte sichtbar werden lässt, wenn man sie aus ihrer Instrumentalisierung für eine normative Ökonomie des Wissens befreit. Sie ist dann von der Asymmetrie des Natürlichen und des Unnatürlichen nicht mehr einzufangen. Plutarchs Beispiel zeigt für seinen Leser Montaigne, dass das Begehren sich Objekte auch gegen besseres Wissen sucht und dass die Seele (oder der Wille oder die Vernunft) diesen Drang nicht zu kontrollieren vermag. Dass Montaigne dieses Thema auch gegen die Intention des Autors mit Plutarch verbindet, wird noch einmal am Ende des Essays deutlich, wo Montaigne zwei Verse aus der verlorengegangenen Bellerophontragödie des Euripides zitiert, die Plutarch in seinem Traktat *Ueber die Gemüthsruhe* anführt. Bei Plutarch belegen die Verse[14], dass die *Quelle der Gemüthsruhe* (*Moralia*, I, S. 795) angesichts drängender äußerer Ereignisse im geläuterten Individuum selbst zu finden ist. Montaignes verkürztes Zitat[15] lässt den bei Plutarch gefundenen *ancien Poëte* etwas ganz anderes sagen, es zielt auf das *desreglement de nostre esprit* (E, S. 47). Von der Gemütsruhe, die in Amyots Übersetzung *tranquillité de l'ame* heißt, ist nicht mehr die Rede, die Regellosigkeit des menschlichen Geistes, der die Vorgaben der Natur und die Grenzen der Kultur ignoriert, wird zur abschließenden Auskunft des Essays. Sie höhlt die ethische Programmatik der philosophischen Affektökonomie aus, um den Blick auf die Grenzenlosigkeit der menschlichen Natur zu öffnen.

4 Die Biographie und das Imaginäre

Am Anfang seiner Vita des römischen Feldherrn und Politikers Lucius Aemilius Paullus, der ungefähr von 220 bis 160 v. Chr. lebte und den er angesichts vergleichbarer Klugheit und Tugend, aber auch ähnlicher politischer Schicksale

14 Vgl. *Moralia*, I, S. 795: „Nicht den Geschäften zürnen muss ein kluger Mann: / Das kümmert sie mit nichten; nein! Sie ordentlich / Zu führen, Wem das ward verliehn, der fähret wohl."

15 E, S. 47: „Point ne se faut courroucer aux affaires. / Il ne leur chaut de toutes nos choleres."

in einer Parallele mit dem korinthischen Heerführer Timoleon präsentiert,[16] äußert sich Plutarch zu den leitenden Intentionen seiner großangelegten biographischen Unternehmung. Dabei geht es auch um die allmähliche Verschiebung der Relation von Autor und Leser. Am Anfang des Werks stand demnach eine rhetorische Absicht. Die Lebensbeschreibungen sollten für die anderen, das heißt die Leser, nützlich sein: „Quand je me mis à écrire ces vies, ce fut au commencement pour profiter aux autres" (*Vies*, I, S. 566). Plutarch hatte demnach nicht in Rechnung gestellt, dass die Arbeit auch ihn selbst verändern würde. Mit dem Fortschritt des Schreibens aber tritt das Motiv des *profiter à moi-même* in den Vordergrund. Der Autor selbst wird durch das biographische Schreiben verwandelt. Die Lebensbeschreibungen werden zu einem Spiegel, in dem sich Plutarch selbst betrachtet, „regardant en cette histoire comme dans un miroir" (*Vies*, I, S. 566). Der Spiegel zeigt ein anderes, besseres Ich, der Autor versucht, das eigene Leben dem der Gestalt, deren Leben er erzählt, anzupassen, „la former au moule des vertus de ces grands personnages." (*Vies*, I, S. 566f.)

Fremdes Leben zu schreiben, *écrire leurs vies*, bedeutet die Reduktion historischer und kultureller Differenz, die Lebensbeschreibung führt zur Herstellung von Vertrautheit mit dem fremden Leben. Die Biographie, wie sie Plutarch praktiziert, fragt nicht vorrangig nach der geschichtlichen Wirkung historischer Größe, obwohl sie es ausnahmslos mit prominenten Gestalten zu tun hat, sondern nach dem, was sich in ihren Reden und Taten manifestiert, ihrem Ingenium ebenso wie ihrer ethischen und affektiven Verfassung. Biographien zu schreiben heißt, mit historischen Personen einen familiären Umgang (*un hanter familierement*) zu pflegen und ihnen einen Platz in der Binnenwelt der eigenen Person einzuräumen. Der Biograph Plutarch richtet ein lebendiges Museum in sich selbst ein, das er mit den Gestalten der Geschichte ausstattet: „je les loge tous chez moi les uns après les autres" (*Vies*, I, S. 567). Die Affinität einer solchen ‚Einhausung' zu den Gedächtnisarchitekturen der rhetorischen Mnemotechnik ist unübersehbar. Aber die Biographie tritt, wie Plutarchs reflexive Beschreibung der Reorientierung seines Biographieprojekts nachdrücklich hervorhebt, aus dem kodifizierten Funktionsspektrum der öffentlichen Rede heraus. Die Rekursivität von Autor und Lebensbeschreibung tritt an ihre Stelle. Bereits die Vielfalt der ausgewählten historischen Individuen und das Verfahren, die konfrontierten Griechen und Römer durch eine abschließende Synkrisis (*comparaison*) einem Vergleich zu unterziehen, weist darauf hin, dass der Nutzen seiner biographischen Erzählungen für Plutarch nicht

16 Für beide gelte, dass sie nicht nur über „l'intention bonne et la volonté droite" verfügten, sondern auch „la fortune heureuse et prospère dans les affaires" (*Vies*, I, S. 567) hatten.

in distanzloser Nachahmung der ethischen Dispositionen historischer Größe liegen kann. Der Biograph muss auswählen, und das heißt, er muss mit Unterscheidungen operieren, durch die er nach den *qualités* seines Gegenstands fragen kann. Wenn er sich, durch die Lektüre älterer Berichte, die *dits* und *faits* der historischen Akteure vergegenwärtigt, dann muss er auswählen, was sich als denkwürdig, „digne d'être su et connu" (*Vies*, I, S. 567) erweist. Das durch die Durcharbeitung des Materials stabilisierte und gespeicherte Wissen kann dann zur Orientierung im Handeln verwendet werden. So zitiert Plutarch die Ansicht Demokrits, man brauche *images heureuses*, welche, anders als die *superstitions infinies*, die Menschen zur Tugend disponieren. Der Biograph kann solche Bilder liefern, indem er die Vorgaben der Geschichtsschreibung zur Lebensbeschreibung transformiert, deren Fokus die Person, ihre Vermögen, Dispositionen und Antriebe sind.

Das biographische Projekt der Parallelviten beruht auf einer triadischen Sequenz von überliefertem Repertoire, Selektion des Materials und narrativer Komposition, von Lektüre, Relevanzsetzung und Erzählung. In Plutarchs Selbstbeschreibung (*Vies*, I, S. 567) heißt das: Er studiert zunächst die *anciennes histoires*, aus ihnen zieht er das Material der Biographien (*extraire ces vies*), um es schließlich schriftlich zu rekonfigurieren (*je rédige par écrit*). Dieser Dreischritt impliziert Selbstformung und -bildung (*je m'instruis moi-même*), weil das Gedächtniswürdige, die *choses dignes de mémoire*, zugleich ein Denkwürdiges ist und im eigenen Verstand (*entendement*) und seiner Urteilskraft verarbeitet wird. Mehr noch: Plutarch schreibt dem biographischen Genre eine therapeutische Funktion zu. Das Schlechte und Unehrenhafte, das der alltägliche Umgang mit Anderen unvermeidlich mit sich bringt, wird auf Distanz gehalten. Die Gefahr der Infektion (*contagion*) durch das Unzuträgliche wird in der Betrachtung des Exemplarischen (*considération de tant de beaux exemples*) gebannt. So kann die Seele zu einer inneren Ruhe gebracht werden, in der die Vernunft herrscht und nicht die Leidenschaften (*ma pensée tranquille, et non agitée de passion quelconque*).

Montaigne bringt diese ethisch-therapeutische Rechtfertigung der Biographie an einer Stelle ins Spiel, wo er die Frage aufwirft, ob er selbst zum Historiker taugen würde. Offenbar stand ihm nach der Entscheidung des Rückzugs in die Bibliothek des eigenen Schlosses für einen Augenblick auch eine potentielle Autorschaft als Historiker vor Augen. Es stellt sich allerdings schnell heraus, dass er kein Plutarch (und auch kein Tacitus) der Moderne werden kann und will. Am Ende von *De la force de l'imagination* (I, 20) berichtet Montaigne, man habe ihn aufgefordert, die Geschichte seiner Zeit, *les affaires de mon temps* (E, S. 109), zu schreiben, besitze er doch zwei Voraussetzungen, die den meisten seiner Zeitgenossen abgehen. Er könne das Geschehen leidenschaftsloser, also gemäß der Maxime *sine ira et studio*, „d'une veue moins blessée de passion", und zugleich aus größerer Nähe, „de plus prés", beobachten, gehöre er doch zu den Personen, welche Zugang zu den Mächtigen, „accès [...] aux chefs de divers partis" (E, S. 109), hätten, ohne deswegen Parteigänger zu sein. Montaigne weist diesen Vorschlag aus zwei aufschlussreichen Gründen zurück, sie betreffen seine historische Kompetenz wie seine auktoriale Legitimität. Die Bescheidenheitstopik, auf die er rekurriert, verdeckt das systematische Thema nur oberflächlich. Erstens, so heißt es, verfüge er nicht über die notwendige Disziplin des Historikers, ihm fehlten die sprachlichen Mittel, die gewöhnlichsten Dinge angemessen zu formulieren, er sei ein „ennemy juré d'obligation, d'assiduité, de constance" (E, S. 109), nichts sei dem Schreibstil, den er pflegt, ferner als eine kohärente und extensive Erzählung (*narration estendue*). Seine Entscheidung, Essays statt Geschichte zu schreiben, ein neues Genre zu praktizieren, statt sich in den Bahnen der etablierten zu bewegen, hat demnach den Sinn, den Gegenstand des Schreibens und die eigene Fähigkeit, *matiere* und *force*, in ein angemessenes Verhältnis zu bringen. Der Aspekt der diskursiven und generischen Innovation bleibt stumm, stattdessen argumentiert Montaigne mit der Dimension des Gegenstands der Darstellung. Einen anderen, größeren Gegenstand als den der *Essais* zu wählen, würde das Maß (*mesure*) seiner Vermögen überfordern. Auch deshalb folgt er nicht dem Beispiel Plutarchs, Geschichte in Biographie zu transformieren. Plutarch mag erklären können, wie er aus dem *ouvrage d'autruy* sein eigenes Werk, *son ouvrage*, gemacht hat. Sein Leser Montaigne rekonstruiert den plutarchischen Dreischritt, der von der Wahrheit der berichteten Ereignisse über ihre rhetorische Präsentation und Beleuchtung (*presentez d'un lustre*) bis zur Funktionalisierung im Interesse tugendhaften Handelns (*nous esclaire à la vertu*) reiche (E, S. 109). Eben deswegen können die Biographien Plutarchs das Interesse des Lesers beanspruchen. Die Trias von historischer Wahrheit, rhetorischer Selektivität und ethischer Applikation, die Montaigne beschreibt und deren Einheit das Verfahren seiner *Essais* zerreißt, begründet den Nutzen der biographischen Erzählung für die Nachwelt. Aber sie zeigt zugleich die grundsätzliche Differenz von Biographie und Essay an: Sowohl die Identität der Terme wie ihr Nexus haben für die *Essais* ihre Selbstverständlichkeit verloren.

Montaignes zweites Motiv, die Zumutung der Zeitgeschichte, zu deren Historiker man ihn machen möchte, zurückzuweisen, hat mit Plutarch nur indirekt negativ zu tun. Der Autor der Parallelbiographien bewegt sich, so Montaignes naheliegende Beschreibung, im Medium des Vergangenen, des *compte ancien*; anders als im Fall der Gegenwartsgeschichte, ist es ungefährlich, wenn sich die Dinge der Vergangenheit so oder anders verhalten. Plutarch setzt auf die Wahrheit der Geschichte, die er biographisch transformiert. Er interveniert nicht in der Gegenwart, wenn er die vergangene Geschichte biographisch umschreibt.[17] Als Zeithistoriker aber liefe Montaigne Gefahr, Urteile (*jugemens*) zu fällen, die sich als illegitim, *illegitimes et punissables*, herausstellen könnten, obwohl oder vielleicht gerade weil sie seiner Freiheit (*liberté*) entspringen. Das Urteil des unbefangenen Bebobachters schlägt sich angesichts des Elends der Gegenwart unweigerlich in diskursiven *drogues medicinales* nieder. Diese bergen die Gefahr, zu Kollisionen mit den etablierten Machtpositionen zu führen. Montaigne erwähnt zwar an dieser Stelle weder die Monarchie noch die Kirche und die konfessionellen Konflikte, aber er deutet an, dass die Freiheit des Individuums und seines Urteils nicht mit den Wahrheitsansprüchen politischer Macht oder theologischer Autorität zu konvergieren pflegt.

Die Reflexionen zum Verhältnis von Geschichte, Biographie und Essay stehen in einem Kontext, der die Macht der Imagination oder des Imaginären thematisiert. Montaigne wird sich wenig später, in *De l'institution des enfans* (I, 25), wiederum auf das Vorbild Plutarchs und seines „discours de la force de l'imagination" (E, S. 151) berufen, gemeint ist wohl eine Passage aus dem 5. Teil der Tischreden, wo dieser von der Rolle der „Behexung" handelt. Plutarch bleibt für Montaigne der Referenzautor, wenn es um die dynamischen Beziehungen der Vermögen des Menschen geht. *De la force de l'imagination* wendet die Beispiele der Kraft des Imaginären am Ende indes in eine poetologische Richtung, die zur Profilierung der essayistischen Differenz führt. Die Biographien, deren normative Gattungsform Plutarch geprägt hat, unterscheiden sich von den Essays, deren Form Montaigne ausarbeitet, im Blick auf die Rolle des Imaginären grundsätzlich. Während die Biographien von der Wahrheit oder zumindest dem Wahrheitsanspruch der geschichtlichen Überlieferung ausgehen, um das historische Wissen in Lebensgeschichten zu erzählen, deren zentrales Interesse die ethische Orientierung des Lesers ist, lassen die *Essais* die unhintergehbare Präsenz des Imaginären im Wissen von der historischen Wirklichkeit aufscheinen. Die essayistische Verweigerung der Historiographie, selbst in ihrer für Montaigne attraktivsten Variante, der Biographie, zeigt sich in der Konstitution offener Serien kleiner narrativer Formen und Einheiten, an denen sich die Vergleichsbewegungen der Urteilskraft abarbeiten.[18] In dieser Serialität schatten sich ungesagte Potentiale der menschlichen Natur ab, gerade auch in Grenzzonen des Verhaltens, die sich den eingespielten

17 Vgl. E, S. 109: „Je tiens moins hasardeux d'escrire les choses passées, que presentes: d'autant que l'escrivain n'a à rendre compte que d'une verité empruntée."

18 So heißt es E, S. 108: „Si je ne comme bien, qu'un autre comme pour moy." Das ungebräuchliche Verbum *commer* steht wohl für vergleichen, „citer des cas analogues" (vgl. den Kommentar E, S. 1365).

Begrifflichkeiten verweigern. Und wiederum ist es Plutarch, dieses Mal mit seinen *Moralia*, der Montaigne zeigt, dass die Komplexität der psychischen Vermögen, und insbesondere die *force de l'imagination* und die Macht des Imaginären, so sehr sie die Lebenswirklichkeit des Menschen prägen, kein Privileg der menschlichen Natur sind. Vielmehr spiegelt sich die *condition humaine* in der *condition animale*, die Grenzen erweisen sich als fließend und die Einheit der menschlichen Natur als fragil.[19]

Montaigne erzählt in *De la force de l'imagination* ein Beispiel tierischer Einbildungskraft, das sich in der Nähe seines Schlosses zugetragen haben soll. Eine Katze belauert einen Vogel, der auf einem Baum sitzt. Nachdem sich die Tiere eine Weile intensiv beobachtet haben, fällt der Vogel wie tot vom Baum, geradewegs in die Fänge der Katze. Hat ihn nun die Gewalt seiner *imagination* herabgestürzt oder ist er einer mysteriösen Anziehungskraft (*force attractive*) der Katze zum Opfer gefallen? Die Ursache bleibt offen, der Status des Ereignisses zweideutig, die Realitätsprädikate unentscheidbar und je nach Perspektive verschiebbar. Die essayistische Urteilskraft entscheidet nicht, sie vergleicht, und ihre Ergebnisse sind stets revidierbar. Das Beispiel des Vogels und der Katze ist ebenso beiläufig wie exemplarisch. Es zeigt, wie Montaigne das Junktim von (historisch-biographischer) Wahrheit und (sozialem wie individuellem) Nutzen, aus dem Plutarchs Viten ihren ethischen und therapeutischen Anspruch ziehen, in den *Essais* zitiert und zugleich suspendiert. Wenn Montaigne, der essayistische Virtuose der Textanleihen, sich die Geschichten der Geschichte ‚ausleiht', dann überlässt er den Wahrheitsanspruch den Historikern. Nur die Kommentare, Reflexionen, das Ensemble der *discours*, stammen von ihm, nicht die Beispiele (*exemples*) selbst und auch nicht die in ihnen sedimentierte Erfahrung (*experience*). Anders als für den Historiker (und auch für den Biographen Plutarch) macht es für die *Essais* keinen entscheidenden Unterschied, ob die auf dem Feld der *mœurs et mouvements* beobachteten Ereignisse erfunden oder wirklich sind: „les tesmoignages fabuleux, pourveu qu'ils soient possibles, y servent comme les vrais." (E, S. 108) Was für Montaigne zählt, ist das Zeugnis, nicht seine Wahrheit, das Mögliche, welches die Wirklichkeit der Einbildungskraft ist, nicht das Wahre und Verbürgte als das Terrain des Historikers. In *De la force de l'imagination* geht es im gegenstrebigen Anschluss an Plutarch nicht um Selbst- und Fremdbildung zur Tugend, sondern um die Exploration der Potentiale des Menschen, um die Vielfalt und Grenzen der *humaine capacité* (E, S. 108). So präsentiert sich der Essay als Genre des

---

19 Vgl. E, S. 107: „Les bestes mesmes se voyent comme nous, subjectes à la force de l'imagination […]".

Nichtwissens, im prononcierten Gegensatz nicht nur zu den Texten der Wissensdisziplinen, sondern auch zu den Erzählungen der Geschichte.

Die Disziplinen des Wissens, die von den Manifestationen des Imaginären handeln, in erster Linie die Theologie und die Philosophie, messen die Erzählungen, auf die sie zurückgreifen, die lebensweltlichen Beispiele des Volksglaubens (*foy populaire*) oder die Gedanken von Unbekannten (*pensées de personnes incogneus*) stets am Maßstab dessen, was ihre Wissenschaft als Wahrheit betrachtet. Montaigne betrachtet, kurz vor Francis Bacons *Novum Organon* und dessen Logik des Experiments, die Lernfähigkeit der etablierten Wissenschaften mit großer Skepsis, neigen sie doch dazu, die Zeugnisse des Imaginären stets nur in die Parameter ihres Vorwissens zu übersetzen. Das neue Genre des Essays steht dazu in Opposition. Als bewegliche Texte des Nichtwissens wollen die *Essais* lernen, und zwar gerade von jenen Erzählungen, welche ohne die Insignien wissenschaftlicher Autorität auftreten. Ihnen wendet sich die Urteilskraft ohne normative Begriffe zu. Die Anekdote, das ‚Unveröffentlichte', für die Montaigne noch keinen Begriff hat, steht dem Essay daher näher als das Exemplum, auf dessen Tradition er sich explizit bezieht und dessen Paradigmen die frühen Essays in längeren Serien präsentieren. Der Autor der *Essais* verleiht dem, was keine Autorität besitzt, Geltung, indem er seine Besonderheit zur Sprache kommen lässt. Die Zeugnisse des Realen wie des Imaginären behandelt der Essay mit einer *religion superstitieuse*, welche allen Glauben der Historiker (*foy historiale*) an die Wirklichkeit des von ihnen Berichteten übertrifft. Die religiöse Terminologie überrascht an dieser Stelle durchaus, es wird deutlich, dass die Sprache des Glaubens den unbefangenen Ernst einer Zuwendung unterstreicht, die das in welcher Form auch immer Überlieferte ohne Ansehung seines Genres und seiner Autorität zum Gegenstand des eigenen Urteils macht. Der Leser Montaigne ist für jedes Zeugnis aus dem Archiv der Geschichte offen. An dem überlieferten Material, das er in den *Essais* zur Sprache kommen lässt, verändere er nichts, es sei denn unabsichtlich, aus Unwissen: „ma conscience ne falsifie pas un iota, mon inscience je ne sçay." (E, S. 109) Das Substantiv *inscience*, Nichtwissen, ist ungebräuchlich, gängig sind allenfalls eine adverbiale (*insciemment*) und eine adjektivische (*inscient*) Form des Wortes. Montaignes *inscience* ist jedenfalls keine *docta ignorantia*, kein Wissen um das Nichtwissen, sondern ein Nichtwissen des Nichtwissens. So kann der Autor auch nicht wissen, was seine *inscience* bewirkt. Immerhin unterstreicht der Parallelismus von Gewissen (*conscience*) und Nichtwissen (*inscience*) einen Zwiespalt, der sich im Lesen der Geschichten und in ihrer Wiederholung im eigenen Text auftut: Die Urteilskraft des Lesers, die sich auf die Wörtlichkeit der fremden Texte einlässt, ist von dem stummen Imaginären der *inscience* gedoppelt, deren untergründige Wirkung entzogen bleibt.

De l'institution des enfans, ein pädagogischer Essay, den Montaigne der Gräfin Diane de Foix widmet, die einen Sohn zu erziehen hat, hat anders als *De la force de l'imagination* eine pragmatische Orientierung. Es geht um die Wirklichkeit der Erziehung, um ihre Gegenstände und Methoden, nicht um die Spielräume und die Macht des Imaginären. Aber auch in diesem Kontext unterstreicht Montaigne seine Distanz zu dem Wissen der Wissenschaften. Mit ihm konfrontiert zu werden, ist für ihn eine Erfahrung der Schule, von deren Zumutung er sich frühzeitig verabschiedet hat. Als Autor steht er ihm fern. Die *Essais* sind kein Beitrag zum Wissen, sondern die „refveries d'homme, qui n'a gousté des sciences que la crouste premiere en son enfance, et n'en a retenu qu'un general et informe visage" (E, S. 150). Montaignes Verweigerung des (Schul-)Wissens betrifft an dieser Stelle vor allem Aristoteles, den *monarque de la science moderne*, jenen Autor, dessen wirkungsgeschichtlich gesteigerte Autorität die Kategorien des vorexperimentellen Wissens bestimmt, das Montaignes Begriff von Wissenschaft ausmacht. Das Terrain, auf dem sich die *Essais* demgegenüber bewegen, betrifft das *jugement naturel*, nicht die Expertise, die sich aus den Disziplinen des Wissens gewinnen lässt. Dieser Anspruch gilt auch für den Erziehungsessay, in dem Montaigne die sonst verweigerte Rolle des Ratgebers und Experten einnimmt.

An die Stelle der Autoritäten des Wissens treten jene Autoren, deren Werke in der Lektüre produktiv werden, weil sie die Vermögen des Lesers aktivieren. *De l'institution des enfans* nennt zwei nicht unerwartete Namen, Plutarch und Seneca, „où je puyse comme les Danaïdes, remplissant et versant sans cesse." (E, S. 150) Schöpfen und ausgießen, wie die Töchter des Danaos, die, weil sie in der Brautnacht ihre Ehemänner töteten, endlos Wasser in ein löchriges Fass gießen müssen: Die mythische Strafe wird zum Bild eines immer neuen Genusses der Lektüre umgewendet. Für Montaigne geht es nicht um ein Fass ohne Boden, sondern um rekursive Erfahrungen des Lesens und der Praxis des Urteils. Montaigne jagt Autoren und Bücher, die ihn endlos beschäftigen, und er findet sie vor allem auf zwei Feldern: „L'Histoire c'est mon gibier en matiere de livres, ou la poësie que j'ayme d'une particuliere inclination" (E, S. 150). Geschichte und Poesie als die begehrten Felder der Lektüre – dieser Horizont geht natürlich über das hinaus, was durch das Werk Plutarchs und Senecas verkörpert wird. Montaigne handelt jedenfalls an dieser Stelle nicht von der Philosophie, auch von der systematischen oder schulphilosophischen Dimension des Platonismus Plutarchs und des Stoizismus Senecas ist nicht die Rede, sie stehen erkennbar nicht im Zentrum von Montaignes Interesse. Der entscheidende Punkt ist indes ein anderer: Die Werke Plutarchs und Senecas bilden für Montaigne ein Textensemble, das bei aller generischen Heterogenität durchgängig als Übungsraum der Urteilskraft fungiert. Im Umgang mit diesen

Autoren werden Praktiken der Unterscheidung eingeführt, durchgespielt und transformiert. Der Essay exemplifiziert dieses Verfahren vor allem am Beispiel Plutarchs, die Asymmetrie der beiden gemeinsam genannten Autoren wird sich wiederholen.[20] Die Sonderstellung der Poesie, ihrer sprachlichen Energie wie ihrer Wirkungsintensität, bildet das Thema von *Sur des vers de Virgile*. Der Erziehungsessay bewegt sich vorrangig in der Sphäre der Bildung und Übung des Urteils. Montaigne geht es um das Training der Vermögen durch die Lektüre, nicht um ihre Überwältigung durch Poesie. Das Danaidenbild wird daher konsequent gegen seine mythologische Prägnanz gewendet. Montaigne schöpft wie die Töchter des Danaos, aber er gießt auch selbst wieder aus. Dabei bleibt die Sphäre der Person intakt, die Danaidenbewegung geht vom Prätext zum Text der *Essais*, ohne den Binnenraum der Seele zu prägen: „J'en attache quelque chose à ce papier, à moy, si peu que rien." (E, S. 150)

Diese Produktivität oder ‚Fruchtbarkeit' des Lesens in der Praxis der Erziehung kann allerdings nur funktionieren, wenn es nicht vorrangig um ein Wissen über die Akteure und Ereignisse, Daten und Orte der Geschichte geht, sondern um eine durch den Akt der Lektüre mobilisierte Übung des Urteils. Sie ist für Montaigne der entscheidende Gesichtspunkt in der Interaktion von Text und Leser wie in der pädagogischen Relation von Lehrer und Schüler: „Qu'il ne luy apprenne pas tant les histoires, qu'à en juger." (E, S. 162) Die singuläre Position der Werke Plutarchs in den *Essais*, welche unterschiedslos die Viten wie die *Moralia* umfasst, gründet in der Zweiseitigkeit von Darstellung und Urteil. Plutarch erzählt, beschreibt, zitiert, zugleich bringt er sich als Instanz des Urteils zur Geltung. Der Leser kann ihn dabei beobachten, er wird zum Beobachter zweiter Ordnung, für den sich in der Beobachtung fremder Beobachtung die eigene Beobachtung spiegelt und anreichert. In *De l'institution des enfans* findet sich für dieses pädagogische Lesen ein instruktives Beispiel. Plutarch ist ein Leser des Geschichtswerks des Livius, ebenso wie Montaigne. Beide sehen im Text des römischen Historikers Dinge, die dem anderen und auch anderen Lesern entgehen. In der je verschiedenen Lektüre der römischen Geschichte werden individuelle Parcours der Entdeckung sichtbar, zugleich aber auch die Partialität und Selektivität der Wahrnehmung der einzelnen Leser. Plutarch zu beobachten, wie er Livius liest, heißt für Montaigne, die eigene Lektüre aus der Distanz sehen zu können. Für einen *diligent lecteur* vollzieht sich in diesem Spiel von Verdeckung und Entdeckung eine *anatomie de la Philosophie*.

---

20 Plutarchs Biographien ermöglichen demnach eine *practique des hommes* (E, S. 162) und werden damit zu einer *estude de fruit inestimable*. Davon profitieren der Lehrer wie der Schüler: „Quel profit ne fera-il en ceste part là, à la lecture des vies de nostre Plutarque?" (E, S. 162)

Die Beobachtung der Beobachtung, die Rekursivität von Fremd- und Selbstbeobachtung, ist ein privilegierter Modus der Aufdeckung jener dunklen, unbekannten Seiten der menschlichen Natur, „les plus abstruses parties de nostre nature“ (E, S. 162), ihrer sprachlosen Antriebe wie ihrer nichtgewussten *inscience*. Was die philosophische Doxa durchgängig verfehlt, erschließt sich in der Lektüre jener Texte, welche die Vermögen des Autors in ihrer Bewegung vorführen und dadurch die Vermögen des Lesers trainieren. Und dafür gibt es kein besseres Paradigma als Plutarch. Er ist ein Autor, dessen Werke ihn als Beobachter, als Gesprächspartner, aber auch als urteilenden Leser ins Spiel bringen. Und in seiner Lektüre sieht Plutarch mehr und anderes als der Autor, den er liest, in den Text zu legen beabsichtigte, „outre ce que l'autheur y avoit mis.“ (E, S. 162) Seine Werke sind für Montaigne das Paradigma einer Einheit von Lektüre als Entdeckung und Selbstausstellung, in der Plutarchs Leser die Zeichen der *inscience* zu lesen vermag.

Die Werke des Autors Plutarch erlauben dem Leser eine Partizipation, die er als Entdeckung des Autors und Übung der Urteilskraft erfährt und realisiert. Zwar ist Plutarch, wie Montaigne durchaus sieht, die überkommene Wissensrhetorik der Philosophie nicht fremd, es finden sich bei ihm immer wieder denk- und merkwürdige Reden, *discours très-dignes d'estre sceus*, welche auf Speicherung im Gedächtnis des Lesers angelegt sind. Solche Topoi des Wissenswerten verkörpern für Montaigne allerdings nur jene Seite des Werks von Plutarch, welche ihn mit den dogmatischen Üblichkeiten des philosophischen Diskurses verbinden. Die für den modernen Leser belangvollere Seite betrifft Plutarchs Technik der Mobilisierung der Aufmerksamkeit und des Urteils[21]:

> [...] il guigne, seulement du doigt par où nous irons, s'il nous plaist, et se contente quelquefois de ne donner qu'une atteinte dans le plus vif d'un propos. Il les faut arracher de là, et mettre en place marchande. (E, S. 162)

Das Werk gibt Fingerzeige, der Leser entdeckt sie und trägt sie auf den Marktplatz der öffentlichen Rede. So vermittelt Plutarch nicht Wissen, sondern führt die Aktivitäten seines Urteils vor. In ihnen ereignen sich eine Aufdeckung des Ungesagten und damit die Emergenz des Neuen. Plutarch weiß durchaus, dass der Autor zu viel sagen kann und damit die in der Urteilskraft des Lesers sich manifestierende Bewegung der Entdeckung und Unterscheidung zu blockieren vermag. Seine Werke setzen daher nicht nur eine Asymmetrie von Wissen

21 Montaigne erwähnt in diesem Zusammenhang das Beispiel seines Freundes La Boétie, der aus einer beiläufigen Bemerkung Plutarchs *la matiere, et l'occasion* seines *Discours de la servitude volontaire* gewonnen habe.

und Urteil in Szene, sie spielen vielmehr auch die Balance von Entdecken und Entdeckenlassen durch:

> Plutarque ayme mieux que nous le vantions de son jugement, que de son sçavoir: il ayme mieux nous laisser desir de soy, que satieté. (E, S. 163)

5 Mensch und Tier

Es gibt für Montaigne eine affektive, im Handeln sichtbar werdende Disposition, welche die Grenze dessen überschreitet, was das Menschliche ausmacht, obwohl sie in der Menschenwelt weit verbreitet ist. Die Grausamkeit, um die es geht, lässt das Humane ins Inhumane kippen, obwohl sie nach dem unabweisbaren Ausweis der Geschichte offensichtlich zur menschlichen Natur gehört: „Nature a, (ce crains-je) elle mesme attaché à l'homme quelque instinct à l'inhumanité." (E, S. 455) Um human zu bleiben, muss sich der Mensch paradoxerweise denaturieren, er muss dem Trieb zur Unmenschlichkeit widerstehen. Indem er grausam handelt, überschreitet der Mensch eine Grenze, die Norm der Menschlichkeit. Die Statuierung dieser Grenze hat indes bei Montaigne keine religiösen, sondern anthropologische und ethische Motive.[22] Wenn der Mensch grausam handelt, wird er nicht zum Tier, denn Tiere sind nicht grausam, vielmehr verirrt er sich in einer Sphäre ontologischer Einsamkeit. Blickt man auf die Welt der Lebewesen, so scheint es, dass nur der Mensch Grausamkeit praktiziert, genießt und kennt. Aber der Mensch allein ist auch fähig, die Grausamkeit zu verfolgen, und sei es mit den Mitteln der Grausamkeit, die sie in ihrer Austreibung wiederkehren lässt und damit die heillose Verstrickung weitertreibt.

Montaigne hat der Grausamkeit zwei Essays gewidmet, beide befinden sich im zweiten Buch der *Essais*. Im ersten, *De la cruauté* (II, 11), formuliert Montaigne seine Verwerfung der Grausamkeit in jener paradoxen Zuspitzung, die sie wieder ins Spiel bringt, im Blick auf seine eigenen Reaktionen. Die elementare Leidenschaft, mit der er die Grausamkeit verfolgt, der Hass, ist selbst von grausamer Intensität: „Je hay, entre autres vices, cruellement la cruauté, et

---

22 Vgl. zu Montaignes Reaktion auf Grausamkeit Judith N. Shklar, „Putting Cruelty First", in: *Daedalus*, 111/3 (1982), S. 17–27. Wesentlich wird dabei insbesondere das Kriterium der Immanenz, das in der Verwerfung der Grausamkeit zur Geltung kommt, vgl. S. 17: „To hate cruelty with utmost intensity is perfectibly compatible with biblical religiosity, but to put it *first* does place one unalterably outside the sphere of revealed religion. For it is a purely human verdict upon human conduct, and so puts religion at a certain distance."

par nature et par jugement, comme l'extreme de tous les vices." (E, S. 451) Der Grund der Verwerfung hat eine doppelte Verankerung, er wurzelt in der Natur des Autors wie in seiner Urteilskraft, aber die Reaktion, welche die Wahrnehmung der Grausamkeit in ihm auslöst, trägt selbst die Züge dessen, was sie verfolgt.[23] Grausam die Grausamkeit zu hassen – diese extreme Reaktion betrifft das Äußerste der Grausamkeit, ihren *extreme poinct*. Ihn gewärtigt Montaigne im Genuss des Schauspiels eines Leidens, das man selbst zugefügt hat, ohne dafür ein anderes Motiv zu haben als eben die Lust, den Anderen leiden zu sehen.[24] Montaigne evoziert damit ein Extrem der Grausamkeit, das sich gegen den Mitmenschen richtet, um in einer Schaulust zu kulminieren, die fremdes Leiden genießen will. Die Beobachtung der eigenen Gegenwart und die Erfahrung des konfessionellen Bürgerkriegs liefern Beispiele im Übermaß. Montaignes Perhorreszierung der Grausamkeit setzt aber bereits dort ein, wo es noch gar nicht um die Gewaltbeziehungen zwischen Menschen geht, sondern um das Verhalten gegenüber Tieren. Die grausame Verfolgung einer *beste innocente*, die gar keine Vorstellung von Grausamkeit hat, beobachtet Montaigne bereits mit jenem Abscheu, der sich auch auf die Grausamkeit gegenüber Menschen richtet.[25] Das Tier ist ihm nicht das Fremde und ganz Andere, sondern ein leidensfähiges Gegenüber, dessen Reaktionen er vermenschlicht, weil sie offenbar dem Menschen nicht fremd sind. Mit einem Zitat aus dem siebten Buch der *Aeneis* intensiviert er die eigene Evokation des pathetischen Bildes eines von der Jagd erschöpften Hirsches, der sich schließlich seinen Verfolgern zuwendet, um mit Tränen in den Augen ihr Mitleid anzuflehen.[26] Montaigne

---

23 Montaignes Ablehnung der Folter hat ihren Grund darin, dass er sie nicht als juristisches Verfahren, sondern als Manifestation der Grausamkeit wahrnimmt: „Quant à moy, en la justice mesme, tout ce qui est au delà de la mort simple, me semble pure cruauté." (E, S. 452) Diese Formulierung kehrt identisch in dem zweiten Essay wieder, *Couardise mere de cruauté* (II, 27), den Montaigne der Grausamkeit widmet, dort auch (E, S. 737) im Kontext einer einlässlicheren Diskussion gängiger Folterpraktiken.

24 Vgl. dazu E, S. 454, wo Montaigne drastisch die Folterpraktiken der *ames si farouches* und ihren Genuss des Schauspiels des Leidens evoziert: „aiguiser leur esprit à inventer des tourments inusitez, et des morts nouvelles, sans inimitié, sans proufit, et pour cette seule fin, de jouir du plaisant spectacle, des gestes, et mouvements pitoyables, des gemissements, et voix lamentables, d'un homme mourant en angoisse. Car voylà l'extreme poinct, où la cruauté puisse atteindre."

25 Vgl. E, S. 454: „De moy, je n'ay pas sceu voir seulement sans desplaisir, poursuivre et tuer une beste innocente, qui est sans deffence, et de qui nous ne recevons aucune offense."

26 E, S. 454: „[…] le cerf se sentant hors d'haleine et de force, n'ayant plus d'autre remede, se rejette et rend à nous mesme qui le poursuivons, nous demandant mercy par ses larmes […]". Der Hirsch des Vergil ist einer, der bereits von Menschen, Tyrrhus und seinen Kindern, aufgezogen wurde, und nun vom Pfeil des Askanius getroffen wird, vgl. *Aeneis*,

schien der Anblick nach einem Bekenntnis stets ein *spectacle très-desplaisant* (E, S. 454), die Formulierung suggeriert, dass es sich dabei nicht nur um eine literarisch vermittelte Vorstellung handelt.

Im Erleiden der Grausamkeit, die sie in ihrem Verhalten nicht kennen, reagieren Tiere wie Menschen. Dieser Befund, der von der Reaktion, nicht der Aktion ausgeht, legt nahe, die Grenze zwischen Mensch und Tier beweglich zu halten. Die Sphären von Mensch und Tier überschneiden sich offenbar, in ihnen gibt es Räume der Vergleichbarkeit und der Kommunikation. Tiere wie Menschen zu behandeln heißt dann vor allem, sie nicht in der Abhängigkeit vom Menschen zu halten, sondern ihnen ihre Freiheit zu lassen oder zu geben. Montaigne erinnert an das nachahmungswürdige Beispiel des Pythagoras, der Fische und Vögel freigekauft habe. Die Auskunft verdankt er Plutarch, der davon in seinen *Tischreden* handelt. Das achte Kapitel des achten Buches der *Propos de table* widmet sich der Frage: „Warum enthalten sich die Pythagoreer des Fischessens?" Das Thema wird, wie in den *Moralia* üblich, in einem weiten Rahmen erörtert, von den Ägyptern ist ebenso die Rede wie von den Praktiken der Griechen. Die Motive, Fische nicht zu verzehren, erweisen sich als vielfältig, sie reichen von der vorbildlichen Verschwiegenheit der Fische (für die Pythagoräer) über die normativ besetzte Differenz von Land und Meer (bei den Ägyptern) bis zur grundsätzlichen Ablehnung des Frevels, unschuldige Tiere zu töten – immerhin sorge der Lebensraum der Fische dafür, dass sie, anders als Landtiere, mit dem Menschen und den Grundlagen seiner Subsistenz (Ackerbau, etc.) nicht in Konflikt kommen. In diesem diätetischen Zusammenhang erzählt Plutarch die Anekdote des Freikaufs der Fische, an die Montaigne erinnert: „Hat ja doch Pythagoras, wie man erzählt, einmal einen Zug Fische gekauft, dann aber das ganze Netz voll wieder in's Meer werfen lassen, um zu zeigen, dass er die Fische nicht als fremdartige oder nachtheilige Thiere verachte, sondern für sie als gefangene Freunde und Stammverwandte Lösegeld bezahle." (*Moralia*, II, S. 188) Pythagoras, so wird deutlich, betrachtet die Fische als Freunde des Philosophen. Über seinen Umgang mit anderen Tieren erfährt man an dieser Stelle nichts, immerhin lässt Plutarchs Tischrede erkennen, dass es aus der Sicht des Philosophen sehr unterschiedliche Beziehungen zu Tieren geben kann – die dem Menschen schädlichen Vertreter des Tierreichs können nicht auf Freikauf rechnen. Die Ähnlichkeiten zu den Verhältnissen der Menschenwelt sind nicht zu übersehen.

Montaignes Interesse gilt keineswegs traditionellen Hierarchien in der Tierwelt, wie sie ihm durch den Stufencharakter der Seinskette vorgegeben

---

a.a.O., VII, 475ff. Montaigne zitiert den Vers, in dem der Hirsch, „wie ein Flehender" (v. 502: *imploranti similis*) seine Klage ertönen lässt.

sind. Nicht um feststehende Orte in einer Ordnung des Kosmos geht es ihm, sondern darum, was der Umgang mit den Tieren über den Menschen aussagt. Und dabei steht die Grausamkeit im Zentrum. Sie wird gegenüber den Tieren augenfällig sichtbar: „Les naturels sanguinaires à l'endroit des bestes, tesmoignent une propension naturelle à la cruauté." (E, S. 454) Die Grausamkeit gegenüber Tieren zeugt von einer Disposition, die auch auf die Beziehungen der Menschen übergreift. Das prominente Beispiel sind erwartbarerweise die Spiele der Römer, dort gewöhnt man sich zunächst an das Schauspiel der Tötung von Tieren, dann geht man zu dem der Menschentötung (Gladiatoren) über. Immerhin gibt es für Montaigne Anlass zur Hoffnung, allerdings kaum in der eigenen Gegenwart, wohl aber in prominenten Beispielen der Geschichte, deren wichtigste Überlieferungsinstanz wiederum die Werke Plutarchs sind. Die ethische Pflicht, der *general devoir d'humanité* (E, S. 457), anderen Geschöpfen – Montaigne denkt nicht nur an Tiere, sondern auch an Pflanzen – wohlwollend zu begegnen, gründet in dem *commerce*, den wir immer schon mit ihnen haben, und der daraus sich ergebenden *obligation mutuelle* (E, S. 457). Sie schlägt sich auch in kulturellen Ritualen und Beispielen individuellen Verhaltens nieder. *De la cruauté* endet mit einer Serie von Exempla und Anekdoten, welche der Autor mit einem eigenen Beispiel, das die kindliche *tendresse de ma nature* zeigt, eröffnet: Dem Wunsch seines Hundes, mit ihm zu spielen, vermag er sich auch dann nicht zu verweigern, wenn er zur Unzeit kommt.[27] Aber der Horizont öffnet sich schnell, räumlich wie zeitlich. Von den Türken ist die Rede, welche den Tieren Spitäler einrichteten, auch die Sorge der Römer für die Gänse, denen sie ihre Rettung verdankten, kommt zur Sprache, die Beerdigungsriten, welche man in Agrigent Pferden, Hunden und Vögeln widmet, werden ins Feld geführt, bis hin zu den Ägyptern, welche die Tiere einbalsamieren, nachdem sie ihren Tod gebührend betrauert haben. Anschließend wechselt der Blick von den Ritualen der Kultur zu den Praktiken der Individuen: Von Cimon ist die Rede, der die Pferde, mit denen er olympische Rennen gewonnen hat, ehrenvoll bestattet – und schließlich am Ende von Plutarch selbst mit dem Zeugnis, er werde einen Stier, der ihm jahrelang gedient habe, am Ende nicht wegen eines geringen Gewinns verkaufen und dem Metzger ausliefern.[28] Der mit seinem Hund spielende Montaigne und der den Stier verschonende Plutarch verkörpern eine Einheit von Ethos und Affekt,

27 Vgl. E, S. 457: „Je ne crain point à dire la tendresse de ma nature si puerile, que je ne puisse pas bien refuser à mon chien la feste, qu'il m'offre hors de saison, ou qu'il me demande."

28 Vgl. E, S. 457: „Et Plutarque faisoit, dit-il, conscience, de vendre et envoyer à la boucherie, pour un leger profit, un bœuf qui l'avoit long temps servy."

von *devoir* und *tendresse*, im Verhältnis des Menschen zum Tier, das sich jeder Grausamkeit auch dort entschlägt, wo sie straflos möglich wäre.

Die Serie der Beispiele eines *devoir de l'humanité* gegenüber den Tieren, welche *De la cruauté* entfaltet, ist ohne die Plutarchlektüre nicht denkbar. Bereits die zitierten kulturellen Rituale gehen wesentlich, wenn auch nicht ausschließlich, auf Plutarch zurück. Die anschließenden Beispiele individueller Humanität gegenüber Tieren und Menschen stammen aus Plutarchs Biographie des älteren Cato. Plutarch erzählt dort zunächst von der Austerität des Zensors, dessen Tugend die Römer bewunderten. So wird Catos Selbstdarstellung ausführlich zitiert, der Verzicht auf teure Kleidung und teures Essen, die Ablehnung jeden Luxus, die Einfachheit seiner unverputzten Landhäuser. Catos exemplarische Verkörperung altrömischer *virtus* hat aber für Plutarch eine Kehrseite, die sein kritisches Urteil, an das sich Montaigne erinnern wird, begründet. Cato, so berichtet Plutarch, kauft nur billige Sklaven, sobald sie alt und unnütz sind, verkauft er sie oder jagt sie aus dem Haus. Das ist für den Biographen eine „trop rude et trop dure austerité de nature“ (*Vies*, I, S. 758), sie ignoriert, dass es zwischen den Menschen, *d'homme à homme*, nicht nur reziproke Verpflichtungen gibt, deren Basis der Nutzen, *profit et utilité*, sind, sondern auch der Anspruch einer *plus grande societé* normativer Menschlichkeit:

> [...] nature nous enseigne à user d'équité et de justice envers les hommes seulement, et de grâce et de bénignité quelquefois jusques aux bêtes brutes; ce qui procède de la fontaine de douceur et d'humanité, laquelle ne doit jamais tarir en l'homme. (*Vies*, I, S. 759)

Dieser Anspruch motiviert jene Beispielserie, welche Montaignes Essay dann selektiv zitiert.

Menschen und Tiere, so zeigen die Beispiele, treten in utilitaristische, affektive und ethische Beziehungen. Die unterschiedlichen Modi der Interaktion provozieren unvermeidlich eine Ebene des Vergleichs, die in die Feststellung von Ähnlichkeiten und Differenzen mündet. Das biblische Privileg des Menschen, in seiner Gottesebenbildlichkeit über die anderen Lebewesen, die Fische im Meer, die Vögel in der Luft und die Tiere auf der Erde zu herrschen, wird in *De la cruauté* nicht einmal erwähnt. Es bleibt ein stummer Horizont, vor dem Montaigne, wiederum im Rekurs auf Plutarch und die Antike, einen gegenläufigen kulturellen Habitus thematisiert, die Vergöttlichung der oder zumindest einiger Tiere. Damit wird die kosmologische und ethische *cousinage*, welche Menschen und Tiere verbindet, in ein Extrem invertiert, das die Vorgaben der biblischen Genesis konterkariert. Erstaunlicherweise sind es nach Montaignes Beobachtung gerade die ältesten Völker, welche für die Vergöttlichung der Tiere Beispiele liefern:

> [...] plusieurs nations, et notamment des plus anciennes et plus nobles, ont non seulement receu des bestes à leur societé et compagnie, mais leur ont donné un rang bien loing au dessus d'eux. (E, S. 456)

Manche dieser Völker betrachten die Tiere als Vertraute oder Günstlinge der Götter, andere gar als die Götter selbst. Der Blick auf die alten Hochkulturen liefert ein flagrantes Dementi der biblischen Schöpfungsgeschichte. Aber das heißt natürlich nicht, dass sie im Recht sind.

Wiederum hilft Plutarch weiter, allerdings nur um den Preis, die Luzidität seiner Beobachtungen gegen ihn selbst und seine Schlussfolgerungen zu wenden. Montaigne bezieht sich auf Überlegungen, die Plutarch in seiner großen Abhandlung über die Religion der Ägypter, *Über Isis und Osiris*, anstellt, und die Folgerungen, die er daraus zieht. Dort finde sich eine Erklärung (*interpretation*) der Verehrung heiliger Tiere. Die Katze oder der Stier seien, so versteht Montaigne Plutarch, keine Götter oder deren Vertraute, vielmehr fungieren sie als Zeichen oder Symbol des Göttlichen: „[...] ils adoroyent en ces bestes là, quelque image des facultés divines" (E, S. 456). Ähnliche Zeichenpraktiken beobachtet Montaigne selbst bei seinen Zeitgenossen, beispielsweise den Burgundern und den Deutschen. So kann beispielsweise ein Tier (gemeint ist wohl der Adler) als Symbol der Freiheit dienen, welche bei den Völkern als *faculté divine* verehrt werde.

Plutarch berichtet allerdings in *Über Isis und Osiris* nicht nur von den religiösen Praktiken und Ansichten der Ägypter, er bezieht auch eine von Montaigne nicht erwähnte Position:

> Wenn nun die angesehensten Philosophen irgend eine von ihnen wahrgenommene Andeutung des Göttlichen, auch in seelen- und körperlosen Gegenständen nicht außer Acht lassen oder übersehen wollten, so muss man nach meinem Ermessen billigerweise noch mehr auf die empfindenden Naturen, welche mit Seele, mit Leidenschaften und Charakter begabt sind, sehen, ohne sie selbst als Götter zu verehren, sondern das Göttliche durch sie, die dessen hellste und natürlichste Spiegel sind und die man für ein Werkzeug oder Kunstwerk des das Weltall ordnenden Gottes zu halten hat. (*Moralia*, I, S. 662)

Es geht Plutarch also nicht nur um die Zeichenpraktiken der Ägypter, vielmehr bringt er die Notwendigkeit zur Sprache, das Göttliche in jenen Lebewesen zu sehen, die – wie die heiligen Tiere der Ägypter – als Spiegel des Göttlichen fungieren können, weil sie von der Gottheit selbst dazu gemacht wurden. Für den Autor der *Moralia* sind die Tiere nicht nur Gegenstand einer in den ethischen Konzepten der Humanität verankerten Sorge um die Lebewesen, sie sind vielmehr zeichenhafter Ausdruck einer göttlich instituierten kosmischen Ordnung.

Genau an dieser Stelle trennen sich die *Essais*, wenn auch unausdrücklich, von Plutarch. An die Stelle einer Semiotik ‚nach oben' setzen sie eine Semiotik ‚nach unten'. In der vielstrahligen Semiotik der *Essais* ist diese Richtung zwar keineswegs stabil oder dominant, aber sie bestimmt die implizite Korrektur der plutarchischen Kontemplations- und Aufstiegsfigur. Montaigne kehrt die Symbole kosmischer Hierarchie zu Zeichen anthropologischer Entzauberung um. Die *prochaine ressemblance de nous aux animaux* (E, S. 456), die ‚Wahrscheinlichkeit' (*vray-semblance*) des Vergleichs, die Teilhabe der Tiere an dem, was die Menschen als ihr Privileg betrachten – all dies dient Montaigne zum Antrieb einer anthropologischen Selbstkorrektur ‚nach unten':

> [...] j'en rabats beaucoup de nostre presomption, et me demets volontiers de cette royauté imaginaire, qu'on nous donne sur les autres creatures. (E, S. 456)

De la cruauté geht unmittelbar der *Apologie de Raimond de Sebonde* voraus. Dem Verhältnis von Mensch und Tier widmet sich Montaigne in der *Apologie*, nach der Explikation der Geschichte seiner Beziehung zum katalanischen Theologen, über gut dreißig Seiten. Ausgangspunkt ist wiederum die bereits am Ende von *De la cruauté* bloßgestellte Selbstüberhebung (*presomption*) des Menschen, seine *maladie naturelle et originelle* (E, S. 473), sich für das einzige vernunftbegabte Lebewesen zu halten. Die gegenläufige Bestimmung, die Montaigne dem entgegensetzt, den Menschen als die „plus calamiteuse et fragile de toutes les creatures" (E, S. 473) zu betrachten, geht unmittelbar auf Plutarch zurück, auch wenn sich Montaigne an dieser Stelle noch auf Plinius und seine *Historia naturalis* beruft. In dem Dialog *Gryllus, oder Beweis dass die unvernünftigen Thiere Vernunft haben*[29], einem Gespräch zwischen Kirke, Odysseus und Gryllus, dessen Ausgangsszenario auf das zehnte Buch der *Odyssee* zurückgreift, lässt Plutarch den bei Homer nicht auftretenden Gryllus die

29 Plutarchs *Moralia* haben neuerdings intensive Aufmerksamkeit im Kontext tierethischer Diskussionen gefunden, vgl. insbesondere Richard Sorabij, *Animal Minds and Human Morals. The Origins of the Western Debate*, Ithaca 1993, und Stephen T. Newmayr, *Animals, Rights and Reason in Plutarch and Modern Ethics*, New York/London 2006.

Tugenden der Tiere als Beweis ihrer Vernunftausstattung explizieren. In diesem Kontext nennt Gryllus den Menschen, in Amyots Übersetzung, „le plus miserable & le plus calamiteux animal qui soit au monde." (*Œuvres morales*, I, S. 835) Montaignes Formulierung variiert diese Aussage nur minimal.

Plutarchs Dialog über die Vernunft der Tiere ist fragmentarisch geblieben. Schauplatz und Zeitpunkt sind durch die Kirke-Episode der *Odyssee* bestimmt. Odysseus möchte erfahren, ob unter den Menschen, welche Kirke in Tiere, Wölfe, Löwen oder Schweine verwandelt hat, sich auch Griechen befinden. Denen will er mit Kirkes Einverständnis wieder menschliche Gestalt zukommen lassen und sie nicht „ihrer Natur zuwider in Thierkörpern bis ins Alter ein so elendes und schimpfliches Leben führen lassen." (*Moralia*, II, S. 643) Damit wäre dann auch die Hoffnung auf ihre Heimkehr verbunden. Der listenreiche Odysseus vertritt in Plutarchs Dialog die fraglose Überlegenheit des Menschen und der griechischen Lebensform, die der nichthomerische Gryllus in Frage stellen wird. Nach einigem Hin und Her gestattet Kirke Odysseus das Zwiegespräch mit diesem Gryllus, den sie in ein Schwein verwandelt hat, sie tritt beiseite, um der Freiheit der Rede nicht im Wege zu stehen. Gryllus, der die Lebensformen des Menschen und des Tieres vereint, erweist sich schnell als moralphilosophische Koryphäe, welcher Odysseus wenig entgegenzusetzen hat. Plutarch invertiert die erwartbare Rollenverteilung. Im Verlauf des Gesprächs sieht sich Odysseus, rezeptionsgeschichtlich die emblematische Präfiguration der Sophistik, veranlasst, sein Gegenüber als Sophisten zu apostrophieren: „Du scheinst mir ein rechter Sophist gewesen zu sein, dass du auch jetzt noch aus der Schweinshaut heraus deinen Satz so kräftig zu behaupten verstehst." (*Moralia*, II, S. 647)[30]

Gryllus beginnt seine Verteidigung der Tiere mit einer Erläuterung ihrer Tugenden, es sieht so aus, als wolle er sukzessiv die vier Kardinaltugenden abarbeiten. Er setzt mit der Tapferkeit ein, wo es ihm nicht schwerfällt, gegen die List des Odysseus und die Feigheit der Menschen die Tapferkeit der Tiere auszuspielen, die sich nicht nur in der Beobachtung der Tiergattungen beobachten lasse, sondern auch durch die Sprache der Dichter bestätigt werde: Man nenne tapfere Krieger gerne „wolfskühn und löwenmuthig", aber niemand käme auf die Idee, einen tapferen Löwen „männermuthig" zu nennen (*Moralia*, II, S. 647). Ähnliches gilt für die anschließende Erörterung der Mäßigung (bei Plutarch: *sophrosyne*, bei Amyot: *temperance*) oder auch

30 Amyots Übersetzung operiert mit einem anderen Begriff, dem des Redners: „[…] tu as, à ce que ie voi, esté autrefois vn grand orateur, veu qu'encore maintenãt parlant en groin de pourceau, tu as si vaillament argué & disputé sur le suiet proposé." (*Œuvres morales*, I, S. 859) Aber die Sophistik wird auch bei ihm noch ausdrücklich ins Spiel kommen.

Enthaltsamkeit. Als versierter Philosoph offeriert Gryllus zunächst eine Definition: „Enthaltsamkeit ist eine gewisse Einschränkung und Regelung der Begierden, welche die eingepflanzten und überflüssigen verbannt, die naturgemäßen aber dem Gesetze der Zeit und des Maßes unterwirft." (*Moralia*, II, S. 648) Dieser distinktionsstarken Bestimmung folgt eine argumentative Verzweigung, welche natürliche und notwendige Begierden (wie Essen und Trinken), von den natürlichen, aber nicht notwendigen (wie die Sexualität), vor allem aber von denen unterscheidet, die weder natürlich noch notwendig sind. Ein kritischer Rückblick auf die eigene, menschliche Vergangenheit wie auf die griechische Vorgeschichte des Odysseus belehrt schnell, dass die letzte Kategorie vor allem durch das Verhalten der Menschen besetzt ist, während die Tiere im Rahmen eines natürlichen Begehrens zu verharren pflegen. Montaigne wird diese Unterscheidung von drei Arten der *cupiditez* ausdrücklich aufgreifen[31] – allerdings folgt er der Opposition des Gryllus nicht insgesamt. Auch die Tiere kennen, so die *Apologie*, die *cupiditez estrangeres* (E, S. 496), beispielsweise in den *affections monstrueuses d'une espece à autre* – eine These, die selbst wieder mit plutarchischen Beispielen belegt wird, etwa dem des Elefanten, der eine junge Verkäuferin aus Alexandria leidenschaftlich begehrt.[32] Aber auch in der Sphäre der natürlichen Begierden stellen die Tiere die Menschen in den Schatten, wie Gryllus am Beispiel der tugendhaften Penelope erläutert. Tausende in ihrer Trauer krächzende Krähen machen die Enthaltsamkeit der Frau des Odysseus zum Gespött, bleiben sie doch nach dem Tod ihrer Gefährten nicht nur einige Jahre ohne Ehemann, wie Penelope, sondern neun Menschenalter Witwen. Diese fantastische Zoologie bleibt bei Plutarch unwidersprochen. So kann Gryllus, nachdem er gezeigt hat, dass die „Verständigkeit der Thiere" (*Moralia*, II, S. 651) keinen nutzlosen Künsten Raum gibt, sondern durchgängig auf die Natur als Lehrmeisterin setzt, den Vorwurf der Sophistik gegen die menschliche Selbstüberhebung wenden. Amyots Übersetzung lautet:

> Brief depuis que ie suis descendu dedans ce corps, ie me suis grandement esmerveillé de ce propos & discours des Sophistes, qui maintienent &

31 Vgl. E, S. 495: „Les cupiditez sont ou naturelles et necessaires, comme le boire et le manger; ou naturelles et non necessaires, comme l'accointance des femelles; ou elles ne sont ny naturelles ny necessaires: de cette derniere sorte sont quasi toutes celles des hommes: elles sont toutes superflues et artificielles."

32 Das ändert nichts an der ethischen Mensch-Tier-Asymmetrie: „Les animaux sont beaucoup plus reglez que nous ne sommes, et se contiennent avec plus de moderation soubs les limites que nature nous a prescripts: Mais non pas si exactement, qu'ils n'ayent encore quelque convenance à nostre desbauche." (E, S. 496)

> enseignent que tous animaux, excepté l'homme, n'ont point de discours de raison ni d'entendement. (*Œuvres morales*, I, S. 866)[33]

In der unvollendeten Form, in der er überliefert ist, endet der Text mit einer ingeniösen Zuspitzung, welche die christlichen Leser Plutarchs elektrisieren musste. Odysseus fragt Gryllus, ob es nicht gegen alle Wahrscheinlichkeit (*forcer toute verisimilitude*) sei, Geschöpfen den Gebrauch der Vernunft (*vsage de raison*) zuzutrauen, die keinen Begriff von Gott (*aucune intelligence ne pensement de Dieu*) haben. Aber auch an dieser Stelle zeigt sich das Ingenium des Gryllus, der vom Menschen zum Schwein geworden ist, seinem Gegenüber gewachsen, indem er ihn auf seine eigene gottlose Herkunft hinweist:

> Et puis nous ne dirons pas que tu sois de la race de Sysiphus, Vlysses, veu que tu es si sage & si aigu? (*Œuvres morales*, I, S. 866)

Der antike Leser weiß, dass Antiklea, die Großmutter des Odysseus, eine Tochter des Gottesleugners Sisyphos war. Die Genealogie seines Gegenübers erlaubt es Gryllus, die im Blick auf das Wissen um Gott eingeklagte Differenz von Mensch und Tier ingeniös zurückzuweisen.

Einen von der Zauberin Kirke in ein Schwein verwandelten Griechen zur philosophischen Instanz der Bestimmung des Verhältnisses von Mensch und Tier am Leitfaden der Vernunftausstattung und des tugendhaften Handelns zu machen, legt den Verdacht einer satirischen Intention nahe, die Plutarch zum Vorläufer des eine Generation jüngeren Lukian machen würde.[34] Angesichts

---

33 Vgl. *Moralia*, II, S. 652: „Seitdem ich in diesen Körper versetzt bin, wundere ich mich über die Gründe durch die ich mich von den Sophisten bereden ließ alle Geschöpfe außer dem Menschen für unvernünftig und unverständig zu halten."

34 Vgl. dazu Christophe Bréchet, „La Philosophie de Gryllos", in: Jacques Boulogne (Hg.), *Les Grecs de l'Antiquité et les animaux. Le cas remarquable de Plutarque*, Lille 2005, S. 43–62, z. B. S. 44: „[...] la compréhension de ce dialogue est littéraire, et qu'on ne cessera d'être écartelé entre l'appréciation esthétique et les réserves philosophique qu'en tenant compte de cette forme littéraire unique dans l'œuvre de Plutarque: un dialogue satirique, comme en fera plus tard Lucien." – Zur Semantik des Namens Gryllus, zwischen der Bedeutung ‚Grunzer', der Bezeichnung eines ägyptischen Tanzes und der einer parodistischen Malweise vgl. Lucas Herchenroeder, „Tί γαρ τούτο πρός τόν λόγόν: Plutarch's *Gryllus* and the so-called *Grylloi*", in: *American Journal of Philology*, 129 (2008), S. 347–379. Der Autor liest den Dialog als Parodie elitärer philosophischer Perspektiven auf rhetorisch-philosophische Erziehungsideale des Hellenismus, vgl. S. 348: „The dialogue is a critical reflection upon the institution of *paideia* [...] along with its excessive claims to intellectual and cultural authority."

der radikalen Dekontextualisierung der Zitate und Anspielungen lässt sich kaum entscheiden, welche generischen Erwartungen und Wahrnehmungen Montaignes Lektüre steuern. Für Jacques Amyot, bei dem der Titel des Dialogs *Que les bestes brutes usent de la raison en forme de deuis* lautet, ist Plutarchs Text eine familiäre Unterhaltung, deren Form allerdings eine theologische Interpretation nicht ausschließt. Er liest das Werk als eine *allegorie*, getragen von der Absicht, dass die „volupté mondaine abrutit toutes personnes, exceptees les sages" (*Œuvres morales*, I, S. 853). Natürlich stammt der Dialog von einem Autor, dem, wie Amyots Präsentationen immer wieder unterstreichen, die göttliche Offenbarung und der diese auslegende *discours Theologique* nicht zur Verfügung stehen. Aber Amyot unterstellt, dass sich Plutarch am Ende, wenn der Dialog abbricht[35], einer solchen Wahrheit zumindest genähert habe, „l'intention de Plutarque ayant esté de monstrer que l'intelligence & pensement de Dieu est le seul vrai privilege & auantage que les hommes ont par dessus les bestes." (*Œuvres morales*, I, S. 853) Allerdings bleibt diese Intention unentfaltet, der Dialog stellt nur den Stand des Menschen und seiner weltverfallenen Vernunft ohne den Beistand des Lichts der *parole de Dieu* aus. In dieser Situation ist die Diagnose, die Gryllus dem Menschen stellt, auch für Amyot zutreffend, wenn seine Vernunft, sein *guide de l'ame*, nur auf sich selbst gestellt ist, dann ist er in der Tat die *plus miserable creature du monde* (*Œuvres morales*, I, S. 852). Die Philosophen der Antike ignorieren diese Situation, weil sie vom Fall Adams und der Erbsündigkeit des Menschen nichts wissen.[36] Sie haben keinen Zugang zur göttlichen Bestimmung der menschlichen Vernunft, deren Aufgabe es sei, Gott zu erkennen und zu dienen, und zwar nach der Maßgabe Gottes, „conoistre & servir Dieu, selon qu'il le commande", solange die Vernunft davon nichts weiß, bleibt sie blind. Erst wenn die menschliche Vernunft ihrer eigentlichen Bestimmung zu folgen vermag, im Wissen um die *vraye religion* und der Befolgung ihrer Gebote, kehrt sich das Verhältnis von Mensch und Tier um.[37] Vorher ist er eben jener *homme scandaleux*, den der plutarchische Gryllus beschreibt, der von seinem wahren Gott nichts weiß und sich in illusionärer Selbstverkennung über die Tiere, die *bestes brutes*, erhebt. Der Mensch ohne Gott ähnelt den Tieren, Plutarchs Dialog, sein *eschantillon de dispute*, enthält

35 Vgl. *Œuvres morales*, I, S. 853: „le propos a esté coupé à l'endroit où il meritoit de estre plus viuement poursuyui [...]".

36 Vgl. *Œuvres morales*, I, S. 852: „[...] ayans ignoré la cheute d'Adam, le peché originel & hereditaire source de tant de fautes qui procedent de l'intelligence & volonté [...]".

37 Vgl. *Œvres morales*, I, S. 852: „Par la raison donc qui nous discerne d'auec les bestes brutes, il faut entendre la droite connoissance de Dieu pour le seruir & glorifier selon la teneur de sa parole [...]".

für den Theologen Amyot damit den Prozess aller *Payens & Atheistes*. Plutarch überlasse es dem Leser, die notwendigen Schlüsse zu ziehen: Die Menschen, welche nur den Tugenden der Philosophen folgen – aus dem Kanon der vier Kardinaltugenden ist in dem Dialog ohnehin nur von Tapferkeit (*vaillance*) und Mäßigung (*temperance & prudence humaine*) die Rede –, bewegen sich auf der Ebene der tierischen Existenz, ohne deren naturhafte Sicherheit zu erreichen.

Der expositorische Gryllus-Dialog hat in Plutarchs *Moralia* ein (wiederum unvollständig überliefertes) Gegenstück, den überaus material- und beispielreichen Dialog *Ob die Landthiere oder die Wasserthiere mehr Verstand haben.* Auch dort wird eingangs die grundsätzliche Frage nach der Vernunft der Tiere diskutiert, gegen die Stoiker vertritt der Gesprächsteilnehmer Autobulos die These einer unauflöslichen Einheit von Empfindung und Denken, welche die Vernunftbegabung der Tiere anzunehmen fordert: „Wenn wir also zum Empfinden das Denken nöthig haben, so müssen alle Wesen welche mit Empfindung begabt sind auch denken können." (*Moralia*, II, S. 607)[38] Autobulos erörtert auch die Frage der Gerechtigkeit gegenüber den Tieren, von deren Notwendigkeit nach Ansicht der Peripatetiker und Stoiker, die Vernunft der Tiere einmal vorausgesetzt, keine Rede sein könne. Man müsse nach deren Lehre die Tiere demnach entweder ungerecht und schonungslos behandeln, um die Ansprüche des Menschen zu erfüllen, oder das menschliche Leben würde armselig und dem der Tiere ähnlich, sollten wir auf ihren Gebrauch aus Gerechtigkeitserwägungen verzichten. So verschiebt sich in den Darlegungen des Autobolus die Basis der Unterscheidung gegenüber den philosophischen Schulen, von denen er sich absetzt: „Nicht wer sich die Thiere zu Nutz macht handelt ungerecht, sondern wer sie aus Uebermuth und Grausamkeit misshandelt." (*Moralia*, II, S. 613)[39] Diese Distinktionen stellen allerdings Präliminarien dar. Den Hauptteil des Dialogs nehmen die Reden der beiden jungen Männer Aristotimus und Phädimus ein, ersterer verteidigt die Vorzüge der Landtiere, letzterer die der Wassertiere. Amyot hat den Text unter dem Titel *Quels animaux sont les plus auisez ceux de la terre, ou ceux des eaux* übersetzt, seine Einleitung

---

38 In Amyots Übersetzung lautet der Satz: „il est donc necessaire que toute creature qui a sentiment ait aussi ensemble discours & entendement, puis que par l'entendement nous venons à sentir naturellement." (*Œuvres morales*, II, S. 471)

39 Vgl. *Moralia*, II, S. 613: „Denn wer scherzen und sich belustigen will muss Theilnehmer wählen die mitscherzen und mitvergnügt sein können, nicht aber darf er, wie Bion von den Knaben sagte, dass sie zum Scherz mit Steinen nach den Fröschen werfen, die Frösche aber nicht zum Scherz sondern im Ernst sterben, Jagd und Fischerei so betreiben dass er an den Qualen und dem Verenden der Thiere oder an ihrer kläglichen Losreißung von ihren Jungen sich ergötze."

verzichtet auf theologische Korrekturen und apostrophiert den Dialog als eine unterhaltsame, unanstößige Rede, einen *discours, de plaisante lecture* (*Œuvres morales*, II, S. 465).

Montaigne verwendet in der *Apologie* mehrere Beispiele aus dem weitgefächerten Arsenal der Tierarten, von denen der Dialog handelt, er wiederholt auch gelegentlich Zitate, die bereits Plutarchs Gesprächspartner verwenden[40]. Vor allem die Geschichten und Argumente zu den Landtieren greift er extensiv auf. Aristotimus liefert eine differenzierte Liste von Gesichtspunkten und eine Vielfalt von Tierbeispielen, er entfaltet ein vor allem ethisch, aber auch kognitiv und emotional artikuliertes Bestiarium. Vorsätze und Erinnerungen zu haben gilt ihm als sicheres Zeichen der Vernunftbegabtheit, Vögel (Schwalben, Gänse, Kraniche), Spinnen und Bienen stellen die Palette der einschlägig auffälligen Tierarten zur Verfügung. Als Paradigma ökonomischer Vorsorge tritt erwartbarerweise die Ameise auf, während die Klugheit und Verständigkeit am Beispiel von Elefant, Fuchs und Hund abgehandelt wird, die allerdings auch für andere ethische und kognitive Dispositionen einstehen können, die List (der Fuchs, dann aber auch Maulesel, Rebhühner, Bären, usw.), die Geselligkeit und Verliebtheit (der Elefant[41]), die Lernfähigkeit (der Hund). Am Ende stehen die Beispiele, in denen Tiere über das vermeintlich menschliche Privileg der Sprache verfügen (erwähnt werden Vogelarten wie Stare, Papageien oder Elstern), und schließlich die göttliche Sehergabe mancher Landtiere, wie sie sich vor allem im Vogelflug zeigt.[42]

---

40 So zitiert Aristotimus (*Moralia*, II, S. 626) die Ansicht Demokrits, die Menschen seien in vielen Künsten Schüler der Tiere gewesen, Montaignes Paraphrase folgt den Beispielen Plutarchs: „[...] Democritus jugeoit et prouvoit, que la plus part des arts, les bestes nous les ont apprises: Comme l'araignée à tistre et à coudre, l'arondelle à bastir, le cigne et le rossignol la musique, et plusieurs animaux par leur imitation à faire la medecine [...]" (E, S. 487).

41 Die Leistungsvielfalt der Elefanten hat es Montaigne besonders angetan: Zur Sprache kommen die Musikalität der Elefanten und ihre Tanzfähigkeiten (E, S. 488), ihre Fähigkeit, sich aus Fallen, die ihnen die Menschen stellen, zu befreien (E, S. 489), Versuche, sie zu täuschen, zu entdecken und ihren Betreuern zu kommunizieren (E, S. 489), auch traut Montaigne ihnen eine *participation de religion* zu, geben sie sich doch, „sans instruction et sans precepte" langen Übungen „en meditation et en contemplation" (E, S. 491) hin.

42 Die Beispiele, die Aristotimus ins Feld führt, indem er auf Autoren oder Exempla rekurriert, sind ebenso vielfältig wie heterogen: „Deswegen nennt Euripides die Vögel überhaupt Herolde der Götter, insbesondere aber sagt Sokrates von sich er mache den Dienstgenossen der Schwäne. Andererseits hat unter den Königen Pyrrhus sich gern einen Adler, Antiochus einen Habicht nennen lassen." (*Moralia*, II, S. 627) – Auch Montaigne greift den Vogelflug und seine prognostische Dimension auf. Der *vol des oyseaux* demonstriere eine

Montaigne zitiert und wiederholt Plutarch, der seinerseits unablässig andere Autoren zitiert und wiederholt. Die Vielfalt und Heterogenität der Zeugnisse generiert offene Territorien des Vergleichs und der Attribution von Eigenschaften. Die Paradigmatik der Mensch-Tier-Beziehung steht bei Plutarch wie bei Montaigne im Zeichen einer unsicheren Grenze und vielfältiger Übergänge. Das Vernunft- und Tugendprivileg des Menschen steht in den *Moralia* wie in den *Essais* grundsätzlich zur Disposition. An zwei Stellen gewinnt der Rekurs der *Apologie* auf Plutarchs Dialog über die Land- und Wassertiere allerdings eine Dichte, die sich nicht auf einen typischen Tiercharakter, sondern auf die Singularität einer ereignishaften Geschichte bezieht, in der das Verhalten des Tieres eine kasuistische Denkwürdigkeit gewinnt, weil es dem Menschen einen anamorphotischen Spiegel vorzuhalten vermag. In beiden Fällen geht es um ein Tier, das dem Menschen ohnehin als Gefährte nahesteht, den Hund. Aristotimus erzählt die Geschichte eines Hundes, bei dessen Auftritt er Zeuge gewesen sein will. Mit ihr will er die außerordentliche Lernfähigkeit der Tiere demonstrieren, vor allem soll bewiesen werden, dass das „Selbstlernen der Thiere noch mehr Vernunft voraussetzt als die Gelehrigkeit" (*Moralia*, II, S. 625).[43] Der Hund, von dem die Rede ist, tritt als Assistent eines Gauklers auf, welcher ein kompliziertes Stück mit vielen Personen aufführt. Der Hund setzt alles in Szene, was man ihm aufgibt, er ist ein talentierter Schauspieler. Schließlich erhält er ein Schlafmittel, dessen Wirkung tödlich erscheinen soll. Das Tier beginnt zu zittern, schließlich liegt es wie tot auf dem Boden. Als der Hund merkt, dass der Fortgang der Handlung wieder seinen Beitrag verlangt, wird er aktiv und umspielt sein Gegenüber, wie es die Rolle verlangt. Alle Zuschauer sind gerührt, auch der anwesende Kaiser Vespasian. Montaigne erzählt die Geschichte mit der Ausführlichkeit des plutarchischen Erzählers, „ce que Plutarque dit avoir veu à Rome d'un chien, avec l'Empereur Vespasian le pere au Theatre de Marcellus" (E, S. 486f.), in der Sprache, die Amyot Plutarch gegeben hat. So geht es auch bei Montaigne um einen „batteleur qui jouoit une fiction à plusieurs mines et à plusieurs personnages" (E, S. 487). Der einzige systematische Unterschied betrifft den Status der verabreichten Droge. Amyot spricht in seiner Übersetzung ausdrücklich von einem *pain où la drogue estoit meslee* (*Œuvres morales*, II, S. 495, die deutsche Übersetzung redet von einem „einschläfernden Mittel" und dem damit „angefeuchtete[n] Brot", *Moralia*, II, S. 625). Der Hund hat also wirklich ein Mittel erhalten, seine Reaktionen

„faculté plus excellente, qui nous est occulte" (E, S. 493). Offenbar besitzen die Vögel einen „usage de prognostique" (E, S. 494), der den Menschen verschlossen ist.

43 In Amyots Übersetzung heißt es: „[...] les animaux monstrent plus d'vsage de raison à s'enseigner soi-mesme, que non pas à aprendre d'autrui." (*Œuvres morales*, II, S. 495)

zeigen die Wirkung der Droge. Montaigne macht daraus das *pain qu'on feignoit estre cette drogue* (E, S. 487), der Hund bekommt also gar kein Schlafmittel, er spielt nur seine Wirkung. Montaignes Version der Geschichte bleibt konsequent in der Ebene der Fiktion, des Schauspiels. Bei ihm ist die *drogue* oder *medecine* nicht das Mittel, dessen reale, aber nicht tödliche Wirkung den Tod suggerieren soll, die Droge existiert überhaupt nur auf der Ebene der fingierten Geschichte, sie gehört zum Als ob des Spiels. Für Montaigne ist der Hund ein virtuoser Schauspieler, er insistiert auf der Konsistenz der Inszenierung, die kein Moment der externen Steuerung braucht. Die Glaubwürdigkeit der erstaunlichen Performanz des Hundes untermauert er, indem er sich auf die Augenzeugenschaft Plutarchs beruft – der diese Rolle allerdings in seinem Dialog an den Erzähler Aristotimus delegiert, dessen Version des Drogengebrauchs nicht mit der Montaignes übereinstimmt.

Das Rollenspiel auf der Bühne ist das Unwahrscheinliche. Seine Glaubwürdigkeit bedarf des Augenzeugen. Der plutarchische Hund ist durch Montaignes minimale Korrektur ganz aus den Zwängen seiner Natur entlassen, er wird zum Schauspieler, zum Rollenvirtuosen. So verkörpert er eine Extremposition der dem Tier zuzutrauenden *ratiocination* (E, S. 486), jenes Maximum der Rollendistanz, das unter den Menschen der Schauspieler verkörpert. Plutarch, dessen Tierbeispiele die *Apologie* bevölkern, der aber häufig selbst die Darstellung anderer Autoren zitiert und deren Augenzeugenschaft bemüht, wird von seinem Leser als Zeuge aufgerufen, um die Glaubwürdigkeit eines Zeugnisses zu stützen, das Montaigne unmittelbar vorher aus der eigenen Erfahrung berichtet hatte. Auch er hat das Rollenspiel des Hundes beobachtet, sein Beispiel sind die Blindenhunde, deren Verhalten er studiert und bewundert. Montaigne präsentiert sich als ein doppelter Zeuge, der sowohl die typischen, selbst schon unwahrscheinlichen Leistungen des Blindenhundes beobachtet hat und der darüber hinaus zum Zeugen eines singulären Ereignisses geworden ist, welches die allgemeine ethische Disposition des Blindenhundes noch einmal steigert. Beide Ebenen, die Typik wie das Ereignis, betreffen die Fähigkeit des Hundes, von der eigenen Situation abzusehen und die Position des ihm anvertrauten blinden Menschen einzunehmen:[44]

44 Ein zweites singuläres Beispiel betrifft die Geschichte eines Hundes, der einen Tempel in Athen bewacht. Ein um das Sakrileg unbesorgter Dieb raubt den Tempelschatz. Der Hund versucht mit verschiedenen Mitteln (Bellen, Verfolgung, Zeichen der Ablehnung und Denunziation), auf den Täter aufmerksam zu machen, bis man schließlich seine semiotischen Anstrengungen begreift und den Dieb festnimmt. Der Hund ist in dieser Episode ein doppelter Virtuose, ebenso hartnäckig wie erfinderisch in der Verfolgung, ebenso ingeniös wie variationsfähig in seinem Bemühen, die semiotische Barriere zwischen Mensch und Tier zu überwinden. Auch hier wird Plutarch als Zeuge aufgerufen.

> a) je me suis pris garde comme ils s'arrestent à certaines portes, d'où ils ont accoustumé de tirer l'aumosne, comme ils evitent le choc des coches et des charrettes, lors mesme que pour leur regard, ils ont assez de place pour leur passage.
>
> b) j'en ay veu le long d'un fossé de ville, laisser un sentier plain et uni, et en prendre un pire, pour esloigner son maistre du fossé. Comment pouvoit-on avoir faict concevoir à ce chien, que c'estoit sa charge de regarder seulement à la seureté de son maistre, et mespriser ses propres commoditez pour le servir? et comment avoit-il la cognoissance que tel chemin luy estoit bien assez large, qui ne le seroit pas pour un aveugle? (E, S. 486)

Zwei Mal unterstreicht Montaigne, dass er selbst Zeuge des Geschehens war – so wie er den Autor Plutarch nicht aus der Zeugenrolle entlassen will, die dieser seiner Dialogfigur überlässt. Denn was er beobachtet hat, geht über den Befund hinaus, dass Tiere wie Menschen Emotionen und Leidenschaften zeigen, dass sie sich tugendhaft verhalten können und sich in ihrem Handeln naturhafte Disposition und erhebliche Lernfähigkeit verbinden. Montaignes und Plutarchs Hunde zeichnet vor allem eines aus – sie sind in der Lage, von sich selbst abzusehen und die Rolle des Gegenübers einzunehmen, *to take the role of the other* (G.H. Mead). So transformiert der Autor der *Apologie* die eingespielten Hierarchisierungen von Mensch und Tier. Weder geht es um die Unter- oder Überlegenheit der Tiere im Blick auf den Menschen noch um die Frage ihrer Seele und deren Sterblichkeit oder Unsterblichkeit. Montaignes Beobachtungen belegen ebenso wie die antiken Berichte die unerhörte Verwandlungsfähigkeit des Hundes, seine staunenswerte Fähigkeit zum Rollenspiel.[45] Sie bezeugen die Wirklichkeit des Unwahrscheinlichen, der Fähigkeit, die eigene Position zu verlassen und sich in die des anderen zu versetzen. Der Hund wird zum Paradigma einer generalisierten Nichtfestgestelltheit der Lebewesen, deren Offenheit nicht ins Beliebige geht, sondern sich in der Reziprozität von rollenhaften Interaktionen konkretisiert.

Die Tiere gering zu schätzen, ist Teil jener *présomption* des Menschen, der Montaigne einen großen Essay widmet und die zu denunzieren er nicht müde wird. Auch die *Apologie* attackiert die hartnäckige Selbstüberhebung, die *fierté folle et opiniastreté* (E, S. 511), die sich in den Urteilen über

45 Montaignes Hunde besetzen ein Prärogativ des Menschen, die Fähigkeit der Rollendistanz und des Schauspiels, an dem die philosophische Anthropologie festzuhalten pflegt, vgl. dazu Helmuth Plessner, „Zur Anthropologie des Schauspielers", in: ders., *Ausdruck und menschliche Natur* (*Gesammelte Schriften VII*), Frankfurt/Main 2003, S. 399–418.

die Tiere manifestiert. Die *présomption* ist Ausdruck eines habituellen Denkens in Kategorien der Vertikalität, des Auf- und Abstiegs, deren Präsenz die *Essais* allenthalben ausmachen, auch jenseits expliziter kosmologischer oder anthropologischer Denkfiguren wie im Neuplatonismus. Lukrez und Plutarch sind die beiden Autoren, welche Montaigne immer wieder aufbietet, um die Selbstverkennung des Menschen exemplarisch und konzeptuell dingfest zu machen und sie dann zu subvertieren. Im Kontext der Mensch-Tier-Beziehung sind es vor allem zwei traditionsgesättigte Privilegien, die Montaigne pointiert und untergräbt. Die erste betrifft die Auszeichnung des Menschen als Himmelsbetrachter, als *contemplator coeli*. Die *Apologie* zitiert die einschlägigen Verse aus den *Metamorphosen* Ovids (I, 84–86), den locus classicus einer *prerogative que les Poëtes font valoir*: Die anderen Tiere halten den Blick zur Erde gesenkt, dem Menschen ist es hingegen aufgegeben, den Blick zum Himmel zu richten und sich durch die Wahrnehmung des gestirnten Firmaments der kosmischen Ordnung zu versichern. So hält der Mensch den aufrechten Gang für sein Privileg, die *stature droicte* gibt ihm den Blick frei auf den Ursprung, aus dem er kommt, „regardant vers le ciel son origine" (E, S. 509) glaubt der Mensch seine Bestimmung zu erkennen. Dieser philosophisch und poetisch unterfütterten Selbstillusionierung hält Montaigne das Beispiel jener Tiere – die Rede ist vom Kamel und vom Vogel Strauß – entgegen, deren Körperbau ebenfalls zum Himmelsblick disponiere:

> Quels animaux n'ont la face au haut, et ne l'ont devant, et ne regardent vis à vis, comme nous: et ne descouvrent en leur juste posture autant du ciel et de la terre que l'homme? (E, S. 509)

Damit korrigiert Montaigne nicht nur die Selbstüberhebung des vermeintlich singulären *contemplator coeli*, sondern zugleich den Vorrang der Kontemplation, der theoretischen Anschauung, denn der Blick der Tiere, die Himmel und Erde im Auge haben, ist ein entdeckender, kein bloß anschauender.

Drei längere Lukrezzitate profilieren den zweiten Aspekt. Er betrifft das vermeintliche Privileg des Menschen, Wirklichkeiten in ihrer zeitlosen Substanz vermittels der Einbildungskraft zu vergegenwärtigen, das „privilege dequoy nostre ame se glorifie, de ramener à sa condition, tout ce qu'elle conçoit" (E, S. 509), das heißt die Fähigkeit, die Dinge in ihrer *condition immortelle et spirituelle* präsent zu halten und dabei von ihren *qualitez mortelles et corporelles* (E, S. 506) abzusehen. Montaigne verwendet eine philosophisch-theologische Begrifflichkeit, deren Anspruch er durch alltägliche Beispiele erläutert, indem er die Vorstellung, die man von Städten wie Rom oder Paris in der Einbildungskraft hat, aufruft. Aber der Anspruch eines anthropologischen Vorrechts wird bereits durch die Lukrezzitate konterkariert: Das im Schlaf erzitternde Pferd stellt sich demnach den Lärm der Schlacht und der Armeen vor, der hechelnde Hund den Hasen, den er jagen will. Das Tier, das der Mensch beim Träumen beobachtet, steht ihm nicht nach, was seine Fähigkeit der imaginativen Repräsentation angeht.

Wenn die *Apologie* ein Panorama jener Leistungen der Tiere entfaltet, welche ein menschliches Privileg zu sein scheinen, dann folgt sie damit dem plutarchischen Vorbild, Beispiele unter kognitiven und ethischen Begriffen zu versammeln. So treten neben die Paradigmen der Imagination solche erstaunlicher Erkenntnisverfahren. Tiere können beispielsweise über *finesse* oder *subtilité malitieuse* verfügen, wie das von Plutarch berichtete, topisch gewordene *mulet du philosophe Thales* (E, S. 496) zu verdeutlichen vermag. Die Anekdote demonstriert die List des Tieres, die nur von der Gegenlist des Philosophen übertroffen wird. Das Maultier des Thales, um das es geht, trägt mit Salz gefüllte Säcke über einen Fluss. Als es einmal stolpert, wird der Inhalt nass und löst sich auf, die Last wird leichter. Das Tier merkt sich das Ergebnis und setzt von nun an das Stolpern als Technik der Lastenminimierung ein, zum Schaden des Salzhändlers. Von dieser Untugend wird es durch den Philosophen Thales kuriert, der das Salz durch Wolle ersetzt, die, einmal nass geworden, nicht leichter, sondern schwerer wird. Der Maulesel lernt die Lektion und fügt sich in sein Schicksal. Nicht immer allerdings betreffen die Beispiele tierischer Intelligenz Rivalitätsverhältnisse von Mensch und Tier, sie können auch die Selbsterhaltungstechniken von Tierarten auszeichnen. Was Plutarch beispielsweise über die erstaunlichen mathematischen Fähigkeiten des Thunfisches, die sich vor allem in komplexen Formationsbildungen niederschlägt, berichtet, lässt Montaigne urteilen, der Fisch müsse eine *singuliere science de trois parties de la Mathematique* (E, S. 504) besitzen.

Stärker als die kognitiven Fähigkeiten der Tiere interessieren Montaigne allerdings ihre ethischen Dispositionen und Leistungen. Die Beispiele sind vielfältig. So ist, im Rekurs auf die *Noctes Atticae* des Aulus Gellius, von der Dankbarkeit (*gratitude*) der Löwen die Rede. Plutarch erzählt von der Treue (*fidelité*) und dem Großmut (*magnanimité*) der Hunde, der Geselligkeit (*societé et confederation*) der Fische, der Reue (*repentance*) der Elefanten. Wie seinen antiken Gewährsautoren geht es Montaigne offensichtlich nicht um eine eigene Ordnung tugendhafter Verhaltensmuster der einzelnen Tierarten. Die Kriterien der Beobachtung bleiben die ethischen Konzepte der Menschenwelt, auch wenn ihre Identität und Verbindlichkeit in Frage steht. Dabei zeigt sich eine aufschlussreiche Differenz im Einsatz der Referenzautoren. Die Lukrezzitate kreisen um die Allgemeinheit einer tierischen Disposition oder eines Vermögens, welche die Privilegien des Menschen in Frage stellen. Die Rückgriffe auf Plutarch bringen darüber hinaus mehrfach einen Beglaubigungsanspruch zur Geltung und rücken damit die Verlässlichkeit der Urteilskraft ins Zentrum. Der Autor der *Moralia* wird als Zeuge eines tierischen Habitus, eines singulären Geschehens oder einer Handlung aufgerufen. Diese konkretisieren sich in Geschichten, deren Unwahrscheinlichkeit einen autoritativen Zeugen verlangt. Dessen Autorität gründet in seiner Urteilskraft, deshalb ist Plutarch auch der verlässlichste Zeuge. So finden sich Formulierungen wie: „Plutarque tesmoigne ceste histoire, comme chose très-averée et advenue en son siecle." (E, S. 501) Auch die Geschichten der Tiere besitzen, so zeigt sich, eine der Menschenwelt vergleichbare Form der Ereignishaftigkeit, die sich vor dem Hintergrund des Habituellen und Üblichen abhebt.

Signifikant sind in dieser Hinsicht jene Beispiele, in denen Plutarch zum Zeugen tierischen Verhaltens wird, das einen dem Autor der *Essais* verborgenen Lebensraum betrifft. Dazu zählen vor allem das Meer und seine Tiere. Das Unwahrscheinliche, das berichtet wird, gewinnt Realität, wenn es durch Plutarch verbürgt ist. Ein prominentes Beispiel betrifft den Walfisch. Über den werde berichtet, dass er sich durch die Meere bewege, indem er einen kleinen Fisch als Führer verwendet, der ihm den Weg zeigt: „la baleine le suit, se laissant mener et tourner aussi facilement, que le timon fait retourner la navire" (E, S. 503). Als Belohnung dürfe sich der Fisch in dem „horrible chaos de la bouche de ce monstre" (E, S. 503f.) aufhalten, wo es für ihn Möglichkeiten der Nahrung und der Ruhe gibt. Sein Gastgeber lässt ihn dort unbehelligt, weiß er doch, dass er ohne den Führungsfisch orientierungslos ist. Die Unwahrscheinlichkeit dieser Tierpsychologie wird durch den Bericht und die Versicherung Plutarchs entschärft. Zwar tritt der Autor Plutarch in dem Dialog über die Land- und Wassertiere nicht selbst als Instanz der Beobachtung auf, er berichtet, was die Dialogfigur Phädimus berichtet. Wiederum aber macht Montaigne den Autor selbst für den Wahrheitsgehalt der Geschichte verantwortlich: „Ce que Plutarque tesmoigne avoir veu en l'Isle d'Anticyre" (E, S. 504).

Ein bemerkenswertes Beispiel der Kompensation von Unwahrscheinlichkeit durch die Instanz des Zeugen betrifft den Eisvogel, die Halkyone (*halcyon*), deren Name so viel wie „die auf dem Meer Brütende" bedeutet. Montaignes Diskussion lässt sichtbar werden, wie wenig ihm die Normen der kulturellen Wahrscheinlichkeit bedeuten, wenn sie durch die Autorität des urteilsfähigen Zeugen substituiert wird. Plutarch behandelt den Eisvogel, durchaus überraschend, in der Kategorie der Seetiere, also jener Tiere, die, wie ihr Verteidiger Phädimus einräumt, anders als die Landtiere, „durch eine große Kluft von dem Umgang mit Menschen getrennt" (*Moralia*, II, S. 628) sind. Montaigne kennt den Eisvogel, wie er unumwunden einräumt, nicht aus eigener Anschauung, es handele sich um ein Tier, das „notamment en la mer de Sicile" (E, S. 505) zu

Hause sei. Er muss sich daher auf das Zeugnis Plutarchs berufen, „qui en a veu et manié plusieurs" (E, S. 506). Der Eisvogel ist, wie Plutarch berichtet, nicht nur ein Tier mit erstaunlichen technischen Fähigkeiten und exemplarischen Tugenden, er ist auch ein mythisches Tier, das die Sphären des Gottes, des Menschen und des Tieres in Berührung kommen lässt. Wenn Friedrich Nietzsche am Ende von *Jenseits von Gut und Böse* dem „Versucher-Gott" Dionysos ein „halkyonische(s) Lächeln"[46] zuschreibt, so kehrt damit noch einmal jene mythische Übergänglichkeit wieder, die dem Eisvogel seit der Antike zugeschrieben wird. Der Mythos des Eisvogels, der auch im elften Buch von Ovids *Metamorphosen* erzählt wird, handelt von der Liebe des Ceyx, dem Sohn des Hesperus, und seiner Frau Alcyone, der Tochter des Aeolus, die sich nach seinem Schiffbruch ins Meer stürzt, woraufhin die Götter die beiden Liebenden in Eisvögel, Halkyone, verwandeln.[47] Plutarchs Phädimus allerdings erzählt nicht die mythische Verwandlung der Liebenden, sondern berichtet detailreich von der Nestbaukunst des Eisvogels. Er appelliert an die Erfahrung seiner Zuhörer und beruft sich auf eigene Beobachtungen: „Ich setze voraus dass Jeder von euch schon ein solches Nest gesehen hat; ich selbst habe es oft gesehen und untersucht." (*Moralia*, II, S. 640) Montaigne hat den Satz in Amyots Übersetzung gelesen, wo die Autorität der Beobachtung durch die Hervorhebung des Seh- und des Tastsinns unterstrichen wird: „Ie croi qu'il n'y a personne de vous qui n'ait veu plusieurs fois ce nid là, mais quãt à moi qui l'ai veu, manié & tenu plusieurs fois [...]" (*Œuvres morales*, I, S. 514). Die Beglaubigungsformel ist nicht ohne Emphase: Phädimus will nicht nur das Eisvogelnest gesehen, sondern auch berührt und in den Händen gehalten haben. Sein Wirklichkeitskriterium steht dem Anspruch des ungläubigen Thomas aus dem Johannesevangelium nicht nach, er will sehen und berühren. Dass seine Beobachtungen nicht dem entsprechen, was die Ornithologie über die Brutpraktiken des Eisvogels, der seine Bruthöhlen an steilen Felswänden baut, mittlerweile weiß, ändert nichts an der Realitätsemphase des Berichts, der vor allem die nautische Technik des Eisvogels rühmt. Er baue sein Nest „nach den Regeln der Schiffskunst", so dass schließlich ein stabiles, weder durch Stein noch durch Eisen zerstörbares

46 Friedrich Nietzsche, *Jenseits von Gut und Böse. Zur Genealogie der Moral*, Kritische Studienausgabe, hg. von Giorgio Colli/Mazzino Montinari, Bd. 5, München 1999, S. 239.

47 Vgl. Publius Ovidius Naso, *Metamorphosen*, hg. und übers. von Erich Rösch, München 1983, XI, 741ff.: „[...] der Götter Erbarmen verwandelte endlich / beide in Vögel. Es blieb, obschon unterworfen der gleichen / Wandlung, ihr Lieben bestehn; und es löste das Bündnis der Ehe / auch bei den Vögeln sich nicht. Sie paaren sich, werden zu Eltern, / und auf dem schwimmenden Nest in stürmischer Winterszeit brütet / sieben friedliche Tage Alcyone ruhig: solange / schläft die Woge der See; denn Aeolus hütet die Winde, / hält sie versperrt und schenkt ein ebenes Meer seinen Enkeln."

Gebilde entstehe, „ein rundes leicht zu ruderndes Nest" (*Moralia*, II, S. 639), dessen vollkommene Form nur dem Vogel selbst Platz lasse und alles andere fernhalte.

Montaigne wiederholt die mehr als halbseitige Beschreibung Plutarchs fast wörtlich und mit vergleichbarem Detailreichtum, auch er bewundert die präzise und ökonomische Konstruktionstechnik des Vogels: „Et ce qui plus est à admirer, c'est la proportion et figure de la concavité du dedans: car elle est composé et proportionnée de maniere qu'elle ne peut recevoir ny admettre autre chose, que l'oiseau qui l'a bastie" (E, S. 506). Allerdings geht es Montaigne in seiner Wiederholung nicht nur um dokumentarische Genauigkeit und um die Erkenntnis, dass der Eisvogel in technologischer Hinsicht mit dem Schiffskonstrukteur rivalisieren kann. Vielmehr wird die Halkyone zum Paradigma einer Lebenswirklichkeit, die sich dem Verstehen des Menschen entzieht. Der Eisvogel erscheint als Grenzgänger zwischen heterogenen Wirklichkeitssphären. Für Montaigne steht nicht deren mythische Übergänglichkeit im Vordergrund, sondern ihre undurchdringliche Komplexität. So sei bereits die Beschreibung, die Plutarch vom Nestbau des Vogels liefert, bei aller Detailliertheit der *difficulté de ceste architecture* (E, S. 506) nicht gewachsen, es handle sich um *effects que nous ne pouvons imiter et comprendre* (E, S. 506). Weil unsere Selbstüberschätzung (*vanité*) diese Einsicht nicht toleriert, neigen wir dazu, das uns Unzugängliche durch eine Interpretation ‚nach unten' (*interpreter desdaigneusement*) verfügbar zu machen. Diese Tendenz, das Unbegreifliche begreiflich zu machen, indem wir es „au dessoubs de nous" ansiedeln, manifestiert sich exemplarisch im Fall des Eisvogels, der nicht nur ein staunenswerter Nestbaukünstler ist. Vielmehr übersteigt das, was die Erfahrung (*experience*) der Seefahrer über seine Lebensweise lehrt, das menschliche Denkvermögen, es geht über *toute humaine cogitation* (E, S. 505) hinaus. Denn der Eisvogel ist nicht nur ein vorbildlicher Ökonom und Beispiel einer bewundernswerten *mesnagerie* in seiner Sorge um die Brut und die Nachkommen, sondern darüber hinaus auch noch ein staunenswertes Paradigma ehelicher Treue, was Montaigne am Verhalten des Weibchens verdeutlicht:

> Leurs femelles ne recognoissent autre masle que le leur propre: l'assistent toute leur vie sans jamais l'abandonner: s'il vient à estre debile et cassé, elles le chargent sur leurs espaules, le portent par tout, et le servent jusques à la mort. (E, S. 505)[48]

48 Das berühmte Exemplum der Weiber von Weinsberg, die bei der Belagerung der Stadt durch Kaiser Konrad III. im Jahre 1140 freien Abzug erhalten und ihn dazu nützen, ihre Männer als Gepäck auf dem Rücken mitzunehmen, erzählt Montaigne bereits in dem

Die technologisch-ethisch-ökonomische Außerordentlichkeit des Eisvogels geht weit über das hinaus, was der Mensch sich selbst zutraut. Sie sprengt sein Vorstellungsvermögen. Aber das ist noch nicht alles. Plutarchs Bericht handelt auch von dem besonderen Schutz, den die Eisvögel genießen, und Montaigne greift dieses Thema auf: „De quelle espece d'animaux a jamais nature tant honoré les couches, la naissance, et l'enfantement?" (E, S. 505) Montaigne setzt an dieser Stelle den Begriff der Natur ein, wo er in Amyots Übersetzung *les Dieux* (*Œuvres morales*, II, S. 513) gelesen hat. Aber er unterschlägt keineswegs den Bezug auf eine göttliche Ordnung. So heißt es wenig später in der Evokation der mythischen Windstille zur Zeit der Wintersonnenwende:

> Dieu a voulu que toute la mer fut arrestée, affermie et applanie, sans vagues, sans vents et sans pluye, cependant que l'halcyon fait ses petits, qui est justement environ le Solstice, le plus court de l'an: et par son privilege nous avons sept jours et sept nuicts, au fin cœur de l'hyver, que nous pouvons naviguer sans danger. (E, S. 505)

Der Eisvogel steht, so scheint es, unter dem besonderen Schutz des göttlichen Willens, ihm verdankt der Mensch die Zeit der stillen Wintertage, während der er sich gefahrlos aufs Meer wagen kann. Montaignes Version des mythischen Eisvogels stellt heterogene und in ihrem Verhältnis undurchdringliche Wirklichkeiten aus. Die *Apologie* unternimmt allerdings keinen Versuch, diese Vielfalt tierischer, menschlicher und göttlicher Sphären zu homogenisieren. Der Rekurs auf Plutarch wiederholt den Prätext und lässt ihn dabei zu einem epistemologischen Experiment werden. In ihm zerfallen die Anmaßungen des Wissens, sie verwandeln sich in ein Staunen, das divergierende Wirklichkeiten anerkennt. Die ethischen und kognitiven Leistungen der Tiere werden zum Ausgangspunkt der Frage nach der Pluralität von Wirklichkeiten und Wirklichkeitsbegriffen.

6 Herrschaft und Haushalt: antiker und moderner Zorn

Plutarch ist für Montaigne ein Autor (besser: *der* Autor), der in seinen Werken als Instanz sichtbar, erkennbar und lesbar wird. Der Leser beobachtet, wie er als Autor seine Vermögen, an erster Stelle die Urteilskraft, einsetzt. Seine Texte in der Lektüre zu genießen bedeutet daher, mit dem mentalen Habitus

---

Essay *Par divers moyens on arrive à pareille fin* (E, S. 32). Aber wie könnte eine solche einmalige List mit der standhaften Treue der Eisvogelweibchen konkurrieren?

ihres Verfassers vertraut zu werden und dessen Aktivitäten zu beobachten. Plutarch präfiguriert für den Leser Montaigne das Projekt, das er selbst als Autor der *Essais* verwirklichen will, auch wenn der Autor der *Moralia* und der *Bioi* keine autobiographische Erzählung oder diskursive Ich-Rede präsentiert. Die Paradigmatisierung Plutarchs erlaubt Montaigne beides, die Affinität der Verfahren wie die generische Differenz. Plutarch wird in der Lektüre und Wiederlektüre seiner Werke erkennbar, der Leser Montaigne vermag in das Innere des Autors einzudringen, die Tiefendimension seiner auktorialen Kreativität erschließt sich ihm. So unterstreicht Montaigne in dem Essay *De la cholere* (II, 31) den Aufschlusscharakter von Plutarchs Werken für die Verfassung der Person, obwohl er keine Memoiren hinterlassen hat, in denen seine Lebensgeschichte erzählt würde:

> Les escrits de Plutarque, à les bien savourer, nous le descouvrent assez; et je pense le cognoistre jusques dans l'ame: si voudrois-je que nous eussions quelques memoires de sa vie [...] (E, S. 752).

De la cholere geht unmittelbar dem Essay *Deffence de Seneque et de Plutarque* (II, 32) voraus, in dem Montaigne seine beiden Lieblingsautoren gegen die Kritik seiner Zeitgenossen verteidigt. In Wirklichkeit ist Montaignes doppelte Verteidigung, wie sich zeigen wird, asymmetrisch angelegt, sie konzentriert sich auf Plutarch, wenn sie dem Leser veranschaulicht, was es heißt, einen Autor in seinen Werken durch die Lust am Text zu entdecken. Die Asymmetrie ist bereits in *De la cholere* angelegt. Sowohl Seneca (mit *De Ira*) als auch Plutarch (mit dem von Amyot als *Comment il faut refrener la colere* übersetzten Dialog) sind als Autoren von Traktaten über den Zorn hervorgetreten. Montaigne wird sich in seinem Essay auf beide Philosophen beziehen, aber bereits der erste Satz des Essays benennt, worauf es ihm entscheidend ankommt, die Sichtbarkeit des Autors in seinen Urteilen: „Plutarque est admirable par tout: mais principalement, où il juge des actions humaines." (E, S. 750) *De la cholere* variiert zwar das Thema von Plutarchs *Über die Bezähmung des Zorns*, den Umgang mit dem Affekt des Zorns, aber er hebt gleichzeitig ein Merkmal hervor, das sich in expliziter und prominenter Form vor allem in den Parallelbiographien Plutarchs findet, die Beurteilung des menschlichen Handelns, das Urteil über die Akteure der Geschichte. Dessen prägnante Textform ist die Synkrisis, der abschließende Vergleich der Gegenstände zweier parallel angelegter Biographien. Montaigne wird unmittelbar darauf ein prominentes Beispiel besprechen, die Synkrisis der beiden großen Gesetzgeberfiguren der Spartaner und der Römer, Lykurg und Numa, und zwar im Hinblick auf die Frage, ob man die Erziehung der Kinder den Eltern überlassen oder sie dem Staat anvertrauen sollte, ein seit der *Politeia* Platons zentrales Thema der antiken politischen Philosophie.

Die Synkrisis der Lykurg- und Numabiographien spielt verschiedene Vergleichsebenen durch, es geht beispielsweise um Fragen der Herrschaft und der Kriegführung, aber auch um die Regulierung sozialer Hierarchien und Differenzierungen. Dabei insistiert der Autor vor allem auf der Herausarbeitung von Unterschieden (*différences*) der beiden Gründerfiguren, denn die *similitudes et choses communes* (*Vies*, I, S. 163), wie Mäßigung, politische Klugheit und religiöse Orientierung, träten aus ihren Handlungen von selbst deutlich hervor. Plutarch ist keineswegs an einer für Differenzen blinden Hierarchisierung der Griechen und Römer interessiert, die Synkrisis ist eine bewegliche Form, sie entfaltet spezifische, von der Urteilskraft des Beobachters autonom gesetzte Hinsichten. Im Blick auf die Prinzipien und die Organisation der Erziehung ist Plutarchs Urteil allerdings eindeutig, die platonische Orientierung seiner Distinktionen wird deutlich. Numa überlässt der „discrétion des pères, selon leur avarice ou leur besoin, la liberté de faire nourrir et élever leurs enfants ainsi que bon leur semblait" (*Vies*, I, S. 168). Der Römer setzt ganz auf die väterliche Autorität und übersieht damit, dass man den ethischen Habitus der Kinder, die *mœurs des enfants*, von Geburt an formen müsse, *à une même fin*, eben dem Zweck des Staats. Genau das habe Lykurg in Sparta mit durchschlagendem Erfolg getan, denn die staatlich organisierte Erziehung färbt die Dispositionen der Kinder ‚in der Wolle' (*teint en laine*) und sichert damit die Kontinuität der politischen Institutionen: „ce qui a tant eu de force, que l'espace de plus de cinq cents ans durant, ses principales institutions et ordonnances sont demeurées en leur entier, comme une bonne et forte teinture" (*Vies*, I, S. 169). Plutarchs Synkrisis nimmt die Wirkungen des Handelns der Gesetzgeber auf die Stabilität des Gemeinwesens in den Blick. In dieser Hinsicht zeigt sich die Überlegenheit des spartanischen Erziehungssystems. Montaigne, der die Urteilskraft Plutarchs bewundert, folgt seiner Einschätzung, er kritisiert die Einfalt, die *grande simplesse*, die darin liege, die Erziehung der Kinder den Eltern zu überlassen, „d'abandonner les enfans au gouvernement et à la charge de leurs peres" (E, S. 750).

In der rhetorischen Form der Synkrisis demonstriert Plutarch die Beweglichkeit seines Urteils. Montaigne, der dem Leser seinerseits die *essais* seines *jugement* vorführt, wird in der *Deffence de Seneque et de Plutarque* das Vergleichsverfahren Plutarchs selbst als Kompositionsprinzip einsetzen. *De la cholere* entfaltet sein Thema, den in der Fremd- wie in der Selbstbeobachtung virulenten Affekt des Zorns, allerdings nicht nur im Rekurs auf die Zorntraktate Senecas und Plutarchs. Vielmehr erzählt der Essay darüber hinaus auch eine biographische Episode, die Plutarchs eigenen Umgang mit der Leidenschaft des Zorns vorführt. Montaigne verdankt sie nicht Plutarch selbst, sondern den *Noctes Atticae* des Aulus Gellius, der am Ende des ersten Buches (I, 26) den Philosophen Taurus, der ein Schüler Plutarchs war, berichten lässt, wie sich der *vir doctissimus ac prudentissimus* Plutarch gegenüber einem Sklaven verhält, der die ihm zugedachte Strafe der Peitschenhiebe als Ausdruck des Zorns seines Herrn betrachten will und deshalb die Ungerechtigkeit der dem Affekt entspringenden Strafe beklagt.[49] Montaignes *De la cholere* wiederholt dieses Biographem ebenso einlässlich wie präzise: Der *esclave mauvais homme et vicieux* (E, S. 752), der allerdings einige *leçons de philosophie* gelernt hat, versucht seinem Besitzer nachzuweisen, dass die Strafaktion im Widerspruch zu der philosophischen, von Plutarch in seinen Reden und Schriften entschieden vertretenen Maxime stünde, nicht aus dem Impuls des Zorns zu handeln.[50] So habe er Plutarch häufig sagen hören „qu'il estoit laid de se courroucer", der Autor habe sogar ein Buch über das Thema geschrieben, und nun bestrafe er ihn im Widerspruch zu seinen Maximen aus einem Affekt des Zorns: „tout plongé en la colere, il le faisoit cruellement battre" (E, S. 753). So handle er der Lehre seiner *escrits* zuwider. Der Sklave hat allerdings nicht mit Plutarchs Fähigkeit gerechnet, den eigenen Zorn zu unterdrücken und „froidement et tout rassis" zu antworten: Er möge ihm doch sagen, welche Zeichen des Zorns (*vrais signes de la cholere*) in seinem Aussehen und seinem Verhalten zu erkennen seien, immerhin seien weder seine Augen wild (*yeux effarouchez*) noch sein Gesicht verwirrt (*visage troublé*). Und so lässt der seine Affekte disziplinierende Herr während des Disputs mit dem Sklaven ungerührt die zugemessene Strafe vollziehen.

Das Individuum Plutarch praktiziert einen souveränen Umgang mit der Leidenschaft des Zorns, er hält sie auf Distanz, sein Handeln und sein Aussehen bleiben kontrolliert. Montaigne beobachtet diese Abspaltung des Affekts als eine unwahrscheinliche, souveräne Form der Selbstdisziplin. Es zeigt sich, dass er sie offenbar nur exemplarischen Gestalten der Antike wie Plutarch zutraut. Die Beispiele der Moderne, welche *De la cholere* ins Spiel bringt, offerieren ein anderes Bild. So evoziert der Essay einen namenlos bleibenden ‚zornigsten Mann Frankreichs' (E, S. 754: *plus cholere homme de France*) und seine Anstrengungen, den eigenen Zorn zu verbergen und sich seinem Ansturm zu

49 *The Attic Nights of Aulus Gellius*, übers. von John C. Rolfe, Cambridge/Mass. und London 1984, S. 114–119.

50 Das erste Mittel, „den Zorn, gleich einem Tyrann zu stürzen, besteht darin, dass wir ihm keine Folge leisten, und den Gehorsam versagen, wenn er uns heftig zu schreien, furchtbar um uns zu blicken und uns selbst zu schlagen gebietet" (*Moralia*, I, S. 775), erläutert Plutarchs Fundanus in *Über die Bezähmung des Zorns*.

widersetzen. Der Affekt bewegt diese Person mit *violence et fureur*, sie muss sich *cruellement* anstrengen, um ihn zu mäßigen. Für sich selbst und seinen Umgang mit dem Zorn sucht Montaigne einen Weg zwischen Neutralisierung und Mäßigung. Die Souveränität der Selbstdisziplin Plutarchs steht ihm jedenfalls nicht zu Gebote. Montaignes eigenes Modell ist das eines Haushalts der Leidenschaft. Der Anspruch des *bien mesnager ses affaires* zielt auf dem Feld des Affekts nicht auf Abspaltung und auch nicht auf Kampf, sondern auf die Herstellung einer Balance, auf die kontinuierliche Anpassung des Verhältnisses von äußerer Manifestation und innerer Dynamik der Leidenschaft. Der Haushalt der Affekte muss die Ansprüche der Person und der Gesellschaft in Rechnung stellen. Wenn die unkontrollierte Äußerung des Zorns sozial anstößig ist, so beschädigt seine Verinnerlichung den affektiven Haushalt der Person. Der selbstquälerische Kampf mit dem Affekt (*se ronger interieurement*) erlaubt zwar, nach außen hin, in der Gesellschaft, eine Maske zu tragen und den Anschein einer *reglée apparence* aufrecht zu erhalten, aber er läuft entschieden der Selbstsorge zuwider, und das ist an dieser Stelle das für Montaigne Entscheidende, *le princial*: „prouvoir au dedans, et à soy-mesme" (E, S. 755). Angesichts der Asymmetrie von Innen und Außen, von Selbstsorge und Gesellschaft, muss die Inkorporation des Zorns vermieden werden.[51] Seine Veräußerlichung in der Form kontrollierter Abfuhr wird zum Ausweg im Interesse des Haushalts der Seele:

> Je conseille qu'on donne plustost une buffe à la joue de son valet, un peu hors de saison, que de gehenner sa fantasie, pour representer ceste sage contenance (E, S. 755).

Montaigne übernimmt hier für einen Augenblick die Rolle eines Ratgebers für den Umgang mit den Leidenschaften. Den eigenen Diener zu ohrfeigen, und sei es zur Unzeit, ist immer noch besser als sich selbst zu foltern, auch wenn es nur in der Phantasie geschieht. Die Abfuhr des Affekts ist seiner Interiorisierung vorzuziehen. Montaignes Rat ist ökonomisch, nicht ethisch, er geht von psychischen Haushalten aus, denen die antike, durch das Verhalten Plutarchs exemplifizierte Selbstdisziplin nicht mehr verfügbar ist. Wenn es unvermeidlich wird, sich zu den eigenen Leidenschaften zu verhalten und ihrer Energie eine Richtung zu geben, dann gilt es, ihre Antriebsrichtung in erster Linie nach außen, nicht nach innen zu richten.[52]

51 E, S. 755: „On incorpore la cholere en la cachant".

52 E, S. 755: „Il vaut mieux que leur poincte agisse au dehors, que de la plier contre nous."

Allerdings hat diese Exteriorisierung des Zorns Grenzen. Die sich selbst durch Affektabfuhr schonende Person ruiniert offensichtlich ihre soziale Reputation, wenn sie sich in der Öffentlichkeit unkontrolliert ihrer Leidenschaft überlässt. So korrigiert Montaigne sich selbst und rät den ihm Nahestehenden, sie sollten mit ihrem Zorn und seiner Manifestation haushälterisch umgehen, „qu'ils mesnagent leur cholere, et ne l'espandent pas à tout prix" (E, S. 755). Die mangelnde Selbstkontrolle, die der vom Affekt sichtbar Beherrschte zeigt, nimmt dem Zorn sein Gewicht (*poids*) und seine Wirkung (*effect*), weil sie seine ethische Rechtfertigung untergräbt. Plutarchs souveränes Verhalten mag für den Menschen des 16. Jahrhunderts nicht wiederholbar sein, aber es demonstriert eindringlich die Notwendigkeit, den Zorn zu zähmen. Der Auftritt des Sklaven bringt den öffentlichen Skandal des Affekts zur Sprache. Plutarch kann seine Außenseite kontrollieren, weil ihm die Kontrolle seiner Innenseite nicht zum Problem wird. Montaigne macht deutlich, was die Kosten der ‚Umkehr der Antriebsrichtung'[53] (A. Gehlen), der Inversion von der Exteriorisierung zur Interiorisierung, für den Haushalt der Person bedeuten. Man kann den Affekt ‚inkorporieren', aber er droht dann zur Selbstfolter zu werden. Plutarchs virtuose Souveränität im Umgang mit dem Zorn gehört, so scheint es, einer unerreichbar gewordenen Vergangenheit an.

Die haushälterische Zähmung und Orientierung der Affekte steht bei Montaigne unter einer Prämisse, welche das Modell rationaler Selbstkontrolle konterkariert. Die fortlaufende Selbstbeobachtung bringt Alternativen ins Spiel, sie setzt einerseits auf den Faktor Zeit und sie entdeckt andererseits Möglichkeiten zeichenhafter Substitution der Objekte des Affekts. Wenn die rationale Kontrolle und souveräne Unterdrückung des Affekts unmöglich ist, dann bleiben immer noch die Möglichkeiten, seine zeitliche Verlaufskurve und seine Gegenstände zu manipulieren:

> Quand je me courrouce, c'est le plus vifvement, mais aussi le plus briefvement, et secretement que je puis: je me pers bien en vistesse, et en violence, mais non pas en trouble [...] (E, S. 756).

Montaigne artikuliert den Zorn sprachlich, in *parolles injurieuses* (E, S. 756), die Worte nehmen die Energie der Leidenschaft auf, die Sprache der Beleidigung verselbstständigt sich gegenüber ihrem Objekt. So schiebt sich zwischen das Subjekt und das Objekt der Leidenschaft eine semiotische Sphäre, in der die Passion sich imaginär verausgaben kann. Der affektive Haushalt

53 Vgl. zu diesem Konzept als „anthropologische Kategorie schlechthin" Arnold Gehlen, *Urmensch und Spätkultur*, Frankfurt/Main 1977, S. 238.

wird beweglich, die Person kann mit dem Verhältnis von Anlass und Reaktion spielen. Geringe Auslöser können unkontrollierte Reaktionen[54] provozieren, wenn man sich ihnen hingibt, während die *grandes occasions*, wo jedermann eine *raisonnable cholere* erwartet, Gelegenheit geben, die Erwartung zu enttäuschen: „je me glorifie à tromper leur attente" (E, S. 756). So gelingt es, den Impuls des Zorns, *l'impulsion de cette passion*, zu hemmen, auch wenn er als Reaktion auf eine *violente cause* entsteht. Außerdem eröffnet sich die Möglichkeit, den Zornigen zu mimen, *representer le courroussé*, ohne den Affekt, die *vraye emotion* (E, S. 757), selbst zu empfinden. So etabliert der Haushalt der Leidenschaft eine intermediäre Sphäre zwischen der Person und den Objekten des Affekts: Temporalisierung, Inversion, Semiotisierung und Fiktionalisierung werden zu Strategien, der selbstfolternden Inkorporation wie der reputationsschädigenden Exteriorisierung der Leidenschaften zu entgehen.

Die diagnostische Dimension von *De la cholere* hält sich bis zum Ende durch. Sie speist die präzeptistische Tendenz des Essays, deren prägnantes Profil sich allerdings nicht durch das Beispiel plutarchischer Selbstdisziplin, sondern durch die Opposition zur *Nikomachischen Ethik* ergibt. Aristoteles, so Montaignes Paraphrase, behaupte, dass manchmal der Zorn der Tugend als Waffe diene. In der Tat kann man Aristoteles so verstehen: „Der mutige Mann", so heißt es im dritten Buch der *Nikomachischen Ethik* (1116b), „handelt […] aus dem Beweggrund der Sittlichkeit, aber der Zorn hilft ihm dabei."[55] Für die Welt der Antike mag dieser Befund immerhin *vray-semblable* sein. Aber aus dem Horizont der Moderne und dem Befund der Selbstbeobachtung heraus widerspricht Montaigne diesem Anspruch einer restlosen Instrumentalisierung des Affekts für rational-ethische Motive. Treibt der Blick auf Plutarch die Profilierung der Differenz an, so provoziert die Affektökonomie des Aristoteles entschiedenen Widerspruch. Der Essay kehrt die in der *Nikomachischen Ethik* beschriebene Relation ins Gegenteil um. Nicht der Zorn ist die Waffe, derer wir uns bedienen, sondern wir sind die Waffe, der sich der Zorn bedient, „nous remuons les autres armes, ceste cy nous remue […] elle nous tient, nous ne la tenons pas." (E, S. 757) Das Individuum der modernen Welt, dessen affektives Profil Montaigne in der Bezugnahme auf das Beispiel Plutarchs modelliert, muss sich in die Ökonomien der Zeit und der Zeichen retten, will es der drohenden Herrschaft des Affekts über die Person entgehen. Die souveräne Hierarchisierung von Rationalität und Affektivität, die Montaigne in den Autoren und Texten der antiken Welt gewärtigt (oder auf sie projiziert), ist ihm und seiner Welt offenkundig verloren gegangen. Das Postulat einer haushälterischen Regulierung

54 Vgl. E, S. 756: „La cheute se presse, s'esmeut, et se haste d'elle mesme."

55 Aristoteles, *Nikomachische Ethik*, a.a.O., S. 64.

der Affekte und Leidenschaften trägt einer Situation des Menschen Rechnung, die sowohl horizontal wie vertikal, in der Außen- und der Innenorientierung der Affekte ebenso wie in der Relation von Vernunft (Tugend) und Leidenschaft (Affekt), mit einer unabsehbaren Dynamik rechnet, die der Verfügbarkeit von Zeit ebenso bedarf wie der Manipulierbarkeit affektbesetzter Zeichen.

7 Text und Urteil

Montaignes Lektüren und Relektüren richten sich, wie der Essay *Des livres* (II, 10) zeigt, auf das überlieferte und von Amyot übersetzte Œuvre Plutarchs insgesamt. Der Essay bespricht das Genre der Biographie, „ceux qui escrivent des vies", als jene Variante der Geschichtsschreibung, die den *homme en general* darzustellen vermag. Wie die Erläuterung zeigt, geht es Montaigne um eine Art deskriptiver Anthropologie, die Biographie zeige die Innenseite des Menschen, die „varieté et verité de ses conditions internes, en gros et en detail" (E, S. 437). Den Autoren von Biographien geht es daher vorrangig um die Motive oder Intentionen (*conseils*) der Akteure, weniger um die Ereignisse der Geschichte (*evenemens*). Zum Genre, das die Urteilskraft ihres Autors spektakulär zur Geltung bringt, wird die Biographie allerdings erst im Plural, als Serie, welche Möglichkeiten des Vergleichs eröffnet. Plutarch, der die griechisch-römische Parallelbiographie seriell und synkritisch praktiziert, ist deshalb für Montaigne *mon homme*. Aber *Des livres* lässt auch erkennen, dass Plutarch Montaignes Mann mehr noch durch das heterogene Textensemble ist, das die Nachwelt als seine *Moralia* versammelt und als eine Einheit wahrnimmt, die dem Autor so vermutlich nicht vor Augen stand[56]. Dort, in der beweglichen Vielfalt kleiner philosophischer Formen, liegt bei aller Differenz der philosophischen Schulaffinitäten seine Verwandtschaft mit Seneca, die Montaigne immer wieder unterstreicht. Wie der Stoiker praktiziert Plutarch jene Form der praktischen Philosophie, deren Orientierungsleistung für den Leser unmittelbar, ohne vorgängiges disziplinäres Wissen oder begriffliche Anstrengung, wirksam werden kann. Die *opuscules de Plutarque* und die *Epistres de Seneque* „ne demandent pas l'obligation d'un long travail, dequoy je suis incapable." (E, S. 433) Die kleinen Formen ethischen Philosophierens machen „la plus belle partie de leurs escrits, et la plus profitable" aus, denn sie besitzen eine „notable commodité pour mon humeur" (E, S. 433). Montaigne stellt die

56 Die Editio princeps der *Moralia* erscheint 1509 bei Aldo Manuzio in Venedig, der Herausgeber ist Demetrios Doukas. 1542 erscheint die Ausgabe von Hieronymus Froben in Basel, 1572 die von Henri Estienne in Genf.

Luciliusbriefe über die moralphilosophischen Traktate und die Tragödien Senecas und er schätzt die *Moralia*, die ‚Werkchen', die *Œuvres morales* oder *Œuvres meslees*, wie Amyot etwas unentschlossen den ersten und den zweiten Band seiner Übersetzung betitelt, noch höher als die Parallelviten ein, die für ihn bereits die Verwirklichung einer Form der Historiographie verkörpern, welche Nutzen und Vergnügen verbindet.

Der Vorzug der kleinen ethischen Formen, wie sie Seneca und Plutarch pflegen, ist ein doppelter, er betrifft ihre formale wie ihre thematische Seite. Nur durch diese doppelte Attraktivität können sie zum Vademecum eines modernen Lesers werden. Zunächst senken sie als offene, diskontinuierliche Formen die Zugangsschwelle. Der Leser kann sie jederzeit zu Rate ziehen, ihre Vielfalt ist situativ anschließbar, sie sind für unterschiedliche Orientierungsinteressen in der Lebenswelt des Lesers einsetzbar. Philosophischer Anspruch und Lektüreinteresse sind immer wieder auf neue Beziehungen einstellbar:

> Il ne faut pas grande entreprinse pour m'y mettre, et les quitte où il me plaist. Car elles n'ont point de suite et dependance des unes aux autres. (E, S. 433)

Die Diskontinuität des Ensembles und die Autonomie der einzelnen Texte lassen dem Leser alle Freiheiten seiner wechselnden Interessen.

Dieser Beweglichkeit der kleinen Formen korrespondiert die Zugänglichkeit ihrer thematischen Relevanzen, die in ihrer geringen doktrinären Festgelegtheit gründet. Montaigne nivelliert die Differenz der schulphilosophischen Zugehörigkeit der beiden Autoren, die ihm natürlich vertraut ist und zu der er sich auch gelegentlich verhält. Aber im Kern geht es hier um etwas anderes: Die kleine Form der praktischen Philosophie streift für ihren Leser die Fessel des dogmatischen Kontextes ab, ihre lebenspraktische Wahrheit und deren Nutzen können unverstellt hervortreten. Beide, der Stoiker Seneca wie der Platoniker Plutarch, „se rencontrent en la plus part des opinions utiles et vrayes" (E, S. 433). Dazu mögen biographische Ähnlichkeiten der beiden Autoren beigetragen haben, die Montaigne im Einklang mit der Überlieferung betont: Sie seien *precepteurs de deux Empereurs Romains* gewesen, obwohl beide aus *pays estrangers* stammten. Überdies hätten sie beide über Reichtümer verfügt und seien einflussreich gewesen. Aber diese biographische Verbindung von Nähe zur Macht und fremder Herkunft ist natürlich nicht das Entscheidende. Im Zentrum steht vielmehr ihre stets „d'une simple façon et pertinente" (E, S. 433) vorgetragene Lehre (*instruction*), welche die *cresme de la philosophie* ausmacht. In ihr wird die Philosophie unmittelbar, ohne dogmatische Umständlichkeit, und jederzeit, ohne aufwändige Zugangsprozeduren, bedeutsam für eine ethisch orientierte Lebensführung.

In *Des livres* folgt auf die Paradigmatisierung der kleinen moralphilosophischen Form, die eine Parallele von Seneca und Plutarch in Szene setzt, eine deutliche Asymmetrisierung der beiden Autoren. Formal zeichnet sie sich dadurch aus, dass Montaigne bereits hier das plutarchische Schema der Synkrisis verwendet, das er in der *Deffence de Seneque et de Plutarque* noch einmal einsetzen wird. Die Synkrisis von Seneca und Plutarch weist in *Des livres* zwei Merkmale auf, die sie vom typischen Verfahren ihres Urhebers unterscheiden: zum einen eine konzise Prägnanz, die sie zu einer kleinen Form sui generis macht, zum anderen eine dynamische Transformation, welche die Statik des Vergleichs in Bewegung setzt und damit einen Vorzeichenwechsel der Prädikate möglich macht. In ihrer Konzision wiederholt die Synkrisis damit ein für den Essay charakteristisches Verfahren der Inversion seiner Vorgaben:

> Plutarque est plus uniforme et constant: Seneque plus ondoyant et divers. Cettuy-cy se peine, se roidit et se tend pour armer la vertu contre la foiblesse, la crainte, et les vitieux appetits: l'autre semble n'estimer pas tant leur effort, et desdaigner d'en haster son pas et se mettre sur sa garde. Plutarque a les opinions Platoniques, douces et accommodables à la societé civile: l'autre les a Stoïques et Épicuriennes, plus esloignées de l'usage commun, mais selon moy plus commodes en particulier, et plus fermes [...] Plutarque est plus libre par tout. Seneque est plein de pointes et saillies, Plutarque de choses. Celuy là vous eschauffe plus, et vous esmeut, cestuy-cy vous contente d'avantage, et vous paye mieux: il nous guide, l'autre nous pousse. (E, S. 433f.)

Die Synkrisis, wie sie *Des livres* praktiziert, macht keinen Unterschied zwischen dem Autor und seinem Text. Seneca und Plutarch sind für Montaigne Autoren, die in ihren ethischen Kleinformen mit den Akten ihrer philosophischen Urteilskraft unmittelbar präsent sind. Der Schematismus der Synkrisis wird in der Parallele der beiden Autoren durch den schnellen Wechsel apodiktischer Prädikate gewissermaßen in Reinkultur vorgeführt. Indem er Autoren vergleicht, deren ethisches Urteilsvermögen er rühmt, stellt Montaigne den Vollzug seiner eigenen Urteilskraft vor. Diese erweist sich als ebenso beweglich wie zielorientiert, sie setzt mit einer spektakulären Auszeichnung Senecas ein, um dann in die Paradigmatisierung Plutarchs zu kippen. Zunächst wird überraschenderweise der Stoiker Seneca, im Gegensatz zu der gängigen Einschätzung der von ihm vertretenen Schule, als *ondoyant et divers* apostrophiert, und zieht damit zwei Prädikate auf sich, die Montaigne bereits in seinem ersten Essay, *Par divers moyens on arrive à pareille fin*, als Charakteristika des Menschen, des *homme en general*, in Anschlag gebracht hatte. Der Stoiker verkörpert eine anthropologische Authentizität, die sich schwerlich mit den gegenläufigen Prädikaten des *uniforme et constant*, die Plutarch kontrastiv auf sich zieht, assoziieren lässt. Wenn etwas für Montaigne seiner Erfahrung der *condition humaine* widerspricht, dann sind es Konzepte der Einförmigkeit und Stetigkeit. Aber die damit gesetzte Asymmetrie wird im Fortgang der Synkrisis subvertiert und in ihr Gegenteil verkehrt. Die (impliziten wie expliziten) Markierungen des Vergleichs konterkarieren die anfängliche Suggestion. Bereits die Hervorhebung des angestrengten Charakters der Ethik Senecas, die sich aus der Anspannung der Vermögen speist, im Kontrast zu der Geringschätzung des *effort* bei Plutarch und seiner Wertschätzung der Tugenden der Geselligkeit, manövriert das stoische Paradigma in eine defensive Position. Die Konzession, dass Senecas Ratschläge für das einzelne Individuum empfehlenswerter sein mögen, wird durch das singuläre Moment der Denunziation entwertet, das, ohne Plutarch zu erwähnen, ausschließlich Seneca betrifft: Sein Verhalten „preste un peu à la tyrannie des Empereurs de son temps" (E, S. 434). Damit aber kippt die Synkrisis zugunsten Plutarchs, die Prädikate benötigen hinfort keinen weiteren Kommentar. Seneca (der Autor wie der Text) ist voller Pointen, Plutarch (der Autor wie der Text) hingegen ist geprägt von der Fülle der Dinge. Senecas Rhetorik bedrängt den Leser, Plutarch, der selbst ganz und gar frei (*libre par tout*) ist, führt und leitet ihn. Seneca will den Leser mobilisieren, er ‚erhitzt' und ‚bewegt' ihn, Plutarch stellt ihn zufrieden, er bezahlt ihn, wie es heißt, besser als es der Stoiker tut. Die Tendenz dieser Oppositionsbildungen, Rhetorik versus Sachlichkeit, Wörter versus Dinge, Mobilisierung versus Gelassenheit, ist im Kontext der *Essais* und ihrer Rhetorikkritik relativ eindeutig markiert. Sie ist es umso mehr, wenn man sich vor Augen hält, dass der Leser Montaigne zugleich ein Autor ist, der von ‚Anleihen' bei anderen Autoren lebt: Plutarchs Generosität, der seinen Leser ‚bezahlt', aus dessen Werken man ‚Anleihen' beziehen kann, ohne damit Schulden anzuhäufen, lässt das Modell einer intertextuellen Relation aufscheinen, welche die Beziehung von Autor zu Autor angesichts der initialen Großzügigkeit des beliehenen Autors von allen Momenten illegitimer Verschuldung freispricht. Diese Ethik der auktorialen Gabe garantiert den reuelosen Genuss des Lesers.

So weit der Befund von *Des livres*, aber der Vergleich der beiden antiken Philosophen bleibt weiterhin virulent. Der Essay *Deffence de Seneque et de Plutarque* (II, 32) wiederholt das plutarchische Verfahren der Synkrisis noch einmal, um es wiederum einer charakteristischen Transformation zu unterziehen. Bei Plutarch steht die Synkrisis am Ende zweier Biographien, sie vergleicht die Protagonisten der Geschichte Griechenlands und Roms im Hinblick auf ihre ethische Qualität und ihre historische Leistung. Sie rückt sie in eine Sphäre der Kommensurabilität, deren Parameter durch den Biographen und seine Maßstäbe gesetzt werden. Montaigne vergleicht nicht historische Akteure, deren Lebensgeschichten er erzählt, sondern philosophische Autoren, die privilegierte Objekte seiner Lektüren sind. Ihre Kanonisierung ist rezeptionsgeschichtlich keineswegs unumstritten. Montaignes Synkrisis zeigt an, dass sie nicht von vornherein aus einer Position souveräner Urteilsdistanz operiert, sie mobilisiert vielmehr stillschweigend das rhetorische Schema der Apologie, das die *Apologie de Raimond de Sebonde* aufgerufen und subvertiert hatte. Er verteidigt in seinem Essay seine Autoren Seneca und Plutarch, weil sie in der Renaissance zum Gegenstand der Kritik geworden sind. Montaigne argumentiert daher zunächst indirekt, er zitiert Beispiele und Instanzen kritischer Verkennung der beiden Autoren, um gegenläufig zu verdeutlichen, warum der Stoiker Seneca und der Platoniker Plutarch für ihn jenseits ihrer philosophischen Schulzugehörigkeit Autoren sind, deren Urteilsakte und Sprachformen er als Leser und Autor immer wieder zitiert, kommentiert und verarbeitet. Allerdings ist die Apologie in der *Deffence de Seneque et de Plutarque* noch massiver in die Asymmetrie getrieben als in *Des livres*. Die Synkrisis steuert einen Grenzwert der Unvergleichbarkeit an, das Prinzip der Kommensurabilität wird selbst fragwürdig. Die produktive Rezeption Plutarchs, die sein Schema der Synkrisis einsetzt, zeichnet Plutarch nicht nur gegenüber Seneca aus, sie wird zum Experiment mit der Synkrisis als rhetorischer Form.

Die *Deffence* setzt mit einem Geständnis ein: Montaignes Vertrautheit (*familiarité*) mit Seneca und Plutarch sei so groß, ihre Hilfe (*assistance*) so intensiv, dass seine *Essais* ganz aus den Versatzstücken gebaut seien, die er aus ihren Werken entwendet habe, „massonné purement de leurs despouilles" (E, S. 757)[57]. Ihre Verteidigung gegen die ungerechtfertigten Angriffe seiner Zeitgenossen sei daher für ihn eine Frage der Ehre. Der negative Ausgangspunkt der *Deffence* betrifft politische Instrumentalisierungen, denen die beiden *personnages* Seneca und Plutarch im 16. Jahrhundert unterworfen wurden, erst später wendet sich der Essay der Form der Werke zu, durch die sie den Leser Montaigne in den Bann ziehen. Seneca, so lässt der Essay erkennen, wurde in den Pamphleten des konfessionellen Bürgerkriegs von den Protestanten als Vergleichsfigur eingesetzt, um die katholische Partei zu denunzieren. Die Hugenotten, von Montaigne geringschätzig als *Religion pretendue reformée*

57 Die Semantik von *dépouille* ist im 16. Jahrhundert weitgefächert. Sie reicht von der *peau enlévée à une bête morte* über den *corps d'une personne morte* und die *succession, biens que laisse un défunt* bis zu den *objets arrachés à un lieu et dont on s'empare* (*Grand Larousse de la langue française*).

apostrophiert, konstruieren eine Ähnlichkeit (*similitude*) zwischen Nero und dem französischen König Charles IX, im Gefolge dieser tendenziösen Parallele liegt der Vergleich Senecas mit dem Kardinal von Lothringen, einem Bruder des Duc de Guise, nahe.[58] Die *Deffence* kehrt die intendierte Richtung des Vergleichs, welcher den Kardinal treffen soll, um: Man tut ihm zu viel Ehre an, wenn man ihn mit Seneca vergleicht. Montaigne, dessen Vorbehalte gegen die Protagonisten der katholischen Partei an dieser Stelle nicht zur Sprache kommen, schätzt zwar den Kardinal, „son esprit, son eloquence, son zele envers sa religion et service de son Roy" (E, S. 758). Er sei aber weit davon entfernt, mit dem römischen Philosophen auf eine Stufe gestellt werden zu können. Bei allem Eifer für die katholische Sache bleibe festzuhalten, dass seine Tugend keineswegs „si nette et entiere, ny si ferme que celle de Seneque" (E, S. 758) sei. Der katholische Kirchenfürst kann in ethischer Hinsicht nicht mit dem antiken Stoiker konkurrieren.

Der Essay schickt sich nunmehr an, die Herkunft des negativen Senecabildes zu rekonstruieren, als Urheber werden Dion Cassius und seine *Römische Geschichte* ausgemacht, ein Autor, der in Montaignes Einschätzung generell ein nur wenig vertrauenswürdiger Zeuge ist.[59] Dion Cassius, immerhin römischer Senator, aber Sohn einer griechischen Mutter, der sein Geschichtswerk in griechischer Sprache abgefasst hat, gilt Montaigne nicht als römischer Autor und kompetenter Kenner der römischen Geschichte. Er empfiehlt demgegenüber, sich an Tacitus zu halten, der ein vorteilhaftes Bild von Seneca zeichne.[60] Unerwähnt bleibt dabei, dass Tacitus, der von 68–120 nach Christus lebte, auch hundert Jahre älter ist als Dion Cassius und daher Seneca, der im Jahre 65 nach Christus starb, historisch weitaus näher stand. Die zeitliche Nähe des Historikers mag für Montaigne auch ein unerhebliches Argument sein, verfügt der moderne Leser doch über ein authentisches Zeugnis der Tugend des Stoikers,

58 Der Vergleich von Nero und Charles IX findet sich beispielsweise in den *Mémoires de l'Etat de France sous Charles IX* von Simon Goulart (1576), vgl. E, S. 1684. Die von Montaigne monierte Ratgeberparallele von Seneca und dem Cardinal de Lorraine ist bislang nicht belegt.

59 Es handle sich um ein Werk „duquel je ne crois aucunement le tesmoignage." (E, S. 758) Dion Cassius sei inkohärent, einerseits lasse er Seneca als „ennemy mortel des vices de Neron" erscheinen, andererseits schildere er ihn als „avaritieux, usurier, ambitieux, lasche, voluptueux, et contrefaisant le philosophe à fauces enseignes" (E, S. 758). Gegen sein Urteilsvermögen (*jugement*) spreche überdies sein „sentiment si malade aux affaires Romaines, qu'il ose soutenir la cause de Julius Cæsar contre Pompeius [...]" (E, S. 758).

60 Vgl. E, S. 758: „Or Tacitus et les autres, parlent très-honorablement, et de sa (i.e. Seneca) vie et de sa mort: et nous le peignent en toutes choses personnage très-excellent et très-vertueux."

seine Werke und Briefe, in denen diese ebenso lebendig wie tatkräftig (E, S. 758: *si vive et si vigoureuse*) sichtbar werde, so dass Montaigne keine anderen Zeugnisse (*tesmoignage*) für glaubwürdiger halten möchte.[61] Mit einem solchen schriftlichen Monument vermag der Kardinal von Lothringen natürlich nicht zu rivalisieren, er ist nur ein „personnage Ecclesiastique de telle noblesse et dignité, suffisant et capable de sa charge" (E, S. 758). Der Glanz der Tugend im alten Text überstrahlt alles, was an ethischer Substanz im Handeln zeitgenössischer Akteure beobachtbar ist. Die Evidenz der kleinen ethischen Form stellt historische wie aktuelle Kritik still, manifestiert sich in ihr doch ein in den Akten der Urteilskraft präsentes Ethos, das sich in der Vorstellung des Lesers als prägnante ethische Gestalt der Person realisiert. Allerdings bricht an dieser Stelle, nach einer knappen Seite, die Verteidigung Senecas ab. Die restlichen sechs Seiten des Essays handeln nur noch von Plutarch. Der Autor und sein Werk werden zum Anlass einer Reflexion, welche die zunächst so fraglose Gewissheit untergräbt, vom Text und seiner Wirkung auf die Person und ihre Vermögen schließen zu können.

Um diese indes ging es in der Verteidigung des Stoikers gegen seine Instrumentalisierung in den konfessionellen Polemiken des 16. Jahrhunderts. Montaigne beruft sich auf die Lektüre des Werks und seine Wirkung auf den Leser, um die im Vergleich mit dem Kardinal vollzogene Negativierung der Person Senecas zu konterkarieren. Allerdings erfolgt dieser Rekurs in einer summarischen Verkürzung, welche die Lektüreerfahrung nicht selbst zur Geltung kommen lässt. So muss die Rettung Senecas in der Schwebe bleiben, weil die Wirkung des Lesens nur behauptet, aber nicht exemplifiziert wird. Dieses Verhältnis von Werk und Person kehrt sich in der anschließenden Plutarchdiskussion um. Plutarchs vorgebliche Rolle als Vertrauter Trajans spielt keine Rolle mehr, seine Verteidigung hat es nicht mit den verzerrten Beispielen und Analogien der religiös motivierten Antagonismen des 16. Jahrhunderts zu tun, sondern mit einer Kritik, die auf das Ethos des Autors zielt, insofern es sich in den Akten jenes Vermögens manifestiert, das für Montaigne den Kern seiner eigenen Autoridentität ausmacht, die Urteilskraft. Damit verschiebt sich die Verteidigung Plutarchs von den politischen und ethischen Tugenden auf das Terrain der dianoetischen Tugenden, es geht um die kognitive Autorität des Autors. Montaigne setzt zu einer Verteidigung der Glaubwürdigkeit Plutarchs an: Was mutet seine in den *Moralia* und den *Vitae* vorgeführte Urteilskraft dem Leser zu und wie verhält dieser sich zu ihr?

---

61 In Senecas Schriften finde sich die Zurückweisung der bereits von seinen Zeitgenossen vorgetragenen Beschuldigungen, „comme de sa richesse et despence excessive" (E, S. 758).

Plutarchs Autorität war von maßgeblichen Autoren der Renaissance angezweifelt worden. Die Kritik, auf die Montaigne reagiert, kommt allerdings nicht, wie im Fall Senecas, aus den Milieus des konfessionellen Bürgerkriegs und ihrer polemisch verblendeten Rhetorik, sie stammt vielmehr von einem Autor, der als die epochale Autorität im Blick auf historiographische Wahrheits- und Geltungsansprüche gelten kann. Jean Bodin, drei Jahre älter als der Autor der *Essais*, der als Verfasser der *Six livres de la république* (1576) zum Exponenten des frühneuzeitlichen Staatsverständnisses und seines Souveränitätskonzepts wird, hatte bereits 1566 eine *Methodus ad facilem historiarum cognitionem* publiziert. Ihm konzediert Montaigne unter seinen Zeitgenossen eine Kompetenz des Urteils über die Geschichtsschreibung.[62] Bodins *Methodus* entfaltet allerdings keine Methode historischer Forschung, es geht ihm nicht um geschichtliche Forschung, sondern um die methodische Lektüre der Geschichtsschreibung. Das Buch will eine Anleitung zum Umgang mit den Werken der Historiker geben: Wie lässt sich die Glaubwürdigkeit der Historie beurteilen? Welchen Nutzen hat sie für den Leser? Wie kann man das in ihr narrativ entfaltete Wissen für die eigenen Zwecke speichern? Nicht um die Erkenntnis der Geschichte geht es Bodin, sondern um das aus den Werken der Historiker zu gewinnende Wissen. In diesem Kontext dient Bodin auch Plutarchs biographisches Unternehmen als Gegenstand einer kritischen Analyse. Montaigne bringt in der *Deffence* Bodins Urteil über Plutarch detailliert, wenn auch durchaus selektiv und in polemischer Zuspitzung[63] zur Sprache, weil für ihn Bodin ein *bon autheur de nostre temps* ist, dessen Urteil die *tourbe des escrivailleurs de nostre temps* weit überragt. Diese Einschätzung impliziert allerdings keineswegs, dass Bodin und Montaigne sich stets auf einem gemeinsamen Boden des Wissens und der Gewissheiten bewegt hätten. Ganz im Gegenteil. Montaignes in dem Essay *Des boiteux* (III, 10) zwar ohne Nennung des Autornamens, aber durchaus nachdrückliche Kritik an Bodins in seinem Werk *De la demonomanie des sorciers* formulierter Position zur Hexenfrage lässt den Dissens, der im Kern die Koordinaten des Wirklichkeitsverständnisses betrifft, deutlich hervortreten. Allerdings ändert auch diese späte Kritik nichts an dem Befund, von dem die *Deffence de Seneque et de Plutarque* ausgeht: Bodin ist für Montaigne ein Autor, der es verdient *qu'on le juge et le considere* (E, S. 758). Die Kette der exponierten, sich selbst kontinuierlich exponierenden Urteilskraft, welche Montaigne mit Plutarch verbindet, reichert sich um einen intermediären Term

62 Vgl. dazu neuerdings Igor Melani, *Il tribunale della storia – Leggere la ‚Methodus' di Jean Bodin*, Florenz 2006.

63 Zu den Details vgl. Vf., „Synkrisis – Spiele der Urteilskraft (Montaigne, Bodin, Plutarch)", in: *Montaigne Studies*, 6/1–2 (1994), S. 17–38.

an, Bodins Anweisungen zur kritischen Lektüre der Geschichte und ihre Applikation auf die Werke Plutarchs.

Montaigne unterscheidet zwei Ebenen der Kritik, sie betreffen das Wissen und das Urteil. Wenn Bodin dem Historiker Plutarch mangelndes Wissen ankreidet, dann mag der Vorwurf berechtigt sein, allerdings trifft er damit nicht die in der Urteilskraft gründende Autorität des Autors. Anders steht es mit Einwänden, welche sich auf Plutarchs Urteile über seine Gegenstände richten. Damit ist das Zentrum betroffen, Montaignes uneingeschränkte Bewunderung für die Souveränität der Urteilskraft Plutarchs. Bodin behaupte „que cet autheur (i.e. Plutarch) escrit souvent des choses incroyables et entierement fabuleuses (ce sont ses mots.)“ (E, S. 759)[64] Nicht von Themen und Argumenten ist damit die Rede, welche Plutarch von anderen Autoren und ihrem Wissen oder ihren Meinungen, *des mains d'autruy*, übernimmt und gewissermaßen nur auf Kredit (*à credit*) in seinen eigenen Text integriert, sondern von jenen Ereignissen und ihrer Einschätzung, welche die Autorität von Plutarchs Urteil betreffen:

> […] de le charger d'avoir pris pour argent content, des choses incroyables et impossibles, c'est accuser de faute de jugement, le plus judicieux autheur du monde. (E, S. 759)

Plutarch praktiziert in den *Moralia* häufig die Form des Dialogs und damit einer Delegation der Sprecherrollen und ihrer Autoritätsansprüche, auch in den Biographien weist er immer wieder auf die Vermittlung und Indirektheit dessen, was er berichtet, hin. Die Virtuosität des Spiels mit Autoren und Meinungen, welche Plutarchs Werke vorführen, das Raffinement der Intertextualität und der Polyphonie, macht zweifellos einen wesentlichen Teil der Faszination aus, welche sie auf den Autor der *Essais* ausüben. Aber nicht darum geht es Montaigne an dieser Stelle, sondern um die von Bodin in Frage gestellte Autorität des Autors und seines Urteils über die menschliche Natur. Plutarch ist für den Autor der *Essais* jener auktoriale Doppelgänger, der wie kein anderer die Spielräume des Menschen erkundet und dabei die Autorität seiner Urteilskraft aufs Spiel setzt.

---

64 Bodins Formulierung lautet: „[…] saepe incredibilia & planè fabulosa narrat, sed utitor verbo ‚fasi‘, ne quis temeré assentiatur.“ (Jean Bodin, *Methodus ad facilem historiarum cognitionem*, in: ders, *Œuvres philosophiques de Jean Bodin*, hg. und übers. von Pierre Mesnard, Paris 1951, S. 99–473.) Montaigne wird auf Bodins Einschränkung, die er zunächst ausklammert, zurückkommen.

Das Exemplum, das Montaigne anschließend zitiert und diskutiert, weil es Bodin zitiert und diskutiert, nachdem es Plutarch erzählt hatte, gehört zu den seltenen Episoden, die in den *Essais* zwei Mal zur Sprache gebracht werden. Es ist unverkennbar, dass die Geschichte über einen Knaben aus Sparta, dessen Standhaftigkeit auch den eigenen Tod in Kauf nimmt, für Montaigne ein Faszinosum darstellt. Es hat anthropologische Bedeutung und löst ein nachhaltiges Staunen aus. Zugleich ist es durch die Urteilskraft des Erzählers Plutarch verbürgt, welche die angesichts der Unwahrscheinlichkeit der Geschichte distanzierten Reaktionen des modernen Lesers zur Selbstrevision provoziert. Die denkwürdige Episode findet sich in Plutarchs Biographie des Lykurg, des mythischen Gesetzgebers der Spartaner:

> [...] pour retourner au propos des enfants lacédémoniens, ils dérobaient avec si grand soin, et si grande crainte d'être découverts, que l'on conte d'un, lequel ayant dérobé un renardeau, le cacha dessous sa robe, et se laissa déchirer tout le ventre avec les ongles et les dents de cette bête, sans jamais crier, de peur d'être découvert, jusqu'à ce qu'il en trépassa sur la place. Ce qui n'est pas incroyable, à voir ce que les jeunes garçons y endurent encore aujourd'hui: car nous y en avons vu plusieurs qui endurent être fouettés jusqu'au mourir sur l'autel de Diane [...] (*Vies*, I, S. 111).

Plutarch erzählt, wie ein Knabe aus Sparta den Diebstahl eines Fuchses verbirgt, indem er das lebendige Tier unter seine Kleidung steckt, und lieber stirbt, als seine Tat entdecken zu lassen. Er vergegenwärtigt die Episode mit präzisen Details und in einer dramatischen Intensität, gerade so, als ob er selbst Zeuge des Geschehens gewesen wäre. Aber der Autor macht anschließend deutlich, dass es um eine Geschichte geht, die er selbst nur gehört hat, auch wenn sie ihm durchaus glaubwürdig erscheint. Plutarch kennt die Sitten der Spartaner, er hat auch die Ungerührtheit der jungen Männer seiner Zeit erlebt, wenn sie auf dem Altar der Diana bis zum Tod ausgepeitscht werden. Montaigne erwähnt die Episode ein erstes Mal in dem Essay *Que le goust des biens et des maux despend en bonne partie de l'opinion que nous en avons* (I, 40), dort ist in einer Serie ähnlicher Beispiele die Rede von dem *simple garçonnet de Lacedemone* (E, S. 267), den nach spartanischer Sitte die *honte* am Geständnis seiner *sottise au larecin* hindert. In der *Deffence de Seneque et de Plutarque* insistiert Montaigne demgegenüber vor allem auf der Standhaftigkeit des *enfant de Lacedemone*, lieber zu sterben als sich ertappen zu lassen. Das sind Montaignes Interpretationsvermutungen. Ob aber das Motiv des jungen Spartaners eine ethisch gefärbte Emotion oder ein Habitus der Tugend war – in jedem Fall mutet sein Handeln dem modernen Leser den Suspens der eigenen Erwartungen zu.

Für Bodin handelt es sich um eine unwahrscheinliche Episode, für deren Glaubwürdigkeit Plutarch durch die Formel des ‚man erzählt' sich allerdings nicht verbürgt. Bodin entlastet Plutarch von der auktorialen Garantie des Wahrheitsgehalts der Geschichte. Genau an dieser Stelle protestiert Montaigne: „je [...] ne reçois l'excuse de quoy il couvre Plutarque, d'avoir adjousté ce mot (comme on dit) pour nous advertir, et tenir en bride nostre creance." (E, S. 759) Anders als Bodin, der Plutarchs Unwahrscheinlichkeiten generell gering schätzt, ist Montaigne an dem anthropologischen und historischen Aufschlusswert der Episode interessiert. Deshalb braucht er den Wirklichkeitsausweis, den nur die Autorität Plutarchs liefern kann. Zwar mag es für jeden Autor durchaus gelegentlich Gründe geben, die Verantwortung für das von ihm Berichtete zu verweigern, auch Montaigne ist in dieser Praxis geübt und denkt vor allem an Beispiele, welche auf alten Traditionen oder religiösen Überzeugungen (E, S. 759: *choses receues par authorité et reverence d'ancienneté ou de religion*) beruhen. Darum geht es an dieser Stelle allerdings nicht, auch nicht um die Unglaubwürdigkeiten, die Plutarch beispielsweise dann unterlaufen, wenn er den *forces corporelles* der Akteure zu viel zutraue.[65] Die entscheidende Differenz zwischen solchen Beispielen und der Geschichte des jungen Spartaners liegt darin, dass es ein verlässliches Wissen über die körperlichen Kräfte des Menschen gibt und ihre Grenzen einschätzbar sind. Was indes die Kräfte der Seele, die *facultez de l'ame*, angeht, so ist es schwierig bis unmöglich, ihre Spielräume zu erkennen und einzugrenzen (*cognoistre/limiter*). Gerade deshalb sind wir darauf angewiesen, sie in Geschichten exemplifiziert zu finden, für deren Wahrheit das Urteil ihres Erzählers bürgt.

Die *Essais* sind ein experimentell-exploratives Genre. Die Faszination ihres Autors gilt den Grenzregionen der menschlichen (Seelen-)Vermögen, die in den Diskursen des Wissens nicht kartographiert sind. Gerade dort, wo sie nicht den Konventionen des Habitus und der sozialen Üblichkeiten entsprechen, bedürfen sie der Beglaubigung und Bezeugung durch ein autoritatives Urteil. Deshalb verankert Montaigne die Geschichte aus Sparta im Urteil des urteilsfähigsten Autors, den er kennt, und bettet sie in eine Serie ähnlicher Episoden ein. So kommt er wenig später auf die Auspeitschungen am Dianaaltar zu sprechen, für die er auch Cicero, der in den *Tusculanes disputationes*

65 Das Beispiel, das er berichtet, betrifft eine Epiosde aus der Pyrrhusvita: „[...] ce qu'il recite de Pyrrhus, que tout blessé qu'il estoit, il donna si grand coup d'espée à un sien ennemy armé de toutes pieces, qu'il le fendit du haut de la teste jusques au bas, si que le corps se partit en deux parts." (E, S. 759) Plutarch berichtet an der Stelle vom Kampf gegen die Barbaren, welche, nachdem sie den unerhörten Streich erlebt haben, Pyrrhus für „quelque chose davantage qu'un homme" halten. (*Vies*, I, S. 900)

(II, 14) darüber berichtet, als Augenzeugen benennt. Er zitiert das Beispiel eines anderen jungen Spartaners, der klaglos glühende Kohle in seinem Ärmel erträgt, bevor die Anwesenden angesichts des Geruchs verbrannten Fleisches auf seine Situation aufmerksam werden, eine Geschichte, welche nicht nur von Plutarch, sondern von *cent autres tesmoins* bezeugt werde. Montaigne hat die in den Exempla und Anekdoten lesbar werdende *grandeur* der Spartaner, deren Entsprechungen in der Gegenwart sich allenfalls bei Menschen finden, von denen die Geschichtsschreibung nichts weiß, in sein anthropologisches Imaginäres eingebaut und gewissermaßen verinnerlicht[66]. Was die Antike angeht, so hält er die spektakulären Beispiele nicht einmal für selten und auffällig (*rare et estrange*), die Geschichte Spartas sei voll von *mille plus aspres exemples et plus rares* (E, S. 760). Aber er insistiert angesichts der Unwahrscheinlichkeit des Berichteten auf der durch das Zeugnis und das Urteil eines Autors garantierten Verbürgtheit des Geschehens. Die Spannweite der *facultez de l'ame* und ihrer *efforts* reicht über das hinaus, was die Zeitgenossen, auch die Experten der *historiarum cognitio* wie Jean Bodin, ihnen zutrauen.

Plutarch ist für Montaigne der Autor, dessen moralphilosophische Opuscula und Biographien von den Grenzregionen menschlichen Handelns und Erlebens ein ebenso singuläres wie autoritatives Zeugnis ablegen. In den Episoden, die Montaigne in der *Deffence de Seneque et de Plutarque* präsentiert, geht es an erster Stelle um die Fähigkeit, Schmerz und Leid zu ertragen und den Tod klaglos zu akzeptieren. Das entspricht dem typischen Vorrang der Erlebnis- gegenüber der Handlungsdimension, der bereits die ersten *Essais* auszeichnet. Aber es sind natürlich nicht nur die Spartaner, die extreme Zumutungen klaglos zu ertragen vermögen, und Plutarch ist auch nicht der Einzige, der davon berichtet. Ein anderer Autor, dessen Name allerdings nicht genannt wird, ist Tacitus, aus dessen *Annalen* Montaigne zwei Episoden in Erinnerung ruft: Ein spanischer Bauer und eine stolze Römerin halten der Folter (*gehenne*) ungerührt stand, bis sich ihnen die Möglichkeit eröffnet, sich selbst zu töten und damit über ihre Peiniger zu triumphieren.[67] Die Unmenschlichkeit der

66 E, S. 760: „Je suis si imbu de la grandeur de ces hommes là […]."

67 Bei der Frau handelt es sich um die Freigelassene Epicharis, die an der Pisonischen Verschwörung gegen Nero beteiligt war. Ihre von Tacitus (Tacitus, *Annals*, übers. von John Jackson, London 1937, XV, 57, S. 306) berichtete heroische Weigerung, die Namen der Verschwörer preiszugeben, hat sie im Barock zur Tragödienheldin (Lohenstein) werden lassen. Tacitus betont, Nero habe geglaubt, eine Frau werde die Schmerzen der Folter nicht ertragen (*muliebre corpus impar dolori*), und hebt die beispielhafte Standhaftigkeit der *libertina mulier* hervor, die anders als etwa Lucan und Senecio die Namen der Mitverschwörer nicht preisgibt. Montaigne rekapituliert die Episode mit den Details, die er bei Tacitus gefunden hat: „Épicharis ayant saoulé et lassé la cruauté des satellites de Neron, et

Grausamkeit triumphiert nicht über die psychische Integrität der Person. Die Beispiele zeigen prägnant, wie aus Schmerz und Folter eine souveräne Reaktion entspringt. Im Übrigen dominieren in Montaignes Serie Zeugnisse einer Fähigkeit des Erduldens und Ertragens und außerordentlicher *effets de patience, d'obstination et d'opiniastreté* (E, S. 761), welche Montaigne im Verhalten von Bürgerkriegssoldaten (*argoulets*) oder *simples paysans* antrifft. Auch *cent et cent femmes* der Gegenwart, jener *miserables siecles*, die von einer *tourbe molle et effeminée* beherrscht werden, dokumentieren eine anthropologische Substanz, deren Verkörperung die spektakulären Beispiele der (spartanischen) Antike prominent vorführen, die sich aber als überzeitliche auch in der Gegenwart finden, wo sie von den Historikern übersehen werden. So tritt Montaigne selbst als Augen- und Ohrenzeuge auf, der sich für das Berichtete verbürgt:

> J'en ay veu un (es geht um einen der „riches laboureurs de la contrée"), laissé pour mort tout nud dans un fossé, ayant le col tout meurtry et enflé, d'un licol qui y pendoit encore, avec lequel on l'avoit tirassé toute la nuict, à la queue d'un cheval, le corps percé en cent lieux, à coups de dague, qu'on luy avoit donné, non pas pour le tuer, mais pour luy faire de la douleur et de la crainte: qui avoit souffert tout cela, et jusques à y avoir perdu parolle et sentiment, resolu, à ce qu'il me dit, de mourir plustost de mille morts (comme de vray, quant à sa souffrance, il en avoit passé une toute entiere) avant que rien promettre […] (E, S. 761).

Was die Seele des Menschen vermag, so zeigt die Serie der antiken wie der modernen Beispiele, deren explizit genannte Zeugen Plutarch und Montaigne sind, erfährt man nicht im Handeln der Menschen, sondern im Umgang mit dem Erlebten. Der anthropologische Aufschlusswert der Reaktion auf Grausamkeit, Folter und Leiden ist unvergleichlich. Die Souveränität des Menschen zeigt sich nicht in den Heroismen der Tat, sondern in den Antworten auf die Zumutungen der Unmenschlichkeit. Die in ihnen lesbar werdende Semiotik einer anthropologischen Substanz zwingt zur Revision dessen, was wir dem Menschen aufgrund der Alltagserfahrung zutrauen: „Il ne faut pas juger ce qui

---

> soustenu leur feu, leurs batures, leurs engins, sans aucune voix de revelation, tout un jour: rapportée à la gehenne l'endemain, les membres touts brisez, passa un lasset de sa robbe dans l'un bras de sa chaize, à tout un nœud coulant, et y fourrant sa teste, s'estrangla du pois de son corps: Ayant le courage d'ainsi mourir, et se desrober aux premiers tourments, semble elle pas à escient avoir presté sa vie à ceste espreuve de sa patience du jour precedent, pour se moquer de ce tyran, et encourager d'autres à semblable entreprinse contre luy?" (E, S. 760)

est possible, et ce qui ne l'est pas, selon ce qui est croyable et incroyable à nostre sens […]" (E, S. 761). Die Potentiale des Menschen erschließen sich auch nicht im Meinen und Denken, weder in der *opinion* noch in der Abstraktheit philosophischer Systeme, sie werden allererst in der Antwort auf unerhörte Zumutungen und Herausforderungen sichtbar. Und von diesen legen nur jene Erzählungen Rechenschaft ab, die – angesichts der Unwahrscheinlichkeit des Geschehens für die epochale Doxa – eines autoritativen Urteils und einer auktorialen Beglaubigung bedürfen.

Es sind gerade die für den Leser und Geschichtskritiker der Renaissance, wie ihn Bodins *Methodus* in reflektierter Form verkörpert, unwahrscheinlichen und unglaubwürdigen Erzählungen Plutarchs, welche den Horizont jener Vorstellungen und stummen Erwartungen in Frage stellen, in denen für Montaigne die Möglichkeiten des Menschen verkürzt erscheinen. „There are more things in heaven and earth, Horatio, / Than are dreamt of in your philosophy" (*Hamlet*, I, 5, 174f.) – so wird einige Jahre nach den *Essais* Shakespeares Hamlet seinen Wittenberger Studienfreund Horatio belehren. Welche Philosophie der Dänenprinz im Auge hat und welche Domänen der Erfahrung und des Wissens in Frage kommen, bleibt offen. Horatio wird jedenfalls Hamlet überleben, der sterbende Hamlet wird ihm den Auftrag geben, seine Geschichte der Welt, welche für ihn *this harsh world* (V, 2, 353) ist, zu erzählen. Und Horatio wird es tun als jemand, der selbst ein anderer geworden ist, *more an antique Roman than a Dane* (V, 2, 346)[68]. Das Beispiel der beiden Freunde zeigt schlagartig eine epochale Selbstverständlichkeit: Auch die moderne Geschichte verlangt eine aus der Antike und ihrem anthropologischen Horizont gespeiste Erfahrung, um sich selbst verstehen zu können. Montaignes Faszination für die Geschichten Plutarchs, in denen die Grenzen dessen überschritten werden, was der menschlichen Natur aus der Perspektive der modernen Welt zugetraut werden kann, führt nicht dazu, ihn in einen Griechen oder Römer zu verwandeln. Aber sie lassen ihn sehen, was der Zentrismus des Eigenen, der eigenen ‚Form', verdeckt oder verdrängt. Die antiken Geschichten konterkarieren in ihrer Widerständigkeit eine elementare Reaktion des menschlichen Habitus, das andere seiner selbst, welches in der *conditio humana* angelegt ist, zu verleugnen und die ‚Form', in der man lebt, zur unbefragten Norm der Orientierung zu machen:

> Il semble à chascun que la maistresse forme de l'humaine nature est en luy: selon elle, il faut regler tous les autres. (E, S. 761f.)

68 *Hamlet*, a.a.O., S. 226, 415.

Unter den Voraussetzungen dieser habituellen Zentrierung muss die eigene Form als unbefragter Maßstab des Urteils gelten, alle anderen Formen des Menschen werden in den Sog einer Negativität gezogen, der sie als *feintes et fauces* (E, S. 762) verwirft. Dem lässt sich nicht mit jenen unverbindlichen *fantasies* opponieren, denen alle Prädikate des Realen abgehen, sondern nur durch die Autorität einer Urteilskraft, die sich in der historischen Erfahrung, mehr aber noch in der Lektüre der Bücher, der weiten Räume der antiken Bibliothek, bewährt hat. Genau diese singuläre Qualität macht das doppelköpfige, biographische wie moralphilosophische Werk Plutarchs aus.

Was Plutarchs Narrationen, Dialoge und Reflexionen vorführen, ist indes nicht nur die verbürgte Wirklichkeit des Unwahrscheinlichen, sondern zugleich die Beweglichkeit einer individuellen Urteilskraft und der Praxis ihrer Unterscheidungen. Plutarchs Werk ist, bei aller autobiographischen Zurückhaltung, für den Autor der *Essais* das Dokument einer fortlaufenden auktorialen Selbstexposition als Beobachter und Zeuge, Leser und Erzähler, der die Sprachen des Wissens spricht und sie in der Souveränität seiner Urteile auf Distanz hält. In eben dieser Hinsicht sind die moralphilosophischen und biographischen Werke Plutarchs für Montaigne der primäre Text der Spiegelung seines eigenen essayistischen Unternehmens. Die Freiheit, die er bei Plutarch beobachtet (oder die er Plutarch zuschreibt), nimmt er selbst in Anspruch und steigert sie bis zur Freiheit der Erfindung einer generischen Form. Sie zeigt sich bereits im Umgang mit den Konzepten der Metaphysik, deren anthropologische Dimension Montaigne ausbeutet. Die Metaphorik, auf die Montaigne zurückgreift, die von eigener und fremder Form, von Form und Formlosigkeit, durchzieht die *Essais* insgesamt. Ihr locus classicus ist für ihn die *Metaphysik* des Aristoteles, gelegentlich auch *De anima*. Die hylemorphistische Sprache des *monarque de la doctrine moderne* (E, S. 150)[69] durchzieht

69 An anderer Stelle, in der *Apologie*, nennt Montaigne Aristoteles den „Dieu de la science scholastique": „c'est religion de debattre de ses ordonnances, comme de celles de Lycurgus à Sparte. Sa doctrine nous sert de loy magistrale: qui est à l'advanture autant faulce que une autre." (E, S. 570) Solche und ähnliche Äußerungen machen Urteile wie das von Hugo Friedrich zumindest verständlich: „Schwach sind die Spuren einer Aristoteles-Lektüre in den *Essais* [...] Er ist ihm der Inbegriff der Schulautorität, die einem freien Verhältnis zur Überlieferung im Weg steht." (Friedrich, *Montaigne*, a.a.O., S. 75.) Dagegen unterstreicht Edilia Orlandini Traverso, *Montaigne e Aristotele*, Florenz 1974, die systematische Relevanz des aristotelischen Werks und seiner Begrifflichkeit für die *Essais*. Die Bedeutung des aristotelischen Materie-/Form-Chorismos hat vor allem Michael Screech präzise umrissen: „Aristotle gave Montaigne the means of justifying his study of himself. If there were nothing but an infinite number of individual people – if the human race were nothing but infinite singulars and particulars – then nothing could be known about Man in general

die mittelalterliche scholastische Tradition, bis hin zur *Theologia naturalis* des Raimundus Sabundus, dessen Sprache sein Übersetzer sich angeeignet hat, ohne dass sie ihm noch die Wirklichkeit des Menschen erschließen würde. Die *Essais* sind von dieser Begrifflichkeit durchzogen, deren schulphilosophische Systematik sie aufrufen, ohne ihre metaphysischen Ansprüche sich anzueignen.[70] Indem sie auf die unwahrscheinlichen Wirklichkeiten anthropologischer Widerständigkeit treffen, von denen Plutarchs Werke handeln, werden sie zu beweglichen philosophischen Metaphern, welche die *Essais* zitieren und auf Distanz halten.

An einer prominenten Stelle der *Essais*, zu Beginn von *Du repentir* (III, 2), beschreibt sich Montaigne selbst als einen *particulier, bien mal formé* (E, S. 844), ein schlechtgeformtes Individuum.[71] Der Essay artikuliert insgesamt eine grundlegende Skepsis gegenüber dem christlichen Beichtsakrament und seiner durch das Tridentinum distinktionsreich regulierten Theologie[72], auf die der Titel des Essays Bezug nimmt, ohne dabei einen offenen Konflikt mit der kirchlichen Lehre zu riskieren. Nichts, so die Selbstbezichtigung, spricht dafür, eine solche ‚verpfuschte', missratene Form als eine *forme maistresse* zu betrachten, welche zum Maßstab anderer Formen, ja der Form des Menschen

---

and no wisdom could be drawn from a study of even a great many particular cases." (*Montaigne and Melancholy. The Wisdom of the 'Essays'*, London 1983, S. 107). Zu Montaignes Umgang mit dem metaphysischen Formkonzept vgl. auch Olivier Naudeau, „L'expression des modes philosophiques chez Montaigne: le mot *forme*", in: *Journal of Medieval and Renaissance Studies*, 6 (1976), S. 179–215, der auf die Scheinvertrautheit des Konzepts verweist, Montaigne aber auf eine Alternative verpflichten möchte, welche die Bewegung der *Essais* ignoriert: „Sa méthode prétend-elle construire synthétiquement l'homme en partant de l'être en puissance pour arriver à l'être en acte (thèse platonicienne) ou bien, au contraire, analytiquement, en allant de l'acte à la puissance après avoir posé, au préalable, la notion complète et actuelle de l'homme (thèse aristotélicienne)?" (S. 181)

70 Zur komplexen, überaus weitgefächerten Begriffsgeschichte der Termini *hyle* und *eidos* (bzw. *morphe*) vgl. den Artikel „Form und Materie" im *Historischen Wörterbuch der Philosophie*, hg. von Joachim Ritter u.a., Bd. 2, Basel/Stuttgart 1972, Sp. 977–1030; zu Aristoteles vgl. z.B. John E. Boodin, „The Discovery of Form", in: *Journal of the History of Ideas*, 4 (1943), S. 177–192 und Alan R. Lacey, „Ouisia and Form in Aristotle", in: *Phronesis* 10, 1965, S. 54–69. Den gegenwärtigen Stand der Diskussion resümiert der Artikel „Form vs. Matter" von Thomas Ainsworth in der *Stanford Encyclopedia of Philosophy* (veröffentlicht am 8.2.2016).

71 Screech, *Montaigne and Melancholy*, a.a.O., S. 109, sieht darin eine Technik „of keeping the universality while emphasizing the individuality". Er überschätzt aber die Unverrückbarkeit der anthropologischen Differenz für Montaigne, wenn er ergänzt: „Some great man were better forms of Man. But all were forms of Man, not of beasts or angels."

72 Vgl. dazu Vf., „Reue und Scham", a.a.O., v.a. S. 397ff.

überhaupt werden könnte. Montaignes *forme maistresse* ist, wie es einige Seiten später heißt, nichts anderes als eine *forme sienne* (E, S. 851), die sich den Forderungen der Erziehung (*institution*) widersetzt, ohne dass damit etwas über den Wirklichkeitsstatus dieser Form der Person gesagt wäre. Sie kann jedenfalls nicht als fraglose Naturausstattung vorausgesetzt werden. Montaignes Form – und damit wohl die Form der Individuen überhaupt – wird als durchaus kontingent präsentiert, auch wenn es zum Zeitpunkt des Schreibens, in der Situation des Alters, für den Autor zu spät sein mag, sie noch einmal zu verformen oder zu reformieren. Gleichwohl: Er würde dem *particulier*, der er ist, wenn er ihn denn noch einmal zu formen hätte, eine gänzlich andere Gestalt verleihen, „lequel si j'avoy à façonner de nouveau, je ferois vrayement bien autre qu'il n'est: meshuy c'est fait." (E, S. 844) Die hier ausgestellte Distanz zur eigenen Form, die deren Wohlgeformtheit und Beispielhaftigkeit in Frage stellt, ist indes alles andere als die kulturelle und soziale Regel. Vielmehr zeigen Beobachtung und Lektüre, dass der Einzelne dazu neigt, das eigene Beispiel (*exemple*) als Maßstab vorauszusetzen, wenn es um die *consultation de son jugement* (E, S. 762) geht. Von dieser fürchterlichen Eselei (*asnerie dangereuse et insupportable*), die eigene Form normativ zu generalisieren, will sich Montaigne, der Missbildung der eigenen Form eingedenk, durch die selbstreflexive Wendung des Urteils fernhalten.

Bodins *Methodus* kritisiert das rhetorische Schema der Synkrisis, auf das die Parallelbiographien einer griechischen und einer römischen historischen Gestalt typischerweise zuläuft, weil er in dem Vergleich die Wirkung eines nationalen Vorurteils gewärtigt. Der Grieche Plutarch urteile *de bonne foy*, wenn er Griechen mit Griechen und Römer mit Römern vergleiche. Aber immer dann, wenn er, wie es das typische Verfahren der Parallelbiographien ausmache, Griechen mit Römern vergleiche, dann sei das Vorurteil evident: „il a favorisé les Grecz" (E, S. 762). Die Autorität Plutarchs ist durch diese Kritik für Montaigne in Frage gestellt. Sie nimmt nicht eine offene Beweglichkeit des Urteils wahr, sondern die Blindheit eines national gefärbten Vorurteils. Man muss sich dieses spezifische, von Montaigne aufgegriffene Monitum Bodins vor Augen halten, um die Bedeutung der Synkrisis für die *Essais* in ihrer epochalen Prägnanz sehen zu können. Montaigne zitiert es ausdrücklich, um es, auch im Interesse der eigenen Schreibart als Praxis des Urteils, zurückzuweisen. Die spätere, nach der Renaissance und vor allem seit dem Historismus formulierte Kritik am plutarchischen Verfahren der Synkrisis wird einen anderen Vorbehalt geltend machen, der Montaigne fremd ist. Ihr geht es um die Willkür eines Urteils, das keine Rücksicht auf geschichtliche Umstände und die Differenz der Kontexte, Akteure und Diskurse nimmt. So wird man den abstrakten Schematismus der „vergleichende(n) Betrachtung" monieren, die zu

„Willkürlichkeiten und Gewaltsamkeiten" führe, weil ihre „Zusammenstellungen großenteils recht äußerlich und in einigen Fällen schief und unglücklich"[73] ausfallen. Die Synkrisis Plutarchs, so lässt ihre Rezeptionsgeschichte deutlich werden, steht zunächst unter dem Verdacht des Vorurteils, später wird man ihr nicht mehr zutrauen, ihren historischen Gegenstand in der Komplexität seiner Relationen und Kausalitäten überhaupt noch zu erreichen.

Montaigne kennt natürlich nur den ersten der beiden Einwände, seine energische *deffence* der Synkrisis betrifft aber vorgreifend auch den zweiten. Der Essay will die *comparaisons* als die *piece plus admirable* der Werke Plutarchs ausweisen, weil in ihnen die Urteilskraft des Autors in actu zu beobachten ist, wie sie sich zu ihrem Gegenstand verhält, welche Distinktions- und Vergleichsoperationen sie ausführt. Montaigne betreibt einigen Aufwand, Plutarch gegen den Vorwurf der Einseitigkeit und der Verfälschung (E, S. 763: *prevarication et faucеté*) in Schutz zu nehmen. So widerspricht er Bodins Kritik des nationalen Vorurteils. In Wirklichkeit sei vielmehr die Nachwelt von dem Glanz der römischen Geschichte, dem *grand et esclatant lustre des noms Romains*, allzu sehr geblendet, und daher kaum imstande, die innere, eigene Wahrheit, die *verité de la chose*, die *hommes en eux-mesmes*, unbefangen wahrzunehmen. Gegen Bodin denunziert Montaigne die Vorurteile der Autoren seiner eigenen Zeit. Wenn Plutarch die Biographie historisch weit auseinanderliegender Akteure schreibe und vergleiche, dann gehe es ihm um „leurs mœurs, leurs naturels, leur suffisance" (E, S. 763), und nicht um ihren Ruhm (*gloire*) oder das, was die Fortuna aus ihnen gemacht hat. So liege das Vorurteil bei denen, welche die Synkrisis des Vorurteils verdächtigen, weil sie die Prägung ihres Urteils durch die Überlieferungsgeschichte nicht zu sehen vermögen. Die Natur und das Ethos der Person, ihre Sitten und ihre Handlungen sind der Gegenstand von Plutarchs distinktionsstarken Beobachtungen. So lehrt er beispielsweise zu erkennen, dass „les actions les plus belles et vertueuses [...] ne sont pas tousjours les plus fameuses." (E, S. 763) Durch diese undogmatische, bewegliche Unterscheidung von Sein und Schein, Tat und Motiv verdiene es Plutarch, über alle Schulangehörigkeit hinaus als ein Philosoph angesehen zu werden, der die Tugend lehrt.

Die Distanz zu den Vorurteilen der Wirkungs- und Überlieferungsgeschichte ist die eine Seite der Synkrisis, die sie zum Paradigma essayistischer Autonomie macht. Die andere betrifft ihre ‚Äußerlichkeit' gegenüber dem Gegenstand,

73 Dieses symptomatische Urteil Karl Zieglers zitiert Hartmut Erbse, „Die Bedeutung der Synkrisis in den Parallelbiographien Plutarchs", in: *Hermes*, 84 (1956), S. 398–424, hier S. 398.

die Montaigne als Freiheit des Autors positiviert. In der Vielfalt der Hinsichten des historischen oder biographischen Urteils manifestiert sich die Souveränität auktorialer Thematisierung. Der Leser Plutarchs beobachtet nicht nur die dargestellten Personen und andere Gegenstände (wie Tiere oder mythische Figuren), sondern auch die Urteilskraft dessen, der sie in den Begriffen seiner Sprache darstellt. Der *fidelité et syncerité* der Urteile Plutarchs gilt Montaignes uneingeschränkte Bewunderung ebenso wie ihrer *profondeur* (E, S. 762). Dabei ergibt sich ein überraschender Befund. Die Synkrisis ist für Montaigne primär kein Generator von Identität, sondern von Differenz. Indem sie Unterscheidungen praktiziert, lässt sie mehr die Unterschiede als die Ähnlichkeiten sichtbar werden. Als Medium souveräner Urteilskraft setzt sie eine doppelte Ebene der Unterscheidung ins Werk, die Vielfalt des Gegenstands wie die Vielfalt der Hinsichten. Zu vergleichen heiße daher für Plutarch nicht Gleichsetzung, sondern Wahrnehmung von Differenzen:

> [...] c'est folie de vouloir juger d'un traict, les choses à tant de visages. Quand Plutarque les compare, il ne les esgale pas pourtant. Qui plus disertement et conscientieusement, pourroit remarquer leurs differences? (E, S. 763)

Indem er die Unterschiede der Sitten und Handlungen sichtbar werden lässt, spielt Plutarch die Beweglichkeit seiner Urteilskraft aus. Er vergleiche die Griechen und Römer, die er darstelle, nicht in ihrer jeweiligen Ganzheit, sondern in der Differenzierung von Teilen, Aspekten und Umständen, die je für sich betrachtet werden: „il apparie les pieces et les circonstances, l'une apres l'autre, et les juge separément." (E, S. 764) Auf die offene Vielfalt der Welthorizonte der Welt antwortet Plutarch mit der Freiheit seiner Distinktionsverfahren.

8 Form und Differenz

Die Synkrisis führt die sukzessiven Sequenzen von Beobachtung und Urteil vor. Sie lässt Unterschiede sichtbar werden, die sie durch ihre Unterscheidungen noch einmal steigert. Aber wie verhält sich diese doppelte Praxis der Differenzierung zur Wirklichkeit der ‚Formen', vom Anspruch einer *maistresse forme* der *humaine nature* bis hin zur Ausstellung missratener Formen, die aber immer noch als Formen und Ganzheiten wahrgenommen werden? Man muss an die ebenso apodiktischen wie rätselhaften Begriffe und Beispiele erinnern, mit denen Aristoteles die protoanthropologische Sprache der Philosophie bis zur Renaissance geprägt hat. Im 7. Buch der *Metaphysik* finden sich die folgenden Erläuterungen zum Stoff und zur Form des Menschen:

> Dies ganz konkrete Etwas, Kallias oder Sokrates, ist nun wie diese einzelne bestimmte eherne Kugel, der Mensch aber und das Lebewesen ist wie eherne Kugel im allgemeinen [...] Das (konkrete) Ganze nun, die solcherart beschaffene Form in diesem Fleisch und diesen Knochen, ist Kallias und Sokrates. Und verschieden ist es durch den Stoff, denn dieser ist ein verschiedener, identisch durch die Art-Form, denn die Art ist unteilbar.[74]

Stoff, Materie (*hyle*), so scheint es, und so hat man die Passage oft gelesen, ist das Prinzip der Unterscheidung, der Individuation. Die Form (*morphe*) hingegen ist allen Individuen einer Art gemeinsam, Kallias und Sokrates besitzen die gleiche Menschenform. In der verwickelten Rezeptionsgeschichte des aristotelischen Hylemorphismus hat es allerdings auch immer wieder Lesarten gegeben (und es gibt sie in der Gegenwart immer noch), die ein Konzept individueller Formen in der *Metaphysik* denkbar erscheinen lassen.[75] Sie arbeiten offenbar ein Unbehagen ab, welches das gattungs- oder artbezogene Konzept der Form hinterlassen hat, in dem das Individuum als formirrelevant erscheint. Nikolai Hartmann, um eine wirkungsmächtige Position zu zitieren, hat im 20. Jahrhundert die Zumutung der aristotelischen Formulierungen für die neuzeitliche Prominenz der Thematik des Individuums, der Individuation und der Individualität polemisch benannt und als systematisch abwegig verworfen: „Die Materie als individuierendes Prinzip konnte nur zureichen, wo es sich um materielle Dinge handelte. Schon beim lebenden Organismus wird diese Auskunft fraglich, bei Personen vollends versagt sie ganz; denn hier liegt die Besonderung in seelisch-charakterlicher Art. Dass Sokrates und Kallias sich nur durch anderes Fleisch und andere Knochen unterscheiden sollen, während alles, was zur ‚Form' zählt, identisch wäre, ist ein Nonsens. Das ist denn auch bei Aristoteles lediglich eine Konsequenz des Systems ohne Stütze

---

74 Aristoteles, *Metaphysik*, hg. und übers. von Hermann Bonitz/Horst Seidl, Hamburg 1995, S. 147 (1034a).

75 Vgl. z.B. Jennifer E. Whiting, „Form and Individuation in Aristotle", in: *History of Philosophy Quarterly*, 3 (1986), S. 359–377; William Charlton, „Aristotle and the Principle of Individuation", in: *Phronesis*, 17 (1972), S. 239–249; John Ackrill, *Aristotle the Philosopher*, Oxford 1981.

in irgendwelchen Phänomenen [...] Individuation durch Materie ist eine rein äußerliche, bloß numerische, nicht eine inhaltlich-qualitative."[76]

Montaigne und seiner Zeit ist die aristotelische Rede von der Form des Menschen vertraut. Man bedient sich ihrer im Interesse vielfältiger Anliegen. So findet sich im *Discours de la servitude volontaire* von Montaignes Freund Etienne de la Boétie eine Beschreibung der Freundschaft, die auf den aristotelischen Formbegriff zurückgreift und zugleich die Metaphorik der künstlerischen (Guss- oder Gieß-)Form (*moule*) ins Spiel bringt, welche auch in den *Essais* häufig zum Äquivalent des Formkonzepts wird: „[...] la nature, la ministre de Dieu, la gouvernante des hommes, nous a tous faits de mesme forme & comme il semble, à mesme moule, afin de nous entreconnoistre tous pour compaignons ou plustost pour freres [...]".[77] Montaigne selbst formuliert in *Du repentir* einen Satz, dessen humanistisches Credo sich aus dem metaphysischen Formbegriff speist: „Chaque homme porte la forme entiere de l'humaine condition" (E, S. 845). Das ist eine unverkennbare Reminiszenz der aristotelischen *Metaphysik*. Allerdings ist die Begriffssprache der Form in den *Essais* einem gegenläufigen Sog ausgesetzt, der die Fraglosigkeit der Form des Menschen ebenso betrifft wie die Evidenz einer individuellen Form der Person. So heißt es in der *Apologie* im Kontext der an Plutarch anschließenden Diskussion des Mensch-Tier-Verhältnisses: „Il se trouve plus de difference de tel homme à tel autre homme, que de tel animal à tel homme." (E, S. 489) Und in *De la vanité* (III, 9) wird Montaigne das Ergebnis kontinuierlicher Selbstbeobachtung in der Feststellung personaler Diskontinuität festhalten: „Moy à cette heure; et moy tantost, sommes bien deux [...]" (E, S. 1009). Montaignes Konzepte der Differenz und der Diskontinuität sind zweifellos auch von jener im spätmittelalterlichen Nominalismus sich vollziehenden Inversion geprägt, die nicht mehr nach dem principium individuationis fragt, welches das Allgemeine zum Individuellen werden lässt, sondern umgekehrt, wie die Vielfalt des Individuellen, das „amorphe[...] Meer der Einzelheiten"[78] überhaupt so etwas

76 Nicolai Hartmann, „Zur Lehre vom Eidos bei Aristoteles" (1941), in: ders., *Kleine Schriften*, Bd. 2, Berlin 1957, S. 129–164, hier S. 131f.

77 Etienne de la Boétie, *Discours de la servitude volontaire*, zit. nach: Armand Armaingaud, *Œuvres complètes de Michel de Montaigne*, Bd. 11, a.a.O., S. 87–158, hier S. 104f. Im unmittelbaren Anschluss heißt es, metaphorisch variierend, in einer wiederum den *Essais* nahestehenden Sprache: „[...] ceste bonne mere (i.e. die Natur) nous a donné à tous toute la terre pour demeure, nous a tous figures à mesme patron, afin que chacun se peust mirer & quasi reconnoistre dans l'autre [...]".

78 Hans Blumenberg, *Die Legitimität der Neuzeit*, Frankfurt/Main 1966, S. 487: „Die schon in der franziskanischen Linie der Hochscholastik einsetzende Abwendung von der Individuationslehre erwies sich als wenig fruchtbar für die Anthropologie, weil sie in dieser

wie die Existenz des Allgemeinen zulässt. Spätestens seit Duns Scotus wird der Horizont der aristotelischen Scholastik, welche Individuation vor allem negativ, als Widerstand des Stoffes gegenüber der allgemeinen Gattungsform begriffen hatte, durch die Thematisierung des Einzelnen konterkariert. Die ‚Diesheit' (*haecceitas*) des Einzeldings wird nunmehr zum Prinzip der Individuation, ohne allerdings jene qualitative Bestimmtheit zu implizieren, welche der Blick auf die Konkretion des Individuums nahelegt.[79] Die unübersehbare Vielfalt der Einzeldinge fungiert seither zwar als Negation der Gattungsform, lässt aber die Formqualität der Individualität offen.

Die *Deffence de Seneque et de Plutarque* greift auf den Formbegriff zurück. Sein Geltungsverlust in metaphysischer Hinsicht erleichtert das Ausspielen metaphorischer Resonanzen. Die das Feld der Sitten und Handlungen, der *mœurs* und *actions*, vergegenwärtigende biographische Erzählung Plutarchs wird in der Lektüre auf den metaphysischen Bezugshorizont der Form des Menschen und der individuellen Form (des aristotelischen ‚Stoffes') projiziert. Ähnliches gilt für die *Moralia*, insofern sie die Übergänglichkeit kognitiver Vermögen und ethischer Dispositionen zwischen der Tier- und der Menschenwelt thematisieren. Die *Essais* fragen nach der Stabilität und Erkennbarkeit der Form, weil sie diese in der Handlungswelt beobachten, in der Vielfalt ethischer Dispositionen, affektiver Reaktionen und kognitiver Aktionen. Dafür liefern die Textwelten Plutarchs ein unerschöpfliches Repertoire narrativ, dialogisch und diskursiv verarbeiteter Anschauung. Ihr Reichtum führt das begrifflich gespeicherte Wissen an seine Grenzen und darüber hinaus. Aus der Spannung beider Pole beziehen die *Essais* den Antrieb ihrer Durcharbeitung der Territorien des Wissens vom Menschen, seiner Form und seiner Formlosigkeit, seiner Oberfläche und seiner Tiefe.

Plutarch ist für Montaigne ein Leser und ein Autor, der die kulturellen Bestände der alten Welt präsent hält, indem er sie fortlaufend zum Gegenstand

---

Schule alsbald – nämlich spätestens bei Wilhelm von Ockham und den Ockhamisten – rein erkenntnistheoretisch ausgewertet und in das Extrem des Nominalismus vorangetrieben wurde. Das Allgemeine verlor zwar seine konstitutive Bedeutung, aber das Reich des Konkreten wurde dadurch keineswegs aufgewertet […]".

79 Vgl. dazu insgesamt Camille Bérubé, *La connaissance de l'individuel au Moyen Age*, Montréal/Paris 1964. Zur scotistisch-nominalistischen *haecceitas*: Richard Cross, „Medieval Theories of Haecceity", in: *The Stanford Encyclopedia of Philosophy,* a.a.O. Zur Relevanz von *haecceitas* für moderne Konzepte des Selbst vgl. Martin Schwab, „Einzelding und Selbsterzeugung", in: Manfred Frank/Anselm Haverkamp (Hgg.), *Individualität* (Poetik und Hermeneutik XIII), München 1988, S. 35–75. Montaignes ‚Nominalismus' und die Präsenz einschlägiger Denkfiguren in den *Essais* diskutiert Antoine Compagnon, *Nous. Michel de Montaigne*, Paris 1980.

seines Urteils macht. Die Antike wird damit für neue Beobachtungen verfügbar. Ihre normative Geltung ist eingeklammert, wenn nicht suspendiert, denn sie wird über einen Autor zugänglich, der die Operationen seines Urteils ausstellt. Plutarch zitiert die Dichter der Antike, das homerische Epos ebenso wie die griechischen Tragödien oder die Lyrik. Er ist Philosoph, Platoniker, der die Werke Platons kommentiert und erläutert (*Platonische Fragen, Über die Entstehung der Weltseele in Platon's Timäus, Der Schutzgeist des Sokrates*), aber er kennt und diskutiert auch die anderen Philosophenschulen, seine Kritik richtet sich vor allem gegen die Stoiker (*Über die Widersprüche der Stoiker, Über die gemeinen Begriffe. Wider die Stoiker*), aber auch gegen die Schule Epikurs (*Beweis dass man nach Epikurs Grundsätzen überhaupt nicht vergnügt leben kann*). Als Priester Apolls mit den delphischen Ritualen vertraut (*Über das Ei zu Delphi*) interessiert er sich auch für andere religiöse Praktiken und Überzeugungen wie die der Ägypter (*Über Isis und Osiris*). Ethische (*Über die moralische Tugend*), ökonomische (*Von der Liebe zum Reichthum, Gegen das Borgen*) und politische (*Politische Lehren, Ob ein Greis noch Staatsgeschäfte treiben soll?*) Themen werden in den *Moralia* ebenso durchgespielt wie die Vielfalt der Affekte und Emotionen (*Über die Bezähmung des Zorns, Über die Bruderliebe, Über die Liebe zu den Kindern, Gespräch über die Liebe, Über Neid und Hass*) oder die Fragwürdigkeit der Erkenntnis und des Wissens (*Von der Neugierde, Physikalische Lehrsätze der Philosophen*). Auch die Künste und der Umgang mit ihnen sind Gegenstand seines Interesses (*Über Musik, Wie soll der Jüngling die Dichter lesen?*). Der Körper und seine Pflege ist für Plutarch ein wichtiges Thema (*Gesundheitsvorschriften, Ob die Leiden der Seele schlimmer sind als die des Körpers?*). Und diese Beschäftigung mit den Beständen der eigenen Kultur steht vor dem Hintergrund einer theoretischen Neugier, die sich auf die Beobachtung fremder oder historisch entfernter Sitten richtet (*Alte Gebräuche der Lacedämonier, Fragen über Griechische Gebräuche, Fragen über römische Gebräuche*).

Der Vielfalt der Gegenstände Plutarchs entspricht die Vielfalt der Redeformen, der rhetorischen, philosophischen oder historischen Genera, welche der Autor praktiziert. Die Liebe ist nicht nur Thema eines *Gesprächs über die Liebe* sondern auch von *Liebes-Geschichten*, große Aufmerksamkeit widmet Plutarch den griechisch-römischen Traditionen der kleinen gnomischen Formen: Die *Moralia* sammeln Denksprüche von Königen und Feldherrn ebenso wie die Gnomik der Römer und der Spartaner. Der Autor pflegt das Genre der *Lehrsätze* wie das der *Tischreden*, monologische Formen sind ihm ebenso geläufig wie dialogische. Die für Montaignes *Essais* entscheidende Qualität seiner Schriften betrifft jene Dialogizität, die Plutarch im Gespräch mit den Autoren ins Werk setzt, auf die er sich bezieht, die er kommentiert, kritisiert oder als Autorität anführt. Plutarch zitiert und paraphrasiert unablässig, in den *Moralia*, aber auch in den Parallelbiographien, die er aus komplexen und verschachtelten Überlieferungsgeschichten komponiert. Seine Attraktivität für den belesenen Leser der Renaissance liegt darin, dass er ein Autor ist, der selbst aus der Situation eines passionierten Lesers schreibt. Der Effekt einer gespiegelten Lektüre verstärkt die Wahrnehmung, dass alles, was Plutarch zitierend, paraphrasierend oder kommentierend ins Spiel bringt, diskutierbar, interpretierbar und kritisierbar ist. Die philosophische Schulzugehörigkeit Plutarchs und seine platonische Orientierung sind Montaigne vertraut, geben auch Anlass zu gelegentlicher Kritik, aber sie sind für ihn nicht entscheidend. Vielmehr erscheint die Vielfalt der plutarchischen Textformen als das Terrain, auf dem sich ein anthropologisches Potential der Nichtfestgestelltheit, die bewegliche Urteilskraft des Autors, zur Geltung bringt. Für Montaigne ist Plutarch daher nicht nur ein Thesaurus antiker Wissenstraditionen, sondern vor allem der Autor einer Vielfalt der Hinsichten, durch die eingespielte Gewissheiten in Bewegung gesetzt werden und das Neue und Andere als Neues und Anderes sichtbar gemacht wird. Damit eröffnet er seinem schreibenden Leser einen Spielraum, seine eigene Differenz zu modellieren.

Plutarchs Biographien erschließen Montaigne die Welt des geschichtlichen Handelns durch das Erzählen von Lebensgeschichten. Insofern sie das Geschehen auf Ethos, Charakter und Vermögensausstattung der prominenten Akteure fokussieren, sind sie als angewandte Anthropologie lesbar. Aber sie stehen zugleich in einem Horizont, der die Menschenwelt überschreitet. In seinen *Moralia* erzählt Plutarch historische wie mythische Geschichten, die von Göttern, Dämonen und Tieren handeln. Die Welt Plutarchs ist zwar auf den Menschen konzentriert, dem er die delphische Maxime der Selbsterkenntnis zumutet, aber sie rechnet mit Übergängen, Spiegelungen und Affinitäten zwischen den Welten. Mythen, Götter- und Tiergeschichten erzählen nicht nur vom Numinosen und Animalischen, sie setzen überdies heterogene semiotische Regimes in Szene, die Bedeutungsebenen, welche sie dem Leser zumuten, reichen vom wörtlichen bis zum allegorischen oder symbolischen Sinn. Damit wird der Status von Namen, Individuen und Arten in Frage gestellt, Plutarch diskutiert die *res* wie die *verba* seiner Geschichten. Er praktiziert bereits, was sein Leser Montaigne zum konstanten Programm essayistischen Schreibens und essayistischer Kritik machen wird: Er interpretiert, er zitiert Interpretationen, er interpretiert Interpretationen.

Was Montaignes Faszination am Autor der *Moralia* und der *Bioi* lebendig gehalten hat, ist offenbar jene Qualität eines Mittendrinseins, die sich virtuos zwischen den Welten bewegt und doch die Menschenwelt im Zentrum behält. Plutarch ist, wie sein Leser Montaigne, ein Autor, der sich in der Welt der

Kultur als einem Ensemble beschreibbarer, erzählbarer und interpretierbarer Welten bewegt, ein Beobachter zweiter Ordnung, der zugleich virtuos mit semiotischen und generischen Registern hantiert. Zu dem Platoniker Plutarch geht der Autor der *Essais* auf Distanz, wenn er ihn, wie in der *Apologie*, im Ensemble der antiken Philosophenschulen platziert. Was für den Leser Montaigne ins Zentrum rückt, steht in ausgeprägtem Gegensatz zum maieutischen Verfahren des Sokrates wie zu jeder dialektischen Teleologie. Wo Plutarch als Repräsentant philosophischer Doxa lesbar wird, lässt Montaigne deren Geltungsansprüche in der Selektivität seiner Lektüre ins Leere laufen. Zu ‚seinem' Autor, ja zu *mon homme*, wird Plutarch erst durch jene Doppelungen der Urteilskraft, welche die Vielfalt der Gegenstände in der Vielfalt der Genres und Hinsichten zur Darstellung bringt. Den Gestus einer Beobachtung zweiter Ordnung, der sich in der Kontingenz und Variabilität seiner Darstellungsformen reflektiert, wird Montaigne für sein essayistisches Verfahren aufgreifen und als kontinuierliche Reflexion der Form auf Dauer stellen.

VIERTER TEIL

Textspiel

KAPITEL IX

Die Welt des Essays. Montaignes *De la vanité*

il n'y a satisfaction ça bas, que pour les ames ou brutales ou divines.
DE LA VANITÉ

1 Reisen, Schreiben

Im 104. seiner Briefe an Lucilius berichtet Seneca von einer Reise auf sein Landgut Nomentum. Ein Fieber hat ihn aus der Stadt getrieben. Der erste Teil des umfangreichen Briefes beschäftigt sich mit der intensiven Beziehung zu seiner jungen Frau Paulina – ihretwegen trägt er, ein alter Mann, wieder Sorge für sein eigenes Wohlergehen. Es sei das Zeichen einer hochherzigen Gesinnung, um einer anderen Person willen wieder ins Leben zurückzukehren, große Männer (*magni viri*) hätten das oft getan. Die Reise aufs Land hat auch schnell den gewünschten Erfolg, das körperliche Befinden des Philosophen verbessert sich schlagartig, er kann sich wieder ganz seinen Studien widmen.

Allerdings benutzt Seneca die Gelegenheit, um Lucilius eindringlich vor Hoffnungen auf eine heilsame Wirkung des Reisens zu warnen. Die eigene Reise wird so zum Anlass einer Reflexion auf das Verhältnis des Reisens zur Sorge um das eigene Selbst. Das Entscheidende ist jedenfalls nicht die jeweilige Umgebung, sondern der Selbstbezug der Seele (*Luc.*, 104, 7: *ut sibi praestat animus*). So ruft Seneca eine Replik des Sokrates in Erinnerung: Als diesem jemand klagte, seine Reisen hätten ihm nichts genützt, bemerkt Sokrates, das sei keineswegs unverdient, schließlich sei er mit sich selbst gereist. Es nützt nichts, in der Hoffnung auf Besserung den Aufenthaltsort zu verändern, wenn man dabei nicht sich selbst ändert. Nicht anderswo müsse man sein, sondern ein anderer werden:

> Quid prodest mare traicere et urbes mutare? Si uis ista quibus urgueris, effugere, non aliubi sis oportet, sed alius. (*Luc.*, 104, 8)[1]

1 Später heißt es dann: *tecum sunt quae fugis* (*Luc.*, 104, 20). Daher ist das Reisen als Flucht unnütz, weil man mit dem reist, was man flieht. Umgekehrt gilt aber auch: Man verändert sich

 | DOI 10.30965/9783770563548_010

Der Nutzen des Reisens (*peregrinatio*) liegt weder in seiner mäßigenden Wirkung auf die Begierden und Leidenschaften (*uoluptates, cupiditates*) noch in der Schulung der Urteilskraft (*iudicium*)[2]. Die Seele, die auf Reisen Heilung sucht, wird von der Bewegung und der Erfahrung des Neuen in ihrer Unruhe nur bestärkt, der unstete Geist (*inconstans iam mens*) zerfällt weiter, die Unruhe des Reisens produziert gesteigerte Zerrissenheit. Natürlich kann die Reise ein Wissen von Völkern, Ländern, Landschaften vermitteln, man wird in jedem Falle mit den Kuriositäten der Natur und den Merkwürdigkeiten der Kultur konfrontiert. Aber für den Reisenden ist das Unterwegssein kein ethisches Therapeutikum, und gerade darauf kommt es Seneca an. Reisen macht weder besser noch gesünder, *neque meliorem* [...] *neque saniorem* (*Luc.*, 104, 15). Für die Sorge um die Seele hat Seneca ein anderes Programm: die *studia* und die *auctores sapientiae*[3]. Aus der intensiven Lektüre der Weisheitsliteratur gewinnt man das notwendige Wissen, um die in ihre Begehrlichkeiten verstrickte Seele zu befreien. Das wahre Reisen folgt einem Kompass, der auf keiner Landkarte zu finden ist, denn es orientiert sich an den ethischen Unterscheidungen der ‚Weisheitskunst', des Erstrebenswerten und des zu Vermeidenden, des Notwendigen und des Überflüssigen, des Gerechten und des Ungerechten. Eine solche Praxis der Selbstsorge hat heilenden Charakter.

Man braucht allerdings einschlägig kompetente Begleiter für diesen Weg der Selbsttherapie, die das bei Seneca bereits in allegorisierter Form auftretende Personal der Laster (Habsucht, Grausamkeit, etc.) austreiben. An dieser Stelle fallen die exemplarischen Eigennamen der Weisheit und der Tugend, Sokrates und der jüngere Cato, an erster Stelle. Im Umgang mit ihnen erwirbt man einerseits die Kenntnis der menschlichen und der göttlichen Dinge (*Luc.*, 104, 22: *humanorum diuinorumque notitiam*), andererseits die notwendige Härte (*Luc.*, 104, 22: *animum indurare*), um die Seele gegen Angriffe zu immunisieren. In einer komprimierten, katachretischen Metaphorik ruft Seneca das Bild des sicheren Hafens auf, der es in den Stürmen und Fluten des Lebens (*Luc.*, 104, 22: *uitae fluctuantis et turbidae portus*) erlaube, die Attacken der Fortuna gelassen, *fidenter ac paratum*, zu parieren. Dieser Hafen aber findet sich nicht in der Welt, er gehört keiner *regio* an, er ist vielmehr ein Bauwerk der eigenen Seele, die sich keiner äußeren Macht mehr unterwirft. Die sich selbst

ständig, ohne es zu bemerken: „Ne tu quidem idem eris. Omnis dies, omnis hora te mutat." (*Luc.*, 104, 12)

2 Da man mit den eigenen Leidenschaften, *cum affectibus tuis* (*Luc*, *104*, 17), reist, ist das eigene Übel in jenem Hin- und Herreisen (*discursus*), das in Wirklichkeit eine Irrfahrt ist, ein stetiger Begleiter.

3 Weisheit, *sapientia*, ist selbst eine Kunst, *ars omnium maxima* (*Luc.*, 104, 19).

befestigende Seele weiß, dass sie alle Gefährdungen abwehren kann, wenn sie das exemplarisch informierte Programm der Selbstsorge vollendet.[4]

Montaigne zählt die Briefe Senecas zu seinen bevorzugten Lektüren. *Des livres* nennt einen wesentlichen Grund: Senecas Briefe, wie auch die *Moralia* Plutarchs[5] behandeln das von ihm gesuchte Wissen „à pieces décousues" (E, S. 433) und verlangen daher keine ausdauernde Beschäftigung, kein *studium.* Plutarch und Seneca liest Montaigne allerdings nicht nur mit Vergnügen (*plaisir*), sondern auch mit Gewinn (*fruit*), denn er findet bei ihnen Wahres und Nützliches, „des opinions utiles et vrayes". (E, S. 433) Die Essays des dritten Buches führen allerdings einen Umgang mit den Autoren vor, der sich weit von diesen Vorgaben entfernt. Dort werden nicht nur Meinungen kritisch reflektiert, hybridisiert und distanziert, Montaigne macht vor allem deutlich, dass die Schreibweise der *Essais* ihre spezifische Form nicht auf der Ebene der Doxa oder des Wissens sucht. Der Essay ist kein Meinungstext auf der Suche nach Wissen, sondern eine offene, normativ unregulierte Form auf der Suche nach ihrem Bewegungsgesetz, dem der stoische Übergang von der Doxa zur Episteme nicht mehr zur Verfügung steht. Seine Ausarbeitung indes braucht die Folie der antiken Texte und Autoren, deren Affinität zum eigenen Schreiben die Differenzierungsbewegung antreibt.

Der neunte Essay des dritten Buchs, *De la vanité*, beginnt mit einem Satz, der sich unmittelbar auf den Titel zurück bezieht: „Il n'en est à l'advanture aucune plus expresse, que d'en escrire si vainement." (E, S. 989) Von der Eitelkeit überhaupt zu handeln, ist das eine, sie durch das eigene Schreiben, das von der Eitelkeit handelt, zu exemplifizieren, ist das andere. Die beiden Ebenen des Gegenstandsbezugs und der Selbstreflexivität werden vom ersten Satz des Essays an ins Spiel wechselseitiger Spiegelung gebracht. Der Essay apostrophiert sich selbst als eitles Schreiben. Wie weit auch immer das Bedeutungsspektrum des Titelkonzepts in den Diskursen des Wissens reichen mag, *De la vanité* führt es stets auf zwei Ebenen vor: Er macht Eitelkeit (bzw. die Rede über Eitelkeit) zum Gegenstand und er führt sie im essayistischen Schreiben über das Thema vor. Damit steht er in einer doppelten Distanz zu dem singulären und autoritativen Text, den Montaigne im nächsten Satz anführt: das göttliche Wort der Bibel. „Ce que la divinité nous en a si divinement exprimé, debvroit estre soigneusement et continuellement medité, par les gens d'entendement." (E, S. 989)

---

4 Die Schwierigkeiten liegen, wie es anderer Stelle heißt, nicht in den Dingen, sondern im mangelnden Mut: „Non quia difficilia sunt non audemus, sed quia non audemus difficilia sunt." (*Luc.*, 104, 26)

5 Die *Opuscules de Plutarque* und die *Epistres de Seneque* seien „la plus belle partie de leurs escrits, et la plus profitable." (E, S. 433)

Montaigne zitiert nicht ausdrücklich und wörtlich einen Spruch der Bibel, die Anspielung auf *Ecclesiastes* I ist allerdings deutlich. Montaigne hat die Stelle leicht verändert, in der Form *PER OMNIA VANITAS* wird sie auch als eine der Balkensentenzen seiner Bibliothek verwendet. In der Vulgata heißt es: „Vanitas vanitatum, dixit Ecclesiastes; Vanitas vanitatum, et omnia vanitas."[6] Die Gottheit, so Montaigne, hat sich göttlich ausgedrückt; was sie mitgeteilt hat, sollte von den *gens d'entendement*, den Menschen mit Verstand, sorgfältig und ausdauernd bedacht werden, sie sollten über das göttlich gesagte Wort Gottes meditieren. Dieser Aufforderung einer intensiven Beschäftigung mit der göttlichen Weisheit läuft der Fortgang des Essays indes eklatant zuwider, Montaigne tritt gewissermaßen aus der Welt der ins Spiel gebrachten *gens d'entendement* heraus, sein Essay ist kein Exerzitium einer biblisch inspirierten, die Selbstsorge erbaulich wendenden Meditation. An die Stelle des Nachdenkens tritt das Schreiben, an die der inneren Konzentration der Seele die Zerstreuung auf dem Papier. Drückt sich die Gottheit göttlich, *divinement*, aus, wo sie von *vanitas* handelt, so tut es der Essayist *vainement*, offenbar in einer Art rhetorischer Mimesis an seinen Gegenstand. Gleich im nächsten Satz erläutert Montaigne, was das eitle Schreiben über eitle Dinge ausmacht:

> Qui ne voit, que j'ay pris une route, par laquelle sans cesse et sans travail, j'iray autant, qu'il y aura d'ancre et de papier au monde? Je ne puis tenir registre de ma vie, par mes actions: fortune les met trop bas: je le tiens par mes fantasies. (E, S. 989)

In dieser Selbstbeschreibung hat der Essayist zwei Rollen inne, er ist Reisender und Buchhalter. Das Schreiben ist eine metaphorische Reise, die allerdings kein Ziel hat. Ihr Weg endet nicht an einem bestimmten Ort, sondern allenfalls in dem Augenblick, wenn die nötigen Ressourcen, Tinte und Papier, dem reisenden Autor nicht mehr zur Verfügung stehen.[7] Er ist außerdem Buchhalter, er führt ein Register des eigenen Lebens, angesichts der Geringfügigkeit seiner Taten und Handlungen bezieht sich seine Buchhaltung auf *fantasies*, Vorstellungen und Gedanken, die aus dem Blickwinkel eines soliden und gewissenhaften Hausherrn und Buchhalters der Hauswirtschaft, wie ihn die Ökonomien der frühen Neuzeit, im Gefolge antiker Vorgaben, kennen, erst recht als der Inbegriff des Unerheblichen erscheinen müssen. Aber gerade in der

6 *Ecclesiastes* I, 2. Luther übersetzt: „Es ist alles gantz eitel Sprach der prediger / Es ist alles gantz eitel."

7 Zur Analogie von Schreiben und Reisen in *De la vanité* vgl. z.B. Irma S. Majer, „Montaigne's Cure: Stones and Roman Ruins", *Modern Language Notes*, 97 (1982), S. 958–974.

substanzlosen Flüchtigkeit des Imaginären gibt er sich selbst zu erkennen: Durch die *fantasies*, so heißt es zu Beginn von *Des livres*, „je ne tasche point à donner à connoistre les choses, mais moy" (E, S. 428). So richtet sich der Autor in der Welt der Eitelkeit ein, in der Doppelung von Thema (*fantasies*) und Schreiben (*ancre/papier*). Die Göttlichkeit des göttlichen Wortes, das von der Eitelkeit der Welt redet, um den Blick auf die Wirklichkeit des göttlichen Heils zu richten, macht einer eitlen Rede Platz, die von eitlen Dingen handeln will. Die Reise, die der Essay ist, wiederholt die Reise, als die das Leben erfahren wird.

Allerdings ist in der Nonchalance der Selbstbeschreibung als Reisender und Buchhalter bereits eine weitere Opposition ins Spiel gebracht, die der Essay nun austragen wird, nachdem er das Wort Gottes durch aktives Vergessen verabschiedet hat. Der biblische Predigertext hatte die Eitelkeit der Mühe des Menschen in der gottfernen Welt denunziert. Montaigne wird in der Immanenz dieser Welt, die der Essay nun nicht mehr verlassen wird, einen Gegensatz zur Entfaltung bringen, der das Haus und die Reise zu grundsätzlichen Metaphern eines In-der-Welt-Seins werden lässt, das sich transzendenter Bezüge entschlägt. *De la vanité* thematisiert eine Gegenstrebigkeit, die Montaignes Lebensführung auszeichnet und ihren sozial untypischen, ja anstößigen Charakter unterstreicht. Das antistoizistische Lob der Reise geht einher mit einer resoluten Distanz gegenüber den Aufgaben eines Hausherrn, dessen Typus Montaigne als Erbe des väterlichen Schlosses erfüllen sollte.[8] In den Jahren 1580 und 1581 hatte Montaigne jene Reise von knapp eineinhalb Jahren unternommen, die ihn durch die Schweiz und Deutschland nach Italien geführt hatte und die er durch die Nachricht von der Wahl zum Bürgermeister abbricht.[9]

8 Die stoische Kritik des Reisens ist Montaigne nicht nur über Seneca, sondern auch über die neostoizistische Reprise im Werk des Justus Lipsius gegenwärtig. Das betrifft insbesondere den Dialog *De constantia*. Zu Montaignes Verhältnis zu dessen Lebensregeln vgl. Paul J. Smith, „Montaigne, Juste Lipse et l'art du voyage", in: *Romanic Review*, 94/1–2 (2004), S. 73–91. Der Autor diskutiert auch Montaignes Haltung zu den ramistischen Reisetraktakten der zweiten Hälfte des 16. Jahrhunderts (Hieronymus Turlerus, *De peregrinatione*, Hilarius Pyrckmair, *De arte apodemica seu vera peregrinandi ratione*, Theodor Zwinger, *Methodus apodemica*). Zu dieser Tradition ausführlicher Justin Stagl, „Die Apodemik oder ‚Reisekunst' als Methodik der Sozialforschung vom Humanismus bis zur Aufklärung", in: Mohammed Rassem/Justin Stagl (Hgg.), *Statistik und Staatsbeschreibung in der Neuzeit*, Paderborn 1980, S. 131–202.

9 Die Nachricht der Wahl, die am 1. August 1581 stattfand, erreicht Montaigne erst am 7. September, in einer Zeit, als er in Bagni di Lucca mit Bäderkuren beschäftigt ist: „Le jeudi matin, 7 de septembre, je fus pendant une heure au grand bain. / Dans la même matinée on m'apporta par la voie de Rome des lettres de M. Tausin, écrites de Bordeaux le 2 août, par lesquelles il m'apprenoit que le jour précédent j'avois été élu d'un consentement unanime maire de

Es entsprach den Üblichkeiten, dass er nicht alleine, sondern, neben dem Dienstpersonal, in Begleitung von vier jüngeren Edelleuten unterwegs war.[10] Das Tagebuch dieser Reise, das von Montaigne zunächst diktiert und später von eigener Hand, teilweise Französisch und teilweise Italienisch, geschrieben wurde, hat Meusnier de Querlon erstmals 1774 unter dem Titel *Journal de voyage en Italie par la Suisse et l'Allemagne en 1580 et 1581* publiziert. Gesundheitliche Gründe spielten als Anlass der Reise zunächst eine große Rolle, Montaigne war mittlerweile seit einigen Jahren ein Opfer der Nierenkrankheit, jener *qualité pierreuse*, deren schmerzhafte Attacken die *Essais* häufig zum Thema machen. Allerdings dokumentiert das Reisetagebuch nicht nur die Wechselfälle einer Bäderreise, sondern öffnet sich schnell einer Vielfalt kultureller Interessen, die sich auf die Unterschiede der Sitten und Lebensformen richtet, mit einer ausgeprägten Neugier namentlich für die Differenzen religiöser Praktiken und Überzeugungen, aber auch der regionalen Tischsitten.[11] Montaigne kam direkt aus den aktuellen Auseinandersetzungen des konfessionellen Bürgerkriegs in Frankreich, er war kaum zuvor Zeuge der Belagerung und Einnahme der protestantischen Hochburg La Fère in der Pikardie geworden. Das *Journal de voyage* lässt allerdings ein kulturelles Interesse in den Vordergrund treten, das auf die Reisegefährten ebenso wenig Rücksicht nimmt wie auf die bedrohliche Situation Frankreichs.

Der Autor von *De la vanité* handelt indes, anders als das *Journal de voyage*, nicht von einer bestimmten Reise, sondern von einem sein Handeln bestimmenden *desir de voyager*. Er ist getrieben von dem Begehren, Neues und Unbekanntes zu erfahren, sein Antrieb ist die „humeur avide des choses nouvelles et incogneues" (E, S. 992)[12]. Die vielfältigen Differenzen der Sitten und

---

Bordeaux, et il m'invitoit à accepter cet emploi pour l'amour de ma patrie." (Œ, S. 1314f.) Die Rückreise geht allerdings langsam vonstatten, erst am 30. November 1581 erreicht Montaigne sein Schloss, trotz einer brieflichen Ermahnung des Königs Henri III, Montaigne solle ohne Verzögerung nach Frankreich zurückkehren.

10 Er sei es gewohnt „avec equippage non necessaire seulement, mais aussi honneste" unterwegs zu sein, was allerdings eine „despence [...] outre mes forces" (E, S. 993) nach sich ziehe.

11 Außerhalb Frankreichs verlangt Montaigne stets, nach den fremden Sitten bedient zu werden: „Quand j'ay esté ailleurs qu'en France: et que, pour me faire courtoisie, on m'a demandé, si je vouloy estre servy à la Françoise, je m'en suis mocqué, et me suis tousjours jetté aux tables les plus espesses d'estrangers." (E, S. 1031) Und er schämt sich für seine Landsleute, die es anders halten: „J'ay honte de voir nos hommes, enyvrez de cette sotte humeur, de s'effaroucher des formes contraires aux leurs." (E, S. 1031)

12 Bereits während der Italienreise führt Montaignes Interesse am Neuen und Unbekannten zu gelegentlichen Konflikten mit den Gefährten, vgl. z.B. die in Rovereto notierten Bemerkungen des Schreibers: „Je croy à la vérité que, s'il (M. de Montaigne, H.P.) eut été

Gepflogenheiten machen den Reiz des Reisens aus: „La diversité des façons d'une nation à autre, ne me touche que par le plaisir de la varieté." (E, S. 1031) Die Opposition gegen das Neue, die *nouvelletez*, die Montaignes Verhältnis zu den Ansprüchen politisch-institutioneller Innovation kennzeichnet, kehrt sich auf der Ebene der eigenen Lebenserfahrung in das Gegenteil um. Er sei ein *homme de la commune sorte* (E, S. 1034), bemerkt Montaigne wenig später. Aber was heißt das: ein ganz und gar gewöhnlicher Mensch zu sein? An dieser Stelle bedeutet es offenbar vor allem, dass er nicht dem Programm stoischer Selbstsorge entsprechen kann, insofern diese auf eine vernunftgesteuerte Ökonomie des Eigenen setzt. Das durchaus populäre *precepte salutaire*, man möge sich dem widmen, was einem gehört, und das sei die Vernunft (*raison*), habe in Wirklichkeit eine *terrible estendue*, denn schlechterdings alles, was dem Individuum begegnet, kann ihr Gegenstand werden: „Toutes choses tombent en discretion et modification." (E, S. 1034) Die Vernunft hat es immer schon mit dem zu tun, was sie selbst nicht ist, auf der Innen- wie auf der Außenseite der Person. Für den unerhörten Umfang dessen, was zum Gegenstand der Unterscheidung, der Wahrnehmung von Differenz und der Erfahrung von Kontingenz werden kann, ist die Reise das zentrale Paradigma. Sie fungiert zugleich als ein anthropologischer Indikator, in dem notorischen *plaisir de voyage* wird eine Disposition sichtbar, die Unruhe der Antriebe des *homme de la commune sorte*, die sich in einen offenen Horizont hinein entwirft. Wenn aber das Begehren und die Lust der Reise ein Zeugnis anthropologischer Unruhe (E, S. 1034: *tesmoignage d'inquietude et d'irresolution*) ist, dann ist damit zugleich die *vanité de la sagesse* bloßgestellt.[13] Die Weisheit, deren Anspruch es ist, die Nichtigkeit der eitlen Dinge bloßzustellen, ist selbst eine Form der Eitelkeit. Der Irrtum der Ethik der Sorge, die sich durch Regeln oder Verhaltensmaximen (*precepte*) artikuliert, gründet in der Blindheit gegenüber jener Antriebsdynamik, deren unhintergehbare Transgressivität darin sichtbar wird, dass sie fortwährend gesetzte Grenzen überschreitet: „L'homme s'ordonne à soy mesme, d'estre necessairement en faute." (E, S. 1036)[14] Regel, Verbot, Gesetz – in ihnen kommen ethische Ansprüche zur Geltung, die sich auf die Vernunft

---

seul avec les siens, il fut allé plustost à Cracovie ou vers la Grèce par terre, que de prendre le tour vers l'Italie; mais le plaisir qu'il prenoit à visiter les païs inconnus, lequel il trouvoit si dous que d'en oublier la foiblesse de son aage et de sa santé, il ne le pouvoit imprimer à nul de la troupe, chacun ne demandant que la retraite." Montaigne habe „nul project que de se promener par des lieus inconnus" (Œ, S. 1176f.).

13 Vgl. E, S. 1036: „L'humaine sagesse, n'arriva jamais aux devoirs qu'elle s'estoit elle mesme prescrit."

14 Insofern ist jedes Gesetz, jede Regel, ein Versuch der Regulierung von Antrieben, welche der Regulierung widerstreben: „Il n'est si homme de bien, qu'il mette à l'examen des loix toutes ses actions et pensées, qui ne soit pendable dix fois en sa vie." (E, S. 1036)

oder gar die Weisheit berufen. Aber sie werden der Unruhe nicht Herr, die für Montaigne aus einer materiell-körperlichen Quelle stammt.[15] Deren Dynamik ist kaum einzuhegen, kommt in ihr doch eine psychische Ökonomie zur Geltung, die auf Anreicherung und Grenzüberschreitung setzt.[16]

Mit der Apologie der Reise setzt sich *De la vanité* in eine eklatante Opposition zu den Empfehlungen Senecas. Zugleich wird durch den Antagonismus von Haus und Welt ein neues Textspiel eröffnet, das einen anderen Prätext aufruft. Der Essay ist durchaus biographisch gesättigt, aber er verwendet die eigene Erfahrung der Reise als Medium der Distanzierung jener Lebensform, die ihm als Nachfolger des Vaters und Erbe eines Landgutes zugemutet wird. Das Interesse am Reisen steht in prononciertem Gegensatz zu der Sorge um den eigenen Haushalt: „Je me destourne volontiers du gouvernement de ma maison." (E, S. 992) Der Schlossherr Montaigne findet nach der wiederholten Auskunft der *Essais* wenig Gefallen daran, den eigenen Haushalt zu verwalten und das Gesinde zu dirigieren. Zugleich weiß er um den hohen Anspruch, der sich mit dieser Rolle verbindet. Er ist an dieser Stelle ein zweifacher Erbe, der des Vaters und der des Freundes. Montaigne weist die Zumutungen des Hauses zurück, obwohl er ihm als der grundlegenden ökonomischen Einheit durch die postume Veröffentlichung einer Übersetzung von Xenophons *Oikonomikos*, die der Freund Etienne de la Boétie hinterlassen hatte, im öffentlichen Bewusstsein Präsenz verschafft hatte. Xenophons Haushaltstraktat, der bereits im 15. Jahrhundert in Italien intensiv rezipiert worden war, das prominenteste Beispiel ist zweifellos Leon Battista Albertis großer Dialog *Della famiglia*, ist mit La Boéties Übersetzung auch in Frankreich unübersehbar präsent.[17] Die Ausgabe der *Mesnagerie de Xenophon* erscheint 1571 zusammen mit den plutarchischen *Regles de mariage* und der *Lettre de consolation, de Plutarque à sa femme*. In seinem Widmungsbrief an Monsieur de Lansac ruft Montaigne die überaus enge Seelenverwandtschaft mit dem Freund La Boétie in Erinnerung. Indem er seine Übersetzung veröffentlicht, lässt er ihn im Medium der Übersetzung eines autoritativen Textes der Nachwelt gegenwärtig werden:

> Il m'a faict cest honneur viuant, que ie mets au cõpte de la meilleure fortune des miennes, de dresser auec moy vne cousture d'amitié si estroicte &

15 Montaigne spricht von einem „mouvement materiel et corporel: action imparfaicte de sa propre essence" (E, S. 1034).

16 Vgl. E, S. 1034: „La seule varieté me paye, et la possession de la diversité: au moins si quelque chose me paye."

17 Das griechische Original des xenophontischen *Oikonomikos* war seit 1427 bekannt, Giovanni Aurispa hatte Xenophons Werke aus Byzanz nach Italien gebracht. In der Antike hatte bereits der junge Cicero den Text ins Lateinische übersetzt.

si ioincte, qu'il n'y a eu biais, mouument ny ressort en son ame, que ie n'aye peu considerer & iuger, au moins si ma veuë n'a quelquefois tiré court. (*Mesn.*, S. 2v)

2 Oikonomia: Haushalt und Welt

Xenophon entfaltet seine Lehre von der Oikonomia, der Haushaltskunst, in einer Dialogsequenz, die zunächst den haushaltsunerfahrenen und -inkompetenten Kritoboulos auf Sokrates treffen lässt, um anschließend mit Ischomachos einen Experten der Haus- und Landwirtschaft zu präsentieren, der im Gespräch mit Sokrates die Kunst der Haushaltsführung erläutert. So steht der Leser zunächst vor der paradoxen Konstellation, dass ein Philosoph, der sich für materielle Reichtümer nicht wirklich interessiert, und der Vorstand eines Haushalts, der die Kunst der Ökonomie nicht beherrscht, sich über die bedeutsamen Aspekte der Haushaltsführung unterhalten. Allerdings werden bereits in der Ausgangssituation Themen virulent, die Ischomachus wieder aufgreifen wird. Dazu gehört an erster Stelle die Affinität von Landwirtschaft und Kriegskunst, die zunächst Sokrates am Beispiel des persischen Königs Kyrus erläutert, von dem er behauptet, dass er „die Landwirtschaft und die Kriegstechnik zu den ehrenvollsten und notwendigsten Beschäftigungen zähle und sich dieser beiden in besonderem Maße annehme."[18] Die Landwirtschaft wie die Kriegskunst sind Schulen der Gemeinschaft, in ihnen erfährt man die Notwendigkeit der Herrschaft wie den Nutzen gegenseitiger Unterstützung.[19]

Am Beispiel des Bodens wie des Krieges werden später das Verhältnis von tätigem Handeln und göttlicher Ordnung aufgeworfen. Der haushälterische Fleiß und der militärische Einsatz verdienen Belohnung, aber sie werfen zugleich die Frage einer die Sphäre der menschlichen Verfügung übersteigenden Gerechtigkeit[20] auf, weil die „Götter nicht weniger Herren sind über die Werke der Landwirtschaft als über die des Krieges" (S. 25f.). Die fundamentale Gemeinsamkeit von Ökonomie und Kriegsführung gründet in der

18 Zit. nach Klaus Meyer, *Xenophons ‚Oikonomikos'. Übersetzung und Kommentar*, Marburg 1975, S. 18 (im Folgenden abgekürzt mit Seitenzahl im Text zitiert). In La Boéties Übersetzung lautet die Stelle: „on dit que pour autant qu'entre les plus beaux & plus necessaires exercices il estime l'agriculture & les armes, qu'à ceste occasion il est merueilleusement soigneux de tous deux." (*Mesn.*, S. 15v) Man sieht, wie La Boétie die Terminologie der Sorge deutlich werden lässt.

19 *Mesn.*, S. 21r: „[...] l'agriculture apprent encore de s'entraider l'vn l'autre: car il faut aller à la guerre en compagnie, & en compagnie au trauail du labourage."

20 Vgl. *Mesn.*, S. 21r: „[...] la terre de son gré enseigne de viure iustement à ceux qui le sçauent comprendre".

unhintergehbaren Verschränkung von menschlichem Handeln und unverfügbarer kosmischer Ordnung. Kritoboulos' staunendem Zweifel angesichts dieser Nobilitierung der Landwirtschaft begegnet Sokrates durch den Verweis auf die Sorge, die der persische König durch die Inspektion des Bodens und durch ein System von Bestrafung und Belohnung der Landwirtschaft zukommen lässt, und bringt damit das zweite zentrale Motiv zur Sprache, das der Sorge (*epimeleia, epimelesthai*), welche der Haushälter in seinem Tun stets walten lassen muss. Was in der Diskussion von Sokrates und Kritoboulos thematisiert wird, erscheint später in dem Handeln des vollkommenen Haushälters exemplarisch realisiert.[21] Mit der zentralen Stellung der Sorge sind Fragen der Pädagogik und der Herrschaft, des Verhältnisses von Selbstbeherrschung und Fremdherrschaft ins Spiel gebracht. Und dazu gehört drittens die Profilierung der spezifischen Handlungstypik des Haushälters im Ensemble der Disziplinen des Wissens und des Könnens, eingeleitet durch eine Polemik gegen die ‚mechanischen' Künste, welche den Körper verderben und den Umgang mit Freunden und die Sorge um das Wohl der Polis erschweren.[22] Im späteren Verlauf des Dialogs wird das Verhältnis der Oikonomia zu den Künsten und Wissenschaften ebenso thematisiert wie die Differenzierung der Ökonomie entlang der Grenze von Innen und Außen, von Haus und Boden, von Familie und Landwirtschaft.

Sokrates berichtet anschließend von seiner Begegnung mit Ischomachos, einem vorzüglichen Mann und exzellenten Haushälter (*kalos kai agathos*). Er wird eingeführt, als die theoretischen Erörterungen des haushaltsunerfahrenen Sokrates und des haushaltsuntüchtigen Kritoboulos an ihre Grenze kommen.[23] Oikonomia ist, wie die Kriegskunst, grundsätzlich mehr und anderes als Wissen oder Wissenschaft (*episteme*). Die Frage nach dem Richtigen und

---

21 Auf die zentrale Bedeutung dieses Konzepts, das einschließlich seiner Umkehr mehr als hundert Mal im *Oikonomikos* auftaucht, weist auch Meyer, *Oikonomikos*, a.a.O., S. 104f. hin. Vgl. dazu auch Jean-Pierre Vernant, *Mythe et pensée chez les Grecs*, Paris 1985, S. 279: „Ainsi se définit, en contraste avec une vie de mollesse, de paresse, d'insouciance, une forme de vie active faite d'énergie, d'initiative, d'occupation: *epimeleia*."

22 Zu den bereits bei Hesiod vorgegebenen Oppositionsbildungen von handwerklicher *techne* und landwirtschaftlicher *epimeleia* vgl. Vernant, *Mythe*, a.a.O., S. 277: „De son côté, quand il participe par sa peine à la croissance du blé, le laboureur d'Hésiode n'a pas le sentiment d'appliquer au sol une technique de culture, pas plus que d'exercer un métier [...] dans la culture des céréales, c'est à travers son effort et sa peine, strictement réglés, que l'homme entre en contact avec les puissances divines."

23 Deren Ergebnisse fasst Sokrates am Ende des Kritoboulosteils noch einmal zusammen. In La Boéties Übersetzung: „Doncques, dit Socrates, n'auons nous pas esté d'aduis, que la mesnagerie est le nom d'vn sçauoir? [...] nous auons resolu que l'agriculture, dont les

Falschen, dem Nützlichen und Abträglichen im Haushalt und in der Landwirtschaft lässt sich, wie das Beispiel des Ischomachos zeigen wird, nicht zureichend beantworten, wenn man die Ökonomie als theoretische Wissenschaft auffasst. Wie Leo Strauss in seiner Interpretation des *Oikonomikos* herausgearbeitet hat, verschiebt sich mit der Figur des Ischomachos der Akzent vom „household management" zum Modell einer „perfect gentlemanship"[24], in dem es um das Verhältnis von Selbstdisziplin und Herrschaft geht. Sokrates trifft Ischomachos bezeichnenderweise auf der Agora, in der Halle des Zeus Eleutherios, deren Bilder an den Kampf gegen die Perser erinnern. Auch damit wird noch einmal die Affinität von Oikonomia und Kriegskunst nahegelegt. Der Haushälter Ischomachos bewegt sich im Raum der Polis, außerhalb der Sphäre seines Haushalts. Er kann seinen politischen Interessen unbesorgt folgen, weil seine Frau im Innern des Hauses Regie führt, allerdings erst, nachdem er sie mit ihren Aufgaben vertraut gemacht hat. Der Haushälter kennt die Notwendigkeiten des Hauses, delegiert sie aber an seine Frau, um sich der Landwirtschaft und der Polis zu widmen. La Boéties Übersetzung lässt die Rolle der Frau für die innere Ordnung des Hauses prägnant hervortreten:[25]

---

hommes prennent ce qui leur faict besoing, est la meilleure occupation, & le plus beau sçauoir, qu'on pourroit trouuer pour vn homme de bien & honneste." (*Mesn.*, S. 22v-23r)

24 Leo Strauss, *Xenophon's Socratic Discourse. An Interpretation of the ‚Oeconomicus'*, Ithaca/London 1970, S. 129: „After Socrates has made perfect gentlemanship the theme, we understand better than before why the *Oeconomicus* is *the* Socratic dialogue. For, as we know, Socrates was exclusively concerned with ethics and politics, with virtue and the city, and perfect gentlemanship includes in a manner all ethical and political themes. Yet we cannot conceal from ourselves the fact that in the *Oeconomicus* perfect gentlemanship is approached from an angle which is not the most gentlemanly one, from a point of view which is rather low: from the point of view of how the perfect gentleman earns his living; we view the perfect gentleman primarily, not in his splendor, but in his needs."

25 Zur normativen Besetzung dieser Opposition vgl. z.B. S. 30f.: „[…] für die Frau ist es besser, im Haus zu bleiben, als auf das Feld zu gehen, für den Mann dagegen ist im Haus zu bleiben schimpflicher als sich um die Arbeiten draußen zu kümmern." Die zugrundeliegende mythische Opposition von Hestia und Hermes entfaltet Jean-Pierre Vernant, „Hestia-Hermès. Sur l'expression religieuse de l'espace chez les Grecs", in: ders., *Mythe*, a.a.O., S. 155–201, z.B. S. 159: „Parce que son lot est de trôner, à jamais immobile, au centre de l'espace domestique, Hestia implique, en solidarité et contraste avec elle, le dieu véloce qui règne sur l'étendue du voyageur. A Hestia, le dedans, le clos, le fixe, le repli du couple humain sur lui-même; à Hermès, le dehors, l'ouverture, la mobilité, le contact avec l'autre que soi." Vgl. auch S. 162: „L'espace domestique, espace fermé, pourvu d'un toit (protégé) est, pour le Grec, à connotation féminine. L'espace du dehors, du grand air, à connotation masculine. La femme est dans son domaine à la maison. C'est là qu'est sa place; en

> [...] quant à ce que tu voulois sçauoir, si je demeure guieres dans la maison, certes non: car tout ce qui est dedans, ma femme est bien fort suffisante pour y mettre ordre. (*Mesn.*, S. 25r)

Montaigne steht diese Passage in *De la vanité* vor Augen, er nimmt die xenophontische Rollenzuweisung für die Frau direkt auf, auch wenn er selbst keineswegs die Komplementärrolle des außenorientierten, die Angelegenheiten der Polis diskutierenden Haushälters einzunehmen gedenkt. Die *maistresse qualité* der *mere de famille* sei jedenfalls die *science du mesnage*, von einer verheirateten Frau erwarte er vor allem die *vertu œconomique* (E, S. 1020).[26] Bei Xenophon entspricht es der göttlichen Ordnung, dass der Mann die Besorgungen außerhalb, die Frau hingegen die Arbeit innerhalb des Hauses übernimmt, die Rede ist geradezu, wie La Boétie übersetzt, von zwei Haushalten, „deux mesnageries, & celle de dehors, & celle de dedans" (*Mesn.*, S. 28v). Diese Rollenverteilung ist auch deshalb eindeutig, weil die göttlichen Vorgaben in der gesetzlichen Ordnung der Polis umgesetzt wurden. Der Mann handelt und verhandelt (*negocier*) draußen, in der Stadt oder der Polis, die Frau bleibt (*demeurer*) innen, im Hause:

> La loy a faict trouuer plus beau aux femmes de demeurer plus dans la maison, que d'aller par la ville: & à l'hõme moins honneste de seiourner dedans, que de negocier dehors: & de mesme Dieu les auoit faicts deuant plus capables de ce qui leur deuoit estre le plus seant. (*Mesn.*, S. 29r)

Wenn Ischomachos in der rigiden Trennung interner und externer Aufgaben auf dem Vollzug einer göttlich gegebenen und rechtlich sanktionierten Ordnung besteht, die sich in den Rollen von Mann und Frau realisiert, so steht diese Symmetrie indes auf der Basis einer konstitutiven Asymmetrie. Die Frau kommt in das Haus des Mannes, er muss sie zu dem erziehen, was sie schließlich sein soll. Im Ritual des Einübens zeigt sich jene Hierarchie, die den Mann als Herrscher und Erzieher ausweist, der auf der Agora auftreten kann, weil er die Ordnung im Haus durch die Unterweisung der Frau sichergestellt hat.

---

principe elle n'en doit pas sortir. L'homme représente au contraire, dans l'*oikos*, l'élément centrifuge."

26 Allerdings ist die bei Xenophon durch den Landbau besetzte Rolle des Haushälters bei Montaigne vom Reisen okkupiert. Die Reise erlaubt Abwesenheiten, welche das Wiedersehen mit dem Reiz des Neuen und Anderen ausstatten: „[...] chacun sent par experience, que la continuation de se voir, ne peut representer le plaisir que l'on sent à se desprendre, et reprendre à secousses." (E, S. 1020)

Als Objekt männlicher Pädagogik wird die Frau zur Statthalterin im Innern des Hauses. Sie beherrscht die dort nötigen Künste[27], sie ist das Gedächtnis des Hauses, während der Mann, der sich im Freien aufhält, Landwirtschaft betreibt und sich um die Dinge der Polis kümmert, in einer direkten Beziehung zur göttlichen Ordnung steht.

Der *Oikonomikos* handelt die *gynaikologia* vor der *andrologia* ab. Erst nachdem Ischomachos die Rolle der Frau erläutert hat, geht es um seine eigenen Aufgaben. Es ist signifikant, dass es dabei – anders als bei den Besorgungen der Frau, die ganz im Rahmen menschlicher Kunst sich bewegen – von vornherein um ein Handeln in Bezug auf die göttliche Ordnung geht:

> [...] so beginne ich denn damit, die Götter zu verehren, und versuche zu erreichen, dass es mir mit Hilfe des Gebetes gestattet ist, Gesundheit, Körperstärke, Ansehen in der Stadt, Wohlwollen bei den Freunden, ehrenvolle Rettung im Krieg und auf ehrliche Weise sich mehrenden Reichtum zu erlangen. (S. 51)

La Boétie übersetzt:

> [...] la premiere chose que ie fais c'est d'honorer & seruir les Dieux, & mettre peine en les priant, qu'ils me donnent la grace d'estre sain de ma personne & vigoureux, honoré en ma ville, bien voulu de ceux de ma cognoissance, d'eschapper honnestement du danger de la guerre, & d'enrichir de bon acquest. (*Mesn.*, S. 42v)

Diese vorgängige Vergewisserung ist offenbar nötig, um der anschließenden Erörterung von Herrschafts- und Erziehungsrelationen im Haus Legitimität zu verschaffen. So geht es im Detail um die Verwalter (*epitropoi*), nicht vordringlich um ihre Arbeiten, sondern um die notwendigen Dispositionen (Zuneigung zum Hausherrn, Sorgfalt und Rechtschaffenheit, Überwachung der Arbeiter), die sie verinnerlichen müssen, um sich die Sache des Hauses zu eigen zu machen. Wenn Ischomachos dann von der Landwirtschaft handelt, jener Tätigkeit im Freien, die ihr Analogon in der Kriegskunst hat, insofern beide von der Gunst der Götter abhängen, so ist der entscheidende

27 Nicht jede Kunst ist im Haus legitim. Das 10. Kapitel zeigt Ischomachos, wie er seine Frau vom Gebrauch der Schminke abbringt. Kunst ist nur im Einklang mit der Natur legitim, für Menschen, die zusammen leben, ist ein unverfälschter Körper – nicht anders als bei Pferden, Rindern und Schafen – das Erfreulichste. Allenfalls Außenstehende können durch Verfälschungen wie die Schminke getäuscht werden.

Gesichtspunkt, die Akzentverschiebung vom Wissen zur Sorge, von *episteme* zu *epimeleia*, in den Kapiteln über die Erziehung der Frau und der Verwalter bereits vorbereitet. Sokrates' Bitte, Ischomachos möge ihn über das Säen, Pflegen und Ernten unterrichten, führt gerade nicht zu einer monologisch-diskursiven Exposition technischen Wissens, sondern zu einem Dialog, in dem Ischomachos gewissermaßen die Rolle des platonischen Sokrates übernimmt.[28] Er stellt die Fragen so, dass dem Gegenüber wie dem Leser manifest wird, Sokrates habe immer schon mehr über die Bewirtschaftung des Landes gewusst, als er in seiner Haushaltsunerfahrenheit annahm. Ischomachos ‚lehrt' Sokrates die Kunst des Landbaus, indem er ihm zeigt, dass er in ihr im Grunde immer schon zu Hause war. Die Landwirtschaft ist keine Frage theoretischen Wissens oder ausgeprägter Kunstfertigkeit, weder der *episteme* noch der *techne*, sondern der *epimeleia*, der Sorge für das Selbst und für die Anderen.[29] Am Ende greift der *Oikonomikos* noch einmal die alte Frage aus dem Kritoboulos-Dialog auf: Warum prosperieren einige Haushälter und andere nicht? Ischomachos' Antwort lautet: Das Gelingen der Landwirtschaft, die doch so einfach zu erlernen ist, weil sich ihr Wissen und ihre Künste fast von selbst verstehen, ist eine Frage der Sorge, der Aufmerksamkeit, des *epimelesthai*. Auch darin – wie in der Abhängigkeit vom Wohlwollen der Götter – zeigt sich die Analogie von Ökonomie und Kriegskunst.[30] Die Landwirtschaft, so Ischomachos, ist „vn art si humain & si debonnaire, qu'en voyant & oyant seulement, il fait aussi tost les gents sçauans, s'ils en ont enuie" (*Mesn.*, S. 63r), und er führt anschaulich vor, dass die Weinrebe dem, der sie betrachtet, von sich aus zeige,

---

28 Leo Strauss, *Xenophon's Socratic Discourse*, a.a.O., S. 184, sieht in dieser spezifischen, lokalen Erfahrung des ‚jungen' Sokrates eine erste Ausprägung seiner ‚späteren' Vorstellungen von Anamnesis, Dialektik und Maieutik. Der platonische Sokrates verallgemeinere, was bei Ischomachos auf die Erfahrung des Landbaus beschränkt ist: „Socrates' later view of teaching and learning is the outcome of his meditation on a thought first suggested to him by the practice of the perfect gentleman par excellence."

29 Vgl. auch Vernant, *Mythe*, a.a.O., S. 280: „L'agriculture, pas plus que la guerre, n'apparaît comme un métier. A-t-on même le droit de lui appliquer le terme de *techne*? Qui dit *techne* dit savoir spécialisée, apprentissage, procédés secrets de réussite. Rien de tel dans le travail agricole: les seules connaissances qu'il réclame sont celles que chacun peut acquérir par soi-même en observant et en réfléchissant."

30 Vgl. S. 80: „Ebenso unterscheiden sich die Feldherrn in manchen strategischen Fragen nicht in ihrem Wissen voneinander und sind daher besser oder schlechter, sondern offenbar infolge ihrer Sorgfalt." Beiläufig kommt Xenophon in diesem Zusammenhang auch auf die Nivellierung der Differenz von Experte und Laie (*idiotes*) zu sprechen. Das, was Feldherrn in gegebenen Situationen wissen müssen, steht auch der Einsicht des Laien offen, entscheidend sind Vorsorge und Sorgfalt.

wie sie zu behandeln sei. Der Haushälter muss sehen und hören können, es ist der Gegenstand seines Handelns und seiner Sorge, der ihm zeigt, was zu tun ist. Nicht das Wissen (*sçauoir*) oder die Meinungen (*diuerses opinions*) entscheiden über Erfolg oder Misserfolg im Haus wie im Krieg, sondern Sorge und Fleiß, *le soing & la diligence* (*Mesn.*, S. 64r).

Die philanthropische Dimension des Landbaus, dass der Boden den Menschen die Kunst, ihn zu bearbeiten, gewissermaßen zwanglos lehrt, hat allerdings eine Kehrseite. Die der göttlichen Ordnung entspringende Gabe enthüllt die Verfassung des Haushälters. Der Umgang mit dem Boden wird zur Diagnose des ihn bebauenden Menschen und seines Charakters. Misserfolg in der Landwirtschaft lässt – im Gegensatz zu den anderen Künsten – die Entschuldigung fehlenden Wissens oder mangelnder Kunstfertigkeit nicht zu. Er zeigt vielmehr die ethische Verderbtheit des Haushälters an, sein, wie es bei La Boétie heißt, schlechtes und feiges Herz. Erfolg und Misserfolg in der Landwirtschaft fungieren als ethisches Unterscheidungskriterium:

> Et me semble qu'en se presentant ainsi si facile à cognoistre & comprendre, qu'elle descouure le mieux qu'il est possible, & merque ceux qui valent quelque chose, & ceux qui ne valent rien: car il n'est pas ainsi d'elle, cõme des autres mestiers, ausquels ceux qui n'y trauaillent point peuuent s'excuser qu'ils n'y sçavent rien, mais tout le mõde cognoit la terre, qu'elle ne faut iamais à faire bien à qui luy en fait. Et ainsi cest art d'agriculture accuse haut & clair & conueint vn mauuais cœur & lasche (*Mesn.*, S. 65v).[31]

Weil der Landbau weder theoretisches Wissen voraussetzt noch technisches Können anwendet, weist Erfolg oder Misserfolg unmittelbar auf das Ethos des Menschen zurück. Er zeigt, wer etwas wert ist und wer ein schlechtes und feiges Herz besitzt.

Der *Oikonomikos* des Xenophon verklammert Innen und Außen, die Ordnung des Haushalts mit der Pflege der Erde. Beides verlangt eine ethische Dimension, die sich als Herrschaft, nach Innen wie nach Außen, verwirklicht.

31 Damit ist auch ein Gedanke aufgenommen, den Sokrates bereits im Kritoboulos-Gespräch formuliert hatte: Die Erde als Göttin ist eine Lehrerin der Gerechtigkeit, weil sie denen, die ihr dienen, Gutes schenkt (vgl. S. 24). Vgl. zu dem Zusammenhang auch Strauss, *Xenophon's Socratic Discourse*, a.a.O., S. 198f.: „Precisely because the knowledge required for farming is easily available and therefore what makes the difference between the good and the bad farmer is not knowledge but diligence, farming, or rather the earth which in its justice treats well those who treat it well, is the reliable accuser, not only of a bad farmer, but of a bad soul."

Ischomachos, der perfekte Haushälter, kommt am Ende des Buches noch einmal auf das Thema des Herrschens zurück, dessen ökonomisch-militärische Doppelseite bereits das Beispiel des Perserkönigs vorgeführt hatte. Herrscher, die es verstehen, in ihren Untergebenen (Arbeiter, Soldaten, Verwalter) die je spezifischen Tugenden (Sorgfalt, Tapferkeit, etc.) zu wecken und zu unterhalten, besitzen für ihn „etwas vom Wesen eines Königs" (*ethos basilikou*, S. 86), „quelque chose de naturel royal" (*Mesn.*, S. 70r). In ihnen verbinden sich natürliche Voraussetzungen mit guter Erziehung, Tugend mit dem Wohlwollen der Götter, Wissen mit Sorgfalt, *episteme* mit *epimeleia*, Selbstherrschaft mit Fremdherrschaft, *sophrosyne* mit *enkrateia*.[32] Wer das vermag, hat etwas Göttliches an sich, *ie ne sçay quoy de diuin* (*Mesn.*, S. 70r).

Montaigne hat nicht nur die Übersetzung des *Oikonomikos* herausgegeben, er hat das Buch auch, wie die präzisen Anspielungen belegen, genau gelesen und in seine Distanzierung der Ökonomie des Haushalts eingearbeitet. Die Analogie von Landwirtschaft und Krieg, die auf kosmische Ordnung setzt, tritt dabei in den Hintergrund. *De la vanité* rückt die Innen- und die Außenseite der Sorge ins Zentrum, jene *epimeleia*, die sich um die Dimensionen der Hauswirtschaft kümmert und die zugleich einen Haushälter voraussetzt, dessen Selbstdisziplin ihn zur Autorität im Haus macht. Montaigne sind die Gratifikationen der ihm durch das väterliche Erbe zugefallenen Rolle des Ökonomen keineswegs fremd. Er weiß, dass es eine *commodité à commander* gibt, ein Gefallen am Gehorsam der dem Hausherrn anvertrauten Menschen, „à estre obey des siens" (E, S. 992). Aber der Herrschaftsgenuss des Hausherrn ist ihm ein „plaisir trop uniforme et languissant" (E, S. 992), er kann mit dem Reiz des Neuen und Unbekannten, den die Reise offeriert, nicht rivalisieren. Aus der Erfahrung wie aus der Lektüre weiß Montaigne, dass es für die Mitglieder seiner sozialen Schicht ein „doux amusement" sein sollte, über einen „mesnage paisible, produict, conduict par un ordre reglé" (E, S. 999) disponieren zu können.

---

32 Zum Konzept der *enkrateia* vgl. die Analysen in Helen North, *Sophrosyne. Self-Knowledge and Self-Restraint in Greek Literature*, Ithaca 1966 (zu Xenophon S. 123–132). Tendenziell habe *enkrateia* ethische Konnotationen, während *sophrosyne* eher eine mit der *phronesis* verwandte dianoetische Qualität habe, vgl. S. 130: „[...] sophrosyne and *enkrateia* are distinguished but remain closely related. *Sophrosyne* has a wider scope than *enkrateia*, which is usually restricted to the control of the passions. Xenophon never explicitly distinguishes between the two [...]". In eine andere Richtung geht die Rekonstruktion in Michel Foucault, *L'usage des plaisirs* (Histoire de la sexualité, Bd. 2), Paris 1984, S. 74ff. *Enkrateia* sei eine „forme active de maîtrise de soi, qui permet de résister ou de lutter, et d'assurer sa domination dans le domaine des désirs et des plaisirs" (S. 75), setze also ein agonales Selbstverhältnis in Szene. Demgegenüber bezeichne *sophrosyne* ein Wahrheitsverhältnis, „la reconnaissance ontologique de soi par soi" (S. 101).

Dem nicht entsprechen zu wollen, verlangt eine exzentrische, individuelle Position, die sich weder vom häuslichen noch vom diskursiven Erbe bestimmen lässt: „J'en parle selon moy“ (E, S. 999) heißt es daher kategorisch[33]. Die eigene Rede aber ist eine Gegenrede, sie sprengt das Junktim von Sorge und Genuss, von Selbst- und Fremdherrschaft auf. Die Hauswirtschaft ist für Montaigne mit *pensements fascheux* verbunden, die Menschen im Haus und die Nachbarn verlangen Rücksicht und Aufmerksamkeit, Streit bleibt nicht aus. Montaignes Wahrnehmung invertiert die Asymmetrie der Herrschaft. Nicht der Hausherr verfügt über seine Untergebenen, sondern diese greifen in die Sphäre des Herrn ein, der die „usurpation qu'ils font sur vous“ (E, S. 992) zu beklagen hat. Das Haus ist wie die Stadt oder der Staat, von denen Montaigne im anschließenden Essay *De mesnager sa volonté* handelt, eine Sphäre, welche die Souveränität der Person bedroht. Der Oikos verlangt die Sorge des Hausherrn, und diese schlägt in der Realität der Hauswirtschaft um von der Disposition über das Eigene in die Usurpation der Sorge durch die Unbotmäßigkeit der Anderen. Hinzu kommen zwei Quellen der Unruhe, die mit der frühneuzeitlichen Transformation des Hauses, der Entwicklung des Bankenwesens und der zunehmenden juristischen Regulierung der Besitzverhältnisse zu tun haben. Der Hausherr sieht sich genötigt, den Geldfluss zu überwachen und sich mit dem Studium von Verträgen zu beschäftigen, beides widerstrebt dem Hausherrn von Schloss Montaigne:

> Ô le vilain et sot estude, d'estudier son argent, se plaire à le manier et recomter! [...] Que ne feroy je plustost que de lire un contract? (E, S. 998)

Freier Genuss der eigenen Vermögen entsteht nur im Umgang mit den „choses nouvelles et incognues“. Denjenigen, die ihn tadeln, weil er, obwohl „marié et vieil“, weiterhin auf Reisen gehe, hält Montaigne seine Entbehrlichkeit im eigenen Haus entgegen[34], hat er doch eine Ordnung hinterlassen, deren wesentliches Merkmal die Kontinuität der vergangenen, vom Vater hinterlassenen Form darstellt. Der Autor der *Essais* betreibt seine Selbstauslöschung als Hausherr: Er verlässt das Haus, geht auf Reisen (oder auf die Reise des Schreibens), indem er eine Ordnung hinterlässt, die zum Erbe nicht im Gegensatz steht, ihm aber auch nichts Nennenswertes hinzufügt. Montaigne entdeckt die Welt der Reise, indem er sich als Haushälter unsichtbar macht. Faktisch

33 Dem entspricht, dass Montaigne auf Reisen nur an sich selbst und seine Ausgaben zu denken hat: „Quand je voyage, je n'ay à penser qu'à moy“ (E, S. 999).

34 E, S. 1019: „Il est mieux temps d'abandonner sa maison, quand on l'a mise en train de continuer sans nous: quand on y a laissé de l'ordre qui ne demente point sa forme passée.“

wird er allerdings später keine längere Reise mehr unternehmen, die ihn über Frankreich hinausführen würde. Aber er entlastet sich von den Ansprüchen des Oikos, indem er auf das bewahrte Erbe verweist. Er hat die Zeit des Hauses stillgestellt, um sich den Horizont der offenen Zeit des Reisens zu eröffnen. Der traditionalen Identität des Hauses setzt er den eigenen Anspruch auf das Neue und Unbekannte entgegen, der die Belange des Hauses ignorieren möchte. Und das Neue, das durch Geldwirtschaft und Verrechtlichung in den Haushalt Einzug gehalten hat, weist Montaigne durch traditionelle Diskursressourcen zurück: Geldzählerei lasse Habgier (*avarice*) vermuten, Vertragslektüren machen den Hausherrn zum Sklaven seiner Geschäfte (E, S. 998: *serf de mes negoces*). So wird das Exerzitium der Reise, mag es auf reale Bewegung im Raum, imaginäre Welten der Lektüre oder die ziellosen Mäander des Schreibens referieren, zum Gegenprogramm der Oikonomia, es legitimiert sich durch die Zurückweisung der Sorge um das aus der Distanz beobachtete Haus:

> Je n'ay rien cher que le soucy et la peine: et ne cherche qu'à m'anonchalir et avachir. (E, S. 998)[35]

Später wird es noch entschiedener heißen: „j'ay denoncé à tout soing guerre capitale." (E, S. 1015)

Xenophons *Oikonomikos* projiziert die Ordnung des Hauses und der Landwirtschaft auf den Rahmen einer göttlichen Einrichtung des Kosmos. *De la vanité* schreibt dagegen nicht direkt an, sondern überlässt die Arbeit der Subversion am Paradigma kosmischer Ordnung der Antike selbst. Lukrez' *De rerum natura* wird in den *Essais* immer dort extensiv zitiert, wo es um das Missverhältnis des Menschen und des Kosmos geht, insbesondere in der *Apologie de Raimond de Sebonde*. Aber auch in *De la vanité* wird Lukrez noch einmal aufgeboten, um die Zumutungen des Haushalts und der Landwirtschaft durch den Verweis auf die Lebensfeindlichkeit der kosmischen Rhythmen zu illustrieren. So zitiert Montaigne aus dem 5. Buch von *De rerum natura*:

---

35 Das aus der Ferne betrachtete Haus ist nicht mehr das, was es aus der Nähe ist. Während in der Nähe die *inconvenients ordinaires* als *continuels et inséparables* erscheinen, öffnet die Distanz heitere Prospekte auf das Zurückgelassene: „Quand je considere mes affaires de loing, et en gros; je trouve, soit pour n'en avoir la memoire gueres exacte, qu'ils sont allez jusques à cette heure, en prosperant, outre mes contes et mes raisons." (E, S. 995)

> aut nimiis torret fervoribus aetherius sol / aut subiti peremunt imbris gelidaeque pruinae / flabraque ventorum violento turbine vexant. (*Rerum natura*, V. 215ff.)[36]

Das lukrezische Bild einer lebensfeindlichen Einrichtung der Welt, die kein wohlgeordneter, kontemplativ zu vergegenwärtigender Kosmos ist, wird von Montaigne ins Spiel gebracht, um den prekären Anschein von Ordnung, die *apparence de cet ordre*, welche das Haus allenfalls zu offerieren vermag, zu demonstrieren. Die epikureische Entkopplung von Oikos und Kosmos beraubt den Haushalt seiner Absicherung in einer umfassenden Ordnung. Das aber heißt für Montaigne: Man erkauft die scheinhafte Ordnung des Hauses zu teuer, „à l'avanture l'achetez vous trop cher" (E, S. 992). Es handelt sich um ein Verlustgeschäft, die Ordnung des Hauses geht zu Lasten des Haushalts der Seele, der Schein tritt an die Stelle der Realität. Der Nexus von Selbstsorge, Haushalt und Kosmos zerbricht. Am Maßstab einer Ökonomie der Person ist die Ordnung des Hauses eine illusionäre Größe. Sie zwingt zu kontinuierlicher Sorge um das Eigene und behindert den Ausgriff auf das Neue und Unbekannte, jenen offenen Horizont der Welt, dessen vielfältig verzweigte Verweiszusammenhänge sich erst öffnen, wenn die Person die Ökonomie ihrer Vermögen an die Stelle des Hauses rückt.

Xenophons *Oikonomikos*, den er in der Übersetzung seines Freundes herausgibt, ist für Montaigne keine fraglose Autorität mehr. Die Differenz von Antike und Moderne ist auch hier markiert. Dabei geht es keineswegs um ein Bewusstsein, dass die ökonomische Evolution der frühen Neuzeit das antike Modell der Oikonomia obsolet werden lässt. Montaignes *Essais* entfalten keine volkswirtschaftlichen Perspektiven.[37] Der *Oikonomikos* und sein Modell des guten Haushälters dienen ihm als Widerlager eines Weltverhältnisses, das Ordnungszumutungen aufbricht. *De la vanité* zitiert die normative Figur des Hauses, um ihr die Gegenfigur der weltoffenen Reise entgegenzusetzen. Montaigne evoziert die hierarchischen Verhältnisse von Selbst, Haus und Kosmos, um sich ihnen zu entziehen. Sein Horizont ist nicht das Haus, sondern die Welt, sein

---

36 „Übermäßige Hitze der feurigen Sonne die Saaten / Oder ein plötzlicher Regen verdirbt sie und eisiger Nachtfrost / Oder im Wirbelsturme zerstört sie das Wehen der Winde." – Bereits die vv. 197ff. hatten zur Sprache gebracht, wie wenig die Welt für die Begehrlichkeit der Menschen disponiert ist: „Mitnichten, so sag ich, / Ist dies Wesen der Welt für uns von den Göttern erschaffen; / Allzu sehr ist sie doch mit gewaltigen Mängeln behaftet."

37 Vgl. Philippe Desan, *Les commerces de Montaigne – le discours économique des ‚Essais'*, Paris 1992.

Habitus nicht die Sorge, sondern der Genuss. Was sich zwischen die Person und die Erfahrung der Welt schiebt, wird zum Objekt einer neutralisierenden Klammer. Im Blick auf den Haushalt steht ihm ein einfaches Motiv der Unzuständigkeit und Inkompetenz zur Verfügung. Montaigne ist ein verspäteter Haushälter: „Je me suis pris tard au mesnage." (E, S. 992) Und nur scheinbar handelt es sich bei dieser späten Zuwendung, wie die Formulierung suggeriert, um eine aktive Wahl. Montaigne fällt das Haus als väterliches Erbe zu. In Wirklichkeit hat Pierre Eyquem dem Sohn in Haushaltsdingen offenbar nicht allzu viel zugetraut.[38] Zum Zeitpunkt des Todes seines Vaters (1568) ist Montaigne, der bislang als Jurist gearbeitet hat, bereits 35 Jahre alt, die Verantwortung für das Haus kommt spät. Kaum mehr geht es um eine Situation des Anfangs, nur drei Jahre später wird er sich zum Rückzug in den Turm, und das heißt in die Bibliothek, entschließen. Die *Essais* markieren den Beginn des Schreibens, nicht den des Haushalts. Die vor ihm Geborenen, so hält er in *De la vanité* fest, haben ihm die Sorge um den Haushalt abgenommen. So hat er sich früh in jene andere Richtung entwickelt, die ohnehin mehr seiner eigenen Neigung entsprochen habe: „J'avois des-jà pris un autre ply, plus selon ma complexion." (E, S. 992) Wenig später wird er präzisieren, seine *principale profession en cette vie* sei es, das Leben „mollement, et plustost laschement qu'affaireusement" (E, S. 993) zu leben. Von nun an dominiert das freie, offene Erleben, dessen Horizont die Welt ist, die Sphären des ökonomischen Handelns, dessen Horizont das Haus, und des politischen Handelns, dessen Horizont Frankreich ist[39]. Ohnehin hat sich das Bedürfnis, Reichtum zu mehren, für den Autor der *Essais* erledigt, es gibt nur eine einzige Erbin, die Tochter Léonor.[40] Allerdings verbietet sich für den Haushälter Montaigne die Lösung, die wenig später Shakespeares King Lear mit desaströsen Konsequenzen für sein Königreich wählt. Zwar spielt Montaigne mit der Idee der ‚Abdankung', er denkt an einen Schwiegersohn, dem er „en toute souveraineté, la conduite et usage de mes biens" (E, S. 997) anvertrauen möchte. Aber das Phantasma des Souveränitätsverzichts

38 Vgl. E, S. 1045: „Celuy qui me laissa ma maison en charge, prognostiquoit que je la deusse ruyner, regardant à mon humeur, si peu casanière." Lakonisch ergänzt Montaigne, dass sich der Vater darin getäuscht habe.

39 Er sei, so sagt Montaigne, „impropre à faire bien et à faire mal qui vaille." (E, S. 993)

40 Die Distanz zu eigenen Kindern ist bereits in *Que le goust des biens et des maux despend en bonne partie de l'opinion que nous en avons* (I, 40) ein Thema. Montaigne hält gegen die Üblichkeiten nicht den Überfluss an Kindern, sondern ihren Mangel für ein Glück: „La plus commune et la plus saine part des hommes, tient à grand heur l'abandonce des enfans: moy et quelques autres, à pareille heur le defaut." (E, S. 271) In *De la vanité* lobt er die Fortuna, die fast alle seine Kinder früh habe sterben lassen: „elle m'a osté le besoing de multiplier en richesses, pour pourvoir à la multitude de mes héritiers." (E, S. 993)

im Haushalt bleibt konsequenzlos, Montaigne lebt in einer Zeit, in der die *loyauté des propres enfans* unbekannt sei, auf das Thema der desaströsen Zeitverhältnisse wird *De la vanité* noch zurückkommen.

Ganz in der Tradition Xenophons geht Montaigne davon aus, dass der Haushalt eine intellektuell und technisch kaum anspruchsvolle Beschäftigung darstellt, er ist eine „occupation plus empeschante, que difficile" (E, S. 993). Das Haus verlangt keine ausgeprägten epistemischen oder handwerklichen Kompetenzen, wie Montaigne lakonisch festhält: „Quiconque est capable d'autre chose, le sera bien aysément de celle là." (E, S. 993) Allerdings zwingt die Flucht in die Reise zunächst zu einer Sorge um das Haus, die Montaigne widerstrebt. Für das Reisen benötigt man Geld, es verlangt eine *science de l'argent* (E, S. 997), man muss sich für die chrematistische Seite der Oikonomia interessieren. Xenophons *Oikonomikos* hatte das Verhältnis von Haus, Landbau und Geld am Beispiel des Vaters von Ischomachos thematisiert, der vernachlässigte Güter aufkaufte, um sie anschließend wohlgeordnet zum Mehrfachen des Preises zu verkaufen, er transformiert damit die Landwirtschaft zum Mittel der Geldakkumulation. Aristoteles formuliert in der *Politik* eine scharfe Kritik der chrematistischen Entgrenzung der Oikonomia.[41] Montaigne fasst kurz eine andere Option ins Auge: Um reich zu werden, sei der Dienst am Hof des Königs ein „trafique plus fertile" (E, S. 993) als die Ökonomie des Hauses. Aber dieser Weg

41 Ischomachos sieht sich selbst in der Kontinuität des Vaters, der Gegensatz von Landwirtschaft als Mittel der Geldakkumulation und als Gegenstand der Sorge um den Boden bleibt unentfaltet, ebenso die Opposition natürlich-jahreszeitlicher Rhythmen und abstrakter Steigerung der Kapitalakkumulation. Vgl. *Mesn.*, S. 67r: „Or il n'a rien qu'on voye plus clairement profiter qu'vn lieu qui n'aguieres estoit sauuage & maintenant porte toute sorte de fruits: car ie veux bien, ô Socrates, que tu saches, que i'ay desia fait valoir plusieurs lieux dix ou douze fois autãt, qu'ils valoient au commencement quand ie les prins". – Das problematische Verhältnis von Oikonomia und Chrematistik wird von Aristoteles im ersten Buch der *Politik* zu einer prägnanten Opposition ausgearbeitet, vgl. Aristoteles, *Politik*, übers. von Eugen Rolfes, Hamburg 1995, S. 14ff., 1256b. Aristoteles unterscheidet eine „Art der Erwerbskunst", die „naturgemäß ein Teil der Haushaltungskunst" ist, aus der der „wahre Reichtum" kommt und die „nicht ohne jede Grenze" ist, von der anderen „Gattung von Erwerbskunst, die man vorzugsweise und mit Recht als die Kunst des Gelderwerbs oder der Bereicherung bezeichnet. Sie ist schuld daran, dass man meint, es gebe für Reichtum und Besitz keinerlei Grenzen." Die eine ist natürlich, die andere artifiziell, die eine notwendig und begrenzt, die andere überflüssig und unbegrenzt. Wenn die Chrematistik sich verselbstständigt, zum Beispiel in der Zins- und Wucherpraxis, ist sie für Aristoteles gegen die Natur, vgl. S. 23, 1258b: „Das Geld ist für den Umtausch aufgekommen, der Zins aber weist ihm die Bestimmung an, sich durch sich selbst zu vermehren [...] der Zins aber stammt als Geld vom Gelde. Daher widerstreitet auch diese Erwerbsweise unter allen am meisten dem Naturrecht."

ist für ihn nicht gangbar. Er strebt nicht nach der Akkumulation von Reichtum und er verweigert die demonstrative Verschwendung, die kapitalistische Ethik ist ihm ebenso fremd wie die *conspicuous consumption* des Adels.[42] Der Buchhalter des eigenen Lebens will jedenfalls nicht Buchhalter des häuslichen Geldvermögens sein.

Der Genuss der Reise, in der sich eine neue Ökonomie der Erfahrung realisiert, zwingt allerdings zur geldorientierten Sorge um den Haushalt, zur chrematistischen Transformation der Oikonomia. Der Haushalt der Person, welche durch Reisen die Vielfalt der Welt in ihr Erleben aufnimmt, ist kostspielig, er bedeutet eine geldökonomische Verschwendung von Ressourcen, diese belastet das Haus mit erheblichen Ausgaben: „Les voyages ne me blessent que par la despence, qui est grande, et outre mes forces" (E, S. 993). Dazu trägt natürlich bei, dass Montaigne standesgemäße und kostspielige Üblichkeiten des Reisens keineswegs ignoriert. So erlaubt erst die chrematistische Einstellung jene Lebensform, die sich vom Haus abwendet, um sich der Welt zu öffnen. *De la vanité* thematisiert dieses Junktim von Geldwirtschaft und Freiheit des Reisens. Der Autor versucht es allerdings aus der Erfahrung der Welt fernzuhalten. Reisen heißt für ihn unbeschwerter Weltgenuss:

> Je me contente de jouir le monde, sans m'en empresser: de vivre une vie, seulement excusable: et qui seulement ne poise, ny à moy, ny à autruy. (E, S. 997)

Die Leichtigkeit des Reisens gründet für Montaigne in einer doppelten Abwesenheit der Sorge: Erstens lässt sie der Person eine Freiheit der Nonchalance – die Temperaturmetaphorik wäre aktuell wohl mit *coolness* wiederzugeben –, die eine gelassene Weltzuwendung möglich macht; zweitens entlastet sie die Interaktion von allen wechselseitigen Ansprüchen, vom Verpflichtungscharakter sozialer Beziehungen. So tritt die Person aus dem Druck reziproker Erwartungen und Forderungen heraus, welche die ökonomische Existenz des Hauses und die politischen Sphären von Stadt und Hof ausmachen.

Das Subjekt des im Reisen erfahrenen Weltgenusses ist ein Individuum, das man als Weltbürger apostrophieren kann. Als solcher begreift sich Montaigne in *De la vanité* ganz explizit. Im Anschluss an das emphatische Lob der Stadt Paris, die seit seiner Kindheit sein Herz besessen habe und die keinesfalls nur

---

42 Vgl. E, S. 993: „[…] je ne pretens acquerir que la reputation de n'avoir rien acquis, non plus que dissipé".

der Ruhm (*gloire*) Frankreichs, sondern auch eine Zierde (*ornement*) der Welt sei, heißt es unter Berufung auf Sokrates[43]:

> [...] j'estime tous les hommes mes compatriotes: et embrasse un Polonois comme un François; postponant cette lyaison nationale, à l'universelle et commune. (E, S. 1018)

Weltgenuss bedeutet für Montaigne allerdings mehr und anderes als die Indifferenz des Nationalen und Politischen. Für ihn ist die Welt der offene und unabschließbare Horizont schlechthin: „Tout ciel m'est un." (E, S. 1019) Ihre Erfahrung löscht Raumgrenzen und gibt sich eine eigene Zeit. *Jouir le monde* modelliert eine Bewegung, deren Referenz weder eine häusliche noch eine politische Ordnung ist, sondern die offene Erschließbarkeit des Neuen, Anderen und Unbekannten. Die Erfahrung der Welt hat sich von kosmischen wie von politischen Ordnungskonzepten emanzipiert, sie verwirklicht sich in einer Vielfalt von Differenzen und Ähnlichkeiten. *De l'experience* wird dieses die Welterfahrung ausmachende Spiel von Ähnlichkeit und Unähnlichkeit noch einmal explizit zum Thema machen. Montaigne geht es dabei nicht um eine Kontinuität des Bewusstseins, wie sie im 20. Jahrhundert unter Begriffen wie *durée* (Bergson) oder Bewusstseinsstrom verhandelt und im modernen Roman inszeniert wird. Sein Weltbegriff setzt auf eine doppelte Differenz: Die Erfahrung der Vielfalt der Welt setzt zugleich die Vielfalt der Person und ihrer Vermögen frei.

3 *Contexture politique:* Zeitkritik und Selbsterhaltung

Mit der Reise wie mit dem Schreiben tritt Montaigne aus dem Horizont des Vertrauten heraus. Die Verweigerung der Rolle des Haus- und Schlossherrn artikuliert sich über ein traditionelles Paradigma, die Figur des *oikonomikos*, in der die Herrschaft über das eigene Selbst und die Herrschaft über Haus und

---

43 Sokrates ist für Montaigne durchaus Weltbürger, „un homme qui jugeoit le monde sa ville" (E, S.1018). Umso mehr erstaunt ihn, dass Sokrates am Ende seines Lebens ein Urteil, das ihn ins Exil zwingen würde, für schlimmer als ein Todesurteil hält. Eine solche Wertung kommt für den Autor der *Essais* nicht in Betracht, ist er doch nicht „si estroittement habitué en mon païs". Nicht nur teilt er die Option des Sokrates nicht, er vermag sie nicht einmal zu begreifen, die *images* der großen Alten seien „si eslevées, si extraordinaires, que par estimation mesme je ne les puis embrasser, d'autant que je ne les puis concevoir." (E, S. 1018)

Familie miteinander verzahnt sind. Aber *De la vanité* thematisiert ein zweites Motiv der im Reisen und Schreiben angezeigten Distanzierung, die aktuelle Situation Frankreichs. Es hat nicht mehr mit der Verweigerung einer tradierten normativen Rolle, sondern im Gegenteil mit dem Traditionsverlust der Welt, in der er lebt, zu tun:

> L'autre cause qui me convie à ces promenades, c'est la disconvenance aux mœurs presentes de nostre estat. (E, S. 1000)

Montaignes Habitus und seine Dispositionen entsprechen nicht den Sitten der gegenwärtigen Zeit. Er lebt in einer kranken Epoche (*temps malade*), in der die überlieferte Einheit des politischen Körpers der Nation in einen Antagonismus seiner Glieder zu zerfallen scheint. Angesichts der *desmembremens de la France* (E, S. 1039) widersteht Montaigne der politischen Leidenschaft, der *ambition*, deren Anspruch in ihm durchaus angelegt ist.[44] Aber er mobilisiert gegen ihre Versuchung jene Antriebe, die er als seine *maistresses qualitez* betrachtet, in erster Linie die intensive Neigung zu Freiheit (*liberté*) und Muße (*oysiveté*). So setzt er die private Existenz, die *suffisance d'une vie particuliere*, gegen das öffentliche Amt, die *suffisance à l'usage public* (E, S. 1038), also jene Kompetenz der Führung öffentlicher Ämter, die er doch, wie *De mesnager sa volonté* noch einmal unterstreicht, in den Jahren 1581–1585 im Amt des Bürgermeisters von Bordeaux unter Beweis gestellt hat. In dieser Opposition von Selbst- und Fremdherrschaft steht das essayistische Schreiben auf der einen, das politische Handeln auf der anderen Seite:

> Tel se conduict bien, qui ne conduict pas bien les autres. Et faict des Essais, qui ne sçauroit faire des effects. (E, S. 1038)

So profiliert *De la vanité* eine doppelte Marginalität im Verhältnis zur politisch-religiösen Situation der Zeit. Der Essay greift die allgemeine Zeitkritik auf, die er bereits in früheren Essays, vor allem in *De la coustume, et de ne changer aisement une loy receue*, formuliert hatte, um sie im Blick auf die eigene Situation zu spezifizieren. Er greift nun auf die eigene Erfahrung seit dem Beginn der Arbeit an den *Essais* zurück, um die Beziehung von Sitte und Ethos, von sozialer *coustume* und individueller *façon*, neu zu bestimmen. Der Montaigne des dritten Buchs transponiert die Zeitdiagnose aus der Sphäre topischer Allgemeinheit in die einer zeitnahen, direkten Betroffenheit. Das

---

44 Vgl. E, S. 1038: „Je me sens en l'ame par fois, aucunes tentations vers l'ambition: mais je me bande et obstine au contraire".

Schloss Montaigne, die fragile Einheit von Oikos und Bibliothek, von Familie und Individuum, befindet sich inmitten der Schauplätze des konfessionellen Bürgerkriegs:

> Le lieu où je me tiens, est tousjours le premier et le dernier, à la batterie de nos troubles: et où la paix n'a jamais son visage entier [...] (E, S. 1016).
>
> J'en suis en particulier trop pressé. Car en mon voisinage, nous sommes tantost par la longue licence de ces guerres civiles, envieillis en une forme d'estat si desbordée [...] qu'à la verité, c'est merveille qu'elle se puisse maintenir. (E, S. 1000)[45]

Der Autor sieht sich mit einer ebenso gefährlichen wie verkehrten Welt konfrontiert, in der, wie es mit einem Zitat aus Vergils *Georgica* heißt, das Gerechte und das Ungerechte, *fas* und *nefas*, vertauscht und verkehrt sind. So bedrohlich die Situation allerdings auch sein mag, Montaigne beobachtet den Antagonismus des Bürgerkriegs in seiner Umgebung mit Distanz und staunt über die paradoxe Stabilität der Instabilität, deren Zeuge er ist. Dabei ist die Aussicht auf eine der „morts courtes et violentes" (E, S. 1016) allgegenwärtig.[46] Die Auflösung dessen, was einst die Einheit der *coustume* einer Nation war, führt, so scheint es, nicht mehr zur Entfesselung der Unruhe individueller Leidenschaften, sondern zu einer gegenläufigen Dauer, zu einer *coustume* im Zeichen ethischer Inversion, die den Schrecken zur Normalität werden lässt. Auch angesichts des unerhörten Niedergangs ethischer und politischer Tugenden, im Zeichen der Konflikte theologischer Dogmen und politischer Interessen, funktioniert die Selbsterhaltung der Gesellschaft: „la societé des hommes se tient et se coust, à quelque prix que ce soit" (E, S. 1000). Mit dieser Beobachtung bewegt sich Montaigne auf jenem Feld politischer Reflexion, das die frühe Neuzeit im Zeichen eines Antagonismus von ethischen Normen und politischen Notwendigkeiten freigelegt hatte. Er sieht, dass die Selbsterhaltung politischer Körper vom Anspruch des guten politischen Lebens abgespalten ist. *De la vanité* artikuliert die Verwunderung angesichts der Kontinuität und Überlebensfähigkeit des Schlechten. Was *De la coustume* nur als Auflösungserscheinung tradierter Ordnung beschrieben hatte, wird nun zur Ordnung sui generis, deren Stabilität gegen jede Erwartung spricht. Montaigne ruft das drastische Beispiel in Erinnerung, das Plutarch in seinem Essay *Von der Neugierde* erwähnt. Der König

45 Montaigne betrachtet es als ein „merveilleux chef d'œuvre, et exemplaire", dass sein Haus „vierge de sang, soubs un si long orage" (E, S. 1010) geblieben sei.

46 Vgl. E, S. 1016: „Il m'advient souvent, d'imaginer avec quelque plaisir, les dangers mortels, et les attendre."

Philipp habe eine Stadt aus dem heillosen Personal der *plus meschans hommes et incorrigibles* gegründet, Poneropolis genannt. Während Plutarch aber nur anmerkt, dass eine solche „Sammlung von Sünden Anderer etwas Unschickliches und Unnützes“[47] habe, hebt Montaigne das Beispiel auf eine andere Ebene, die Erwartung nämlich, dass sich auch das Äußerste des Negativen in einem stabilen politischen ‚Gewebe‘ niederschlagen werde:

> J'estime qu'ils dresserent des vices mesme, une contexture politique entre eux, et une commode et juste societé. (E, S. 1001)

Unter dem Druck der Notwendigkeit des Überlebens werden die Laster der Individuen zum Antrieb der Selbsterhaltung des politischen Körpers. Dessen Zusammenhang, die *contexture politique*, kann gerade auch dann von Dauer sein, wenn die Energien, aus denen er sich speist, der Idee des politisch Guten manifest zuwiderlaufen. Die Erhaltung sozialer und politischer Einheiten hängt nicht von den ethischen Qualitäten der Individuen ab, sie kann sogar von deren Defiziten profitieren.

Mit den diskursiven Entkopplungen von Ethik und Politik in der frühen Neuzeit ist Montaigne vertraut, Machiavellis *Discorsi sopra la prima deca di Tito Livio* konzediert er eine dem Gegenstand angemessene, auch durch seine Kritiker nicht entwertete Solidität.[48] Aber in *De la vanité* stehen nicht die Optionen des politischen Handelns der Individuen im Vordergrund, sondern ihre Überwältigung durch das anhaltende Schauspiel von Ungerechtigkeit und Grausamkeit. Dass die politischen Institutionen nicht mehr der Ort des guten Lebens der Individuen sind, ist für Montaigne eine elementare biographische Erfahrung, sie macht die Umstellung vom Handeln zur Beobachtung unausweichlich. Historische, institutionelle, religiöse Erklärungen schaffen nicht aus der Welt, was das Skandalon für das individuelle Ethos eines distanzierten, aber zugleich betroffenen Beobachters ausmacht:

> Je vois, non une action, ou trois, ou cent, mais des mœurs, en usage commun et receu, si farouches, en inhumanité sur tout et desloyauté, qui est pour moy la pire espece des vices, que je n'ay point le courage de les concevoir sans horreur: Et les admire, quasi autant que je les deteste. (E, S. 1001)

47 *Moralia*, I, S. 876.

48 Vgl. E, S. 694 (*De la presumption*): „Notamment aux affaires politiques, il y a un beau champ ouvert au bransle et à la contestation [...] Les discours de Machiavel, pour exemple, estoient assez solides pour le subject, si y a-il eu grand'aisance à les combattre: et ceux qui l'ont faict, n'ont pas laissé moins de facilité à combattre les leurs.“

Der Schlossherr Montaigne wird Zeuge der schlimmsten Unmenschlichkeiten, die er kennt, nicht als Ausnahme in einem ansonsten eingehegten Konflikt, sondern als Regel in einem religiös motivierten und politisch interessierten Antagonismus. Er ist mittendrin. Auch wenn er seine katholische Orthodoxie erklärt, gehört er als Beobachter des Inhumanen keiner Partei an. Sein Entsetzen geht einher mit dem Staunen angesichts der Kontinuität des Schreckens. *De la vanité* handelt von der Macht einer anderen *coustume*. Diese ist in der Gegenwart nicht mehr, wie in den antiken Beispielen, die Montaigne aufruft, der Boden, in dem das individuelle Ethos wurzelt und aus dem heraus es sich entfaltet, sondern die Permanenz des Inhumanen, der Grausamkeit und des Verrats, die sie aus sich heraus fortzeugt.

Wenn Montaigne daher sein Schloss verlässt, weil es inmitten der Bürgerkriegsszenerie liegt, wenn er auf die *essais*, nicht auf die *effects* setzt, dann nicht nur wegen der Auflösung tradierter, ethisch gebundener Verhaltensmuster, sondern vor allem wegen der Inhumanität der *coustume* der eigenen Gegenwart. Die antiken Gesellschaften, wie sie Montaigne in den *Essais* vorstellbar macht, lebten noch aus der Substanz einer *coustume*, die im Handeln der Individuen anschaulich wurde. Der religiöse Bürgerkrieg der Moderne hingegen lässt das Antiethos von Selbstüberhebung und Machtstreben, *presomption* und *ambition*, zur Signatur einer verwüsteten, aber zugleich erstaunlich dauerhaften *coustume* werden. Es ist der Habitus von Grausamkeit, Terror und Verrat, dessen Schauspiel Montaigne mit einer Mischung von Erschrecken und Erstaunen beobachtet. Ihm entzieht er sich durch die Reise. Auch wenn die Italienreise einem Dreischritt von Bäder- und Kulturreise, Romaufenthalt und wiederum kulturell interessierter Rückreise folgt, muss sie in ihrer essayistischen Modellierung als end- und ziellos vorgestellt werden. Ihr oktroyiertes Ende durch die Wahl zum Bürgermeister bedeutet für den Autor der *Essais* zwar zunächst die temporäre Verpflichtung des Amtes,[49] dann aber vor allem die Wiederaufnahme jener Reise, die das Schreiben ist. In der Bewegung des Essays wird dann wieder thematisch, was die den Oikos und die Nation fliehende Reise vermeiden wollte, der Ursprung und die Kontinuität der politischen *contexture*.

49 Bezeichnenderweise beschreibt Montaigne, der darauf besteht, dass „le Maire et Montaigne, ont tousjours esté deux, d'une separation bien claire" (E, S. 1057), seine Amtsausübung und sein Handeln als Bürgermeister in *De mesnager sa volonté* als eine Form des Nichthandelns, vgl. E, S. 1070: „Je n'avois qu'à conserver et durer, qui sont effects sourds et insensibles [...] L'abstinence de faire, est souvent aussi genereuse que le faire: mais elle est moins au jour. Et ce peu, que je vaux, est quasi tout de ceste espece."

Ihr zentraler Begriff ist der der Notwendigkeit. Er prägt die Selbsterhaltungsdiskurse der frühen Neuzeit durchgehend[50], Montaigne folgt einem ‚Realismus' der Selbsterhaltung als Überlebenssicherung: „La necessité compose les hommes et les assemble. Cette cousture fortuite se forme après en loix." (E, S. 1001)[51] Diese Formel rückt die Notwendigkeit an den Anfang, sie bringt die Menschen zusammen. Daraus resultiert eine *cousture*, deren Kontingenz in dem Maße ihres Erfolgs zunehmend unsichtbar wird. Sie schlägt sich schließlich in expliziten Regeln und Gesetzen nieder, so wird die *cousture* zur *coustume*. Diese Sequenz von Notwendigkeit, Assoziation und Gesetzgebung impliziert die Negation politischer Utopien, die auf Figuren der Neugründung und des Anfangs setzen. Explizit werden nur die antiken Autoren, Platon und Aristoteles, genannt, von Thomas Morus und seiner *Utopia* ist nicht die Rede. Aber das Urteil über die antike Politik als Fiktion des Anfangs fällt drastisch aus. Fiktionen politischer Ordnung lassen sich nicht in die Wirklichkeit umsetzen, „toutes ces descriptions de police, feintes par art, se trouvent ridicules, et ineptes à mettre en practique." (E, S. 1001) Wir leben immer schon in Ordnungen, in einem „monde desjà faict et formé à certaines coustumes." (E, S. 1001) Die ‚Reformation' der eingespielten Form zerstört deren *accoustumé pli*.

Für Montaigne resultiert daraus eine Asymmetrie von Vergangenheit und Zukunft, deren Markierung die Zeitlogik des Reiseparadigmas konterkariert. Setzt die Reise auf offene Zeithorizonte, so findet die Politik Stabilität durch Kontinuität. Gegenwärtiges politisches Handeln bedarf der Orientierung durch Vergangenheit, ihre Sitten, Institutionen und Gesetze. Entwirft es sich in eine offene Zukunft, so bleibt es blind. Die kranke Vergangenheit ist immer noch besser als der auf Zukunft setzende Heilungsversuch: „Le monde est inepte à se guarir." (E, S. 1002) Der *corruption naturelle* ist am besten durch die Orientierung an den *commencements et principes* zu begegnen. So fällt die aus der Erfahrung der unmittelbaren Gegenwart des Bürgerkriegs resultierende Verwerfung einer Politik der Innovation noch drastischer aus als in *De la coustume*:

> Rien ne presse un estat que l'innovation: le changement donne seul forme à l'injustice, et à la tyrannie [...] (E, S. 1002).

---

50 Vgl. dazu immer noch die klassische Darstellung in Blumenberg, *Legitimität*, a.a.O., v.a. Teil II: *Theologischer Absolutismus und humane Selbstbehauptung*. Dazu die Diskussionen in Hans Ebeling (Hg.), *Subjektivität und Selbsterhaltung. Beiträge zur Diagnose der Moderne*, Frankfurt/Main 1976.

51 Vgl. auch E, S. 1000: „[...] la societé des hommes se tient et se coust, à quelque prix que ce soit."

Montaignes ‚Konservativismus', der in der Asymmetrisierung von Vergangenheit und Zukunft gründet, mobilisiert noch einmal eine absolute Metapher der ‚Form'. Die *coustume* ist eine Form des politischen und sozialen Lebens, Selbsterhaltung spielt sich in Formen ab, die auf Notwendigkeiten reagieren. Innovation ist demgegenüber eine Formgebung der Ungerechtigkeit und Tyrannei. Die *forme et commodité essentielle* einer Nation hängt von dem ‚Gebrauch' (*usage*) seiner eingespielten Üblichkeiten ab. Nur wo Form ist, wo sie zur *conformité* der Teile geworden ist, gibt es Widerstand gegen Auflösung (*dissolution*) (E, S. 1006). Wenn die *police*, die politische Welt einer Nation, im Zeichen der Form als ‚Konformität' steht, wird dauerhafte Selbsterhaltung ohne Grausamkeit wahrscheinlich. Montaigne, der Augenzeuge des Bürgerkriegs, denkt die Kontinuität des politischen Körpers nicht von der Möglichkeit externer Gefahren her, sondern von den Bedingungen seiner Selbstreproduktion, seiner ‚Autopoiesis'.

Seit den *Historíai* des Polybios gilt die römische Republik als das ebenso unwahrscheinliche wie singuläre Paradigma der Kontinuität einer politischen Verfassung. Rom hat sich dem naturhaften Zyklus der Anakyklosis, dem Kreislauf der Verfassungsformen, zumindest bis in die Gegenwart des Autors erfolgreich entzogen. In seinen *Discorsi sopra la prima deca di Tito Livio* hat Niccolò Machiavelli die römische Republik zum Paradigma politischer Selbsterhaltung gemacht, das zweite Kapitel des ersten Buches, *Di quante spezie sono le republiche*, zitiert im Anschluss an Polybios extensiv den ‚Kreislauf' (*cerchio*) der Verfassungen, welche politische Ordnungen zu durchlaufen haben.[52] Auch für Montaigne ist Rom das Paradigma der Dauer, aber er zitiert gerade nicht das Beispiel der Republik, sondern das traditionelle Beispiel des Verfalls, die Kaiserzeit als die Epoche der größten Ausdehnung und Machtfülle des römischen Reiches. Wäre diese der Ausweis der Stärke eines Staates, so wäre Rom gerade dort gesund, wo die Krankheit bereits am weitesten fortgeschritten war:

> La pire de ses formes, luy fut la plus fortunée. À peine recongnoist-on l'image d'aucune police, soubs les premiers Empereurs: c'est la plus horrible et la plus espresse confusion qu'on puisse concevoir. Toutefois il (=l'estat de Rome, H.P.) la supporta: et y dura, conservant, non pas une monarchie resserrée en ses limites, mais tant de nations, si diverses, si esloignées, si mal affectionnées, si desordonnement commandées, et injustement conquises [...] Tout ce qui branle ne tombe pas. La contexture

52 Vgl. dazu ausführlicher Vf., „Anakyklosis. Transformation of Transformations", in: Irene Fantappié/Helmut Pfeiffer/Tobias Roth (Hgg.), *Renaissance Rewritings*, Berlin/Boston 2017, S. 25–44.

> d'un si grand corps tient à plus d'un clou. Il tient mesme par son antiquité […] (E, S. 1005).

So entwirft *De la vanité* das Bild eines auf Dauer gestellten Chaos, einer Unordnung, die aller politischen Tugenden entbehrt. Das Rom der Kaiser beinhaltet eine heterogene Vielfalt von *formes et aventures*, ihm sind alle Erschütterungen begegnet, die einen politischen Körper erschüttern können. Zwei Gründe, so scheint es, macht Montaigne für seine erstaunliche Dauer verantwortlich: einerseits das Alter (*antiquité*), andererseits die Beweglichkeit (*branle*). Von der Klugheit der politischen Akteure ist nicht die Rede, das römische Kaiserreich bestätigt Montaignes Vorbehalt gegenüber der Planbarkeit von Selbsterhaltung: „La conservation des estats, est chose qui vraysemblablement surpasse nostre intelligence." (E, S. 1004). Es hat den Anschein, als ob das römische Kaiserreich für den Autor der *Essais* in eine Analogie zur eigenen Gegenwart treten könnte.[53] Die Parallele von Spätantike und Moderne, die sich im nachrevolutionären 19. Jahrhundert einbürgern wird[54], steht indes bei Montaigne unter einem skeptischen Vorbehalt. Zwar lasse sich die römische Krankheit der französischen durchaus vergleichen.[55] Aber die *dissipation et divulsion* (E, S. 1006) der Gegenwart deutet auf eine Auflösung der politischen Form als solcher hin, die *desmembremens* des politischen Körpers liest Montaigne als Zeichen eines nahen Endes: „nous avons assez duré, et outre les termes ordinaires" (E, S. 1006).[56] Die Diagnose der erstaunlichen Kontinuität des politischen Schreckens öffnet sich schließlich auf das Imaginäre eines unausweichlichen Untergangs.

---

53 Das Beispiel des römischen Kaiserreichs zeigt also bereits: Ein politischer Körper kann überleben, auch ohne auf die Tugenden seiner Bürger setzen zu müssen. Das seit Aristoteles virulente Verhältnis ethischer und politischer Tugenden wird damit gewissermaßen neutralisiert. Grausamkeit und Lüge als Extreme des Tugendmangels werden politisch akzeptabel, wenn sie die Form eines Gemeinwesens ausmachen, das durch sie seine Selbsterhaltung sichert.

54 Vgl. dazu Reinhart Herzog, *‚Wir leben in der Spätantike'. Eine Zeiterfahrung und ihre Impulse für die Forschung*, Bamberg 1987.

55 Vgl. E, S. 1004: „Nostre police se porte mal. Il en a esté pourtant de plus malades, sans mourir."

56 Die „symptomes de nostre mal" (E, S. 1006), die Montaigne am Zustand Frankreichs beobachtet, umfassen natürliche, göttliche und der gegenwärtigen Verfassung eigene Ursachen. Ihre Konvergenz legen die Unausweichlichkeit von Niedergang und Auflösung nahe.

4 Rom: die Stadt und die Welt

Montaigne führt einen Haushalt, von dem er sich abwendet, er war vier Jahre Bürgermeister der Stadt Bordeaux in einer Zeit, der er nicht zugehören will. So begibt er sich lesend, reisend und schreibend in eine andere Zeit: „Me trouvant inutile à ce siecle, je me rejecte à cet autre." (E, S. 1043) Gemeint ist die über die eigene Bibliothek zugängliche Welt der Antike. *De la vanité* stellt nicht nur Montaignes Desinteresse an den Räumen seiner häuslichen und städtischen Existenz aus, der Essay demonstriert auch die erstaunliche Gleichgültigkeit des Autors im Hinblick auf die Kontinuität der Familie. Er sei nie der Ansicht gewesen, ohne Kinder sei das Leben „moins complete et moins contente" (E, S. 1045). Immerhin hat Montaigne zu dem Zeitpunkt eine erwachsene Tochter, die 1590, zwei Jahre vor seinem Tod, François de la Tour heiraten wird. *De la vanité* ignoriert ihre Existenz und hebt stattdessen die Bequemlichkeiten der *vacation sterile* hervor. Diese genealogische Indifferenz beginnt nun auch auf die Figur des Vaters auszustrahlen, der ihm die Rolle des Schlossherrn nicht zutraute, obwohl er ihm den Besitz überließ. Der Sohn hat die väterliche Geringschätzung widerlegt, obwohl er stets den Interessen des Hauses und der Familie die des Individuums in seiner kulturellen Offenheit für die Welt vorgezogen hat: „Je ne tiens que trop au monde, et à ceste vie par moy-mesme." (E, S. 1044) Die Distanz gegenüber dem Ort der Herkunft ist so ausgeprägt, dass der Montaigne von *De la vanité* selbst den Tod in der Ferne vorzieht. Lieber würde er auf dem Rücken eines Pferdes als in einem Bett sterben, „hors de ma maison, et loing des miens." (E, S. 1023) Montaigne evoziert die häusliche Szenerie der Sorge und Trauer um den Sterbenden, um demgegenüber den einsamen, eigenen Tod vorzuziehen, „une mort recueillie en soy, quiete, et solitaire, toute mienne" (E, S. 1024), ein Szenario des Endes, wie es am ehesten seinem Leben entspräche. Und gäbe es denn noch einen Freund, der dem Sterbenden beistehen könnte, so würde man seinen Dienst, wie Montaigne anmerkt, allzu teuer erkaufen. Allerdings steht selbst die Freundschaft in der Perspektive von *De la vanité* im Zeichen der Abwesenheit, durch die sie allerdings intensiviert wird. Das Leben der Freundschaft erfüllt sich paradoxerweise in der Entfernung der Partner. Die räumliche Trennung, so heißt es rückblickend, habe die Gemeinsamkeiten ihres Willens intensiviert.[57]

---

57 Vgl. E, S. 1022: „Nous remplissions mieux, et estandions, la possession de la vie, en nous separant […] La separation du lieu rendoit la conjonction de noz volontez plus riche. Cette faim insatiable de la presence corporelle, accuse un peu la foiblesse, en la jouissance des ames."

Der Weltbürger Montaigne betrachtet sich als Bürger keiner Stadt – aber im Jahre 1581 fällt ihm während seiner Reise durch eine päpstliche Bulle das Bürgerrecht der Stadt Rom zu. Er notiert die Auszeichnung mit Genugtuung:

> N'estant bourgeois d'aucune ville, je suis bien aise de l'estre de la plus noble qui fut et qui sera onques. (E, S. 1047)[58]

Der Satz ist in zwei Hinsichten erstaunlich: Montaigne schreibt ihn, nachdem er wenig vorher vier Jahre Bürgermeister von Bordeaux war, und er formuliert ihn so, dass die Gegenwart Roms ausgespart bleibt. Die Größe Roms ist eine vergangene, die allerdings auch in der Zukunft nicht überboten werden wird. Montaigne liebt das alte Rom, „la vieille Rome, libre, juste, et florissante" (E, S. 1043), aber er schätzt weder die Anfänge noch das Alter.[59] Das ändert allerdings nichts an einem grundsätzlichen Vorrang der ewigen Stadt: Rome ist die „(s)eule ville commune, et universelle" (E, S. 1043), und immer noch die *ville metropolitaine* (E, S. 1044) der christlichen Welt. Im *Journal de voyage* heißt es bereits, Rom sei „la plus commune ville du monde, et ou l'étrangeté et différance de nation se considere le moins; car de sa nature c'est une ville rappiecée d'etrangiers; chacun y est comme chez soy" (Œ, S. 1236). Als kosmopolitische Stadt, in der Fremdheit und Differenz nivelliert werden, ist Rom auch noch im Niedergang (*ruyne*) groß, *glorieuse et enflée* (E, S. 1044), Haus, Stadt und Nation in einem für all jene, welche diese ansonsten entbehren oder verworfen haben.

De la vanité apostrophiert das römische Bürgerrecht, die Montaigne überreichte *bulle authentique de bourgeoisie* (E, S. 1045), als eine der nichtigen Gunstbeweise (*faveurs vaines*) der Fortuna.[60] Ob deren Glücksgüter überhaupt Substanz besitzen können, bleibt dahingestellt, Montaigne verdankt ihr jedenfalls kein *bien essentiel, et solide*. Bürger Roms zu werden heißt ein Gut ohne Wert zu erwerben.[61] Allerdings verschweigt Montaigne in *De la vanité* seine

58 Zur Bedeutung des Romaufenthalts, der ein knappes Drittel der eineinhalbjährigen Reise ausmacht, für Montaignes psychische Ökonomie vgl. Irma S. Majer, „Montaigne's Cure: Stones and Roman Ruins", a.a.O., S. 959: „Rome is that ultimate goal which is both a geographic destination and a personal, philosophic goal." Majer offeriert anschließend eine psychoanalytische Interpretation von Montaignes Motiven, zwischen der Mutterstadt Rom und der väterlichen Kastrationsdrohung.

59 Vgl. E, S. 1043: „je n'en ayme, ny la naissance, ny la vieillesse".

60 Zu den eitlen Gaben der Fortuna vgl. auch die summarische Feststellung E, S. 1045: „Elle m'a faict quelques faveurs venteuses, honnoraires, et titulaires, sans substance."

61 Wie Mary McKinley, „Vanity's Bull: Montaigne's Itineraries in III, ix", in: Marcel Tetel/G. Mallary Masters (Hgg.), *Le parcours des ‚Essais'. Montaigne 1588–1988*, Paris 1989, S. 195–208, zeigt, spielt der Aspekt gegenwärtiger Wertlosigkeit römischer Bürgerschaft auch eine

durchaus intensiven Bemühungen, in den Besitz dieses Guts zu kommen. Das Reisetagebuch, das Montaigne nicht veröffentlicht hat, ist in dieser Hinsicht mitteilsamer, dort wird auch die Hilfe des päpstlichen Majordomus Filippo (eigentlich: Alessandro) Musotti nicht verschwiegen:

> Je recherchai pourtant et amploiai tous mes cinq sans de nature pour obtenir le titre de citoyen romain, ne fut-ce que pour l'antien honur et religieuse mémoire de son authorité. J'y trouvai de la difficulté; toutefois je la surmontai [...] (Œ, S. 1236).

Andererseits erwähnt das Reisetagebuch zwar die *lettres* [...] *très authentiques* und das große Vergnügen, das der Empfänger über den *titre vein* empfindet. Der Text der Bulle findet sich aber nur in *De la vanité*, wo das lateinische Original des Dokuments in voller Länge abgedruckt ist, inklusive des Hinweises auf die Qualität des Siegels (*pompeuse en sceaux*) und die goldenen Buchstaben (*lettres dorées*). Dieser demonstrativen Präsentation der Insignien der *vanitas* entspricht die formelhaft-pompöse Rhetorik der Bulle, welche, wie nicht anders zu erwarten, Montaigne zu den Männern *virtute ac nobilitate praestantes* (E, S. 1046) zählt.

Die authentische, vom Papst verliehene Bulle ist, wie die ironische Volte des Essays deutlich macht, nichts anderes als eine substanzlose Gabe der Fortuna. Montaigne stellt sein spätes römisches Bürgerrecht aus, das ihm Oikos und Polis ersetzt und dabei doch der *vanité* angehört. Während im Reisetagebuch noch von authentischen Briefen die Rede ist, wird diese Neutralität der Bezeichnung in *De la vanité* durch die eklatante Ambiguität des Terminus der Bulle ersetzt. In ihm trifft die Echtheit des päpstlichen Dokuments auf eine Semantik nichtiger Substanzlosigkeit. Denn die Bulle ist ja nicht nur das runde Siegel, das die Echtheit eines päpstlichen Dekrets garantiert, *bulle*, lateinisch *bulla*, ist auch die eitle, luftgefüllte (Seifen-)Blase, die bereits in der Antike als Metapher der *vanitas* des Menschen fungiert: *si est homo bulla* liest man in Varros *De re rustica*, die von Montaigne häufig verwendeten *Adagia* des Erasmus greifen den Topos auf.[62] *Bulla* ist eine anschauliche Metapher der *miseria hominis*, der Nichtigkeit und Hinfälligkeit des menschlichen Lebens. Die Auszeichnung, Bürger der ewigen Stadt, der ‚Welt-Stadt', zu sein, kippt in die Vorstellung einer hohlen Blase. Sie wird zur zweideutigen Gabe der Fortuna,

Rolle in Erasmus' *Ciceronianus*. Der Ciceronianer Christophe de Longueil wird dort zum Ehrenbürger Roms ernannt, was seinen Gesprächspartner Bulephorus zu der spöttischen Frage veranlasst, was diese Ehre in der Gegenwart denn noch bedeute.

62 Vgl. McKinley, „Vanity's Bull", a.a.O., S. 204f.

die Authentizität verwendet, um dem Menschen ein prägnantes Zeichen seiner Substanzlosigkeit zu überreichen. Indem er zum Bürger Roms wird, hat Montaigne einen Ort gefunden, der ihm Haus und Stadt der Herkunft ersetzt, ihm aber zugleich ein anthropologisches Defizit spiegelt.

Rom ist für Montaigne allerdings nicht nur das Ziel einer späten Reise, sondern zugleich eine prägende Kindheitserfahrung. Durch die Sprache Roms verwandelte sich ihm das Haus der Familie zum Raum der Kultur. Es ist ausgerechnet der so exzessiv um den Haushalt besorgte Vater, der dem Sohn die lateinische Sprache zur Muttersprache machen will und damit die Ordnung des Nahen und Fernen verkehrt. An dieser Stelle kehrt die im Blick auf das Haus verworfene Sorge in ihre Rechte im Haushalt der Person zurück:

> Le soing des morts nous est en recommandation. Or j'ay esté nourry dès mon enfance, avec ceux icy: j'ay eu cognoissance des affaires de Rome, long temps avant que je l'aye eue de ceux de ma maison. (E, S. 1042)

Der Vater, der sich im Oikos verausgabt, gibt dem Sohn einen anderen Weg vor. Er tut das so gründlich, dass ihm Zweifel an der Haushaltstauglichkeit des Sohnes kommen. Der junge Montaigne kennt Rom, ehe er das Haus und ehe er Frankreich kennt. Er ist vertraut mit der kulturellen Sorge um die Toten und Abwesenden, lange bevor ihm die haushälterische Sorge um die Lebenden und Nächsten zugemutet wird. Mehr als in der Mitwelt des ländlichen Schlosses lebt er in den vergangenen Sinnwelten der römischen Antike. Der Raum der Kultur tritt früh an die Stelle der alltäglichen Lebenswelt, der in der Mitte des Lebens symbolisch vollzogene Rückzug in den Turm sanktioniert eine Weichenstellung, die bereits in der Kindheit vollzogen war.

Die Toten Roms sind zwar abwesend, aber doch auch nicht mehr als die Toten der eigenen Familie. Wenn Montaigne in *De la vanité* ein Panorama von Todesarten entfaltet, denkt er an die Toten der Antike, deren Sterben überliefert ist, von Sokrates und Cato bis zu Antonius und Kleopatra. Jedenfalls denkt er nicht an die Toten des eigenen Hauses. Trauerarbeit wird in den *Essais* nur einmal vollzogen und vorgeführt, in *De l'amitié*, sie betrifft den verlorenen Freund Etienne de la Boétie, und auch sie vollzieht sich in stetem Bezug auf antike Beispiele und Begriffe.[63] Für den Essay macht es keinen Unterschied, ob

---

63 Es ist kein Zufall, dass der Satz, der am massivsten die Erfahrung des Verlusts artikuliert, durch ein Vergilzitat, das von der Trauer des Aeneas um Anchises handelt, in zwei Teile gespalten wird: „Depuis le jour que je le perdy, *quem semper acerbum, / Semper honoratum (sic Dii uoluistis) habebo*, je ne fay que trainer languissant: et les plaisirs mesmes qui s'offrent à moy, au lieu de me consoler, me redoublent le regret de sa perte." (E, S. 200)

jemand achtzehn Jahre tot ist (wie sein Vater) oder sechzehnhundert (wie die Römer, die er liest und von denen er liest). Die im Medium der Kultur vollzogene Sorge um und für die Toten ist ein großer Gleichmacher:

> Ils sont trespassez: Si est bien mon pere: aussi entierement qu'eux [...] (E, S. 1042).

Die Vergangenheit von Nähe, von Interaktion und unmittelbarer Reziprozität, ist im Totengedenken der *Essais* immer schon vorausgesetzt. Die Toten können die Gaben der Lebenden nicht mehr durch Gegengaben erwidern, was Montaignes eigener *humeur* entgegenkommt: „je me rends plus officieux envers les trespassez." (E, S. 1042) Weil die Sorge um die Toten keine Zirkularität, keine *retrogradation*, keine *reflexion* kennt, bestimmt sie souverän über die Modalitäten ihres Dienstes, ihre *officia*. Letztere öffnen sich zu einem Raum der Generosität, in dem mit Gegengaben nicht zu rechnen ist. Das gilt auch für alle jene, die in den *Essais* namenlos bleiben, und die sich zu Lebzeiten durch Freundschaftsdienste Montaigne gegenüber ausgezeichnet haben. Sie müssen sich um die Gegengabe keine Sorge machen, denn die Rückzahlung erfolgt mit Zinsen, allerdings erst, nachdem sie abwesend oder tot sind: „je les ay mieux payez, et plus soigneusement, absens et ignorans." (E, S. 1043) Wie zahlt man Toten oder Abwesenden Schulden zurück? Wer soll von dem mittlerweile angewachsenen, verzinsten Kapital der Gabe profitieren? Die Antwort ist bemerkenswert, denn sie transponiert die Gegengabe auf eine andere Ebene. Montaignes Zahlungen erfolgen auf das Konto der Kultur, ihr Zahlungsmittel sind die Wörter: „Je parle plus affectueusement de mes amis, quand il n'y a plus de moyen qu'ils le sçachent." (E, S. 1043) Die Inszenierung des Wortes im Raum der Kultur ersetzt die Trauerarbeit. Sie behandelt die fernen Gestalten der Antike wie die nahen Personen des Hauses und der Mitwelt. Die Ebene der Kultur wird zum universalen Medium einer frei sich bewegenden Sorge, die mit Reziprozität, *retrogradation*, nicht mehr zu rechnen hat und daraus die Souveränität ihres sprachlichen Gedenkens ableitet.

5 Exkrementelles Schreiben

Montaigne schreibt *vainement* über eitle, nichtige Dinge, seine *fantasies*. Die Produkte der Einbildungskraft, die sich aus den Welten der Lektüre und der Erfahrung speisen, werden in den *Essais* zur Sprache gebracht und reflektiert. Das heißt, sie werden von dem Vermögen, das Montaigne im Einklang mit der rhetorischen Tradition Urteilskraft (*iudicium, jugement*) nennt, auf die Waagschale gelegt, ausgestellt und weiterverarbeitet. Der Autor praktiziert semiotische und symptomatologische Lektüren seiner Vorstellungen, er ‚interpretiert' sie. In den *fantasies* werden die Dimensionen der Person des Autors sichtbar, die Kontinuitäten und Sprünge ihrer Motive, die Interaktion ihrer Vermögen, die Fragilität ihrer durch die Semantiken des Wissens suggerierten Identität, die Abgründe der Selbstentzogenheit. Was von einer solchen Selbstausstellung zu halten sei, verdeutlicht Montaigne am Beispiel eines *gentilhomme* seiner Bekanntschaft. Auch dieser habe sein Leben mitgeteilt (E, S. 989: *communiquoit sa vie*), allerdings nicht mit den Mitteln der Sprache, sondern durch die Ausstellung seiner Ausscheidungen, der *operations de son ventre*. Für den Edelmann ist diese anrüchige Selbstexposition, was die *Essais* für Montaigne sind, *son estude, son discours*, in einer eklatanten Umkehrung des Erwartbaren heißt es: „Tout autre propos luy puoit." (E, S. 989) Eine Woche habe er seine Verdauungsprodukte in vergleichender Absicht ausgestellt. Den naheliegenden Hinweis auf die indexikalische Qualität der Ausscheidungen im Gegensatz zur Konventionalität der von ihm verwendeten Sprachzeichen spart sich Montaigne an dieser Stelle zwar, aber er verfolgt die Analogie weiter. Auch die *Essais* sind Ausscheidungen, allerdings nicht seines Körpers, sondern seines Geistes:

> Ce sont icy, un peu plus civilement, des excremens d'un vieil esprit: dur tantost, tantost lasche: et tousjours indigeste. (E, S. 989)

Die metaphorische Übertragung unterstreicht eine zentrale Ähnlichkeit der exkrementellen Produkte, ihre unzureichende oder jedenfalls unterschiedlich weit fortgeschrittene Verdauung. Man kann die suggestive Analogie wohl so übersetzen: Das Zusammenspiel der Vermögen, der Produktivität der Einbildungskraft und der Reflexivität der Urteilskraft, produziert Ausscheidungen des *esprit*. Deren Qualität schwankt zwischen einem Zuviel und einem Zuwenig an Stabilität, der Prozess der Durcharbeitung erreicht keine Balance, er bleibt unabgeschlossen und unfertig. Die *Essais* präsentieren die nichtigen Ausscheidungen eines *esprit*, dessen Vermögen keine Einheit bilden, sondern sich wechselseitig irritieren, daraus resultieren die Unterschiede in der Konsistenz und Dichte der Produkte. Das Buch stellt die *continuelle agitation et mutation de mes pensées* aus, aber auch diese Repräsentation der Gedanken erzeugt Asymmetrien, denn sie verwirklicht sich in Wörtern, die ihrerseits neue Wörter zeugen, die sich von der Kontinuität der Gedanken gelöst haben: „Tant de paroles, pour les paroles seules." (E, S. 990) Die Disharmonie der Vermögen wiederholt sich im prekären Verhältnis von Denken und Sprache, von Idee und Wort.

Montaigne erinnert an dieser Stelle indirekt an Platons Verbannung der Dichter aus dem wohlgeordneten Staat, wenn er fordert, man müsse gegen unnütze Autoren mit Gesetzen vorgehen:

> [...] il y devroit avoir quelque coerction des loix, contre les escrivains ineptes et inutiles, comme il y a contre les vagabons et faineans: On banniroit des mains de nostre peuple, et moy, et cent autres. (E, S. 990)

Bezeichnenderweise steht die Empfehlung im Konditional. In einem geordneten Staat gäbe es keinen Platz für Schriftsteller wie Montaigne, man würde sie wie Vagabunden und Faulenzer behandeln. Allerdings: Alles ändert sich, wenn die Ordnung der Gesellschaft und des Staates aus den Fugen geraten ist, wenn die *coustume* nicht mehr intakt ist und wenn eine umfassende *corruption du siecle* (E, S. 990) um sich greift. Dann wird das Malum des unwissenden und nutzlosen Schreibens zum Bonum der Harmlosigkeit angesichts ihrer rhetorischen Wirkungslosigkeit. Der Autor Montaigne gehört zu den ‚Schwachen', deren Beitrag zur Verderbtheit der Zeit vernachlässigt werden kann:

> La corruption du siecle se fait, par la contribution particuliere de chacun de nous: Les uns y conferent la trahison, les autres l'injustice, l'irreligion, la tyrannie, l'avarice, la cruauté, selon qu'ils sont plus puissans: les plus foibles y apportent la sottise, la vanité, l'oisiveté: desquels je suis. (E, S. 990)

Wo Grausamkeit und Verrat, Tyrannei und Ungerechtigkeit herrschen, da sind offenkundig die Nichtigkeit der Rede und die Eitelkeit der Selbstausstellung angesichts ihrer Folgenlosigkeit die geringeren Übel. Sie sind nicht Ursache und Motor der Verderbtheit, sondern nur dessen Symptom. Indem Montaigne die *vanité* in eine Opposition zu den beiden Lastern bringt, die für ihn das Böse und das Inhumane schlechthin verkörpern, die Grausamkeit und der Verrat am gegebenen Wort, lässt er das eitle Schreiben, die *escrivaillerie*, zum bloßen „symptome d'un siecle desbordé" (E, S. 990) werden.[64] Das Schreiben, die

64 Vgl. E, S. 990: „En un temps, où le meschamment faire est si commun, de ne faire qu'inutilement, il est comme louable. Je me console que je seray des derniers, sur qui il faudra mettre la main". – Montaigne erwähnt an dieser Stelle auch eine *personnage* (hinter ihr verbirgt sich vermutlich der Kanzler Michel de l'Hospital, dem Ronsard seine große poetologische Ode gewidmet hat), der in einer Zeit ohne Gesetz und Gerechtigkeit eine Reihe von *chetives reformations* (E, S. 991), etwa die Bekleidung oder das Essen betreffend, eingeführt habe.

Arbeit an den *Essais*, tut etwas ‚stattdessen' und entzieht sich damit immerhin der allgemeinen *corruption*, die es in seiner bloßen Existenz als nichtige Schrift immerhin anzeigt. Selbstausstellung, Selbstbeschreibung, Vorführung unverbindlicher *fantasies* – solche reflexiven Exzesse des Schreibens finden nur unter Verhältnissen statt, bei denen die alte Bindungsenergie der *coustume* aufgelöst ist und einer entfesselten, wuchernden *corruption* Platz gemacht hat. Aber das heißt auch, dass die Selbstdarstellung, und damit die Ausstellung der kontingenten Vielfalt der Person, offenbar nur unter den Bedingungen des Zerfalls der *coustume* und der von ihr gestifteten gesellschaftlichen Ordnung Platz findet. Der offene, unverstellte Blick auf den Binnenraum der Person braucht Spielräume, welche intakte, verbindliche Traditionen verweigern. Die *Essais*, so Montaignes Diagnose, sind als Form nur unter den Bedingungen der Auflösung einer normativen sozialen Ordnung möglich. Zugleich sind sie stets in Versuchung, diese ihre Möglichkeitsbedingung zu denunzieren.

6 Gedächtnis, Schrift, Hypothek

Nicht zu Unrecht, so liest man in Quintilians *Institutio oratoria*, heißt das Gedächtnis die „Schatzkammer der Beredsamkeit" (*thesaurus eloquentiae*)[65]. Man kann das Gedächtnis durchaus trainieren. Quintilian erzählt exemplarisch die Geschichte des Simonides als der Urszene der Mnemotechnik und entfaltet die Möglichkeiten der Optimierung des Gedächtnisses durch die Wahl fester Plätze, an denen Vorstellungen festgemacht werden können, um bei Bedarf abrufbar zu sein. *De la vanité* handelt zwar auch von dem Redner Montaigne, der er einmal war, aber der Essay bezieht sich damit auf eine abgeschlossene Vergangenheit, der die Gegenwart des essayistischen Schreibens entgegengesetzt wird. Sein Verfahren, die eigenen *fantasies* vorzuführen und durch die Urteilskraft abzuwägen, steht unter einer gegenteiligen, aus biographischen Erfahrungen begründeten Prämisse: Das Gedächtnis funktioniert nicht (mehr) gut und es verschlechtert sich zusehends. Die Diagnose des Gedächtnismangels und eines stetigen Abbaus seiner Leistungen durchzieht die *Essais* insgesamt. Montaigne thematisiert das Gedächtnis noch einmal in *De la vanité*. Anlass sind seine Äußerungen zur politisch-religiösen Situation der Epoche, er fürchtet sich zu wiederholen, ohne es zu bemerken. Das Urteil über sein defizitäres Gedächtnis fällt schonungslos aus: „Ma memoire s'empire cruellement" (E, S. 1006). Allerdings zeigt sich schnell, dass es Montaigne vorrangig nicht um das Vergessen von Dingen oder Ereignissen, also um eine Krise seines Weltwissens,

65 *Inst. orat.*, XI, 2, 1.

geht, sondern um das Vergessen von Vorstellungen und Äußerungen, also um die Diskontinuität der Aktivitäten seiner Vermögen. Montaigne beklagt nicht, dass er das Wissen über die Gegenstände der Welt vergisst, sondern dass ihm seine Gedanken und Vorstellungen, also die Ereignisse seines eigenen Bewusstseins, entfallen. In diesen Ausfallerscheinungen des Gedächtnisses wird sich die Person selbst fremd. Diese Erfahrung des Selbstentzugs wird offenbar nicht zureichend von der Kontinuität eines Identitätsbewusstseins kompensiert.

Die *revasseries*, die er zur Situation der Zeit vorträgt, stehen unter dem Verdacht der Wiederholung. Montaigne fürchtet, er habe seine *imaginations communes* schon hundert Mal gebildet und vielleicht auch schon niedergeschrieben, „j'ay peur de les avoir desjà enrollées" (E, S. 1006). Es geht also um die Möglichkeit eines ‚Verrats' (*trahison*) des Gedächtnisses an der Person. Montaigne befürchtet die Wiederholung des Gesagten (*redicte*), vermeidet aber auch das Wiederlesen des Geschriebenen, in dem nicht nur das fremd gewordene Eigene, sondern auch das angeeignete Fremde sichtbar wird. Während die an den Augenblick gebundene mündliche Rede auf spätere Wiederholung setzen kann, gilt für das schriftliche ‚Register' der *fantasies* ein Einmaligkeitsgebot, und der unsystematisch verfahrende Verfasser der *Essais* fürchtet, dass das Gedächtnis ihn, *par inadvertance*, einen Gedanken zwei Mal hat aufschreiben lassen. Diese Gefahr ist angesichts der Kontinuität der desolaten Zeitverhältnisse ebenso wenig von der Hand zu weisen wie der Verdacht, in der eigenen *fantasie* wiederhole sich die *imagination commune*.

Öffentlicher Redner indes ist Montaigne angesichts seines nachlassenden Gedächtnisses ohnehin längst nicht mehr. Der Rückzug in den Turm und in die Bibliothek signalisiert auch die Verweigerung der Rolle des Redners. Für den Autor der *Essais* konzentriert sich das Gedächtnisproblem auf den Medienwechsel von der Rede zur Schrift. Die im Alter steigende Wiederholungsneigung der Ereignisse und Produkte des psychischen Vermögensapparats bleibt häufig unbemerkt, zumindest solange sie sich in mündlicher Rede manifestiert. Schriftlich fixiert indes verletzen Wiederholungen das Ökonomieprinzip medial dauerhafter Kommunikation und zwingen im Wiederlesen in eine Selbstkonfrontation, welche die Person bloßstellt. Roland Barthes hat das, was Montaigne als Wiederholung der *imaginations communes* diagnostiziert, mit dem Titel der *bêtise* ausgezeichnet.[66] In eben diese Richtung geht auch schon Montaignes eigene Diagnose der Selbstbegegnung im Wiederlesen des Geschriebenen. Die in der Wiederholung sichtbare Beharrung erweist sich als Konfrontation mit Dummheit, der eigenen wie der fremden: „L'obstination et ardeur d'opinion, est la plus seure preuve de bestise." (E, S. 984) In der Doxa

66 Vgl. zu dem Thema Claude Coste, *Bêtise de Barthes*, Paris 2011.

herrscht ein Prinzip der leeren Wiederholung, ihr im eigenen Schreiben zu begegnen führt zur Erfahrung des Selbstverlusts und provoziert Praktiken der Selbstvermeidung. Beides, das Vergessen des Gedachten wie die Konfrontation mit seiner geronnenen Schriftlichkeit, lässt die eigene Vergangenheit dem Autor fremd werden und untergräbt die Gewissheit der eigenen ‚Form'.

Die Tendenz der Stoiker, als lebenspraktisch grundlegend ausgemachte „argumens et raisons communes et universelles" (E, S. 1006) unentwegt zu wiederholen, teilt der Autor der *Essais* trotz seiner gelegentlich angezeigten Nähe zu den Positionen stoischer Selbstsorge ausdrücklich nicht. Für ihn steht die Möglichkeit und Geltung der ‚universellen Argumente' ohnehin in Frage. Einmal als Wiederholungen unverbindlicher Doxa erkannt, verfallen sie dem gleichen Verdikt wie die Selbstwiederholungen. Diese Kritik trifft insbesondere Seneca, den Montaigne doch neben Plutarch immer wieder als einen seiner Lieblingsautoren auszeichnet.[67] Die Verwerfung der Wiederholung markiert Montaignes Distanz zur Tradition der Exerzitien der *cura*, die auf Wiederholung als Programm der Einübung eines Habitus der Tugend setzen. Montaigne beobachtet die Automatismen des vom Gedächtnis verlassenen Vermögensapparats mit Argwohn, er registriert überdies die faktischen Wiederholungen in der Schrift mit Gesten der Selbstdistanzierung. Sie verfehlen die Welt als einen offenen Horizont des Neuen und Anderen. Der Essay steht im Zeichen der Alterität und der Innovation, nicht des Wiedererkennens und der Wiederholung. So wird auch die dezidierte Abneigung verständlich, die auf den ersten Blick den Anspruch des Selbstporträts zu konterkarieren scheint: „Je hay à me recognoistre" (E, S. 1006). Die Momente des Wiedererkennens beim Lesen des eigenen Textes lassen ein Selbst sichtbar werden, das sich fortwährend selbst vergisst. Nur unter dieser Voraussetzung erscheint ihm die Wiederholung als *nouvelletez* und kann damit die *bestise* obstinater Wiederholung verdecken. In der (Wieder-)Lektüre des Geschriebenen wird sie umso eklatanter sichtbar.

In *De l'art de conferer* (III, 8), dem Essay, der *De la vanité* unmittelbar vorausgeht, formuliert Montaigne noch seine Vorliebe für kontroverse Diskussionen (*dispute*), die vom Widerspruch, vor allem aber von unvorhersehbaren, spontanen Einfällen leben:

> Nulles propositions m'estonnent, nulle creance me blesse, quelque contrarieté qu'elle aye à la mienne. Il n'est si frivole et si extravagante fantasie, qui ne me semble bien sortable à la production de l'esprit humain. (E, S. 967)

67 Vgl. E, S. 1006: „Je me desplais de l'inculcation, voire aux choses utiles, comme en Seneque."

Nur so entgeht man der Wiederholung, die überall langweilt, selbst wenn sie als Stilmittel wie in den Epen Homers verwendet wird. Das Gespräch braucht das Gegenüber, dessen *fantasies* nicht nur toleriert, sondern provoziert werden. Wie aber vermeidet man die Wiederholung, die aus der Trägheit der eigenen Vermögen stammt? Wie entzieht man sich der Macht der *imaginations communes*? Wie entgeht man dem fremden Stereotyp, der sich in die eigene Rede einnistet? *De la vanité* beklagt nicht nur den Gedächtnisverlust, sondern kritisiert auch die Disziplinierung des Gedächtnisses durch die mnemotechnischen Verfahren der Rhetorik. Der Topos als vertrautes rhetorisches Argument ist Teil jener stereotypen Figuren, die ein zentrales Element der Wiederholungsschleifen ausmachen, in denen die Person sich fremd wird.

Nicht ohne ein *ressentiment propre et naturel* (E, S. 1007), also nicht ohne sich in den Tiefen des eigenen Selbst betroffen zu fühlen, erzählt Montaigne die Geschichte des Lyncestis, der, von Alexander dem Großen der Verschwörung bezichtigt, die in seinem Kopf vorbereitete Verteidigungsrede (*harangue estudiée*) nur zögerlich und stammelnd vorbringt und daraufhin von den Soldaten getötet wird, denn: „Son estonnement et son silence, leur servit de confesssion." (E, S. 1007) Die Soldaten, militärisch diszipliniert, verstehen nicht, wie die lebensrettende rhetorische Disziplin versagen kann. Montaigne, dem ihre Praxis fremd geworden ist, weiß, was es heißt, auf ein *si foible instrument qu'est ma memoire* (E, S. 1007) zu setzen. Es ist gerade der selbstauferlegte Zwang, welcher zum Ausfall der Vermögen beiträgt: „L'estre tenu et obligé, me fourvoye" (E, S. 1007). Lyncestis stirbt, weil ihm das Gedächtnis in der entscheidenden Situation den Dienst versagt. Das ‚Eigene', das ‚Natürliche', das Montaigne in dem antiken Beispiel gewärtigt, ist die Unverfügbarkeit des Gedächtnisses, dessen Ausfall die Person oder zumindest eine essentielle Dimension ihrer Identität beschädigt. Die Prägnanz des Beispiels provoziert einen Effekt des Wiedererkennens, weil es in einer intensiven Verdichtung, in der es um Leben und Tod geht, Montaignes eigene Erfahrung spiegelt, in der das Versagen des Gedächtnisses eine elementare Erfahrung des Selbstverlusts bedeutet:

> Quand je me suis commis et assigné entierement à ma memoire, je pends si fort sur elle, que je l'accable: elle s'effraye de sa charge. Autant que je m'en rapporte à elle, je me mets hors de moy: jusques à essayer ma contenance. (E, S. 1007)

Zwischen der Person und ihrem Gedächtnis spielt sich ein Drama des Versagens ab: Das Erschrecken des Gedächtnisses angesichts der zugemuteten Last wiederholt sich in der drohenden Selbstentzogenheit der Person, deren Stabilität (*contenance*) ins Wanken gerät. Es ist bei Montaigne gerade keine andere

Instanz, kein Gott und keine Geliebte, die seine Form spaltet, sondern der Widerstand und die Fremdheit der eigenen Vermögen.

Die Konsequenz dieses Gedächtnisdilemmas kann nur lauten: Vermeidung und Verweigerung der rhetorischen Ursituation, der öffentlichen Rede: „Baste, que je me suis meshuy promis, de ne prendre plus la charge de parler en lieu de respect." (E, S. 1008) Wenn das Gedächtnis versagt, bleibt in der Situation der Rede nur die Alternative, entweder einen vorbereiteten schriftlichen Text zu verlesen oder sich auf die Intuition des Augenblicks, die *invention presente,* zu verlassen. Ersteres, die geläufige Praxis in Schriftkulturen, erscheint Montaigne *inepte,* töricht und unangemessen, letztere ist *lourde et trouble* und damit dem Anspruch der Situation nicht gewachsen. Die Verweigerung der Rede vor Publikum nimmt in *De la vanité* schließlich die Form einer Selbstverpflichtung an. Montaigne gibt sich selbst das Versprechen der Öffentlichkeitsabstinenz, um anderen kein Versprechen mehr geben zu müssen, dessen Einhaltung den Spaltungsdruck von Gedächtnis und Person reaktualisieren würde. Um dem Gedächtnis die Last (*charge*) zu nehmen, flieht er selbst die Last (*charge*) der Verpflichtung. Der Essay spielt dieses Motiv mit erstaunlicher Eindringlichkeit durch, und der Grund wird auch schnell deutlich, er betrifft die antirhetorische Grundsituation der *Essais.* Es geht um die Schaltstelle von Mündlichkeit und Schriftlichkeit, von Rede und Schrift (oder Buch), von Situation und Situationslosigkeit, von Rhetorik und Literatur. Durchgespielt wird das Thema in dem Essay über das Privileg des weltoffenen Reisens und Schreibens und die Verweigerung von Oikos und Polis am Beispiel des Verpflichtungscharakters der Reziprozität. Kategorisch erklärt Montaigne, er wolle Verpflichtungen vermeiden, weil er den Erwartungsdruck der Einlösung und die Unmöglichkeit der Erfüllung fürchtet. Das gilt für vielfältige Situationen von Gabe und Gegengabe, von Auftrag und Erfüllung, von Pflicht und Entlastung:

> Je fuis à me submettre à toute sorte d'obligation [...] Je ne trouve rien si cher, que ce qui m'est donné: et ce pourquoy, ma volonté demeure hypothequée par tiltre d'ingratitude (E, S. 1011).

Die Reziprozität der Verpflichtung unterliegt einem juristisch-ökonomischen Kalkül. Die Gabe ist ‚teuer', die ausstehende Gegengabe wird als ‚Hypothek' erlebt, die auf dem Willen der Person lastet und die abgetragen werden muss.[68]

68 In dem Kapitel 250 seiner *Theologia naturalis, D'une seconde & infinie obligation qui est engendree en nous par nos offenses,* handelt Sabundus von dem Menschen als einem *debteur* seines göttlichen *creancier.* Er will zeigen, dass der Mensch ohne den Einsatz eines Erlösers, der Gott und Mensch ist, seine Schulden nie abtragen kann. Wie bei einem

Seit dem römischen Recht sind Hypotheken Verpflichtungen oder Sicherheiten, die einem Gläubiger auf das Eigentum des Schuldners eingeräumt werden, ohne dass dadurch das Eigentum selbst auf den Gläubiger übertragen würde. Montaignes Beschreibung beutet diese komplexe Verrechtlichung von Eigentumsbeziehungen metaphorisch aus. In dieser Übersetzung erweist sich die psychische Ökonomie der Reziprozität allerdings als intrikater als die der realen Hypotheken. Psychische Hypotheken tendieren zur reflexiven Involution, sie sind steigerungsfähig auch dann, wenn der ‚Betrag' der Verpflichtung gegen Null geht. Montaigne bearbeitet die Größe der Obligation in der Dimension des Imaginären, und dort sind die Besetzungsenergien verschiebbar:

> Je suis delicat à l'observation de mes promesses, jusques à la superstition [...] À celles, qui sont de nul poids, je donne poids de la jalousie de ma reigle: elle me gehenne et charge de son propre interest. (E, S. 1011)[69]

Die Hypothek, die auf dem Willen lastet, ist eine Form der Folter, genauer: Durch den Transfer der Hypothekenlast von dem Betrag der Verpflichtung auf die Einhaltung der eigenen Regel wird sie zu einer Selbstfolter. Mit äußerster Konsequenz zwingt sich Montaigne, Versprechen und andere Verpflichtungen einzuhalten. Alles andere wäre eine Verletzung jener Ethik des gegebenen Wortes, welche für Montaigne in einer Zeit der Auflösung aller ethisch geprägten Sitten die unverzichtbare Basis des Humanen ist, auch wenn sie nur noch im Handeln einzelner Individuen zur Geltung kommt.[70] Nichts wäre schlimmer

---

Schuldner, dem bei verspäteter Tilgung die „multiplication de l'usure" droht, so geht es beim *marché* des Menschen mit seinem Schöpfer um ein stetiges Anwachsen der Schuld. Auch hier fällt in Montaignes Übersetzung der Begriff der Hypothek: „[...] la premiere debte engendre la seconde, qui est sans comparaison plus grande, & qui nous hypotheque & oblige". (*Theol. nat.*, S. 325a)

69 Das vor Montaigne nicht belegte Verbum *géhenner* entsteht offenbar aus der Verbindung von *géhenne*, eine von dem hebräischen *ge-hinnom* abgeleitete Bezeichnung des Tals von Hinnom bei Jerusalem, ein Ort, wo die Juden Moloch opferten und der zur Bezeichnung der Hölle wurde, und dem französischen Verbum *gêner*. Montaigne verwendet das Verbum auch in dem Essay *L'histoire de Spurina* (II, 33), wo es um die Verwendung von Büßerhemden (*haires*) bei den Vorfahren geht: „c'est une matiere tissue de poil de cheval, dequoy les uns d'entre'eux faisoient des chemises, et d'autres des ceintures à géhenner leurs reins." (E, S. 764) Und in *De l'institution des enfans* warnt er davor, den Zögling vierzehn oder fünfzehn Stunden am Tag „à la géhenne et au travail" (E, S. 170) zu halten, weil dadurch ihr Geist verdorben würde.

70 So heißt es bereits in *Des menteurs* (I, 9): „En verité le mentir est un maudit vice. Nous ne sommes hommes, et ne nous tenons les uns aux autres que par la parole." (E, S. 58)

als das gegebene Wort zu brechen – und das gilt auch dann noch, wenn der Gehalt des Versprechens bedeutungslos ist, denn dann tritt die Verpflichtung auf die selbstgegebene Regel an die Stelle. Die Schulden, welche die Hypothek verursacht, wachsen durch ihre Internalisierung, wo sie als Zinsforderung auftreten. So entsteht eine sich selbst steigernde und intensivierende (Selbst-)Folter.

Seit Friedrich Nietzsches *Genealogie der Moral* hat sich eine Logik der Rekonstruktion durchgesetzt, welche die Schulden zum Ursprung der Schuld werden lässt. Die Frage, woher die „uralte, tiefgewurzelte [...] Idee einer Äquivalenz von Schaden und Schmerz" kommt, beantwortet Nietzsche mit dem Hinweis auf das „Vertragsverhältniss zwischen Gläubiger und Schuldner"[71] und ergänzt später, dass in der Sphäre der „Obligationen-Rechte" die „moralische Begriffswelt ‚Schuld', ‚Gewissen', ‚Pflicht', ‚Heiligkeit der Pflicht' ihren Entstehungsheerd" habe[72]. Zuerst kommen die in ökonomischen Verpflichtungen eingegangenen Schulden, dann der innerpsychische Singular der Schuld. Montaignes *De la vanité* vollzieht demgegenüber keinen genealogischen Parcours. Primär ist für ihn nicht das „Obligationenrecht", sondern eine Ethik des Wortes als Basis der in der Interaktion der Individuen entstehenden Verpflichtungen. Ihr dramatischer Appellcharakter gründet in der Erfahrung des Zusammenbruchs ethischer *coustume*, er bedient sich der Analogie des Hypothekenrechts, um sie in der Reflexivität der im Innern der Person verarbeiteten Hypotheken zu überbieten. Die Hypotheken von Eigentum und Besitz betreffen nur eine juristische Regelung von Sicherheitsansprüchen bei der Aufnahme und Tilgung von Schulden, die Hypotheken des Willens berühren die Basis der über reziproke Verpflichtungen sich konstituierenden moralischen Welt der Menschen.

7 Weiterschreiben: *allongeail*

Montaigne hat die *Essais* als ein work in progress betrachtet, das keinen aus der Logik des Schreibens oder der Konventionen der Gattung sich ergebenden Abschluss kennt. Wie der Essay bleibt auch sein Gegenstand, das Selbst seines Autors, in Bewegung. Das Ende der *Essais* wird mit dem Lebensende des Autors koinzidieren. Die Kontingenz der Biographie spiegelt sich in der Kontingenz des Textes. Die handschriftlichen Ergänzungen, die Montaigne nach 1588 in dem sogenannten exemplaire de Bordeaux notiert hat, pflegt man seit längerem mit einem Ausdruck zu bezeichnen, der von Montaigne selbst

71 Friedrich Nietzsche, *Jenseits von Gut und Böse. Zur Genealogie der Moral* (Kritische Studienausgabe, Bd. 5), a.a.O., S. 298.

72 Ebd., S. 300.

stammt: *allongeail*. Er findet sich in den *Essais* allerdings erst in der Ausgabe von 1588, seine Bedeutung ist außerdem durchaus nicht identisch mit der, welche die Rezeption mit ihm verbindet. In dem Essay *De la vanité* ist von *allongeail* unmittelbar im Anschluss an die Reflexionen über das Gedächtnis die Rede. Montaigne, der nicht mehr von Zuhörern seiner Rede ausgeht, wendet sich direkt an den Leser seines Buchs:

> Laisse Lecteur courir encore ce coup d'essay, et ce troisieme alongeail, du reste des pieces de ma peinture. (E, S. 1008)

Die Ergänzung oder ‚Verlängerung' ist also selbst ein *coup d'essay*, die Annahme liegt nahe, dass sich der Ausdruck *troisieme allongeail* auf das dritte Buch der *Essais* insgesamt bezieht.[73] Anders als die situativ gebundene, zweckorientierte mündliche Rede sind die *Essais* ein ebenso offenes wie unabgeschlossenes Werk, es liegt nahe, von *allongeail* sowohl im Blick auf Zusätze zu einzelnen Essays zu sprechen, deren Verlängerung sie sind, aber den Ausdruck auch, wie der Autor selbst, in Bezug auf neue Kapitel, wie die des dritten Buches insgesamt, zu verwenden. Ihr Zeithorizont ist eine für die Zukunft offene Gegenwart. Die Praxis der *allongeails* realisiert sich als ein mehrfach gestufter Modus der Fortschreibung der *Essais*, von den Ergänzungen einzelner Passagen über neue Kapitel bis zu der großen ‚Verlängerung' des dritten Buches.

Der Leser, so appelliert Montaigne, möge den dritten Zusatz ‚laufen' lassen. Was bedeutet diese Instruktion für die Lektüre, wie orientiert sie den Leser, welche Einstellung will sie bewirken? Der Ausgangspunkt ist klar: Seit 1580 gibt es ein gedrucktes, aus zwei Büchern bestehendes Werk mit dem Titel *Essais*,

---

73 Die Literatur zu Praxis und Konzeption der *allongeails* ist mittlerweile recht umfangreich. Exemplarisch seien genannt: Claude Blum, „La peinture du moi et l'écriture inachevée: sur la pratique de l'addition dans les *Essais* de Montaigne", in: *Poétique*, 53 (1983), S. 60–71; Michel Beaujour, „‚Considerations sur Ciceron' (I, xl), l'allongeail comme marque générique: la lettre et l'essai", in: Marcel Tetel (Hg.), *Montaigne 1580–1980*, S. 16–35; Fausta Garavini, „Allongeails ou pansements? La fonction des ajouts dans le texte de 1588", in: *RHLF*, 88/5 (1988), S. 908–922. Die *allongeails* zu *De la vanité* untersucht systematisch Géralde Nakam, „La badin de la farce: l'écriture des dernières additions dans l'essai ‚De la vanité'", in: Noel Peacock/James J. Supple (Hgg.): *Lire les Essais de Montaigne*, Paris 2001, S. 291–309. In ihnen sei eine systematische Verdüsterung der Perspektive Montaignes zu beobachten, deren Motive in den politisch-religiösen Antagonismen der Gegenwart zu suchen seien, vgl. z.B. S. 306: „En 1588, Montaigne était sous un effet doublement euphorique: il était libéré de sa charge à la mairie, il pouvait s'adonner dans son livre au souvenir de son beau voyage. Maintenant, il est sous l'emprise d'une crise dépressive multiple, politique, affective, physique, une crise pessimiste et misanthrope."

das der Leser bereits kennt, zumindest kennen kann, und das nun weitergeschrieben wird. Möglicherweise verändert es dabei seine Identität, obwohl doch der Titel der gleiche bleibt. Die Auskunft, die der Autor dem ratlosen Leser offeriert, ist tröstlich, allerdings nur auf den ersten Blick:

> J'adjouste, mais je ne corrige pas: Premierement, par ce que celuy qui a hypothequé au monde son ouvrage, je trouve apparence, qu'il n'y ayt plus de droict [...] (E, S. 1008).

Er ergänzt, aber er korrigiert nicht. Ähnlich hatte Montaigne bereits in *De la ressemblance des enfans aux peres* (II, 37), dem letzten Essay des zweiten Buches und damit dem letzten Kapitel der Ausgabe von 1580, im Blick auf das Verhältnis von Ergänzung und Selbstkorrektur formuliert:

> Au demeurant, je ne corrige point mes premieres imaginations par les secondes, ouy à l'aventure quelque mot: mais pour diversifier, non pour oster. (E, S. 796)

Die beiden Selbstbeschreibungen der essayistischen Schreibpraxis führen die Praxis des *allongeail*, auf die sie sich beziehen, zugleich beispielhaft vor: Der Satz aus *De la vanité* stammt aus der Ausgabe von 1588, der erste Teil des Satzes aus *De la ressemblance* steht bereits in der Ausgabe von 1580, sein Schluss ist eine Ergänzung des exemplaire de Bordeaux, datiert also aus der Zeit nach 1588. Mit der von Marie de Gournay besorgten postumen Ausgabe von 1595 ist diese Zeitstufung des essayistischen Schreibens unsichtbar geworden, erst die kritischen Ausgaben des 20. Jahrhunderts seit Pierre Villeys editorischer Pionierarbeit wollen sie wieder sichtbar werden lassen – im Interesse eines philologischen Lesers, keineswegs in der nachgeholten Herausgebertreue gegenüber einer ursprünglichen auktorialen Intention. Nichts deutet darauf hin, dass Montaigne die zeitliche Schichtung seines Werks im gedruckten Buch dokumentieren wollte.

Zweimal erklärt Montaigne, er ergänze oder füge hinzu, aber er korrigiere nicht – von ‚Kleinigkeiten' wie einzelnen Wörtern abgesehen, eine ergänzende Selbstkorrektur, die selbst ein *allongeail* ist. Für den Leser, der die Essays des dritten Bandes mit den vorangehenden vergleicht, muss diese Erläuterung überraschen, die Tendenz zu längeren, komplexeren Essays ist unverkennbar, von der einen großen Ausnahme des zweiten Buchs, der *Apologie de Raimond de Sebonde*, abgesehen, die ja bereits im Titel eine generische Sonderposition einnimmt. Die *Essais* werden ausdrücklicher zum Buch des Selbst, das bereits der *Avis au lecteur* ankündigt, damit verschieben sich auch die intertextuellen Horizonte. Aufschlussreich ist allerdings die Begründung, die Montaigne für die Verweigerung der Selbstkorrektur gibt, nimmt sie doch noch einmal das Motiv des Hypothekenkontrakts auf. Die Hypotheken des Willens sind für Montaigne eine Folter, die Hypothek, die er mit seinem Buch (*ouvrage*) gegenüber der Öffentlichkeit (*monde*) aufgenommen hat, impliziert hingegen ein freiwilliges Verpflichtungsverhältnis, das der Autor anerkennt und erfüllen will. Er hat sein Werk dem Leser verkauft. Dieser hat nun Anspruch darauf, dass die Identität des Buches gewahrt bleibt und nicht durch Um- und Fortschreibungen entwertet wird. Die juristisch-ökonomische Metapher der Hypothek, deren Implikationen in der Sphäre der Rede Montaigne für unerträglich hält, wird im Blick auf das Buch zur generösen Selbstverpflichtung des Autors. Dort scheint es möglich, Identität und Fortschreibung, Geschlossenheit und Offenheit zu verbinden. Montaigne veröffentlicht sein Werk und verspricht dem Leser, er werde es, trotz aller Erweiterungen und Fortschreibungen, nicht korrigieren. Autoren, die dies tun wollen, sollten es in einem anderen Buch tun – dann sei es ohnehin angebracht, deren Werke erst nach dem Tod des Autors zu erwerben.[74]

Mit dieser Auskunft des Autors ist allerdings die Dynamik des Textspiels *allongeail* für den Prozess der Lektüre noch nicht zureichend erfasst. Der Leser der Ausgabe von 1588 wird aufgefordert, die ‚dritte Verlängerung' laufen zu lassen. Der Autor hingegen, nachdem er sie veröffentlicht hat, überschreibt den *allongeail*, indem er den Text des Essays weiterschreibt. Der *allongeail* des dritten Buchs generiert neue, partikulare *allongeails*. Die handschriftlichen Zusätze des exemplaire de Bordeaux (Abb. 6: EB 424v) sind indes ihrerseits von Durchstreichungen durchzogen, sie führen einen Text in Bewegung vor, der sowohl ergänzt wie auch korrigiert wird. Wie geht man damit um, welchen Text soll der Leser als das Buch der *Essais* lesen? Angesichts der notorischen Schwierigkeiten, das exemplaire de Bordeaux zur Basis der kritischen Edition der *Essais* zu machen, tendieren die gegenwärtigen Herausgeber Montaignes mittlerweile dazu, die von Marie de Gournay 1595 besorgte Ausgabe als Grundlage zu übernehmen – eine Ausgabe, die allerdings die Existenz eines zweiten, handschriftlich ergänzten Exemplars voraussetzt, das man nicht kennt, und die auch gelegentliche Interventionen der ersten Herausgeberin nicht ausschließen kann.[75] So werden die *Essais* zum Buch alter und neuer

74 Vgl. E, S. 1008: „Qu'il die, s'il peut, mieux ailleurs, et ne corrompe la besongne qu'il a vendu: De telles gens, il ne faudroit rien acheter qu'apres leur mort."

75 Vgl. dazu die ausführliche Explikation der Herausgeber: E, S. XXXIIff.

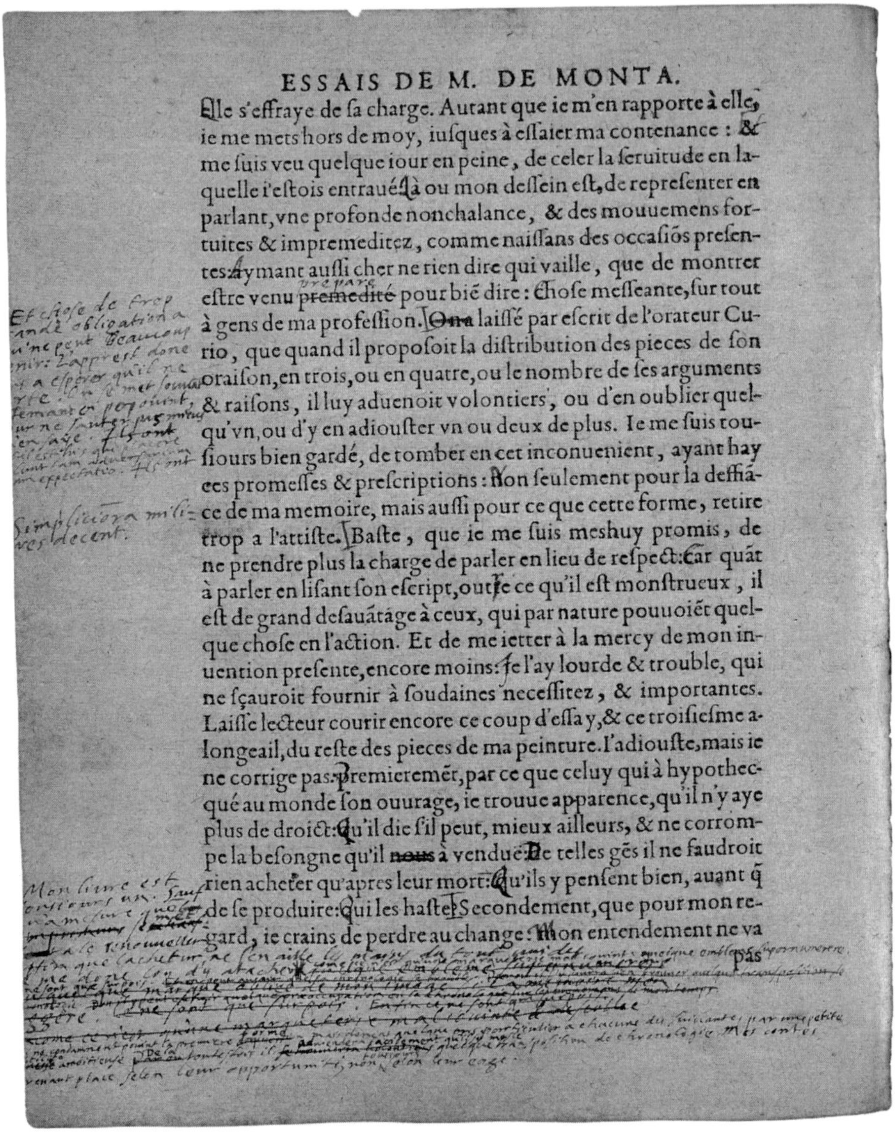

ESSAIS DE M. DE MONTA.

Elle s'effraye de sa charge. Autant que ie m'en rapporte à elle, ie me mets hors de moy, iusques à essaier ma contenance : & me suis veu quelque iour en peine, de celer la seruitude en laquelle i'estois entraué, à ou mon dessein est, de representer en parlant, vne profonde nonchalance, & des mouuemens fortuites & impremeditez, comme naissans des occasiõs presentes: aymant aussi cher ne rien dire qui vaille, que de monstrer estre venu premedité pour biẽ dire: chose messeante, sur tout à gens de ma profession. On a laissé par escrit de l'orateur Curio, que quand il proposoit la distribution des pieces de son oraison, en trois, ou en quatre, ou le nombre de ses arguments & raisons, il luy aduenoit volontiers, ou d'en oublier quelqu'vn, ou d'y en adiouster vn ou deux de plus. Ie me suis tousiours bien gardé, de tomber en cet inconuenient, ayant hay ces promesses & prescriptions: non seulement pour la deffiãce de ma memoire, mais aussi pour ce que cette forme, retire trop a l'artiste. Baste, que ie me suis meshuy promis, de ne prendre plus la charge de parler en lieu de respect: car quãt à parler en lisant son escript, outre ce qu'il est monstrueux, il est de grand desauãtage à ceux, qui par nature pouuoiẽt quelque chose en l'action. Et de me ietter à la mercy de mon inuention presente, encore moins: je l'ay lourde & trouble, qui ne sçauroit fournir à soudaines necessitez, & importantes. Laisse lecteur courir encore ce coup d'essay, & ce troisiesme alongeail, du reste des pieces de ma peinture. I'adiouste, mais ie ne corrige pas: premieremẽt, par ce que celuy qui à hypothecqué au monde son ouurage, ie trouue apparence, qu'il n'y aye plus de droict: qu'il die s'il peut, mieux ailleurs, & ne corrompe la besongne qu'il nous à vendue: de telles gẽs il ne faudroit rien acheter qu'apres leur mort: qu'ils y pensent bien, auant q̃ de se produire: qui les haste? Secondement, que pour mon regard, ie crains de perdre au change: mon entendement ne va pas

ABBILDUNG 6 *Michel de Montaigne,* Essais, *Exemplaire de Bordeaux, 1588, S. 424v.*

Herausgeber, die über die Intentionen des Autors Mutmaßungen anstellen müssen, ohne wissen zu können, ob sich die Vielfalt seiner Schreibmotive überhaupt zur Einheit bündeln lässt.

Schreiben, Durchstreichen, Neuschreiben – das ist ohne Zweifel auch ein Modus der Korrektur. Man kann ihn in den handschriftlichen Zusätzen des exemplaire de Bordeaux beobachten. Was auf der Druckseite zu lesen ist, ist nicht nur Ergänzung, sondern auch Selbstkorrektur:

> Mon livre est tousjours un: sauf qu'à mesure, qu'on se met à le renouveller, afin que l'acheteur ne s'en aille les mains du tout vuides, je me donne loy d'y attacher (comme ce n'est qu'une marqueterie mal jointe) quelque embleme supernumeraire. Ce ne sont que surpoids, qui ne condamnent point la premiere forme, mais donnent quelque prix particulier à chacune des suivantes, par une petite subtilité ambitieuse. (E, S. 1008)

In *De la ressemblance des enfans aux peres* (II, 37), am Ende des zweiten Buchs, hatte Montaigne die *Essais* ein *fagotage de tant de diverses pieces* (E, S. 796) genannt, ein eilig und sorglos komponiertes Bündel heterogener Teile. Nun ist, im Blick auf die Praxis des *allongeail*, von einem *embleme supernumeraire* die Rede, das einer als schlecht gefügt apostrophierten Einlegearbeit beigegeben wird, um den Käufer des Buchs nicht zu enttäuschen. Die alte Form werde durch das überzählige ‚Emblem' zwar nicht verurteilt oder verworfen (wenn auch das Verbum *condamner* deutlicher Distanz markiert als *corriger*), aber doch in eine asymmetrische Position gegenüber dem Neuen gebracht. Letzteres bringt ein Verfahren zur Geltung, das Montaigne selbst als *subtilité ambitieuse* apostrophiert. Als Selbstbeschreibung irritiert die Formel: *Subtilité* und *ambition* sind Begriffe, die in den *Essais* meist negativ konnotiert sind, gemeint ist einerseits ein leerlaufendes philosophisches oder poetologisches Raffinement[76], andererseits ein von verpflichtenden Traditionen freigesetzter Machtanspruch, der sich mit entfesselten politischen Leidenschaften verbindet[77]. Die beiden Konzepte markieren jedenfalls eine entschiedene Distanz zu

---

76 So in dem Essay *Des vaines subtilitez* (I, 54).

77 Vgl. z.B. die beiden in der *Apologie de Raimond de Sebonde* in Opposition stehenden Listen: „Nostre zele fait merveilles, quand il va secondant nostre pente vers la haine, la cruauté, l'ambition, l'avarice, la detraction, la rebellion. A contrepoil, vers la bonté, la benignité, la temperance, si, comme par miracle, quelque rare complexion ne l'y porte, il ne va ny de pied, ny d'aile." (E, S. 464) – Das große Paradigma der *ambition* ist bei Montaigne Cäsar. Nachdem der Essay *L'histoire de Spurina* zunächst die „grandeur incomparable de ceste ame" (E, S. 769), die sich in seiner Großmut und Milde zeigen, vorführt, kippt das Porträt mit der Evokation von Cäsars Ehrgeiz: „[…] toutes ces belles inclinations furent alterées et estouffées, par ceste furieuse passion ambitieuse: à laquelle il se laissa si fort emporter, qu'on peut aisément maintenir, qu'elle tenoit le timon et le gouvernail de toutes ses actions […] ce seul vice, à mon advis, perdit en luy le plus beau, et le plus riche naturel qui fut onques: et a rendu sa memoire abominable à tous les gens de bien, pour avoir voulu chercher sa gloire de la ruyne de son païs […]" (E, S. 769f.).

jenem Ausgangsprogramm der *Essais*, das der *Avis au lecteur* formuliert und durch den Anspruch der Repräsentation einer *forme naïfve* der Person ankündigt. Zugleich implizieren sie eine reflexive Rückwendung auf den Ausgangstext. *Ambition* und *subtilité* bringen einerseits eine latente Negativität der Person ins Spiel, die sich der Abbildung widersetzt, sie forcieren andererseits die Überlagerung intertextueller Relationen durch intratextuelle, die deren Transformationsoperationen durch fortlaufende Selbstreferenz noch einmal verwandeln.

Die Praxis des *allongeail* unterläuft die (ohnehin retrospektive) Idee einer Teleologie des Textes als Buch oder Werk. Montaigne ist weit entfernt von jeder idealistischen oder philologischen Konzeption eines Vorrangs der Ausgabe ‚letzter Hand'. Die *Essais* wollen der Aktion und Interaktion von Montaignes Vermögen eine sprachliche Übersetzung geben. Sie präsentieren sich als Übungen der Urteilskraft an einem Material, das die Einbildungskraft, die das Andere und Fremde vorstellbar macht, bereitstellt. Dass die Wörter der Sprache dabei Widerstand leisten oder sich verselbstständigen können, ist dem Autor bewusst, noch in *De l'experience* kommt er darauf zurück. Die Praxis der *allongeails* führt zu einer weiteren Komplikation. Als Weiterschreiben an heterogenen Textpositionen führen die Zusätze, Ergänzungen und Modifikationen zu einer *transposition de chronologie*, spätere Textstufen schreiben sich in die früheren ein. Die Linearität des Textes, welcher der Leser folgt, bildet dann nicht mehr die Chronologie des Schreibens ab, die *opportunité* des späteren Moments setzt sich gegen die Kontinuität durch. Die Zirkularität von Text und Leben dementiert die Teleologie oder Schließung eines werkorientierten Prozesses. Als Buch der Form der Person und des Autors können die *Essais* keiner zielorientierten Perspektive folgen, dafür sorgt bereits die kontingente Beweglichkeit der Vermögen des Autors, die sich in der Linearität des Buchs abbilden soll. Nichts spricht dafür, dass die lebensgeschichtlichen Veränderungen einer Bewegung des Fortschritts oder der Steigerung folgen. Allerdings zeigt sich in der Praxis der *allongeails* eine neue ‚Dichte' der Arbeit am Text. Er ist nicht mehr nur der Niederschlag der Vorstellungen und Gedanken des Autors, sondern zugleich das Produkt einer Arbeit am bereits Geschriebenen:

> Mon entendement ne va pas tousjours avant, il va à reculons aussi [...] Nous nous corrigeons aussi sottement souvent, comme nous corrigeons les autres. Je suis envieilly de nombre d'ans, depuis mes premieres publications, qui furent l'an mille cinq cens quatre vingts. Mais je fais doute que je sois assagi d'un pouce. Moy à cette heure, et moy tantost, sommes bien deux. Quand meilleur, je n'en puis rien dire. (E, S. 1008f.)

8 Poetische Gangart

Gegen Ende von *De la vanité* hebt Montaigne selbst hervor, dass sich seine Schreibart mit dem großen *allongeail* des dritten Buches geändert hat. Er vermeidet nun die für die ersten beiden Bücher charakteristische „coupure si frequente des chapitres“ (E, S. 1042). Es hat sich herausgestellt, dass die Kürze der frühen Essays die Aufmerksamkeit des Lesers und seine Verstrickung in den Text unterbricht. Die Lektüre der Kapitel fügt sich auch nicht zur übergreifenden Erfahrung des Buchs als Werk. Der schnelle Sprung von Essay zu Essay „m'a semblé rompre l'attention, avant qu'elle soit née, et la dissoudre“ (E, S. 1043). Diese Beobachtung und ihre Konsequenz, die Expansion des Umfangs der Einzelessays – das erste Buch hat 57, das dritte nur noch 13 Kapitel, bei in etwa gleicher Gesamtlänge – markiert eine Evolution der essayistischen Schreibweise, die eine Selbstkorrektur impliziert und einen Komplexitätsgewinn der Form mit sich bringt.

Die Praxis der Verlängerung ist durchaus erstaunlich, hält man sich Montaignes Schreib- und Lesehabitus vor Augen, so wie er ihn selbst präsentiert. Zum einen setzt er nunmehr im Zeichen der Aufmerksamkeit auf eine Intensität der Lektüre, die in markantem Gegensatz zu jenem kursorischen Lesehabitus des Durchblätterns (*feuilleter*) steht, den er noch in *De l'art de conferer* (III, 8), dem Essay, der *De la vanité* unmittelbar vorangeht, als die eigene Praxis des Umgangs mit den Büchern vorstellt. Dort heißt es beiläufig, er habe gerade ausnahmsweise die *histoire de Tacite* in einem Durchgang gelesen, obwohl er doch seit zwanzig Jahren keinem Buch mehr *une heure de suite* (E, S. 989) gewidmet habe. Zum anderen habe er in den ersten beiden Büchern ein diskontinuierliches, gelegenheitsgebundenes Verfahren des Schreibens seiner Texte gepflegt. Und in *De la ressemblance des enfans aux peres*, dem letzten und umfänglichen Essay des zweiten Bandes, im Hinblick auf den *fagotage*, die nachlässige Komposition seines Buches: „je n'y mets la main, que lors qu'une trop lasche oysiveté me presse, et non ailleurs que chez moy. Ainsin il s'est basty à diverses poses et intervalles [...]“ (E, S. 796). Montaigne schreibt also nur zu Hause, er folgt keinem anderen Antrieb als dem allzu großer Muße und auch nur, wenn er nicht von anderen Geschäften und Reisen bedrängt ist.[78] Die Praxis des

78 Die Formulierung lässt die Frage offen, ob und in welchem Ausmaß Montaignes Schreiben ein eigenhändiges Schreiben war, oder ob er sich auf die Hilfe eines (oder mehrerer) Sekretäre verließ, denen er diktierte. Immerhin weiß man, dass er die erste Hälfte des *Journal de voyage* von einem Sekretär schreiben ließ. Was die *Essais* angeht, so ist man auf die Plausibilitätsvermutung epochaler Üblichkeiten, die für einen ‚exzentrischen‘ Autor wie Montaigne nur eingeschränkt zu unterstellen sind, und auf einige, allerdings zweideutige

Weiterschreibens, der *allongeails* als Mikro- wie als Makrotexte essayistischer Expansion veranlasst Montaigne zur Revision der Autorrolle, die er sich selbst verschrieben hat. Der Komplexitätszuwachs des Textkörpers treibt die Formreflexion an. Die autoreflexive Rhetorik der *Essais* eröffnet einen eigenen poetologischen Reflexionsraum. *De la vanité* entwirft ein Spektrum generischer Perspektiven, das sowohl die Produktion wie die Darstellungsdimension und die Rezeption der *Essais* betrifft. Es geht in dieser Selbstbeschreibung erstens um das Verhältnis Autor-Text, zweitens um die Wirkung auf den Leser und schließlich drittens um die Poetik und Identität des Essays.

(1) Das Buch, das als Werk veröffentlicht und zugleich fortgeschrieben wird und dabei punktuelle und heterogene Antriebe seiner Beweglichkeit manifestiert, wird für den Autor zu einer Textgestalt, die ihn festschreibt. Mit dem Weiterschreiben durch die *allongeails* gewinnt die Wahrnehmung der Interaktion von Autor und Text Prägnanz, die sich ihrerseits in der Form des *allongeail* artikuliert. In dem langen Zusatz zu dem Essay *Du desmentir* (vgl. S. 55: Abb. 3, S. 293v) apostrophiert Montaigne die *Essais* als ein *livre consubstantiel*, das aus einer *occupation propre, membre de ma vie* entsteht. Dort heißt es kategorisch: „Je n'ay pas plus faict mon livre, que mon livre m'a faict." (E, S. 703) Das Buch produziert seinen Autor ebenso wie dieser sein Buch. Der auktorialen Nonchalance beim Schreiben korrespondiert ein vom Geschriebenen und seiner Veröffentlichung ausstrahlender Formzwang, der rekursiv in die Person zurückläuft, ihre Selbstwahrnehmung steuert und das Weiterschreiben motiviert, aber auch konditioniert. *De la vanité* greift diese Zirkularität von Autor und Text auf. Der späte Essay formuliert den Sachverhalt in einer ökonomisch orientierten Sprache, die vom ‚Gewinn' der Veröffentlichung handelt. Die einschlägige Bestimmung geht dem *allongeail* von *Du desmentir* chronologisch voraus, in der postumen Ordnung des Buches folgt sie allerdings später. Der Leser hat es wiederum mit einem prägnanten Beispiel transponierter Chronologie zu tun:

---

und missverständliche Formulierungen in den *Essais* selbst angewiesen. Dazu gehört an erster Stelle die mysteriöse Geschichte von dem Manuskriptdiebstahl, die am Anfang von *De la ressemblance des enfans aux peres* erwähnt wird, vgl. E, S. 796: „Un valet qui me servoit à les escrire soubs moy, pensa faire un grand butin de m'en desrober plusieurs pieces choisies à sa poste." Formulierungen wie „j'enregistre et dicte" sind zweideutig, *dicter* kann sowohl die altfranzösische Bedeutung des Schreibens als auch die neuere des Diktierens haben. Vgl. dazu George Hoffmann, *Montaigne's Career*, Oxford 1998, v. a. Kap 2: „The Company of Secretaries", S. 39–62. Vom gleichen Verfasser und Alain Legros stammt der abgewogen argumentierende Artikel „Secrétaire(s)" im *Dictionnaire de Michel de Montaigne*, hg. von Philippe Desan, Paris 2007.

> Je sens ce proffit inesperé de la publication de mes mœurs, qu'elle me sert aucunement de regle [...] Cette publique declaration, m'oblige de me tenir en ma route; et à ne desmentir l'image de mes conditions [...] (E, S. 1025).

Die eigenen Dispositionen und Sitten zu veröffentlichen und sie zur Richtschnur künftigen Handelns zu machen – damit wird das gedruckte Buch zum Identitätszeichen der Person, ohne dass mit dieser Selbstverpflichtung etwas über die ethische Qualität der durch das Schreiben festgeschriebenen Identität gesagt wäre. Es ist die Kategorie des *desmentir,* welche die beiden Essays des zweiten und dritten Buches verzahnt, zunächst als Kategorie der sozialen Interaktion im Kontext ständischer Ehrbegriffe, dann als Kategorie der Selbstreferenz im Zeichen der Selbstverpflichtung auf eine Form. *Du desmentir* bringt die unerhörte Beleidigung zur Sprache, die darin liegt, eine andere Person zu ‚dementieren', das heißt sie der Lüge zu bezichtigen. *De la vanité* thematisiert die Bindungswirkung des eigenen Wortes für den Autor, nachdem er durch sein Buch für das Publikum als Person lesbar geworden ist. Der Verpflichtungscharakter des publizierten Wortes zwingt die Person in die Kontinuität der im Text entworfenen Form. Das Buch ist daher ein Selbstporträt, das nicht abbildet, sondern bildet. *Du desmentir* formuliert diesen Sachverhalt durch das Analogon des gemalten Selbstporträts: „Me peignant pour autruy, je me suis peint en moy, de couleurs plus nettes, que n'estoyent les miennes premieres." (E, S. 703) Der *patron* des Textes, die Person als sein Gegenstand, wird damit *formé soy-mesme.* Auch *De la vanité* thematisiert die Festschreibung einer anthropologischen Offenheit. Der das eigene Vermögensspiel vorführende Autor wird zur ästhetisch geformten Person durch das dem Publikum offerierte Buch. Dabei stellt sich heraus, dass die im Wiederlesen und Weiterschreiben gewonnene Lebensregel ein ökonomischer ‚Gewinn' von Form und Stabilität ist, der erst durch die Hypothek der Veröffentlichung greift. Die Rezeption durch das Publikum konstituiert eine Erwartung, die sich für den Autor als Verpflichtung zur Kontinuität der erschriebenen Form manifestiert, will er nicht das ethisch ruinöse Schauspiel des Selbstdementis liefern. Wenn die Sprachhandlung des *desmentir* in der sozialen Interaktion die ethische Integrität des Gegenübers erschüttert, so droht eine analoge Selbsterschütterung durch das Dementi der im Buch erzeugten Form. Die (Selbst-)Beschreibung schlägt als Selbstverpflichtung auf den Autor zurück.

(2) Der Autor, der mit dem Buch, das er dem Leser präsentiert, eine Hypothek aufnimmt, die er abzahlt, indem er sich selbst und seiner Form treu bleibt, stabilisiert sich selbst. „[...] to thine own self be true" (*Hamlet* I, 3, 78)[79] – ermahnt

79 *Hamlet,* a.a.O., S. 203.

Shakespeares Polonius seinen Sohn Laertes, dann könne er zu niemandem falsch, unwahr sein, und spricht damit eine historisch folgenreiche Sprache der Aufrichtigkeit.[80] Montaignes Treue zur eigenen Form geht nicht von der Symmetrie sozialer Interaktion, sondern von der Asymmetrie von Autor und Leser aus. Er postuliert die Selbstverpflichtung durch die im Schreiben erzeugte eigene Form gegenüber einem unbestimmten und anonymen Publikum, *le monde*. Die *Essais* nehmen rhetorisch jenes schichten- und nationenindifferente Weltpublikum der Menschheit vorweg, das im Zeitalter der Aufklärung, von Voltaire bis Kant, zum Adressaten einer Aufforderung zur Mündigkeit werden wird. An ihrer Stelle steht in den *Essais* noch die Vielfalt der *condition humaine*.[81] Aber für Montaigne hat die Hypothek des eigenen Buches eine zweite Seite, und sie betrifft den Rücklauf in die Interaktion, ins Gespräch. Das Buch appelliert an den Leser, dem Autor als Person mit einer Gegengabe zu antworten. Die *Essais* entwerfen ein gespaltenes Publikum: Insofern ihr Thema die *condition humaine* jenseits aller nationalen, religiösen und politischen Differenzen ist, kann der Leser im Prinzip jedermann sein; insofern sie von einem Individuum handeln, das aus einer spezifischen sozialen, historischen und sprachlichen Situation schreibt, ist ihr Leser ein zwar noch unbestimmter, aber privilegierter Anderer. Zweifellos spielt an dieser Stelle der epochale Hintergrund humanistischer Briefkultur eine wenn auch unausdrücklich bleibende Rolle. Aber Montaigne setzt nicht mehr auf vorgängige Vertrautheit in den Medien der Stimme oder der Schrift, sondern allein auf den Appellcharakter des Buches, das den Leser zu mobilisieren vermag.[82] Wenn es einem *honneste*

80 Vgl. dazu Lionel Trilling, *Sincerity and Authenticitiy*, Cambridge/Mass. 1971.

81 Man sollte allerdings nicht übersehen: Montaigne spricht gerne und oft über „nostre condition", auch über „ma condition" und „sa condition". Die Formel *condition humaine* findet sich in den *Essais* allerdings nur ein einziges Mal, am Anfang des Essays *Que le goust des biens et des maux despend en bonne partie de l'opinion que nous en avons* (I, 40): „Les hommes (dit une sentence Grecque ancienne) sont tourmentez par les opinions qu'ils ont des choses, non par les choses mesmes. Il y auroit un grand poinct gaigné pour le soulagement de nostre miserable condition humaine, qui pourroit establir cette proposition vraye tout par tout." (E, S. 258). Fünf Mal hingegen findet man die Formel mit dem vorangestellten Adjektiv: *humaine condition*. Der Befund lässt durchaus den Schluss zu, dass Montaignes Blick auf den Menschen keine exklusive Stellung und Abgrenzung der *condition humaine* impliziert.

82 Wenn die *Essais* eine beschränkte Leserschaft und eine kurze Rezeptionsgeschichte haben werden, dann liegt das auch an den Veränderungen einer nicht stabilen Sprache: „J'escris mon livre à peu d'hommes, et à peu d'années. Si c'eust esté une matiere de durée,

homme gefallen sollte, so könnte er – natürlich möglichst vor dem *trepas* des Autors – dessen Freundschaft suchen. Montaigne manövriert das lesende Gegenüber in die Rolle des ‚Mitmenschen' (Karl Löwith). Auch diese Aussicht gehört zu dem Gewinn des Schreibens, dem „profit, que je tire d'escrire de moy" (E, S. 1026):

> Je luy ai donné beaucoup de païs gaigné: car tout ce qu'une longue cognoissance et familiarité, luy pourroit avoir acquis en plusieurs années, il l'a veu en trois jours dans ce registre, et plus seurement et exactement. (E, S. 1026)

Der Appell eines Rücklaufs aus der Lektüre in die Interaktion, aus der Anonymität in die privilegierte Relation ist keine auf *De la vanité* beschränkte *fantasie* Montaignes. Was er hier im Freundschaftsregister imaginiert, hat er in *Sur des vers de Virgile* bereits im erotischen Modus formuliert. Und lebensgeschichtlich wurde dieses Imaginäre einer durch das Buch gestifteten privilegierten Beziehung durch das Verhältnis zu seiner „fille d'alliance" Marie Le Jars de Gournay eingelöst, der Montaignes Leser die postume Ausgabe von 1595 verdanken.

Die *Essais* verstehen sich, wie man aus der Inschrift weiß, die er 1571 in seiner Bibliothek anbringen ließ, als das Ergebnis eines Rückzugs aus der Sklaverei öffentlicher Ämter (*munerum publicorum*) in den Schoß der Musen (*in doctarum virginum* [...] *sinus*), um sich dort seiner Freiheit und Muße zu widmen (vgl. E, S. 1315f.). Die Trauer um den verlorenen Freund La Boétie und die Zelebration der vergangenen Freundschaft gehören zu den fundamentalen Initialmotiven des Schreibens. Allerdings wird der Platz des Freundes in den *Essais* im Laufe der Zeit deutlich marginaler. Nachdem Montaigne darauf verzichtet hat, La Boéties *Discours de la servitude volontaire* in die *Essais* aufzunehmen, und an seiner Stelle zunächst neunundzwanzig petrarkistische Liebessonette des Freundes abdruckt, werden diese im exemplaire de Bordeaux mit der Auskunft „ces vers se voient ailleurs" gestrichen. Von nun an wird der Freund nicht mehr mit eigenen Texten in den *Essais* vertreten sein.

Für den späten Montaigne von *Sur des vers de Virgile* oder *De la vanité* sind die *Essais* kein Text der Trauerarbeit mehr. Vielmehr projizieren sie die

---

il l'eust fallu commettre à un langage plus ferme: Selon la variation continuelle, qui a suivy le nostre jusques à cette heure, qui peut esperer que sa forme presente soit en usage, d'icy à cinquante ans?" (E, S. 1028)

Perspektive eines performativen Texts, dessen Darstellung fortlaufend Substitute produziert, die sich an die Stelle des Verlorenen setzen. Sie modellieren ein Selbst, dessen Form außerhalb der distanzierten Schriftlichkeit nicht möglich wäre, und entwerfen ineins ein prospektives Imaginäres privilegierter Interaktion, dessen Einlösung offen bleibt. Angesichts der zeittypischen Opazität der sozialen Beziehungen, welche Dissimulationsfähigkeiten verlangen, braucht diese den Umweg über die exzentrische Form der verschriftlichten Selbstdarstellung. So entwerfen die *Essais* einen Horizont der Intimität, der nur über vorgängige Distanz und Abwesenheit zu erreichen ist:

> Plaisante fantasie: plusieurs choses, que je me voudroye dire au particulier, je les dis au public. Et sur mes plus secretes sciences ou pensées, renvoye à une boutique de Libraire, mes amis plus feaux. (E, S. 1026)

Worüber man nicht reden kann, darüber muss man schreiben.[83] Die Geheimnisse, welche die Freunde nicht aus dem Mund des Autors vernehmen, können sie in der nächsten Buchhandlung käuflich erwerben. Der Umweg, der den Freund oder die Freundin als Leser zunächst in der Anonymität des Weltpublikums verschwinden lässt, trägt zugleich das nachgerade utopische Versprechen einer von allen ständisch-sozialen Rücksichten befreiten Intimität.

Der *Avis au lecteur*, den Montaigne den *Essais* vorangestellt hat, ist eine paradoxe Lektüreinstruktion, die den Leser anspricht, um ihn zugleich provokativ auszuschließen[84]. Er entwirft noch eine andere, gegenläufige Konstellation. Montaigne wendet sich dort an die *parens et amis*, die nach dem Tod des Autors in den *Essais* seine *conditions et humeurs* wiederfinden können, allerdings mit der Einschränkung, dass die *forme nayve* des Autors nur so weit lesbar werde, wie es die Rücksichtnahme auf die *reverence publique* erlaube. Hätte Montaigne die *faveur du monde* gesucht, so wäre er mit den Ornamenten der *beautez empruntées* aufgetreten. Für den Leser, der nicht zu den Freunden und Verwandten gehört, gebe es jedenfalls keinen Grund, sich mit einem frivolen und eitlen Gegenstand zu beschäftigen, dessen Zweck (*fin*) ausschließlich *domestique et privée* sei. *De la vanité* kehrt die Relation um: Erst im Buch wird sichtbar und thematisch, was in der häuslichen und ständischen Umgebung ausgeklammert bleibt, weil es dem Dekorum des Sozialen zuwiderläuft. Das Schreibbare geht über das Sagbare hinaus, weil es eine neuartige Beziehung

83 Vgl. auch E, S. 1028f.: „Tant y a, qu'en ces memoires, si on y regarde, on trouvera que j'ay tout dit, ou tout designé: Ce que je ne puis exprimer, je le montre au doigt."

84 Vgl. E, S. 27: „Ainsi, Lecteur, je suis moy-mesme la matiere de mon livre: ce n'est pas raison que tu employes ton loisir en un subject si frivole et si vain."

von Autor und Leser etabliert. Die gestörte Kommunikation der häuslichen und sozialen Welt provoziert einen Appell, der das Medium des Buchs zum Ursprung privilegierter Intimität werden lässt. Der *Avis au lecteur* rechnet noch mit einem Leser, dessen Habitus von den eingespielten Üblichkeiten und Unterscheidungen einer stratifikatorisch geordneten Gesellschaft geprägt ist. *De la vanité*, und das dritte Buch der *Essais* insgesamt, generiert einen Leser, den es noch nicht gibt, dessen Form durch das Buch modelliert wird und der deshalb zunächst als ein impliziter Leser[85] apostrophiert werden muss. Aber jeder Leser, der die Rolle einnimmt, kann zum Gegenüber des Autors werden. Die Koordinaten seines von seinem sozialen Habitus entkoppelten Lektürehabitus muten ihm eine Spaltung zu: Er bewegt sich zwischen der Allgemeinheit einer anthropologisch orientierten, an ein Weltpublikum adressierten Diskursivität und der singularisierten, ‚individualisierten' Relation einer Intimität von Autor und privilegiertem Gegenüber. Es ist schwer einzuschätzen, inwieweit Montaignes frühe Leser der Zumutung dieser gespaltenen Leserrolle gefolgt sind. Später, namentlich im 20. Jahrhundert, ist diese Leseerfahrung vielfach dokumentiert. Aber sie stammt von Lesern, denen die modernen Genres der Kulturkritik und des bürgerlichen Romans vertraut sind.

(3) *De la vanité* annonciert im Titel ein traditionsgesättigtes Thema, das Wort der Bibel wird eigens zitiert, im weiteren Verlauf scheint sich der Essay allerdings nur noch sporadisch dafür zu interessieren. Montaigne hat die in vielen Essays zu beobachtende Asymmetrie von Thema und Durchführung in *De la vanité* eigens benannt: „Les noms de mes chapitres n'en embrassent pas tousjours la matiere: souvent ils la denotent seulement, par quelque marque" (E, S. 1040). Der Titel umfasst die ‚Materie' oder den Gegenstand des Essays nicht, er bezeichnet sie, so die Selbstbeschreibung, nur durch eine ‚Markierung'. Kein anderer Essay hat die Leser und Interpreten Montaignes so massiv provoziert, seine Einheit sowohl durch thematische wie durch rhetorische Argumente zu etablieren, wie *De la vanité*. Das Titelkonzept hat offenbar eine gegenstands- wie eine formbezogene Seite. Der Essay redet über *vanité*, aber er setzt sie auch in seiner Schreibweise in Szene. Der Autor hat die spätere Thematisierung des Verfahrens selbstreflexiv vorweggenommen und in einer signifikanten Metaphorik konzentriert, die man als poetologische Formbeschreibung verstehen kann. Eitel und nutzlos mag die *escrivaillerie* der *Essais* durchaus sein, ohne einen disziplinären oder generischen Ort und in flagranter Verletzung aller rhetorisch regulierten Verwendungs- und Funktionszusammenhänge.

---

85 Zum ursprünglich im Kontext der Wirkungsästhetik des Romans geprägten Terminus vgl. Wolfgang Iser, *Der implizite Leser. Kommunikationsformen des Romans von Bunyan bis Beckett*, München 1972.

Weil bereits die *inventio* aleatorisch verfährt, gehen die Regeln der *dispositio* ins Leere, die *actio* bleibt auf der Suche nach sich selbst.

Die Negation der Rhetorik als Orientierungsrahmen der *Essais* provoziert Alternativen, die ungeläufig sind. Das Analogon seiner Schreibweise findet der Autor von *De la vanité* nicht in der Rhetorik oder den Disziplinen des Wissens, sondern in der Alltagspraxis der Küche, deren Künste in ihrem lebenspraktischen Nutzen unumstritten sind. „Ceste farcisseure", so bemerkt Montaigne, „est un peu hors de mon theme." (E, S. 1040) Die Selbstbeschreibung greift auf handwerkliche Techniken zurück. Um eine Füllung geht es beim *farcir*, der Terminus der *farcisseure* ruft die Kochkunst auf. Wenn ein Tier oder ein Gemüse mit einer kleingehackten, gut gewürzten Mischung von Ingredienzien gefüllt wird, spricht man von der *farce*, der Füllung, der Leser kann allerdings nicht umhin, in dem Wort auch die Bedeutung von Farce im Sinne von Posse oder Schwank mitzuhören. Auch in der Gattungsgeschichte der Farce lässt sich ein Verhältnis von Hülle oder Container und eingebetteter Füllung oder *farcissure* beobachten: Das niedrige Theatergenre des Schwanks tritt im Mittelalter oft im Rahmen von Mysterienspielen auf, bevor es sich durch die Ausdifferenzierung frühneuzeitlicher Theatergattungen verselbstständigt. Dieser gattungsgeschichtliche Prozess findet gewissermaßen seine Abbreviatur in den *Essais*: Auch dort bleibt die *farcisseure* nicht mehr innerhalb ihres Rahmens (des Themas), sondern entfaltet ein eigenes Gewicht, dessen thematische Integration in der Schwebe bleibt. Die Komposition der *Essais* ähnelt insofern einer exzentrischen Gourmetküche. Nicht zufällig spielt sich diese poetologische Reflexionsmetapher zwischen dem Text und seinen *allongeails* ab (vgl. Abb. 7, EB 439v). Ein Blick auf die einschlägige Seite des exemplaire de Bordeaux kann zeigen, wie die Buchseite zum Spielraum von Zentrum und Peripherie, Thema und Füllung wird. Dabei kippt die Farce in ihr Gegenteil, den inspirierten Text, ihre Antirhetorik des Schrägen und Schiefen, des Heterogenen und Nichtlinearen schlägt um in das Analogon einer enthusiastischen Rede:

> Je m'esgare: mais plustost par licence, que par mesgarde: Mes fantasies se suyvent: mais par fois c'est de loing: et se regardent, mais d'une veue oblique. J'ay passé les yeux sur tel dialogue de Platon: miparty d'une fantastique bigarrure: le devant à l'amour, tout le bas à la Rhetorique. Ils ne craignent point ces muances: et ont une merveilleuse grace à se laisser ainsi rouller au vent: ou à le sembler. (E, S. 1040)[86]

86 Eine textgenetische Lektüre der Passagen schlägt André Tournon vor: „Montaigne et ‚l'alleure poétique': Pour une nouvelle lecture d'une page des *Essais*", a.a.O., S. 155–162.

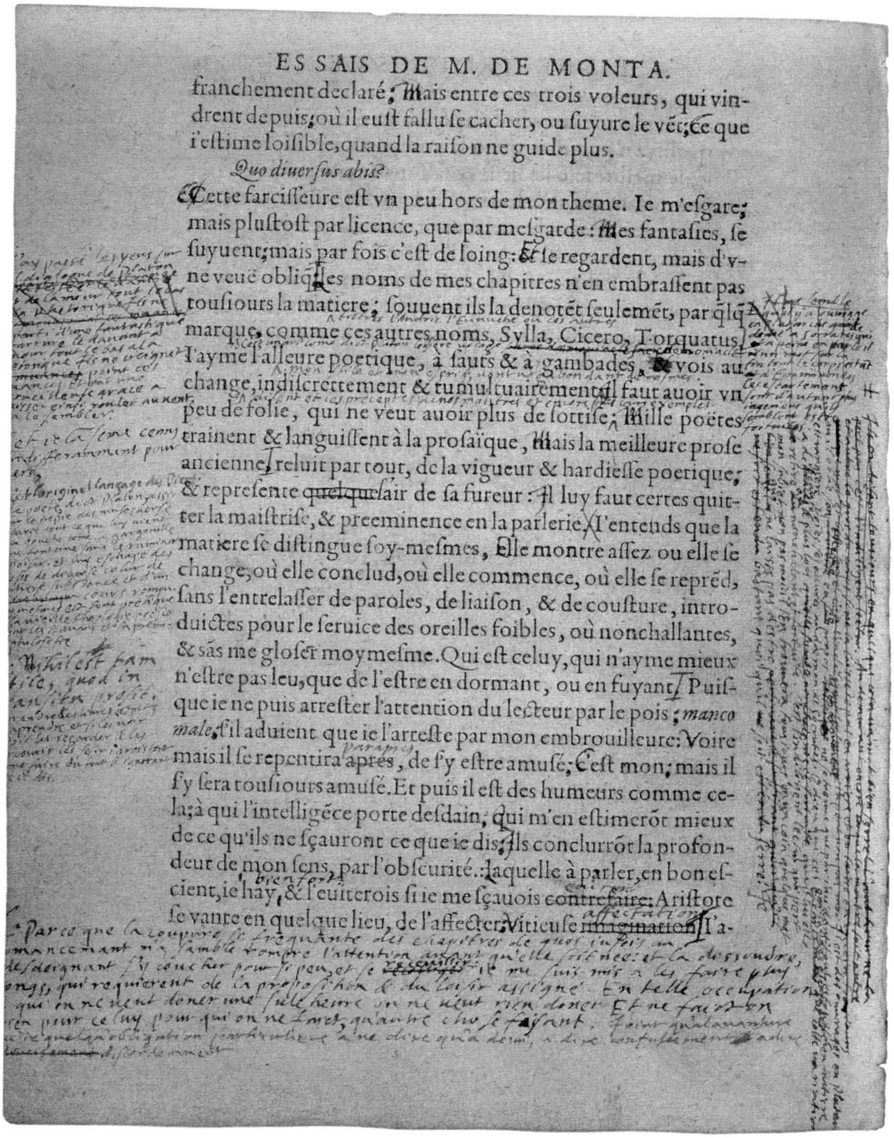

ESSAIS DE M. DE MONTA.
franchement declaré; Mais entre ces trois voleurs, qui vindrent depuis, où il eust fallu se cacher, ou suyure le vẽt; Ce que i'estime loisible, quand la raison ne guide plus.

Quo diuersus abis?

Cette farcisseure est vn peu hors de mon theme. Ie m'esgare; mais plustost par licence, que par mesgarde: Mes fantasies, se suyuent; mais par fois c'est de loing: & se regardent, mais d'vne veuë oblique. Les noms de mes chapitres n'en embrassent pas tousiours la matiere; souuent ils la denotẽt seulemẽt, par quelque marque, comme ces autres noms, Sylla, Cicero, Torquatus. I'ayme l'alleure poetique, à sauts & à gambades, & vois au change, indiscrettement & tumultuairement. Il faut auoir vn peu de folie, qui ne veut auoir plus de sottise; Mille poëtes trainent & languissent à la prosaïque, Mais la meilleure prose ancienne reluit par tout, de la vigueur & hardiesse poetique; & represente quelque air de sa fureur: Il luy faut certes quitter la maistrise, & preeminence en la parlerie. I'entends que la matiere se distingue soy-mesmes, Elle montre assez ou elle se change, où elle conclud, où elle commence, où elle se reprẽd, sans l'entrelasser de paroles, de liaison, & de cousture, introduictes pour le seruice des oreilles foibles, ou nonchallantes, & sãs me gloser moymesme. Qui est celuy, qui n'ayme mieux n'estre pas leu, que de l'estre en dormant, ou en fuyant. Puisque ie ne puis arrester l'attention du lecteur par le pois; *manco male*, s'il aduient que ie l'arreste par mon embrouilleure: Voire mais il se repentira apres, de s'y estre amusé; C'est mon; mais il s'y sera tousiours amusé. Et puis il est des humeurs comme cela; à qui l'intelligẽce porte desdain, qui m'en estimerõt mieux de ce qu'ils ne sçauront ce que ie dis; Ils conclurrõt la profondeur de mon sens, par l'obscurité: laquelle à parler, en bon escient, ie hay, & l'euiterois si ie me sçauois contrefaire: Aristote se vante en quelque lieu, de l'affecter: Vitieuse imagination. I'a-

ABBILDUNG 7 *Michel de Montaigne,* Essais, *Exemplaire de Bordeaux, 1588, S. 439v.*

Der *ordo neglectus* ist inszeniert, nicht Zufall, sondern Strategie. Die *fantasies* stehen in Bezügen erschwerter Wahrnehmung, welche die Maßstäbe rhetorischer *dispositio* konterkariert, aber ihre vermeintliche Exzentrizität hat mächtige Vorbilder, die aller rhetorischen Regulierung vorausliegen. Die Kochkunst der *Essais*, welche die instituierten Ordnungen der Textherstellung und

Textkohärenz verletzt, wiederholt illustre Prätexte phantastischer Buntscheckigkeit. Der platonische Dialog, auf den Montaigne scheinbar so beiläufig anspielt, ohne den Titel zu nennen, ist der *Phaidros*, der erst von der Liebe, dann von Rhetorik und Philosophie handelt. Der platonische Dialog wird damit zum privilegierten Intertext, der einen poetologischen Umschlag zu inszenieren erlaubt, durch den der Referenzhorizont der *Essais* von der *farce* zur *premiere philosophie* transformiert wird. Die Erwähnung Platos ignoriert alles, was in dessen Dialog mit philosophischen Wahrheitsansprüchen, mit Seelenlehre, Redekunst und Schriftkritik zu tun hat, der *Phaidros* ist für Montaigne eine *fantastique bigarrure*. Aber deren tumultuarische Textbewegung (*muances*) ist eine Herausforderung für den Leser:

> C'est l'indiligent lecteur, qui perd mon subject; non pas moy [...] Je vois au change, indiscrettement et tumultuairement: mon stile, et mon esprit, vont vagabondant de mesmes [...] (E, S. 1041).

Montaignes durch die Schleifen kontinuierlicher Selbstbeobachtung gesteuerte *embrouilleure* ist ein Verfahren, die Aufmerksamkeit des Lesers (*attention du lecteur*) nicht durch das Gewicht der Sache, sondern durch das Irritationsmoment der erschwerten, an der Oberfläche verweigerten Form zu bannen. Diese ignoriert philosophische Normen der klugen Unterscheidung wie rhetorische Anleitungen zur geordneten Textbewegung.[87] Man kann ein solches Verfahren, mit einem von Gilles Deleuze und Félix Guattari popularisierten Terminus, ‚nomadisch' nennen, wenn es denn die Besonderheit der nomadischen Kunst ausmacht, an die Stelle einer Dialektik von Form und Materie (mit der Montaigne auf der Ebene der Konzepte durchaus spielt) die „connexion dynamique du support et de l'ornement"[88] zu setzen, und wenn das Nomadische zugleich eine Wissens- und Textpraxis ist, die nicht durch Reproduktion und Wiederholung (*itération*), sondern durch *itinération*[89] gekennzeichnet ist, durch Bewegung in einem offenen, nicht vorkartographierten Raum, der sich erst in der nomadischen Deterritorialisierung vorgegebener Ordnungen konstituiert.[90] So kann es nicht verwundern, dass Montaigne alles ignoriert, was in

87 Montaigne nimmt auch den Vorwurf der Dunkelheit in Kauf, obwohl er sie verabscheut, wenn sie denn beim Leser die Erwartung einer *profondeur de mon sens* (E, S. 1041) generiert, vgl. ebd: „Qui est celuy, qui n'ayme mieux n'estre pas leu, que de l'estre en dormant ou en fuyant [...] Si prendre des livres, estoit les apprendre: et si les veoir, estoit les regarder: et les parcourir, les saisir, j'auroy tort de me faire du tout si ignorant que je dy."

88 Gilles Deleuze/Félix Guattari, *Mille plateaux*, Paris 1980, S. 457.

89 Ebd., S. 461.

90 Das Konzept einer nomadischen Philosophie findet sich in der *Vorrede* zur ersten Auflage von Kants *Kritik der reinen Vernunft*. Kant resümiert dort die Geschichte der Metaphysik:

den platonischen Dialogen mit maieutischer Teleologie zu tun hat. An deren Stelle setzt er nomadische *bigarrure.* Was der Autor mit Blick auf das Reisen formuliert, gilt a fortiori auch für das Schreiben, das an dieser Stelle als metaphorisches Sekundum fungiert: „Je ne trace aucune ligne certaine, ny droicte ny courbe." (E, S. 1031)[91]

Im System der rhetorischen und poetischen Gattungen, oder, wie es in der Renaissance oft noch heißt, der ‚ersten' und der ‚zweiten' Rhetorik, haben die *Essais* keinen Platz, Montaigne verweigert sich ihren eingespielten Ordnungen. *De la vanité* sucht Affinitäten nicht auf der Ebene des generisch Allgemeinen, sondern des Individuellen spezifischer Intertexte und Autoren. Neben dem platonischen *Phaidros* nennt Montaigne noch Plutarchs Essay *Über den Schutzgeist des Sokrates,* auch dessen *alleure* zeichne sich durch ein Vergessen des Themas aus. Plutarchs Text verkörpert, was Montaigne mit den *Essais* wiederholen wird: Der *propos de son argument* ist *tout estouffé en matiere estrangere* (E, S. 1040). Im Kern geht es um eine Poetik der Fülle (*enargeia, copia*), deren Textparadigmen durch sprachlich-thematische Kühnheit, *gaillardes escapades* (E, S. 1040), charakterisiert sind, diese aber unter dem Anschein der Nachlässigkeit, des *nonchalant et fortuit* (E, S. 1041), der *sprezzatura,* wie es in Castigliones *Cortegiano* heißt, präsentieren. Die platonisch-plutarchischen Intertexte realisieren, was Montaigne die poetische Gangart nennt. Sie zeichnet sich durch kühne Sprünge aus: „J'ayme l'alleure poetique, à sauts et à gambades." (E, S. 1040)

Der platonische *Phaidros* und der plutarchische *Schutzgeist des Sokrates* haben es mit der Gestalt des Sokrates zu tun, als Figur des Dialogs und als Gegenstand eines Gesprächs. Das ist angesichts der Nachdrücklichkeit, in der die *Essais* immer wieder die Figur des Sokrates umkreisen, kein Zufall. Aber nicht die Philosophie oder das philosophische Verfahren des Sokrates sind in *De la vanité* das Thema, der entscheidende Aspekt betrifft vielmehr wesentlich die Hybridisierung von Poesie und Philosophie, von Enthusiasmus und Kalkül, von Inspiration und *sprezzatura.* Bereits in *De l'institution des enfans* hatte Montaigne die Fähigkeit antiker Autoren gerühmt, ‚poetisch' (*poëtiquement*)

„Anfänglich war ihre Herrschaft, unter der Verwaltung der Dogmatiker, despotisch. Allein, weil die Gesetzgebung noch die Spur der alten Barbarei an sich hatte, so artete sie durch innere Kriege nach und nach in völlige Anarchie aus und die Skeptiker, eine Art Nomaden, die allen beständigen Anbau des Bodens verabscheuen, zertrenneten von Zeit zu Zeit die bürgerliche Vereinigung." (Immanuel Kant, *Kritik der reinen Vernunft*, hg. von Wilhelm Weischedel, Frankfurt/Main 1968, S. 12.) Der Nomade ist also Skeptiker und kein Hausvater – die bei Kant negativierte, von Deleuze entschieden positivierte Figur hat unverkennbare Affinitäten zu der Persona, die der Autor der *Essais* von sich entwirft.

91 Wenig später wird es heißen: „Il faut que j'aille de la plume comme des pieds." (E, S. 1037)

in Prosa zu schreiben. *De la vanité* illustriert diese Kunst am Beispiel der zitierten Intertexte. Allerdings zitiert der Essay auch einschlägige Mythologeme und Theoreme. So wird die Ansicht der *sçavants* – ob es um antike oder moderne Gelehrte geht, bleibt offen – erwähnt, dass die *vieille theologie* (die antike Mythologie) und die *premiere philosophie* ganz Poesie (*toute poësie*) seien, und damit so etwas wie die ursprüngliche Sprache der Götter verkörpern (E, S. 1040: *originel langage des Dieux*). Der locus classicus dieses Konzepts ist das Mythologem des Enthusiasmus aus dem platonischen *Ion*, dessen Formulierungen die Poetiken der Renaissance intensiv rezipieren und variieren. Auch Montaigne spielt in *De la vanité* auf den „art [...] leger, volage demoniacle" (E, S. 1040) an, der entsteht, wenn die Dichter nicht einem „überlegende(n) Kunstverstand", sondern, wie es bei Platon heißt, „göttliche(r) Eingebung" folgen: „mit dem Dichter ist es ein eigen Ding: leichtbeschwingt und gottgeweiht wirft er die irdische Schwere von sich und ist nicht eher imstande zu dichten, als bis er von Begeisterung ergriffen und von Sinnen ist und aller ruhigen Vernunft bar"[92].

Montaigne zitiert die mythologische Figur des Enthusiasmus, aber er macht sie sich keineswegs zu Eigen. Er bringt den *furor poeticus* ins Spiel, stellt ihn aber unter den Vorbehalt eines Als ob, einer Klammer der Fiktion, die er bereits für die kanonischen Intertexte der Antike geltend macht:

> [...] la meilleure prose ancienne [...] reluit par tout, de la vigueur et hardiesse poëtique, et represente quelque air de sa fureur [...] (E, S. 1041).

So wird das Mythologem im Interesse einer Kunst der Darstellung umgeschrieben. Der Effekt poetischer Kühnheit beruht immer schon auf einer Inszenierung des Enthusiasmus. Am Indifferenzpunkt von Poesie und Prosa steht bei Montaigne nicht die Sprache der Götter, sondern ein auktoriales Kalkül, das sich im Prozess des Schreibens über seine Grenzen hinausschreibt. Die Wiederaufnahme der antiken Figur gilt einer Schreibweise zwischen Enthusiasmus und Kalkül, der ihre mythologischen Fundamente entzogen werden, um als Kategorien literarischer Wirkung reaktualisiert zu werden.

9 Anthropologische Farce

Die *farcisseure*, als die sich *De la vanité* präsentiert, endet mit dem Wort *farce*. Um dahin zu kommen, lässt Montaigne noch einmal die *fantastique bigarrure* der sokratischen Intertexte als Resonanzkörper der eigenen Textbewegung ins

92 Platon, *Sämtliche Dialoge*, hg. und übers. von Otto Apelt, a.a.o., *Ion*, S. 113, 434.

Spiel kommen. Plutarchs *Schutzgeist des Sokrates* handelt unter anderem von der Gerechtigkeit des Gebens und Nehmens und lässt dabei eine Gestalt zu Wort kommen, den Thebaner Epaminondas, die Montaigne so intensiv beschäftigt hat, dass er sie in dem Essay *Des plus excellens hommes* noch über Homer und Alexander den Großen stellt. Bei Plutarch befindet Epaminondas: „Wer aber weder für Wohlthaten von Freunden, noch für Geschenke von Königen zugänglich ist, und selbst ein Glücksloos verschmäht, und, wo sich ein Schatz zeigt, die Geldgier, die darauf zuspringen will, zurücktreibt, wird nie zu ungerechten Handlungen verleitet, noch seine Seele beunruhigt, sondern leicht folgt er der Tugend mit hohem Muthe und edlem Bewusstsein." (*Moralia*, I, S. 981) Epaminondas empfiehlt die Asymmetrie von Gabe und Gegengabe, die *De la vanité* zur Maxime eines auf die Kommunikationsmedien der Kultur, nicht auf die Verpflichtungen von Oikos und Polis setzenden Handelns erhebt. Der *Phaidros* hingegen ruft wie andere platonische Dialoge den „delphischen Spruch" auf, sich selbst zu erkennen. Platon lässt Sokrates erklären: „Und es erscheint mir als Lächerlichkeit, so lang ich darüber noch unwissend bin, die Dinge zu erforschen, die mich nicht betreffen."[93]

Beide Dimensionen nimmt das Ende von *De la vanité* auf. Nachdem er das ‚Glücksloos' der päpstlichen Bulle empfangen und die *vanité* dieser Gabe ausgestellt hat, wendet sich Montaigne auf sich selbst zurück und fragt nach der Bedeutung der Auszeichnung für das eigene Selbst. Er empfängt die *bulla* des Papstes und erkennt zugleich sich und die anderen als *bulla*, als Blase. Würden die anderen sich ebenso aufmerksam beobachten wie er selbst, so würden sie sehen, dass sie „pleins d'inanité et de fadaise" (E, S. 1047) sind. Allerdings, die Zerstörung dieser belanglosen Nichtigkeit würde Selbstauflösung bedeuten: „De m'en deffaire, je ne puis, sans me deffaire moy-mesmes." (E, S. 1047) Mit dieser reflexiven Rückwendung dementiert Montaigne die ebenso hartnäckige wie schwer korrigierbare Neigung der Blase Mensch, den Blick von sich selbst weg auf die Welt zu wenden – wie Montaigne es am Anfang des Essays auch tut. Der Vorrang der Außen- gegenüber der Innenwendung, der Welt- gegenüber der Selbstorientierung entspricht der *opinion et usance commune* (E, S. 1047), zeigt sich doch dem Blick auf das Selbst ein *objet plein de mescontentement*: „Nous n'y voyons que misere et vanité." (E, S. 1047) Die Betrachtung dieses Objekts des Missvergnügens sieht die Doppelseitigkeit anthropologischer *vanité* als Nichtigkeit und als Begehren dessen, was durch seinen Glanz fesselt und doch nichtig ist. So scheint es geradezu eine freundliche Gabe der Natur[94], dass durch sie die Orientierung des Blicks nach außen, in die Vielfalt der Welt,

93 Platon, *Phaidros*, a.a.O., S. 33, 229b.

94 Vgl. E, S. 1047: „Pour ne nous desconforter, nature a rejetté bien à propos, l'action de nostre veue, au dehors".

dirigiert wird. Die Menschen nehmen diese Einladung nur allzu bereitwillig auf:

> Regardez, dict chacun, les branles du ciel: regardez au public: à la querelle de cestuy-là: au pouls d'un tel: au testament de cet autre: somme regardez tousjours haut ou bas, ou à costé, ou devant, ou derriere vous. (E, S. 1047)[95]

Allerdings mag Montaigne der Natur, die er in den *Essais* häufig als Richtschnur bemüht, in ihrem anthropologischen Schonprogramm nicht zu folgen, ebenso wenig wie den Empfehlungen der Doxa und der *coustume*. Er ruft vielmehr den *commandement paradoxe* des delphischen Spruchs[96] auf, allerdings in einer charakteristischen Deformation. Die überlieferte konzise Formel der Selbsterkenntnis (*gnothi seauton*)[97] wird in die Parameter der Selbstsorge (*epimeleia, cura*) umgeschrieben:

> Vostre esprit, et vostre volonté, qui se consomme ailleurs, ramenez la en soy: vous vous escoulez, vous vous respandez: appilez vous, soustenez vous: on vous trahit, on vous dissipe, on vous desrobe à vous. (E, S. 1047)

---

95 Singulär ist diese Außenorientierung insofern, als sie, zumindest nach dem Urteil Apolls, des delphischen Gottes, in der Welt keine Parallele hat: „Sauf toy, ô homme […] chasque chose s'estudie la premiere, et a selon son besoin, des limites à ses travaux et desirs." (E, S. 1047)

96 Vgl. dazu Jean-Yves Pouilloux, „‚Connais-toi toi-même': Un commandement paradoxe", in: Peacock/Supple, Hrsg., *Lire les ‚Essais'*, a.a.O., Paris 2001, S. 91–106.

97 Am Ende von *De l'exercitation* wird Sokrates als derjenige aufgerufen, der die delphische Aufforderung angemessen umgesetzt hat, als Einsicht in die Nichtigkeit des Menschen, die *nihilité de l'humaine condition* (E, S. 399), vgl. ebd.: „Par ce que Socrates avoit seul mordu à certes au precepte de son Dieu, de se connoistre, et par cest estude estoit arrivé à se mespriser, il fut estimé seul digne du nom de Sage. Qui se connoistra ainsi, qu'il se donne hardiment à connoistre par sa bouche." Montaigne kennt das delphische Ritual vor allem aus Plutarchs *Ueber das Ei zu Delphi*, aus dem die Asymmetrie von göttlichem Sein und menschlicher Nichtigkeit bereits hervorgeht: „Denn der Gott begrüßt gleichsam einen jeden von uns, der sich ihm naht, mit dem Worte: *Kenne dich selbst* […] Wir aber erwiedern darauf der Gottheit mit den Worten: Ei (*Du bist*), und bringen ihr damit den Gruß des *Seyns*, als den wahren, untrüglichen und allein ihr zukommenden. / Denn wir haben eigentlich gar keinen Antheil an diesem Seyn, sondern eine jede sterbliche Natur, indem sie zwischen Entstehung und Untergang in der Mitte liegt, zeigt blos eine Erscheinung und ein schwaches und unsicheres Wähnen von sich selbst […]" (*Moralia*, I, S. 677).

Selbsterkenntnis wird zu Selbstbegrenzung, ein Antagonismus zentripetaler und zentrifugaler Bewegung, von Selbstbewahrung und Selbstverlust durchzieht Montaignes Wiederholung des apollinischen Rats, dessen Konzision durch metaphorische Varianten angereicht und dadurch resonanzfähig wird.

Wer, so fragt sich der Leser, spricht hier eigentlich? Montaigne zitiert den delphischen Gott und lässt ihn eine Sprache sprechen, in der sich die Rhetorik der Selbstsorge und das metaphorische Repertoire der *Essais* überlagern. Die Prosopopoeia wird zur Maske, der autoritative Sprachgestus beraubt sich seiner ursprünglichen Prägnanz. Und diese Maskierung setzt sich bis zum Ende fort. Das dreifache Verdikt, das der Essay am Ende über die *condition humaine* spricht, bemüht zwar die Autorität des Orakels, spielt aber zugleich eine Mehrstrahligkeit seiner topischen Bezüge aus, in der die Identität der Sprechinstanz ausgehöhlt wird:

> Tu es le scrutateur sans cognoissance: le magistrat sans jurisdiction: et après tout, le badin de la farce. (E, S. 1047)

Montaigne legt diese Formeln der *miseria hominis* dem delphischen Gott in den Mund. In Wirklichkeit sprechen hier indes weder Apoll noch Montaigne, vielmehr spielt der Text mit Versatzstücken heterogener Traditionen, von der biblisch-theologischen Sprache über die antik-humanistische Politik bis zur Rollentypik des mittelalterlichen Theaters. Montaigne lässt diese Vielfalt in einer harschen Verwerfung der menschlichen *vanitas* konvergieren, untergräbt aber zugleich den Geltungsanspruch des Verdikts im Anachronismus der Redeinstanz und in der wechselseitigen Irritation der diskursiven Bezüge. Das Konzept des *scrutateur*, des ‚Nachforschers', zitiert offensichtlich biblische Traditionen, in denen Gott *scrutatur cordium* heißt. So ist bereits in Psalm 7, 10 von einem Nieren und Herz erforschenden Gott die Rede, „scrutans renes et corda", eine Formel, die im Alten wie im Neuen Testament wiederkehrt, das *Buch der Weisheit* (1, 6) spricht von Gott als dem *cordis [...] scrutator*, die *Apokalypse* (2,23) lässt den Sohn Gottes mit der Formel zu Wort kommen: *ego sum scrutans renes, et corda.* Die mittelalterliche Theologie greift den Terminus auf, im 11. Jahrhundert spricht der Benediktiner Jean de Fécamp von der Dreifaltigkeit als *cordis mei inspector et scrutator*, eine Vorstellung, die durchaus Angst und Schrecken verbreiten kann: „Horrendum est incidere in manus Dei viventis, qui scrutatur corda et renes".[98] Auch in den *Briefen der*

98 Zit. nach Bardo Weiß, *Die deutschen Mystikerinnen und ihr Gottesbild*, Paderborn 2004, S. 871.

Dunkelmänner findet sich die Bestimmung *Deus est scrutator cordium*[99], über die *Metaphysik* Alexander Baumgartens wird sie in der Philosophie bis zu Kant weiter transportiert. Wenn allerdings Gott der Erforscher des menschlichen Herzens ist, dann muss der Mensch gewarnt werden, seinerseits die Erforschung der göttlichen Dinge sich anzumaßen. So heißt es im 15. Jahrhundert bei Thomas von Kempten in *De imitatione Christi*: „Quod homo non sit curiosus scrutator Sacramenti, sed humilis imitator Christi, subdendo sensum suum sacrae fidei." Der Mensch solle nicht, wie es in einer deutschen Übersetzung heißt, ein „vorwitziger Ergrübler" des Sakraments sein, sondern ein „demüthiger Nachfolger Christi".[100]

Der mittlere Term der Verwerfungen, der Magistrat, der keine Gesetze geben kann, spielt vermutlich auf die Souveränitätskonzepte des 16. Jahrhunderts an, vor allem natürlich Jean Bodins *Six livres de la république*, er ruft die in diesem Kontext diskutierten antiken Gesetzgeber (Lykurg, Solon, etc.) auf und er verweist stillschweigend auf die Thematisierung der eigenen Magistratsrolle im folgenden Essay, *De mesnager sa volonté*. Dort allerdings wird es weniger um die Machtlosigkeit des Gesetzgebers gehen als um die Unsichtbarkeit des eigenen politischen Handelns, das sich der Innovation und Veränderung verweigert. Die Rede vom *badin de la farce* schließlich führt noch einmal eine Isotopie von *vanité* und *farcisseure* vor.[101] Das Wort *badin* stammt aus dem Provenzalischen, es bezeichnet den Dummkopf, sein physiognomischer Ausweis ist das *badar*, das Staunen mit offenem Mund, *bouche bée*. Der *badin*, der hier noch nicht der harmlose Spaßmacher ist, zu dem ihn die spätere Wortgeschichte machen wird, impliziert sowohl eine Selbstapostrophe, die an den Autor der *farcisseure* gerichtet ist, wie die Evokation des ignoranten Zuschauers der *farce* des Weltlaufs. Letzterer markiert, als ahnungsloser Beobachter, die Inversionsfigur zur anthropologisch seit der Antike prominenten Instanz des *contemplator coeli*, jenes Himmelsbetrachters, der kraft seiner aufrechten Haltung staunend die Ordnung des Kosmos bewundern kann und in der Form der *theoria*, in der er sie sich erschließt, Anschauung und Denken vereint. So kann der *badin* sowohl als ein Doppelgänger des Autors der *farcisseure* erscheinen wie auch als seine Gegenfigur, hat es ihm doch die Sprache verschlagen, deren Sog sich der Autor der *escrivaillerie* nicht entziehen kann.

De la vanité endet mit der Neutralisierung einer autoritativen Wahrheitsinstanz der Antike. Er nimmt der delphischen Maxime der Selbsterkenntnis ihre

99 *Epistolae obscurorum virorum*, hg. von Ernst Münch, Leipzig 1827, S. 116.

100 Zit. nach *De imitatione Christi libri quatuor multiplici lingua nunc primo impressi* […], hg. von Johann Baptist Weigl, Sulzbach (Solisbaci) 1837, Kap. XVIII.

101 Vgl. dazu Pierre Leschemelle, *Montaigne. Le badin de la farce*, Paris 1995.

prägnante Identität, die sie vielleicht ohnehin erst durch die Selektions- und Kanonisierungsleistungen der Überlieferung gewonnen hatte. Er platziert sie im offenen Raum der Kultur und ihrer Verweise. Dort hat alles, auch die scheinbar eitle Rede, Anspruch auf Aufmerksamkeit, weil die Ordnungen verbindlicher Rede gelöscht sind. Das dritte Buch der *Essais* rückt, deutlicher noch als die ersten Bücher, die Autorität kanonischer Szenen und Figuren, Autoren und Mythen in die sich selbst beobachtenden Kontexte kultureller Überlieferung. *De la vanité* entlässt seinen Leser auch dort nicht aus der Eitelkeit der Prätentionen des Wissens, wo die Rede in der Maske des antiken Gottes auftritt. Aber der Essay mutet ihm durch seine nomadische Form zugleich eine Intensität der Aufmerksamkeit zu, welche die Nichtigkeit der *fantasies* zum Gegenstand des *jugement* werden lässt, sie damit gegenwärtig hält und in das Spiel essayistischer Inversionen hineinzieht.

Coda

Le cul entre-deux selles

Als ein bedeutsames Zeugnis der Schwäche der menschlichen Urteilskraft charakterisiert Montaigne in dem Essay *Des vaines subtilitez* (I, 54) die Neigung, Dinge oder Ereignisse wegen ihres Seltenheits- oder Neuigkeitswerts zu schätzen, ohne dabei auf ihre Güte (*bonté*) und ihren Nutzen (*utilité*) zu achten. *Rareté, nouvelleté* und *difficulté* sind attraktiv, weil sie die Urteilskraft (*jugement*) intensiv beschäftigen, dabei aber ethische, ökonomische und politische Geltungsansprüche vernachlässigen. Effekte der Überraschung und der Innovation verdrängen normative Fragen. Diese Diagnose durchzieht Montaignes Kritik an den politischen Verhältnissen seiner Zeit. Der Essay über die Subtilitäten illustriert die in Frage stehenden *subtilitez frivoles et vaines* (E, S. 330) allerdings vor allem am Beispiel raffinierter poetischer Techniken, beispielsweise der sogenannten *vers lettrisés*, gemeint sind „des ouvrages entiers de vers commençans par une mesme lettre" (E, S. 330), oder aber die seit der Antike geläufige Praxis der Figurengedichte (Kalligramme):

> [...] nous voyons des œufs, des boules, des aisles, des haches façonnées anciennement par les Grecs, avec la mesure de leur vers, en les alongeant ou accoursissant, en manière qu'ils viennent à representer telle, ou telle figure. (E, S. 330)

Auch in der Dichtung gibt es nicht nur die von den großen Autoren der Antike exemplifizierte Fülle der Dinge und der Intensität der Wirkung. Die Poesie ist auch ein Schauplatz der *vanité*, die Montaigne vertrauten Paradigmen betreffen natürlich nicht nur das antike Figurengedicht, sondern auch die seit den *grands rhétoriqueurs* in der französischen Lyrik geläufigen Experimente mit der Technik der poetischen Form.

Aber *Des vaines subtilitez* ist nicht in erster Linie ein kleiner Essay über eine durch raffinierte Technik erzeugte Asymmetrie von *verba* und *res* in der Dichtung. Mit dem drastischen Beispiel eines Mannes, der es versteht, ein Hirsekorn unfehlbar durch ein Nadelöhr zu werfen, und dem man als Belohnung, „plaisamment et justement à mon advis" (E, S. 330), eine große Menge dieser Körner (*deux ou trois minots de mil*) schenkt, damit er in seiner *bel art* in Übung bleiben könne, vollzieht Montaigne einen Übergang in die Lebenswelt, in der er selbst zu Hause ist. Unvermittelt und umstandslos berichtet der Autor anschließend von einem Gesellschaftsspiel, das er in seinem Schloss,

 | DOI 10.30965/9783770563548_011

chez moy, gespielt habe. Was er beschreibt, ähnelt jenen Spielen oder Spielvorschlägen, mit denen sich auch die Gesellschaft der Hofmänner in Castigliones *Cortegiano* unterhält. Im höfischen Gesellschaftsspiel werden im Zeichen der Konsequenzentlastung politische und theologische, ethische und epistemologische Fragen durchgespielt.

Montaignes häusliches Spiel kreist um die Wahrnehmung von Ähnlichkeit und Unähnlichkeit, es wiederholt im Kleinen, was die *Essais* allenthalben beobachten und praktizieren. Im Spiel werden Ähnlichkeiten, ja selbst Identitäten entdeckt, wo zunächst nur Gegensätze oder Differenzen erscheinen. Die ersten Beispiele betreffen die sprachliche Sortierung der Sozialpyramide, wo Montaigne eine auffällige Diskrepanz von sprachlicher und sozialer Ordnung konstatiert. Die Formen der Anrede entsprechen keineswegs immer dem sozialen Rang der Angesprochenen. So rede man mit *Sire* sowohl hochgestellte Personen (wie den König), aber auch den *vulgaire*, wie gewöhnliche Kaufleute, an, nicht aber die zwischen den beiden Extremen platzierten Stände. Ähnliches gelte für die Anredeform *Dames*, auch sie betreffe die *femmes de qualité* ebenso wie auch die der *plus basse marche*, während für die mittlere Sphäre der Ausdruck *Damoiselles* geläufig sei. Was sich in den Anredeformen der ständischen Gesellschaft zeigt, wiederholt sich in anderen Dimensionen der Wirklichkeit, der Sprachgebrauch konterkariert die Ordnungsmuster des Wissens um die Hierarchien der Gesellschaft. Montaignes Liste der sich in der Identität des Signifikanten treffenden Gegensätze der Wirklichkeit ist lang. Sie bringt zunächst auffällige körperliche und affektive Reaktionen ins Spiel. So können die Extreme der Angst wie der Unerschrockenheit in ähnlicher Weise den menschlichen Verdauungsapparat durcheinanderbringen. Ähnliches gelte für die erotisch-sexuelle Leistungsfähigkeit, die sowohl durch Kälte und Überdruss wie auch durch Hitze und heftiges Begehren beeinträchtigt werde. Die in der Sprache vollzogene Konvergenz der Extreme, die Ähnlichkeiten in der Unähnlichkeit entdeckt, betrifft auch die Leistungen des kognitiven Vermögens, des *esprit*. So treffen sich, wie Montaigne festhält, die biographischen Extreme Kindheit und Alter in einer ähnlichen Schwäche der Leistungen des Denkvermögens. Davon weiß auch die Philosophie. Es gibt eine Unwissenheit, die dem Wissen vorausgeht, Montaigne nennt sie *ignorance abecedaire*, und eine Unwissenheit nach dem Wissen, in Anlehnung an Nikolaus von Kues' *docta ignorantia* spricht er von einer „ignorance que la science fait et engendre" (E, S. 331). Beide Formen des Unwissens sind dem vermeintlichen Wissen überlegen, das den Zwischenraum besetzt. Ähnliches gilt für die Extreme und die Mitte des Glaubens: Die *esprits simples* und die *grands esprits* treffen sich im gleichen Gehorsam gegenüber dem „mysterieux et divin secret de nostre police Ecclesiastique" (E, S. 332)[1]. Das Gesellschaftsspiel, das die Differenzen sprachlicher und epistemischer Ordnung durchspielt, wird in seiner essayistischen Wiederholung zur ethischen, theologischen und philosophischen Wünschelrute der Ähnlichkeit.

Das Spiel mit der Ähnlichkeit der Gegensätze hat allerdings einen blinden Fleck, die Position des Spielers. Er beobachtet die Extreme, die sich, zumindest im Sprachgebrauch, begegnen, aber er gehört ihnen nicht an. Der Spieler ist in der Position des essayistischen Autors. Für beide gilt, dass sie sich in einem Zwischenraum befinden, wo die *moyenne vigueur des esprits, et moyenne capacité* (E, S. 332) anzutreffen ist, aber diese Mitte ist kein privilegierter Ort des Rechten und Richtigen mehr, wie in der aristotelischen Ethik, welche die Tugend als Mitte bestimmt, sondern eine intermediäre Sphäre ohne stabile eigene Identität. Montaignes *Essais*, deren Beobachtungspraxis zwischen individueller und sozialer *coustume* pendelt, bewegen sich in den Räumen der praktischen Philosophie, welche für die Tradition vor allem durch die *Nikomachische Ethik* des Aristoteles kartographiert wurde. Seine Distanz zu der philosophischen Lehre des *Dieu de la science scholastique* lässt Montaigne immer wieder sichtbar werden. *Des vaines subtilitez* erwähnt Aristoteles nicht, treibt aber in der beiläufigen Engführung von Gesellschaftsspiel und essayistischem Schreiben eine fundamentale Differenz hervor, die um den Ort der Mitte als Ort des Handelns und des Schreibens kreist. Die Vorgabe, die Montaigne vor Augen steht, ist eindeutig. Im zweiten Buch der *Nikomachischen Ethik* bestimmt Aristoteles die Tugend als einen *„Habitus des Wählens, der die nach uns bemessene Mitte hält und durch die Vernunft bestimmt wird*". Die Mitte ihrerseits wird bestimmt als die „zwischen einem doppelten fehlerhaften Habitus, dem Fehler des Übermaßes und des Mangels; sie ist aber auch insofern Mitte, als sie in den Affekten und Handlungen das Mittlere findet und wählt"[2]. Die *Essais* sind von dieser aristotelischen Auszeichnung

1 Immerhin räumt Montaigne im Blick auf den Glauben die Aufstiegsmöglichkeit von der zweiten, mittleren, zur dritten, höheren Stufe ein: „Pourtant en voyons nous aucuns estre arrivez à ce dernier estage, par le second, avec merveilleux fruit, et confirmation: comme à l'extreme limite de la Chrestienne intelligence: et jouyr de leur victoire avec consolation, action de graces, reformation de mœurs, et grand modestie." (E, S. 332) Das gelte indes nicht für diejenigen, welche, um alte Irrtümer zu verwischen, „se rendent extremes, indiscrets, et injustes, à la conduicte de nostre cause" (E, S. 332).

2 Aristoteles, *Nikomachische Ethik*, a.a.O., S. 35f. (1106bf.). Aristoteles ergänzt, dass die „Tugend nach ihrer Substanz und ihrem Wesensbegriff Mitte" ist, „insofern sie aber das Beste ist und alles gut ausführt, ist sie Äußerstes und Ende." (S. 36, 1117a) Für diese Differenz von Substanz und Ausführung bleibt in den *Essais* kein Platz.

der Mitte als dem Ort des guten und richtigen Handelns weit entfernt. Ist die Tugend bei Aristoteles ein Habitus der Mitte, der sich in der Vollkommenheit des Vollzugs manifestiert, so ist die Mitte bei Montaigne ein instabiler Ort der Unruhe, der nicht als Maßstab taugt. Ihr Mangel zeigt sich in ihrer Unfähigkeit, sich den *vaines subtilitez* zu entziehen. Für den aus der Welt der Politik und der Institutionen zurückgezogenen Montaigne steht darüber hinaus weniger die Handlungs- als die Erlebnisseite der Mitte im Vordergrund. Sie ist angesichts ihrer substanzlosen Instabilität entschieden negativ besetzt:

> [...] l'ordinaire et moyenne condition des hommes, loge entre ces deux extremitez: qui est de ceux qui apperçoivent les maux, les sentent, et ne les peuvent supporter. (E, S. 331)

Während die Extreme der *bestise* und der *sagesse* diesseits oder jenseits der von der Fortuna beherrschten Wechselfälle des Lebens stehen, sich ihnen mit der *force d'un vigoureux courage* entgegenstellen und in der Selbstgewissheit einer *ame forte et solide* sich geradezu offensiv gegen die Zumutungen der Welt immunisieren[3], ist die Position des Dazwischen ein deterritorialisierter Raum, dem die Stabilität eines Habitus ebenso abgeht wie die fraglose Sicherheit tugendhaften Handelns. In der Mitte zu sein heißt für Montaigne, dazwischen zu sein, Erfahrungen ausgesetzt zu sein, deren man nicht durch eigenes Handeln Herr wird. So verkehren die *Essais* das ethische Privileg der Mitte. Ihr Ort mutiert von einer Position der Stärke und der Stabilität zu einem offenen Raum der Schwäche und der Ungewissheit.

Die ethische Inversion der Mitte zum Dazwischen wiederholt sich in *Des vaines subtilitez* in der epistemischen Dimension. Dazwischen zu sein heißt nun, weder in der Unwissenheit vor noch in der Unwissenheit nach dem Wissen einen Ort zu finden, sondern sich in der Sphäre einer epistemisch orientierungslosen, unruhigen Doxa zu bewegen, in welcher der *erreur des opinions* (E, S. 332) herrscht. Auf das eigene Urteil zu setzen, führt zu der Konsequenz, die Haltlosigkeit der Meinung zu gewärtigen. Sich in der Sphäre des Dazwischen zu bewegen, bringt es mit sich, den Zumutungen der Meinung ausgesetzt zu sein. Die Meinung folgt dem Anschein des Wahren, sie beansprucht die Autorität des Wissens. Im Milieu der Doxa neigt man unweigerlich dazu, der *apparence du premier sens* zu folgen und sich zugleich einen *tiltre à interpreter* zuzuschreiben, der es erlaubt, andere, eingespielte Meinungen als Ignoranz oder Anmaßung zu denunzieren. Zentrale, auch in den Kapiteltiteln prominente Konzepte der *Essais* wie *vanité* oder *présomption* speisen sich aus

3 E, S. 331: „trouvans un corps dans lequel ils ne peuvent faire impression".

dem Bezug auf den Resonanzraum einer dezentrierten Mitte. Er ist der Ort, wo Meinung und Urteil auseinandertreten.

Gibt es überhaupt einen Ausweg aus dem Dazwischen? Der Essay benennt zwei ‚extreme' Figuren. Einfache Bauern und Philosophen, welche „natures fortes et claires" besitzen, sind für Montaigne *honnestes gens*, oder, wie man zu sagen pflege, *natures fortes et claires* (E, S. 332). Sie verfügen offenbar über die *sciences utiles* der Lebensführung. Zwischen ihnen stehen die *mestis*, all die mittleren Naturen, die ebenso unfähig wie gefährlich sind, denn sie bringen die Welt in Unordnung, „ceux-cy troublent le monde" (E, S. 332). Was sich in der Welt der Menschen beobachten lässt, wiederholt sich in der Ordnung der Dichtung. Auch dort treffen sich naturhafte Elementarformen (*poësie populaire et purement naturelle*) und vollkommene Kunstfertigkeit (*poësie parfaite par l'art*) in einer Anmut und Schönheit, welche die *poësie mediocre* verfehlen muss. Dass der Essay die Analogie der Poesie aufruft, ist nicht zufällig. Auch an dieser Stelle fragt Montaigne nach dem Ort seines Selbst und seines Buchs. In beiden Dimensionen erweist sich der *premier et naturel siege* ebenso unerreichbar wie der Gegenpol der Vollkommenheit. Montaigne ist, als Mensch wie als Autor, mittendrin. Aber das Schreiben im Mittendrin besitzt seine eigene Dynamik, es ist nicht nur ein *exercice malaisé*. Die *Essais*, die von der Erfahrung des Dazwischen Rechenschaft ablegen, zeugen von seiner Offenheit, einem „pas [...] ouvert à l'esprit" (E, S. 332f.). Weil sie aus der *moyenne region* kommen und diese thematisieren, werden auch ihre besten Leser dieser Sphäre angehören, zwischen den *esprits communs*, welche die *Essais* zu wenig, und den *esprits singuliers et excellens* (E, S. 333), welche sie allzu gut verstünden.

Montaigne gehört zu den ebenso gefährlichen wie nichtigen *mestis*. Den Ort, den er besetzt, benennt das verkürzte Zitat eines geläufigen Sprichworts: *le cul entre-deux selles* (E, S. 332). Die Satzform des Sprichworts lautet: „Il est demeuré entre deux selles le cul à terre." Bereits Rabelais verwendet sie, wenn er die jugendlichen Beschäftigungen Gargantuas resümiert, zu denen auch der ins Komische gewendete Vollzug des Sprichworts gehört: „Se asseoyt entre deux selles le cul à terre."[4] Die Redeweise beziehe sich auf eine Person „qui n'obtient aucune des deux choses opposées auxquelles il prétendait; être assis dans une posture fâcheuse".[5] Wie Georges de Backes' *Dictionnaire des proverbes françois, Avec l'explication de leurs Significations, & une partie de leur Origine* erklärt, geht es in dem Sprichwort stets um das Verfehlen von Möglichkeiten,

4 Rabelais, *Œuvres complètes*, a.a.O., S. 34.

5 Kurt Baldinger, *Etymologisches Wörterbuch zu Rabelais (Gargantua)*, Tübingen 2001, S. 65.

„pour dire, il a manqué toutes les deux occasions qui s'étoient presentées."[6] Ähnlich erläutert Voltaire in dem Artikel *Terre* seines *Dictionnaire philosophique* und liefert zugleich ein aufschlussreiches Beispiel: „Un homme qui s'était brouillé avec deux rois écrivait plaisamment: *Je me trouve entre deux rois le cul à terre.*"[7]

Das Sprichwort artikuliert ein Scheitern, das sich im Verfehlen zweier gegensätzlicher Optionen manifestiert, eine unsanfte Landung zwischen zwei Stühlen. Montaignes verkürztes Zitat der sprichwörtlichen Weisheit ist doppelt aufschlussreich. Einerseits: Indem er das Ergebnis, das Aufschlagen auf dem Boden oder der Erde, streicht, lässt er die intermediäre Position zum Dauerzustand werden. Das Pathos des Scheiterns oder das Ridiculum des Sturzes werden in einer Verstetigung des Dazwischen aufgefangen. Andererseits: Das Wort *selle* hat im Sprichwortgebrauch meist die Bedeutung von Sitz oder Stuhl (vom lateinischen *sella*). Zwischen den Stühlen (Nähe zu Königen wie in Voltaires Beispiel, Gelegenheiten, Wahlmöglichkeiten, Handlungsalternativen, etc.) Platz zu nehmen führt zum Sturz auf den harten Boden. Montaigne gebraucht das Wort *selle* in den *Essais* insgesamt sieben Mal und es hat jedes Mal die Bedeutung von ‚Sattel'. Der Schlossherr, der auf seine Fähigkeiten als Reiter stolz war, hat mehrfach den Sitz im Sattel eines Pferdes als seine Lieblingsposition thematisiert, am nachdrücklichsten in *De la vanité*. Dort gibt er auf den im Zitat der *Aeneis* formulierten Wunsch, wenn ihm denn das Schicksal ein Leben nach eigenem Willen erlauben würde[8], die Antwort: „[...] je choisirois à la passer le cul sur la selle" (E, S. 1033). Ein Leben im Sattel also, in der Hingabe an die Bewegung des Pferdes, aber zugleich mit dem Gewicht des eigenen Körpers in einer beherrschbaren Position platziert. Dieser Wunsch, vom Reiten auf das Schreiben übertragen, bleibt unerfüllt. Das Projekt der *Essais* gewinnt nie die Gewissheit des *cul sur la selle*, sondern immer nur die Ungewissheit des *cul entre-deux selles*. An die Stelle der einstimmigen Vorwärtsbewegung von Pferd und Reiter treten die solitären Manöver eines Schreibens, das aus einer intermediären Position kommt und dessen Richtung in offener Bewegung bleibt.

---

6 Brusselles 1710.

7 *Œuvres complètes de Voltaire. Dictionnaire philosophique*, Bd. 6, hg. von Adrien Beuchot, Paris 1829, S. 327.

8 Vgl. E, S. 1033 (zitiert wird *Aeneis*, IV, 340f.): „*Me si fata meis paterentur ducere vitam, / Auspiciis*".

Bibliographie

John Ackrill, *Aristotle the philosopher*, Oxford 1981.

Joseph Addison, *Cato. A Tragedy*, London 1785.

Giorgio Agamben, *Il regno e la gloria. Per una genealogia teologica dell'economia e del governo*, Turin 2009.

Thomas Ainsworth, „Form vs. Matter", in: *The Stanford Encyclopedia of Philosophy*, https://plato.stanford.edu/entries/form-matter/.

Leon Battista Alberti, *Opere volgari*, Bd. 1, hg. von Cecil Grayson, Bari 1960.

Katherine Almquist: „Examining the Evidence: Montaigne in the *Registres secrets du Parlement de Bordeaux*", *Montaigne Studies*, 16 (2004), S. 45–74.

Philippe Ariès, *Essais sur l'histoire de la mort en Occident du Moyen Age à nos jours*, Paris 1975.

Aristoteles, *Politik*, hg. und übers. von Eugen Rolfes, Hamburg 1995.

Aristoteles, *Metaphysik*, hg. und übers. von Hermann Bonitz/Horst Seidl, Hamburg 1995.

Aristoteles, *Nikomachische Ethik*, hg. und übers. von Eugen Rolfes und Günter Bien, Hamburg 1995.

Aulus Gellius, *The Attic Nights of Aulus Gellius*, übers. von John C. Rolfe, Cambridge/Mass. und London 1984.

Erich Auerbach, „Figura", in: ders., *Gesammelte Aufsätze zur romanischen Philologie*, Bern 1967.

Augustinus, *Vom Gottesstaat*, hg. von Wilhelm Thimme/Carl Andresen, Zürich/Düsseldorf 1978.

Augustinus, *Opere di Sant'Agostino. Le Confessioni* (*Nuova Biblioteca Agostiniana*), hg. und übers. von Michele Pellegrino und Carlo Carena, Rom 1965.

Georges de Backes, *Dictionnaire des proverbes françois. Avec l'explication de leurs Significations, & une partie de leur Origine*, Brusselles 1710.

Francis Bacon, *Neues Organon*, hg. von Wolfgang Kron, Hamburg 1990.

Kurt Baldinger, *Etymologisches Wörterbuch zu Rabelais* (*Gargantua*), Tübingen 2001.

Jean Balsamo, „Biographie, philologie, bibliographie. Montaigne à l'essai d'une ‚nouvelle histoire' littéraire", in: George Hoffmann (Hg.): *The new biographical criticism*, Charlottesville 2004, S. 10–29.

Jean Balsamo, „Les ‚Essais' de Montaigne et leurs premiers lecteurs. Exemplaires annotés (1580–1598)", *Montaigne Studies*, 16 (2004), S. 143–150.

Jean Balsamo, „Montaigne's Noble Book. Book History and Biographical Criticism", *Journal of Medieval and Early Modern Studies*, 41/2 (2011), S. 417–434.

Roland Barthes, *Le plaisir du texte*, Paris 1973.

Cathleen M. Bauschatz, „Montaigne's Conception of Reading in the Context of Renaissance Poetics and Modern Criticism", in: Inge C. Wimmers/Susan R. Suleiman

(Hgg.), *The reader in the text. Essays on audience and interpretation*, Princeton/New Jersey 1980, S. 264–291.

Michel Beaujour, „‚Considération sur Ciceron (I, XL)', l'allongeail comme marque générique: la lettre et l'essai", in: Marcel Tetel (Hg.), *Montaigne (1580–1980). Actes du colloque* international, Paris 1983.

Michel Beaujour, *Miroirs d'encre. Rhétorique de l'autoportrait*, Paris 1980.

Manuel Bermúdez Vázquez, *The Skepticism of Michel de Montaigne*, Cham 2015.

Camille Bérubé, *La connaissance de l'individuel au Moyen Âge*, Montréal/Paris 1964.

Marc E. Blanchard, *Trois Portraits de Montaigne. Essai sur la représentation à la Renaissance*, Paris 1990.

Claude Blum, „La peinture du moi et l'écriture inachevée: sur la pratique de l'addition dans les Essais de Montaigne", in: *Poétique*, 53 (1983), S. 60–71.

Claude Blum (Hg.), *Montaigne. Apologie de Raimond Sebond, de la Theologia à la Théologie*, Paris 1990.

Claude Blum/Eva Kushner (Hgg.), *Montaigne et les „Essais". 1588–1988*, Paris 1990.

Claude Blum (Hg.), *Montaigne et le Nouveau Monde*, Mont-de-Marsan 1994.

Hans Blumenberg, *Die Legitimität der Neuzeit*, Frankfurt/Main 1966.

Hans Blumenberg, *Die Lesbarkeit der Welt.* Frankfurt/Main 1981.

Inigo Bocken, „Friede und Schöpfungskraft: Cusanus, Montaigne und die Philosophie der Renaissance", in: Kazuhiko Yamaki (Hg.), *Nicholas of Cusa: A Medieval Thinker for the Modern Age*, Richmond 2002, S. 60–76.

Jean Bodin, *Methodus ad facilem historiarum cognitionem*, in: ders, *Œuvres philosophiques de Jean Bodin,* hg. und übers. von Pierre Mesnard, Paris 1951, S. 99–473.

John E. Boodin, „The Discovery of Form", in: *Journal of the History of Ideas*, 4/2 (1943), S. 177–192.

Pierre Bourdieu, *Le sens pratique*. Paris 1980.

Warren Boutcher, *The School of Montaigne in Early Modern Europe*, 2 Bde., Oxford 2017.

Frédéric Brahami, *Le scepticisme de Montaigne,* Paris 1997.

Frédéric Brahami, *Le travail du scepticisme. Montaigne, Bayle, Hume*, Paris 2001.

Christophe Bréchet, „La Philosophie de Gryllos", in: Jacques Boulogne (Hg.), *Les Grecs de l'Antiquité et les animaux. Le cas remarquable de Plutarque*, Lille 2005, S. 43–62.

Charlotte Bretschneider, *Montaignes exemplarische Ethik. Auf dem Weg zur Konzeption des souveränen Individuums*, Paderborn 2015.

Jules Brody, *Lectures de Montaigne*, Lexington 1982.

Christine Brousseau-Beuermann, *La copie de Montaigne. Étude sur les citations dans les ‚Essais'*, Paris 1989.

Frieda S. Brown, *Religious and Political Conservatism in the ‚Essais' of Montaigne,* Genf 1963.

Keith M. Brown, „Reformation to Union, 1560–1707", in: Robert A. Houston/William W. Knox (Hgg.), *The New Penguin History of Scotland*, Harmondsworth 2001, S. 182–275.

John Buckler/Hans Beck, *Central Greece and the Politics of Power in the Fourth Century BC*, Cambridge 2008.

Michel Butor, *Essais sur les Essais*, Paris 1968.

Alison Calhoun, *Montaigne and the Lives of the Philosophers. Life Writing and Transversality in the ‚Essais'*, London 2015.

Alison Calhoun, „Montaigne's Two Plutarchs", in: *Montaigne Studies*, 21 (2009), S. 103–114.

Italo Calvino, *Saggi 1945–1985*, Bd. 1, hg. von Mario Barenghi, Mailand 1995.

Keith Cameron/Laura Willett (Hgg.), *Le visage changeant de Montaigne. The changing face of Montaigne*, Paris 2003.

Grahame Castor, *Pléiade Poetics. A Study in Sixteenth-Century Thought and Terminology*, Cambridge 1964.

Terence Cave, *The Cornucopian Text: Problems of Writing in the French Renaissance*, Oxford 1979.

Terence Cave, *Pré-histoires. Textes troublés au seuil de la modernité*, Genf 1999.

Terence Cave, *How To Read Montaigne*, London 2014.

Jean Céard, „Montaigne et l'Ecclésiaste. Recherches sur quelques sentences de la ‚librairie'", in: *BHR*, 33 (1971), S. 367–383.

William Charlton, „Aristotle and the Principle of Individuation", in: *Phronesis*, 17 (1972), S. 239–249.

Kyriaki Christodoulou, „Sur le grec de Montaigne", in: *Montaigne Studies*, 4 (1992), S. 19–39.

Kyriaki Christodoulou, „Le portrait d'Épaminondas chez Montaigne et chez Pascal", in: Ilana Zinguer (Hg.), *Le Lecteur, l'Auteur et l'Écrivain. Montaigne. 1492–1592–1992*, Paris 1993, S. 121–136.

Marcus Tullius Cicero, *De finibus bonorum et malorum. Über das höchste Gut und das größte Übel*, übers. und hg. von Harald Merklin, Stuttgart 1996.

Marcus Tullius Cicero, *De oratore. Über den Redner*, hg. und übers. von Harald Merklin, Stuttgart 1991.

Marcus Tullius Cicero, *Pro Murena*, hg. von Joachim Adamietz, Darmstadt 1989.

Marcus Tullius Cicero, *De officiis. Vom pflichtgemäßen Handeln*, übers. und hg. von Heinz Gunermann, Stuttgart 1976.

Carol E. Clark, *The web of metaphor. Studies in the imagery of Montaigne's ‚Essais'*, Lexington 1978.

Dorothy Coleman, *Montaigne, quelques anciens et l'écriture des Essais*, Paris 1995.

Antoine Compagnon, *Nous. Michel de Montaigne*, Paris 1980.

Antoine Compagnon, *La seconde main ou le travail de la citation*, Paris 1979.

André Comte-Sponville, *„Je ne suis pas philosophe". Montaigne et la philosophie*, Paris 1993.

Claude Coste, *Bêtise de Barthes*, Paris 2011.

Pierre Courcelle, *Les ‚Confessions' de St. Augustin dans la tradition littéraire*, Paris 1963.

Bernard Croquette, *Etude du livre III des Essais de Montaigne*, Genf u.a. 1985.

Richard Cross, „Medieval Theories of Haecceity", in: *The Stanford Encyclopedia of Philosophy*, https://plato.stanford.edu/entries/medieval-haecceity/.

Dante Alighieri, *Commedia*, hg. von Anna Maria Chiavacci Leonardi, 3 Bde., Mailand 1994–1997.

Dante Alighieri, *Opere minori*, Bd. 2, hg. von Pier Vincenzo Mengaldo u.a., Mailand/Neapel 1979.

Gérard Defaux, *Montaigne et le travail de l'amitié. Du lit de mort d'Etienne de la Boétie aux ‚Essais' de 1595*, Orléans 2001.

Gérard Defaux, „Une leçon de scepticisme. Montaigne, le monde, et les grands hommes", in: *MLN*, 116/4 (2001), S. 644–665.

Gilles Deleuze, *Logique du sens*, Paris 1969.

Gilles Deleuze/Félix Guattari, *Mille plateaux*, Paris 1980.

Philippe Desan, *Les commerces de Montaigne – le discours économique des ‚Essais'*, Paris 1992.

Philippe Desan, *Montaigne dans tous ses états*, Fasano (Brindisi) 2001.

Philippe Desan, „Sur l'Exemplaire de Bordeaux, ses reliures et son passage au monastère des Feuillants", in: *Montaigne Studies*, 16 (2004), S. 113–138.

Philippe Desan, „Les politiques éditoriales de Montaigne", in: ders. (Hg.), *Montaigne politique*, Paris 2006, S. 263–286.

Philippe Desan, „Montaigne et l'éthique marchande", in: *L'Esprit Créateur*, 46/1 (2006), S. 13–22.

Philippe Desan, *Montaigne. Une biographie politique*, Paris 2014.

Philippe Desan (Hg.), *Les chapitres oubliés des Essais de Montaigne*, Paris 2015.

Philippe Desan, *The Oxford Handbook of Montaigne*, New York 2016.

Marcel Detienne/Jean-Pierre Vernant, *Les ruses de l'intelligence. La mètis des Grecs*, Paris 1974.

Valerie M. Dionne, *Montaigne, écrivain de la conciliation*, Paris 2014.

Joachim Du Bellay, *La Deffence, et illvstration de la Langue Françoyse*, Paris 1549.

Claude-Gilbert Dubois, *Essais sur Montaigne. La régulation de l'imaginaire éthique et politique*, Caen 1992.

Claude-Gilbert Dubois, „La place de Montaigne dans le débat sur la sorcellerie au XVIe siècle", in: Françoise Argod-Dutard (Hg.), *Des signes au sens. Lectures du livre III des Essais*, Paris 2003, S. 179–200.

Edwin M. Duval, „Montaigne's Conversions: Compositional Strategies in the Essais", in: *French Forum*, 7 (1982), S. 5–22.

Hans Ebeling (Hg.), *Subjektivität und Selbsterhaltung. Beiträge zur Diagnose der Moderne*, Frankfurt/Main 1976.

Angela Enders, *Die Legende von der ‚Neuen Welt'. Montaigne und die ‚littérature géographique' im Frankreich des 16.* Jahrhunderts, Tübingen 1993.

Hartmut Erbse, „Die Bedeutung der Synkrisis in den Parallelbiographien Plutarchs", in: *Hermes*, 84 (1956), S. 398–424.

Raymond Esclapez, „Le Dieu Apollon: Des Dialogues pythiques de Plutarque aux Essais de Montaigne", in: Olivier Guerrier (Hg.), *‚Moralia' et ‚œuvres morales' à la Renaissance*, Paris 2008, S. 253–274.

Emmanuel Faye, Philosophie et perfection de l'homme. De la Renaissance à Descartes, Paris 1998.

Emiliano Ferrari, *Montaigne. Une anthropologie des passions*, Paris 2014.

Marsilius Ficinus, *The Letters of Marsilio Ficino*, London 1975 ff.

Marc Foglia, *Montaigne, pédagogue du jugement*, Paris 2011.

Michel Foucault, *Les mots et les choses*, Paris 1966.

Michel Foucault, *L'usage des plaisirs* (*Histoire de la sexualité*, Bd. 2), Paris 1984.

Simone Fraisse, *L'Influence de Lucrèce en France au seizième siècle. Une conquête du rationalisme*, Paris 1962.

Donald Frame/François Rigolot/Jean-Claude Arnould, *Montaigne. Une vie, une œuvre. 1533–1592*, Paris 1994.

Sigmund Freud, *Die Traumdeutung*. Studienausgabe Bd. II, Frankfurt/Main 1972.

Hugo Friedrich, *Montaigne*, Bern 1949.

André Gallet (Hg.), *‚Somme, c'est César...' Première reproduction en fac-simile, de l'exemplaire des Commentaires de César, annoté par Montaigne*, Bordeaux/Chantilly 2003.

Charles Gagnebin, „La figure de Socrate dans les *Essais* de Montaigne", in: *Revue de Théologie et de Philosophie*, 141 (2009), S. 237–242.

Fausta Garavini, „Allongeails ou pansements? La fonction des ajouts dans le texte de 1588", in: *RHLF*, 88/5 (1988), S. 908–922.

Ernest Gaullier, *Histoire du collège de Guyenne*, Paris 1874.

Max Gauna, *Montaigne and the Ethics of Compassion*, Lewiston 2000.

Arnold Gehlen, *Urmensch und Spätkultur*, Frankfurt/Main 1977.

Martin Gessmann, „‚Wenn Pyramiden schwanken': Montaignes Stil in einer Welt des Wechsels", in: Eckart Goebel/Martin v. Koppenfels (Hgg.), *Die Endlichkeit der Literatur. LiteraturForschung*, Berlin 2002, S. 26–34.

Etienne Gilson, „‚Regio dissimilitudinis' de Platon à Bernard de Clairvaux", in: *Medieval Studies*, 9 (1947), S. 108–130.

Thierry Gontier/Suzel Mayer (Hgg.), *Le Socratisme de Montaigne*, Paris 2010.

Johann Christoph Gottsched, *Sterbender Cato*, hg. von Horst Steinmetz, Stuttgart 1964.

Simon Goulart, *Mémoires de l'Etat de France sous Charles IX*, Meidelbourg 1578.

Floyd Gray, *Montaigne et les livres*, Paris 2013.

Floyd Gray, *La balance de Montaigne*, Paris 1982.

Felicity Green, *Montaigne and the Life of Freedom*, Cambridge 2012.

Stephen Greenblatt, *The Swerve. How the Renaissance Began*, London 2011.

Olivier Guerrier, *Quand ‚les poètes feignent'. ‚Fantasie' et fiction dans les Essais de Montaigne*, Paris 2002.

Elizabeth Guild, *Unsettling Montaigne. Poetics, Ethics and Affect in the Essais and Other Writings*, Cambridge 2014.

Mireille Habert, *Montaigne traducteur de la Théologie naturelle. Plaisantes et sainctes imaginations*, Paris 2010.

Philip P. Hallie, „The Ethics of Montaigne's De la cruauté", in: Raymond C. La Charité, Hg., *O un amy! Essays on Montaigne in Honor of Donald M. Frame*, Lexington 1977, S. 156–171.

Philip Hardie, *Lucretian Receptions: History, the Sublime, Knowledge*, Cambridge 2009.

Ann Hartle, *Michel de Montaigne. Accidental philosopher*, Cambridge [u.a.] 2003.

Nicolai Hartmann, „Zur Lehre vom Eidos bei Aristoteles" (1941), in: ders., *Kleine Schriften*, Bd. 2, Berlin 1957, S. 129–164.

Philip Hendrick, *Montaigne et Sebond. L'art de la traduction*, Paris 1996.

Lucas Herchenroeder, „Τί γαρ τούτο πρός τόν λόγόν: Plutarch's Gryllus and the so-called Grylloi", in: *American Journal of Philology*, 129 (2008), S. 347–379.

Reinhart Herzog, *‚Wir leben in der Spätantike'. Eine Zeiterfahrung und ihre Impulse für die Forschung*, Bamberg 1987.

Historisches Wörterbuch der Philosophie, hg. von Joachim Ritter u.a., Basel/Stuttgart 1972ff.

Thomas Hobbes, *Leviathan*, hg. von Crawford B. Macpherson, Harmondsworth 1985.

George Hoffmann, *Montaigne's Career*, Oxford 1998.

Wolfgang Iser, *Der implizite Leser. Kommunikationsformen des Romans von Bunyan bis Beckett*, München 1972.

Hans Robert Jauss, „Das Vollkommene als Faszinosum des Imaginären", in: Dieter Henrich/Wolfgang Iser (Hgg.), *Funktionen des Fiktiven*, München 1976, S. 443–461.

Immanuel Kant, *Kritik der reinen Vernunft*, hg. von Wilhelm Weischedel, Frankfurt/Main 1968.

Frederick Kellermann, „Montaigne's Socrates", in: *Romanic Review*, 45 (1954), S. 170–177.

Frederick Kellermann, „The Essais and Socrates", in: *Symposium*, 10 (1956), S. 204–216.

Thomas von Kempten, *De imitatione Christi libri quatuor multiplici lingua nunc primo impressi* [...], hg. von Johann B. Weigl, Sulzbach (Solisbaci) 1837.

Isabelle Konstantinovic, *Montaigne et Plutarque*, Genf 1989.

Rafal Krazek, *Montaigne et la philosophie du plaisir. Pour une lecture épicurienne des Essais*, Paris 2011.

Etienne de La Boétie, *Discours de la servitude volontaire*, in: *Œuvres complètes de Michel de Montaigne*, Bd. 11: *Discours de la servitude volontaire. Lettres. Ephémérides. Notes marginales*, hg. von Arthur Armaingaud, Paris 1939, S. 87–158.

Lawrence Kritzman, *Destruction/découverte. Le fonctionnement de la rhétorique dans les ‚Essais' de Montaigne*, Lexington 1980.

Lawrence Kritzman, *The Fabulous Imagination. On Montaigne's Essays*, New York 2009.

Nikolaus von Kues, *Philosophisch-theologische Werke*, 4 Bde., hg. von Karl Bormann, Hamburg 2002.

Alan R. Lacey, „Ousia and Form in Aristotle", in: *Phronesis*, 10 (1965), S. 54–69.

Philippe de Lajarte, „Les Essais de Montaigne et la naissance de l'auteur moderne", in: Jean-Raymond Fanlo (Hg.), *‚D'une fantastique bigarrure'. Le texte composite à la Renaissance: Etudes offertes à André Tournon*, Paris/Genf 2000, S. 167–189.

Louis Le Caron, *La Claire ou de la Prudence de Droit*, Paris 1554.

Jean Lecointe, „Naissance d'une prose inspirée: ‚prose poétique' et néo-platonisme au XVIe siècle en France", in: *Bibliothèque d'Humanisme et Renaissance*, 51 (1989), S. 13–57.

Benedikt Ledebur, *Montaigne. Versuche der Selbstauflösung*, Wien 2010.

Alain Legros, „La main grecque de Montaigne", in: *Bibliothèque d'Humanisme et Renaissance*, 61 (1999), S. 461–478.

Alain Legros, *Montaigne. ‚Essais I, 56: Des prières'*, Genf 2003.

Alain Legros/George Hoffmann, „Secrétaire(s)", in: *Dictionnaire de Michel de Montaigne*, hg. von Philippe Desan, Paris 2007, S. 1051–1054.

Alain Legros, „Montaigne. Une maison, un livre", in: *Revue d'histoire littéraire de la France*, 109/4 (2009), S. 797–808.

Alain Legros, „Montaigne, annotateur de Lucrèce: dix notes ‚contre la religion'", in: Frank Lestringant (Hg.), *La Renaissance de Lucrèce*, Paris 2010, S. 141–156.

Alain Legros, *Montaigne manuscrit*, Paris 2010.

Alain Legros, *Essais sur poutres. Peintures et inscriptions chez Montaigne*, Paris 2003.

Jacques Lemaire, *Montaigne et la révolution philosophique du XIVe siècle*, Brüssel 1992.

Pierre Leschemelle, *Montaigne. Le badin de la farce*, Paris 1995.

Verena Lobsien, *Skeptische Phantasie. Eine andere Geschichte der frühneuzeitlichen Literatur*, München 1999.

Susanna G. Longo, *Savoir de la nature et poésie des choses. Lucrèce et Épicure à la Renaissance italienne*, Paris 2004.

Deborah H. Losse, *Montaigne and Brief Narrative Form. Shaping the Essay*, Basingstoke [u.a.] 2013.

Ellen Loughran, „Narrative and Law. Platonic Influences in Montaigne's Essay I:23", in: *Essays in French Literature*, 40 (2003a), S. 123–139.

Ellen Loughran, „Tentative Beginnings. Montaigne Rewrites His Early Essays", in: *Neophilologus*, 87/3 2003, S. 371–383.

John D. Lyons, *Before Imagination. Embodied Thought from Montaigne to Rousseau*, Stanford 2005.

Ian Maclean, „Montaigne, Cardano: the Reading of Subtlety / The Subtlety of Reading", in: *French Studies*, 37 (1983), S. 143–156.

Niccolò Machiavelli, *Discorsi sopra la prima deca di Tito Livio*, hg. von Corrado Vivanti, Turin 1983.

Niccolò Machiavelli, *Opere di Niccolò Machiavelli*, Bd. 3: *Lettere*, hg. von Franco Gaeta, Turin 1984.

Martina Maierhofer, *Zur Genealogie des Imaginären. Montaigne, Pascal, Rousseau*, Tübingen 2003.

Irma S. Majer, „Montaigne's Cure: Stones and Roman Ruins", *Modern Language Notes*, 97 (1982), S. 958–974.

Pierre Manent/Benoît Chantre, *Montaigne. La vie sans loi. Tandem*, Paris 2014.

Jean-Luc Marion/Vincent Carraud (Hgg.), *Montaigne: scepticisme, metaphysique, théologie*, Paris 2004.

Daniel Martin, *L'architecture des Essais de Montaigne. Mémoire artificielle et mythologie*, Paris 1992.

Gisèle Mathieu-Castellani, *Montaigne. L'Ecriture de l'essai*, Paris 1988.

Gisèle Mathieu-Castellani, *Montaigne ou la vérité du mensonge*, Genf 2000.

Mary McKinley, „Vanity's Bull: Montaigne's Itineraries in III, ix", in: Marcel Tetel/ G. Mallary Masters (Hgg.), *Le parcours des ‚Essais'. Montaigne 1588–1988*, Paris 1989, S. 195–208.

Mary McKinley, *Les terrains vagues des „Essais". Itinéraires et intertextes*, Paris 1996.

Igor Melani, *Il tribunale della storia – Leggere la ‚Methodus' di Jean Bodin*, Florenz 2006.

Klaus Meyer, *Xenophons ‚Oikonomikos'. Übersetzung und Kommentar*, Marburg 1975.

Olivier Millet, *La première réception des Essais de Montaigne (1580–1640)*, Paris 1995.

Michel de Montaigne, *Le Livre de raison de Montaigne sur l'Ephemeris historica de Beuther*, hg. von Jean Marchand, Paris 1984.

Werner Müller-Pelzer, *Leib und Leben. Untersuchungen zur Selbsterfahrung in Montaignes ‚Essais'; mit einer Studie über La Boétie „Discours de la servitude volontaire"*, Frankfurt/Main/Wien u.a. 1983.

Ernst H. J. Münch (*Hg.*), *Epistolae obscurorum virorum aliaque aevi decimi sexti monimenta rarissima. / Die Briefe der Finsterlinge an Magister Ortuinus von Deventer nebst andern sehr seltenen Beiträgen zur Litteratur-, Sitten- u. Kirchengeschichte des 16. Jh*, Leipzig 1827.

Géralde Nakam, *Montaigne et son temps. Les événements et les ‚Essais': l'histoire, la vie, le livre*, Paris 1993.

Géralde Nakam, „La badin de la farce: l'écriture des dernières additions dans l'essai ‚De la vanité'", in: Noel Peacock/James J. Supple (Hgg.): *Lire les Essais de Montaigne*, Paris 2001, S. 291–309.

Géralde Nakam, *Montaigne. La manière et la matière*, Paris 2006.

Olivier Naudeau, „L'expression des modes philosophiques chez Montaigne: le mot forme", in: *Journal of Medieval and Renaissance Studies*, 6 (1976), S. 179–215.

Cornelius Nepos, *De viris illustribus. Biographien berühmter Männer*, übers. und hg. von Peter Krafft und Felicitas Olef-Krafft, Stuttgart 1993.

Stephen T. Newmayr, *Animals, Rights and Reason in Plutarch and Modern Ethics*, New York/London 2006.

Friedrich Nietzsche, *Jenseits von Gut und Böse. Zur Genealogie der Moral,* Kritische Studienausgabe, hg. von Giorgio Colli/Mazzino Montinari, Bd. 5, München 1999.

Helen North, *Sophrosyne. Self-Knowledge and Self-Restraint in Greek Literature*, Ithaca 1966.

Martha C. Nussbaum, *The Therapy of Desire. Theory and Practice in Hellenistic Ethics*, Princeton 1994.

John O'Brien, *Montaigne et la rhétorique*, Paris 1995.

John O'Brien, „At Montaigne's Table", in: *French Studies*, 54/1 (2000), S. 1–16.

John O'Brien, „‚Autheur de merveilleux poids'. Montaigne et Xénophon", in: *Montaigne Studies*, 17 (2005a) S. 17–23.

John O'Brien, „Montaigne and Antiquity. Fancies and Grotesques", in: Ullrich Langer (Hg.) *The Cambridge Companion to Montaigne*, Cambridge u.a. 2005, S. 53–73.

Publius Ovidius Naso, *Metamorphosen*, hg. und übers. von Erich Rösch, München 1983.

Gianni Paganini, *Skepsis. Le débat des Modernes sur le scepticisme, Montaigne, Le Vayer, Campanella, Hobbes, Descartes, Bayle*, Paris 2008.

Ada Palmer, *Reading Lucretius in the Renaissance*, Cambridge/Mass. und London 2014.

Blaise Pascal, *Œuvres complètes*, hg. von Michel Le Guern, 2 Bde., Paris 2000.

Helmut Pfeiffer, „Synkrisis – Spiele der Urteilskraft (Montaigne, Bodin, Plutarch)", in: *Montaigne Studies*, 6/1–2 (1994), S. 17–38.

Helmut Pfeiffer, „Das Ich als Haushalt. Montaignes ökonomische Politik", in: Rudolf Behrens/Roland Galle (Hgg.), *Historische Anthropologie und Literatur*, Würzburg 1995, S. 69–90.

Helmut Pfeiffer, „Montaignes Enteignungen", in: Reto L. Fetz (Hg.), *Geschichte und Vorgeschichte der modernen Subjektivität*, 2 Bde., Berlin 1998, S. 641–670.

Helmut Pfeiffer, „Stimme und Schrift, Lesen und Hören. Konzeptuelle Artikulationen in der Renaissancelyrik", in: Hermann Danuser (Hg.), *Musikalische Lyrik*, Laaber 2004, S. 255–268.

Helmut Pfeiffer, „Selbstentblößung und poetische Präsenz. Montaignes ‚Sur des vers de Virgile'", in: Rudolf Behrens/Maria Moog-Grünewald (Hgg.), *Moralistik*, München 2010, S. 47–82.

Helmut Pfeiffer, „Reue und Scham. Selbstbeobachtung und ethische Emotion bei Montaigne", in: Katja Gvozdeva/Hans Rudolf Velten (Hgg.), *Scham und Schamlosigkeit. Grenzverletzungen in Literatur und Kultur der Vormoderne*, Berlin 2011, S. 396–433.

Helmut Pfeiffer, „Römerinnen (Michel de Montaigne)", in: Judith Kasper/Cornelia Wild (Hgg.), Rom rückwärts. *Europäische Übertragungsschicksale*, München 2015, S. 143–151.

Helmut Pfeiffer, „Wissen und Genuss. Gegenstrebige Selbstreferenz in Montaignes *De l'experience*“, in: Barbara Kuhn (Hg.), *Selbst-Bild und Selbst-Bilder. Autoporträt und Zeit in Literatur, Kunst und Philosophie*, München 2016, S. 99–122.

Helmut Pfeiffer, „Anakyklosis. Transformation of Transformations“, in: Irene Fantappié/Helmut Pfeiffer/Tobias Roth (Hgg.), *Renaissance Rewritings*, Berlin/Boston 2017, S. 25–44.

Giovanni Pico della Mirandola, *De hominis dignitate*, hg. von Giovanni Semprini, Rom 1986.

Gianfrancesco Pico della Mirandola, *On the imagination/De imaginatione*, hg. und übers. v. Harry Caplan, Westport 1971.

Barbara Pistilli/Marco Sgattoni, *La biblioteca di Montaigne*, Pisa 2014.

Platon, *Sämtliche Dialoge*, hg. von Otto Apelt, 7 Bde., Hamburg 1988.

Helmuth Plessner, *Philosophische Anthropologie*, Frankfurt/Main 1970.

Helmuth Plessner, „Zur Anthropologie des Schauspielers“, in: ders., *Ausdruck und menschliche Natur (Gesammelte Schriften VII)*, Frankfurt/Main 2003, S. 399–418.

Joseph-Guy Poletti, *Montaigne à bâtons rompus, Le désordre d'un texte*, Paris 1984.

Jean-Yves Pouilloux, „‚Connais-toi toi-même‘: Un commandement paradoxe“, in: Noel Peacock/James J. Supple (Hgg.): *Lire les Essais de Montaigne*, Paris 2001, S. 91–106.

Jean-Yves Pouilloux, *Montaigne, l'éveil de la pensée*, Paris 1995.

Jean-Yves Pouilloux, *Montaigne, une vérité singulière*, Paris 2012.

Sébastien Prat, *Constance et inconstance chez Montaigne*, Paris 2011.

Maria Protopapas-Marneli, *Montaigne. La vigueur du discours. Sur une influence de rhétorique stoïcienne dans les Essais*, Quebec City 2009.

François Rabelais, *Œuvres complètes*, hg. von Mireille Huchon, Paris 1994.

Renzo Ragghianti, „Montaigne lecteur sceptique de L'Ecclésiaste“, in: *Montaigne Studies*, 21 (2009), S. 137–153.

Fabio Raimondi, „‚Necessità‘ nel *Principe* e nei *Discorsi* di Machiavelli“, in: *Scienza e politica*, 40 (2009), S. 27–50.

Adrienne M. Redshaw, „Voltaire and Lucretius“, in: *Studies on Voltaire and the Eighteenth Century*, 189 (1980), S. 19–43.

Richard Regosin, *Montaigne's Unruly Brood: Textual Engendering and the Challenge to Paternal Authority*, Berkeley 1996.

Richard Regosin, „Recent Trends in Montaigne Scholarship: A Post-Structuralist Perspective“, in: *Renaissance Quarterly*, 28 (1984), S. 34–54.

Steven Rendall, „Mus in Pice: Montaigne and Interpretation“, in: *MLN*, 94/5 (1979), S. 1056–1071.

Paul Ricœur, *De l'interprétation. Essai sur Freud*, Paris 1965.

François Rigolot, *Les métamorphoses de Montaigne*, Paris 1988.

Patrick Riley, *Character and Conversion in Autobiography. Augustine, Montaigne, Descartes, Rousseau, and Sartre*, Charlottesville 2004.

Henning Ritter, *Notizhefte*, Berlin 2010.

Pierre de Ronsard, *Œuvres complètes*, hg. von Georges Cohen, 2 Bde., Paris 1950.

Alexander Roose, *La curiosité de Montaigne*, Paris 2015.

Alexander G. Rubio, „Man Against History: Epaminondas and Thebes", in: *European Tribune*, http://www.eurotrib.com/?op=displaystory;sid=2006/1/29/231755/979.

Schaefer David L. , *The Political Philosophy of Montaigne*, Ithaca/London 1990.

Vera Schanz, *Politische und literarische Souveränität im frühneuzeitlichen Frankreich. Bodin, La Boétie, Montaigne*, Würzburg 2013.

Margot Schmidt, „Regio dissimilitudinis. Ein Grundbegriff mittelhochdeutscher Prosa im Lichte seiner lateinischen Bedeutungsgeschichte", in: *Freiburger Zeitschrift für Philosophie und Theologie*, 15 (1968), S. 63–108.

Élisabeth Schneikert, *Montaigne dans le labyrinthe. De l'imaginaire du ‚Journal de voyage' à l'écriture des ‚Essais'*, Paris 2006.

Richard Scholar, *Montaigne and the Art of Free-Thinking. The Past in the Present*, Oxford 2010.

Peter M. Schon, *Vorformen des Essays in Antike und Humanismus. Ein Beitrag zur Entstehungsgeschichte der Essais von Montaigne*, Wiesbaden 1954.

Gerhart Schröder, *Logos und List. Zur Entwicklung der Ästhetik in der frühen Neuzeit*, Königstein 1985.

Martin Schwab, „Einzelding und Selbsterzeugung", in: Manfred Frank/Anselm Haverkamp (Hgg.), *Individualität* (Poetik und Hermeneutik XIII), München 1988, S. 35–75.

Michael A. Screech, *Montaigne and Melancholy. The Wisdom of the ‚Essays'*, London 1983.

Charles Segal, *Lucretius on Death and Anxiety. Poetry and Philosophy in ‚De rerum natura'*, Princeton 1990.

Lucius Annaeus Seneca, *De clementia. Über die Güte*, hg. und übers. von Karl Büchner, Stuttgart 2010, S. 72.

Jean-Paul Sermain, „*Insinuatio, circumstantia, visio et actio*: L'itinéraire rhétorique du chapitre III, 4: ‚De la diversion'", in: Frank Lestringant (Hg.), *Rhétorique de Montaigne*, Paris 1985, S. 123–139.

Bernard Sève, *Montaigne. Des règles pour l'esprit*, Paris 2007.

Sextus Empiricus, *Grundriß der pyrrhonischen Skepsis*, eingeleitet und übers. von Malte Hossenfelder, Frankfurt/Main 1968.

William Shakespeare, *Hamlet. The Arden Shakespeare*, hg. von Harold Jenkins, London 1982.

Shklar Judith N., „Putting Cruelty First", in: *Daedalus*, 111/3 (1982), S. 17–27.

Paul J. Smith, „Montaigne, Plutarch and Historiography", in: Karl Enenkel/Alicia Montoya (Hgg.), *Recreating ancient history. Episodes from the Greek and Roman past in the arts and literature of the Early Modern Period*, Leiden 2001, S. 167–186.

Paul J. Smith, „Montaigne, Juste Lipse et l'art du voyage", in: *Romanic Review*, 94/1–2 (2004), S. 73–91.

Richard Sorabij, *Animal Minds and Human Morals. The Origins of the Western Debate*, Ithaca 1993.

Edmund Spenser, *Poetical Works*, hg. von J.C. Smith/Ernest de Selincourt, Oxford 1975.

Justin Stagl, „Die Apodemik oder ‚Reisekunst' als Methodik der Sozialforschung vom Humanismus bis zur Aufklärung", in: Mohammed Rassem/Justin Stagl (Hgg.), *Statistik und Staatsbeschreibung in der Neuzeit*, Paderborn 1980, S. 131–202.

Jean Starobinski, *Montaigne en mouvement*, Paris 1992.

Dorothy L. Stegman, „Exposing Montaigne", in: *Prose Studies*, 29/3 (2007), S. 312–322.

Karlheinz Stierle, „Montaigne und die Bibliothek des honnête homme", in: *Akzente: Zeitschrift für Literatur*, 48/1 (2001), S. 80–95.

Karlheinz Stierle, *Montaigne und die Moralisten: Klassische Moralistik – Moralistische Klassik* , München 2016.

Leo Strauss, *Xenophon's Socratic Discourse. An Interpretation of the ‚Oeconomicus'*, Ithaca/London 1970.

James J. Supple, *Les essais de Montaigne. Méthode(s) et méthodologies*, Paris 2000.

Tacitus, *Annals*, übers. von John Jackson, London 1937.

Emile V. Telle, „A propos du mot ‚essai' chez Montaigne", in: *Bibliothèque d'Humanisme et Renaissance*, 30/2 (1968), S. 225–247.

Dominik Terstriep, *Weisheit und Denken: Stilformen sapientialer Theologie*, Rom 2001.

Charlotte C. S. Thomas (Hg.), *No Greater Monster nor Miracle than Myself. The Political Philosophy of Michel de Montaigne.* Macon 2014.

André Tournon, „Montaigne et ‚l'alleure poétique': Pour une nouvelle lecture d'une page des Essais", in: *Bibliothèque d'Humanisme et Renaissance*, 33/1 (1971), S. 155–162.

André Tournon, *Montaigne. La glose et l'essai*, Lyon 1983.

André Tournon, „Attitudes et mouvements. Lectures des Essais par Marcel Raymond et Jean Starobinski", in: *Œuvres et Critiques*, 27/2 (2002), S. 179–187.

Edilia Orlandini Traverso, *Montaigne e Aristotele*, Florenz 1974.

Lionel Trilling, *Sincerity and Authenticitiy*, Cambridge/Mass. 1971.

Roger Trinquet, *La jeunesse de Montaigne. Ses origines familiales, son enfance et ses études*, Paris 1972.

Guy Vattero, „Grandeur et decadence d'un héros: Epaminondas le Thébain", in: Jeanne Dion (Hg.), *Le paradoxe du héros ou d'Homère à Malraux*, Nancy, Paris 1999, S. 43–86.

Vergil, *Aeneis*, hg. und übers. von Johannes Götte, München 1971.

Jean-Pierre Vernant, *Mythe et pensée chez les Grecs*, Paris 1985.

Pierre Villey, *Les sources et l'évolution des ‚Essais' de Montaigne*, Paris 1908.

Voltaire: *Œuvres complètes de Voltaire. Dictionnaire philosophique*, Bd. 6, hg. von Adrien Beuchot, Paris 1829.

Bardo Weiß, *Die deutschen Mystikerinnen und ihr Gottesbild*, Paderborn 2004.

Karin Westerwelle, *Montaigne. Die Imagination und die Kunst des Essays*, München 2002.

Jennifer E. Whiting, „Form and Individuation in Aristotle“, in: *History of Philosophy Quarterly*, 3 (1986), S. 359–377.

Bernard Williams, *Wahrheit und Wahrhaftigkeit*, Frankfurt/Main 2003.

Zahi A. Zalloua, *Montaigne and the Ethics of Skepticism*, Charlottesville 2005.

Abbildungsverzeichnis

Diskutierte Essais